1001
vegetarische Rezepte

Parragon

Bath • New York • Singapore • Hong Kong • Cologne • Delhi
Melbourne • Amsterdam • Johannesburg • Shenzhen

Parragon Books Ltd
Chartist House
15-17 Trim Street
Bath BA1 1HA, UK

Koordination und Redaktion: Irina Ditter, Köln
Satz: Ilona Buchholz, Köln

HINWEIS

Sind Zutaten in Löffelmengen angegeben, ist immer ein gestrichener Löffel gemeint. Ein Teelöffel entspricht 5 ml, ein Esslöffel 15 ml. Sofern nichts anderes angegeben ist, wird Vollmilch (3,5 % Fett) verwendet. Bei Eiern und einzelnen Gemüsesorten, z. B. Kartoffeln, verwenden Sie mittelgroße Exemplare. Pfeffer sollte stets frisch gemahlen werden. Sofern die Schale von Zitrusfrüchten benötigt wird, verwenden Sie unbedingt unbehandelte Früchte.

Bei den Vorbereitungszeiten sind das Abkühlen, Marinieren, Einweichen und die Zubereitung von selbst gemachten Brühen berücksichtigt.

Die angegebenen Zeiten in jedem Rezept sind grobe Richtlinien, die je nach Kochtechnik und Garzeit differieren können.

Bei den Garzeiten können sich je nach Herdtyp und Heizquelle geringfügige Änderungen ergeben. Bei Verwendung des Backofens sollte dieser immer auf die angegebene Temperatur vorgeheizt werden. Für Garzeiten und Temperatureinstellungen bei Umluftherden die Anweisungen der Hersteller beachten.

Kinder, ältere Menschen, Schwangere, Kranke und Rekonvaleszenten sollten auf Gerichte mit rohen oder nur leicht gegarten Eiern verzichten.

ISBN 978-1-4454-4296-9

Printed in China

EINLEITUNG

Das vorliegende Buch bietet Ihnen mit seinen 1001 sorgfältig ausgewählten vegetarischen Rezepten eine schier unendliche Vielfalt an gesunden und leckeren Mahlzeiten. Einige Grundrezepte haben wir vorab für Sie zusammengestellt.

GEMÜSEBRÜHE

250 g Schalotten
1 große Karotte, gewürfelt
1 Selleriestange, gehackt
½ Fenchelknolle
1 Knoblauchzehe
1 Lorbeerblatt
4–6 frische Petersilien- und Estragonzweige
2 l Wasser
Pfeffer

1 Alle Zutaten in einen großen Topf geben und zum Kochen bringen.

2 Die Fettschicht, die sich bildet, abschöpfen. Den Deckel halb aufsetzen und die Brühe 45 Minuten köcheln, dann abkühlen lassen.

3 Die abgekühlte Brühe durch ein Sieb gießen und auffangen. Die ausgesiebten Zutaten wegwerfen.

4 Die Brühe mit Frischhaltefolie abdecken und bis zur weiteren Verarbeitung kalt stellen oder einfrieren. Gekühlt ist diese Brühe bis zu 3 Tagen, tiefgefroren bis zu 3 Monate lang haltbar.

TOMATENSAUCE

1 EL Olivenöl
1 kleine Zwiebel, gehackt
1 Knoblauchzehe, gehackt
400 g gehackte Tomaten aus der Dose
2 EL frisch gehackte Petersilie
1 TL getrockneter Oregano
2 Lorbeerblätter
2 EL Tomatenmark
1 TL Zucker
Pfeffer und natriumarmes Salz

1 Das Öl in einen Topf geben und die Zwiebel darin bei mittlerer Hitze etwa 2–3 Minuten glasig dünsten. Den Knoblauch zugeben und 1 Minute mitdünsten. Anschließend Tomaten, Petersilie, Oregano, Lorbeer, Tomatenmark sowie Zucker zufügen und mit Pfeffer und 1 Prise Salz abschmecken.

2 Die Sauce zum Kochen bringen, dann die Hitze reduzieren und die Sauce im offenen Topf 15–20 Minuten köcheln lassen, bis sie etwa zur Hälfte eingekocht ist. Vor der weiteren Verwendung die Lorbeerblätter entfernen.

ROTWEINSAUCE

425 ml Gemüsebrühe (siehe Rezept links)
425 ml Rotwein
1 kleines Stück Zwiebel
1 Knoblauchzehe, in Scheiben
1 Lorbeerblatt
1 frischer Thymianzweig
2–3 frische Petersilienzweige
½ TL schwarze Pfefferkörner
1 EL rotes Johannisbeergelee
3 EL Margarine
1½ EL Mehl
Salz und Pfeffer

1 Brühe, Wein, Zwiebel, Knoblauch, Lorbeer, Thymian, Petersilie und Pfefferkörner in einem Topf aufkochen. Etwa 10–15 Minuten köcheln lassen, bis die Flüssigkeit um die Hälfte reduziert ist.

2 Die Mischung durch ein Sieb in einen sauberen Topf seihen. Johannisbeergelee zufügen, alles salzen und pfeffern.

3 Die Hälfte der Margarine mit dem Mehl zu einer Paste verrühren. Diese nach und nach in kleinen Portionen zu der noch warmen Sauce geben. Die Paste nach jeder Zugabe gut unterrühren.

4 Die Sauce unter gelegentlichem Rühren erhitzen, bis sie leicht eindickt. Dann einige Minuten köcheln lassen. Kurz vor dem Servieren die restliche Margarine unterrühren.

CRÈME FRAÎCHE

225 g Schlagsahne
2 EL Buttermilch

Die Zutaten in eine Glasschüssel geben und gut miteinander mischen. Dann die Schüssel abdecken und bei Raumtemperatur 8–24 Stunden beiseitestellen, bis eine dicke Masse entstanden ist. Nach Bedarf verwenden

BÉCHAMELSAUCE

275 ml Magermilch
4 Knoblauchzehen
1 Lorbeerblatt
1 Prise frisch geriebene Muskatnuss
2 EL Margarine
2 EL Mehl
Pfeffer und natriumarmes Salz

1 Milch, Knoblauch, Lorbeer und Muskat in einem Topf langsam aufkochen. Dann vom Herd nehmen und 15 Minuten ziehen lassen.

2 Die Margarine in einem zweiten Topf zerlassen. Das Mehl einrühren und bei niedriger Hitze unter Rühren etwa 1 Minute kochen, anschließend vom Herd nehmen.

3 Die Milch durch ein Sieb seihen und nach und nach mit der Mehlschwitze verrühren. Wieder auf den Herd stellen und unter Rühren langsam zum Kochen bringen, bis sie eindickt. Zuletzt mit Salz und Pfeffer abeschmecken.

VARIATIONEN

Der Béchamelsauce können die unterschiedlichsten Zutaten beigemengt werden. Daraus ergeben sich raffinierte Saucen, die gut zu zahlreichen Gemüsegerichten passen.

BRUNNENKRESSESAUCE
Dem Grundrezept 1 kleines Bund fein gehackte Brunnenkresse zugeben.

GRÜNE KRÄUTERSAUCE
Kurz vor dem Servieren 1–2 Esslöffel frisch gehackte Kräuter beimengen.

PETERSILIENSAUCE
2 Esslöffel frisch gehackte Petersilie mit der Grundsauce verrühren.

PILZSAUCE
125 g Champignons in dünne Scheiben schneiden und mit 1 Esslöffel gehacktem frischen Estragon zur Grundsauce geben.

SENFSAUCE
1 Esslöffel französischen Dijon-Senf und 1 Spritzer Zitronensaft unter die Sauce rühren.

ZITRONENSAUCE
Der Béchamelsauce fein geriebene Zitronenschale und ein wenig Zitronensaft beimengen.

MAYONNAISE

Ergibt 300 ml

2 Eigelb, mit 1 Prise Salz verquirlt
150 ml Sonnenblumenöl
150 ml Olivenöl
1 EL Weißweinessig
2 TL Dijon-Senf
Salz und Pfeffer

1 Das Eigelb in eine Schüssel geben. Die Öle vermengen und mit dem Mixer tröpfchenweise unter das Eigelb mischen.

2 Wenn die Hälfte des Öls verarbeitet ist, zuerst den Essig, dann das verbliebene Öl in einem gleichmäßigen dünnen Strahl unter ständigem Rühren zugeben. Zuletzt den Senf unterrühren und alles mit Salz und Pfeffer abschmecken.

MILDE SENFSAUCE

2 Eigelb
2 EL Zitronensaft
2 Knoblauchzehen, gehackt
300 ml Olivenöl
1 EL Dijon-Senf
Salz und Pfeffer

Eigelb, Zitronensaft und Knoblauch im Mixer zu einer glatten Masse verarbeiten. Das Öl bei laufendem Motor langsam durch die Zugießöffnung einfüllen und gut unterrühren, bis eine cremige Masse entsteht. Diese in eine Schüssel geben, den Senf unterrühren und die fertige Sauce mit Salz und Pfeffer abschmecken.

KÄSESAUCE

2 EL Margarine
25 g Mehl
1 Lorbeerblatt
425 ml Magermilch
60 g fettarmer reifer Cheddar oder mittelalter Gouda, gerieben
1 TL Senfpulver
1 Prise Cayennepfeffer
schwarzer Pfeffer

1 Die Margarine in einem Topf zerlassen und das Mehl einstreuen. Die Mischung bei niedriger Hitze unter Rühren so lange kochen, bis eine helle und leicht krümelige Mehlschwitze entstanden ist. Das Lorbeerblatt und ein Drittel der Milch zugießen und so lange rühren, bis eine dicke Sauce entstanden ist. Den Vorgang zweimal wiederholen, bis die Milch verarbeitet ist.

2 Den Topf vom Herd nehmen, das Lorbeerblatt entfernen. Käse, Senfpulver, Cayennepfeffer und schwarzen Pfeffer unter die Sauce rühren.

HONIG-JOGHURT-DRESSING

Ergibt etwa 125 ml

1 EL klarer Honig
6 EL fettarmer Naturjoghurt
Salz und Pfeffer

Honig und Joghurt in eine Glasschüssel geben und mit einer Gabel verschlagen, bis die Zutaten gut vermengt sind. Dann mit Salz und Pfeffer abschmecken.

MÜRBETEIG

Ergibt einen Boden von 23 cm Ø

175 g Mehl
1 Prise Salz
85 g Butter
1 Eigelb
3 EL Eiswasser

1 Mehl und Salz in eine Schüssel sieben. Die Butter in kleinen Stückchen zugeben und mit dem Mehl verreiben, bis eine feinkrümelige Mischung entsteht.

2 Eigelb und Wasser verquirlen, über die Mehl-Butter-Mischung träufeln und dann mit einem Messer mit abgerundeter Klinge oder mit den Fingerspitzen unterkneten.

3 Den fertigen Teig zu einer Kugel formen, in Frischhaltefolie einwickeln und etwa 30 Minuten in den Kühlschrank stellen.

CRÊPE-TEIG

Ergibt 12 Crêpes

115 g Mehl
1 Prise Salz
1 Ei, leicht verquirlt
300 ml Milch
1 TL Sonnenblumenöl

1 Mehl und Salz in eine große Schüssel sieben. Anschließend das Ei und die Hälfte der Milch zugeben, mit einem Holzlöffel unterrühren und so lange weiterrühren, bis eine glatte Mischung entstanden ist.

2 Die restliche Milch und das Sonnenblumenöl zufügen und sorgfältig unterrühren.

3 Den fertigen Crêpe-Teig mindestens 30 Minuten ruhen lassen und vor der Weiterverarbeitung noch einmal durchrühren.

RISOTTO

60–75 g Butter
1 Zwiebel, fein gehackt
300 g Arborio- oder Carnaroli-Reis
120 ml trockener weißer Wermut oder Weißwein
1,2 l Gemüsebrühe, erhitzt
80 g Parmesan, frisch gerieben
Salz und Pfeffer
Parmesan, zum Bestreuen

1 In einem Topf 25 g Butter bei mittlerer Hitze zerlassen. Die Zwiebel zufügen und etwa 2 Minuten weich dünsten. Dann den Reis zugeben und unter ständigem Rühren etwa 2 Minuten anbraten, bis er glasig glänzt und rundum mit Butter überzogen ist.

2 Wermut oder Wein zugießen. Vorsicht: Die Flüssigkeit wird kräftig brodeln und sehr rasch verdampfen. Dann eine Schöpfkelle Brühe (etwa 225 ml) zugießen und den Reis unter ständigem Rühren so lange kochen, bis die Brühe vollständig absorbiert ist.

3 Nach und nach immer wieder etwa eine halbe Schöpfkelle Brühe zugießen und die Flüssigkeit unter ständigem Rühren so lange kochen, bis der Reis sie aufgenommen hat, dann erst die nächste Kelle zugießen. Dabei gleichzeitig darauf achten, dass der Reis nie „trocken" kocht. Der gesamte Prozess wird etwa 20–25 Minuten dauern. Zuletzt sollte eine cremige Mischung aus gar gekochten, aber innen noch bissfesten Reiskörnern entstanden sein.

4 Den Topf vom Herd nehmen und die restliche Butter sowie den Parmesan mit dem Reis vermengen. Mit Salz und etwas Pfeffer abschmecken, abdecken und etwa 1 Minute ziehen lassen. Dann mit dem zusätzlichen Parmesan bestreuen.

CHILIBLUMEN

Die Chilischote der Länge nach mehrere Male mit einem scharfen Messer einschneiden. Dann die Schote so lange in einer Schale mit Eiswasser kühlen, bis sich das Fruchtfleisch nach außen stülpt. Zuletzt die Samen von den so entstandenen „Blütenblättern" entfernen.

Suppen, Vorspeisen & Snacks

Spargelsuppe

5–10 Min. 55 Min.

6 PERSONEN

350 g Spargel
700 ml Gemüsebrühe
60 g Butter oder Margarine
1 Zwiebel, gehackt
3 EL Mehl
Salz und Pfeffer
¼ TL gemahlener Koriander
1 TL Zitronensaft
450 ml Milch
4–6 EL Crème double oder Schlagsahne

1 Den Spargel waschen und schälen, die holzigen Stielenden abschneiden. Die Stangen in kurze Stücke schneiden, einige Spargelspitzen zum Garnieren beiseitestellen.

2 Die Spargelspitzen in leicht gesalzenem Wasser 5–10 Minuten kochen, abgießen und beiseitestellen.

3 Den restlichen Spargel mit der Brühe in einen Topf geben. Aufkochen und mit geschlossenem Deckel 20 Minuten köcheln. Dann abgießen und den Sud auffangen.

4 Butter oder Margarine in einem Topf zerlassen. Die Zwiebel zugeben und bei geringer Hitze glasig dünsten, aber nicht bräunen. Das Mehl zugeben und 1 Minute anschwitzen. Dann langsam den aufgefangenen Kochsud einrühren und alles aufkochen. 2–3 Minuten köcheln lassen, bis die Suppe eindickt.

5 Den gegarten Spargel, Salz und Pfeffer, Koriander und Zitronensaft einrühren. 10 Minuten köcheln, dann leicht abkühlen lassen. Im Mixer pürieren (siehe Tipp Seite 13) oder durch ein Sieb streichen.

6 Die Masse in einen sauberen Topf geben. Milch und Spargelspitzen zufügen und aufkochen. 2 Minuten kochen, dann Crème double oder Schlagsahne einrühren, durchwärmen und servieren.

TIPP
Bei Spargel aus der Dose die Flüssigkeit auffangen und mit Gemüsebrühe auffüllen. Einige Spargelspitzen für die Garnierung abschneiden, dann den Spargel wie oben beschrieben verarbeiten.

Kalabrische Pilzsuppe

5 Min. 25–30 Min.

4 PERSONEN

2 EL Olivenöl
1 Zwiebel, gehackt
500 g gemischte Pilze, z. B. Champignons, Stein- oder Austernpilze, in mundgerechten Stücken
300 ml Milch
850 ml heiße Gemüsebrühe
Salz und Pfeffer
8 Scheiben Bauernbrot oder Baguette
2 Knoblauchzehen, zerdrückt
50 g Butter, zerlassen
80 g Gruyère, fein gerieben

1 Das Öl in einer großen Pfanne erhitzen. Die Zwiebel darin 3–4 Minuten goldbraun andünsten.

2 Die Pilze in die Pfanne geben und unter Rühren im heißen Öl wenden. Dann die Milch zugießen und aufkochen. Die Pfanne abdecken und die Pilze etwa 5 Minuten köcheln lassen. Danach langsam die Brühe unterrühren und mit Salz und Pfeffer würzen.

3 Das Brot unter einem vorgeheizten Grill von beiden Seiten rösten.

4 Knoblauch und Butter vermengen und großzügig auf den gerösteten Brotscheiben verstreichen.

5 Das Brot in eine große Suppenschüssel füllen oder auf 4 Suppenschalen verteilen. Die Suppe darübergießen, mit dem Gruyère bestreuen und sofort servieren.

Paprika-Chili-Suppe

10 Min. 25 Min.

4 PERSONEN

225 g rote Paprika, entkernt und in Streifen
1 Zwiebel, in Ringen
2 Knoblauchzehen, zerdrückt
1 grüne Chili, gehackt
300 g passierte Tomaten
600 ml Gemüsebrühe
2 EL frisch gehacktes Basilikum
Basilikumblätter, zum Garnieren

1 Paprika, Zwiebel, Knoblauch und Chili in einen großen Topf geben. Die passierten Tomaten und die Gemüsebrühe zugießen und zum Kochen bringen. Dabei häufig umrühren.

2 Die Hitze reduzieren und 20 Minuten köcheln lassen, bis die Paprika weich sind. Das Gemüse abgießen, dabei die Flüssigkeit auffangen und beiseitestellen.

3 Das Gemüse mit einem Löffel durch ein Sieb streichen oder im Mixer glatt pürieren (siehe Tipp Seite 13). Dann das Gemüsepüree mit der aufbewahrten Flüssigkeit in einen Topf geben. Das Basilikum zufügen und die Suppe langsam erhitzen.

4 Die Suppe mit frischen Basilikumblättern garnieren und sofort servieren.

VARIATION

Diese Suppe schmeckt auch köstlich, wenn Sie 150 g Naturjoghurt einrühren und sie kalt servieren.

Süßkartoffel-Zwiebel-Suppe

15 Min. 30 Min.

4 PERSONEN

2 EL Öl
900 g Süßkartoffeln, gewürfelt
1 Karotte, gewürfelt
2 Zwiebeln, in Ringen
2 Knoblauchzehen, zerdrückt
600 ml Gemüsebrühe
300 ml ungesüßter Orangensaft
225 g Naturjoghurt
2 EL frisch gehackter Koriander
Salz und Pfeffer
frischer Koriander, zum Garnieren
Orangenzesten, zum Garnieren

1 Das Öl in einem großen Topf erhitzen. Dann Süßkartoffeln, Karotte, Zwiebeln und Knoblauch hinzufügen und 5 Minuten unter ständigem Rühren andünsten.

2 Die Gemüsebrühe und den Orangensaft zugießen und langsam aufkochen.

3 Die Hitze reduzieren, den Topf mit einem Deckel verschließen und das Gemüse 20 Minuten köcheln lassen.

4 Die Suppe portionsweise mit einem Pürierstab oder im Mixer glatt pürieren (siehe Tipp Seite 13) und anschließend in einen Topf geben. Naturjoghurt und Koriander zufügen und nach Geschmack mit Salz und Pfeffer abschmecken.

5 Die Suppe auf vorgewärmte Teller geben oder in Suppenschalen füllen, mit Koriander und Orangenschale garnieren und servieren.

VARIATION

Soll die Suppe gekühlt serviert werden, rühren Sie den Joghurt erst kurz vor dem Servieren ein und reichen Sie die Suppe in gekühlten Suppentellern.

Karottensuppe mit Apfel

30 Min. 40 Min.

4 PERSONEN

900 g Karotten, fein gewürfelt
1 Zwiebel, gehackt
3 Selleriestangen, gewürfelt
1 l Gemüsebrühe
3 Tafeläpfel
2 EL Tomatenmark
1 Lorbeerblatt
2 TL Zucker
Saft von ¼ Zitrone
Salz und Pfeffer
frisch gehackte Sellerieblätter, zum Garnieren

1 Karotten, Zwiebel, Sellerie und die Brühe in einen großen Topf geben. Alles aufkochen, abdecken und 10 Minuten kochen.

2 Unterdessen zwei der Äpfel schälen, entkernen und würfeln. Apfelwürfel, Tomatenmark, Lorbeerblatt und Zucker zur Brühe geben und alles erneut aufkochen.

3 Die Hitze reduzieren, den Deckel nur halb auflegen und die Suppe 20 Minuten leicht kochen.

4 Den dritten Apfel waschen, entkernen und ungeschält in sehr dünne Spalten schneiden. Die Apfelspalten in einen kleinen Topf geben und mit Zitronensaft beträufeln. Erwärmen und 1–2 Minuten ziehen lassen, bis die Apfelspalten weich sind. Dann abgießen und bis zur Verwendung beiseitestellen.

5 Das Lorbeerblatt entfernen und die Suppe mit einem Pürierstab oder im Mixer glatt pürieren (siehe Tipp Seite 13) oder mit der Rückseite eines Holzlöffels durch ein Sieb streichen.

6 Die Suppe bei Bedarf noch einmal erwärmen und mit Salz und Pfeffer abschmecken. Dann in vorgewärmte Suppenschalen oder -teller füllen und mit Apfelspalten und Sellerieblättern garnieren.

Pariser Erbsensuppe

10 Min. 15 Min.

4 PERSONEN

25 g Butter
2 Schalotten, fein gehackt
450 g Erbsen, gepalt
2 kleine Salatherzen oder 1 mittelgroßer Romana-Salat, fein geschnitten
1,2 l Gemüsebrühe
1 Prise geriebene Muskatnuss
Salz und Pfeffer

1 Die Butter in einem großen Topf zerlassen und die Schalotten darin bei mittlerer Hitze unter gelegentlichem Rühren 5 Minuten dünsten.

2 Erbsen, Salat und Gemüsebrühe in den Topf geben und mit Muskat, Salz und Pfeffer abschmecken. Zum Kochen bringen und abgedeckt 10–15 Minuten köcheln lassen, bis die Erbsen weich sind.

3 Den Topf vom Herd nehmen und etwas abkühlen lassen. Im Mixer (siehe Tipp Seite 13) oder mit dem Pürierstab pürieren. Die Suppe in den gesäuberten Topf zurückgießen und vor dem Servieren nochmal vorsichtig aufwärmen.

VARIATION
Man kann auf Basis dieses Rezepts auch eine klassische Erbsenbeilage kreieren. Dazu das Gericht wie beschrieben zubereiten, aber nur 150 ml Brühe zugießen und nicht pürieren.

Spinatsuppe mit Ingwer

5–10 Min. 25 Min.

4 PERSONEN

2 EL Sonnenblumenöl
1 Zwiebel, gehackt
2 große Knoblauchzehen, fein gehackt
2,5-cm-Stück frische Ingwerwurzel, fein gehackt
250 g frischer Blattspinat
1 kleiner Zitronengrasstängel, fein gehackt
1 l Gemüsebrühe
1 kleine Kartoffel, klein gewürfelt
1 EL Reiswein oder Sherry
Salz und Pfeffer
1 TL Sesamöl, zum Servieren

1 Das Öl in einem großen Topf erhitzen. Zwiebel, Knoblauch und Ingwer zugeben und 3–4 Minuten glasig dünsten.

2 Für die Garnierung 2–3 Spinatblätter fein hacken und beiseitestellen. Die restlichen Blätter mit dem Zitronengras in den Topf geben und rühren, bis der Spinat zusammenfällt. Brühe und Kartoffel zugeben und zum Kochen bringen. Dann die Hitze reduzieren und abgedeckt 10 Minuten leicht kochen, bis das Gemüse weich ist.

3 Die Suppe vom Herd nehmen und im Mixer glatt pürieren (siehe Tipp Seite 13). Dann die Suppe wieder in den Topf gießen. Mit Reiswein oder Sherry, Salz und Pfeffer abschmecken und erneut aufwärmen, aber nicht mehr kochen.

4 Die Suppe in vorgewärmte Teller oder Schalen füllen. Mit etwas Sesamöl beträufeln, die restlichen gehackten Spinatblätter darüberstreuen und heiß servieren.

VARIATION
Eine cremige exotische Variante der Suppe erhalten Sie, wenn Sie 4 Esslöffel Kokoscreme einrühren oder 300 ml der Brühe durch Kokosmilch ersetzen. Diese Variation garniert man dann mit frischen Kokosraspeln.

Stilton-Suppe mit Walnüssen

10 Min. 30 Min.

4 PERSONEN

60 g Butter
2 Schalotten, gehackt
3 Selleriestangen, gehackt
1 Knoblauchzehe, zerdrückt
2 EL Mehl
600 ml Gemüsebrühe
300 ml Milch
150 g Stilton oder anderer Blauschimmelkäse, zerbröckelt, plus etwas mehr zum Garnieren
2 EL Walnusshälften, grob gehackt
150 g Naturjoghurt
Salz und Pfeffer
frisch gehackte Sellerieblätter, zum Garnieren

1 Die Butter in einem großen Topf bei mittlerer Hitze zerlassen. Schalotten, Sellerie und Knoblauch zugeben und unter gelegentlichem Rühren 2–3 Minuten andünsten.

2 Die Hitze reduzieren, das Mehl zugeben und unter ständigem Rühren 30 Sekunden anschwitzen. Dann langsam die Gemüsebrühe und die Milch einrühren und zum Kochen bringen.

3 Die Hitze reduzieren, den Käse und die Walnüsse zugeben. Den Deckel auflegen und 20 Minuten köcheln lassen.

4 Den Joghurt einrühren und 2 Minuten erhitzen, aber nicht mehr kochen. Mit Salz und Pfeffer abschmecken. In einer Terrine oder in Suppenschalen anrichten, mit Sellerieblättern und Käsestückchen garnieren und sofort servieren.

Linsensuppe mit Karotten

15 Min. 45 Min.

6 PERSONEN

125 g rote Linsen
350 g Karotten, in Scheiben
2 Zwiebeln, gehackt
2 Knoblauchzehen, gehackt
250 g gehackte Tomaten aus der Dose
1,2 l Gemüsebrühe
30 g Ghee oder Butter
1 TL gemahlener Kreuzkümmel
1 TL gemahlener Koriander
1 frische grüne Chili, entkernt und gehackt oder 1 TL Chilipaste
½ TL gemahlene Kurkuma
1 EL Zitronensaft
300 ml Milch
Salz
2 EL frisch gehackter Koriander
Naturjoghurt, zum Servieren

1 Die Linsen in ein Sieb geben und unter fließend kaltem Wasser gründlich waschen. Dann gut abtropfen lassen.

2 Linsen mit Karotten, Zwiebeln, Knoblauch, gehackten Tomaten und 900 ml Brühe in einen großen Topf geben. Aufkochen, dann die Hitze reduzieren und zugedeckt 30 Minuten köcheln lassen.

3 Das Ghee oder die Butter in einem kleinen Topf erhitzen und darin Kreuzkümmel, Koriander, Chili und Kurkuma 1 Minute andünsten. Vom Herd nehmen und den Zitronensaft einrühren.

4 Die Suppe portionsweise mit einem Pürierstab oder im Mixer (siehe Tipp Seite 13) glatt pürieren. Dann wieder in den Topf füllen, die restlichen 300 ml Gemüsebrühe sowie die Gewürzmischung zugeben und alles 10 Minuten köcheln lassen.

5 Die Milch zugießen und alles mit Salz abschmecken. Den gehackten Koriander einrühren und die Suppe noch einmal erhitzen. Anschließend in vorgewärmte Suppenschalen füllen und mit je einem Löffel Joghurt garniert servieren.

Indische Kartoffelsuppe

5 Min. 35 Min.

4 PERSONEN

2 EL Öl
225 g mehligkochende Kartoffeln, gewürfelt
1 große Zwiebel, gehackt
2 große Knoblauchzehen, fein gehackt
1 TL Garam Masala
1 TL gemahlener Koriander
1 TL gemahlener Kreuzkümmel
900 ml Gemüsebrühe
1 rote Chili, gehackt
100 g tiefgefrorene Erbsen
4 EL fettarmer Naturjoghurt
Salz und Pfeffer
frisch gehackter Koriander, zum Garnieren
warmes Brot, zum Servieren

1 Das Öl in einem Topf erhitzen, Kartoffeln, Zwiebel und Knoblauch zugeben und etwa 5 Minuten unter Rühren andünsten.

2 Garam Masala, Koriander und Kreuzkümmel zugeben und unter Rühren 1 Minute andünsten.

3 Die Gemüsebrühe zugießen, die Chili zugeben und alles aufkochen. Dann die Hitze reduzieren und alles abgedeckt 20 Minuten köcheln lassen, bis die Kartoffeln zu zerfallen beginnen.

4 Die Erbsen zufügen und weitere 5 Minuten leise köcheln lassen, dann den Joghurt einrühren. Alles mit Salz und Pfeffer abschmecken.

5 Die fertige Suppe in vorgewärmte Suppenteller oder kleine Schüsseln geben und mit Koriander garnieren. Dazu warmes Brot reichen.

VARIATION
Wenn Sie es weniger scharf mögen, entfernen Sie vor dem Hacken die Chilisamen oder lassen Sie die Chili ganz weg.

Pastinakensuppe mit Ingwer

10 Min. 55 Min.

6 PERSONEN

2 TL Olivenöl
1 große Zwiebel, gehackt
1 große Porreestange, in Ringen
2 Karotten, in Scheiben
800 g Pastinaken, in Scheiben
60 g frisch geriebene Ingwerwurzel
2–3 Knoblauchzehen, gehackt
abgeriebene Schale von ½ Orange
250 ml Wasser
Salz und Pfeffer
225 ml Orangensaft
Schnittlauchröllchen oder Frühlingszwiebelringe, zum Garnieren

1 Das Öl bei mittlerer Hitze in einem großen Topf erwärmen. Zwiebel und Porree zugeben und etwa 5 Minuten andünsten, bis sie weich werden. Gelegentlich umrühren.

2 Karotten, Pastinaken, Ingwer, Knoblauch, Orangenschale, Wasser und eine große Prise Salz zugeben. Kurz aufkochen. Dann die Hitze reduzieren und die Suppe abgedeckt 40 Minuten köcheln lassen, bis das Gemüse weich ist. Gelegentlich umrühren.

3 Die Suppe etwas abkühlen lassen, dann portionsweise im Mixer (siehe Tipp) oder mit dem Pürierstab glatt pürieren. Anschließend die Suppe zurück in den Topf geben.

4 Den Orangensaft einrühren und alles mit Salz und Pfeffer abschmecken. Dann bei geringer Hitze etwa 10 Minuten köcheln lassen. Ist die Suppe zu dickflüssig, die Saftmenge erhöhen.

5 Die fertige Suppe In vorgewärmte Teller füllen, mit Schnittlauch oder Frühlingszwiebeln garnieren und servieren.

TIPP
Zum Pürieren im Mixer die Suppe zunächst durch ein Sieb gießen und dabei den Kochsud auffangen. Die Feststoffe zusammen mit etwas Kochsud zerkleinern. Danach wieder mit der Restflüssigkeit vermischen.

Griechische Bohnensuppe

10 Min. 1 Std. 15 Min.

6 PERSONEN

1 EL Olivenöl
1 große Zwiebel, fein gehackt
1 große Karotte, fein gewürfelt
2 Selleriestangen, fein gewürfelt
4 Tomaten, gehäutet, entkernt und gewürfelt, oder 250 g gehackte Tomaten aus der Dose, abgetropft
2 Knoblauchzehen, fein gehackt
800 g Cannellini- oder weiße Bohnen aus der Dose
1,2 l Wasser
1 Zucchini, fein gewürfelt
abgeriebene Schale von ½ Zitrone
1 EL frisch gehackte Minze oder ¼ TL getrocknete Minze
1 TL frisch gehackter Thymian oder ¼ TL getrockneter Thymian
1 Lorbeerblatt
Salz und Pfeffer
400 g Artischockenherzen aus der Dose

1 In einem großen Topf 1 Esslöffel Öl bei mittlerer Hitze erwärmen. Die Zwiebel zugeben und unter gelegentlichem Rühren glasig dünsten. Karotte, Sellerie, Tomaten und Knoblauch zugeben und weitere 5 Minuten dünsten. Häufig umrühren.

2 Bohnen und Wasser zugeben. Aufkochen, dann die Hitze reduzieren und etwa 10 Minuten köcheln lassen.

3 Zucchini, Zitronenschale, Minze, Thymian und Lorbeerblatt zugeben, mit Salz und Pfeffer würzen. Abdecken und etwa 40 Minuten kochen, bis das Gemüse gar ist. Leicht abkühlen lassen.

4 Das Lorbeerblatt entfernen. 450 ml Suppe glatt pürieren und wieder zur unpürierten Suppe geben.

5 In der Zwischenzeit das restliche Öl in einer Pfanne bei mittlerer Hitze erwärmen. Die Artischockenherzen mit der Schnittfläche nach unten leicht anbräunen. Dann wenden und von der anderen Seite ebenfalls anbraten.

6 Die Suppe in vorgewärmte Teller füllen, mit je einem gebratenen Artischockenherz garnieren und sofort servieren.

Sellerie-Porree-Kartoffelsuppe

10 Min. 35 Min.

4 PERSONEN

1 EL Butter
1 Zwiebel, gehackt
2 große Porreestangen, längs halbiert und in Ringen
1 Kartoffel, gewürfelt
1 große Sellerieknolle (etwa 750 g), gewürfelt
1 Karotte, geviertelt und in dünnen Scheiben
1,2 l Wasser
¼ TL getrockneter Majoran
1 Lorbeerblatt
frisch geriebene Muskatnuss
Salz und Pfeffer
Sellerieblätter, zum Garnieren

1 Die Butter in einem großen Topf zerlassen. Zwiebel und Porree zugeben, abdecken und 5 Minuten garen, bis das Gemüse weich ist. Dabei gelegentlich umrühren. Nicht bräunen lassen.

2 Kartoffel, Sellerie, Karotte, das Wasser, Majoran und Lorbeerblatt zufügen und kurz aufkochen. Dann die Hitze reduzieren und zugedeckt 25 Minuten köcheln lassen. Gelegentlich umrühren.

3 Das Lorbeerblatt entfernen und die Suppe leicht abkühlen lassen. Dann im Mixer (siehe Tipp Seite 13) oder mit dem Pürierstab glatt pürieren.

4 Die Suppe zurück in den Topf geben. Mit Muskat, Salz und Pfeffer würzen und bei geringer Hitze durchwärmen.

5 Die fertige Suppe in vorgewärmte Teller füllen, mit Sellerieblättern garnieren und servieren.

Tomatensuppe

20 Min. 30–35 Min.

4 PERSONEN

2 EL Olivenöl
2 rote Zwiebeln, gehackt
2 Selleriestangen, gehackt
1 Karotte, gehackt
500 g Eiertomaten, halbiert
750 ml Gemüsebrühe
1 EL frisch gehackter Oregano
1 EL frisch gehacktes Basilikum
150 ml trockener Weißwein
2 TL Zucker
125 g Haselnüsse, geröstet
125 g Oliven, entsteint
1 Handvoll Basilikumblätter
1 EL Olivenöl
1 Ciabatta oder Baguette
Salz und Pfeffer
Basilikumblätter, zum Garnieren

1 Das Öl in einer großen Pfanne erhitzen. Zwiebeln, Sellerie und Karotte zugeben und bei schwacher Hitze unter häufigem Rühren dünsten, bis sie weich, aber noch nicht braun sind.

2 Tomaten, Gemüsebrühe, Oregano, Basilikum, Wein und Zucker zugeben. Alles zum Kochen bringen, abdecken und 20 Minuten bei schwacher Hitze kochen.

3 Haselnüsse, Oliven und Basilikumblätter sehr fein hacken und anschließend in einem Mörser zerstoßen oder im Mixer grob zerkleinern. Die Mischung in eine kleine Schüssel geben, Olivenöl zugießen und einige Sekunden im Mixer verrühren oder kräftig schlagen, bis sich alles gut vermischt hat. Die fertige Paste in eine kleine Servierschüssel füllen und beiseitestellen.

4 Ciabatta oder Baguette im vorgeheizten Backofen bei 190 °C 3–4 Minuten erwärmen.

5 Die Suppe im Mixer pürieren (siehe Tipp Seite 13) und mit Salz und Pfeffer abschmecken.

6 Die Suppe in Suppenschalen füllen und mit Basilikum garnieren. Das Brot und die Oliven-Haselnuss-Paste separat dazu reichen.

Kürbissuppe

10 Min. 30 Min.

6 PERSONEN

1 kg Kürbis
40 g Butter
1 Zwiebel, in dünnen Ringen
1 Knoblauchzehe, zerdrückt
900 ml Gemüsebrühe
Salz und Pfeffer
½ TL Ingwerpulver
1 EL Zitronensaft
3–4 dünne Streifen Orangenschale
1–2 Lorbeerblätter oder 1 Bouquet garni
300 ml Milch
4–6 EL Schlagsahne, Naturjoghurt oder Frischkäse, zum Garnieren
Schnittlauchröllchen, zum Garnieren

1 Den Kürbis schälen, die Samen entfernen und das Fruchtfleisch in 2,5 cm große Würfel schneiden.

2 Die Butter zerlassen. Zwiebel und Knoblauch zugeben und bei schwacher Hitze weich dünsten. Den Kürbis zufügen und zusammen mit Zwiebel und Knoblauch 2–3 Minuten unter Rühren braten.

3 Die Brühe zugießen und zum Kochen bringen. Mit Salz und Pfeffer abschmecken und Ingwer, Zitronensaft, Orangenzesten sowie Lorbeerblatt oder Bouquet garni zugeben. Den Topf zudecken und alles bei schwacher Hitze ca. 20 Minuten unter gelegentlichem Rühren köcheln lassen, bis der Kürbis gar ist.

4 Orangenschale und Lorbeerblätter oder Bouquet garni entfernen. Die Suppe abkühlen lassen, dann durch ein Sieb streichen oder im Mixer sämig pürieren (siehe Tipp Seite 13). Danach wieder in den Topf füllen.

5 Die Milch zugießen und langsam erhitzen. Abschmecken. Sahne, Joghurt oder Frischkäse leicht einrühren und mit Schnittlauchröllchen garniert servieren.

Pistou

10 Min. 25 Min.

6 PERSONEN

2 EL Olivenöl
1 Knoblauchzehe, zerdrückt
1 große Zwiebel, fein gehackt
2 Karotten, halbiert und in Scheiben
2 Kartoffeln, halbiert und in Scheiben
2,5 l Gemüsebrühe oder Wasser
200 g frische Erbsen, gepalt
200 g Prinzessbohnen, in 2,5 cm langen Stücken
150 g kleine Zucchini, längs halbiert und in Scheiben
1 Bouquet garni aus 2 Petersilienstängeln, 1 Lorbeerblatt und 1 Stück Sellerie (7,5 cm)
1 große Tomate, gehäutet, entkernt und fein gehackt
85 g kleine Suppennudeln
Salz und Pfeffer
gehobelter Parmesan, zum Garnieren

PISTOU-SAUCE
85 g frisches Basilikum
1 Knoblauchzehe
5 EL Natives Olivenöl extra
Salz und Pfeffer

1 Für die Pistou-Sauce Basilikum, Knoblauch und Olivenöl in einen Mixer geben und gut verschlagen. Mit Salz und Pfeffer abschmecken. In eine Schüssel füllen, abdecken und kalt stellen.

2 Das Olivenöl in einem großen Topf erhitzen. Den Knoblauch zufügen und unter Rühren 2 Minuten braten. Die Zwiebel zugeben und weitere 2 Minuten weich dünsten. Dann die Karotten und Kartoffeln zugeben und unterrühren.

3 Die Gemüsebrühe oder das Wasser zugießen und zum Kochen bringen. Die Hitze reduzieren und bei halb geöffnetem Deckel 8 Minuten köcheln lassen, bis das Gemüse allmählich weich wird.

4 Erbsen, Bohnen, Zucchini, Bouquet garni, Tomate und Nudeln zugeben. Alles salzen und pfeffern und 4 Minuten kochen, bis das Gemüse und die Nudeln weich sind. Die Pistou-Sauce unterrühren und in vorgewärmte Suppenschalen füllen. Dazu Parmesan reichen.

Erbsensuppe mit Joghurt

15 Min. 25 Min.

6 PERSONEN

2 EL Ghee oder Sonnenblumenöl
2 Zwiebeln, grob gehackt
225 g Kartoffeln, grob gehackt
2 Knoblauchzehen, zerdrückt
2,5-cm-Stück Ingwerwurzel, gerieben
1 TL gemahlener Koriander
1 TL gemahlener Kreuzkümmel
1 EL Mehl
900 ml Gemüsebrühe
500 g tiefgefrorene Erbsen
2–3 EL frisch gehackte Minze
Salz und Pfeffer
150 g fettarmer Naturjoghurt, plus etwas mehr zum Servieren
½ TL Speisestärke
300 ml Milch
Minzeblätter, zum Garnieren

1 Das Ghee oder Öl in einem Topf erhitzen. Zwiebeln und Kartoffeln zugeben und bei schwacher Hitze 3 Minuten dünsten. Dann Knoblauch, Ingwer, Koriander, Kreuzkümmel sowie das Mehl einrühren und 1 Minute anschwitzen.

2 Gemüsebrühe, Erbsen und Minze zufügen und unter Rühren zum Kochen bringen. Die Hitze reduzieren, Topf abdecken und alles 15 Minuten köcheln lassen, bis das Gemüse gar ist.

3 Die Suppe mit dem Pürierstab oder im Mixer glatt pürieren (siehe Tipp Seite 13). Dann wieder in den Topf geben und mit Salz und Pfeffer abschmecken.

4 Joghurt und Speisestärke in einer kleinen Schüssel verrühren (siehe Tipp) und unter die Suppe mischen. Dann die Milch zugießen und unter Rühren stark erhitzen. 2 Minuten bei schwacher Hitze köcheln lassen. Die Suppe heiß servieren und mit Minzeblättern sowie dem zusätzlichen Joghurt garnieren.

TIPP
Der Joghurt wird mit etwas Speisestärke angerührt, bevor er der heißen Suppe zugefügt wird. Das verhindert das Ausflocken des Joghurts und macht die Suppe sämig.

Kartoffel-Knoblauch-Suppe

10 Min. 1 Std.

4 PERSONEN

1 Knoblauchknolle mit großen Zehen (etwa 100 g), geschält
2 TL Olivenöl
1 große Zwiebel, fein gehackt
2 große Porreestangen, in Ringen
3 Kartoffeln (etwa 500 g), gewürfelt
1,2 l Gemüsebrühe
1 Lorbeerblatt
Salz und Pfeffer
150 g Schlagsahne
frisch geriebene Muskatnuss
frisch gepresster Zitronensaft
Schnittlauchröllchen, zum Garnieren

1 Die Knoblauchzehen auf ein Backblech legen, mit etwas Öl einpinseln und im vorgeheizten Backofen bei 180 °C etwa 20 Minuten goldbraun backen.

2 Das restliche Öl bei mittlerer Hitze in einem großen Topf erwärmen. Zwiebel und Porree zugeben und etwa 3 Minuten unter gelegentlichem Rühren andünsten.

3 Kartoffeln, gerösteten Knoblauch, Brühe und Lorbeerblatt zugeben. Mit Salz und Pfeffer würzen und kurz aufkochen. Die Hitze reduzieren und bei geschlossenem Deckel 30 Minuten köcheln lassen, bis das Gemüse weich ist. Dabei gelegentlich umrühren.

4 Das Lorbeerblatt entfernen und die Suppe leicht abkühlen lassen. Dann portionsweise im Mixer (siehe Tipp Seite 13) oder mit dem Pürierstab pürieren.

5 Die Suppe zurück in den Topf geben, die Sahne einrühren und bei geringer Hitze durchwärmen. Mit reichlich Muskat und etwas Zitronensaft abschmecken. Dann in vorgewärmte Teller füllen, mit Schnittlauchröllchen garnieren und servieren.

Zwiebelsuppe mit Käsegebäck

20 Min. 1 Std. 10 Min.

4 PERSONEN

75 g Butter
500 g Zwiebeln, fein gehackt
1 große Knoblauchzehe, fein gehackt
40 g Mehl, plus etwas mehr zum Bestäuben
600 ml Gemüsebrühe
600 ml Milch
Salz und Pfeffer
2–3 TL Zitronen- oder Limettensaft
1 Prise gemahlener Piment
1 Lorbeerblatt
1 Karotte, grob geraspelt
4–6 EL Crème double
2 EL frisch gehackte Petersilie, zum Garnieren

KÄSEGEBÄCK
225 g Mehl
2 TL Backpulver
Salz und Pfeffer
60 g Butter, in Flocken
4 EL frisch geriebener Parmesan
1 Ei, verquirlt
75 ml Milch

1 Die Butter in einem Topf zerlassen und darin Zwiebeln und Knoblauch bei schwacher Hitze unter häufigem Rühren 10–15 Minuten weich dünsten. Das Mehl zufügen und unter Rühren 1 Minute kochen. Nach und nach die Brühe zugießen und unter häufigem Rühren aufkochen.

2 Die Milch zugießen und erneut aufkochen. Mit Salz und Pfeffer abschmecken und 2 Teelöffel Zitronen- oder Limettensaft, Piment und Lorbeerblatt zugeben. Abdecken und ca. 25 Minuten köcheln lassen, bis das Gemüse gar ist. Dann das Lorbeerblatt entfernen.

3 Für das Käsegebäck zunächst Mehl, Backpulver, Salz und Pfeffer mischen, dann die Butterflocken zugeben und einkneten, bis die Mischung leicht krümelig wird. 3 Esslöffel Käse, Ei und so viel Milch einrühren, bis eine weiche Teigmasse entsteht.

4 2 Rollen von ca. 2 cm Durchmesser formen. Auf ein mit Mehl bestäubtes Backblech legen und in Scheiben schneiden. Anschließend mit dem restlichen Käse bestreuen und im vorgeheizten Backofen bei 220 °C 20 Minuten backen, bis das Gebäck aufgegangen und goldbraun ist.

5 Die Karotte in die Suppe einrühren und 2–3 Minuten köcheln lassen. Falls erforderlich, mehr Zitronen- oder Limettensaft zugeben und abschmecken. Die Crème double einrühren und wieder erhitzen. Mit Petersilie garnieren und mit dem noch warmen knusprigen Käsegebäck servieren.

Gemüsecremesuppe mit Mais

15 Min. 30 Min.

4 PERSONEN

1 EL Öl
1 rote Zwiebel, gehackt
1 rote Paprika, entkernt und in Stücken
3 große Knoblauchzehen, fein gehackt
1 große Kartoffel, gewürfelt
2 EL Mehl
600 ml Milch
300 ml Gemüsebrühe
50 g Brokkoliröschen
300 g Mais aus der Dose, abgetropft
75 g frisch geriebener Cheddar oder Gouda
Salz und Pfeffer
1 EL frisch gehackter Koriander, zum Garnieren

1 Das Öl in einem Topf erhitzen. Zwiebel, Paprika, Knoblauch und Kartoffel zugeben und bei schwacher Hitze unter Rühren etwa 2–3 Minuten andünsten.

2 Das Mehl zugeben und unter ständigem Rühren etwa 30 Sekunden kochen. Nach und nach Milch und Gemüsebrühe einrühren.

3 Brokkoli und Mais zufügen und die Mischung unter ständigem Rühren zum Kochen bringen. Dann die Hitze reduzieren und alles 20 Minuten köcheln lassen, bis das Gemüse gar ist.

4 50 g Käse zugeben und unter Rühren schmelzen lassen. Alles mit Salz und Pfeffer abschmecken und die Suppe in eine vorgewärmte Terrine oder in Suppenteller geben. Mit dem restlichen Käse und dem Koriander garnieren und servieren.

TIPP

Vegetarischer Käse enthält Lab pflanzlicher Herkunft, das unter Verwendung mikrobischer Enzyme und Pilzenzyme hergestellt wird.

Karottensuppe mit Mandeln

10 Min. 50 Min.

4–6 PERSONEN

2 TL Olivenöl
1 Zwiebel, fein gehackt
1 Porreestange, in dünnen Ringen
500 g Karotten, in dünnen Scheiben
1,5 l Wasser
Salz und Pfeffer
50 g Semmelbrösel
200 g gemahlene Mandeln
1–2 EL frisch gepresster Zitronensaft
frische Schnittlauchröllchen, zum Garnieren

1 Das Öl bei mittlerer Hitze in einem großen Topf erwärmen. Zwiebel und Porree zugeben und etwa 3 Minuten weich dünsten. Ab und zu umrühren.

2 Karotten und Wasser zugeben, mit etwas Salz und Pfeffer würzen und kurz aufkochen. Die Hitze reduzieren und mit halb geschlossenem Deckel 45 Minuten köcheln lassen, bis das Gemüse weich ist. Gelegentlich umrühren.

3 Die Semmelbrösel mit kaltem Wasser bedecken und 2–3 Minuten einweichen. Dann abgießen und das restliche Wasser ausdrücken.

4 Mandeln und Semmelbrösel im Mixer mit einer Kelle Karottenkochwasser zu einer glatten Creme pürieren.

5 Die Suppe leicht abkühlen lassen, dann portionsweise im Mixer (siehe Tipp Seite 13) oder mit dem Pürierstab glatt pürieren. Zurück in den Topf geben, die Mandelpaste einrühren und bei schwacher Hitze etwa 5 Minuten durchwärmen, dabei gelegentlich umrühren. Mit Zitronensaft, Salz und Pfeffer abschmecken, dann in vorgewärmte Teller füllen, mit Schnittlauch garnieren und servieren.

Brokkolisuppe

5 Min. 40 Min.

4 PERSONEN

400 g Brokkoli
2 TL Butter
1 TL Öl
1 Zwiebel, fein gehackt
1 Porreestange, in dünnen Ringen
1 kleine Karotte, fein gehackt
3 EL Reis
850 ml Wasser
1 Lorbeerblatt
Salz und Pfeffer
frisch geriebene Muskatnuss
4 EL Crème double
100 g Frischkäse
Croûtons, zum Servieren

1 Den Brokkoli in Röschen zerteilen und die Stiele abschneiden. Große Stiele schälen, anschließend alle Stiele in kleine Stücke schneiden.

2 Die Butter in einem großen Topf bei mittlerer Hitze zerlassen. Zwiebel, Porree und Karotte zugeben und 3–4 Minuten unter gelegentlichem Rühren garen.

3 Brokkolistiele, Reis, Wasser, Lorbeerblatt und eine Prise Salz zugeben. Kurz aufkochen, dann die Hitze reduzieren und abgedeckt 15 Minuten köcheln lassen.

4 Die Brokkoliröschen zufügen und alles unter weiterköcheln lassen, bis Gemüse und Reis gar sind.

5 Das Lorbeerblatt entfernen und die Suppe mit Muskat, Pfeffer und Salz abschmecken. Crème double und Frischkäse einrühren und unter gelegentlichem Rühren bei geringer Hitze einige Minuten lang durchwärmen lassen.

6 Die Suppe in vorgewärmte Teller füllen und mit Croûtons garniert servieren.

TIPP
Für die Croûtons von dicken Brotscheiben die Rinde abschneiden, dann das Brot würfeln und in etwas Olivenöl unter ständigem Rühren hellbraun braten.

Kichererbsensuppe

5 Min. 15 Min.

4 PERSONEN

2 EL Olivenöl
2 Porreestangen, in dünnen Ringen
2 Zucchini, gehackt
2 Knoblauchzehen, zerdrückt
800 g gehackte Tomaten aus der Dose
1 EL Tomatenmark
1 Lorbeerblatt
1 l Gemüsebrühe
400 g Kichererbsen aus der Dose, abgetropft
250 g Blattspinat
Salz und Pfeffer
25 g frisch geriebener Parmesan
knuspriges Brot, zum Servieren

1 Das Öl in einer schweren Pfanne erhitzen. Porree und Zucchini zufügen und bei mittlerer Hitze 5 Minuten unter ständigem Rühren andünsten.

2 Knoblauch, Tomaten, Tomatenmark, Lorbeerblatt, Brühe und Kichererbsen zugeben. Aufkochen, die Hitze reduzieren und 5 Minuten köcheln lassen.

3 Den Spinat säubern und fein zerkleinern, dann in die Suppe geben und 2 Minuten kochen. Mit Salz und Pfeffer abschmecken.

4 Das Lorbeerblatt entfernen und die Kichererbsensuppe in eine vorgewärmte Terrine oder direkt in Suppenteller füllen. Mit dem frisch geriebenen Parmesan bestreuen und mit dem knusprigen Brot servieren.

TIPP
Kichererbsen, die vor allem in der nordafrikanischen Küche sehr beliebt sind, kann man ohne weiteres in der Dose kaufen – sie sind von guter Qualität.

Chinesische Kohlsuppe

5 Min. 30 Min.

4 PERSONEN

600 ml Gemüsebrühe
450 g Pak-Choi-Blätter, klein geschnitten
1 EL Reisessig
1 EL helle Sojasauce
1 EL feiner Zucker
1 EL trockener Sherry
1 frische rote Chili, in feinen Ringen
1 EL Speisestärke
2 EL Wasser

1 Die Gemüsebrühe in einem großen Topf erhitzen. Den Pak Choi zugeben und 10–15 Minuten garen.

2 Reisessig, Sojasauce, Zucker und Sherry in einer kleinen Schüssel vermengen.

3 Die Mischung zusammen mit der Chili in die Brühe einrühren. Kurz aufkochen und dann 2–3 Minuten bei kleiner Hitze köcheln lassen.

4 In einer kleinen Schüssel die Speisestärke mit dem Wasser glatt rühren. Das Speisestärkegemisch langsam in die Suppe einrühren. Unter ständigem Rühren köcheln lassen, bis die Suppe dickflüssig ist, dann weitere 4–5 Minuten fertig garen.

5 Die Kohlsuppe in vorgewärmte Suppentassen füllen und heiß servieren.

TIPP
Pak Choi (auch Bok Choi oder Chinesischer Senfkohl) hat lange, weiße Blattstiele und fleischige, löffelähnliche, glänzend grüne Blätter. Die verschiedenen Unterarten unterscheiden sich hauptsächlich in ihrer Größe, weniger im Geschmack.

Süßkartoffel-Apfel-Suppe

10 Min. 45 Min.

6 PERSONEN

1 EL Butter
3 Porreestangen, in feinen Ringen
1 große Karotte, in dünnen Scheiben
2 Süßkartoffeln, gewürfelt
2 große saure Tafeläpfel, geschält und gewürfelt
1,2 l Wasser
Salz und Pfeffer
frisch geriebene Muskatnuss
225 ml Apfelsaft
225 g Schlagsahne
frische Schnittlauchröllchen oder frische Korianderblätter, zum Garnieren

1 Die Butter in einem großen Topf bei mittlerer Hitze zerlassen. Den Porree zugeben, den Deckel auflegen und 6–8 Minuten unter häufigem Rühren weich dünsten.

2 Karotte, Süßkartoffeln, Äpfel und das Wasser zugeben. Mit Salz, Pfeffer und Muskat würzen und alles aufkochen. Dann die Hitze reduzieren und mit geschlossenem Deckel 20 Minuten leicht kochen, bis das Gemüse weich ist. Dabei gelegentlich umrühren.

3 Die Suppe etwas abkühlen lassen, dann portionsweise im Mixer (siehe Tipp Seite 13) oder mit dem Pürierstab glatt pürieren. Anschließend die Suppe in den Topf zurückgeben, den Apfelsaft einrühren und bei schwacher Hitze etwa 10 Minuten durchwärmen.

4 Die Sahne zugießen und weitere 5 Minuten unter ständigem Rühren köcheln lassen. Erneut abschmecken und eventuell etwas mehr Salz, Pfeffer oder Muskat zufügen.

5 Die fertige Suppe auf vorgewärmte Teller verteilen, mit Schnittlauch oder Koriander garnieren und sofort servieren.

Linsensuppe mit Nudeln

10 Min. 55 Min.

4 PERSONEN

1 EL Olivenöl
1 Zwiebel, gehackt
4 Knoblauchzehen, fein gehackt
350 g Karotten, in Scheiben
1 Selleriestange, in Scheiben
225 g rote Linsen
600 ml Gemüsebrühe
700 ml kochendes Wasser
Salz und Pfeffer
150 g Nudeln
150 g fettarmer Naturjoghurt, plus etwas mehr zum Garnieren
2 EL frisch gehackte Petersilie, zum Garnieren

1 Das Öl in einem großen Topf erhitzen. Zwiebel, Knoblauch, Karotten und Sellerie unter Rühren 5 Minuten andünsten, bis das Gemüse weich wird.

2 Linsen, Brühe und kochendes Wasser zugeben. Mit Salz und Pfeffer abschmecken, wieder erwärmen und ohne Deckel 15 Minuten köcheln lassen, bis die Linsen weich sind. Dann 10 Minuten abkühlen lassen.

3 In der Zwischenzeit in einem zweiten Topf Wasser aufkochen und die Nudeln gemäß Packungsanweisung garen. Dann abgießen und beiseitestellen.

4 Die Suppe mit dem Pürierstab oder im Mixer (siehe Tipp Seite 13) pürieren. Wieder in den Topf geben, die Nudeln zufügen, alles noch einmal erwärmen und 2–3 Minuten köcheln lassen. Vom Herd nehmen und den Joghurt einrühren. Gegebenenfalls erneut abschmecken.

5 Auf vorgewärmte Suppenteller verteilen. Mit Petersilie bestreuen, mit etwas Joghurt garnieren und servieren.

TIPP
Nach der Zugabe von Joghurt darf die Suppe nicht mehr kochen, da der Joghurt sonst ausflockt. Die Suppe nur leicht erwärmen.

Blumenkohlsuppe mit Cidre

10 Min. 55 Min.

4 PERSONEN

25 g Butter
1 Zwiebel, fein gehackt
1 Knoblauchzehe, zerdrückt
1 Karotte, in dünnen Scheiben
500 g Blumenkohlröschen
600 ml trockener Cidre (brut)
Salz und Pfeffer
frisch geriebene Muskatnuss
125 ml Milch
125 g Crème double
frische Schnittlauchröllchen, zum Garnieren

1 Die Butter in einem großen Topf bei mittlerer Hitze zerlassen. Zwiebel und Knoblauch zugeben, den Topf abdecken und 5 Minuten garen, bis das Gemüse weich ist. Dabei gelegentlich umrühren.

2 Karotte und Blumenkohl zugeben, den Cidre zugießen. Mit Salz, Pfeffer und Muskat würzen. Aufkochen, dann die Hitze reduzieren und mit geschlossenem Deckel 50 Minuten köcheln lassen, bis das Gemüse weich ist. Gelegentlich umrühren.

3 Die Suppe leicht abkühlen lassen, dann portionsweise im Mixer (siehe Tipp Seite 13) oder mit dem Pürierstab glatt pürieren. Anschließend die Suppe in den Topf zurückgeben, Milch und Crème double zugießen. Abschmecken und bei geringer Hitze unter gelegentlichem Rühren gut durchwärmen.

4 Die Suppe auf vorgewärmte Teller verteilen, mit Schnittlauchröllchen garnieren und servieren.

TIPP
Anstelle des Cidres können Sie auch je 200 ml Weißwein, Apfelsaft und Wasser verwenden.

Champignonsuppe

10 Min. 40 Min.

4 PERSONEN

40 g Butter
700 g Champignons, in Scheiben
Salz und Pfeffer
1 Zwiebel, fein gehackt
1 Schalotte, fein gehackt
25 g Mehl
2–3 EL trockener Weißwein oder Sherry
1,4 l Gemüsebrühe
150 g Schlagsahne
2 EL frisch gehackte Petersilie
frisch gepresster Zitronensaft (nach Belieben)
4 EL saure Sahne oder Crème fraîche, zum Garnieren

1 Die Hälfte der Butter in einer großen Pfanne bei mittlerer Hitze zerlassen. Die Pilze zugeben, mit Salz und Pfeffer würzen. Etwa 8 Minuten dünsten, bis die Pilze goldbraun sind. Dann Pfanne vom Herd nehmen und beiseitestellen.

2 Die restliche Butter in einem Topf bei mittlerer Hitze zerlassen. Zwiebel und Schalotte zugeben und 2–3 Minuten weich dünsten. Dann das Mehl einrühren und weitere 2 Minuten dünsten. Wein oder Sherry und Brühe zugießen und kräftig rühren.

3 Ein Viertel der Pilze beiseitestellen, die restlichen Pilze in den Topf geben. Die Hitze reduzieren, den Deckel auflegen und unter gelegentlichem Rühren 20 Minuten garen.

4 Die Suppe leicht abkühlen lassen, dann portionsweise im Mixer (siehe Tipp Seite 13) oder mit dem Pürierstab pürieren.

5 Die Suppe wieder in den Topf geben und die restlichen Pilze, Sahne und Petersilie einrühren. 5 Minuten bei geringer Hitze erwärmen und mit Zitronensaft, Salz und Pfeffer abschmecken.

6 Die Suppe in vorgewärmte Teller füllen und mit saurer Sahne oder Crème fraîche garniert servieren.

Kartoffel-Kichererbsen-Suppe

5 Min. 50 Min.

4 PERSONEN

1 EL Olivenöl
1 große Zwiebel, fein gehackt
2–3 große Knoblauchzehen, fein gehackt
1 Karotte, geviertelt und in dünnen Scheiben
350 g Kartoffeln, gewürfelt
¼ TL Kurkuma
¼ TL Garam Masala
¼ TL mildes Currypulver
400 g gehackte Tomaten aus der Dose
850 ml Wasser
¼ TL Chilipaste
Salz und Pfeffer
400 g Kichererbsen aus der Dose, abgetropft und abgespült
85 g tiefgefrorene oder frische Erbsen
frisch gehackter Koriander, zum Garnieren

1 Das Öl in einem Topf bei mittlerer Hitze erwärmen. Zwiebel und Knoblauch zugeben und 3–4 Minuten andünsten, bis die Zwiebel glasig wird. Ab und zu umrühren.

2 Karotte, Kartoffeln, Kurkuma, Garam Masala und Currypulver zugeben und weitere 1–2 Minuten dünsten. Dann Tomaten, Wasser, Chilipaste und eine große Prise Salz zugeben. Die Hitze reduzieren, Topf abdecken und alles 30 Minuten unter gelegentlichem Rühren köcheln lassen.

3 Kichererbsen und Erbsen zufügen und abgedeckt weitere 15 Minuten köcheln lassen, bis das Gemüse weich ist. Dann die Suppe mit Salz und Pfeffer abschmecken und nach Bedarf mit etwas Chilipaste nachwürzen.

4 Auf vorgewärmte Teller verteilen, mit Koriander garnieren und servieren.

Minestrone

30 Min. 1 Std. 15 Min.

6–8 PERSONEN

1 EL Olivenöl
1 Zwiebel, fein gehackt
1 Porreestange, längs halbiert und in dünnen Ringen
2 Knoblauchzehen, fein gehackt
400 g gehackte Tomaten aus der Dose
1 Karotte, fein gewürfelt
1 kleiner Kohlrabi, fein gewürfelt
1 kleine Kartoffel, fein gewürfelt
125 g Knollensellerie, fein gewürfelt
250 g Kürbis, fein gewürfelt
700 ml Wasser
1 l Gemüsebrühe
400 g Cannellini- oder Borlotti-Bohnen aus der Dose, abgetropft und abgespült
100 g Blattkohl, z. B. Cavolo nero
Salz und Pfeffer
85 g kleine Nudeln oder in mundgerechte Stücke gebrochene Spaghetti
frisch geriebener Parmesan, zum Servieren

1 Das Öl bei mittlerer Hitze in einem großen Topf erwärmen. Zwiebel, Porree und Knoblauch zugeben und etwa 3–4 Minuten weich dünsten. Ab und zu umrühren.

2 Tomaten, Karotte, Kohlrabi, Kartoffel, Sellerie, Kürbis, das Wasser und die Brühe zufügen. Unter gelegentlichem Rühren zum Kochen bringen.

3 Bohnen und Kohl einrühren. Mit etwas Salz und Pfeffer abschmecken. Die Hitze reduzieren und mit geschlossenem Deckel 50 Minuten köcheln lassen, bis das Gemüse weich ist. Gelegentlich umrühren.

4 Die Nudeln in einem Topf mit kochendem Salzwasser al dente kochen. Abgießen und in die Suppe geben.

5 Die Suppe abschmecken und auf vorgewärmte Teller verteilen. Mit geriebenem Parmesan bestreuen und sofort servieren.

Birnen-Brunnenkresse-Suppe

15 Min. 20 Min.

6 PERSONEN

1 Bund Brunnenkresse
4 Birnen, in Spalten
850 ml Gemüsebrühe
Saft einer ½ Zitrone
Salz und Pfeffer
125 g Crème double

CROÛTONS
2–3 Scheiben altbackenes Weißbrot
2 EL Olivenöl

1 Etwa ein Drittel der Brunnenkresseblätter beiseitelegen. Die restlichen Blätter und Stängel in einen Topf geben, Birnen und Brühe zufügen, alles aufkochen. Dann die Hitze reduzieren und alles 15 Minuten köcheln lassen.

2 Den Topf vom Herd nehmen. Die Suppe etwas abkühlen lassen und die zurückbehaltenen Brunnenkresseblätter zufügen. Die Suppe erst im Mixer pürieren, anschließend durch ein feines Sieb in eine Schüssel passieren. Den Zitronensaft unterrühren und mit Salz und Pfeffer würzen.

3 Für die Croûtons das Weißbrot in etwa 5 mm große Würfel schneiden. Das Olivenöl in einer schweren Pfanne erhitzen. Die Brotwürfel zugeben und unter ständigem Rühren rundum gleichmäßig bräunen. Auf Küchenpapier abtropfen lassen.

4 Soll die Suppe heiß serviert werden, die Crème double unter die pürierte Suppe rühren und die Suppe in einen sauberen Topf umfüllen. Bei geringer Hitze gut durchwärmen, mit den Croûtons garnieren und sofort servieren.

5 Soll die Suppe kalt serviert werden, die Suppe abkühlen lassen, bevor die Crème double eingerührt wird. Dann die fertige Suppe mit Frischhaltefolie abdecken und vor dem Servieren im Kühlschrank erkalten lassen.

Gärtnersuppe

10 Min. 45 Min.

6 PERSONEN

40 g Butter
1 Zwiebel, gehackt
1–2 Knoblauchzehen, zerdrückt
1 große Porreestange
250 g Rosenkohl, in Scheiben
150 g Prinzess- oder Brechbohnen, in mundgerechten Stücken
1,2 l Gemüsebrühe
150 g tiefgefrorene Erbsen
Salz und Pfeffer
1 EL Zitronensaft
½ TL gemahlener Koriander
4 EL Crème double
4–6 Scheiben Weißbrot, zum Servieren

1 Die Butter in einem großen Topf zerlassen. Zwiebel und Knoblauch zugeben und bei geringer Hitze andünsten, bis sie weich werden, aber nicht bräunen. Dabei gelegentlich rühren.

2 Zunächst den weißen Teil des Porrees in dünne Ringe schneiden und beiseitestellen, dann den restlichen Porree in dünne Ringe schneiden.

3 Die grünen Porreeringe, Rosenkohl und Bohnen in den Topf geben. Die Gemüsebrühe zugießen, alles vermengen und 10 Minuten köcheln.

4 Die gefrorenen Erbsen zufügen. Alles mit Salz und Pfeffer würzen, Zitronensaft und Koriander zugeben und 10–15 Minuten kochen, bis das Gemüse gar ist.

5 Die Suppe etwas abkühlen lassen, dann portionsweise mit dem Pürierstab oder im Mixer (siehe Tipp Seite 13) glatt pürieren; alternativ durch ein Sieb streichen. Dann in den Topf zurückgießen.

6 Die weißen Porreeringe zugeben, alles aufkochen und 5 Minuten köcheln lassen, bis der Porree gar ist. Nach Belieben nachwürzen, Crème double zugeben und durchwärmen lassen.

7 Zuletzt das Brot unter den vorgeheizten Backofengrill geben und rösten, bis es knusprig ist. Dann sofort mit der Suppe servieren.

Erbsensuppe mit Estragon

10 Min. 55 Min.

4 PERSONEN

2 TL Butter
1 Zwiebel, fein gehackt
2 Porreestangen, fein gehackt
1½ EL weißer Reis
500 g tiefgefrorene Erbsen
1 l Wasser
1 Würfel Gemüsebrühe
½ TL getrockneter Estragon
Salz und Pfeffer
1 Ei, hart gekocht und gewürfelt, oder Croûtons, zum Garnieren

1 Die Butter in einem großen Topf bei mittlerer Hitze zerlassen. Zwiebel, Porree und Reis zugeben, den Deckel auflegen und 10 Minuten garen, bis Gemüse und Reis weich werden. Dabei gelegentlich umrühren.

2 Erbsen, das Wasser, Brühwürfel und Estragon zufügen. Mit Salz und Pfeffer würzen. Den Deckel auflegen und 35 Minuten bei geringer Hitze unter gelegentlichem Rühren köcheln lassen, bis das Gemüse weich ist.

3 Die Suppe leicht abkühlen lassen, dann portionsweise im Mixer (siehe Tipp Seite 13) oder mit dem Pürierstab glatt pürieren. Anschließend die Suppe zurück in den Topf geben, mit reichlich Pfeffer und etwas Salz abschmecken. Bei geringer Hitze etwa 10 Minuten durchwärmen.

4 Die Suppe auf vorgewärmte Teller verteilen, mit Ei oder Croûtons garnieren und servieren.

TIPP
Durch den Reis wird die Suppe etwas gehaltvoller. Alternativ können Sie auch eine kleine Menge roher oder gekochter Kartoffeln verwenden.

Röstgemüsesuppe

1 Std. 10 Min. 15 Min.

6 PERSONEN

3–4 EL Olivenöl
700 g reife Tomaten, gehäutet, entkernt und halbiert
3 große gelbe Paprika, halbiert und entkernt
3 Zucchini, längs halbiert
1 kleine Aubergine, längs halbiert
4 Knoblauchzehen, halbiert
2 Zwiebeln, geachtelt
Salz und Pfeffer
1 Prise getrockneter Thymian
1 l Gemüsebrühe
125 g Schlagsahne
frisch gehackte Basilikumblätter, zum Garnieren

1 Ein Backblech mit etwas Olivenöl einpinseln. Tomaten, Paprika, Zucchini und Aubergine mit der Schnittfläche nach unten nebeneinander darauflegen; eventuell zwei Bleche benutzen. Knoblauchzehen und Zwiebeln in die Lücken zwischen dem Gemüse legen. Alles mit Olivenöl beträufeln, leicht mit Salz und Pfeffer würzen und mit dem Thymian bestreuen.

2 Im vorgeheizten Backofen bei 190 °C ohne Abdeckung 30–35 Minuten backen, bis das Gemüse weich ist und braune Ränder bekommt. Abkühlen lassen, dann das Fleisch aus den Auberginen schaben und die Haut der Paprika abziehen.

3 Auberginen- und Paprikafleisch zusammen mit den Zucchini mit dem Pürierstab oder im Mixer grob zerkleinern, aber nicht pürieren. Alternativ das Gemüse in einer Schüssel mit einem Messer grob hacken.

4 Brühe und Gemüse in einen Topf geben und bei mittlerer Hitze 20–30 köcheln lassen, bis das Gemüse weich ist.

5 Die Sahne einrühren und bei geringer Hitze 5 Minuten erwärmen, dabei ab und zu rühren. Bei Bedarf nachwürzen.

6 Die Suppe auf vorgewärmte Teller verteilen, mit Basilikum garnieren und servieren.

Toskanische Bohnensuppe

5 Min. 25 Min.

4 PERSONEN

1 Zwiebel, gehackt
1 große Knoblauchzehe, fein gehackt
2 Selleriestangen, in Scheiben
1 große Karotte, gewürfelt
400 g gehackte Tomaten aus der Dose
150 ml trockener Rotwein
1,2 l Gemüsebrühe
1 TL getrockneter Oregano
425 g gemischte Bohnen aus der Dose
2 Zucchini, gewürfelt
1 EL Tomatenmark
Salz und Pfeffer
Pesto, zum Servieren
knuspriges Brot, zum Servieren

1 Zwiebel, Knoblauch, Sellerie und Karotte in einen großen Topf geben. Tomaten, Rotwein, Gemüsebrühe und Oregano unterrühren. Die Mischung zum Kochen bringen, den Deckel auf den Topf geben und 15 Minuten köcheln lassen.

2 Die gemischten Bohnen und die Zucchini in den Topf geben und ohne Deckel weitere 5 Minuten köcheln lassen.

3 Tomatenmark in die Gemüsemischung einrühren und kräftig mit Salz und Pfeffer abschmecken. Die Suppe unter gelegentlichem Rühren noch einmal 2–3 Minuten duchwärmen, sie darf aber nicht mehr kochen.

4 Die Suppe auf vorgewärmte Teller oder Suppenschalen verteilen, mit einem Löffel Pesto garnieren und mit knusprigem Brot servieren.

TIPP
Pesto erhält man fertig zubereitet im Supermarkt. Achten Sie beim Kauf auf gute Qualität.

Topinambursuppe

10 Min. 30 Min.

4 PERSONEN

700 g Topinambur
5 EL Orangensaft
2 EL Butter
1 Porreestange, in Ringen
1 Knoblauchzehe, zerdrückt
300 ml Gemüsebrühe
150 ml Milch
2 EL frisch gehackter Koriander
150 g Naturjoghurt
Orangenzesten, zum Garnieren

1 Den Topinambur säubern und mit 2 Esslöffeln Orangensaft und so viel Wasser in einen großen Topf geben, dass er bedeckt ist. 20 Minuten kochen, bis der Topinambur weich ist.

2 Den Topfinhalt durch ein Sieb gießen, dabei den Kochsud auffangen und 400 ml davon zurückbehalten. Den Topinambur abkühlen lassen. Anschließend schälen, in eine große Schüssel geben und mit einem Kartoffelstampfer zerdrücken.

3 Die Butter in einem großen Topf zerlassen. Dann Porree und Knoblauch zugeben und 2–3 Minuten bei schwacher Hitze andünsten, bis die Porreeringe weich sind.

4 Topinamburpüree, zurückbehaltenen Kochsud, Gemüsebrühe, Milch und den restlichen Orangensaft hinzufügen. Aufkochen, anschließend die Hitze reduzieren und etwa 2–3 Minuten köcheln lassen.

5 Einige der Porreeringe mit einem Schaumlöffel aus der Suppe nehmen und beiseitestellen. Die Suppe 1 Minute im Mixer (siehe Tipp Seite 13) oder mit einem Pürierstab glatt pürieren oder mit einem Löffel duch ein Sieb streichen.

6 Die Suppe umfüllen und beiseitegestellte Porreeringe, Koriander und Joghurt einrühren. Anschließend in vorgewärmte Teller oder Suppenschalen füllen, mit den Orangenschalenzesten garnieren und servieren.

Tomaten-Paprika-Suppe

15 Min. 35 Min.

4 PERSONEN

2 große rote Paprika, entkernt und halbiert
1 große Zwiebel, gehackt
1 Knoblauchzehe, zerdrückt
2 Selleriestangen, geputzt und gehackt
600 ml Gemüsebrühe
2 Lorbeerblätter
800 g Tomaten aus der Dose
Salz und Pfeffer
Frühlingszwiebeln, in Julienne-Streifen, zum Garnieren
knuspriges Brot, zum Servieren

1 Den Grill auf höchster Stufe vorheizen. Die Paprika auf ein Blech legen und 8–10 Minuten grillen, bis sie weich sind und die Haut Blasen wirft. Ab und zu wenden.

2 Die Paprika leicht abkühlen lassen, dann die Haut abziehen. Eine Paprikahälfte für die Garnierung in Streifen schneiden und beiseitestellen. Den Rest klein würfeln und in einen großen Topf geben.

3 Zwiebel, Knoblauch, Sellerie sowie Brühe und Lorbeerblätter zu den Paprika geben, erhitzen und abgedeckt 15 Minuten kochen. Vom Herd nehmen.

4 Die Lorbeerblätter entfernen. Die Tomaten einrühren und alles mit dem Pürierstab oder im Mixer (siehe Tipp Seite 13) glatt pürieren. In den Topf zurückgeben und wieder auf den Herd stellen. Mit Salz und Pfeffer abschmecken und 3–4 Minuten erwärmen.

5 Die Suppe in vorgewärmte Schalen füllen und mit Paprikastreifen und Frühlingszwiebeln garnieren. Dazu knuspriges Brot reichen.

TIPP
Wer es etwas rustikaler mag, püriert die Suppe nicht im Mixer, sondern zerdrückt sie lediglich grob mit einem Holzlöffel.

Tomatensuppe mit Nudeln

5 Min. 50–55 Min.

4 PERSONEN

60 g Butter
1 große Zwiebel, gehackt
1 kg Eiertomaten, gehäutet, entkernt und grob gehackt
600 ml Gemüsebrühe
1 Prise Speisenatron
1 EL Zucker
Salz und Pfeffer
250 g Fusilli
150 g Schlagsahne
frische Basilikumblätter, zum Garnieren

1 Die Butter in einem Topf zerlassen und darin die Zwiebel etwa 3 Minuten glasig dünsten. Tomaten, 300 ml Gemüsebrühe und das Natron zugeben, aufkochen und 20 Minuten köcheln lassen.

2 Den Topf vom Herd nehmen und abkühlen lassen. Dann die Suppe im Mixer (siehe Tipp Seite 13) oder mit dem Pürierstab pürieren und anschließend durch ein feines Sieb zurück in den Topf passieren. Die restliche Gemüsebrühe und den Zucker zugeben und alles mit Salz und Pfeffer abschmecken.

3 Die Fusilli zufügen, alles aufkochen und 15 Minuten köcheln lassen, bis die Nudeln weich sind.

4 Die Suppe auf vorgewärmte Teller oder Suppenschalen verteilen, mit je einem Löffel Sahne dekorieren und mit frischen Basilikumblättern garniert servieren.

Spanische Tomatensuppe

10 Min. 20 Min.

4 PERSONEN

4 EL Olivenöl
1 Zwiebel, gehackt
3 Knoblauchzehen, zerdrückt
1 grüne Paprika, entkernt und gehackt
½ TL Chilipulver
500 g Tomaten, gehackt
250 g Baguette, gewürfelt
1 l Gemüsebrühe

KNOBLAUCHBROT
4 Scheiben Baguette
4 EL Olivenöl
2 Knoblauchzehen, zerdrückt
25 g Cheddar oder Gouda, gerieben
Chilipulver

1 Das Öl in einer großen Pfanne erhitzen. Zwiebel, Knoblauch und Paprika zugeben und bei schwacher Hitze unter häufigem Rühren 2–3 Minuten andünsten, bis die Zwiebel weich ist.

2 Chilipulver und Tomaten zufügen und bei mittlerer Hitze kochen, bis die Mischung eindickt. Dann Brotwürfel und Brühe einrühren und 10–15 Minuten kochen, bis die Suppe sämig ist.

3 Für das Knoblauchbrot die Brotscheiben unter dem vorgeheizten Grill auf mittlerer Schiene rösten. Dann das Öl auf die Oberseite des Brotes träufeln, die Scheiben mit Knoblauch einreiben, mit Käse bestreuen und erneut für etwa 2–3 Minuten unter den Grill legen, bis der Käse geschmolzen ist. Zum Schluss mit Chilipulver bestreuen.

4 Wenn das Knoblauchbrot fertig ist, die Suppe auf Teller verteilen und sofort servieren. Dazu das Knoblauchbrot reichen.

Spinatsuppe mit Joghurt

15 Min. 30 Min.

4 PERSONEN

600 ml Gemüsebrühe
60 g Langkornreis
4 EL Wasser
1 EL Speisestärke
600 g fettarmer Naturjoghurt
3 Eigelb, leicht verquirlt
Saft von 1 Zitrone
350 g junger Blattspinat
Salz und Pfeffer

1 Die Brühe in einem Topf aufkochen. Den Reis zugeben und 10 Minuten kochen, bis er halb gar ist. Dann vom Herd nehmen.

2 In einer kleinen Schüssel das Wasser mit der Speisestärke zu einer glatten Paste verrühren.

3 Den Joghurt in einen Topf geben und die angerührte Speisestärke einrühren. Die Mischung bei geringer Hitze langsam aufkochen, dabei ständig mit einem Holzlöffel immer in die gleiche Richtung rühren – dadurch flockt der Joghurt nicht aus. Wenn der Joghurt den Siedepunkt erreicht hat, den Herd abschalten und den Joghurt über der Restwärme 10 Minuten köcheln lassen. Dann den Topf vom Herd nehmen und leicht abkühlen lassen.

4 Eigelb, Joghurtmischung und Zitronensaft in die Gemüsebrühe einrühren. Unter ständigem Rühren die Suppe warm halten, aber nicht mehr kochen.

5 Den Spinat in einem Topf mit leicht gesalzenem Wasser 2–3 Minuten blanchieren, bis die Blätter weich werden, aber noch nicht gänzlich zusammenfallen. Abgießen, in einem Sieb abtropfen lassen und in die Suppe geben. Anschließend die Suppe kräftig mit Salz und Pfeffer würzen und in vorgewärmten Tellern servieren.

Bohnensuppe mit Nudeln

5–10 Min. 1 Std. 15 Min.

4 PERSONEN

250 g getrocknete weiße Bohnen, eingeweicht und abgespült
4 EL Olivenöl
2 große Zwiebeln, in Ringen
3 Knoblauchzehen, gehackt
400 g gehackte Tomaten aus der Dose
1 TL getrockneter Oregano
1 TL Tomatenmark
850 ml Wasser
Salz und Pfeffer
125 g getrocknete Tomaten in Öl, abgetropft und in Streifen
100 g kleine Nudeln, z. B. Hörnchen
1 EL frisch gehackter Koriander oder glatte Petersilie
2 EL frisch geriebener Parmesan

1 Die Bohnen in einen großen Topf geben, mit kaltem Wasser bedecken und zum Kochen bringen. 15 Minuten sprudelnd kochen. Durch ein Sieb abgießen.

2 Das Öl bei mittlerer Hitze in einem Topf erhitzen. Die Zwiebeln darin andünsten, bis sie braun werden. Den Knoblauch zugeben und 1 Minute mitdünsten.

3 Gehackte Tomaten, Oregano, Tomatenmark und Wasser zugeben. Die Bohnen zufügen, alles vermischen und den Topf abdecken. 45 Minuten köcheln lassen, bis die Bohnen fast gar sind.

4 Die Suppe mit Salz und Pfeffer abschmecken, die Nudeln und die getrockneten Tomaten zufügen. Alles erneut aufkochen und mit halb geschlossenem Deckel 10 Minuten köcheln lassen, bis die Nudeln fast gar sind.

5 Koriander oder Petersilie zufügen und die Suppe eventuell nachwürzen. In eine vorgewärmte Suppenterrine geben, mit Käse bestreuen und heiß servieren.

Bohnensuppe

20 Min. 3 Std.

4 PERSONEN

175 g Pinto-Bohnen, über Nacht in kaltem Wasser eingeweicht
1,25 l Wasser
175–225 g Karotten, fein gehackt
1 große Zwiebel, fein gehackt
2–3 große Knoblauchzehen, fein gehackt
½–1 Chili, entkernt und fein gehackt
1 l Gemüsebrühe
2 Tomaten, geschält, entkernt und fein gehackt
2 Selleriestangen, in dünnen Scheiben
Salz und Pfeffer
1 EL frisch gehackter Koriander (nach Belieben)

CROÛTONS
2–3 EL Olivenöl
1–2 Knoblauchzehen, zerdrückt
3 Scheiben Weißbrot ohne Kruste, gewürfelt

1 Die Bohnen abgießen und in einem großen Topf mit dem Wasser aufkochen. Abdecken und bei starker Hitze 10 Minuten kochen. Dann die Hitze reduzieren und 2 Stunden gar kochen.

2 Karotten, Zwiebel, Knoblauch, Chili und Gemüsebrühe zugeben und erneut zum Kochen bringen. Abdecken und weitere 30 Minuten köcheln lassen, bis alles sehr weich ist.

3 Die Hälfte der Bohnen und des Gemüses mit dem Kochsud herausnehmen und sämig pürieren. Das Püree in den Topf zurückgeben, und Tomaten und Stangensellerie zufügen. 10–15 Minuten köcheln lassen, bis der Stangensellerie fast gar ist; gegebenenfalls etwas mehr Brühe oder Wasser hinzugeben.

4 In der Zwischenzeit die Croûtons zubereiten: Das Öl mit dem Knoblauch in einer Pfanne erhitzen, die Brotwürfel zufügen und goldbraun rösten. Zum Abtropfen auf Küchenpapier legen.

5 Die Suppe mit Salz und Pfeffer würzen und nach Belieben den Koriander unterrühren. In eine Suppenterrine füllen und sofort mit den Croûtons servieren.

Topinambur-Rüben-Suppe

10 Min. 30 Min.

6 PERSONEN

500 g Topinambur
2 TL Butter
1 Zwiebel, fein gehackt
115 g Steckrüben, geschält und gewürfelt
1 dünner Streifen Zitronenschale
700 ml Gemüsebrühe
Salz und Pfeffer
3 EL Crème double
1 EL frisch gepresster Zitronensaft, zum Abschmecken
4 EL leicht geröstete Pinienkerne, zum Garnieren

1 Den Topinambur schälen und halbieren. Dann bis zur weiteren Verwendung in eine Schüssel mit kaltem Wasser legen, damit er sich nicht verfärbt.

2 Die Butter in einem großen Topf bei mittlerer Hitze zerlassen. Die Zwiebel zugeben und etwa 3 Minuten dünsten, bis sie weich wird. Dabei gelegentlich umrühren.

3 Den Topinambur abgießen und mit der Steckrübe und der Zitronenschale in den Topf geben. Die Gemüsebrühe zugießen, mit etwas Salz und Pfeffer würzen und alles verrühren. Kurz aufkochen, dann die Hitze reduzieren und 20 Minuten köcheln lassen, bis das Gemüse weich ist. Gelegentlich umrühren.

4 Die Suppe leicht abkühlen lassen, anschließend portionsweise im Mixer (siehe Tipp Seite 13) oder mit einem Pürierstab glatt pürieren und in den Topf zurückgeben. Die Crème double einrühren und alles bei geringer Hitze etwa 5 Minuten durchwärmen. Mit Zitronensaft abschmecken und eventuell mit Salz und Pfeffer nachwürzen.

5 Die Suppe auf vorgewärmte Teller verteilen, mit den gerösteten Pinienkernen garnieren und sofort servieren.

Erbsen-Pastinaken-Suppe

10 Min. 1 Std.

4 PERSONEN

250 g gelbe Trockenerbsen
1 EL Olivenöl
1 Zwiebel, fein gehackt
1 kleine Porreestange, fein gehackt
3 Knoblauchzehen, fein gehackt
2 Pastinaken (etwa 225 g), in Scheiben
2 l Wasser
10 frische Salbeiblätter oder ¼ TL getrockneter Salbei
1 Prise getrockneter Thymian
¼ TL gemahlener Koriander
1 Lorbeerblatt
frisch geriebene Muskatnuss
Salz und Pfeffer
frisch gehackte Petersilie oder frisch gehackter Koriander, zum Garnieren

1 Die Erbsen unter kaltem Wasser abspülen und in einem Topf mit reichlich Wasser aufkochen. 3 Minuten köcheln lassen; dabei den sich bildenden Schaum abschöpfen. Dann die Erbsen abgießen.

2 In einem Topf das Öl bei mittlerer Hitze erwärmen. Zwiebel und Porree zugeben und unter häufigem Rühren 3–4 Minuten weich dünsten. Knoblauch und Pastinaken zugeben und weitere 2 Minuten unter Rühren dünsten.

3 Erbsen, das Wasser, Salbei, Thymian, Koriander und Lorbeerblatt zufügen. Kurz aufkochen. Die Hitze reduzieren und mit geschlossenem Deckel 40 Minuten köcheln lassen, bis das Gemüse weich ist. Gelegentlich umrühren.

4 Die Suppe etwas abkühlen lassen, dann portionsweise im Mixer (siehe Tipp Seite 13) oder mit dem Pürierstab glatt pürieren. Zurück in den Topf geben, bei Bedarf mit etwas Wasser verdünnen und bei geringer Hitze durchwärmen lassen. Mit Muskat, Salz und Pfeffer abschmecken.

5 Auf vorgewärmte Teller verteilen, mit Petersilie oder Koriander garnieren und sofort servieren.

Brokkoli-Käse-Suppe

15 Min. 20 Min.

6 PERSONEN

25 g Butter
1 Zwiebel, gehackt
2 TL frisch gehackter Estragon, plus etwas mehr zum Garnieren
450 g Kartoffeln, geschält und gerieben
Salz und Pfeffer
1,7 l Gemüsebrühe
700 g Brokkoli, in Röschen
175 g Cheddar oder Gouda, gerieben
1 EL frisch gehackte Petersilie
Vollkornbrot, zum Servieren

1 Die Butter in einem großen Topf zerlassen. Die Zwiebel zugeben und unter gelegentlichem Rühren 5 Minuten andünsten.

2 Estragon und Kartoffeln zufügen, alles mit Salz und Pfeffer würzen und gut vermengen. So viel Brühe zugießen, bis die Kartoffeln bedeckt sind. Dann aufkochen, die Hitze reduzieren und die Kartoffeln mit geschlossenem Deckel 10 Minuten köcheln lassen.

3 In der Zwischenzeit die restliche Brühe in einem zweiten Topf zum Kochen bringen. Die Brokkoliröschen zufügen und 6–8 Minuten in der Brühe garen.

4 Kartoffeln und Brokkoli vom Herd nehmen und leicht abkühlen lassen. Dann im Mixer (siehe Tipp Seite 13) oder mit dem Pürierstab zu einer glatten Masse pürieren und diese in einen sauberen Topf geben. Den Käse zusammen mit der Petersilie in die Suppe einrühren. Dann die Suppe vorsichtig erhitzen, aber nicht mehr kochen.

5 Die Suppe auf vorgewärmte Suppenteller verteilen, mit Estragon garnieren und mit Vollkornbrotscheiben servieren.

Spinatsuppe mit Tofu

15 Min. 10 Min.

4 PERSONEN

700 ml Gemüsebrühe oder Wasser
1 Block Tofu, in 5 mm großen Stücken
1 EL helle Sojasauce
125 g junge Spinatblätter ohne Stiele, klein geschnitten
Salz und Pfeffer

1 Brühe oder Wasser in einem heißen Wok oder einer großen Pfanne zum Sieden bringen. Dann Tofuwürfel und helle Sojasauce zugeben, alles kurz aufkochen und bei mittlerer Hitze 2 Minuten garen.

2 Die zerkleinerten Spinatblätter zugeben und alles eine weitere Minute unter leichtem Rühren köcheln lassen. Die Suppenoberfläche abschöpfen, damit die Suppe klar wird, dann mit Salz und Pfeffer abschmecken.

3 Die Suppe in eine vorgewärmte Terrine oder in Teller füllen und mit Essstäbchen zum Herauspicken der festen Zutaten sowie mit einem chinesischen Porzellanlöffel für die Flüssigkeit servieren.

TIPP
In China wird Suppe üblicherweise in einer großen Schüssel, aus der man sich im Verlauf des Mahls bedient, in die Tischmitte gestellt. Sie dient zwischen den verschiedenen Speisen als auffrischendes Element sowie als Getränk.

Borschtsch

25 Min. 1 Std. 15 Min.

6 PERSONEN

50 g Butter
1 Zwiebel, in Ringen
350 g Rote Bete, in feinen Streifen
1 Karotte, in feinen Streifen
3 Selleriestangen, in Scheiben
2 Tomaten, gehäutet, entkernt und zerkleinert
1 Bund frischer Dill, klein geschnitten
1,4 l Gemüsebrühe
1 EL Weißweinessig
1 EL Zucker
Salz und Pfeffer
120 g Weißkohl, gehackt
1 Rote Bete, gerieben
150 g saure Sahne, zum Garnieren
Roggenbrot, zum Servieren

1 Die Butter in einem großen Topf zerlassen. Die Zwiebel zugeben und bei geringer Hitze unter gelegentlichem Rühren 3–5 Minuten dünsten. Rote Bete, Karotte, Selleriescheiben und Tomate in den Topf geben und alles unter häufigem Rühren 4–5 Minuten kochen.

2 Den Großteil des Dills mit Brühe, Essig und Zucker in den Topf geben. Alles mit Salz und Pfeffer abschmecken, aufkochen und bei geringer Hitze 35–40 Minuten köcheln lassen, bis das Gemüse weich ist.

3 Den Kohl unterrühren und abgedeckt 10 Minuten köcheln lassen. Dann die geriebene Rote Bete inklusive Saft einrühren und die Suppe weitere 10 Minuten kochen.

4 Den Borschtsch auf Teller verteilen, mit einem Klacks saurer Sahne und Dill garnieren und mit Roggenbrot servieren.

TIPP
Es ist nicht unbedingt notwendig, zum Ende der Zubereitung zusätzlich geriebene rohe Rote Bete zuzugeben, doch so wird die Farbe der Suppe intensiver und das Aroma frischer.

Crécy-Suppe

20 Min. 45 Min.

4 PERSONEN

90 g Butter
2 Schalotten, gewürfelt
230 g Karotten, gewürfelt
1 Prise Zucker
25 g Langkornreis
1 Thymianzweig
700 ml Gemüsebrühe
Salz und Pfeffer
1 EL frisch gehackte Petersilie, zum Garnieren
Croûtons (siehe Tipp Seite 19), zum Garnieren

1 60 g Butter in einem Topf zerlassen. Schalotten, Karotten, Zucker und Salz zugeben. Abdecken und bei geringer Hitze 10 Minuten unter gelegentlichem Rühren köcheln lassen.

2 Reis und Thymian einrühren, die Gemüsebrühe zugießen und aufkochen. Dann die Hitze reduzieren und 30 Minuten köcheln lassen.

3 Den Topf vom Herd nehmen und die Suppe etwas abkühlen lassen. Den Thymianzweig herausnehmen und wegwerfen. Dann die Suppe im Mixer (siehe Tipp Seite 13) oder mit dem Pürierstab zu einer glatten Masse verarbeiten. Anschließend in einen sauberen Topf umfüllen, langsam erhitzen und mit Salz und Pfeffer würzen. Die restliche Butter stückweise unterrühren.

4 Die Suppe auf vorgewärmte Teller oder Suppenschalen verteilen, mit Petersilie und einigen Croûtons garnieren und servieren.

Tomatencreme-suppe

10 Min. 20 Min.

4 PERSONEN

50 g Butter
700 g reife Tomaten (möglichst Eiertomaten), grob gehackt
Salz und Pfeffer
850 ml heiße Gemüsebrühe
50 g gemahlene Mandeln
150 g Schlagsahne oder Milch
1 TL Zucker
2 EL frisches Basilikum, in Streifen

1 In einem Topf die Butter bei mittlerer Hitze zerlassen. Die Tomaten zugeben und 5 Minuten dünsten, bis die Schale runzelig wird. Salzen und pfeffern.

2 Die Brühe zugießen, aufkochen, Topf abdecken und alles 10 Minuten köcheln lassen.

3 Inzwischen die Mandeln unter dem vorgeheizten Backofengrill 1–2 Minuten goldbraun rösten; dabei gut aufpassen, dass sie nicht verbrennen.

4 Die Suppe vom Herd nehmen und im Mixer (siehe Tipp Seite 13) oder mit dem Pürierstab glatt pürieren; alternativ mit einem Kartoffelstampfer zerdrücken. Anschließend die Suppe durch ein Sieb in einen sauberen Topf streichen, um die letzten Schalenreste und Kerne zu entfernen.

5 Sahne oder Milch, geröstete Mandeln und Zucker einrühren. Kurz durchwärmen und unmittelbar vor dem Servieren das Basilikum zugeben.

6 Die Suppe in vorgewärmte Schalen oder Suppenteller füllen und sofort servieren.

VARIATION
Anstelle der Mandeln können Sie auch fein gemahlene Semmelbrösel verwenden. Diese kurz unter dem Backofengrill rösten und anschließend mit der Sahne in Schritt 5 zugeben.

Brokkoli-Kartoffel-Suppe

5–10 Min. 35 Min.

4 PERSONEN

2 EL Olivenöl
2 Kartoffeln, gewürfelt
1 Zwiebel, gewürfelt
225 g Brokkoliröschen
125 g Blauschimmelkäse, zerbröckelt
1 l Gemüsebrühe
150 g Schlagsahne
1 Prise Paprikapulver
Salz und Pfeffer

1 Das Öl in einem großen Topf erhitzen, Kartoffeln und Zwiebel zugeben und 5 Minuten unter Rühren andünsten.

2 Ein paar Brokkoliröschen für die Garnierung zurückbehalten, den restlichen Brokkoli in den Topf geben. Blauschimmelkäse und Gemüsebrühe zufügen. Aufkochen, dann die Hitze reduzieren und die Mischung zugedeckt 25 Minuten köcheln lassen, bis die Kartoffeln gar sind.

3 Die Suppe in einem Mixer (siehe Tipp Seite 13) oder mit dem Pürierstab portionsweise zu einem glatten Püree verarbeiten.

4 Dann in einen sauberen Topf geben, Schlagsahne und Paprikapulver hinzufügen und alles mit Salz und Pfeffer abschmecken.

5 Die zurückbehaltenen Brokkoliröschen in etwas kochendem Wasser etwa 2 Minuten blanchieren und danach mit einem Schaumlöffel herausheben.

6 Die Suppe in vorgewärmte Suppenteller geben, mit den Brokkoliröschen und etwas Paprikapulver garnieren und sofort servieren.

TIPP
Diese Suppe kann man gut einfrieren. Folgen Sie dafür dem Rezept bis zu Schritt 3 und frieren Sie die pürierte Suppe ein. Sahne und Paprika werden erst kurz vor dem Servieren zugegeben.

Kräutersuppe mit Frischkäse

15 Min. 35 Min.

4 PERSONEN

25 g Butter oder Margarine
2 Zwiebeln, gehackt
850 ml Gemüsebrühe
25 g gemischte Kräuter, z. B. Petersilie, Schnittlauch, Thymian, Basilikum und Oregano, grob gehackt
200 g Doppelrahm-Frischkäse
1 EL Speisestärke
1 EL Milch
Salz und Pfeffer
Schnittlauchröllchen, zum Garnieren

1 Die Butter oder Margarine in einem Topf zerlassen. Die Zwiebeln zugeben und bei mittlerer Hitze 2 Minuten andünsten. Dann den Topf abdecken und die Hitze reduzieren. Die Zwiebeln weitere 5 Minuten kochen.

2 Gemüsebrühe und Kräuter zugeben und bei mittlerer Hitze zum Kochen bringen. Die Hitze reduzieren, den Topf wieder abdecken und alles 20 Minuten köcheln lassen.

3 Den Topf vom Herd nehmen. Die Suppe im Mixer (siehe Tipp Seite 13) oder mit dem Pürierstab etwa 15 Sekunden pürieren, bis sie sämig ist. Man kann das Gemüse auch mit einem Holzlöffel durch ein Sieb streichen. Dann die Suppe wieder in den Topf geben.

4 Ein wenig Käse zum Garnieren zurückbehalten, den restlichen Käse in die Suppe geben und gut rühren, bis er geschmolzen und mit der Suppe verbunden ist.

5 Speisestärke und Milch in einer kleinen Schale zu einer Paste verrühren und dann in die Suppe gießen. Unter ständigem Rühren erhitzen, bis die Suppe eingedickt ist. Mit Salz und Pfeffer abschmecken.

6 Die Suppe in vorgewärmte Suppenschalen füllen und mit Schnittlauch sowie dem restlichen Käse garniert servieren.

Wildpilzsuppe

20 Min. 1 Std.

4 PERSONEN

25 g getrocknete Steinpilze
350 ml kochendes Wasser
125 g frische Steinpilze oder andere Wildpilze
2 TL Olivenöl
1 Selleriestange, fein gehackt
1 Karotte, gehackt
1 Zwiebel, gehackt
3 Knoblauchzehen, zerdrückt
1,2 l Gemüsebrühe oder Wasser
Blätter von 2 frischen Thymianzweigen
Salz und Pfeffer
1 EL Butter
3 EL Sherry
2–3 EL saure Sahne
frisch gehackte Petersilie, zum Garnieren

1 Die getrockneten Pilze in einer Schüssel mit dem kochenden Wasser bedecken und etwa 10–15 Minuten quellen lassen.

2 Die frischen Pilze abbürsten oder mit Küchenpapier abreiben. Die Stiele abschneiden und beiseitestellen. Große Pilzhüte in Stücke schneiden.

3 Das Öl bei mittlerer Hitze in einem großen Topf erwärmen. Sellerie, Karotte, Zwiebel und Pilzstiele zugeben und etwa 8 Minuten dünsten, bis die Zwiebel zu bräunen beginnt. Ab und zu umrühren.

4 Den Knoblauch zugeben und eine weitere Minute dünsten. Dann Brühe oder Wasser, Thymian und eine kräftige Prise Salz zufügen.

5 Mit einem Schaumlöffel die eingeweichten Pilze aus dem Wasser nehmen und in die Suppe geben. Die Einweichflüssigkeit durch ein mit Musselin ausgelegtes Sieb gießen und ebenfalls zufügen. Kurz aufkochen, dann die Hitze reduzieren und 30–40 Minuten köcheln lassen.

6 Die Suppe leicht abkühlen lassen, dann portionsweise im Mixer (siehe Tipp Seite 13) oder mit dem Pürierstab glatt pürieren. Das Püree wieder in den Topf geben, mit der restlichen Flüssigkeit verrühren und bei geringer Hitze köcheln lassen.

7 In einer Pfanne die Butter bei mittlerer Hitze zerlassen. Die frischen Pilzhüte zugeben und mit Salz und Pfeffer würzen. Etwa 8 Minuten anbraten, bis sie zu bräunen beginnen und alle Flüssigkeit verdampft ist.

8 Den Sherry zugießen und kurz aufkochen. Dann die Pilz-Sherry-Mischung in die Suppe geben und diese mit Salz und Pfeffer abschmecken.

9 Die Suppe auf vorgewärmte Suppenteller verteilen. Mit einem Klacks saurer Sahne und Petersilie garniert servieren.

Spinat-Mascarpone-Suppe

15 Min. 30 Min.

4 PERSONEN

30 g Butter
1 Bund Frühlingszwiebeln, in Ringen
2 Selleriestangen, in Scheiben
350 g Spinat oder Sauerampfer
850 ml Gemüsebrühe
230 g Mascarpone
Salz und Pfeffer
Sesambrotstangen, zum Servieren

CROÛTONS
30 g Butter
1 EL Olivenöl
2 Weißbrotscheiben, gewürfelt
½ TL Kümmel

1 Die Hälfte der Butter in einem großen Topf zerlassen. Frühlingszwiebeln und Sellerie zugeben und bei mittlerer Hitze etwa 5 Minuten dünsten; dabei häufig umrühren.

2 Spinat oder Sauerampfer in den Topf geben. Die Brühe zugießen und zum Kochen bringen. Dann die Hitze reduzieren und das Gemüse abgedeckt etwa 15–20 Minuten köcheln lassen.

3 Die Suppe im Mixer glatt pürieren (siehe Tipp Seite 13) oder durch ein Sieb streichen. Dann in den Topf zurückgießen und den Mascarpone zufügen. Unter ständigem Rühren erhitzen, bis der Mascarpone sich mit der Suppe verbindet, dann alles mit Salz und Pfeffer würzen.

4 Für die Croûtons die Butter mit dem Öl in einer Pfanne erhitzen. Die Brotwürfel zugeben und unter ständigem Wenden goldbraun anbraten. Den Kümmel erst zum Schluss darüberstreuen, damit er nicht verbrennt.

5 Die Suppe in vorgewärmte Schalen füllen. Mit den Croûtons garnieren und mit Sesambrotstangen servieren.

VARIATION
Der Geschmack dieser Suppe lässt sich mit jedem Blattgemüse variieren. Hobbygärtner haben hier ein ideales Rezept, um mit selbst gezogenem Gemüse zu experimentieren. Man kann den Spinat beispielsweise durch 3 Bund Brunnenkresse ersetzen. Auch junge Rote-Bete-Blätter oder Salatblätter bringen Abwechslung.

Linsen-Tomaten-Suppe

20 Min. 50 Min.

4 PERSONEN

1 EL Sonnenblumenöl
1 Zwiebel, fein gehackt
1 Knoblauchzehe, zerdrückt
½ TL gemahlener Kreuzkümmel
½ TL gemahlener Koriander
450 g Tomaten, gehäutet, entkernt und fein gehackt
125 g rote Linsen
1,2 l Gemüsebrühe
Salz und Pfeffer
frisch gehackter Koriander, zum Garnieren

1 Das Sonnenblumenöl in einem großen Topf erhitzen. Die Zwiebel zugeben und bei schwacher Hitze 5 Minuten unter gelegentlichem Rühren andünsten. Dann Knoblauch, Kreuzkümmel, Koriander, Tomaten und Linsen zufügen und alles unter ständigem Rühren weitere 4 Minuten kochen.

2 Die Brühe zugießen und aufkochen, dann 30–40 Minuten köcheln lassen, bis die Linsen weich sind.

3 Den Topf vom Herd nehmen, die Suppe mit Salz und Pfeffer abschmecken und etwas abkühlen lassen. Dann im Mixer (siehe Tipp Seite 13) oder mit dem Pürierstab glatt pürieren. Anschließend in einen sauberen Topf geben, nochmal aufwärmen und bei Bedarf mit Salz und Pfeffer nachwürzen.

4 Auf vorgewärmte Suppenteller verteilen und mit Koriander garniert servieren.

TIPP
Salzen Sie Linsen immer erst dann, wenn sie bereits weich gekocht sind, andernfalls bleiben sie hart.

Klare Nudelsuppe mit Pilzen

5 Min. 10 Min.

4 PERSONEN

2 EL Öl
2 Frühlingszwiebeln, fein gehackt
1 Knoblauchzehe, in dünnen Stiften
125 g große, flachhütige Pilze, in sehr dünnen Scheiben
600 ml Wasser
25 g chinesische Reisnudeln
½ Salatgurke, halbiert, entkernt und in sehr dünnen Scheiben
¾ TL Salz
1 EL Sojasauce

1 Das Öl in einem Wok oder großen Kochtopf erhitzen. Frühlingszwiebeln und Knoblauch zugeben und 30 Sekunden anbraten. Die Pilze zufügen und 2–3 Minuten pfannenrühren.

2 Das Wasser einrühren. Die Nudeln in kleine Stücke brechen und zugeben. Alles aufkochen und gelegentlich rühren.

3 Gurkenscheiben, Salz und Sojasauce zufügen und weitere 2–3 Minuten köcheln lassen.

4 Die Nudelsuppe mit der Gemüseeinlage gleichmäßig auf vorgewärmte Suppenschalen verteilen und servieren.

TIPP
Das Herausnehmen der Samen aus der Gurke ist nicht unbedingt erforderlich. Damit wird nur der mögliche bittere Geschmack etwas gemildert und es sieht attraktiver aus, wenn sie geschnitten sind.

Salatsuppe mit Tofu

5 Min. 15 Min.

4 PERSONEN

2 EL Öl
200 g Tofu, gewürfelt
1 Karotte, in dünnen Scheiben
1-cm-Stück Ingwerwurzel, fein gehackt
3 Frühlingszwiebeln, diagonal in Stücke geschnitten
1,2 l Gemüsebrühe
2 EL Sojasauce
2 EL trockener Sherry
1 TL Zucker
125 g Romana-Salat, klein geschnitten
Salz und Pfeffer

1 Das Öl in einem heißen Wok oder einem großen Kochtopf erhitzen, den Tofu zugeben und kurz anbraten, bis er leicht gebräunt ist. Herausheben und auf Küchenpapier abtropfen lassen.

2 Karotte, Ingwer und Frühlingszwiebeln in den Wok oder Kochtopf geben und 2 Minuten bei hoher Hitze unter ständigem Rühren anbraten.

3 Gemüsebrühe, Sojasauce, Sherry und Zucker zugeben. Alle Zutaten gut verrühren. Aufkochen und 1 Minute lang köcheln lassen.

4 Den Romana-Salat in den Wok oder Kochtopf geben und rühren, bis er zusammenfällt. Anschließend den Tofu wieder in den Wok oder Topf geben und erneut kurz anbraten. Mit Salz und Pfeffer abschmecken und sofort heiß servieren.

TIPP
Die Karotte sieht dekorativer aus, wenn Sie sie der Länge nach einritzen, bevor Sie sie in Scheiben schneiden.

Dicke-Bohnen-Suppe

15 Min. 40 Min.

4 PERSONEN

2 EL Olivenöl
1 rote Zwiebel, gehackt
2 Knoblauchzehen, zerdrückt
2 Kartoffeln, gewürfelt
500 g dicke Bohnen, gepalt
1 l Gemüsebrühe
2 EL frisch gehackte Minze, plus etwas mehr zum Garnieren
Salz und Pfeffer
Joghurt, zum Garnieren

1 Das Olivenöl in einem großen Topf erhitzen. Zwiebel und Knoblauch 2–3 Minuten darin andünsten, bis sie weich und glasig sind. Dann die Kartoffeln zufügen und 4 Minuten unter häufigem Rühren mitkochen.

2 Bohnen und Gemüsebrühe zugeben und bei geschlossenem Topf etwa 30 Minuten köcheln lassen, bis das Gemüse weich ist.

3 Einige Gemüsestücke mit einem Schaumlöffel herausnehmen und beiseitestellen. Die übrige Suppe im Mixer (siehe Tipp Seite 13) oder mit einem Pürierstab glatt pürieren.

4 Die Suppe in einen sauberen Topf füllen und die beiseitegestellten Gemüsestücke sowie die gehackte Minze zugeben. Langsam erhitzen.

5 Die Suppe in vorgewärmte Schalen füllen und mit Joghurt und Minze garniert servieren.

VARIATION
Würzen Sie die Suppe nach Belieben mit frischem Koriander und ½ Teelöffel gemahlenem Kreuzkümmel.

Salatsuppe mit Rucola

15 Min. 55 Min.

4–6 PERSONEN

1 EL Butter
1 große Zwiebel, halbiert und in Ringen
2 Porreestangen, in Ringen
1,5 l Gemüsebrühe
85 g weißer Reis
2 Karotten, in dünnen Scheiben
3 große Knoblauchzehen, grob gehackt
1 Lorbeerblatt
Salz und Pfeffer
2 Salatköpfe (etwa 500 g), klein geschnitten
175 g Crème double
frisch geriebene Muskatnuss
85 g Rucola, fein gehackt, plus 4–6 Rucolablätter, zum Garnieren
saure Sahne, zum Garnieren

1 Die Butter in einem Topf zerlassen. Zwiebel und Porree zugeben, abdecken und 3–4 Minuten garen, bis das Gemüse weich wird.

2 Brühe, Reis, Karotten, Knoblauch, Lorbeerblatt und eine große Prise Salz zugeben. Kurz aufkochen. Die Hitze reduzieren und mit geschlossenem Deckel 25–30 Minuten köcheln lassen, bis Gemüse und Reis gar sind. Dabei gelegentlich umrühren.

3 Den Salat in den Topf geben und alles weitere 10 Minuten köcheln lassen, bis die Salatblätter zusammengefallen sind. Ab und zu umrühren.

4 Die Suppe leicht abkühlen lassen und das Lorbeerblatt entfernen. Dann portionsweise im Mixer (siehe Tipp Seite 13) oder mit dem Pürierstab glatt pürieren. Anschließend wieder in den Topf geben.

5 Crème double und etwas Muskat hinzufügen. Bei geringer Hitze unter gelegentlichem Rühren 5 Minuten gut durchwärmen. Falls die Suppe zu dickflüssig ist, kann man sie mit etwas Wasser oder Sahne verdünnen.

6 Den Rucola zugeben und unter gelegentlichem Rühren 2–3 Minuten köcheln lassen, bis die Blätter zusammenfallen. Mit Salz und Pfeffer abschmecken

7 Die Suppe auf vorgewärmte Teller verteilen, mit einem Klacks saure Sahne und einem Rucolablatt garnieren und servieren.

Französische Zwiebelsuppe

15 Min. 1 Std. 45 Min.

6 PERSONEN

1 EL Butter
2 EL Olivenöl
1 kg Zwiebeln, halbiert und in Ringen
3 Knoblauchzehen, fein gehackt
Salz und Pfeffer
2 EL Mehl
200 ml trockener Weißwein
2 l Gemüsebrühe
3 EL Cognac oder Weinbrand
6 Scheiben Baguette
200 g Gruyère, gerieben

1 Butter und Öl in einem großen Topf bei mittlerer Hitze erwärmen. Die Zwiebeln zugeben und abgedeckt 10–12 Minuten dünsten.

2 Den Knoblauch zufügen und alles salzen und pfeffern. Die Hitze etwas reduzieren und die Zwiebeln im offenen Topf 30–35 Minuten goldbraun braten. Je dunkler sie werden, desto häufiger muss gerührt werden.

3 Das Mehl über die Zwiebeln streuen und gut verrühren. Den Weißwein zugießen und 1 Minute kräftig kochen lassen.

4 Die Brühe zugießen, aufkochen und dabei kräftig über den Topfboden rühren, um das Mehl zu binden. Die Hitze reduzieren, Cognac oder Weinbrand zufügen und unter gelegentlichem Rühren 45 Minuten köcheln lassen.

5 Das Brot im vorgeheizten Grill auf einer Seite rösten. Wenden, mit Käse bestreuen und grillen, bis der Käse geschmolzen ist.

6 Je eine Scheibe Baguette auf 6 vorgewärmte Teller legen, die Suppe zugießen und sofort servieren.

TIPP
Beim Braten der Zwiebeln auch den Satz vom Topfboden regelmäßig abschaben. Durch das langsame Garen karamellisiert der in den Zwiebeln enthaltene Zucker und löst sich in der Brühe.

Selleriesuppe mit Stilton

15 Min. 40 Min.

4 PERSONEN

2 EL Butter
1 Zwiebel, fein gehackt
4 große Selleriestangen, fein gehackt
1 große Karotte, fein gehackt
Salz und Pfeffer
1 l Gemüsebrühe
3–4 frische Thymianzweige
1 Lorbeerblatt
125 g Schlagsahne
150 g Stilton, zerbröckelt
frisch geriebene Muskatnuss
Sellerieblätter, zum Garnieren

1 Die Butter in einem großen Topf bei mittlerer Hitze zerlassen. Die Zwiebel zugeben und unter gelegentlichem Rühren 3–4 Minuten dünsten, bis sie weich wird. Sellerie und Karotte zugeben und weitere 3 Minuten dünsten. Mit etwas Salz und Pfeffer würzen.

2 Brühe, Thymian und Lorbeerblatt zufügen und aufkochen. Hitze reduzieren und mit geschlossenem Deckel 25 Minuten köcheln lassen, bis das Gemüse weich ist. Ab und zu umrühren.

3 Die Suppe leicht abkühlen lassen, dann portionsweise im Mixer (siehe Tipp Seite 13) oder mit dem Pürierstab glatt pürieren. Anschließend die Suppe zurück in den Topf geben.

4 Die Sahne einrühren und die Suppe bei geringer Hitze unter gelegentlichem Rühren 5 Minuten gut durchwärmen.

5 Den Stilton nach und nach zugeben, dabei ständig rühren und die Suppe nicht mehr kochen. Mit etwas Muskat und reichlich Pfeffer abschmecken.

6 In vorgewärmte Teller füllen, mit Sellerieblättern garnieren und servieren.

VARIATION
Andere Blauschimmelkäse wie Gorgonzola, aber auch Hartkäse wie Gruyère eignen sich ebenfalls für dieses Rezept.

Grüne Suppe

5 Min. 25 Min.

4 PERSONEN

1 EL Olivenöl
1 Zwiebel, gehackt
1 Knoblauchzehe, zerdrückt
200 g Kartoffeln, geschält und in 2,5 cm großen Würfeln
700 ml Gemüsebrühe
1 kleine oder ½ große Salatgurke, grob gewürfelt
80 g Brunnenkresse, fein gehackt
150 g Prinzessbohnen, längs halbiert
Salz und Pfeffer

1 Das Öl in einem großen Topf erhitzen, Zwiebel und Knoblauch darin 3–4 Minuten glasig dünsten. Die Kartoffeln zugeben und weitere 2–3 Minuten dünsten. Anschließend die Brühe einrühren, zum Kochen bringen und 5 Minuten köcheln lassen.

2 Die Gurke zufügen und weitere 3 Minuten kochen, bis die Kartoffeln gar sind. Dann die Brunnenkresse zugeben und zusammenfallen lassen.

3 Die Suppe mit dem Pürierstab oder im Mixer (siehe Tipp Seite 13) glatt pürieren. Alternativ vor der Zugabe der Kresse das Gemüse mit dem Kartoffelstampfer zerdrücken, durch ein Sieb streichen und dann die Kresse unterrühren.

4 In einem kleinen Topf Wasser zum Kochen bringen und die Bohnen darin 3–4 Minuten kochen, bis sie gar sind. Abgießen und in die Suppe geben. Alles mit Salz und Pfeffer abschmecken und noch einmal durchwärmen.

5 Die Suppe auf vorgewärmte Suppenteller verteilen und warm servieren oder erkalten lassen und als erfrischende gekühlte Variante reichen.

TIPP
Um zu testen, ob Kartoffeln gar sind, sticht man mit einem spitzen Messer in einen Kartoffelwürfel. Es sollte kein Widerstand mehr zu spüren sein.

Kürbissuppe mit Orangensaft

10 Min. 35–40 Min.

4 PERSONEN

2 EL Olivenöl
2 Zwiebeln, gehackt
2 Knoblauchzehen, zerdrückt
1 kg Kürbis, grob gewürfelt
1,5 l warme Gemüsebrühe
Saft und fein abgeriebene Schale von 1 Orange
3 EL frisch gezupfte Thymianblätter
Salz und Pfeffer
150 ml Milch
knuspriges Brot, zum Servieren

1 Das Öl in einem großen Topf erhitzen. Die Zwiebeln darin 3–4 Minuten weich dünsten. Dann den Knoblauch und die Kürbiswürfel zufügen und 2 Minuten unter Rühren mitdünsten.

2 Gemüsebrühe, Orangensaft und Orangenschale sowie 2 Esslöffel Thymian zugeben. Die Suppe abdecken und etwa 20 Minuten köcheln lassen, bis das Kürbisfleisch gar ist.

3 Die Suppe entweder im Mixer (siehe Tipp Seite 13), mit einem Pürierstab oder mit einem Kartoffelstampfer glatt pürieren. Anschließend kräftig mit Salz und Pfeffer abschmecken.

4 Die pürierte Suppe zurück in den Topf geben und die Milch unterrühren. Das Ganze etwa 3–4 Minuten erwärmen, aber nicht mehr aufkochen.

5 Den restlichen Thymian kurz vor dem Servieren zur Suppe geben und dann die fertige Suppe auf 4 vorgewärmte Suppenteller verteilen. Mit dem knusprigen Brot servieren.

TIPP
Kürbisse sind häufig recht groß. Wenn Sie kein Stück in der gewünschten Größe erhalten, stellen Sie einfach die doppelte Menge Suppe her und frieren Sie den Rest ein.

Chinesische Gemüsesuppe

15 Min. 10 Min.

4 PERSONEN

2 EL Erdnussöl
230 g marinierter Tofu, in 1 cm großen Würfeln
2 große Knoblauchzehen, fein gehackt
4 Frühlingszwiebeln, in Ringen
1 Karotte, halbiert und in feinen Scheiben
1 l Gemüsebrühe
1 EL chinesischer Reiswein
2 EL helle Sojasauce
1 TL Zucker
120 g Chinakohl, gehackt
Salz und Pfeffer

1 Das Öl in einem Wok oder einer schweren Pfanne erhitzen. Die Tofuwürfel zugeben und unter Rühren 4–5 Minuten goldbraun anbraten. Mit einem Schaumlöffel herausnehmen und auf Küchenpapier abtropfen lassen.

2 Knoblauch, Frühlingszwiebeln und Karotte in den Wok oder die Pfanne geben und 2 Minuten scharf anbraten. Mit Brühe, Reiswein und Sojasauce ablöschen.

3 Zucker sowie Chinakohl zugeben. Bei mittlerer Hitze alles weitere 1–2 Minuten kochen. Die Suppe mit Salz und Pfeffer würzen und den Tofu zugeben.

4 Die Suppe in vorgewärmte Suppenschalen füllen und servieren.

TIPP
Zerkleinern Sie Tofu stets mit einem sehr scharfen Messer, sonst zerfällt er.

Pilzsuppe mit Ingwer

35 Min. 15 Min.

4 PERSONEN

15 g getrocknete chinesische Pilze oder 125 g braune Champignons
1 l heiße Gemüsebrühe
125 g asiatische Eiernudeln
2 TL Sonnenblumenöl
3 Knoblauchzehen, zerdrückt
2,5-cm-Stück Ingwerwurzel, frisch gerieben
½ TL Pilz-Ketchup
1 TL helle Sojasauce
125 g Bohnensprossen
Korianderblätter, zum Garnieren

1 Die getrockneten Pilze 30 Minuten in 300 ml heißer Brühe einweichen. Dann mit einem Schaumlöffel herausheben und abtropfen lassen. Die Stiele der Pilze entfernen, die Hüte in Streifen schneiden und die Einweichflüssigkeit aufbewahren.

2 Die Nudeln 2–3 Minuten in kochendem Wasser garen, abgießen und abtropfen lassen. Beiseitestellen.

3 Das Öl bei starker Hitze in einem großen Wok oder einer schweren Pfanne erhitzen. Knoblauch und Ingwer zugeben und die Pilze einrühren. Bei starker Hitze 2 Minuten anbraten.

4 Die restliche Gemüsebrühe mit der Einweichflüssigkeit der Pilze zugießen und aufkochen. Ketchup und Sojasauce zufügen. Die Bohnensprossen zugeben und köcheln lassen, bis sie gar sind.

5 Die Nudeln auf Suppenschalen verteilen und mit der heißen Suppe übergießen. Mit Korianderblättern garnieren und sofort servieren.

TIPP
Für eine fettreduzierte Kost empfiehlt es sich, statt der Eiernudeln Reis- oder Glasnudeln zu verwenden, da diese kein Fett enthalten.

Cremige Rote-Bete-Suppe

25 Min. 35–55 Min.

6 PERSONEN

60 g Butter oder Margarine
2 große Zwiebeln, fein gehackt
1–2 Karotten, gehackt
2 Selleriestangen, gehackt
500 g Rote Bete, gekocht, geschält und gewürfelt
1–2 EL Zitronensaft
900 ml Gemüsebrühe
Salz und Pfeffer
300 ml Milch

1 Butter oder Margarine in einem Topf zerlassen. Zwiebeln, Karotten und Sellerie zugeben und andünsten, bis sie zu bräunen beginnen.

2 Rote Bete, 1 Esslöffel Zitronensaft und Brühe zugeben. Alles mit Salz und Pfeffer würzen, aufkochen und dann abgedeckt etwa 30 Minuten gar kochen.

3 Anschließend abkühlen lassen, dann durch ein Sieb streichen oder im Mixer pürieren (siehe Tipp Seite 13). In einen sauberen Topf gießen, die Milch zugeben und aufkochen. Erneut abschmecken und nach Belieben mehr Zitronensaft zugeben. Mit geriebener Roter Bete oder Crème double garnieren.

Pastinaken-suppe mit Curry

10 Min. 35 Min.

4 PERSONEN

1 EL Öl
15 g Butter
1 rote Zwiebel, gehackt
3 Pastinaken, gehackt
2 Knoblauchzehen, zerdrückt
2 TL Garam Masala
½ TL Chilipulver
1 EL Mehl
850 ml Gemüsebrühe
abgeriebene Schale und Saft von 1 Zitrone
Salz und Pfeffer
Zitronenzesten, zum Garnieren

1 Öl und Butter in einem großen Topf erhitzen, bis die Butter zerlassen ist. Zwiebel, Pastinaken und Knoblauch zugeben und unter häufigem Rühren etwa 5–7 Minuten schwenken, bis das Gemüse weich, jedoch nicht gebräunt ist.

2 Garam Masala und Chilipulver zugeben und unter ständigem Rühren 30 Sekunden kochen.

3 Das Mehl einstreuen und unter ständigem Rühren 30 Sekunden anschwitzen. Dann Gemüsebrühe, Zitronenschale und Zitronensaft zugeben. Alles aufkochen, die Hitze reduzieren und 20 Minuten köcheln lassen.

4 Einige Gemüsestücke mit einem Schaumlöffel aus der Brühe herausnehmen und beiseitestellen.

5 Das restliche Gemüse im Mixer (siehe Tipp Seite 13) oder mit dem Pürierstab etwa 1 Minute zu einem sämigen Püree verarbeiten. Alternativ das Gemüse mit dem Rücken eines Holzlöffels durch ein Sieb streichen.

6 Die Suppe in einen sauberen Topf geben und das restliche Gemüse unterrühren. Mit Salz und Pfeffer abschmecken und die Suppe 2 Minuten gut durchwärmen, bis sie kochend heiß ist.

7 In Suppenschalen füllen, mit Zitronenzesten garnieren und servieren.

Gemischte Bohnensuppe

10 Min. 40 Min.

4 PERSONEN

1 EL Öl
1 rote Zwiebel, halbiert und in Ringen
100 g Kartoffeln, geschält und gewürfelt
1 Karotte, gewürfelt
1 Porreestange, in Ringen
1 grüne Chili, in Ringen
3 Knoblauchzehen, zerdrückt
1 TL gemahlener Koriander
1 TL Chilipulver
1 l Gemüsebrühe
450 g gemischte Bohnen aus der Dose, z. B. Kidney-, Borlotti-, Augen- oder Flageolett-Bohnen, abgetropft
Salz und Pfeffer
2 EL frisch gehackter Koriander, zum Garnieren

1 Das Öl in einer großen Pfanne erhitzen, dann Zwiebel, Kartoffeln, Karotte und Porree hineingeben. Unter Rühren etwa 2 Minuten dünsten, bis das Gemüse weich zu werden beginnt.

2 Chili und Knoblauch zufügen und 1 Minute mitdünsten. Dann Koriander, Chilipulver und Brühe einrühren. Alles zum Kochen bringen, die Hitze reduzieren und 20 Minuten köcheln lassen, bis das Gemüse weich ist.

3 Die Bohnen zugeben, alles mit Salz und Pfeffer würzen. Unter gelegentlichem Rühren weitere 10 Minuten köcheln lassen.

4 Die Suppe in eine vorgewärmte Terrine oder in Suppentassen füllen, mit Koriander garnieren und servieren.

TIPP

Die deftige, farbenfrohe Suppe kann auch mit jedem anderen Gemüse zubereitet werden, das gerade zur Hand ist. Servieren Sie sie mit warmen Mais- oder Käsebrotscheiben.

Kürbis-Süßkartoffel-Suppe

15 Min. 1 Std. 15 Min.

6 PERSONEN

1 große Süßkartoffel (etwa 350 g)
1 Eichelkürbis
4 Schalotten
Olivenöl
5–6 Knoblauchzehen, ungeschält
850 ml Gemüsebrühe
Salz und Pfeffer
125 g Schlagsahne
frischer Schnittlauch, in kleinen Stücken, zum Garnieren

1 Süßkartoffel, Kürbis und Schalotten längs halbieren. Die Schnittflächen mit Olivenöl einpinseln und das Gemüse mit der Schnittfläche nach unten auf ein Backblech legen. Die Knoblauchzehen hinzufügen und alles im vorgeheizten Backofen bei 190 °C etwa 40 Minuten backen, bis das Gemüse weich und hellbraun ist.

2 Gebackenes Gemüse abkühlen lassen, dann das Fleisch von Süßkartoffel und Kürbis aus der Schale schaben und mit den Schalotten in einen Topf geben. Die Knoblauchzehen aus der Schale lösen und zum Gemüse geben.

3 Die Brühe und 1 Prise Salz zugeben. Kurz aufkochen, die Hitze reduzieren und mit halb aufgelegtem Deckel 30 Minuten köcheln lassen, bis das Gemüse weich ist. Gelegentlich umrühren.

4 Die Suppe leicht abkühlen lassen, dann portionsweise mit dem Pürierstab oder im Mixer (siehe Tipp Seite 13) glatt pürieren. Danach die Suppe zurück in den Topf geben, die Sahne einrühren und bei geringer Hitze etwa 5–10 Minuten durchwärmen. Zuletzt kräftig mit Salz und Pfeffer abschmecken.

5 Die Suppe auf vorgewärmte Teller verteilen, mit Schnittlauchröllchen garnieren und servieren.

Spinatsuppe mit Mais

20 Min. 35 Min.

4 PERSONEN

3 Maiskolben, gekocht
1 TL Butter
1 TL Öl
1 große Zwiebel, fein gehackt
1 Porreestange, in dünnen Ringen
1 Karotte, fein gehackt
1 große Kartoffel, gewürfelt
1,2 l Wasser
Salz und Pfeffer
125 g Crème double
125 ml Milch
frisch geriebene Muskatnuss
175 g Spinat, fein gehackt

1 Die Körner von den Maiskolben schneiden. Dann mit dem Messerrücken das Innere des Kolbens abschaben und die milchige Flüssigkeit auffangen.

2 Butter und Öl in einem großen Topf bei mittlerer Hitze erwärmen. Zwiebel und Porree zugeben, den Deckel auflegen und 3–4 Minuten dünsten, bis das Gemüse weich wird. Dabei gelegentlich umrühren.

3 Karotte, Kartoffel und Wasser mit 1 großen Prise Salz zufügen. Kurz aufkochen, dann die Maiskörner und die aufgefangene Flüssigkeit zugeben. Die Hitze reduzieren und abgedeckt 25 Minuten köcheln lassen, bis das Gemüse weich ist. Gelegentlich umrühren.

4 Die Suppe etwas abkühlen lassen, dann portionsweise im Mixer (siehe Tipp Seite 13) oder mit dem Pürierstab glatt pürieren. Die Suppe wieder in den Topf geben, Crème double und Milch einrühren; bei Bedarf mit etwas mehr Milch oder Wasser verdünnen. Mit Salz, Pfeffer und Muskat abschmecken und bei niedriger Hitze durchwärmen.

5 Den Spinat zugeben und 4–5 Minuten unter gelegentlichem Rühren kochen, bis die Blätter zusammengefallen sind. Erneut abschmecken und bei Bedarf nachwürzen.

6 Die fertige Suppe auf vorgewärmte Suppenteller oder -schüsseln verteilen und sofort servieren.

TIPP
Um die Maiskörner zu lösen, legen Sie den Kolben auf die Seite und drehen Sie ihn während des Abschneidens. Dann stellen Sie ihn aufrecht und schaben mit dem Messerrücken Saft und Mark ab.

Topinambur-Cremesuppe

10–15 Min. 55–60 Min.

6 PERSONEN

750 g Topinambur
1 Zitrone, in dicken Scheiben
60 g Butter oder Margarine
2 Zwiebeln, gehackt
1 Knoblauchzehe, zerdrückt
1,25 l Gemüsebrühe
Salz und Pfeffer
2 Lorbeerblätter
½ TL Muskatblüte oder frisch geriebene Muskatnuss
1 EL Zitronensaft
150 g Schlagsahne oder fettarmer Frischkäse
1 Karotte, grob geraspelt, zum Garnieren
frisch gehackte Petersilie oder Koriander, zum Garnieren

1 Den Topinambur schälen und in dünne Scheiben schneiden. Mit der Zitrone in eine Schüssel mit Wasser legen. Nach 10 Minuten abgießen, die Zitrone entfernen und den Topinambur trocken tupfen.

2 Butter oder Margarine in einem Topf zerlassen und darin Zwiebeln und Knoblauch bei geringer Hitze 3–4 Minuten weich dünsten, aber nicht bräunen.

3 Die Topinambur-Scheiben in den Topf geben und 2–3 Minuten andünsten.

4 Gemüsebrühe, Salz, Pfeffer, Lorbeerblätter, Muskatblüte oder Muskatnuss und Zitronensaft zugeben. Langsam zum Kochen bringen, dann mit geschlossenem Deckel 30 Minuten köcheln, bis das Gemüse sehr weich ist.

5 Die Lorbeerblätter entfernen. Die Suppe leicht abkühlen lassen, dann in einem Mixer glatt pürieren (siehe Tipp Seite 13) oder durch ein feines Sieb streichen. Falls die Suppe nicht zu glatt werden soll, eine Hälfte fein, die andere nur grob pürieren.

6 Die Suppe in einen sauberen Topf gießen und zum Kochen bringen. Abschmecken, dann Schlagsahne oder Frischkäse einrühren und alles durchwärmen, aber nicht mehr kochen.

7 Die fertige Suppe in vorgewärmte Schalen oder Suppenteller füllen und mit geraspelter Karotte und Petersilie garniert servieren.

Avocadosuppe

15 Min. 10 Min.

4 PERSONEN

1 große reife Avocado
2 EL Zitronensaft
1 EL Öl
2 EL Mais aus der Dose, abgetropft
2 Tomaten, gehäutet, entkernt und grob gehackt
1 Knoblauchzehe, zerdrückt
1 Porreestange, in Ringen, plus etwas mehr zum Garnieren
1 frische rote Chili, klein gehackt
400 ml Gemüsebrühe
150 ml Milch

1 Die Avocado halbieren, entkernen und schälen. Fruchtfleisch mit einer Gabel zerdrücken, den Zitronensaft untermengen und bis zur Verwendung beiseitestellen.

2 Das Öl in einem großen Topf erhitzen, Mais, Tomaten, Knoblauch, Porree und Chili zufügen und 2–3 Minuten dünsten, bis das Gemüse weich ist.

3 Die Hälfte der Gemüsemischung mit der zerdrückten Avocado im Mixer oder mit dem Pürierstab glatt pürieren oder durch ein Sieb streichen. Anschließend die Masse in einen sauberen Topf umfüllen.

4 Gemüsebrühe, Milch und die nicht pürierte Hälfte der Gemüsemischung zugeben und bei schwacher Hitze 3–4 Minuten kochen. Warm oder kalt reichen und vor dem Servieren mit den Porreeringen garnieren.

TIPP
Die Suppe schmeckt kalt noch besser als warm. Wenn Sie die Suppe kalt servieren, gießen Sie sie nach dem Pürieren in eine Schüssel um, rühren Sie Brühe und Milch ein, decken Sie die Suppe ab und stellen Sie sie für mindestens 4 Stunden in den Kühlschrank.

Bohnencremesuppe

5 Min. 10 Min.

4 PERSONEN

250 g getrocknete weiße Bohnen, über Nacht in kaltem Wasser eingeweicht, oder 800 g weiße Bohnen aus der Dose
1 EL Olivenöl
2 Knoblauchzehen, zerdrückt
1 Würfel Gemüsebrühe, zerdrückt
Salz und Pfeffer
150 ml Milch
2 EL frisch gehackter Oregano

1 Eingeweichte Bohnen abgießen und gründlich abtropfen lassen. Wasser in einem großen Topf zum Kochen bringen und die Bohnen darin 10 Minuten kochen. Den Topf abdecken und weitere 30 Minuten kochen, bis die Bohnen gar sind. Abgießen und den Kochsud auffangen. Alternativ die Bohnen aus der Dose abgießen und ebenfalls die Flüssigkeit auffangen.

2 Das Olivenöl bei mittlerer Hitze in einem großen Topf erhitzen. Den Knoblauch darin 2–3 Minuten hellbraun andünsten.

3 Bohnen und 400 ml Kochsud oder Bohnenwasser zugeben und umrühren. Sollte die Flüssigkeit nicht ausreichen, etwas Wasser zugießen. Den zerdrückten Brühwürfel einrühren. Die Suppe einmal aufkochen, dann vom Herd nehmen.

4 Die Suppe in einem Mixer (siehe Tipp Seite 13) oder mit einem Pürierstab glatt pürieren. Die Milch einrühren und alles mit Salz und Pfeffer abschmecken. Dann die Suppe wieder in den Topf geben und durchwärmen, aber nicht mehr kochen.

5 Direkt vor dem Servieren den gehackten Oregano unterrühren und die Suppe in vorgewärmten Suppentellern reichen.

Karottensuppe

15 Min. 45 Min.

4–6 PERSONEN

3 EL Butter oder Margarine
1 große Zwiebel, gehackt
1–2 große Knoblauchzehen, grob gehackt
350 g Karotten, in Scheiben
1 l Gemüsebrühe
2 Selleriestangen, in feinen Scheiben
120 g Kartoffeln, gewürfelt
3/4 TL gemahlener Kreuzkümmel
2 TL Tomatenmark
2 TL Zitronensaft
2 frische oder getrocknete Lorbeerblätter
300 ml Magermilch
Salz und Pfeffer
Selleriegrün, zum Garnieren

1 Butter oder Margarine in einem hohen Topf zerlassen. Zwiebel und Knoblauch zufügen und weich dünsten.

2 Die Karotten zugeben und weitere 5 Minuten dünsten; dabei häufig rühren, damit die Karotten nicht bräunen.

3 Brühe, Sellerie, Kartoffeln, Kreuzkümmel, Tomatenmark, Zitronensaft und Lorbeerblätter zufügen. Aufkochen, dann abdecken und etwa 30 Minuten köcheln lassen, bis das Gemüse gar ist.

4 Die Lorbeerblätter entfernen, die Suppe etwas abkühlen lassen und im Mixer (siehe Tipp Seite 13) oder mit dem Pürierstab pürieren.

5 Dann die Suppe in einen sauberen Topf umfüllen. Die Milch zugießen, alles kurz aufkochen und mit Salz und Pfeffer abschmecken.

6 Die Suppe in vorgewärmte Suppenteller füllen und mit dem Selleriegrün garniert servieren.

TIPP
Diese Suppe kann tiefgefroren bis zu 3 Monate lang aufbewahrt werden. Die Milch sollten Sie dann aber erst beim Aufwärmen zugeben.

Chili-Brunnenkresse-Suppe

10 Min. 15 Min.

4 PERSONEN

1 EL Sonnenblumenöl
250 g geräucherter Tofu, in Scheiben
90 g Shiitake-Pilze, in Scheiben
2 EL frisch gehackter Koriander
125 g Brunnenkresse
1 rote Chili, in dünnen Ringen, zum Garnieren

BRÜHE
1 EL Tamarindenpaste
2 getrocknete rote Chillies, zerstoßen
2 Limettenblätter, halbiert
2,5-cm-Stück Ingwerwurzel, fein gehackt
5-cm-Stück Galangal (thailändischer Ingwer), gehackt
1 Zitronengrasstängel, gehackt
1 Zwiebel, geviertelt
1 l kaltes Wasser

1 Alle Zutaten für die Brühe in einem Topf zum Kochen bringen. Die Brühe 5 Minuten köcheln lassen. Vom Herd nehmen, abseihen und beiseitestellen.

2 Das Sonnenblumenöl in einem Wok oder einer großen, schweren Pfanne erhitzen und den Tofu bei starker Hitze unter ständigem Rühren 2 Minuten gleichmäßig anbraten.

3 Die abgeseihte Brühe, Pilze und Koriander zugeben und alles 3 Minuten kochen. Dann die Brunnenkresse zugeben und 1 Minute kochen.

4 Die fertige Suppe auf vorgewärmte Suppenteller oder -schüsseln verteilen, mit den Chiliringen garnieren und heiß servieren.

VARIATION
Probieren Sie eine andere Zusammenstellung von Pilzen. Es eignen sich beispielsweise auch Austernpilze, junge Champignons und Strohpilze für dieses Rezept.

Rote-Bete-Suppe aus der Mikrowelle

20 Min. 30 Min.

6 PERSONEN

1 Zwiebel, gehackt
350 g Kartoffeln, geschält und gewürfelt
1 kleiner Kochapfel, geschält, entkernt und gerieben
3 EL Wasser
1 TL Kreuzkümmelsamen
500 g Rote Bete, gekocht, geschält und gewürfelt
1 Lorbeerblatt
1 Prise getrockneter Thymian
1 TL Zitronensaft
600 ml heiße Gemüsebrühe
Salz und Pfeffer
6 EL saure Sahne, zum Garnieren
einige Dillspitzen, zum Garnieren

1 Zwiebel, Kartoffeln, Apfel und das Wasser in eine große Schüssel geben. Abgedeckt bei hoher Stufe 10 Minuten in der Mikrowelle garen.

2 Den Kreuzkümmel einrühren und das Gemüse 1 Minute weitergaren.

3 Rote Bete, Lorbeerblatt, Thymian, Zitronensaft und Gemüsebrühe zugeben. Abgedeckt 10 Minuten bei hoher Stufe garen, dabei gelegentlich rühren.

4 Die Suppe etwa 5 Minuten ohne Deckel ruhen lassen, dann das Lorbeerblatt entfernen. Durch ein Sieb gießen und die Flüssigkeit auffangen.

5 Das Gemüse mit etwas Flüssigkeit im Mixer glatt pürieren; alternativ mit dem Kartoffelstampfer zu Püree verarbeiten.

6 Püree und Flüssigkeit in einen sauberen Topf geben und gut verrühren. Salzen und pfeffern und noch einmal 5 Minuten abgedeckt in der Mikrowelle erhitzen.

7 Die Suppe auf vorgewärmte Teller verteilen und mit saurer Sahne und Dillspitzen garnieren.

Blumenkohl-Brokkoli-Suppe

10 Min. 35 Min.

4 PERSONEN

3 EL Öl
1 rote Zwiebel, gehackt
2 Knoblauchzehen, zerdrückt

300 g Blumenkohlröschen
300 g Brokkoliröschen
1 EL Mehl
600 ml Milch
300 ml Gemüsebrühe
75 g Gruyère, gerieben
1 Prise Paprikapulver, plus etwas mehr zum Garnieren
150 g Schlagsahne
gehobelter Gruyère, zum Garnieren

1 Das Öl in einem großen Topf erhitzen. Zwiebel, Knoblauch, Blumenkohl und Brokkoli zugeben und kurz bei schwacher Hitze unter ständigem Rühren etwa 3–4 Minuten schwenken.

2 Das Mehl zugeben und unter ständigem Rühren 1 weitere Minute anschwitzen. Nach und nach Milch und Brühe einrühren und unter ständigem Rühren zum Kochen bringen. Die Hitze reduzieren und 20 Minuten köcheln lassen.

3 Etwa ein Viertel des Gemüses mit einem Schaumlöffel herausnehmen und beiseitestellen. Die restliche Suppe durch ein Sieb streichen oder im Mixer (siehe Tipp Seite 13) bzw. mit dem Pürierstab 30 Sekunden pürieren, bis sie sämig ist. Anschließend die Suppe in einen sauberen Topf gießen.

4 Die zurückbehaltenen Gemüsestücke zugeben. Geriebenen Käse, Paprikapulver und Sahne einrühren und alles bei schwacher Hitze 2–3 Minuten durchwärmen, bis der Käse zu schmelzen beginnt. Die Suppe darf nicht mehr kochen (siehe Tipp).

5 Die Suppe in vorgewärmte Suppenschalen gießen, mit Gruyèrespänen garnieren und mit Paprikapulver bestäuben. Dann sofort servieren.

TIPP
Die Suppe darf nach Zugabe der Sahne nicht mehr kochen, da die Sahne sonst gerinnt. Wer möchte, kann auch Naturjoghurt anstelle der Sahne verwenden. Auch dann darf die Suppe nach der Zugabe nicht mehr kochen.

Auberginensuppe

15 Min. 1 Std. 15 Min.

6 PERSONEN

750 g Auberginen, längs halbiert
1 Karotte, halbiert
1 kleine Pastinake, halbiert
1 EL Olivenöl, plus etwas mehr zum Einfetten
2 Zwiebeln, fein gehackt
3 Knoblauchzehen, fein gehackt
1 l Gemüsebrühe
¼ TL frische Thymianblätter oder 1 Prise getrockneter Thymian
1 Lorbeerblatt
1 Msp. gemahlener Koriander
1 EL Tomatenmark
Salz und Pfeffer
150 g Schlagsahne
frisch gepresster Zitronensaft

ZITRONEN-KNOBLAUCH-WÜRZE
1 große Knoblauchzehe, fein gehackt
abgeriebene Schale von ½ Zitrone
3 EL frisch gehackte Petersilie

1 Auberginen, Karotte und Pastinake mit der Schnittfläche nach unten auf ein eingeöltes Backblech legen. Das Gemüse mit Öl einpinseln und im vorgeheizten Backofen bei 200 °C etwa 30 Minuten garen. Einmal wenden.

2 Etwas abkühlen lassen, dann das Auberginenfleisch aus der Schale schaben und grob hacken. Karotte und Pastinake in grobe Würfel schneiden.

3 In einem Topf das Öl bei mittlerer Hitze erwärmen und darin Zwiebeln und Knoblauch 5 Minuten weich dünsten. Ab und zu umrühren. Aubergine, Karotte, Pastinake, Brühe, Thymian, Lorbeerblatt, Koriander und Tomatenmark zugeben. Salzen, alles gut verrühren, abdecken und etwa 30 Minuten kochen, bis das Gemüse weich ist.

4 Die Suppe leicht abkühlen lassen, dann portionsweise im Mixer (siehe Tipp Seite 13) oder mit dem Pürierstab glatt pürieren. Anschließend zurück in den Topf geben und die Sahne einrühren. Bei geringer Hitze etwa 10 Minuten durchwärmen. Zuletzt mit Salz, Pfeffer und Zitronensaft abschmecken.

5 Für die Würze Knoblauch, Zitronenschale und Petersilie vermischen. Die Suppe in vorgewärmte Teller füllen, mit der Würzmischung garnieren und servieren.

Gemüsesuppe mit Ingwer

15 Min. 15 Min.

4 PERSONEN

1 EL Sonnenblumen- oder Weizenkeimöl
300 g Porree, in dünnen Ringen
2 Knoblauchzehen, fein gehackt
2,5-cm-Stück Ingwerwurzel, gerieben
½ TL gemahlener Kreuzkümmel
½ TL gemahlener Koriander
½ TL Kurkuma
1,2 l Gemüsebrühe
450 g Tomaten, gehäutet, entkernt und fein gewürfelt
2 Zucchini, in dicken Streifen
Salz und Pfeffer
3 EL frisch gehackter Koriander, zum Garnieren

1 Das Öl in einem großen Topf erhitzen. Porree, Knoblauch und Ingwer zugeben und 2 Minuten unter gelegentlichem Rühren andünsten. Kreuzkümmel, Koriander und Kurkuma zufügen und weitere 30 Sekunden unter ständigem Rühren dünsten.

2 Die Brühe zugießen und aufkochen. Abdecken und etwa 5 Minuten köcheln lassen.

3 Tomaten und Zucchini unterrühren. Die Suppe erneut abdecken und weitere 3 Minuten köcheln lassen. Dann mit Salz und Pfeffer abschmecken und mit gehacktem Koriander servieren.

TIPP

Das Aroma der Suppe wird intensiver, wenn Sie statt fertigem Pulver ganze Kreuzkümmel- und Koriandersamen kaufen und diese vor der Verwendung mit einer Gewürzmühle oder im Mörser selbst mahlen. Der Geschmack lohnt den minimal erhöhten Aufwand.

Tomatensuppe mit Reis

10 Min. 1 Std. 10 Min.

4 PERSONEN

1 EL Olivenöl
1 große Zwiebel, fein gehackt
2 große Knoblauchzehen, fein gehackt
2 Karotten, geraspelt
1 Selleriestange, in dünnen Scheiben
800 g Tomaten aus der Dose
1 TL brauner Zucker, plus etwas mehr, zum Abschmecken
850 ml Gemüsebrühe
1 Lorbeerblatt
175 g weißer Reis, gekocht
2 EL frisch gehackter Dill
Salz und Pfeffer
75 g Schlagsahne, plus etwas mehr zum Garnieren
frische Dillspitzen, zum Garnieren

1 Das Olivenöl bei mittlerer Hitze in einem großen Topf erhitzen. Die Zwiebel zugeben und bei geschlossenem Deckel unter gelegentlichem Rühren etwa 4–5 Minuten glasig andünsten.

2 Knoblauch, Karotten, Sellerie, Tomaten, braunen Zucker, Brühe und Lorbeerblatt zufügen. Die Hitze reduzieren, Topf abdecken und alles unter gelegentlichem Rühren 1 Stunde köcheln lassen.

3 Die Suppe leicht abkühlen lassen, dann portionsweise im Mixer (siehe Tipp Seite 13) oder mit dem Pürierstab glatt pürieren.

4 Die Suppe zurück in den Topf geben, Reis und Dill einrühren und bei geringer Hitze etwa 5 Minuten durchwärmen. Mit Salz und Pfeffer abschmecken, die Sahne einrühren und eventuell nachwürzen.

5 Die Suppe in vorgewärmte Teller füllen, mit einer Spirale aus Sahne und etwas gehacktem Dill garnieren und servieren.

Gazpacho

30 Min. + Kühlzeit 0 Min.

4 PERSONEN

500 reife Tomaten, gehäutet und entkernt, oder 400 g gehackte Tomaten aus der Dose
½ Zwiebel, grob gehackt
2–3 Knoblauchzehen, zerdrückt
3 EL Olivenöl
2 EL Weißweinessig
1–2 TL Zitronen- oder Limettensaft
2 EL Tomatenmark
½ kleine Salatgurke, grob geraspelt
½ grüne Paprika, entkernt und sehr fein gehackt
450 ml Tomatensaft
Salz und Pfeffer
gehackte grüne Paprika, zum Servieren
dünne Zwiebelringe, zum Servieren
Knoblauch-Croûtons (siehe Seite 48), zum Servieren

1 Tomaten, Zwiebel und Knoblauch im Mixer zerkleinern. Dann Öl, Essig, Zitronen- oder Limettensaft und Tomatenmark zugeben und alles fein pürieren. Alternativ die Tomaten sehr fein schneiden, die Zwiebel sehr fein reiben und beides mit Knoblauch, Öl, Essig, Zitronen- oder Limettensaft und Tomatenmark mischen.

2 Die Tomatenmischung mit Gurke und Paprika in eine Schüssel geben und alles gut vermischen. Dann den Tomatensaft zugießen und erneut gut verrühren. Mit Salz und Pfeffer abschmecken.

3 Die Schüssel mit Frischhaltefolie abdecken und mindestens 6 Stunden – wenn möglich länger – kalt stellen, damit die Suppe gut durchzieht und sich der Geschmack voll entfalten kann.

4 Die durchgekühlte Gazpacho in eine kalte Terrine umfüllen und servieren. Paprikawürfel, Zwiebelringe und Knoblauch-Croûtons in Servierschälchen als Beilagen separat dazu reichen.

Kartoffel-Erbsen-Suppe

5–10 Min. 45 Min.

4 PERSONEN

2 EL Öl
2 mehligkochende Kartoffeln, ungeschält und gewürfelt
2 Zwiebeln, gewürfelt
75 g grüne Erbsen, gepalt
1 l Gemüsebrühe
5 EL geriebener Gruyère
Salz und Pfeffer

KNOBLAUCH-CROÛTONS
40 g Butter
1 Knoblauchzehe, zerdrückt
1 EL frisch gehackte Petersilie
1 dicke Scheibe Weißbrot, gewürfelt

1 Das Öl in einem großen Topf erhitzen. Kartoffeln und Zwiebeln zugeben und bei schwacher Hitze unter ständigem Rühren etwa 5 Minuten dünsten.

2 Die Erbsen zufügen und alles gut miteinander vermischen. Die Brühe zugießen und zum Kochen bringen. Dann die Hitze reduzieren und alles 35 Minuten köcheln lassen, bis die Kartoffeln gar und die Erbsen weich sind.

3 Unterdessen für die Croûtons die Butter in einer großen Pfanne zerlassen. Knoblauch, Petersilie und Brotwürfel zugeben und unter häufigem Rühren etwa 2 Minuten rösten, bis die Brotwürfel rundum goldbraun und knusprig sind.

4 Den Gruyère in die Suppe rühren und diese mit Salz und Pfeffer abschmecken. Vorsichtig erhitzen, bis der Käse zu schmelzen beginnt.

5 Die fertige Suppe in vorgewärmte Suppenschalen füllen, die Croûtons darüberstreuen und sofort servieren.

VARIATION
Für eine sehr farbenfrohe Suppe kann man die Erbsen durch rote Linsen ersetzen. Dann sollte man die Suppe mit einer großen Prise braunem Zucker süßen.

Dhal-Suppe

5 Min. 35 Min.

4 PERSONEN

2 EL Butter
2 Knoblauchzehen, zerdrückt
1 Zwiebel, gehackt
½ TL Kurkuma
1 TL Garam Masala
¼ TL Chilipulver
1 TL gemahlener Kreuzkümmel
1 kg gehackte Tomaten aus der Dose, abgetropft
175 g rote Linsen
2 TL Zitronensaft
600 ml Gemüsebrühe
300 ml Kokosmilch
Salz und Pfeffer
frisch gehackter Koriander, zum Garnieren
Zitronenspalten, zum Garnieren
Naan-Brot, zum Servieren

1 Die Butter in einem großen Topf zerlassen. Knoblauch und Zwiebel zufügen und 2–3 Minuten unter Rühren andünsten. Anschließend die Gewürze einstreuen und 30 Sekunden dünsten.

2 Tomaten, Linsen, Zitronensaft, Gemüsebrühe und Kokosmilch in den Topf geben und aufkochen. Die Hitze reduzieren und die Zutaten 25–30 Minuten köcheln lassen, bis die Linsen weich sind.

3 Die fertige Suppe mit Salz und Pfeffer abschmecken und in eine vorgewärmte Suppenterrine oder in Suppenteller füllen. Mit Koriander und Zitronenspalten garnieren und mit warmem Naan-Brot servieren.

TIPP
Kokosmilch ist inzwischen in Dosen abgepackt in fast allen Lebensmittelgeschäften erhältlich. Sie kann auch selbst hergestellt werden, indem man Kokoscremeriegel raspelt und in heißem Wasser ziehen lässt.

Linsensuppe mit Mais

5 Min. 30 Min.

4 PERSONEN

25 g getrocknete grüne Linsen
1 l Gemüsebrühe
1-cm-Stück Ingwerwurzel, fein gehackt
2 TL Sojasauce
1 TL Zucker
1 EL Speisestärke
3 EL chinesischer Reiswein oder trockener Sherry
325 g Mais aus der Dose
1 Eiweiß
1 TL Sesamöl
Salz und Pfeffer
1 Frühlingszwiebel, in feinen Ringen, zum Garnieren
1 frische rote Chili, in feinen Ringen, zum Garnieren

1 Linsen, Brühe, Ingwer, Sojasauce und Zucker in einen Topf geben. Aufkochen und ohne Deckel 10 Minuten kochen. Den Schaum, der sich dabei bildet, abschöpfen, wann immer nötig. Dann die Hitze reduzieren, Topf abdecken und alles 15 Minuten köcheln lassen.

2 Speisestärke und Reiswein oder Sherry verquirlen, mit dem Mais und der Dosenflüssigkeit in den Topf geben. 2 Minuten kochen.

3 Das Eiweiß mit dem Sesamöl leicht verquirlen. Die Mischung langsam in die Suppe gießen, den Topf vom Herd nehmen und rühren, bis das Eiweiß weiße Streifen in der Suppe gebildet hat. Mit Salz und Pfeffer abschmecken.

4 Die Suppe in vorgewärmte Suppenschalen füllen und mit Frühlingszwiebeln und Chili garniert servieren.

TIPP
Sie können statt der getrockneten Linsen auch 425 g grüne Linsen aus der Dose verwenden. In diesem Fall die Linsen und den Mais mit der Brühe und den Gewürzzutaten in den den Topf geben, aufkochen und 2 Minuten köcheln lassen. Dann mit Schritt 2 fortfahren.

Maissuppe mit Paprika

15 Min. + Einweichzeit 1 Std.

4 PERSONEN

1 getrocknete Ancho-Chili
4 EL Butter
500 g tiefgefrorener Mais, aufgetaut
1 große Zwiebel, fein gehackt
1 große Knoblauchzehe, fein gehackt
1 frische rote Chili, entkernt und fein gehackt
300 ml Gemüsebrühe oder Wasser
600 g Schlagsahne
½ TL gemahlener Kreuzkümmel
Salz und Pfeffer
frisch gehackte Petersilie oder frisch gehackter Koriander, zum Garnieren

1 Die getrocknete Chili in einer kleinen Schüssel mit etwas kochendem Wasser bedecken und etwa 15 Minuten quellen lassen.

2 Die Butter in einer großen Pfanne bei mittlerer Hitze zerlassen. Den Mais zugeben und in der Butter wenden. 15 Minuten dünsten, bis er leicht zu bräunen beginnt. Dabei häufig rühren.

3 Zwiebel, Knoblauch und frische Chili zugeben und 7–10 Minuten unter häufigem Rühren dünsten, bis die Zwiebel weich wird und das Gemüse beginnt, am Pfannenboden zu haften.

4 Das Gemüse in einen Mixer geben, die Brühe allmählich zugießen und alles glatt pürieren.

5 Die Sahne in einen großen Topf gießen, das pürierte Gemüse zugeben und bis fast zum Siedepunkt erhitzen. Dann den Kreuzkümmel zufügen und leicht salzen. Die Hitze reduzieren, bis die Suppe nur noch leicht siedet und im offenen Topf um etwa ein Viertel einkochen.

6 Die eingeweichte Chili aus dem Wasser nehmen, das Einweichwasser aufbewahren. Kerne und Strunk entfernen und dann die Chili im Mixer mit 4–5 Esslöffeln Einweichwasser pürieren. Je nach Geschmack 2–4 Esslöffel Chilipüree zur Suppe geben und weitere 5 Minuten köcheln lassen. Dann die Suppe abschmecken und gegebenenfalls mit Salz und Pfeffer nachwürzen.

7 Die Suppe auf vorgewärmte Teller verteilen, mit gehackter Petersilie oder Koriander garnieren und servieren.

Indische Bohnensuppe

20 Min. 50 Min.

6 PERSONEN

4 EL Ghee oder Öl
2 Zwiebeln, gehackt
250 g Kartoffeln, grob gewürfelt
250 g Pastinaken, grob gewürfelt
250 g weiße Rüben oder Steckrüben, grob gewürfelt
2 Selleriestangen, in Scheiben
2 Knoblauchzehen, zerdrückt
2 TL gemahlener Koriander
1 EL Paprikapulver
1 EL milde Currypaste
1,2 l Gemüsebrühe
Salz
400 g Augenbohnen aus der Dose, abgetropft und gewaschen
2 Zucchini, in Scheiben
1 grüne Paprika, entkernt und in 1 cm großen Würfeln
frisch gehackter Koriander, zum Garnieren (nach Belieben)

1 Ghee oder Öl in einem Topf erhitzen, Zwiebeln, Kartoffeln, Pastinaken, Rüben und Sellerie zufügen und bei mittlerer Hitze unter häufigem Rühren 5 Minuten dünsten. Dann Knoblauch, Koriander, Paprikapulver und Currypaste zugeben und 1 Minute unter ständigem Rühren kochen.

2 Die Brühe zugießen, salzen, zum Kochen bringen, abdecken und bei geringer Hitze unter gelegentlichem Rühren 25 Minuten köcheln lassen.

3 Augenbohnen, Zucchini und Paprika zugeben und unterrühren. Abdecken und weitere 15 Minuten kochen, bis das Gemüse gar ist.

4 Etwa 300 ml (etwa 2 Schöpfkellen voll) der Suppenmischung im Mixer oder mit dem Pürierstab pürieren. Das Püree wieder zur Suppe geben und erneut erwärmen, bis die Suppe kochend heiß ist. Nach Geschmack mit Koriander bestreuen und heiß servieren.

TIPP
Mit einem Stück dunklem Brot gereicht, ist die Suppe eine vollwertige Mahlzeit.

Wirsingsuppe mit Porree

15 Min. 1 Std. 20 Min.

4 PERSONEN

2 EL Butter
2 große Porreestangen, längs halbiert und in feinen Ringen
1 große Zwiebel, halbiert und in feinen Ringen
3 Knoblauchzehen, fein gehackt
250 g Wirsing, fein geschnitten
1 l Gemüsebrühe
Salz und Pfeffer
4 Scheiben dunkles Brot, halbiert, oder 8 Scheiben Baguette
250 g Gruyère, gerieben

1 Die Butter in einem großen Topf bei mittlerer Hitze zerlassen. Porree und Zwiebel zugeben und 4–5 Minuten garen, bis das Gemüse weich wird. Dabei gelegentlich umrühren.

2 Knoblauch und Wirsing unterrühren und weitere 5 Minuten unter gelegentlichem Rühren dünsten, bis der Kohl zusammenfällt.

3 Die Brühe zugießen und 10 Minuten leicht kochen. Mit Salz und Pfeffer abschmecken.

4 Das Brot auf den Boden einer tiefen feuerfesten Form (3 l Inhalt) legen und mit der Hälfte des Käses bestreuen.

5 Die Suppe über das Brot gießen und mit dem restlichen Käse bestreuen. Im vorgeheizten Backofen bei 180 °C etwa 1 Stunde backen. Nach dem Backen sofort heiß servieren.

TIPP
Ideal für die Zubereitung dieses Rezepts ist eine große Souffléform oder eine Tonkasserolle von mindestens 10 cm Höhe, ebenso eine Kasserolle aus Gusseisen. Ist das Gefäß bis an den Rand gefüllt, stellen Sie es im Backofen in die Fettpfanne, falls etwas überläuft.

Zucchinisuppe mit Curry

10 Min. 30 Min.

4 PERSONEN

2 TL Butter
1 große Zwiebel, fein gehackt
900 g Zucchini, in Scheiben
450 ml Gemüsebrühe
1 TL Currypulver
125 g saure Sahne
Salz und Pfeffer
saure Sahne, zum Garnieren
Croûtons (siehe Seite 19), zum Garnieren

1 Die Butter in einem Topf bei mittlerer Hitze zerlassen. Die Zwiebel zufügen und etwa 5 Minuten glasig dünsten.

2 Zucchini, Brühe und Currypulver zugeben. Gegebenenfalls salzen. Die Suppe aufkochen, dann die Hitze reduzieren und abgedeckt 25 Minuten kochen, bis das Gemüse weich ist. Gelegentlich umrühren.

3 Die Suppe leicht abkühlen lassen, dann portionsweise im Mixer (siehe Tipp Seite 13) oder mit dem Pürierstab grob pürieren – sie sollte noch einige grüne Teilchen enthalten. Dann die Suppe in den Topf zurückgeben, die saure Sahne einrühren und bei geringer Hitze erwärmen, aber nicht mehr kochen. Mit Salz und Pfeffer abschmecken.

4 Die Suppe auf vorgewärmte Teller oder Suppenschüsseln verteilen, mit saurer Sahne und einigen Croûtons garnieren und sofort servieren.

TIPP
Für diese Suppe eignet sich Würfelbrühe sehr gut, dann sollten Sie aber etwas mehr saure Sahne zugeben. Man kann die Suppe auch sehr gut einfrieren; in diesem Fall wird die saure Sahne erst nach dem Auftauen zugegeben.

Scharf-saure Gemüsesuppe

30 Min. 10 Min.

4 PERSONEN

4 getrocknete Shiitake-Pilze
600 ml Gemüsebrühe oder Wasser
125 g fester Tofu, in feinen Streifen
60 g Bambussprossen aus der Dose, abgetropft und in feinen Streifen
60 g tiefgefrorene Erbsen
1 EL Sojasauce
2 EL Weißweinessig
2 EL Speisestärke
Salz und Pfeffer
Sesamöl, zum Servieren

1 Die getrockneten Pilze in eine kleine Schüssel geben, mit etwas kochendem Wasser übergießen und 20–25 Minuten quellen lassen.

2 Die Pilze abgießen und eventuell überschüssiges Wasser auspressen. Das Einweichwasser auffangen und beiseitestellen. Den harten Stielansatz der Pilze entfernen und die Pilze in feine Streifen schneiden.

3 Brühe oder Wasser in einem großen Topf zum Kochen bringen. Anschließend Pilze, Tofu, Bambussprossen und Erbsen zugeben und 2 Minuten köcheln lassen.

4 Sojasauce, Essig und Speisestärke mit 2 Esslöffeln des aufgefangenen Pilzwassers verrühren.

5 Die Sojasaucenmischung und das restliche Pilzwasser zur Suppe geben und unterrühren. Die Suppe aufkochen, mit Salz und Pfeffer abschmecken und 2 Minuten köcheln lassen.

6 Die fertige Suppe in Suppentassen füllen, mit etwas Sesamöl beträufeln und servieren.

TIPP
Sie können anstelle der getrockneten auch frische Pilze verwenden. Geben Sie in diesem Fall zusätzlich 180 ml Gemüsebrühe in die Suppe.

Gemüsesuppe mit Cannellini-Bohnen

15 Min. 20 Min.

4 PERSONEN

10 g getrocknete Steinpilze
1 kleine Aubergine
400 g Cannellini-Bohnen aus der Dose
2 große Tomaten, fein gewürfelt
1 Kartoffel, geschält und fein gewürfelt
1 Karotte, in 2 cm langen Streifen
1 Porreestange, in feinen Ringen
850 ml heiße Gemüsebrühe
2 TL getrocknetes Basilikum
50 g Vermicelli
4 EL Pesto
frisch geriebener Parmesan, zum Servieren

1 Die getrockneten Pilze in eine kleine Schüssel geben, mit warmem Wasser bedecken und 10 Minuten einweichen.

2 Die Aubergine in etwa 1 cm dicke Scheiben schneiden, dann die Scheiben in je 4 Stücke teilen.

3 Die Cannellini mit ihrem Saft in einen großen Topf geben und mit Aubergine, Tomaten, Kartoffel, Karotte und Porree mischen. Brühe zugießen und aufkochen. Dann die Hitze reduzieren und das Gemüse 15–20 Minuten köcheln lassen.

4 Basilikum, Pilze mit Einweichwasser und Vermicelli zugeben und die Suppe weitere 5 Minuten köcheln lassen, bis das gesamte Gemüse gar ist. Dann den Topf vom Herd nehmen.

5 Die Suppe auf vorgewärmte Suppenteller oder -schüsseln verteilen. Einen Klacks Pesto daraufgeben und servieren. Den frisch geriebenen Parmesan separat dazu reichen.

Reis-Graupen-Suppe

15 Min. 1 Std. 30 Min.

4–6 PERSONEN

100 g Perlgraupen
100 g Langkorn-Naturreis
450 g Mangold, geputzt und 10 Min. in Wasser eingeweicht
2 EL Olivenöl
1 große Zwiebel, fein gehackt
2 Karotten, fein gehackt
2 Selleriestangen, fein gehackt
2 große Knoblauchzehen, fein gehackt
800 g gehackte Tomaten aus der Dose
1 Lorbeerblatt
1 TL getrockneter Thymian
1 TL getrockneter Oregano
1 l Gemüsebrühe
450 g Cannellini-Bohnen aus der Dose, abgetropft
2 EL frisch gehackte Petersilie
Salz und Pfeffer
frisch geriebener Parmesan, zum Servieren

1 Wasser in einem großen Topf zum Kochen bringen. Graupen und Reis zugeben, das Wasser erneut aufkochen, die Hitze reduzieren und 30–35 Minuten köcheln lassen. Dann abgießen und beiseitestellen.

2 Den Mangold abtropfen lassen. Die festen weißen Stiele herausschneiden. Die Stiele quer zur Faser dünn schneiden und beiseitestellen. Die Blätter wie Zigarren aufrollen, fein hacken und ebenfalls beiseitestellen.

3 Das Öl in einem großen Topf erhitzen. Zwiebel, Karotten und Sellerie zugeben und 5 Minuten unter häufigem Rühren dünsten, bis das Gemüse weich und leicht gebräunt ist. Den Knoblauch zufügen und alles 1 weitere Minute kochen.

4 Die Tomaten mit Saft, Lorbeerblatt, Thymian und Oregano zugeben. Die Hitze reduzieren und die Suppe halb abgedeckt etwa 7 Minuten köcheln lassen.

5 Mangoldstiele und Brühe zugeben und etwa 20 Minuten köcheln lassen. Dann die Mangoldblätter unterrühren und weitere 15 Minuten köcheln lassen.

6 Bohnen, Petersilie, Graupen und Reis untermischen. Alles mit Salz und Pfeffer abschmecken, aufkochen und weitere 8–10 Minuten köcheln lassen. Zuletzt das Lorbeerblatt entfernen und die Suppe mit Parmesan bestreut servieren.

Gemüsesuppe mit Pesto

15 Min. 45 Min.

6 PERSONEN

1 EL Olivenöl
1 Zwiebel, fein gehackt
1 große Porreestange, in feinen Ringen
1 Selleriestange, in dünnen Scheiben
1 Karotte, geviertelt und in dünnen Scheiben
1 Knoblauchzehe, fein gehackt
1,4 l Wasser
1 Kartoffel, gewürfelt
1 Pastinake, fein gewürfelt
1 kleiner Kohlrabi oder 1 weiße Rübe, gewürfelt
150 g grüne Bohnen, in kleinen Stücken
150 g frische Erbsen, gepalt
2 kleine Zucchini, längs geviertelt und in Scheiben
400 g Flageolett-Bohnen aus der Dose, abgespült und abgetropft
Salz und Pfeffer
100 g Spinatblätter, in Streifen

PESTO
1 Knoblauchzehe, sehr fein gehackt
15 g frisches Basilikum
75 g Parmesan, frisch gerieben
4 EL natives Olivenöl extra

1 Das Öl bei mittlerer Hitze in einem großen Topf erwärmen. Darin Zwiebel und Porree etwa 5–6 Minuten unter Rühren weich dünsten. Anschließend Sellerie, Karotte und Knoblauch zugeben und weitere 5 Minuten unter Rühren dünsten.

2 Das Wasser, Kartoffel, Pastinake, Kohlrabi oder Rübe und grüne Bohnen zugeben. Alles aufkochen, dann die Hitze reduzieren und das Gemüse abgedeckt 5 Minuten köcheln lassen.

3 Erbsen, Zucchini und Flageolett-Bohnen zugeben, kräftig mit Salz und Pfeffer würzen. Den Topf erneut abdecken und alles 25 Minuten kochen, bis das Gemüse weich ist.

4 Für den Pesto Knoblauch, Basilikum und Parmesan in den Mixer geben und mit dem Olivenöl zu einer glatten Paste verrühren. Zwischendurch die Masse vom Schüsselrand abstreifen.

5 Die Spinatblätter zur Suppe geben und 5 Minuten leicht kochen. Mit Salz und Pfeffer abschmecken und 1 Esslöffel Pesto einrühren. Sofort servieren und dazu das restliche Pesto reichen.

Kartoffel-Karotten-Suppe

10 Min. 25 Min.

2 PERSONEN

1 EL Sonnenblumenöl
1 Porreestange, in feinen Ringen
1 große Knoblauchzehe, fein gehackt
700 ml Gemüsebrühe
1 Lorbeerblatt
¼ TL gemahlener Kreuzkümmel
Salz und Pfeffer
180 g Kartoffeln, gewürfelt
125 g Karotten, grob geraspelt
frisch gehackte Petersilie, zum Garnieren

1 Das Öl in einem Topf mit schwerem Boden erhitzen. Porree und Knoblauch hineingeben und bei schwacher Hitze 2–3 Minuten dünsten, bis das Gemüse weich, aber noch nicht gebräunt ist. Anschließend die Gemüsebrühe, das Lorbeerblatt und den Kreuzkümmel zugeben und alles mit Salz und Pfeffer abschmecken. Unter ständigem Rühren zum Kochen bringen.

2 Die Kartoffeln zugeben, den Topf abdecken und alles bei schwacher Hitze 10–15 Minuten köcheln lassen, bis die Kartoffeln weich sind. Sie dürfen nicht zerfallen.

3 Die Karotte zufügen und weitere 2–3 Minuten köcheln lassen. Noch einmal abschmecken und das Lorbeerblatt entfernen.

4 Die fertige Suppe in vorgewärmte Suppenteller verteilen, mit Petersilie bestreuen und servieren.

TIPP
Falls Suppe übrig bleibt, können Sie am nächsten Tag eine leckere Cremesuppe daraus zubereiten. Dazu die Reste (etwa die Hälfte aller Zutaten) pürieren und 5–6 Esslöffel Milch zugießen. Alles aufkochen, 2–3 Minuten köcheln lassen und mit Salz und Pfeffer abschmecken. Dann 1–2 Esslöffel Sahne oder Crème fraîche einrühren, die Suppe auf vorgewärmte Teller verteilen und nach Belieben mit gehackter Petersilie bestreut servieren.

Melonensuppe mit Ingwer

10 Min. + Kühlzeit — 0 Min.

4 PERSONEN

1 große reife Netzmelone (1 kg)
¾ TL frisch geriebene Ingwerwurzel, plus etwas mehr zum Abschmecken (nach Belieben)
1 EL frischer Zitronensaft, plus etwas mehr zum Abschmecken (nach Belieben)
1 TL Zucker
Salz
125 g Schlagsahne
frische Schnittlauchröllchen, zum Garnieren

1 Die Melone halbieren und die Kerne herausschaben. Dann das Fruchtfleisch in einen Mixer geben und zu einem glatten Püree verarbeiten.

2 Ingwer, Zitronensaft, Zucker und eine Prise Salz zugeben und alles durchmixen. Abschmecken und bei Bedarf etwas mehr Ingwer zufügen. Das Püree in eine Schüssel geben, abdecken und für 30 Minuten in den Kühlschrank stellen.

3 Die Sahne unter die gekühlte Suppe rühren, erneut abschmecken und eventuell etwas Salz und Zitronensaft zufügen.

4 Das Melonenpüree in 4 gekühlte Schälchen füllen, mit Schnittlauch garnieren und servieren.

TIPP
Um festzustellen, ob eine Melone reif ist, drücken Sie behutsam auf das dem Stielansatz gegenüberliegende Ende. Es sollte leicht nachgeben. Auch am typischen Geruch sind reife Melonen zu erkennen.

Gemüsechili

10 Min. — 1 Std. 15 Min.

5–6 PERSONEN

1 EL Olivenöl, plus etwas mehr zum Einfetten
1 Aubergine, in 2,5 cm dicken Scheiben
1 große rote Zwiebel, fein gehackt
2 rote Paprika, fein gewürfelt
3–4 Knoblauchzehen, fein gehackt
800 g gehackte Tomaten aus der Dose
1 EL mildes Chilipulver
½ TL gemahlener Kreuzkümmel
½ TL getrockneter Oregano
Salz und Pfeffer
2 kleine Zucchini, längs geviertelt und in Scheiben
400 g Kidney-Bohnen aus der Dose, abgespült und abgetropft
450 ml Wasser
1 EL Tomatenmark
6 Frühlingszwiebeln, fein gehackt
120 g Gouda, gerieben

1 Die Hälfte des Öls in einer großen Pfanne bei mittlerer Hitze erwärmen. Die Auberginenscheiben von einer Seite mit Olivenöl einpinseln und mit der geölten Seite nach oben in die Pfanne legen. 5–6 Minuten anbraten, dann wenden und die andere Seite braten. Herausnehmen und in mundgerechte Stücke schneiden.

2 Das restliche Öl in einem großen Topf bei mittlerer Hitze erwärmen. Zwiebel und Paprika zugeben, den Topf abdecken und alles 3–4 Minuten unter gelegentlichem Rühren dünsten, bis die Zwiebel weich, aber nicht braun ist. Den Knoblauch zugeben und weitere 2–3 Minuten dünsten, bis die Zwiebel hellbraun wird.

3 Tomaten, Chilipulver, Kreuzkümmel und Oregano zugeben. Mit Salz und Pfeffer abschmecken und kurz aufkochen. Die Hitze reduzieren und 15 Minuten köcheln lassen.

4 Zucchini, Auberginen und Kidney-Bohnen zugeben. Das Wasser und das Tomatenmark unterrühren. Den Deckel wieder auflegen und 45 Minuten köcheln lassen, bis das Gemüse weich ist. Nach Belieben noch einmal mit Pfeffer, Salz und Chilipulver nachwürzen.

5 Die fertige Suppe auf vorgewärmte Suppenteller oder Schalen verteilen, mit Frühlingszwiebeln und Käse bestreuen und sofort servieren.

Tomatensuppe mit Melone

20 Min. + Kühlzeit | 0 Min.

6 PERSONEN

4 große Tomaten, gehäutet und entkernt
1,5 kg Wassermelone, möglichst kernlos
10-cm-Stück Salatgurke, geschält, entkernt und grob gewürfelt
2 Frühlingszwiebeln, nur grüner Teil, in feinen Ringen
1 EL frisch gehackte Minze
Salz und Pfeffer
6 frische Minzezweige, zum Garnieren

1 Eine der Tomaten mit einem scharfen Messer in 1 cm große Würfel schneiden. Die Melone halbieren, schälen und eventuell vorhandene Kerne entfernen.

2 Die restlichen 3 Tomaten im Mixer oder mit dem Pürierstab pürieren. Dann nach und nach Gurke, Frühlingszwiebeln und Wassermelone zugeben und ebenfalls pürieren. Zuletzt Tomatenwürfel und Minze ins Melonenpüree einrühren und alles mit Salz und Pfeffer abschmecken.

3 Die Suppe über Nacht in den Kühlschrank stellen. Vor dem Servieren erneut abschmecken und dann mit Minzezweigen garniert servieren.

TIPP
Zwar schmeckt diese Suppe besser, wenn sie über Nacht gekühlt wird, sie ergibt aber auch dann eine schnelle schmackhafte Vorspeise, wenn man sie direkt vor dem Servieren zubereitet und warm serviert.

Wantan-Suppe

45 Min. | 5 Min.

4 PERSONEN

WANTAN-HÜLLEN
1 Ei
6 EL Wasser
250 g Mehl, plus etwas mehr zum Bestäuben

FÜLLUNG
125 g Spinat, Tiefkühlware aufgetaut, gehackt
1 EL Pinienkerne, geröstet und gehackt
25 g Quorn oder Tofu, gehackt
Salz

SUPPE
600 ml Gemüsebrühe
1 EL trockener Sherry
1 EL helle Sojasauce
2 gehackte Frühlingszwiebeln, zum Garnieren

1 Für die Wantan-Hüllen das Ei in eine Schüssel geben, leicht verquirlen und mit dem Wasser verrühren. Das Mehl zugeben und alles zu einem zähen Teig verrühren. Dann den Teig leicht kneten, mit einem feuchten Tuch bedecken, beiseitestellen und 30 Minuten ruhen lassen.

2 Anschließend den Teig auf einem gut bemehlten Küchenbrett etwa 1,5 mm dick ausrollen und Quadrate von etwa 24 cm x 7 cm daraus ausschneiden. Jedes Quadrat leicht mit Mehl bestäuben. Für die Suppe sind lediglich 12 Quadrate erforderlich. Der Rest kann problemlos eingefroren und beim nächsten Mal verwendet werden.

3 Für die Füllung das überschüssige Wasser aus dem Spinat drücken. Dann den Spinat gut mit gerösteten Pinienkernen und Quorn oder Tofu vermengen und die fertige Mischung salzen.

4 Die Füllung in 12 gleich große Teile aufteilen. Mit einem Teelöffel jeweils eine Portion in die Mitte eines jeden Teigquadrats geben. Die Wantans durch Zusammenfalten der gegenüberliegenden Ecken der Quadrate verschließen.

5 Für die Suppe die Gemüsebrühe, den Sherry und die Sojasauce kurz aufkochen. Dann die Wantans zugeben und 2–3 Minuten sprudelnd kochen.

6 Die Suppe in vorgewärmte Suppentassen geben und mit Frühlingszwiebeln garniert servieren.

Nudelsuppe mit Safran

10 Min. | 15 Min.

4 PERSONEN

1½ TL Safranfäden
1,2 l Gemüsebrühe
2 EL helle Sojasauce
4 Frühlingszwiebeln, in Ringen
2 Zucchini, in Streifen
2 große Tomaten, gehäutet, entkernt und gehackt
1 Knoblauchzehe, fein gehackt
120 g Reisnudeln
Pfeffer
Schnittlauchröllchen, zum Garnieren

1 Die Safranfäden im Mörser zerreiben.

2 Brühe und Sojasauce in einem großen Topf zum Kochen bringen. Dann Safran unter die Brühe rühren.

3 Frühlingszwiebeln, Zucchini, Tomaten, Knoblauch und Nudeln in die Brühe geben und aufkochen, dann 5 Minuten köcheln lassen.

4 Die fertige Suppe mit Pfeffer abschmecken, mit Schnittlauchröllchen garnieren und sofort servieren.

TIPP
Weil Sojasauce recht salzig ist, benötigt man für dieses Gericht kein zusätzliches Salz. Gesundheitsbewusste können eine salzarme Sojasauce verwenden.

Vichyssoise

10 Min. + Kühlzeit | 40 Min.

6 PERSONEN

3 große Porreestangen
40 g Butter oder Margarine
1 Zwiebel, in dünnen Ringen
500 g Kartoffeln, gehackt
850 ml Gemüsebrühe
2 TL Zitronensaft
1 Prise frisch geriebene Muskatnuss
¼ TL gemahlener Koriander
1 Lorbeerblatt
Salz und weißer Pfeffer
1 Eigelb
150 g Schlagsahne
frische Schnittlauchröllchen, zum Garnieren

1 Den Porree putzen, dabei die grünen Teile großzügig entfernen. Die weißen Teile in sehr feine Ringe schneiden.

2 Die Butter oder Margarine in einem Topf zerlassen. Porree und Zwiebel zugeben und unter gelegentlichem Rühren 5 Minuten dünsten, aber nicht bräunen.

3 Kartoffeln, Gemüsebrühe, Zitronensaft, Muskat, Koriander und Lorbeerblatt zugeben. Alles mit Salz und Pfeffer abschmecken, aufkochen, dann abdecken und etwa 30 Minuten köcheln lassen, bis das Gemüse sehr weich ist.

4 Die Suppe etwas abkühlen lassen, dann das Lorbeerblatt herausnehmen. Die Suppe in einem Mixer pürieren (siehe Tipp Seite 13) oder durch ein Sieb streichen, bis sie sämig ist. Anschließend in einen sauberen Topf füllen.

5 Eigelb und Sahne verrühren, etwas Suppe zugeben und dann die Mischung unter die Suppe schlagen. Die Suppe vorsichtig wieder erhitzen, ohne sie zum Kochen zu bringen. Noch einmal mit Salz und Pfeffer abschmecken, abkühlen lassen und im Kühlschrank kalt stellen.

6 Die durchgekühlte Suppe in Teller füllen und mit Schnittlauchröllchen garniert servieren.

Geeiste Salsa-Suppe

10 Min. + Kühlzeit | 12–15 Min

4 PERSONEN

2 große Maiskolben oder 225 g Maiskörner aus der Dose oder tiefgefroren
1 EL Olivenöl
1 orangefarbene oder rote Paprika, entkernt und fein gehackt
1 grüne Paprika, entkernt und fein gehackt
1 milde Zwiebel, fein gehackt
3 reife Tomaten, gehäutet, entkernt und fein gehackt
½ TL Chilipulver, plus etwas mehr zum Abschmecken (nach Belieben)
125 ml Wasser
450 ml Tomatensaft
Salz und Pfeffer
Chilipaste
3–4 fein gehackte Frühlingszwiebeln, zum Garnieren
frisch gehackte Korianderblätter, zum Garnieren

1 Maiskörner vom Kolben lösen (siehe Tipp Seite 43), gefrorenen Mais auftauen, Mais aus der Dose abtropfen lassen.

2 Das Öl bei mittlerer Hitze in einem großen Topf erwärmen. Die Paprika zugeben und unter kräftigem Rühren etwa 3 Minuten andünsten. Die Zwiebel zugeben und weitere 2 Minuten dünsten, bis sie zu bräunen beginnt.

3 Tomaten, Mais und Chilipulver zufügen. 1 weitere Minute dünsten und dabei ständig rühren. Das Wasser zugießen und aufkochen. Dann die Hitze reduzieren, den Deckel aufsetzen und die Suppe weitere 4–5 Minuten köcheln lassen, bis die Paprika weich wird.

4 Das Gemüse in eine große Schüssel geben und den Tomatensaft unterrühren. Mit Salz, Pfeffer, Chilipulver und -paste würzen. Abdecken und kalt stellen.

5 Die Suppe noch einmal abschmecken und eventuell nachwürzen; bei Bedarf mit etwas Eiswasser verdünnen. Dann auf gekühlte Teller verteilen, mit Frühlingszwiebeln und Koriander garnieren und servieren.

Avocado-Minze-Suppe

15 Min. + Kühlzeit   35 Min.

6 PERSONEN

40 g Butter oder Margarine
6 Frühlingszwiebeln, in Ringen
1 Knoblauchzehe, zerdrückt
25 g Mehl
600 ml Gemüsebrühe
2 reife Avocados
2–3 TL Zitronensaft
1 Prise abgeriebene Zitronenschale
Salz und Pfeffer
150 ml Milch
150 g Schlagsahne
1–1½ EL frisch gehackte Minze
Minzeblätter, zum Garnieren

KNOBLAUCHBROT MIT MINZE

125 g weiche Butter
1–2 EL frisch gehackte Minze
1–2 Knoblauchzehen, zerdrückt
1 Vollkorn- oder französisches Baguette

1 Butter oder Margarine in einem großen Topf mit schwerem Boden zerlassen. Frühlingszwiebeln und Knoblauchzehen zugeben und bei geringer Hitze unter gelegentlichem Rühren etwa 3 Minuten glasig andünsten.

2 Mehl einrühren und unter Rühren 1–2 Minuten kochen. Nach und nach die Brühe einrühren, aufkochen und 5 Minuten leicht köcheln lassen.

3 Inzwischen die Avocados schälen, Steine entfernen und das Fruchtfleisch grob würfeln. Mit Zitronensaft und Zitronenschale in die Suppe geben, salzen und pfeffern. Abdecken und 10 Minuten köcheln lassen, bis alles gar ist.

4 Die Suppe langsam abkühlen lassen, dann durch ein Sieb streichen oder im Mixer (siehe Tipp Seite 13) oder mit dem Pürierstab sämig pürieren. Anschließend in eine Schüssel gießen.

5 Milch und Sahne einrühren, mit Salz und Pfeffer abschmecken, dann die Minze zufügen. Abdecken und zum Abkühlen in den Kühlschrank geben.

6 Für das Knoblauchbrot die Butter mit Minze und Knoblauch verrühren. Das Brot schräg einschneiden, aber nicht durchschneiden, und die Einschnitte mit der Buttermischung bestreichen. In Folie einwickeln und etwa 15 Minuten im vorgeheizten Backofen bei 180° C aufbacken.

7 Die Suppe mit Minzeblättern garnieren und mit dem warmen Knoblauch-Minze-Brot servieren.

Brunnenkresse-Vichyssoise

15 Min. + Kühlzeit   35 Min.

6 PERSONEN

1 EL Olivenöl
3 große Porreestangen, in dünnen Ringen
1 große Kartoffel (etwa 350 g), fein gewürfelt
600 ml Gemüsebrühe
450 ml Wasser
1 Lorbeerblatt
175 g Brunnenkresse, plus etwas mehr zum Garnieren
200 g Schlagsahne
Salz und Pfeffer

1 Das Öl bei mittlerer Hitze in einem großen Topf erwärmen. Den Porree zugeben und etwa 3 Minuten andünsten, bis er weich wird. Ab und zu umrühren. Anschließend die Kartoffel zugeben und ebenfalls kurz andünsten.

2 Gemüsebrühe, das Wasser und das Lorbeerblatt zugeben. Alles aufkochen. Dann die Hitze reduzieren und mit geschlossenem Deckel 25 Minuten köcheln lassen, bis das Gemüse weich ist. Gelegentlich umrühren.

3 Das Lorbeerblatt entfernen. Die Brunnenkresse zugeben und 2–3 Minuten weiterköcheln lassen, bis die Blätter zusammengefallen sind. Dabei häufig umrühren.

4 Die Suppe leicht abkühlen lassen, dann portionsweise im Mixer (siehe Tipp Seite 13) oder mit dem Pürierstab glatt pürieren oder mit einem Holzlöffel durch ein Sieb streichen.

5 Die Suppe in eine große Schüssel geben, die Hälfte der Sahne einrühren und alles mit etwas Salz und reichlich Pfeffer abschmecken. Dann abdecken und im Kühlschrank gut abkühlen lassen.

6 Die durchgekühlte Suppe in kalte Suppenteller füllen, mit der restlichen Sahne beträufeln und diese dekorativ verteilen. Dann mit den Brunnenkresseblättern garnieren und servieren.

TIPP
Vichyssoise ist eine kalte Suppe auf Basis von Kartoffeln und Porree (siehe auch Rezept Seite 56). Hier verleiht Brunnenkresse dem Küchenklassiker zusätzlich Geschmack und Farbe. Einen hübschen Farbtupfer erhält die Suppe, wenn man sie mit Brunnenkresseblüten garniert.

Geeiste Gazpacho

20 Min. + Kühlzeit | 5 Min.

4–6 PERSONEN

2 rote Paprika, entkernt und grob gewürfelt
1 Salatgurke, entkernt und grob gehackt
400 g Tomaten, gehäutet, entkernt und grob gehackt
4 EL Olivenöl
2 EL Sherry-Essig
Salz und Pfeffer

KNOBLAUCH-CROÛTONS

2 EL Olivenöl
1 Knoblauchzehe, halbiert
2 Scheiben Brot ohne Kruste, in 5 mm großen Würfeln
Meersalz

GARNIERUNG

grüne und rote Paprikawürfel
entkernte und fein gewürfelte Salatgurke
fein gehackte Frühlingszwiebeln
Eiswürfel

1 Paprika, Gurke, Tomaten, Olivenöl und Essig in einen Mixer geben und zu einer glatten Masse pürieren. Mit Salz und Pfeffer abschmecken. In eine Schüssel geben, abdecken und für mindestens 4 Stunden kalt stellen.

2 Für die Knoblauch-Croûtons Öl in einer Pfanne erhitzen. Den Knoblauch zufügen und unter Rühren 2 Minuten braten, um das Öl zu aromatisieren. Dann den Knoblauch entfernen und wegwerfen.

3 Die Brotwürfel in die Pfanne geben und von allen Seiten goldbraun braten. Auf Küchenpapier gründlich abtropfen lassen und mit Meersalz bestreuen. Gegebenenfalls in einem luftdichten Behälter aufbewahren.

4 Die gekühlte Suppe noch einmal mit Salz und Pfeffer abschmecken. Dann die Eiswürfel in die Suppenteller geben und die Suppe darübergießen. Zum Servieren die verschiedenen Gemüsegarnierungen in einzelne Schalen füllen und zur Gazpacho reichen.

TIPP

Sie können auch Tomateneiswürfel zur Gazpacho reichen. Dazu einfach fertigen Tomatensaft in einen Eiswürfelbehälter füllen und gefrieren lassen.

Artischockensuppe

5 Min. + Kühlzeit | 15 Min.

4 PERSONEN

1 EL Olivenöl
1 Zwiebel, gehackt
1 Knoblauchzehe, zerdrückt
800 g eingelegte Artischockenherzen, abgetropft
600 ml heiße Gemüsebrühe
150 g Schlagsahne
2 EL frisch gezupfter Thymian
2 getrocknete Tomaten, in Streifen, zum Garnieren
knuspriges Brot, zum Servieren

1 Das Öl in einem großen Topf erhitzen. Die Zwiebel und den Knoblauch darin weich dünsten.

2 Die Artischockenherzen mit einem Messer grob zerkleinern und in den Topf geben. Dann die Brühe zugießen und gut umrühren. Alles aufkochen, die Hitze reduzieren und die Suppe abgedeckt etwa 3 Minuten köcheln lassen.

3 Die Suppe vom Herd nehmen und glatt pürieren oder durch ein Sieb passieren. Dann in eine große Schüssel gießen und Sahne sowie Thymian zufügen. Abdecken und für 3–4 Stunden in den Kühlschrank stellen.

4 Die gekühlte Suppe auf Suppenschalen verteilen und mit den Tomatenstreifen garniert servieren. Dazu knuspriges Brot reichen.

TIPP

In Schritt 3 kann man der Suppe zusammen mit Sahne und Thymian nach Belieben 2 Teelöffel trockenen Wermut, beispielsweise Martini, zugeben.

Knoblauch-Mandel-Suppe

30 Min. + Kühlzeit   0 Min.

4–6 PERSONEN

400 g Baguette vom Vortag, in Scheiben
4 große Knoblauchzehen
3–4 EL Sherry-Essig
1 l kaltes Wasser
6 EL natives Olivenöl extra, plus etwas mehr zum Servieren
225 g gemahlene Mandeln
Meersalz und Pfeffer
kernlose helle Trauben, in Scheiben, zum Garnieren

1 Das Baguette in kleine Stücke reißen und in eine Schüssel geben. Mit ausreichend Wasser bedecken und 15 Minuten einweichen lassen. Dann das nasse Brot mit den Händen sorgfältig ausdrücken und in einen Mixer geben.

2 Die Knoblauchzehen längs halbieren und mit der Messerspitze den grünen Keim entfernen. Mit 3 Esslöffeln Sherry-Essig und 225 ml Wasser in einen Mixer geben. Dann das Öl und die Mandeln zufügen und alles zerkleinern.

3 Während der Mixer noch läuft, das restliche Wasser einrühren, bis eine glatte Suppe entsteht. Mit dem restlichen Essig, Salz und Pfeffer abschmecken. Die Suppe in eine Schüssel füllen, abdecken und für mindestens 4 Stunden kalt stellen.

4 Vor dem Servieren noch einmal abschmecken. Dann in Suppenteller füllen, einige Trauben in die Mitte legen und mit Pfeffer und einem Spritzer Olivenöl garnieren.

TIPP

Gekühlte Trauben sind die traditionelle Garnierung dieses Rezepts. Alternativ können Sie auch Paprikapulver oder fein gehackte Petersilie nehmen.

Kalte Koriandersuppe

15 Min. + Kühlzeit   30 Min.

4 PERSONEN

2 TL Olivenöl
1 große Zwiebel, fein gehackt
1 Porreestange, in feinen Ringen
1 Knoblauchzehe, in dünnen Scheiben
1 kleine Zucchini, gewürfelt
60 g Reis
Salz und Pfeffer
1 l Wasser
5-cm-Stück Zitronengras
2 Limettenblätter
55 g frische Korianderzweige, grob gehackt
Chilipaste (nach Belieben)
rote Paprika oder Chili, fein gehackt, zum Garnieren

1 Das Öl bei mittlerer Hitze in einem großen Topf erwärmen. Zwiebel, Porree und Knoblauch zugeben und mit geschlossenem Deckel etwa 4–5 Minuten dünsten.

2 Zucchini, Reis, 1 Prise Salz und etwas Pfeffer mit dem Wasser zugeben. Zitronengras und Limettenblätter einrühren und alles aufkochen. Dann die Hitze reduzieren und mit geschlossenem Deckel 15–20 Minuten köcheln lassen, bis der Reis weich ist. Dabei gelegentlich umrühren.

3 Den Koriander zugeben und gut unterrühren. 2–3 Minuten kochen, bis er zusammenfällt. Zitronengras und Limettenblätter entfernen.

4 Die Suppe leicht abkühlen lassen, dann portionsweise im Mixer (siehe Tipp Seite 13) oder mit dem Pürierstab glatt pürieren. Anschließend die Suppe in eine große Schüssel geben und mit Salz und Pfeffer abschmecken. Abdecken und etwas abkühlen lassen, dann für mindestens 3–4 Stunden in den Kühlschrank stellen.

5 Die erkaltete Suppe noch einmal abschmecken und bei Bedarf mit etwas Chilipaste nachwürzen oder mit etwas Eiswasser verdünnen. Auf gekühlte Teller verteilen, mit Paprika oder Chili garnieren und servieren.

Kürbis-Tomaten-Suppe

15 Min. 1 Std. 5 Min.

4 PERSONEN

1–2 EL Olivenöl
900 g Kürbisfleisch, geschält und in 2 cm dicken Scheiben
450 g reife Tomaten, gehäutet, entkernt und in dicken Scheiben
1 Zwiebel, gehackt
2 große Knoblauchzehen, fein gehackt
4 EL Weißwein
2 EL Wasser
Salz und Pfeffer
600 ml Gemüsebrühe
125 g Schlagsahne
frische Schnittlauchröllchen, zum Garnieren

1 1 Esslöffel Olivenöl auf ein Backblech träufeln und verteilen. Kürbis- und Tomatenscheiben, Zwiebel und Knoblauch in Schichten darauflegen. Mit dem restlichen Olivenöl beträufeln, Wein und das Wasser zugießen. Alles mit etwas Salz und Pfeffer würzen. Mit Alufolie abdecken und in einem auf 190 °C vorgeheizten Backofen etwa 45 Minuten backen, bis das Gemüse weich ist.

2 Das Gemüse leicht abkühlen lassen, dann mit dem Pürierstab oder im Mixer mitsamt der Garflüssigkeit pürieren. Eventuell etwas Brühe zugießen.

3 Das pürierte Gemüse in einen Topf geben und die restliche Brühe unterrühren. Bei mittlerer Hitze unter gelegentlichem Rühren 15 Minuten erhitzen, bis die Suppe gut durchwärmt ist.

4 Die Sahne einrühren und weitere 3–4 Minuten erwärmen. Zuletzt noch einmal abschmecken und eventuell mit Salz und Pfeffer nachwürzen.

5 Die fertige Suppe auf vorgewärmte Teller verteilen, mit Schnittlauchröllchen garnieren und servieren.

Aprikosen-Apfel-Suppe

15 Min. + Kühlzeit   25 Min.

4–6 PERSONEN

125 g getrocknete Aprikosen, über Nacht eingeweicht und abgetropft
500 g Äpfel, geschält, entkernt und gewürfelt
1 kleine Zwiebel, gewürfelt
1 EL Zitronensaft
700 ml Gemüsebrühe
150 ml trockener Weißwein
¼ TL Ingwerpulver
1 kräftige Prise gemahlener Piment
Salz und Pfeffer
4–6 EL saure Sahne, zum Garnieren
Ingwerpulver oder gemahlener Piment, zum Garnieren

1 Die Aprikosen klein hacken und mit Äpfeln, Zwiebel, Zitronensaft und Brühe in einen Topf geben. Aufkochen, abdecken und 20 Minuten köcheln lassen.

2 Die Suppe etwas abkühlen lassen, dann durch ein Sieb streichen oder im Mixer pürieren (siehe Tipp Seite 13). Die pürierte Suppe in einen sauberen Topf gießen.

3 Wein, Ingwerpulver und Piment zugeben und alles mit Salz und Pfeffer abschmecken. Einmal aufkochen, dann abkühlen lassen. Ist die Suppe zu dick, etwas Brühe oder Wasser zugießen. Dann für 3–4 Stunden kalt stellen.

4 Die gekühlte Suppe portionsweise auf Suppenteller verteilen. Die Teller jeweils mit einem Löffel saure Sahne garnieren und mit Ingwerpulver oder Piment bestäuben.

Minestrone mit Pesto

10–15 Min.   1 Std. 45 Min.

6 PERSONEN

200 g getrocknete Cannellini-Bohnen, über Nacht eingeweicht und abgetropft
2,5 l Wasser
1 große Zwiebel, gehackt
1 Porreestange, in Ringen
1 Selleriestange, in Scheiben
2 Karotten, gehackt
3 EL Olivenöl
2 Tomaten, gehäutet, entkernt und grob gehackt
1 Zucchini, in dünnen Scheiben
2 Kartoffeln, gewürfelt
100 g Hörnchennudeln
Salz und Pfeffer
5 EL frisch geriebener Parmesan, zum Servieren

PESTO
2 EL Pinienkerne
5 EL Olivenöl
2 Bund Basilikum, ohne Stiele
4–6 Knoblauchzehen, zerdrückt
100 g Pecorino oder Parmesan, frisch gerieben

1 Die Bohnen mit dem Wasser in einen Topf geben. Aufkochen, abdecken und 1 Stunde köcheln lassen.

2 Zwiebel, Porree, Sellerie, Karotten und Olivenöl zufügen, abdecken und 4–5 Minuten köcheln lassen.

3 Tomaten, Zucchini, Kartoffeln, Nudeln, Salz und Pfeffer zugeben. Erneut abdecken und weitere 30 Minuten köcheln lassen, bis die Zutaten sehr weich sind.

4 Für den Pesto die Pinienkerne in 1 Esslöffel Öl hellbraun rösten, dann abtropfen lassen und mit Basilikum und Knoblauch im Mixer oder im Mörser zermahlen. Das restliche Öl in einem feinen Strahl zugießen und unterrühren, bis die Mischung glatt ist. Dann in eine Schüssel geben, Käse zufügen und sorgfältig verrühren.

5 2 Teelöffel Pesto in die Suppe rühren. Weitere 5 Minuten köcheln lassen und mit Salz und Pfeffer abschmecken. Dann auf Suppenteller verteilen, einen Klacks Pesto daraufgeben, mit Parmesan bestreuen und heiß servieren.

Gurkensuppe

15 Min. + Kühlzeit   0 Min.

4 PERSONEN

60 g Walnüsse, geröstet (siehe Tipp)
15 g frische Petersilienblätter
1 kleine Knoblauchzehe, sehr fein gehackt
2 EL Olivenöl
4 EL Wasser
1 große Salatgurke, entkernt und in 2,5 cm großen Würfeln
Salz und Pfeffer
1 EL Zitronensaft
300 g griechischer Joghurt, glatt gerührt
frische Minzeblätter, zum Garnieren

1 Walnüsse, Petersilie, Knoblauch, Öl und Wasser in einen Mixer geben. Die Hälfte der Gurke zufügen und alles zu einem glatten Püree verarbeiten. Zwischendurch die Masse von der Mixerwandung schaben.

2 Die restliche Gurke, 1 Prise Salz und den Zitronensaft hineingeben und ebenfalls glatt pürieren.

3 Die pürierte Suppe in eine Schüssel geben und mit dem Joghurt verrühren. Mit Salz und Pfeffer abschmecken. Die Suppe abdecken und für etwa 30 Minuten in den Kühlschrank stellen.

4 Dann noch einmal abschmecken und auf gekühlte Teller verteilen. Mit Minzeblättern garnieren und servieren.

TIPP
Geröstete Walnüsse sind sehr aromatisch. Einfach ohne Zugabe von Fett in eine Pfanne geben und bei mittlerer Hitze unter ständigem Rühren rösten, bis sie zu bräunen und zu duften beginnen.

Tomatensuppe mit Sellerie

15 Min. 55 Min.

4 PERSONEN

2 TL Olivenöl
1 große milde Zwiebel, fein gehackt
1 Karotte, fein gehackt
1 Selleriestange, fein gehackt
1 kg reife Strauchtomaten, gehäutet, entkernt und grob gewürfelt, Saft aufgefangen
2 Knoblauchzehen, fein gehackt
1 TL frische Majoranblätter oder 1 Msp. getrockneter Majoran
450 ml Wasser
4–5 EL Crème double, plus etwas mehr zum Garnieren
2 EL frisch gehacktes Basilikum
Salz und Pfeffer

1 Das Öl in einem großen Topf erhitzen. Zwiebel, Karotte und Sellerie zugeben und bei mittlerer Hitze 3–4 Minuten garen. Dabei gelegentlich umrühren.

2 Tomatenwürfel und -saft, Knoblauch und Majoran zugeben und weitere 2 Minuten kochen. Das Wasser einrühren, die Hitze reduzieren und bei geschlossenem Deckel etwa 45 Minuten köcheln lassen, bis das Gemüse weich ist. Gelegentlich umrühren.

3 Die Suppe leicht abkühlen lassen, dann portionsweise im Mixer (siehe Tipp Seite 13) oder mit dem Pürierstab glatt pürieren. Anschließend die Suppe wieder in den Topf geben und bei mittlerer Hitze erwärmen. Crème double und Basilikum einrühren. Mit Salz und Pfeffer würzen, nicht mehr kochen.

4 Die Suppe auf vorgewärmte Teller verteilen, jeweils mit einer Spirale aus Crème double garnieren und sofort heiß servieren.

TIPP

Für diese aromatische Suppe brauchen Sie vollreife Tomaten. Blasse, feste Tomaten können bei Zimmertemperatur einige Tage nachreifen. Das ist besonders im Winter wichtig, wenn Tomaten unreif geerntet werden.

Gemüsesuppe mit Käse

15 Min. 45 Min.

4 PERSONEN

25 g Butter
1 große Zwiebel, fein gehackt
1 große Porreestange, erst längs und dann quer geschnitten
1–2 Knoblauchzehen, zerdrückt
55 g Mehl
1,2 l Gemüsebrühe
3 Karotten, fein gewürfelt
2 Selleriestangen, fein gewürfelt
1 weiße Rübe, fein gewürfelt
1 große Kartoffel, fein gewürfelt
3–4 frische Thymianzweige
1 Lorbeerblatt
350 g Schlagsahne
300 g Cheddar oder mittelalter Gouda, gerieben
Salz und Pfeffer
frisch gehackte Petersilie, zum Garnieren

1 Die Butter in einem großen Topf bei mittlerer Hitze zerlassen. Zwiebel, Porree und Knoblauch zugeben und abgedeckt 5 Minuten kochen, bis das Gemüse weich wird. Gelegentlich umrühren.

2 Das Mehl zum Gemüse geben und weitere 2 Minuten dünsten. Etwas Brühe zugießen und kräftig über den Topfboden rühren. Aufkochen und langsam die restliche Brühe zugießen.

3 Karotten, Sellerie, Rübe, Kartoffel, Thymian und Lorbeerblatt zugeben. Die Hitze reduzieren und die Suppe abgedeckt 25 Minuten köcheln lassen, bis das Gemüse weich ist. Gelegentlich umrühren.

4 Lorbeerblatt und Thymian entfernen. Dann die Sahne zugießen und bei geringer Hitze 5 Minuten köcheln lassen.

5 Den Käse portionsweise zugeben und jeweils 1 Minute unterrühren, bis er vollständig geschmolzen ist. Dabei darf die Suppe nicht mehr kochen. Anschließend alles nach Geschmack mit Salz und Pfeffer abschmecken.

6 Die fertige Suppe auf vorgewärmte Teller verteilen, mit Petersilie garnieren und servieren.

Gefüllte Teigtaschen

15 Min. + Kühlzeit 45 Min.

6 PERSONEN

55 g Butter, plus etwas mehr zum Einfetten
1 EL Sonnenblumenöl
4 Porreestangen, in Ringen
2 Zwiebeln, gehackt
1 Knoblauchzehe, fein gehackt
2 TL frisch gehackter Thymian
Salz und Pfeffer
2 EL Schlagsahne
140 g Gruyère oder Emmentaler, gerieben
12 Blätter Filo-Teig, Tiefkühlware aufgetaut

1 Die Hälfte der Butter und das Öl in einer großen Pfanne erhitzen. Porree, Zwiebeln, Knoblauch und Thymian zugeben, alles salzen und pfeffern. Unter häufigem Rühren 10 Minuten dünsten.

2 Die Sahne zugießen und 2–3 Minuten weiterkochen, bis die Flüssigkeit vollständig aufgesogen ist. Das Gemüse vom Herd nehmen, kurz abkühlen lassen und den Käse untermengen. Mischung mit Frischhaltefolie abdecken und etwa 30 Minuten im Kühlschrank erkalten lassen.

3 Die restliche Butter zerlassen und ein Backblech leicht einfetten. Zwei Blätter Filo-Teig mit Butter bestreichen und aufeinander legen. Einen gehäuften Löffel der erkalteten Lauchmischung auf eine Seite geben. Die Kante über die Füllung falten, die beiden Seiten darüberklappen und eine Tasche formen. Das Päckchen mit der Nahtseite nach unten auf das Blech legen und weitere 5 Taschen vorbereiten.

4 Die fertigen Teigtaschen mit der restlichen Butter bestreichen und 30 Minuten in einem vorgeheizten Backofen bei 180 °C goldbraun und knusprig backen. Dann sofort servieren.

Käsepastete mit Walnüssen

20 Min. 2 Min.

4 PERSONEN

1 Selleriestange, fein gehackt
1–2 Frühlingszwiebeln, fein gehackt
25 g geschälte Walnusskerne, fein gehackt
1 EL gehackte frische Petersilie
1 TL gehackter frischer Dill oder ½ TL getrockneter Dill
1 Knoblauchzehe, zerdrückt
1 Spritzer pflanzliche Worcestersauce
120 g Hüttenkäse
60 g Blauschimmelkäse, z. B. Stilton
1 Ei, hart gekocht
Salz und Pfeffer
25 g Butter
frische Kräuter, zum Garnieren
Cracker, Toast, knuspriges Brot oder rohes Gemüse, zum Servieren

1 Sellerie, Frühlingszwiebeln und Walnüsse in eine große Schüssel geben. Mit Petersilie, Dill, Knoblauch und Worcestersauce abschmecken und alles gut vermischen. Dann den Hüttenkäse gleichmäßig unter die Mischung rühren.

2 Den Blauschimmelkäse und das hart gekochte Ei fein in die Pastetenmischung reiben und alles kräftig mit Salz und Pfeffer abschmecken.

3 Die Butter zerlassen und unter die Pastete rühren. Dann die fertige Pastete mit einem Esslöffel in vier Servierschalen füllen, aber nicht zu fest hineindrücken. Bis zum Servieren im Kühlschrank aufbewahren.

4 Vor dem Servieren mit frischen Kräutern garnieren. Dazu Cracker, Toast, Brot oder rohes Gemüse reichen.

TIPP

Sie können die Pastete auch als Gemüsefüllung verwenden, zum Beispiel für Tomaten. Dazu den Deckel der Tomaten abschneiden, die Samen entfernen und die Pastete in die Aushöhlung füllen.

Pilzsoufflés mit Knoblauch

10 Min. 20 Min.

4 PERSONEN

50 g Butter, plus etwas mehr zum Einfetten
75 g Champignons, gehackt
2 TL Limettensaft
2 Knoblauchzehen, zerdrückt
2 EL frisch gehackter Majoran
25 g Mehl
225 ml Milch
2 Eier, getrennt
Salz und Pfeffer

1 4 Soufflé-Förmchen (je 150 ml Inhalt) mit ein wenig Butter leicht einfetten.

2 Etwa 25 g Butter in einer Pfanne zerlassen und darin Pilze, Limettensaft und Knoblauch 2–3 Minuten schwenken. In eine Rührschüssel füllen und den Majoran unterrühren.

3 Die restliche Butter in einem Topf zerlassen. Das Mehl zufügen und unter ständigem Rühren 1 Minute kochen, dann vom Herd nehmen. Die Milch einrühren und den Topf auf den Herd zurückstellen. Die so entstandene Sauce unter Rühren zum Kochen bringen und so lange kochen, bis sie eindickt. Dann zur Pilzmischung geben und das Eigelb unterrühren.

4 Das Eiweiß steif schlagen und unter die Pilzmischung heben, bis beide vollständig verbunden sind. Salzen und pfeffern.

5 Die fertige Mischung auf die 4 vorbereiteten Soufflé-Förmchen verteilen. Die Förmchen auf ein Backblech stellen und in einem auf 200 °C vorgeheizten Backofen 8–10 Minuten backen, bis die Soufflés aufgegangen und durchgebacken sind. Anschließend sofort im Förmchen servieren.

TIPP
Stechen Sie mit einem Holzspieß in die Mitte des Soufflés, um zu testen, ob es gar ist. Der Spieß sollte beim Herausziehen sauber sein. Falls er es nicht ist, backen Sie das Soufflé einfach einige Minuten länger, aber nicht zu lange, sonst wird es zäh.

Linsenterrine

25 Min. 1 Std. 15 Min.

4 PERSONEN

1 EL Öl, plus etwas mehr zum Einfetten
1 Zwiebel, gehackt
2 große Knoblauchzehen, fein gehackt
1 TL Garam Masala
½ TL gemahlener Koriander
1 l Gemüsebrühe
200 g rote Linsen
1 kleines Ei
2 EL Milch
2 EL Mango-Chutney
2 EL gehackte Petersilie, plus etwas mehr zum Garnieren
Salatblätter, zum Garnieren
warmer Toast, zum Servieren

1 Das Öl in einem Topf erhitzen und darin Zwiebel und Knoblauch 2–3 Minuten andünsten. Garam Masala und Koriander zugeben und 30 Sekunden erhitzen. Gemüsebrühe und Linsen zufügen und zum Kochen bringen. Die Hitze reduzieren und 20 Minuten köcheln lassen. Dann vom Herd nehmen und die überschüssige Flüssigkeit abgießen.

2 Die Mischung in einen Mixer geben, Ei, Milch, Mango-Chutney und Petersilie zugeben. Alles glatt pürieren.

3 Den Boden einer kleinen Kastenform einfetten und mit Backpapier auslegen. Die Mischung hineingeben und glatt streichen. Abdecken und in einem auf 200 °C vorgeheizten Backofen 40–45 Minuten backen, bis der Teig fest ist.

4 20 Minuten abkühlen lassen, dann im Kühlschrank erkalten lassen. Zum Servieren auf einen Servierteller stürzen und in Scheiben schneiden. Mit Salat garnieren und mit Toast reichen.

VARIATION
Geben Sie der Terrine mit Chilipulver oder chinesischem Fünf-Gewürze-Pulver sowie Tomaten- oder Zwiebel-Relish einen anderen Geschmack.

Hummus-Knoblauch-Toast

15 Min. 5 Min.

4 PERSONEN

400 g Kichererbsen aus der Dose
Saft von 1 Zitrone
6 EL Tahini (Sesampaste)
2 EL Olivenöl
2 Knoblauchzehen, zerdrückt
Salz und Pfeffer
1 TL Olivenöl, zum Garnieren
frisch gehackter Koriander, zum Garnieren
schwarze entsteinte Oliven, zum Garnieren

TOAST
1 Ciabatta-Brot
2 Knoblauchzehen, zerdrückt
1 EL frisch gehackter Koriander
4 EL Olivenöl

1 Für den Hummus die Kichererbsen abtropfen lassen. Etwas Flüssigkeit aufbewahren und mit den Kichererbsen im Mixer sämig pürieren, dabei nach und nach den Zitronensaft zugeben.

2 Tahini und Olivenöl zufügen. Knoblauch zugeben, mit Salz und Pfeffer abschmecken und erneut gründlich durchrühren.

3 Den Hummus in eine Servierschale geben und glatt streichen. Mit dem Olivenöl beträufeln und mit gehacktem Koriander und Oliven garnieren. Im Kühlschrank kalt stellen.

4 Für die Knoblauchtoasts die Ciabatta in Scheiben schneiden und in einer Lage auf einen Grillrost legen.

5 Knoblauch, Koriander und Olivenöl mischen und auf die Brotscheiben träufeln. Unter dem heißen Grill 2–3 Minuten goldbraun backen, dabei einmal wenden. Dann sofort mit dem Hummus servieren.

Eier mit Currysauce

10 Min. 35 Min.

4 PERSONEN

3 EL Ghee oder Öl
1 große Zwiebel, gehackt
2 Knoblauchzehen, gehackt
2,5-cm-Stück frische Ingwerwurzel, gehackt
½ TL Chilipulver
1 TL Paprikapulver
1 TL gemahlener Koriander
1 TL gemahlener Kreuzkümmel
90 g rote Linsen
400 ml Gemüsebrühe
225 g gehackte Tomaten aus der Dose
50 ml Kokosmilch
Salz
6 Eier, hart gekocht
2 Tomaten, in Spalten, zum Garnieren
frische Korianderzweige, zum Garnieren
Chapatis oder Naan-Brot, zum Servieren

1 Ghee oder Öl in einem Topf erhitzen. Die Zwiebel zugeben und 3 Minuten anbraten. Knoblauch, Ingwer, Chili- und Paprikapulver, Koriander und Kreuzkümmel zufügen und 1 Minute unter häufigem Rühren mitbraten. Linsen, Brühe und Tomaten zugeben. Die gesamte Mischung aufkochen, die Hitze reduzieren und das Gemüse abdecken. Unter gelegentlichem Rühren 30 Minuten köcheln lassen, bis die Linsen gar sind.

2 Die Kokosmilch unter die Linsenmischung rühren und alles mit Salz abschmecken. Dann die Currysauce in einem Mixer oder mit dem Pürierstab pürieren, in den Topf zurückgeben und aufwärmen.

3 Die Eier schälen und der Länge nach halbieren. Jeweils 3 Hälften wie eine Blüte auf einem vorgewärmten Teller anrichten und mit reichlich heißer Curry-Sauce übergießen.

4 Die Tomatenspalten zwischen die Eierhälften setzen und die Eier mit den Korianderblättern garnieren. Dazu Chapatis oder Naan-Brot reichen.

Gefüllte Weinblätter

20 Min. 45 Min.

6 PERSONEN

230 g frische oder konservierte Weinblätter
4 Frühlingszwiebeln, fein gehackt
2 Schalotten, fein gehackt
25 g Mandelblättchen, geröstet
3 EL frisch gehackte Petersilie
3 EL frisch gehackte Minze
fein geriebene Schale von 1 Zitrone
175 g Langkornreis
125 ml Olivenöl
Salz und Pfeffer
300 ml heiße Gemüsebrühe

DRESSING
125 ml natives Olivenöl extra
3 EL Zitronensaft
Salz und Pfeffer
1 EL frisch gehackte Minze

1 Frische Weinblätter 5 Minuten blanchieren, dann unter kaltem Wasser abschrecken und trocken tupfen. Eingelegte Weinblätter gründlich abspülen und trocken tupfen. Die Stiele abschneiden.

2 Für die Füllung Frühlingszwiebeln, Schalotten, Mandeln, Petersilie, Minze, Zitronenschale, Reis und die Hälfte des Öls vermengen und alles salzen.

3 Ein Weinblatt ausbreiten, einen Löffel der Füllung nahe am Stielansatz auftragen und das Blatt zu einem Paket zusammenfalten. So mit allen Blättern verfahren.

4 Einen zweiten Topf mit den übrigen Weinblättern auslegen und die Pakete in einer Schicht darauflegen. Mit dem restlichen Öl beträufeln und die Brühe zugießen. Die Pakete mit einem Teller beschweren, damit sie von der Flüssigkeit bedeckt bleiben. Topf abdecken und 45 Minuten köcheln lassen.

5 Für das Dressing Öl, Zitronensaft, Salz und Pfeffer gut verquirlen. Zuletzt die Minze unterrühren.

6 Die fertigen Weinblattpäckchen warm oder kalt mit dem Dressing servieren.

Gemischte Bhajis

25 Min. 30 Min.

4 PERSONEN

BHAJIS
175 g Kichererbsenmehl
1 TL Backpulver
2 EL frisch gehackter Koriander
2 TL gemahlener Koriander
1 TL Garam Masala
1½ TL Kurkuma
1½ TL Chilipulver
Salz und Pfeffer
1 kleine Zwiebel, halbiert und in Ringen
1 kleine Porreestange, in Ringen
100 g Blumenkohlröschen, gekocht
135–175 ml kaltes Wasser
Öl, zum Frittieren

SAUCE
150 g Naturjoghurt
2 EL gehackte Minze
½ TL Kurkuma
1 Knoblauchzehe, zerdrückt
Minzeblätter, zum Garnieren

1 Mehl und Backpulver in eine Rührschüssel sieben. Frischen und gemahlenen Koriander, Garam Masala, Kurkuma, Chilipulver, Salz und Pfeffer zugeben und gründlich mischen.

2 Den Teig dritteln und auf 3 Schüsseln verteilen. In die erste Schüssel die Zwiebel, in die zweite den Porree und in die dritte den Blumenkohl einrühren. Jede Mischung mit 3–4 Esslöffeln Wasser verdünnen und glatt rühren.

3 In einem Topf das Frittieröl auf 180 °C erhitzen (ein Brotwürfel sollte darin in 30 Sekunden braun werden). Mit zwei Esslöffeln die einzelnen Mischungen zu Bällchen formen und jedes Bällchen 3–4 Minuten im Öl braun braten. Mit einem Schaumlöffel herausnehmen und auf Küchenpapier abtropfen lassen. Die fertigen Bhajis bis zum Servieren im Backofen warm halten.

4 Die Zutaten für die Sauce mischen und in eine kleine Servierschüssel gießen. Mit Minzeblättern garnieren und mit den warmen Bhajis servieren.

TIPP
Die indischen Bhajis eignen sich als Beilage und als köstliche Vorspeise.

Feta-Törtchen

30 Min. 10 Min.

4 PERSONEN

8 große Scheiben Brot
125 g Butter, zerlassen
125 g Feta, gewürfelt
4 Kirschtomaten, geviertelt
8 schwarze oder grüne Oliven, entsteint und halbiert
2 EL Olivenöl
1 EL Weinessig
1 TL grobkörniger Senf
1 Prise feiner Zucker
Salz und Pfeffer
8 Wachteleier, hart gekocht und geviertelt
Petersilienzweige, zum Garnieren

1 Die Brotrinde abschneiden, die Brotscheiben in Quadrate schneiden und mit einem Nudelholz flach rollen.

2 Die Brotstücke mit zerlassener Butter bestreichen und in eine Biskuittörtchen- oder Muffinform legen. In jede Brottasche ein Stück Alufolie drücken, damit sie an ihrem Platz bleibt. Im vorgeheizten Backofen bei 190 °C etwa 10 Minuten knusprig backen.

3 In der Zwischenzeit Feta, Tomaten und Oliven mischen.

4 Für das Dressing Olivenöl, Essig, Senf und Zucker vermengen. Mit Salz und Pfeffer würzen.

5 Das Brot aus dem Ofen nehmen, die Folie entfernen und abkühlen lassen.

6 Unmittelbar vor dem Servieren die Brottaschen mit der Feta- Tomatenmischung füllen. Die Eiviertel darauf anrichten und das Dressing mit einem Teelöffel darübergeben. Mit Petersilie garniert servieren.

Himmlischer Knoblauch-Dip

15 Min. 20 Min.

4 PERSONEN

2 Knoblauchknollen
6 EL Olivenöl
1 kleine Zwiebel, fein gehackt
2 EL Zitronensaft
3 EL Tahini (Sesampaste)
2 EL frisch gehackte Petersilie
Salz und Pfeffer
frisches rohes Gemüse, zum Servieren
Baguette oder warme Pita-Brote, zum Servieren

1 Die Knoblauchknollen in einzelne Zehen zerteilen. Auf ein Backblech legen und in einem auf 200 °C vorgeheizten Backofen 8–10 Minuten rösten. Beiseitestellen und einige Minuten abkühlen lassen. Dann schälen und fein hacken.

2 Das Öl in einer Pfanne erhitzen. Knoblauch sowie Zwiebel zugeben und unter gelegentlichem Rühren bei geringer Hitze 8–10 Minuten weich dünsten. Dann den Topf vom Herd nehmen.

3 Zitronensaft, Tahini und Petersilie einrühren. Mit Salz und Pfeffer würzen und noch warm mit frischem rohem Gemüse, Baguette oder warmem Pita-Brot servieren.

VARIATION

Mit diesem Dip können Sie auch Kebabs und vegetarische Burger bestreichen. Er kann auch mit geräuchertem Knoblauch zubereitet werden. Da dieser nicht geröstet werden muss, lassen Sie Schritt 1 aus.

Porree-Tomaten-Pasteten

5–10 Min. 50 Min.

4 PERSONEN

100 g Cappellini
2 EL Olivenöl
2 EL Butter, plus etwas mehr zum Einfetten
1 große Porreestange, in Ringen
60 g getrocknete Tomaten in Öl, abgetropft und gehackt
1 EL frisch gehackter Oregano oder 1 TL getrockneter Oregano
2 Eier, verquirlt
100 g Crème fraîche
1 EL frisch geriebener Parmesan
Salz und Pfeffer
Oreganozweige, zum Garnieren
Salatblätter, zum Garnieren

TOMATENSAUCE

1 EL Olivenöl
1 kleine Zwiebel, fein gehackt
1 kleine Knoblauchzehe, zerdrückt
350 g Tomaten, gehäutet, entkernt und gehackt
1 TL italienische Kräutermischung
4 EL trockener Weißwein

1 Die Nudeln mit 1 Esslöffel Öl in einem großen Topf mit kochendem Salzwasser al dente kochen. Dann zum Abkühlen unter kaltem Wasser abspülen.

2 Die Hälfte der Butter und des Öls in einer Pfanne erhitzen, den Porree etwa 5–6 Minuten darin weich dünsten. Tomaten und Oregano zufügen und 2 Minuten mitdünsten. Dann die Pfanne vom Herd nehmen.

3 Die Porreemischung zu den Nudeln geben. Eier, Crème fraîche und Parmesan zufügen und mit Salz und Pfeffer abschmecken. Dann auf 4 eingefettete Souffléformen verteilen.

4 Die Souffléformen auf ein tiefes Backblech stellen und dieses mit warmem Wasser auffüllen, bis die Formen zur Hälfte im Wasser stehen. In einem auf 180 °C vorgeheizten Backofen etwa 30 Minuten garen, bis die Mischung fest wird.

5 Inzwischen für die Tomatensauce Öl in einem Topf erhitzen und Zwiebel und Knoblauch darin andünsten, bis sie glasig sind. Tomaten, Kräuter und Wein zufügen, abdecken und 20 Minuten garen. Dann im Mixer pürieren.

6 Die Pasteten mit einem Messer von der Form lösen, auf 4 vorgewärmte Teller stürzen und etwas Tomatensauce darübergeben. Mit Oregano und Salatblättern anrichten und servieren.

Frittiertes Gemüse

20 Min. 20 Min.

4 PERSONEN

100 g Brokkoliröschen
100 g Blumenkohlröschen
50 g Zuckererbsen
1 große Karotte, in Stiften
1 rote Paprika, entkernt und in Streifen
100 g Vollkornmehl
1 Prise Salz
1 Prise Cayennepfeffer
4 TL Olivenöl
175 ml kaltes Wasser
2 Eiweiß, verquirlt
Öl, zum Frittieren

SAUCE
150 ml Ananassaft
150 ml Gemüsebrühe
2 EL Weißweinessig
2 EL hellbrauner Zucker
2 TL Speisestärke
2 Frühlingszwiebeln, gehackt

1 Das Gemüse 5 Minuten in kochendem Wasser garen, dann abtropfen lassen.

2 Mehl in eine Rührschüssel sieben und mit Salz und Cayennepfeffer würzen. Eine Vertiefung in die Mitte drücken. Öl und kaltes Wasser nach und nach hineinrühren, bis der Teig glatt ist. Dann das Eiweiß vorsichtig darunterheben.

3 Das Gemüse in den Teig tauchen und darin wenden. Überschüssigen Teig abtropfen lassen.

4 Das Frittieröl in der Fritteuse auf 180 °C erhitzen (ein Brotwürfel sollte in 30 Sekunden braun werden).

5 Unterdessen alle Zutaten für die Sauce in einem Topf unter Rühren zum Kochen bringen, bis sie eindickt und klar ist.

6 Das Gemüse in mehreren Portionen jeweils 1–2 Minuten goldbraun frittieren. Mit einem Schaumlöffel herausheben, auf Küchenpapier abtropfen lassen und dann mit der Sauce servieren.

Spinatkörbchen

55 Min. 30 Min.

2 PERSONEN

125 g frischer Spinat oder 90 g tiefgefrorener Spinat, aufgetaut
2–4 Frühlingszwiebeln, gehackt
½ Zwiebel, fein gehackt
1 Knoblauchzehe, zerdrückt
2 EL geriebener Parmesan
90 g reifer Cheddar oder Gouda
1 Prise gemahlener Piment
1 Eigelb
Salz und Pfeffer
4 Blätter Filo-Teig
25 g Butter, zerlassen, plus etwas mehr zum Einfetten
2 Frühlingszwiebeln, zum Garnieren

1 Frischen Spinat in möglichst wenig kochendem Salzwasser 3–4 Minuten blanchieren. Gut abtropfen lassen und die Restflüssigkeit gründlich auspressen. Dann den Spinat hacken und in eine Schüssel geben. Oder den gefrorenen Spinat auftauen und klein hacken.

2 Frühlingszwiebeln, Zwiebeln, Knoblauch, Käse, Piment und Eigelb mit dem Spinat in einer Schüssel vermengen. Alles mit Salz und Pfeffer würzen.

3 2 kleine Backformen (Ø etwa 12 cm und 4 cm hoch) einfetten.

4 Die Teigblätter halbieren. Jede Teigseite leicht mit der zerlassenen Butter bestreichen. Dann ein Teigblatt in eine Form legen. Anschließend im rechten Winkel zum ersten Stück ein zweites darüberlegen. Zwei weitere Stücke um je 90 Grad versetzt einlegen, sodass sich alle Ecken an verschiedenen Seiten befinden. Die andere Form in der gleichen Weise auslegen.

5 Mit einem Löffel die Spinatmischung in die „Körbchen" füllen und im vorgeheizten Backofen bei 180 °C etwa 20 Minuten backen, bis der Teig goldbraun ist.

6 Die fertigen Spinatkörbchen mit einem Frühlingszwiebelquast (siehe Tipp) garnieren und heiß oder kalt servieren.

TIPP
Den Frühlingszwiebelquast eine halbe Stunde vor dem Servieren herstellen: Die Wurzel abschneiden und die Frühlingszwiebel in 5–7 cm lange Stücke schneiden. Einige Male vom grünen Ende bis etwa 2 cm vor das andere Ende einschneiden, dann in eine Schüssel mit Eiswasser legen, damit sich die Zwiebel öffnet. Vor dem Gebrauch gut abtropfen lassen.

Nuss-Linsen-Dip

5–10 Min. 40 Min.

4 PERSONEN

60 g Butter
1 kleine Zwiebel, gehackt
90 g rote Linsen
300 ml Gemüsebrühe
60 g Mandeln, blanchiert
60 g Pinienkerne
½ TL gemahlener Koriander
½ TL gemahlener Kreuzkümmel
½ TL geriebene Ingwerwurzel
1 TL frisch gehackter Koriander
Salz und Pfeffer
frische Korianderzweige, zum Garnieren
rohes Gemüse, zum Servieren
Brotstangen, zum Servieren

1 Die Hälfte der Butter in einem Topf zerlassen und die Zwiebel bei mittlerer Hitze unter häufigem Rühren darin andünsten, bis sie goldbraun ist.

2 Linsen und Gemüsebrühe zugeben, aufkochen, dann die Hitze reduzieren und alles im offenen Topf etwa 20–25 Minuten köcheln lassen, bis die Linsen gar sind. Anschließend gut abtropfen lassen.

3 Die restliche Butter in einer kleinen Pfanne zerlassen. Mandeln und Pinienkerne zugeben und bei niedriger Hitze unter häufigem Rühren goldbraun rösten. Dann vom Herd nehmen.

4 Linsen, Mandeln und Pinienkerne mit dem Bratfett in einen Mixer geben. Gemahlenen Koriander, Kreuzkümmel, Ingwer und frischen Koriander zugeben und alles 15–20 Sekunden pürieren, bis eine glatte Mischung entstanden ist. Oder die Linsen zum Pürieren mit dem Rücken eines Holzlöffels durch ein Sieb streichen und anschließend mit den fein gehackten Mandeln, Pinienkernen, Gewürzen und Kräutern mischen.

5 Den fertigen Dip mit Salz und Pfeffer abschmecken, mit Korianderzweigen garnieren und mit rohem Gemüse sowie Brotstangen servieren.

VARIATION
Sie können auch grüne oder braune Linsen verwenden, müssen dann aber die längere Kochzeit beachten. Zudem können Sie die Mandeln durch ungesalzene Erdnüsse ersetzen und ½ Teelöffel Ingwerpulver anstelle des frischen Ingwers verwenden.

Gemüse-Medley

15 Min. 5 Min.

4 PERSONEN

2 EL Olivenöl
1 Kartoffel, in dünnen Stiften
1 Fenchelknolle, in dünnen Streifen
2 Karotten, gerieben
1 rote Zwiebel, in dünnen Ringen
Schnittlauch und Fenchelgrün, gehackt, zum Garnieren

DRESSING
3 EL Olivenöl
1 EL Knoblauchessig
1 Knoblauchzehe, zerdrückt
1 TL Dijon-Senf
2 TL klarer Honig
Salz und Pfeffer

1 Das Öl in einer Pfanne erhitzen. Kartoffel und Fenchel hineingeben und 2–3 Minuten bei mittlerer Hitze dünsten, bis sie braun zu werden beginnen. Dann mit dem Schaumlöffel aus der Pfanne nehmen und auf Küchenpapier gründlich abtropfen lassen.

2 Kartoffel, Fenchel, Karotten und Zwiebel getrennt auf einem Servierteller anrichten.

3 Alle Zutaten für das Dressing verrühren und über das Gemüse geben. Gut unterheben und mit Schnittlauch und Fenchelgrün bestreut sofort servieren oder bis zum Servieren kalt stellen.

VARIATION
Sie können auch gegrillte Paprika, klein geschnittenen Porree, Bohnensprossen oder Orangenspalten verwenden.

Avocadoterrine

15 Min. + Kühlzeit | 15 Min.

6 PERSONEN

2 reife Avocados
60 ml kaltes Wasser
2 TL pflanzliche Gelatine
1 EL Zitronensaft
4 EL fettarme Mayonnaise
150 g Naturjoghurt
150 g Schlagsahne
Salz und Pfeffer
Salatgurkenscheiben, zum Garnieren
Kapuzinerkresseblüten, zum Garnieren
Salatblätter, zum Servieren

1 Die Avocados schälen und die Kerne entfernen. Fruchtfleisch, das Wasser, Gelatine, Zitronensaft, Mayonnaise, Joghurt und Sahne in einen Mixer geben und 10–15 Sekunden pürieren. Alternativ in einer Schüssel mit einer Gabel zu einer glatten Masse verarbeiten. Dann mit Salz und Pfeffer würzen.

2 Das Avocadopüree in einen kleinen Topf geben und bei geringer Hitze unter ständigem Rühren bis knapp unter den Siedepunkt erwärmen.

3 Das erhitzte Püree in eine Terrinenform oder eine beschichtete Kastenform (900 ml Inhalt) geben und die Oberfläche glatt streichen. Die Terrine abkühlen und danach 90–120 Minuten im Kühlschrank fest werden lassen.

4 Die fertige Terrine auf einen Teller oder ein Küchenbrett stürzen und in Scheiben schneiden.

5 Die Salatblätter auf 6 Teller verteilen und die Terrinenscheiben darauf anrichten. Mit Gurkenscheiben und Kapuzinerkresseblüten garnieren und servieren.

Artischocken mit Sauce Malta

20 Min. | 25 Min.

4 PERSONEN

Salz
2 Zitronenscheiben
4 große runde Artischocken

SAUCE MALTA
1 Blutorange
175 g Butter
2–3 EL Zitronensaft
3 EL Wasser
Salz und Pfeffer
3 Eigelb

1 Salzwasser in einem Topf zum Kochen bringen, der groß genug ist, um die 4 Artischocken aufrecht nebeneinander stellen zu können. Die Zitronenscheiben zufügen. Die Stiele der Artischocken abschneiden und den Boden etwas begradigen, sodass die Artischocken aufrecht im Topf stehen bleiben.

2 Die Artischocken ins kochende Wasser geben und den Topf mit einem hitzebeständigen Teller abdecken. Die Hitze reduzieren und die Artischocken etwa 20–25 Minuten köcheln lassen, bis sich die Blätter leicht abzupfen lassen.

3 Inzwischen für die Sauce die Schale der Orange fein abreiben und 2 Esslöffel Saft auspressen.

4 Die Butter bei mittlerer Hitze in einer Pfanne zerlassen und den Schaum von der Oberfläche abschöpfen.

5 2 Esslöffel Zitronensaft, Wasser, Salz und Pfeffer in eine Schüssel geben. Die Schüssel in einen hohen Topf mit kochendem Wasser hängen. Dabei darf der Schüsselboden das Wasser nicht berühren. Die Zitronen-Wasser-Mischung unter Rühren erhitzen. Dann das Eigelb zufügen und unter Rühren durchwärmen.

6 Die zerlassene Butter langsam zugießen und dabei so lange Rühren, bis eine dicke Sauce entsteht. Orangenschale und - saft einrühren, alles abschmecken und eventuell etwas Zitronensaft zugeben. Vom Herd nehmen.

7 Die Artischocken abgießen, auf 4 vorgewärmte Teller verteilen und mit der Sauce Malta servieren.

TIPP
Die Blätter der Artischocke immer von außen nach innen abzupfen. Die inneren Blätter sind nicht essbar. Jedes Blatt in die Sauce dippen und durch die Zähne ziehen, um das Fruchtfleisch herauszulösen. Die inneren Blätter wegschneiden und dann das Heu herausschaben, um an das köstliche Herz zu gelangen.

Kleine Gemüsetaschen

15 Min. 25 Min.

4 PERSONEN

TEIGTASCHEN
450 g Blätterteig
1 Ei, verquirlt

FÜLLUNG
250 g Süßkartoffeln, gewürfelt
100 g kleine Spargelstangen
2 EL Butter oder Margarine
1 Porreestange, in Ringen
2 Champignons, in Scheiben
1 TL Limettensaft
1 TL gehackter Thymian
½ TL Senf
Salz und Pfeffer

1 Den Teig zu 4 Quadraten mit 12 cm Seitenlänge ausrollen. Auf ein angefeuchtetes Backblech legen und in jedes Quadrat ein kleineres mit etwa 7 cm Seitenlänge einschneiden. Dann die Teigstücke mit dem Ei einpinseln und in einem auf 200 °C vorgeheizten Backofen 20 Minuten backen, bis sie aufgegangen und goldbraun geworden sind.

2 Für die Füllung die Süßkartoffeln 15 Minuten kochen und den Spargel 10 Minuten blanchieren, bis er weich ist. Beides abgießen und beiseitestellen.

3 Die fertigen Teigstücke aus dem Backofen nehmen. Die mittleren Blätterteigquadrate vorsichtig ausschneiden (dabei in den größeren Quadraten einen Boden lassen) und beiseitelegen.

4 Die Butter oder Margarine in einem Topf zerlassen, Porree und Pilze 2–3 Minuten dünsten. Limettensaft, Thymian und Senf zugeben, mit Salz und Pfeffer abschmecken. Mit den Kartoffeln und dem Spargel mischen.

5 Die Füllung in die Blätterteigtaschen geben, mit den kleineren Blätterteigquadraten bedecken und sofort servieren.

TIPP
Verwenden Sie auch einmal eine andere farbenfrohe Gemüsemischen für dieses Rezept.

Bohnenpastete

1 Std. + Kühlzeit 0 Min.

4 PERSONEN

400 g gemischte Bohnen aus der Dose, abgespült und abgetropft
2 EL Olivenöl
Saft von 1 Zitrone
2 Knoblauchzehen, zerdrückt
1 EL frisch gehackter Koriander
2 Frühlingszwiebeln, gehackt
Salz und Pfeffer
Frühlingszwiebelstreifen, zum Garnieren

1 Die Bohnen im Mixer oder mit dem Pürierstab grob zu einer stückigen Masse pürieren. Alternativ kann man die Bohnen mit einer Gabel oder einem Kartoffelstampfer in einer Schüssel grob zerdrücken.

2 Olivenöl, Zitronensaft, Knoblauch, Koriander und Frühlingszwiebeln zugeben und zu einer sämigen Masse verrühren. Alles kräftig mit Salz und Pfeffer abschmecken.

3 Die Pastete in eine Servierschüssel füllen und für mindestens 30 Minuten in den Kühlschrank geben und durchziehen lassen. Dann mit den Frühlingszwiebeln garnieren und kalt servieren.

Zwiebeln à la grecque

10 Min. 15 Min.

4 PERSONEN

3 EL Olivenöl
450 g Schalotten
3 EL klarer Honig
2 EL Knoblauch-Weinessig
3 EL trockener Weißwein
1 EL Tomatenmark
2 Selleriestangen, in Ringen
2 Tomaten, gehäutet, entkernt und gehackt
Salz und Pfeffer
gehackte Sellerieblätter, zum Garnieren

1 Das Öl in einem großen Topf erhitzen und die Schalotten darin unter gelegentlichem Rühren 3–5 Minuten leicht anbräunen.

2 Den Honig zufügen und bei starker Hitze weitere 30 Sekunden kochen, dann Essig und Wein zugießen und gut verrühren.

3 Tomatenmark, Sellerie und Tomaten unterrühren und die Mischung zum Kochen bringen. Bei starker Hitze etwa 5–6 Minuten kochen. Mit Salz und Pfeffer kräftig abschmecken und etwas abkühlen lassen.

4 Mit den gehackten Sellerieblättern garnieren und warm servieren oder vor dem Verzehr im Kühlschrank erkalten lassen.

Tofu-Tempura

15 Min. 20 Min.

4 PERSONEN

Öl, zum Frittieren
50 g Mehl
125 g kleine Zucchini, halbiert
125 g Babykarotten, halbiert
125 g Babymais
125 g Babyporree
2 kleine Auberginen, geviertelt
225 g Tofu, in 2,5 cm großen Würfeln
Julienne-Streifen von Karotten, Ingwer und Babyporree, zum Garnieren
Nudeln, zum Servieren

AUSBACKTEIG
2 Eigelb
300 ml Wasser
175 g Mehl

DIP
5 EL Mirin oder trockener Sherry
5 EL japanische Sojasauce
2 TL klarer Honig
1 Knoblauchzehe, zerdrückt
1 TL frisch geraspelte Ingwerwurzel

1 Für den Ausbackteig das Eigelb mit dem Wasser verquirlen. 175 g Mehl dazusieben und mit einem Schneebesen zu einem festen Teig verrühren. Es macht nichts, falls sich dabei Klumpen bilden.

2 Das Öl zum Frittieren auf 180 °C erhitzen (ein Brotwürfel sollte darin in 30 Sekunden braun werden).

3 Das restliche Mehl auf einen großen Teller streuen und das Gemüse und den Tofu darin wälzen, bis alles leicht mit Mehl überzogen ist.

4 Den Tofu in den Ausbackteig tauchen und 2–3 Minuten im Öl frittieren, bis er eine goldene Farbe annimmt. Auf Küchenpapier abtropfen lassen und warm halten.

5 Die Gemüsestücke nacheinander in den Teig tauchen und 3–4 Minuten frittieren, bis sie eine goldene Farbe angenommen haben. Ebenfalls auf Küchenpapier abtropfen lassen und mit dem Tofu auf einem vorgewärmten Servierteller anrichten.

6 Für den Dip alle Zutaten verrühren. Mit Gemüse und Tofu sowie Nudeln servieren und mit Gemüsestreifen garnieren.

Überbackene Avocados aus der Mikrowelle

10 Min. 7 Min.

4 PERSONEN

1 kleine rote Zwiebel, in Ringen
1 Knoblauchzehe, zerdrückt
1 EL Olivenöl
2 Avocados, halbiert und entsteint
2 kleine Tomaten, gehäutet und halbiert
4 frische Basilikumblätter, gezupft
60 g Mozzarella, in Scheiben
Salz und Pfeffer
frische Basilikumblätter, zum Garnieren
gemischte Salatblätter, zum Garnieren

1 Zwiebel, Knoblauch und Olivenöl in eine Schüssel geben, abdecken und 2 Minuten auf höchster Stufe in der Mikrowelle garen.

2 Die Avocadohälften so auf einen Teller legen, dass die Spitzen zueinander weisen. Dann die Zwiebeln in die Vertiefung jeder Hälfte geben.

3 Die Tomaten zusammen mit Basilikum und Mozzarellascheiben auf den Avocados verteilen und mit Salz und Pfeffer abschmecken.

4 Die gefüllten Avocados 5 Minuten auf mittlerer Stufe in der Mikrowelle garen, bis sie vollständig erhitzt sind und der Käse geschmolzen ist.

5 Die fertig überbackenen Acovados auf Teller verteilen, mit Basilikum garnieren und mit den Salatblättern servieren.

TIPP
Falls Sie eine Mikrowelle mit Grillfunktion besitzen, können Sie die Avocados in die untere Schiene des Grills schieben oder auf den Glasteller legen. Dann den Grill einschalten und 8 Minuten auf niedriger Stufe garen, bis die Avocados goldbraun sind.

Hummus mit Rohkost

15 Min. 0 Min.

4 PERSONEN

175 g Kichererbsen aus der Dose, abgetropft und gewaschen
125 ml Tahini (Sesampaste)
2 Knoblauchzehen
125 ml Zitronensaft
2–3 EL Wasser
Salz
1 EL Olivenöl
1 EL frisch gehackte Petersilie
1 Prise Cayennepfeffer

ROHKOST
4 Karotten, in dünnen Streifen
4 Selleriestangen, in dünnen Streifen
4 Radieschen
½ kleiner Blumenkohl, in Röschen
1 grüne Paprika, entkernt und in dünnen Streifen
1 rote Paprika, entkernt und in dünnen Streifen
1 gelbe Paprika, entkernt und in dünnen Streifen

1 Kichererbsen, Tahini, Knoblauch und Zitronensaft im Mixer pürieren oder mit dem Pürierstab zerkleinern. Dann der Kichererbsenmischung nach und nach so viel Wasser zugeben, bis eine glatte, cremige Masse entsteht. Diese mit etwas Salz abschmecken.

2 Den fertigen Hummus in eine Servierschale füllen und mit einem Löffel eine Vertiefung in die Mitte drücken. Das Olivenöl vorsichtig hineingießen und anschließend den Hummus mit gehackter Petersilie und Cayennepfeffer bestreuen.

3 Das vorbereitete Gemüse auf einer großen Platte dekorativ anrichten und zusammen mit dem Hummus servieren.

Zaziki und Olivenpaste

1 Std. 3 Min.

4 PERSONEN

ZAZIKI
½ Salatgurke
225 g dickflüssiger Naturjoghurt
1 EL frisch gehackte Minze
Salz und Pfeffer

OLIVENPASTE
2 Knoblauchzehen, zerdrückt
125 g schwarze Oliven, entsteint und halbiert
4 EL Olivenöl
2 EL Zitronensaft
1 EL frisch gehackte Petersilie
Salz und Pfeffer

ZUM SERVIEREN
4 Pita-Brote
frische Minze- und Petersilienzweige

1 Für den Zaziki die Gurke schälen und grob hacken. Mit Salz bestreuen und 15–20 Minuten ziehen lassen. Dann mit kaltem Wasser abspülen und gut abtropfen lassen.

2 Gurke, Joghurt und Minze vermengen. Mit Salz und Pfeffer abschmecken, in eine Servierschüssel geben, abdecken und 20–30 Minuten im Kühlschrank durchziehen lassen.

3 Für die Olivenpaste Knoblauch und Oliven in einem Mixer 15–20 Sekunden pürieren oder alles sehr fein hacken. Dann Olivenöl, Zitronensaft und Petersilie zugeben und alle Zutaten gut vermengen. Anschließend mit Salz und Pfeffer abschmecken.

4 Die Pita-Brote in Alufolie einwickeln und 2–3 Minuten zum Erwärmen auf einen Holzkohlegrill legen; dabei einmal wenden. Sie können das Brot auch im Backofen bzw. Backofengrill aufwärmen.

5 Nach dem Erwärmen das Brot in Stücke schneiden und mit den fertigen Dips servieren. Als Garnierung eignen sich frische Minze- und Petersilienzweige.

TIPP
Man bestreut Salatgurken mit Salz, um ihnen die Feuchtigkeit zu entziehen. Wenn es schnell gehen soll, können Sie diesen Schritt auch auslassen.

Pilz-Pakoras mit Knoblauch

20 Min. 10–15 Min.

4 PERSONEN

175 g Kichererbsenmehl (siehe Tipp)
½ TL Salz
¼ TL Backpulver
1 TL Kreuzkümmelsamen
½–1 TL Chilipulver
200 ml Wasser
2 Knoblauchzehen, zerdrückt
1 kleine Zwiebel, fein gehackt
Öl, zum Frittieren
500 g kleine Champignons
Meersalz, zum Servieren
Zitronenspalten, zum Garnieren
frische Korianderzweige, zum Garnieren

1 Kichererbsenmehl, Salz, Backpulver, Kreuzkümmel und Chilipulver in eine Schüssel geben und gut mischen. Eine Vertiefung in die Mitte drücken und nach und nach das Wasser unterrühren. Gründlich zu einem Teig verarbeiten, dann Knoblauch und Zwiebel in den Teig rühren und diesen 10 Minuten ruhen lassen.

2 Eine Fritteuse oder Pfanne zu einem Drittel mit dem Öl füllen und auf 180 °C erhitzen (ein Stück Brot sollte in 30 Sekunden braun werden).

3 In der Zwischenzeit die Pilze im Teig wälzen, bis sie rundum davon überzogen sind. Anschließend portionsweise in das heiße Öl tauchen und etwa 2 Minuten goldbraun und knusprig ausbacken. Die fertigen Pakoras mit einem Schaumlöffel herausnehmen, auf Küchenpapier sorgfältig abtropfen lassen und warm stellen. Die restlichen Pilze in der gleichen Weise frittieren.

4 Die Pakoras mit grobkörnigem Meersalz bestreuen und mit Zitronenspalten und Korianderzweigen garnieren. Möglichst heiß servieren.

TIPP
Das hellgelbe Kichererbsenmehl ist in indischen Lebensmittelläden und manchen türkischen oder arabischen Geschäften erhältlich. Es wird auch zur Herstellung von Zwiebel-Bhajis verwendet.

Hyderabad-Pickles

30 Min. + Kühlzeit — 30 Min.

4 PERSONEN

2 TL gemahlener Koriander
2 TL gemahlener Kreuzkümmel
2 TL getrocknete Kokosraspel
2 TL Sesamsaat
½ TL Senfkörner
½ TL Schwarzkümmelsamen
300 ml Öl
3 Zwiebeln, in Ringen
1 TL fein gehackte Ingwerwurzel
1 Knoblauchzehe, zerdrückt
½ TL Kurkuma
1½ TL Chilipulver
1½ TL Salz
3 Auberginen, der Länge nach halbiert
1 EL Tamarindenpaste
300 ml Wasser
3 Eier, hart gekocht und halbiert, zum Garnieren

BAGHAAR
½ TL Senfkörner
½ TL Schwarzkümmelsamen
1 TL Kreuzkümmel
4 getrocknete rote Chillies, gehackt
150 ml Öl
Korianderblätter
1 grüne Chili, entkernt und fein gehackt

1 Koriander, Kreuzkümmel, Kokosraspel, Sesam, Senf- und Schwarzkümmelsamen in eine Pfanne geben und ohne Fett anrösten. Dann im Mörser zerstoßen oder im Mixer zerkleinern und beiseitestellen.

2 Das Öl in einer Pfanne erhitzen und die Zwiebeln darin goldbraun anbraten. Die Hitze reduzieren und Ingwer, Knoblauch, Kurkuma, Chilipulver und Salz unter Rühren zugeben. Dann abkühlen lassen, zu einer Paste pürieren und mit den zerstoßenen Gewürzen vermengen.

3 Jede Auberginenhälfte viermal einschneiden und diese Einschnitte mit jeweils 1 Teelöffel der Zwiebel-Gewürze-Mischung füllen.

4 In einer Schüssel aus Tamarindenpaste und 3 EL des Wassers eine feine Paste zubereiten und beiseitestellen.

5 Für den Baghaar Senfkörner, Schwarzkümmelsamen, Kreuzkümmel und rote Chillies im Öl anrösten. Anschließend die Hitze reduzieren und die Auberginen unter vorsichtigem Rühren in den Baghaar geben. Die Tamarindenpaste und das restliche Wasser einrühren und alles bei mittlerer Hitze 15–20 Minuten kochen. Zuletzt Koriander und grüne Chili zufügen.

6 Die Pickles abkühlen lassen, auf eine Platte geben und mit hart gekochten Eiern garniert servieren.

Caponata

10 Min. 25 Min.

4 PERSONEN

4 EL Olivenöl
1 Zwiebel, in Ringen
2 Selleriestangen, gewürfelt
1 Aubergine, gewürfelt
5 Eiertomaten, gehackt
1 Knoblauchzehe, fein gehackt
3 EL Rotweinessig
1 EL Zucker
12 schwarze Oliven, entsteint
2 EL Kapern, abgetropft und gewaschen
Salz
3 EL frisch gehackte glatte Petersilie, zum Garnieren

1 2 Esslöffel Öl in einer großen Pfanne erhitzen. Zwiebel und Sellerie zugeben und bei niedriger Hitze 5 Minuten dünsten, dabei häufig umrühren.

2 Das restliche Öl und die Aubergine zugeben und diese unter ständigem Rühren 10 Minuten garen.

3 Tomaten, Knoblauch, Weinessig und Zucker untermischen. Mit einem passend zugeschnittenen Stück Backpapier abdecken und 10 Minuten köcheln lassen.

4 Oliven und Kapern in die Mischung rühren und alles mit etwas Salz abschmecken.

5 Die fertige Caponata in eine Servierschüssel geben und auf Zimmertemperatur abkühlen lassen. Mit gehackter Petersilie bestreuen und servieren.

Bruschetta

45 Min. 5 Min.

4 PERSONEN

60 g getrocknete Tomaten
300 ml kochendes Wasser
1 Vollkornbaguette (etwa 35 cm)
1 große Knoblauchzehe, halbiert
2 TL Olivenöl
25 g schwarze Oliven, entsteint und geviertelt
Salz und Pfeffer
40 g Mozzarella, gewürfelt
2 EL frisch gehacktes Basilikum
Basilikumblätter, zum Garnieren

1 Die getrockneten Tomaten in eine hitzebeständige Schüssel geben. Mit dem kochenden Wasser übergießen und etwa 30 Minuten quellen lassen. Dann abtropfen lassen und mit Küchenpapier trocken tupfen. In schmale Streifen schneiden und beiseitestellen.

2 Vom Baguette 12 Scheiben abschneiden, die Enden nicht verwenden. Die Scheiben auf einen Rost legen und unter dem vorgeheizten Grill von jeder Seite 1–2 Minuten goldbraun rösten.

3 Beide Seiten der gerösteten Brotscheiben mit der Schnittfläche der Knoblauchzehe einreiben. Dann leicht mit dem Öl bepinseln und mit Tomatenstreifen sowie Oliven belegen. Alles gut mit Salz und Pfeffer würzen.

4 Die Bruschettas mit Mozzarella und Basilikum bestreuen und 1–2 Minuten im vorgeheizten Backofengrill überbacken, bis der Käse geschmolzen ist und Blasen wirft. Die fertigen Bruschettas mit Basilikumblättern garniert servieren.

TIPP

Die getrockneten Tomaten geben dem Gericht sein volles Aroma, Sie können aber auch frische Tomaten in Scheiben verwenden.

Linsenklößchen mit Joghurt

15 Min. 20 Min.

4 PERSONEN

200 g Urid Dhal (weißes Linsenmehl)
1 TL Backpulver
1 TL Ingwerpulver
1,1 l Wasser
Öl, zum Frittieren
400 g Naturjoghurt
75 g Zucker
rote Chiliringe, zum Garnieren

MASALA

50 g Koriandersamen
50 g weiße Kreuzkümmelsamen
25 g getrocknete rote Chillies, zerstoßen
100 g Zitronensäure

1 Das Linsenmehl mit Backpulver und Ingwerpulver in eine große Schüssel geben und verrühren. 700 ml Wasser zugießen und alles zu einer dicken Paste verarbeiten.

2 Das Öl in einem großen Topf erhitzen. Den Teig teelöffelweise zugeben und die Klößchen goldbraun frittieren. Die fertigen Klößchen beiseitestellen.

3 Den Joghurt mit dem restlichen Wasser und Zucker in eine separate Schüssel geben und verquirlen. Beiseitestellen.

4 Für das Masala Koriander und Kreuzkümmel in einem Topf rösten, bis die Samen Farbe annehmen und ihr Aroma entfalten. Danach im Mörser grob zermahlen. Zerstoßene Chillies und Zitronensäure zugeben und gut vermengen.

5 Etwa 1 Esslöffel Masala über die Klößchen geben, den Rest der Gewürzmischung in einem luftdichten Gefäß aufbewahren. Die Klößchen mit der frischen Chili garnieren und mit dem Joghurt servieren.

Käsepastete mit Kräutern

20 Min. 10 Min.

4 PERSONEN

15 g Butter
1 Knoblauchzehe, zerdrückt
3 Frühlingszwiebeln, fein gehackt
125 g Doppelrahm-Frischkäse
2 EL frisch gehackte gemischte Kräuter, z.B. Petersilie, Schnittlauch, Oregano und Basilikum
175 g reifer Cheddar oder Gouda, fein gerieben
Pfeffer
4–6 mitteldick geschnittene Scheiben Weißbrot
gemischte Salatblätter, zum Servieren
Kirschtomaten, zum Servieren
Paprikapulver, zum Garnieren
frische Kräuterzweige, zum Garnieren

1 Die Butter in einer kleinen Pfanne zerlassen. Knoblauch und Frühlingszwiebeln darin 3–4 Minuten dünsten, bis sie weich werden. Dann abkühlen lassen.

2 Den Frischkäse in einer Schüssel cremig schlagen, dann Knoblauch und Frühlingszwiebeln zugeben, die Kräuter einrühren und alles gut vermengen.

3 Den Cheddar oder Gouda zufügen, die Käsemischung pfeffern und zu einer festen Paste verarbeiten. Abdecken und bis zum Servieren kalt stellen.

4 Die Brotscheiben beidseitig toasten und dann die Krusten abschneiden. Mit einem scharfen Messer die Scheiben waagerecht in sehr dünne Scheiben und diese in Dreiecke schneiden und dann die nicht getoastete Seite unter dem Grill goldbraun rösten.

5 Salatblätter und Kirschtomaten auf Teller verteilen. Je einen großen Löffel Pastete darübergeben und mit Paprikapulver bestreuen. Mit Kräuterzweigen garnieren und mit dem Toast servieren.

Gemüse-Muffins

1 Std. 15 Min. 35 Min.

4 PERSONEN

1 Aubergine, halbiert und in Scheiben
1 gelbe Paprikaschote, entkernt und in Streifen
1 Zucchini, in Scheiben
1 rote Zwiebel, geachtelt
4 EL Olivenöl
1 EL Knoblauchessig
2 EL Wermut
2 Knoblauchzehen, zerdrückt
1 EL frisch gehackter Thymian
2 TL brauner Zucker
4 Muffins

KRÄUTERSAUCE
2 EL Butter
1 EL Mehl
150 ml Milch
75 ml Gemüsebrühe
75 g Cheddar oder Gouda, gerieben
1 TL grobkörniger Senf
3 EL frisch gehackte gemischte Kräuter
Salz und Pfeffer

1 Das Gemüse in eine große Auflaufform geben. Öl, Essig, Wermut, Knoblauch, Thymian und Zucker mischen, über das Gemüse gießen und etwa 1 Stunde marinieren.

2 Das marinierte Gemüse in einem auf 200 °C vorgeheizten Backofen etwa 20–25 Minuten backen, bis es gar ist.

3 Für die Sauce die Butter in einem Topf zerlassen. Das Mehl zugeben und alles unter ständigem Rühren 1 Minute kochen, dann vom Herd nehmen. Nach und nach Milch und Brühe einrühren. Den Topf wieder auf den Herd stellen und den Inhalt unter ständigem Rühren zum Kochen bringen, bis er eindickt. Käse, Senf und gemischte Kräuter einrühren und alles mit Salz und Pfeffer abschmecken.

4 Die Muffins halbieren und 2–3 Minuten unter einen vorgeheizten Grill legen, bis sie goldbraun sind. Dann herausnehmen und auf einem Servierteller anrichten. Das gebackene Gemüse auf die Muffins geben, die Sauce darübergießen und sofort servieren.

Artischockenherzen auf Salat

15 Min. 45 Min.

4 PERSONEN

6 EL Zitronensaft
4 große Artischocken
250 g gemischter Blattsalat wie Lollo rosso, Feldsalat oder Endivie
60 g geschälte Walnüsse, grob gehackt, zum Garnieren
1 EL frisch gehackte Petersilie, zum Garnieren

DRESSING
5 EL Calvados
1 Schalotte, sehr fein gehackt
1 Prise Salz
1 EL Rotweinessig
3 EL Walnussöl

1 Eine große Schüssel mit kaltem Wasser füllen und 2 Esslöffel Zitronensaft zugebe. Die Artischocken einzeln vorbereiten: Den Stiel abdrehen, die Unterseite glatt schneiden und alle dunklen Außenblätter entfernen. Dann die Artischocke horizontal halbieren und den oberen Teil wegwerfen. Den unteren Teil von den dunkelgrünen Blättern befreien und während der Vorbereitung der anderen Artischocken in das gesäuerte Wasser legen, sonst werden sie braun.

2 Wasser in einem großen Topf aufkochen, Artischocken und restlichen Zitronensaft zugeben, abdecken und 30–40 Minuten garen. Dann abgießen, unter kaltem Wasser abspülen und abtropfen lassen. Die verbliebenen Blätter abziehen, das Heu mit einem Löffel abschaben, wegwerfen und die Böden beiseitestellen.

3 Für das Dressing den Calvados in einen kleinen Topf gießen, Schalotte und Salz zugeben und bis knapp unter den Siedepunkt erhitzen. Die Hitze reduzieren, den Calvados vorsichtig entzünden und bis zum Erlöschen der Flammen weiterkochen. Zuletzt Essig und Öl zugießen und unter Rühren 1 Minute kochen. Dann vom Herd nehmen.

4 Die Hälfte des Dressings mit den Salatblättern mischen und den Salat auf einer Servierplatte anrichten. Die Artischockenherzen darauflegen und das restliche Dressing über den Artischocken verteilen. Zuletzt alles mit den Walnüssen und der Petersilie garnieren und sofort servieren.

VARIATION
Auch qualitativ hochwertige Artischockenherzen aus der Dose eignen sich für dieses Rezept.

Kartoffeln mit Guacamole

45 Min. 1 Std. 45 Min.

4 PERSONEN

900 g festkochende Kartoffeln, gewaschen
2 TL Olivenöl
grobes Meersalz und Pfeffer
frisch gehackter Schnittlauch, zum Garnieren

GUACAMOLE-DIP
175 g reife Avocados
1 EL Zitronensaft
2 reife Tomaten, gewürfelt
1 TL abgeriebene Zitronenschale
100 g Frischkäse mit Kräutern und Knoblauch
4 Frühlingszwiebeln, in Ringen
einige Tropfen Tabasco
Salz und Pfeffer

1 Die Kartoffeln mit Schale 75 Minuten in einem auf 200 °C vorgeheizten Backofen backen. Dann herausnehmen und 30 Minuten abkühlen lassen.

2 Die Kartoffeln längs halbieren und 2 Esslöffel des Kartoffelfleischs herausschaben. Dann noch einmal längs halbieren. Die so entstandenen Kartoffelspalten auf ein Backblech legen, die Schnittflächen mit Öl bepinseln und mit Salz und Pfeffer bestreuen. Dann weitere 25 Minuten bei 220 °C backen.

3 Für den Guacamole-Dip das Avocadofleisch zerdrücken und den Zitronensaft unterrühren. Dann die restlichen Zutaten zugeben und mischen. Bis zur Verwendung kalt stellen.

4 Die Kartoffelspalten auf Küchenpapier abtropfen lassen und auf einer vorgewärmten Platte anrichten. Den gehackten Schnittlauch darüberstreuen und den Avocado-Dip separat in einer Schüssel dazu reichen.

TIPP
Sie können die übrig gebliebene Kartoffelmasse mit Naturjoghurt mischen, abschmecken und als Beilage zu den Kartoffeln reichen.

Sizilianische Zwiebeln

2 Min. 15 Min.

4 PERSONEN

350 g Perlzwiebeln
2 EL Olivenöl
2 frische Lorbeerblätter, in Streifen
Schale von 1 Zitrone, in dünnen Streifen
1 EL brauner Zucker
1 EL klarer Honig
4 EL Rotweinessig

1 Die Perlzwiebeln kurz in kochendem Wasser ziehen lassen (siehe Tipp), anschließend abgießen, abtropfen und abkühlen lassen. Dann schälen und halbieren.

2 Das Öl in einer großen Pfanne erhitzen. Lorbeerblätter und Zwiebeln zugeben und bei mittlerer Hitze 5–6 Minuten braten, bis die Zwiebeln von allen Seiten leicht gebräunt sind.

3 Die Zitronenschale mit dem Zucker und dem Honig zu den Zwiebeln in die Pfanne geben. Die Zwiebeln weitere 2–3 Minuten unter gelegentlichem Rühren dünsten, bis sie leicht karamellisiert sind.

4 Den Essig vorsichtig in die Pfanne gießen und die Zwiebeln weitere 5 Minuten unter Rühren dünsten, bis sie weich sind und die gesamte Flüssigkeit eingekocht ist.

5 Die fertigen Zwiebeln in eine Servierschüssel füllen und sofort servieren.

TIPP
Zwiebeln lassen sich leichter schälen, wenn Sie sie zuvor mit kochendem Wasser übergießen, 10 Minuten darin stehen lassen, dann abgießen und abkühlen lassen.

Blumenkohl-Roulade

30 Min. 40 Min.

4 PERSONEN

1 kleiner Blumenkohl, in Röschen
4 Eier, getrennt
90 g Cheddar oder Gouda, gerieben
60 g Hüttenkäse
1 Prise geriebene Muskatnuss
½ TL Senfpulver
Salz und Pfeffer

FÜLLUNG
1 Bund Brunnenkresse
60 g Butter
25 g Mehl
175 g Naturjoghurt
25 g Cheddar oder Gouda, gerieben
60 g Hüttenkäse

1 Den Blumenkohl dämpfen, bis er gar ist, dann mit kaltem Wasser abspülen, im Mixer zerkleinern oder mit einem Messer klein hacken und anschließend durch ein Sieb streichen.

2 Das Eigelb schlagen, dann den Blumenkohl, 60 g Cheddar oder Gouda und den Hüttenkäse einrühren. Mit Muskat, Senfpulver, Salz und Pfeffer würzen.

3 Das Eiweiß steif schlagen, bis es fest, aber noch nicht trocken ist, dann unter die Blumenkohlmischung heben.

4 Den Blumenkohlteig gleichmäßig auf einem tiefen, mit Backpapier ausgelegten Backblech verteilen und in einem auf 190 °C vorgeheizten Backofen 20–25 Minuten goldbraun backen.

5 Für die Füllung die Brunnenkresse hacken; einige Zweige zum Garnieren beiseitelegen. Die Butter in einer Pfanne zerlassen und die Kresse darin unter gelegentlichem Rühren 3 Minuten weich dünsten. Mehl zugeben, Joghurt unterrühren und alles 2 Minuten köcheln lassen. Dann den Käse zufügen.

6 Die fertigen Teig auf ein feuchtes, mit Backpapier bedecktes Geschirrtuch legen. Das alte Papier abziehen und den Teig einige Minuten ausdampfen lassen. Dann von einem der schmalen Enden aus mit dem neuen Backpapier aufrollen.

7 Den Teig wieder entrollen. Die Füllung so auf dem Teig verteilen, dass ein Rand von 2,5 cm bleibt, dann den Teig erneut aufrollen. Auf ein Backblech legen, mit dem restlichen Cheddar bestreuen und 5 Minuten im Backofen backen. Heiß oder vollständig ausgekühlt servieren.

Zwiebelplätzchen mit Minze

5 Min. 15 Min.

12 STÜCK

125 g Kichererbsenmehl
¼ TL Cayennepfeffer
¼–½ TL gemahlener Koriander
¼–½ TL gemahlener Kreuzkümmel
1 EL frisch gehackte Minze
Salz und Pfeffer
4 EL glatt gerührter Naturjoghurt
65 ml kaltes Wasser
1 große Zwiebel, geviertelt und in dünnen Ringen
Öl, zum Frittieren
Minzeblätter, zum Garnieren

1 Das Mehl in eine große Schüssel geben, Cayennepfeffer, Koriander, Kreuzkümmel und Minze zufügen. Mit Salz und Pfeffer würzen. Joghurt, Wasser und Zwiebel zugeben und alles gut verrühren.

2 Eine tiefe Pfanne zu einem Drittel mit Öl füllen und stark erhitzen. Jeweils einige esslöffelgroße Portionen der Zwiebelmischung in das Öl geben und mit zwei Gabeln rund formen.

3 Die Plätzchen goldbraun frittieren, dabei häufig wenden. Dann herausnehmen, auf Küchenpapier abtropfen lassen und warm stellen, bis die restlichen Plätzchen fertig sind.

4 Plätzchen auf einer Platte anrichten und mit frischen Minzeblättern garnieren. Warm oder kalt servieren.

Exotische Spargelrollen

5 Min. 25 Min.

4 PERSONEN

100 g grüne Spargelspitzen
1 rote Paprika, entkernt und in feinen Streifen
50 g Bohnensprossen
2 EL Pflaumensauce
8 Blätter Filo-Teig
1 Eigelb, verquirlt
Öl, zum Frittieren

1 Spargel, Paprika und Bohnensprossen in eine Schüssel geben und vorsichtig vermengen. Dann die Pflaumensauce zugeben und unterheben.

2 Die Filo-Teigblätter auf der Arbeitsfläche ausbreiten. Auf das obere Ende eines jeden Teigblatts jeweils ein wenig von der Spargelmischung häufen. Die Ränder der Teigblätter mit etwas Eigelb bestreichen und die Teigblätter dann wie eine Frühlingsrolle um die Füllung herum aufrollen. Die Enden einschlagen.

3 Das Öl in einem Wok erhitzen. Jeweils zwei Spargelrollen hineingeben und 4–5 Minuten knusprig frittieren. Die fertigen Rollen mit einem Schaumlöffel herausheben und gut abtropfen lassen.

4 Die Spargelrollen auf vorgewärmten Tellern anrichten und sofort servieren.

TIPP
Servieren Sie die Spargelrollen nach Belieben mit einer süß-sauren asiatischen Dip-Sauce.

Schwiegersohn-Eier

15 Min. 15 Min.

4 PERSONEN

4 EL Sonnenblumenöl
6 Eier, hart gekocht und geschält
1 Zwiebel, in feinen Ringen
2 frische rote Chillies, in feinen Ringen
2 EL Zucker
1 EL Wasser
2 TL Tamarindenpaste
1 TL Flüssigwürze, z. B. Maggi
Reis, zum Servieren

1 Das Öl in einem Wok erhitzen. Die Eier 2- bis 3-mal mit einem Zahnstocher einstechen und im Öl knusprig frittieren. Auf Küchenpapier abtropfen lassen, dann der Länge nach halbieren und auf einem Servierteller anrichten.

2 Das Öl bis auf 1 Esslöffel aus dem Wok entfernen, dann das verblieben Öl stark erhitzen. Zwiebel und Chillies zugeben, knusprig braten und auf Küchenpapier abtropfen lassen.

3 Zucker, das Wasser, Tamarindenpaste und Flüssigwürze im Wok erhitzen und 5 Minuten köcheln lassen, bis die Sauce leicht angedickt ist.

4 Die Sauce über die Eier träufeln, die frittierte Zwiebel und Chili darauf verteilen und mit gekochtem Reis servieren.

Dolmas

1 Std. 15 Min. 45 Min.

4 PERSONEN

225 g eingelegte Weinblätter (etwa 40 Stück)
150 ml Olivenöl
4 EL Zitronensaft
300 ml Wasser
Zitronenspalten, zum Servieren

FÜLLUNG
125 g Langkornreis
350 ml Wasser
60 g Korinthen
60 g Pinienkerne, gehackt
2 Frühlingszwiebeln, fein gehackt
2 EL frisch gehackte Petersilie
1 EL frisch gehackter Koriander
1 EL frisch gehackter Dill
abgeriebene Schale von ½ Zitrone
Salz und Pfeffer

1 Die Weinblätter waschen, in eine hitzebeständige Schüssel geben, mit kochendem Wasser bedecken und 5 Minuten ziehen lassen. Anschließend abgießen, gut abtropfen lassen und mit Küchenpapier trocken tupfen.

2 Für die Füllung Reis und das Wasser mit einer Prise Salz in einem Topf zum Kochen bringen. Die Hitze reduzieren und 12 Minuten köcheln lassen, bis die Flüssigkeit absorbiert ist. Anschließend abgießen und beiseitestellen.

3 Korinthen, Pinienkerne, Frühlingszwiebeln, Kräuter und Zitronenschale mit dem abgekühlten Reis vermengen. Dann mit Salz und Pfeffer abschmecken.

4 Den Boden einer großen Pfanne mit 3 oder 4 der dicksten oder mit einigen eingerissenen Weinblättern auslegen.

5 Ein Weinblatt mit der Äderung nach oben auf ein Küchenbrett legen. Eine kleine feste Rolle der Reisfüllung in die Mitte legen. Das untere Ende des Blattes darüberfalten und anschließend jede Blattseite zur Mitte hin falten. Dann das Blatt um die Füllung rollen und leicht in der Hand andrücken, um es zu formen und zu versiegeln. Diesen Vorgang mit den restlichen Weinblättern wiederholen.

6 Die einzelnen Rollen nebeneinander mit der Falz nach unten in die Pfanne legen. Olivenöl, Zitronensaft und Wasser verrühren und in die Pfanne gießen.

7 Die Pfanne abdecken und die gefüllten Weinblätter 30 Minuten köcheln lassen. Anschließend vom Herd nehmen und in der Flüssigkeit abkühlen lassen. Die fertigen Dolmas mit Zitronenspalten garniert servieren.

Frijoles

15 Min. + Einweichzeit 2 Std.

6 PERSONEN

350 g getrocknete rote Kidney-Bohnen, 3 Stunden in kaltem Wasser eingeweicht
2 Zwiebeln, gehackt
2 Knoblauchzehen, gehackt
2 frische grüne Chillies, entkernt und gehackt
1 Lorbeerblatt
2 EL Maiskeimöl
Salz
2 Tomaten, gehäutet, entkernt und klein geschnitten

1 Die Bohnen abtropfen lassen und in einen großen Topf geben. So viel Wasser zugießen, bis sie etwa 2,5 cm hoch bedeckt sind. Die Hälfte der Zwiebeln und des Knoblauchs sowie die Chillies und das Lorbeerblatt zugeben. 15 Minuten sprudelnd kochen, dann die Hitze reduzieren und alles 30 Minuten köcheln lassen. Falls die Mischung zu trocken werden sollte, etwas zusätzliches Wasser nachgießen.

2 1 Esslöffel Öl zugeben und die Bohnen weitere 30 Minuten köcheln lassen. Falls nötig, Wasser nachgießen.

3 Die Bohnen salzen und 30 Minuten weiterköcheln lassen; jetzt kein Wasser mehr zugießen.

4 Das restliche Öl in einer Pfanne erhitzen. Die Reste von Zwiebeln und Knoblauch zugeben und 5 Minuten andünsten. Die Tomaten unterrühren und weitere 5 Minuten kochen, dann 3 Esslöffel der gekochten Bohnen zufügen. Alles zu einer Paste zerdrücken und diese unter die Bohnen mischen. Vorsichtig aufwärmen und dann servieren.

TIPP
Einige getrocknete Hülsenfrüchte, wie etwa rote Kidney-Bohnen, enthalten ein Toxin, das nur bei stetiger Hitze zerstört wird. Es ist daher wichtig, die Bohnen 15 Minuten sprudelnd zu kochen, bevor man sie köcheln lässt.

Pilzhäppchen mit Aïoli

20 Min. 15 Min.

4 PERSONEN

120 g Semmelbrösel
2 EL frisch geriebener Parmesan
1 TL Paprikapulver
230 g kleine Champignons
2 Eiweiß, leicht verquirlt

AÏOLI
4 Knoblauchzehen, zerdrückt
2 Eigelb
230 ml natives Olivenöl extra
Salz und Pfeffer

1 Für die Aïoli den Knoblauch in eine Schüssel geben, mit 1 Prise Salz bestreuen und mit einem Löffelrücken zerdrücken. Das Eigelb zugeben und mit dem Mixer 30 Sekunden zu einer cremigen Masse verschlagen. Das Öl tropfenweise hinzugeben und einrühren. Sobald die Masse andickt, das Öl in einem konstanten feinen Strahl unter ständigem Rühren zugießen.

2 Die Aïoli salzen und pfeffern, mit Frischhaltefolie abdecken und bis zum Servieren in den Kühlschrank stellen.

3 Semmelbrösel, Parmesan und Paprikapulver in einer Schüssel vermengen. Die Champignons in das Eiweiß tauchen, dann in der Bröselmasse wälzen und auf ein mit Backpapier ausgelegtes Backblech setzen. In einem vorgeheizten Backofen bei 190 °C goldbraun backen. Dann sofort mit der Aïoli servieren.

VARIATION
Man kann auch Kräutersauce zu den Pilzen reichen. Dazu 4 EL frische gehackte Kräuter mit 200 g saurer Sahne verrühren. 1 fein gehackte Knoblauchzehe und 1 EL Zitronensaft untermischen und mit Salz und Pfeffer abschmecken.

Pilz-Antipasto

10 Min. + Kühlzeit 30 Min.

4 PERSONEN

3 EL Olivenöl
2 Knoblauchzehen, fein gehackt
230 g Tomaten, enthäutet, entkernt und gehackt
1 EL frischer Oregano, fein gehackt
Salz und Pfeffer
500 g Steinpilze oder andere Pilze, in Scheiben
frische glatte Petersilienblätter, zum Garnieren

1 1 Esslöffel Olivenöl in einem Topf erhitzen, den Knoblauch zugeben und bei schwacher Hitze unter Rühren etwa 1 Minute dünsten. Dann Tomaten und Oregano zugeben, alles kräftig mit Salz und Pfeffer abschmecken und unter ständigem Rühren bei geringer Hitze etwa 20 Minuten zu einem dicken Brei einkochen.

2 Das restliche Öl in einer Pfanne erhitzen. Die Pilze zugeben und bei mittlerer Hitze unter ständigem Rühren 5 Minuten weich dünsten. Anschließend die Pilze unter die Tomatenmasse mischen, alles salzen, die Hitze reduzieren und das Gemüse abgedeckt erneut 10 Minuten köcheln lassen.

3 Das Antipasto auf Zimmertemperatur abkühlen lassen und mit Petersilie garniert servieren.

TIPP
Verwenden sie nach Möglichkeit sonnengereifte Tomaten für dieses Rezept, denn diese haben einen viel süßeren und intensiveren Geschmack als Gewächshauspflanzen.

Käse-Bohnen-Quesadillas

10 Min. 10 Min.

4–6 PERSONEN

400 g Bohnenmus aus der Dose
8 Weizenmehl-Tortillas
Öl, zum Einfetten
200 g Gouda, gerieben
1 Zwiebel, gehackt
½ Bund frischer Koriander, fein gehackt
1 Portion Salsa Cruda (siehe Seite 241)

1 Das Bohnenmus in einem kleinen Topf bei niedriger Hitze langsam erwärmen.

2 Inzwischen die Tortillas in einer leicht eingefetteten beschichteten Pfanne kurz erwärmen, damit sie geschmeidig werden und leichter zu verarbeiten sind.

3 Die erwärmten Tortillas mit Bohnenmus bestreichen und mit Käse, Zwiebel und Koriander belegen. Dann einen Esslöffel Salsa Cruda über die Mischung verteilen und die Tortillas fest zusammenrollen.

4 Kurz vor dem Verzehr eine beschichtete Pfanne auf mittlere Hitze erwärmen. Einige Tropfen Wasser zugeben und die Tortillarollen in die Pfanne legen. Die Pfanne abdecken, und die Tortillas so lange erhitzen, bis der Käse schmilzt und der Teig leicht braun wird.

5 Jede Tortilla-Rolle diagonal in 4 Stücke schneiden und sofort servieren.

Gemüse mit Tahini-Dip

5 Min. 20 Min.

4 PERSONEN

225 g kleine Brokkoliröschen
225 g kleine Blumenkohlröschen
225 g Spargel, in 5 cm langen Stücken
2 kleine rote Zwiebeln, geviertelt
1 EL Limettensaft
2 EL Sesamsaat, geröstet
1 EL Schnittlauchröllchen, zum Garnieren

SCHARFER TAHINI-DIP
1 TL Sonnenblumenöl
2 große Knoblauchzehen, fein gehackt
½–1 TL Chilipulver
Salz und Pfeffer
2 TL Tahini (Sesampaste)
150 g fettarmer Frischkäse
2 EL Schnittlauchröllchen

1 Einen Dämpfeinsatz mit Pergamentpapier auslegen und Brokkoli, Blumenkohl, Spargel und Zwiebeln hineinlegen. Einen Wok oder einen großen Topf mit Wasser füllen, das Wasser zum Kochen bringen und den Dämpfeinsatz in das Kochgefäß stellen. Das Gemüse mit dem Limettensaft beträufeln und 10 Minuten dämpfen.

2 Für den Dip das Sonnenblumenöl in einem kleinen beschichteten Topf erhitzen. Knoblauch, Chilipulver, Salz und Pfeffer zugeben und 2–3 Minuten dünsten, bis der Knoblauch weich und leicht angebräunt ist.

3 Den Topf vom Herd nehmen, Tahini und Frischkäse einrühren. Wieder auf den Herd stellen und 1–2 Minuten erwärmen, aber nicht mehr kochen. Den Schnittlauch einrühren.

4 Das Gemüse aus dem Dämpfer nehmen und auf einer vorgewärmten Platte anrichten. Alles mit Sesam und Schnittlauchröllchen bestreuen und mit dem heißen Dip servieren.

Vegetarische Frühlingsrollen

20 Min. 20 Min.

4 PERSONEN

25 g dünne Glasnudeln
2 EL Erdnussöl
2 Knoblauchzehen, zerdrückt
½ TL frisch geriebene Ingwerwurzel
50 g Austernpilze, in dünnen Streifen
2 Frühlingszwiebeln, fein gehackt
50 g Bohnensprossen
1 kleine Karotte, in feinen Streifen
½ TL Sesamöl
1 EL helle Sojasauce
1 EL Reiswein oder trockener Sherry
¼ TL Pfeffer
1 EL frisch gehackter Koriander
1 EL frisch gehackte Minzeblätter
24 Blätter Frühlingsrollen-Teig
½ TL Speisestärke
Erdnussöl, zum Frittieren
frische Minzeblätter, zum Garnieren

1 Die Nudeln in eine hitzebeständige Schüssel geben, mit kochendem Wasser übergießen und 4 Minuten quellen lassen. Dann abgießen, kalt abschrecken und abtropfen lassen. Anschließend in 5 cm lange Stücke schneiden.

2 Das Erdnussöl in einem Wok stark erhitzen. Knoblauch, Ingwer, Pilze, Frühlingszwiebeln, Bohnensprossen und Karotte zugeben und alles 1 Minute braten, bis das Gemüse gerade weich ist.

3 Sesamöl, Sojasauce, Reiswein oder Sherry, Pfeffer, Koriander und Minze sorgfältig einrühren, dann den Wok vom Herd nehmen und die Glasnudeln vorsichtig unterheben.

4 Die Teigblätter diagonal auf der Arbeitsplatte auslegen. Die Speisestärke mit 1 Esslöffel Wasser verrühren und die Ränder jedes Teigblatts damit bestreichen. Etwas Füllung auf das vordere Drittel des Teigblatts geben.

5 Die freie Spitze des Teigblatts über die Füllung falten, dann die Seiten einschlagen. Anschließend den Teig aufrollen und die Spitze mit der restlichen angerührten Speisestärke bestreichen.

6 Das Öl in einem Wok oder einer Fritteuse auf 180 °C erhitzen (ein Brotwürfel sollte in 30 Sekunden braun werden). Die Frühlingsrollen portionsweise 2–3 Minuten goldbraun und knusprig frittieren. Auf Küchenpapier abtropfen lassen und mit Minzeblättern garniert servieren.

Frittierte Thai-Auberginen

35 Min. 20 Min.

4 PERSONEN

450 g Auberginen, in dünnen Scheiben
1 Eiweiß
50 g Speisestärke
1 TL Salz
1 EL Sieben-Gewürze-Mischung
Öl, zum Frittieren

1 Das Eiweiß in eine kleine Schüssel geben und leicht schaumig schlagen.

2 Speisestärke, Salz und die Sieben-Gewürze-Mischung vermengen.

3 Das Frittieröl in einem großen vorgewärmten Wok erhitzen.

4 Die Auberginen in das Eiweiß tauchen und von allen Seiten in der Speisestärkemischung wenden.

5 Scheiben portionsweise jeweils etwa 5 Minuten frittieren, bis sie leicht goldbraun und kross gebacken sind. Dann mit einem Schaumlöffel herausheben und auf Küchenpapier abtropfen lassen.

6 Anschließend auf einem Servierteller anrichten und sofort heiß servieren.

Marinierter Fenchel

1 Std. 15 Min. 10 Min.

4 PERSONEN

2 Fenchelknollen
1 rote Paprika, entkernt und in mundgerechten Stücken
1 Limette, geachtelt
Salat, zum Servieren

MARINADE
2 EL Limettensaft
4 EL Olivenöl
2 Knoblauchzehen, zerdrückt
1 TL körniger Senf
1 EL gehackter Thymian

1 Das Fenchelgrün abschneiden und für die Garnierung beiseitelegen. Jede Fenchelknolle in 8 Stücke schneiden und diese in eine flache Schale legen. Die Paprikastücke zugeben.

2 Für die Marinade Limettensaft, Öl, Knoblauch, Senf und Thymian vermengen. Die Flüssigkeit über die Fenchel- und Paprikastücke gießen und gut unterrühren. Dann das Gemüse mit Frischhaltefolie bedecken und 1 Stunde marinieren.

3 Fenchel-, Paprika- und Limettenstücke abwechselnd auf Holzspieße stecken und in einem vorgeheizten Backofengrill 10 Minuten unter mehrmaligem Wenden grillen. Dabei immer wieder mit der Marinade bestreichen.

4 Die fertigen Spieße auf Teller verteilen, mit dem Fenchelkraut garnieren und mit Salat servieren.

TIPP
Sie können die Spieße unter mehrmaligem Wenden und Begießen auch auf einem Holzkohlegrill statt im Backofen garen. Weichen Sie die Holzspieße in jedem Fall vor der Verwendung 20 Minuten ein, damit Sie beim Grillen nicht schwarz werden.

Melonen-Erdbeer-Teller

10 Min. + Kühlzeit 0 Min.

4 PERSONEN

¼ Honigmelone
½ Charentais-Melone
150 ml Roséwein
2–3 TL Rosenwasser
175 g kleine Erdbeeren, halbiert
Rosenblütenblätter, zum Garnieren

1 Mit einem Esslöffel die Kerne aus den Melonen schaben. Dann sorgfältig schälen, dabei möglichst wenig Fruchtfleisch wegschneiden. Anschließend das Fruchtfleisch der Melonen in dünne Scheiben schneiden und in eine Schale geben. Mit Roséwein und Rosenwasser beträufeln und vorsichtig mischen, damit das Obst nicht zerfällt. Abdecken und für mindestens 2 Stunden im Kühlschrank vollständig durchkühlen.

2 Die Erdbeeren behutsam unter die Melonenstücke rühren und das Obst bei Zimmertemperatur 15 Minuten ziehen lassen, damit sich das Aroma der Melone entfalten kann – sie schmeckt fade, wenn sie zu kalt ist.

3 Das fertige Gericht auf Tellern anrichten und mit Rosenblütenblättern garnieren.

TIPP
Der Melonen-Erdbeer-Teller empfiehlt sich als Auftakt für Menüs, kann aber natürlich auch als Dessert gereicht werden. Rosenwasser wird aus Rosenblüten destilliert. Es ist in Apotheken oder türkischen Lebensmittelläden erhältlich.

Paprikachips

5 Min. 25 Min.

4 PERSONEN

2 große Kartoffeln
3 EL Olivenöl
½ TL Paprikapulver
Salz

1 Die Kartoffeln mit einem scharfen Messer in sehr dünne Scheiben schneiden; sie sollten fast transparent sein. Unter fließendem Wasser gründlich abspülen und mit Küchenpapier gründlich trocken tupfen.

2 Das Öl in einer großen Pfanne erhitzen, das Paprikapulver zufügen und dabei ständig rühren, damit es nicht anbrennt. Die Kartoffelscheiben portionsweise zugeben und je 5 Minuten rösten, bis sie sich an den Rändern leicht hochbiegen. Dann mit einem Schaumlöffel herausheben und zum Abtropfen auf Küchenpapier legen.

3 Die gebratenen Chips auf zuvor gewässerte Holz- oder Bambusspieße stecken.

4 Die Spieße mit Salz bestreuen, unter den vorgeheizten Grill legen und auf mittlerer Stufe 10 Minuten rösten, bis die Kartoffelscheiben knusprig werden. Dabei häufig wenden. Nach Geschmack mit etwas mehr Salz bestreuen und sofort servieren.

TIPP
Reichen Sie die Chips als Beilage zu Kebabs und verwenden Sie statt des Paprikapulvers auch einmal Currypulver oder ein anderes Gewürz Ihrer Wahl.

Gemüse-Nuss-Samosas

30 Min. 40 Min.

12 STÜCK

350 g Kartoffeln, gewürfelt
Salz
125 g tiefgefrorene Erbsen
3 EL Öl
1 Zwiebel, gehackt
2,5-cm-Stück Ingwerwurzel, gehackt
1 Knoblauchzehe, zerdrückt
1 TL Garam Masala
2 TL milde Currypaste
½ TL Kreuzkümmelsamen
2 TL Zitronensaft
60 g ungesalzene Cashewkerne, grob gehackt
Öl, zum Frittieren
Korianderzweige, zum Garnieren
Mango-Chutney, zum Servieren

TEIG
225 g Mehl
60 g Butter
6 EL warme Milch

1 Die Kartoffeln in einem mit Salzwasser gefüllten Topf 5 Minuten kochen. Dann die Erbsen zugeben und weitere 4 Minuten kochen, bis die Kartoffeln gar sind. Alles gut abtropfen lassen.

2 Das Öl in einer Pfanne erhitzen und darin Zwiebel, Kartoffel-Erbsen-Mischung, Ingwer, Knoblauch, Garam Masala, Currypaste und Kreuzkümmel 2 Minuten anbraten. Dann den Zitronensaft einrühren und alles 2 Minuten köcheln lassen.

3 Die Pfanne vom Herd nehmen und das Gemüse leicht zerdrücken. Die Cashewkerne zugeben, alles gut vermengen und salzen.

4 Für den Teig das Mehl in eine Schüssel geben und die Butter einkneten. Die Milch zugießen und alles zu einem Teig verarbeiten. Diesen leicht kneten und anschließend in 6 Portionen teilen. Jede Portion zu einer Kugel formen und auf einer Arbeitsfläche zu einem Kreis von 18 cm Durchmesser ausrollen. Jeden Kreis halbieren.

5 Die Füllung mit einem Teelöffel gleichmäßig auf jeden Halbkreis verteilen, dabei einen Rand von 5 mm lassen. Die Teigränder mit etwas Wasser bestreichen und zu Dreiecken umschlagen, dabei die Ränder gut andrücken, um die Füllung ganz einzuschließen.

6 Das Frittieröl in einer Pfanne auf etwa 180 °C erhitzen (ein Brotwürfel sollte darin in 30 Sekunden braun werden). Die Samosas portionsweise unter häufigem Wenden goldbraun frittieren. Auf Küchenpapier abtropfen lassen und warm halten, bis alle Samosas fertig sind. Mit Korianderzweigen garnieren und heiß mit Mango-Chutney servieren.

Kartoffel-Bohnen-Pastete

3 Min. 10 Min.

4 PERSONEN

100 g mehligkochende Kartoffeln, gewürfelt
225 g gemischte Bohnen aus der Dose, z. B. Borlotti-, Kidney- oder weiße Bohnen, abgetropft
1 große Knoblauchzehe, zerdrückt
2 TL Limettensaft
1 EL frisch gehackter Koriander
Salz und Pfeffer
2 EL fettarmer Naturjoghurt
frisch gehackter Koriander, zum Garnieren
Knäckebrot, zum Servieren

1 Die Kartoffeln in einem Topf mit kochendem Wasser 10 Minuten garen. Dann abgießen und gut abtropfen lassen.

2 Die Kartoffeln in einen Mixer geben. Bohnen, Knoblauch, Limettensaft und Koriander zufügen. Alles mit Salz und Pfeffer abschmecken und glatt pürieren. Alternativ Kartoffeln, Bohnen, Knoblauch, Limettensaft und Koriander gründlich mischen und mit einem Kartoffelstampfer zerdrücken.

3 Das Püree in eine Schüssel geben und den Joghurt sorgfältig unterrühren. Dann nach Belieben noch einmal mit Salz und Pfeffer abschmecken.

4 Die Pastete in eine Schüssel geben, mit gehacktem Koriander garnieren und warm oder gekühlt mit Knäckebrot servieren. Alternativ können sie die Pastete auf die Knäckebrote gestrichen reichen.

TIPP
Wenn Sie eine grobkörnige Pastete vorziehen, geben Sie die Mischung nicht in den Mixer, sondern zerdrücken Sie sie einfach mit einer Gabel. Sie können anstelle von Knäckebrot auch Toast zur Pastete reichen.

Imam bayildi

15 Min. 45 Min.
+ Ruhe- und Kühlzeit

4 PERSONEN

2 Auberginen
4 EL Olivenöl
2 Zwiebeln, in dünnen Ringen
2 Knoblauchzehen, fein gehackt
1 grüne Paprika, entkernt und in Streifen
400 g gehackte Tomaten aus der Dose
3 EL Zucker
1 TL gemahlener Koriander
Salz und Pfeffer
2 EL frisch gehackter Koriander

1 Die Auberginen der Länge nach halbieren. Das Fruchtfleisch 4- bis 5-mal einritzen, salzen und 30 Minuten ziehen lassen. Dann abspülen und sorgfältig trocken tupfen.

2 Das Öl in einer Pfanne erhitzen. Die Auberginen mit der Schnittfläche nach unten hineinlegen und 5 Minuten braten. Mit einem Schaumlöffel herausheben, auf Küchenpapier abtropfen lassen und in eine Kasserolle geben.

3 Zwiebeln, Knoblauch und Paprika 10 Minuten unter ständigem Rühren in einer Pfanne weich dünsten. Dann Tomaten, Zucker und gemahlenen Koriander zugeben. Alles mit Salz und Pfeffer würzen und den frischen Koriander untermischen.

4 Die Auberginenhälften mit der Zwiebel-Tomaten-Mischung belegen, abdecken und in einem vorgeheizten Backofen bei 190 °C 30 Minuten backen. Abkühlen lassen und vor dem Servieren 1 Stunde im Kühlschrank durchkühlen.

TIPP
Selbst nach dem Salzen nehmen die Auberginen noch sehr viel Öl auf. Eventuell muss man vor dem Anbraten der Zwiebeln in Schritt 3 noch etwas Öl nachgießen.

Gado Gado

10 Min. 25 Min.

4 PERSONEN

100 g Weißkohl, geraspelt
100 g Prinzessbohnen, in Stücken
100 g Karotten, in Stiften
100 g Blumenkohlröschen
100 g Sojasprossen

DRESSING
100 ml Öl
100 g ungesalzene Erdnüsse
2 Knoblauchzehen, zerdrückt
1 kleine Zwiebel, fein gehackt
½ TL Chilipulver
½ TL brauner Zucker
Salz
425 ml Wasser
Saft von ½ Zitrone

1 Die verschiedenen Gemüsesorten separat 4–5 Minuten in Salzwasser kochen, abgießen und abkühlen lassen.

2 Für das Dressing das Öl in einer Pfanne erhitzen und darin die Erdnüsse unter häufigem Wenden 3–4 Minuten rösten. Die Nüsse auf Küchenpapier abtropfen lassen, dann im Mixer fein hacken oder mit einem Nudelholz fein zerdrücken.

3 Das Öl bis auf 1 Esslöffel aus der Pfanne abgießen. Dann Knoblauch und Zwiebel hineingeben und 1 Minute dünsten. Chilipulver, Zucker, Salz und Wasser zugeben und zum Kochen bringen. Die Erdnüsse einrühren, die Hitze reduzieren und die Sauce 4–5 Minuten köcheln lassen, bis sie eindickt. Dann den Zitronensaft zugeben und zum Abkühlen beiseitestellen.

4 Das Gemüse auf einer Platte anrichten, das Erdnussdressing darüberlöffeln und servieren.

Wantans mit Chili-Dip

45 Min. 20 Min.

4 PERSONEN

WANTANS
1 EL Öl
1 EL gehackte Zwiebel
1 kleine Knoblauchzehe, fein gehackt
½ TL gehackte Ingwerwurzel
60 g flache Pilze, gehackt
Salz und Pfeffer
16 Wantan-Blätter
Öl, zum Frittieren

CHILI-DIP
2 EL Öl
2 Frühlingszwiebeln, in feinen Streifen
1 rote Chili, entkernt und in feinen Streifen
1 grüne Chili, entkernt und in feinen Streifen
3 EL helle Sojasauce
1 EL Essig
1 EL trockener Sherry
1 Prise Zucker

1 Das Öl in einem vorgewärmten Wok erhitzen. Zwiebel, Knoblauch und Ingwer zugeben und 2 Minuten pfannenrühren. Die Pilze zugeben und weitere 2 Minuten braten. Gut mit Salz und Pfeffer würzen, dann abkühlen lassen.

2 Einen Teelöffel der Pilzfüllung in die Mitte eines jeden Wantan-Blatts geben. Die jeweils gegenüberliegenden Ecken der Wantan-Blätter zusammenfalten und mit leichtem Druck verschließen. Jeweils 2 Wantans auf einen Holzspieß stecken.

3 Öl in einem Wok erhitzen und die Wantans portionsweise darin frittieren, bis sie knusprig sind. Herausheben und auf Küchenpapier abtropfen lassen.

4 Für den Dip das Öl auf 180 °C erhitzen (ein Brotwürfel sollte darin in 30 Sekunden braun werden).

5 Frühlingszwiebeln und Chillies mit dem heißen Öl übergießen. Die restlichen Dip-Zutaten einrühren und den Dip separat zu den Wantans servieren.

Gazpacho-Sorbet

5 Min. + Kühlzeit 0 Min.

4 PERSONEN

500 g Tomaten, enthäutet, entkernt und fein gewürfelt
4 Frühlingszwiebeln, in Ringen
1 rote Paprika, entkernt und gewürfelt
2 Selleriestangen, in Ringen
1 Knoblauchzehe, zerdrückt
1 EL Tomatenmark
1 EL frisch gehackte Petersilie
Salz und Pfeffer
Brotstangen, zum Servieren

1 Tomaten, Frühlingszwiebeln, Paprika, Sellerie, Knoblauch und Tomatenmark im Mixer pürieren. Dann etwa 5 Stunden in einer Tiefkühldose einfrieren.

2 Das Püree aus dem Tiefkühlfach nehmen und bei Zimmertemperatur 30 Minuten antauen lassen. Mit einer Gabel auflockern, dann im Mixer die Eiskristalle aufbrechen oder mit einem Holzlöffel fein zerstoßen.

3 Sorbet in eine Schüssel geben, Petersilie zufügen und mit Salz und Pfeffer abschmecken. Dann erneut für 30 Minuten ins Tiefkühlfach stellen.

4 Das Sorbet noch einmal mit der Gabel auflockern, dann in hohe dekorative Gläser umfüllen und mit dem frischem Brot servieren.

Gemüsespieße mit Satay-Sauce

15 Min. + Marinierzeit
25 Min.

4 PERSONEN

2 Auberginen, gewürfelt
175 g kleine Champignons

MARINADE
1 TL Kreuzkümmelsamen
1 TL Koriandersamen
2,5-cm-Stück Ingwerwurzel, geraspelt
2 Knoblauchzehen, leicht zerdrückt
½ Zitronengrasstängel, gehackt
4 EL helle Sojasauce
8 EL Sonnenblumenöl
2 EL Zitronensaft

SATAY-SAUCE
½ TL Kreuzkümmelsamen
½ TL Koriandersamen
3 Knoblauchzehen
1 kleine Zwiebel, sehr fein gehackt
1 EL Zitronensaft
1 TL Salz
½ rote Chili, entkernt und in Ringen
125 ml Kokosmilch
250 g grobe Erdnussbutter
250 ml Wasser

1 Das Gemüse auf 8 Metall- oder eingeweichte Holzspieße stecken.

2 Für die Marinade Kreuzkümmel, Koriander, Ingwer, Knoblauch und Zitronengras zerstoßen. Dann kurz, aber scharf anbraten, bis sich die Aromen entfalten. Vom Herd nehmen und die restlichen Marinade-Zutaten zugeben. Die Gemüsespieße mit der Marinade beträufeln und mindestens 2 Stunden marinieren.

3 Für die Satay-Sauce alle Zutaten bis auf das Wasser vermengen und in einen Topf geben. Dann das Wasser einrühren und die Sauce kochen, bis sie eingedickt ist.

4 Die Spieße unter einem vorgeheizten Grill etwa 20 Minuten garen. Dabei häufig mit der Marinade bestreichen und einmal wenden.

5 Die Gemüsespieße auf einer Servierplatte mit der Sauce angerichtet reichen.

Exotische Gemüserouladen

10 Min. 20 Min.

4 PERSONEN

8 große Chinakohlblätter
2 Babymaiskolben, in Scheiben
1 Karotte, fein gehackt
1 Selleriestange, gehackt
4 Frühlingszwiebeln, gehackt
4 Wasserkastanien, gehackt
2 EL ungesalzene Cashewkerne, fein gehackt
1 Knoblauchzehe, gehackt
1 TL frisch geraspelte Ingwerwurzel
25 g Bambussprossen aus der Dose, abgetropft, abgespült und gehackt
1 TL Sesamöl
2 TL Sojasauce

1 Die Chinakohlblätter in eine große Schüssel legen und mit kochendem Wasser übergießen. 1 Minute ziehen lassen, dann gründlich abtropfen lassen.

2 Babymais, Karotte, Sellerie, Frühlingszwiebel, Wasserkastanien, Cashewkerne, Knoblauch, Ingwer und Bambussprossen in einer Schüssel mischen.

3 In einer zweiten Schüssel Sesamöl und Sojasauce verrühren. Diese Mischung über das Gemüse gießen und gut verrühren, bis das Gemüse gründlich damit überzogen ist.

4 Die Blätter des Chinakohls auf einem Küchenbrett ausbreiten. Die Gemüsefüllung in 8 gleich große Portionen teilen. Auf die Mitte eines jeden Blatts eine Portion der Füllung löffeln. Die Kohlblätter aufrollen, die Seiten einschlagen und die kleinen Päckchen mit Zahnstochern feststecken.

5 Die Päckchen in einen Dämpfer geben, abdecken und 15–20 Minuten dämpfen, bis sie gar sind.

6 Die fertigen Gemüserouladen auf einem vorgewärmten Servierteller anrichten und mit Soja- oder Chilisauce servieren.

Süß-saure Linsenbällchen

15 Min. 35 Min.

4 PERSONEN

250 g rote Linsen
425 ml Wasser
½ grüne Chili, entkernt und gehackt
4 Frühlingszwiebeln, fein gehackt
1 Knoblauchzehe, zerdrückt
1 TL Salz
4 EL Ananassaft aus der Dose
1 Ei, verquirlt
Öl, zum Frittieren
Reis oder Nudeln, zum Servieren

SAUCE

3 EL Weißweinessig
2 EL Zucker
2 EL Tomatenmark
1 TL Sesamöl
1 TL Speisestärke
½ TL Salz
6 EL Wasser
2 EL Öl
½ rote Paprika, entkernt und grob gewürfelt
½ grüne Paprika, entkernt und grob gewürfelt
2 Ananasringe aus der Dose, abgetropft und in mundgerechten Stücken,

1 Die Linsen mit dem Wasser in einen Topf geben, aufkochen und 10 Minuten ohne Deckel kochen; dabei immer wieder den sich bildenden Schaum abschöpfen. Dann die Hitze reduzieren und die Linsen unter gelegentlichem Rühren 5 Minuten köcheln lassen, bis nur noch wenig Wasser zurückbleibt.

2 Die Linsen vom Herd nehmen und mit Chili, Frühlingszwiebeln, Knoblauch, Salz und Ananassaft vermengen. Dann 10 Minuten abkühlen lassen.

3 Für die Sauce Essig, Zucker, Tomatenmark, Sesamöl, Speisestärke, Salz und Wasser mischen und beiseitestellen.

4 Das Ei in die Linsenmischung geben. Das Öl in einem Topf erhitzen und darin nach und nach esslöffelgroße Portionen der Linsenmischung knusprig frittieren. Auf Küchenpapier abtropfen lassen.

5 Das Öl für die Sauce in einer Pfanne erhitzen. Die Paprika zugeben und 2 Minuten unter Rühren dünsten. Dann die Saucenmischung und die Ananas zugeben. Aufkochen, die Hitze reduzieren und 1 Minute unter ständigem Rühren köcheln lassen, bis die Sauce eindickt.

6 Die Linsenbällchen zufügen und gut erhitzen. Dabei vorsichtig rühren, damit die Bällchen nicht auseinander brechen. Mit Reis oder Nudeln servieren.

Tomaten-Kartoffel-Gratin

10 Min. 1 Std. 30 Min.

4 PERSONEN

1 EL Olivenöl, plus etwas mehr zum Einfetten
675 g Kartoffeln, in dünnen Scheiben
8 frische Basilikumblätter
2 Porreestangen, in Ringen
2 Fleischtomaten, in dünnen Scheiben
1 große Knoblauchzehe, fein gehackt
300 ml Gemüsebrühe
Salz und Pfeffer

1 Eine Auflaufform mit etwas Olivenöl einfetten. Dann zunächst eine Lage Kartoffelscheiben hineingeben, mit der Hälfte der Basilikumblätter bestreuen. Mit einer Schicht Porree bedecken und die Tomatenscheiben darüberschichten. Schichtung wiederholen, bis das gesamte Gemüse verbraucht ist; mit einer Kartoffelschicht abschließen.

2 Den gehackten Knoblauch in die Brühe einrühren, mit Salz und Pfeffer abschmecken und über das Gemüse gießen. Abschließend das Gemüse mit dem restlichen Öl bestreichen.

3 Etwa 1 Stunde 30 Minuten in einem auf 180 °C vorgeheizten Backofen backen, bis das Gemüse weich und die Oberfläche goldbraun ist. Sofort in der Auflaufform servieren.

Gegrillter Käse mit Salsa

15 Min. 5–10 Min.

4 PERSONEN

8 Tortillas, zum Servieren
225 g mexikanischer Queso de Oaxaca, alternativ Mozzarella oder Pecorino
175 ml Salsa Cruda oder eine beliebige andere Salsa (siehe Seite 241)
1 kleine Zwiebel, fein gehackt

1 Die Tortillas nacheinander in einer beschichteten Pfanne erwärmen; dabei stets mit ein paar Tropfen Wasser besprenkeln. Die fertig erwärmten Tortillas zum Warmhalten in Alufolie wickeln und beiseitestellen.

2 Den Käse in dicke Scheiben schneiden und auf einer feuerfesten Platte oder auf mehreren Tellern anrichten.

3 Mit einem Löffel die Salsa auf dem Käse verteilen und das Ganze in einen auf 200 °C vorgeheizten Backofen oder unter einen vorgeheizten Backofengrill geben, bis der Käse geschmolzen ist, Blasen wirft und sich goldbraun verfärbt hat.

4 Den Käse mit der gehackten Zwiebel bestreuen und sofort mit den aufgewärmten Tortillas als Beilage servieren. Sobald der Käse abkühlt, verfestigt er sich wieder und es wird schwierig, ihn zu essen.

TIPP
Queso de Oaxaca ist zwar der traditionelle Käse für dieses Gericht, er ist aber hierzulande relativ schwer zu bekommen. Mozzarella oder Pecorino sind ein guter Ersatz.

Wantans

35 Min. 35 Min.

4 PERSONEN

30 Wantan-Teigblätter, aufgetaut
1 TL Speisestärke, in etwas Wasser aufgelöst
Öl, zum Frittieren
frischer Schnittlauch, zum Garnieren

FÜLLUNG
1 große Knoblauchzehe, fein gehackt
1 TL gehackte Korianderwurzel
1 TL grob gemahlener Pfeffer
300 g Kartoffeln, gekocht und zerdrückt
175 g Wasserkastanien, fein gehackt
1 TL frisch geriebene Ingwerwurzel
2 TL gemahlene geröstete Erdnüsse
2 TL Sojasauce
½ TL Salz
½ TL Zucker

1 Für die Füllung alle Zutaten gut miteinander vermengen.

2 Auf einer Arbeitsfläche 4 Wantan-Blätter auslegen, den Rest mit einem feuchten Tuch abdecken.

3 Je 1 Esslöffel der Füllung auf jedes Blatt geben und die Blätter mit einem Kantenabstand von etwa 1 cm mit etwas aufgelöster Speisestärke bestreichen. Dann die Blätter zu kleinen Päckchen formen und fest zusammendrücken. Mit den anderen Teigblättern ebenso verfahren.

4 Eine tiefe Pfanne 5 cm hoch mit Öl füllen und stark erhitzen. Nach und nach je 3 Wantans zugeben, goldbraun frittieren, aus der Pfanne nehmen und abtropfen lassen. Die fertigen Wantans mit Schnittlauchhalmen „verschnüren" und servieren.

VARIATION
Wantan-Blätter können – falls nicht erhältlich – durch Filo-Teigblätter ersetzt werden. Schneiden Sie in dem Fall große Teigblätter in Quadrate mit einer Seitenlänge von 10 cm.

Geldsäckchen

45 Min. 20 Min.

4 PERSONEN

3 getrocknete chinesische Pilze
250 g Mehl
1 Ei, verquirlt
75 ml Wasser
1 TL Backpulver
¾ TL Salz
2 EL Öl
2 Frühlingszwiebeln, gehackt
90 g Mais
½ rote Chili, entkernt und gehackt
1 EL braune Bohnenpaste

1 Die Pilze in eine kleine Schüssel legen, mit warmem Wasser übergießen und 20–25 Minuten einweichen lassen.

2 Für die Teigtaschen das Mehl in eine Schüssel sieben. Das Ei zugeben und leicht mit dem Mehl vermengen. Dann Wasser, Backpulver und Salz zugeben und alles zu einem weichen Teig verarbeiten.

3 Den Teig auf einer bemehlten Arbeitsfläche leicht kneten. Mit einem feuchten Tuch abdecken und 5–6 Minuten ruhen lassen.

4 Die Pilze abtropfen lassen und ausdrücken. Die etwas zähen Mittelteile entfernen und die Pilze hacken.

5 Das Öl in einem Wok oder einer großen Pfanne erhitzen. Pilze, Frühlingszwiebeln, Mais und Chili zugeben und 2 Minuten darin anbraten. Dann die Bohnenpaste einrühren und den Wok oder die Pfanne vom Herd nehmen.

6 Den Teig zu einer Rolle formen, in 24 Stücke schneiden und jedes Stück zu einer Scheibe ausrollen. 1 Teelöffel Füllung in die Mitte geben. Die Teigränder über der Füllung zusammenfalten, fest andrücken und zum Schließen leicht verdrehen.

7 Die Säckchen in einen eingefetteten Dämpfeinsatz legen. Diesen über einen Topf mit siedendem Wasser geben, abdecken und 12–14 Minuten dämpfen. Dann sofort servieren.

TIPP
Falls Sie keine getrockneten chinesischen Pilze bekommen, verwenden Sie stattdessen 3 flachhütige, in feine Scheiben geschnittene Pilze.

Frittierte Maisbällchen

15 Min. 30 Min.

4 PERSONEN

3 EL gehackter frischer Koriander
225 g Mais aus der Dose, abgetropft
6 Frühlingszwiebeln, in Ringen
1 TL mildes Chilipulver
1 EL süße Chilisauce
25 g Kokosraspel
1 Ei
75 g Maismehl
Öl, zum Frittieren
süße Chilisauce, zum Dippen

1 Koriander, Mais, Frühlingszwiebeln, Chilipulver, Chilisauce, Kokosraspel, Ei und Maismehl in einer großen Schüssel verrühren. Die Schüssel mit Frischhaltefolie abdecken und die Gemüsemischung 10 Minuten ruhen lassen.

2 Das Frittieröl in einem heißen Wok oder einer großen Pfanne auf etwa 180 °C erhitzen (ein Brotwürfel sollte darin in 30 Sekunden braun werden).

3 Die Chili-Maismehl-Mischung mit zwei Esslöffeln zu Bällchen formen und portionsweise in das heiße Öl geben. Jeweils etwa 4–5 Minuten knusprig und goldbraun frittieren, dann mit einem Schaumlöffel aus dem Wok oder der Pfanne nehmen und auf Küchenpapier gut abtropfen lassen.

4 Die fertigen Maisbällchen auf Tellern anrichten und mit süßer Chilisauce zum Dippen servieren.

TIPP
Bei einem Wok mit einem nach außen gewölbten Boden sorgt ein spezieller Untersatz für die nötige Stabilität. Den Wok nur bis zur Hälfte mit Öl füllen und beim Kochen niemals unbeaufsichtigt lassen.

Reiswürfel mit Kokos-Dip

15 Min. + Kühlzeit 25 Min.

4 PERSONEN

1,3 l Wasser
300 g Jasminreis
Butter, zum Einfetten

KOKOS-DIP
1 Knoblauchzehe, zerdrückt
2 TL Salz
1 TL schwarze Pfefferkörner
100 g frischer Koriander, gehackt
3 EL Zitronensaft
180 ml Kokosmilch
2 EL Erdnussbutter
2 Frühlingszwiebeln, in Ringen
1 rote Chili, entkernt und in feinen Ringen

1 Für die Reiswürfel das Wasser aufkochen, den ungewaschenen Reis zugeben, umrühren und 14–16 Minuten im offenen Topf köcheln lassen, bis der Reis sehr weich ist. Dann abgießen und abtropfen lassen.

2 200 g des gekochten Reis in einem Mixer oder mit einem Pürierstab glatt pürieren oder in einem Mörser zerreiben. Das Reispüree mit dem restlichen Reis vermengen.

3 Eine Auflaufform (10 cm x 20 cm) einfetten, den Reis hineingeben und die Oberfläche glatt streichen. Dann den Reis mit Frischhaltefolie abdecken, mit einem schweren Gegenstand beschweren und für mindestens 8 Stunden in den Kühlschrank stellen.

4 Den nach der Kühlzeit fest gewordenen Reis auf eine Arbeitsfläche stürzen und mit einem befeuchteten Messer in Würfel schneiden.

5 Für den Dip Knoblauch, Salz, Pfefferkörner, Koriander und Zitronensaft in einem Mörser zerstoßen oder in einem Mixer zerkleinern. Kokosmilch, Erdnussbutter, Frühlingszwiebeln sowie Chili zugeben und alles fein mahlen oder pürieren. In einen kleinen Topf umfüllen und kurz aufkochen. Dann abkühlen lassen und anschließend mit den Reiswürfeln servieren.

Thailändische Maispuffer

15 Min. 30 Min.

4 PERSONEN

50 g Mehl
1 Ei
2 TL grüne Currypaste
5 EL Kokosmilch
400 g Maiskörner, tiefgekühlt, oder aus der Dose, abgetropft
4 Frühlingszwiebeln, fein gehackt
1 EL frisch gehackte Korianderblätter
1 EL frisch gehackte Basilikumblätter
Salz und Pfeffer
Öl, zum Frittieren
Limettenspalten, zum Garnieren
Chili-Relish, zum Servieren

1 Mehl, Ei, Currypaste, Kokosmilch und etwa die Hälfte der Maiskörner im Mixer zu einem glatten Teig pürieren und diesen in eine Schüssel füllen.

2 Die Frühlingszwiebeln und den restlichen Mais mit gehacktem Koriander und Basilikum vermischen. Mit Salz und Pfeffer abschmecken.

3 Etwas Öl in einer großen Pfanne erhitzen. Mit zwei Esslöffeln Teigbällchen formen und diese anschließend flach drücken. Ins Öl geben und 2–3 Minuten bei starker Hitze goldbraun und knusprig braten. Dann die Puffer wenden und von der anderen Seite ebenfalls 2–3 Minuten braten, bis sie rundum goldbraun sind. Mit einem Schaumlöffel herausnehmen und auf Küchenpapier abtropfen lassen.

4 Die Puffer heiß mit Limettenspalten garniert und einem Chili-Relish servieren.

TIPP
Der Teig reicht für insgesamt 12–16 Maispuffer, die portionsweise gebacken werden sollten. Die fertigen Puffer können im Backofen warm gehalten werden, bis alle gebacken sind.

Gegrillte Paprika

20 Min. 10 Min.

4 PERSONEN

4 EL Olivenöl
abgeriebene Schale von 1 Zitrone
4 EL Zitronensaft
1 EL Balsamico-Essig
1 EL frisch gehackter Rosmarin
2 Knoblauchzehen, zerdrückt
Salz und Pfeffer
2 rote Paprika, halbiert und entkernt
2 gelbe Paprika, halbiert und entkernt
2 EL Pinienkerne
frische Rosmarinzweige, zum Garnieren

1 Olivenöl, Zitronenschale und Zitronensaft, Essig, Rosmarin und Knoblauch mischen und alles mit Salz und Pfeffer abschmecken.

2 Die Paprika mit der Schnittfläche nach unten auf ein mit Alufolie ausgelegtes Backblech legen und mit der Olivenölmischung bestreichen. Einige Minuten im Backofen grillen, bis die Haut leicht schwarz ist; dabei regelmäßig mit der Ölmischung bestreichen. Aus dem Ofen nehmen, mit Alufolie abdecken und 5 Minuten ruhen lassen.

3 In der Zwischenzeit die Pinienkerne auf ein zweites Backblech geben und etwa 2–3 Minuten leicht rösten. Achtung, die Pinienkerne verbrennen beim Rösten sehr schnell.

4 Die abgekühlten Paprika mit einem Messer häuten und das Fruchtfleisch in breite Streifen schneiden. In eine Schüssel geben, mit den Pinienkernen bestreuen und die restliche Ölmischung darüberträufeln.

5 Die gegrillten Paprika mit Rosmarinzweigen garnieren und sofort servieren.

TIPP
Die Kombination aus roten und gelben Paprika ist optisch äußerst ansprechend. Sie können sich aber natürlich auch auf eine Sorte beschränken oder orangefarbene Paprika verwenden. Nicht geeignet sind grüne Schoten – diese sind für dieses Gericht nicht süß genug.

Spargel mit Orangendressing

10 Min. + Ruhezeit | 10 Min.

4 PERSONEN

2 Orangen
350 g grüner Spargel
1 EL Zitronensaft
1 Frühlingszwiebel, fein gehackt
1 große Knoblauchzehe, fein gehackt
2 EL natives Olivenöl extra
1 EL Weißweinessig

1 Die Schale der Orangen mit einem Zestenschneider sehr dünn abschälen, dann den Orangensaft auspressen und beiseitestellen. Die Orangenzesten in einen Topf mit kochendem Wasser geben, aufkochen, dann 1 Minute köcheln lassen. Herausnehmen, in kaltem Wasser abschrecken und abtropfen lassen.

2 Einen Spargeltopf oder einen anderen sehr tiefen Topf mit Wasser füllen (siehe Tipp). Das Wasser zum Kochen bringen, den Spargel zugeben und 5 Minuten bissfest garen. Abgießen, kalt abspülen, abtropfen lassen und mit Küchenpapier trocken tupfen. Dann auf einer Servierplatte anrichten, abdecken und kalt stellen.

3 Für das Orangendressing 5 Esslöffel des Orangensafts mit Zitronensaft, Frühlingszwiebel, Knoblauch und Orangenschale vermengen. 15 Minuten bei Zimmertemperatur ziehen lassen, damit sich die Aromen mischen. Dann das Olivenöl und den Essig einrühren.

4 Das fertige Orangendressing über den gut gekühlten Spargel gießen und alles sofort servieren.

TIPP
Ein Spargeltopf ist relativ hoch, hat einen dicht schließenden Deckel und einen speziellen Korbeinsatz. So stehen die Stangen im kochenden Wasser und die Spitzen garen sanft im Dampf. Man kann den Spargel auch locker bündeln und so in einen anderen hohen Topf stellen.

Rohkost mit Koriander-Dip

10 Min. | 2 Min.

4 PERSONEN

ROHKOST
120 g Babymaiskolben
120 g junge grüne Spargelspitzen
1 Chicorée, in Blätter zerteilt
1 rote Paprika, entkernt und in Streifen
1 orangefarbene Paprika, entkernt und in Streifen
8 Radieschen

DIP
1 EL heißes Wasser
1 TL Safranfäden
230 g fettarmer Frischkäse
3 EL frisch gehackter Koriander
1 EL gehackte Knoblauchblätter
Salz und Pfeffer

1 Mais und Spargel in separaten Töpfen 2 Minuten blanchieren. Dann abgießen, in Eiswasser legen und gut abtropfen lassen. Das gesamte Gemüse auf einer Platte anrichten und mit einem feuchten Küchentuch bedeckt beiseitestellen.

2 Für den Dip das heiße Wasser in eine kleine Schale geben. Die Safranfäden leicht zwischen den Fingern zerreiben und hineingeben. 3–4 Minuten beiseitestellen, bis sich das Wasser goldgelb gefärbt hat.

3 Inzwischen den Frischkäse cremig schlagen, danach das Safranwasser unterrühren. Die Koriander- und Knoblauchblätter untermischen und alles mit Salz und Pfeffer abschmecken. Dann das Rohkostgemüse sofort mit dem Dip servieren.

TIPP
Fettarmer Frischkäse wird zwar grundsätzlich aus Magermilch hergestellt, doch sein Fettgehalt variiert zwischen 0 und 8 Prozent; entsprechend unterschiedlich ist seine Konsistenz. Fettfreier Frischkäse ist ideal für Dips, weil er sich sehr gut mit anderen Zutaten kombinieren lässt.

Aïoli

15 Min. 0 Min.

6 PERSONEN

4 große Knoblauchzehen
1 Prise Meersalz
2 große Eigelb
300 ml natives Olivenöl extra
1–2 EL Zitronensaft, zum Abschmecken
1 EL frische weiße Semmelbrösel
Salz und Pfeffer

ZUM SERVIEREN
Auswahl roher Gemüse, z. B. Paprika, Zucchini, Frühlingszwiebeln oder Tomaten
Auswahl blanchierter und abgekühlter Gemüse, z. B. Artischockenherzen oder Blumenkohl und Brokkoli in Röschen

1 Den Knoblauch fein hacken und das Salz darüberstreuen. Mit einer breiten Messerklinge Knoblauch und Salz zu einer weichen Paste verarbeiten. Dann die Knoblauchmasse in einen Mixer geben. Das Eigelb zufügen und alles zu einer glatten Masse verarbeiten.

2 Das Olivenöl nach und nach in einem dünnen Strahl zugießen und so lange mischen, bis eine dicke Mayonnaise entsteht.

3 1 Esslöffel Zitronensaft sowie die Semmelbrösel zufügen und erneut mixen. Abschmecken und eventuell mehr Zitronensaft zufügen. Zuletzt mit Salz und Pfeffer würzen und bis zum Verzehr kalt stellen.

4 Rohkost und blanchiertes Gemüse auf einer Servierplatte anrichten, die Aïoli in einer Schale in der Mitte platzieren und servieren.

TIPP
Aïoli ist im Kühlschrank bis zu 7 Tagen haltbar. Die Menge des verwendeten Knoblauchs in der traditionellen provenzalischen Aïoli ist Geschmackssache. Als Faustregel gilt: 2 Zehen pro Person. Diese Version ist milder, aber noch immer sehr geschmacksintensiv.

Zucchini-Fritters

5–10 Min. 20 Min.

16–30 STÜCK

100 g Mehl
1 TL Backpulver
2 Eier, verquirlt
50 ml Milch
300 g Zucchini
2 EL frischer Thymian
Salz und Pfeffer
1 EL Öl

1 Mehl und Backpulver in eine große Schüssel sieben, eine Vertiefung in die Mitte drücken und die Eier hineingeben. Dann das Mehl mit einem Holzlöffel nach und nach unterrühren. Anschließend die Milch unter ständigem Rühren langsam zugießen und alles zu einem festen Teig verarbeiten.

2 Eine Schüssel mit Küchenpapier auslegen, um den Gemüsesaft aufzusaugen, und die Zucchini hineinreiben.

3 Zucchiniraspel und Thymian zum vorbereiteten Teig geben, kräftig mit Salz und Pfeffer abschmecken und alles sorgfältig verrühren.

4 Das Öl in einer großen Pfanne erhitzen. Für mittelgroße Fritters jeweils 1 Esslöffel der Teigmischung in das heiße Öl geben und von jeder Seite etwa 3–4 Minuten braten.

5 Die fertigen Fritters herausnehmen, auf Küchenpapier abtropfen lassen und im Backofen warm halten, bis die gesamte Teigmischung verarbeitet ist. Wenn alle Zucchini-Fritters fertig sind, sofort heiß servieren.

Knabbermischung

5 Min. 10 Min.

4 PERSONEN

2 EL Öl
60 g Popcornmais
60 g Butter
1 Knoblauchzehe, zerdrückt
60 g ungeschälte Mandeln
60 g ungesalzene Cashewkerne
60 g ungesalzene Erdnusskerne
1 TL vegetarische Worcestersauce
1 TL Currypulver oder -paste
¼ TL Chilipulver
60 g kernlose Rosinen
Salz

1 Das Öl in einem Topf erhitzen. Die Maiskörner darin rundum mit Öl überziehen, abdecken und bei starker Hitze 3–5 Minuten braten. Den geschlossenen Topf dabei öfters rütteln, bis das Ploppen aufhört. Dann das Popcorn in eine Schale füllen und eventuell noch geschlossene Körner wegwerfen.

2 Die Butter in einer Pfanne zerlassen. Knoblauch, Mandeln, Cashew- und Erdnusskerne zugeben. Dann Worcestersauce, Currypulver oder -paste sowie Chilipulver untermischen und die Nüsse 2–3 Minuten bei mittlerer Hitze unter häufigem Rühren leicht anrösten.

3 Die Pfanne vom Herd nehmen und die Rosinen sowie das Popcorn untermischen. Alles mit Salz abschmecken und nochmals durchmischen. In eine Schüssel geben und warm oder kalt servieren.

VARIATION
Variieren Sie die Knabbermischung mit verschiedenen ungesalzenen Nüssen Ihrer Wahl. Weniger scharf wird der Snack ohne Curry und Chilipulver, dafür kann man 1 TL Kreuzkümmelsamen, 1 TL gemahlenem Koriander und ½ TL Paprikapulver zugeben.

Gebratene Maisbällchen

5 Min. 15 Min.

4 PERSONEN

225 g Mais aus der Dose oder tiefgefroren
2 rote Chillies, entkernt und gehackt
2 Knoblauchzehen, zerdrückt
10 Limettenblätter, fein gehackt
2 EL frisch gehackter Koriander
1 großes Ei
75 g Maismehl
100 g Prinzessbohnen, fein gehackt
Erdnussöl, zum Braten

1 Mais, Chillies, Knoblauch, Limettenblätter, Koriander, Ei und Maismehl in eine große Schüssel geben und gut verrühren. Dann die gehackten Bohnen zugeben und mit einem Holzlöffel unterrühren.

2 Die fertige Gemüsemischung zu kleinen, gleich großen Bällchen formen und zwischen den Handballen flach drücken.

3 Etwas Öl in einem vorgewärmten Wok oder einer großen Pfanne erhitzen. Die Maisbällchen portionsweise zugeben und unter gelegentlichem Wenden braten, bis sie außen braun und knusprig sind. Auf Küchenpapier abtropfen lassen, während die restlichen Bällchen gebraten werden.

4 Die fertigen Maisbällchen auf vorgewärmte Teller verteilen und sofort heiß servieren.

Mexikanische Eier

10 Min. 50 Min.

4 PERSONEN

1 EL Maiskeim- oder Sonnenblumenöl
1 rote Paprika, entkernt und in Streifen
1 gelbe Paprika, entkernt und in Streifen
1 Knoblauchzehe, fein gehackt
2 frische rote Chillies, entkernt und fein gehackt
1 TL gemahlener Koriander
1 TL gemahlener Kreuzkümmel
125 ml Rotwein
800 g gehackte Tomaten aus der Dose
1 TL brauner Zucker
Salz und Pfeffer
4 Eier
2 EL frisch gehackter Koriander, zum Garnieren

1 Das Öl in einer großen Pfanne erhitzen. Paprikastreifen und Knoblauch zugeben und unter gelegentlichem Rühren bei mittlerer Hitze etwa 2 Minuten weich dünsten.

2 Chillies, Koriander und Kreuzkümmel in die Pfanne geben und unter Rühren 1 weitere Minute braten. Den Rotwein zugießen, aufkochen und dann 3 Minuten köcheln lassen.

3 Die Tomaten mit dem Saft und den Zucker unterrühren. Die Hitze reduzieren und 20–25 Minuten sanft köcheln lassen. Mit Salz und Pfeffer abschmecken.

4 Mit einem großen Löffel 4 Vertiefungen in die Tomatenmasse drücken. Jeweils 1 Ei hineinschlagen und bei aufgelegtem Deckel 10–15 Minuten kochen, bis die Eier gestockt sind. Mit Koriander bestreuen und sofort servieren.

TIPP
Chillies gibt es in sehr unterschiedlichen Schärfegraden. Achten Sie darauf, eine Sorte zu verwenden, die Ihnen nicht zu scharf ist.

Knuspriger Pak-Choi

10 Min. 5 Min.

4 PERSONEN

50 g Pinienkerne
1 kg Pak Choi
900 ml Erdnussöl, zum Frittieren
1 TL Salz
1 EL sehr feiner Zucker

1 Die Pinienkerne in einer Pfanne ohne Zugabe von Fett 2–3 Minuten anrösten. Dann auf Küchenpapier abtropfen lassen und beiseitestellen.

2 Die einzelnen Pak-Choi-Blätter einrollen und in schmale Streifen schneiden oder alternativ im Mixer grob zerkleinern.

3 Das Erdnussöl in einem großen Wok oder einer schweren Pfanne erhitzen. Den zerkleinerten Pak Choi behutsam in den Wok oder die Pfanne legen und etwa 30 Sekunden frittieren, bis er zusammenfällt, schrumpft und knusprig wird – je nach Größe des Woks oder der Pfanne muss der Pak Choi portionsweise frittiert werden.

4 Die knusprigen Blätter mit einem Schaumlöffel herausheben und auf Küchenpapier abtropfen lassen. Dann in eine große Schüssel geben und Salz, Zucker und die Pinienkerne untermischen. Sofort servieren.

TIPP
Die zähen äußeren Blätter des Pak Choi werden nicht verwendet, weil sie Geschmack und Konsistenz nachteilig beeinflussen würden. Statt Pak Choi können Sie auch Wirsingblätter verwenden.

Gegrillte Paprika mit Thymian

15 Min. 35 Min.

4 PERSONEN

2 rote Paprika, halbiert und entkernt
2 gelbe Paprika, halbiert und entkernt
2 orangefarbene Paprika, halbiert und entkernt
4 Tomaten, halbiert
1 EL Olivenöl
3 große Knoblauchzehen, fein gehackt
1 Zwiebel, in Ringen
2 EL frisch gezupfter Thymian
Salz und Pfeffer

1 Die Paprika mit der Schnittseite nach unten auf ein Backblech legen und etwa 10 Minuten unter einem vorgeheizten Backofengrill rösten. Dann die Tomaten zufügen und das Gemüse weitere 5 Minuten rösten, bis die Haut stellenweise schwarz wird.

2 Die Paprika und Tomaten etwa 10 Minuten abkühlen lassen, dann häuten. Anschließend Tomaten grob hacken und Paprika in Streifen schneiden.

3 Das Olivenöl in einer großen Pfanne erhitzen. Knoblauch und Zwiebel darin 3–4 Minuten weich dünsten. Dann Paprika und Tomaten zugeben und weitere 5 Minuten mit den Zwiebeln erhitzen. Zuletzt den Thymian zugeben und alles gut mit Salz und Pfeffer abschmecken.

4 Das fertige Gemüse auf Servierschalen verteilen und noch warm servieren oder im Kühlschrank erkalten lassen und gekühlt reichen.

TIPP
Falls Reste übrig bleiben, können Sie das zubereitete Gemüse in ein sterilisiertes Gefäß umfüllen und das Gefäß mit qualitativ hochwertigem Olivenöl auffüllen. So konserviert ist das Gericht einige Tage lang im Kühlschrank haltbar und man hat einen leckeren Snack für Zwischendurch griffbereit.

Gedünstete Artischocken

10 Min. 40 Min.

4 PERSONEN

4 kleine Artischocken
Olivenöl
4 Knoblauchzehen, geschält
2 Lorbeerblätter
Saft und abgeriebene Schale von 1 Zitrone
2 EL frische Majoranblätter
Zitronenspalten, zum Servieren

1 Die äußeren harten Blätter der Artischocken mit einem scharfen Messer vorsichtig abtrennen. Die Stiele auf eine Länge von 2,5 cm kürzen. Dann die Artischocken halbieren und das Heu in der Mitte entfernen.

2 Das so vorbereitete Gemüse in einen großen Topf geben. Diesen zur Hälfte mit Olivenöl auffüllen. Knoblauch, Lorbeerblätter und die Hälfte der abgeriebenen Zitronenschale zufügen. Alles langsam erhitzen und abgedeckt bei niedriger Hitze etwa 40 Minuten köcheln lassen – die Artischocken sollen im Öl dünsten, nicht frittiert werden.

3 Sobald die Artischocken gar sind, die Lorbeerblätter entfernen und die Artischocken mit einem Schaumlöffel aus dem Topf nehmen. Gut abtropfen lassen und dann auf vorgewärmten Tellern anrichten. Die restliche Zitronenschale, etwas Zitronensaft sowie Majoranblätter darübergeben und mit den Zitronenspalten servieren.

TIPP
Damit die Artischocken sich nicht braun verfärben, sollte man sie vor dem Kochen mit ein wenig Zitronensaft beträufeln. Das zum Kochen verwendete Olivenöl kann aufbewahrt und für die Zubereitung anderer Speisen verwendet werden.

Käse-Risotto-Bällchen

30 Min. 25 Min.

4 PERSONEN

2 EL Olivenöl
1 Zwiebel, fein gehackt
1 Knoblauchzehe, zerdrückt
½ rote Paprika, fein gewürfelt
150 g Arborio-Reis
1 TL getrockneter Oregano
400 ml heiße Gemüsebrühe
100 ml Weißwein
75 g Mozzarella
Öl, zum Frittieren
frisches Basilikum, zum Garnieren

1 Das Öl in einer großen Pfanne erhitzen. Zwiebel und Knoblauch darin 3–4 Minuten dünsten. Dann Paprika, Reis und Oregano zufügen und weitere 2–3 Minuten unter Rühren dünsten. Der Reis soll die Ölmischung vollständig aufnehmen.

2 Nach und nach die Brühe und den Wein zugießen. Immer so lange warten, bis die neu zugegebene Flüssigkeit vom Reis absorbiert wurde, bevor weitere zugossen wird. Nach etwa 15 Minuten die fertige Risotto-Mischung vom Herd nehmen und abkühlen lassen.

3 Den Käse in 12 kleine Würfel schneiden. Etwa 1 Esslöffel der abgekühlten Reismischung in die hohle Hand geben, einen Käsewürfel in die Mitte drücken und alles zu einer kleinen Kugel formen.

4 Das Öl in einer Pfanne stark erhitzen und die Risotto-Bällchen darin portionsweise 2 Minuten goldbraun frittieren. Dann die fertigen Bällchen aus der Pfanne nehmen und auf Küchenpapier abtropfen lassen. Mit frischem Basilikum garnieren und noch heiß servieren.

TIPP
Obwohl dieses Gericht in seiner klassischen Variante mit Mozzarella zubereitet wird, weil er beim Verzehr so schöne Fäden zieht, können Sie auch andere Käsesorten verwenden, beispielsweise Gouda oder Cheddar.

Filo-Frühlingsrollen

10 Min. 15 Min.

4 PERSONEN

1 EL Sonnenblumenöl
225 g Karotten, in Stiften
1 rote Paprikaschote, entkernt und in Streifen
75 g Bohnensprossen
abgeriebene Schale und Saft von 1 Limette
1 rote Chili, entkernt und gehackt
1 EL Sojasauce
½ TL Pfeilwurzstärke
2 EL frisch gehackter Koriander
25 g Butter
2 TL Sesamöl
8 Blätter Filo-Teig
Frühlingszwiebelquasten (siehe Tipp Seite 69 unten), zum Garnieren
Chilisauce, zum Servieren

1 Das Sonnenblumenöl in einem großen heißen Wok erhitzen. Karotten, Paprika und Bohnensprossen zugeben und unter Rühren 2 Minuten dünsten, bis sie fast gar sind. Den Wok vom Herd nehmen und Limettenschale und -saft sowie die Chili zugeben.

2 Die Sojasauce mit der Pfeilwurzstärke verrühren. Die Mischung in den Wok geben, diesen wieder auf den Herd stellen und die Flüssigkeit 2 Minuten köcheln, bis die Sauce andickt. Dann den Koriander zufügen und gut verrühren.

3 Die Butter zerlassen und mit Sesamöl verrühren. Dann die Teigblätter auf einer Arbeitsfläche ausbreiten und jedes Blatt mit etwas von der Mischung bestreichen. An den oberen Rand eines jeden Blatts etwas Gemüsefüllung löffeln, das Blatt der Länge nach falten und aufrollen.

4 Restliches Fett in den Wok geben und die Frühlingsrollen portionsweise 2–3 Minuten goldbraun und knusprig braten. Mit einem Schaumlöffel herausnehmen und auf Küchenpapier abtropfen lassen.

5 Frühlingsrollen auf einen Servierteller legen, mit Frühlingszwiebeln garnieren und mit Chilisauce servieren.

Toskanische Ciabatta

10 Min. 5 Min.

4 PERSONEN

300 g Kirschtomaten, halbiert
4 getrocknete Tomaten, in schmalen Streifen
4 EL natives Olivenöl extra
16 frische Basilikumblätter, in Streifen
Salz und Pfeffer
8 Scheiben Ciabatta
2 Knoblauchzehen, halbiert

1 Die Kirschtomaten und die getrockneten Tomaten in eine Schüssel geben, mit Olivenöl und Basilikum mischen und mit Salz und Pfeffer würzen.

2 Die Ciabatta-Scheiben unter dem vorgeheizten Backofengrill von beiden Seiten leicht anrösten. Herausnehmen und von beiden Seiten mit der Schnittseite der halbierten Knoblauchzehen einreiben.

3 Die Ciabatta-Scheiben auf Teller verteilen, die Tomatenmischung darauf anrichten und sofort servieren.

TIPP
Ciabatta ist ein luftiges, saugfähiges italienisches Bauernbrot. Es eignet sich hervorragend für dieses Rezept, weil es den würzigen Geschmack von Knoblauch und Olivenöl sehr gut aufnimmt.

Feta-Kartoffel-Plätzchen

20 Min. + Kühlzeit · 35 Min.

4 PERSONEN

500 g mehligkochende Kartoffeln, gewaschen
4 Frühlingszwiebeln, gehackt
120 g Feta (Abtropfgewicht), zerbröckelt
2 TL frisch gehackter Thymian
1 Ei, verquirlt
1 EL Zitronensaft
Salz und Pfeffer
Mehl, zum Panieren
3 EL Sonnenblumen- oder Maiskeimöl

1 Die ungeschälten Kartoffeln 25 Minuten in leicht gesalzenem Wasser garen. Dann abgießen, schälen, in eine Schüssel geben und mit einem Kartoffelstampfer oder einer Gabel zerdrücken.

2 Frühlingszwiebeln, Feta, Thymian, Ei und Zitronensaft zugeben. Alles mit Salz und Pfeffer würzen und gut vermengen. Die Schüssel mit Frischhaltefolie abdecken und 1 Stunde kalt stellen.

3 Ein walnussgroßes Stück von der Kartoffelmasse abstechen und zwischen den Handflächen zu Bällchen rollen. Leicht flach drücken und rundum mit Mehl bestäuben.

4 Das Öl in einer Pfanne erhitzen und die Kartoffelplätzchen darin – eventuell portionsweise – von beiden Seiten goldbraun braten. Auf Küchenpapier abtropfen lassen und sofort servieren.

VARIATION
Die Kartoffelplätzchen schmecken ebenso köstlich, wenn man statt Feta Ziegenkäse verwendet.

Paprikakartoffeln

15 Min. 1 Std. 10 Min.

4 PERSONEN

4 Kartoffeln, gewaschen
125 ml Gemüsebrühe
1 Zwiebel, fein gehackt
1 Knoblauchzehe, fein gehackt
125 g Naturjoghurt
2 TL Paprikapulver
Salz und Pfeffer

1 Die Kartoffeln rundum mit einer Gabel einstechen und in einem vorgeheizten Backofen bei 200 °C etwa 1 Stunde garen.

2 Kurz bevor die Kartoffeln gar sind, die Brühe in einen Topf gießen und Zwiebeln sowie Knoblauch zugeben. Aufkochen, dann 5 Minuten köcheln lassen.

3 Die Kartoffeln aus dem Backofen nehmen und jeweils längs einen Deckel abschneiden. Die Kartoffeln vorsichtig mit einem Löffel aushöhlen.

4 Die ausgelöste Masse zur Zwiebelmischung geben, die Hälfte des Joghurts und 1½ Teelöffel Paprikapulver unterrühren. Alles mit Salz und Pfeffer abschmecken, gut durchmischen und mit einem Holzlöffel durch ein Sieb streichen.

5 Die ausgehöhlten Kartoffeln mit der Joghurt-Kartoffel-Masse füllen und 10 Minuten im Backofen erwärmen.

6 Den verbliebenen Joghurt auf die Kartoffeln verteilen, den restlichen Paprika darüberstreuen und sofort servieren.

TIPP
Sollen die Ofenkartoffeln eine knusprige Haut bekommen, bestreichen Sie sie vor dem Backen mit etwas Olivenöl.

Süßkartoffelsalat mit Bohnen

10 Min. 10 Min.

4 PERSONEN

1 Süßkartoffel, gewürfelt
4 junge Karotten, halbiert
225 g Borlotti-Bohnen aus der Dose, abgetropft und gewaschen
4 Tomaten, entkernt und gehackt
4 Selleriestangen, in Scheiben
120 g gemischte Salatblätter, z. B. Frisée, Radicchio oder Eichblatt
1 EL Sultaninen
4 Frühlingszwiebeln, fein gehackt
125 ml Honig-Joghurt-Dressing **(siehe Seite 5)**

1 Die Süßkartoffeln in kochendem Wasser bissfest kochen (siehe Tipp). Abgießen und in einer Schüssel beiseitestellen.

2 Die Karotten 1 Minute kochen, abgießen und ebenfalls in die Schüssel geben. Dann Tomaten, Sellerie und Bohnen untermischen.

3 Eine Servierplatte mit den Salatblättern auslegen. Die Süßkartoffel-Bohnen-Mischung darauf anrichten. Mit Sultaninen und Zwiebeln bestreuen, das Honig-Joghurt-Dressing darüber verteilen und den Salat sofort servieren.

TIPP
Kochen Sie die Süßkartoffeln nicht zu weich, sonst nehmen sie zu viel Wasser auf und werden matschig.

Gemüserösti mit Tomatensauce

20 Min. 45 Min.

4 PERSONEN

500 g festkochende Kartoffeln
1 Karotte, gewürfelt
1 Selleriestange, gewürfelt
60 g kleine Champignons, in Scheiben
1 Zwiebel, gewürfelt
2 Knoblauchzehen, zerdrückt
25 g tiefgefrorene Erbsen, aufgetaut
60 g Parmesan, frisch gerieben
Salz und Pfeffer
4 EL Öl
25 g Butter

TOMATENSAUCE
300 g passierte Tomaten
2 EL frisch gehackter Koriander
1 EL Worcestersauce
½ TL Chilipulver
2 TL brauner Zucker
2 TL mittelscharfer Senf
75 ml Gemüsebrühe

1 Die Kartoffeln in einem Topf mit kochendem Wasser 10 Minuten garen, abgießen und abkühlen lassen. Dann grob in eine Schüssel raspeln.

2 Die Karotte in kochendem Wasser 5 Minuten blanchieren. Abgießen und mit Sellerie, Pilzen, Zwiebel, Knoblauch, Erbsen und Käse zu den Kartoffeln geben. Alles mischen und mit Salz und Pfeffer abschmecken.

3 Alle Zutaten für die Sauce in einem Topf aufkochen. Die Hitze reduzieren und 15 Minuten köcheln lassen.

4 Die Kartoffelmasse in 8 Portionen teilen und mit den Händen zu flachen Küchlein formen.

5 Öl und Butter in einer Pfanne erhitzen und die Gemüserösti bei schwacher Hitze von beiden Seiten 4–5 Minuten knusprig und goldbraun rösten. Dann auf einzelne Teller verteilen und servieren. Dazu die Tomatensauce reichen.

Spanische Tortilla

10 Min. 35 Min.

4 PERSONEN

1 kg festkochende Kartoffeln, in dünnen Scheiben
4 EL Öl
1 Zwiebel, in Ringen
2 Knoblauchzehen, zerdrückt
1 grüne Paprika, entkernt und gewürfelt
2 Tomaten, entkernt, gehäutet und gehackt
25 g Mais aus der Dose, abgetropft
2 EL gehackte Petersilie
6 große Eier, verquirlt
Salz und Pfeffer

1 Die Kartoffeln in einem Topf mit leicht gesalzenem Wasser 5 Minuten vorkochen. Dann gut abtropfen lassen.

2 Das Öl in einer großen Pfanne erhitzen, Kartoffeln und Zwiebel zugeben und bei schwacher Hitze unter ständigem Rühren 5 Minuten braten, bis die Kartoffeln leicht gebräunt sind. Knoblauch, Paprika, Tomaten, Mais und Petersilie zufügen und gründlich mischen.

3 Die Eier unterrühren. Alles mit Salz und Pfeffer abschmecken und etwa 10–12 Minuten braten, bis die Unterseite der Tortilla knusprig braun ist.

4 Die Pfanne vom Herd nehmen und unter einen vorgeheizten Grill stellen. Dort die Tortilla weitere 5–7 Minuten stocken lassen, bis auch die Oberseite goldbraun ist.

5 Je nach Wunsch die fertige Tortilla in keilförmige Stücke oder Würfel schneiden und mit Salat servieren. Tortillas werden in Spanien heiß, kalt oder warm serviert.

TIPP
Vergewissern Sie sich, dass Ihre Pfanne samt Griff feuerfest ist, bevor Sie sie unter den Grill stellen. Beim Herausnehmen Topfhandschuhe benutzen, da die Pfanne sehr heiß wird.

Ofenkartoffeln mit Salsa

10 Min. 1 Std.

4 PERSONEN

4 Backkartoffeln (je etwa 225 g), gewaschen
Salz
1 große reife Avocado
1 TL Zitronensaft
175 g geräucherter Tofu, gewürfelt
2 Knoblauchzehen, zerdrückt
1 Zwiebel, fein gehackt
1 Tomate, fein gehackt
125 g gemischter grüner Salat
frische Korianderzweige, zum Garnieren

SALSA
2 reife Tomaten, entkernt und gewürfelt
1 EL frisch gehackter Koriander
1 Schalotte, fein gehackt
1 grüne Chili, gehackt
1 EL Zitronensaft
Salz und Pfeffer

1 Die ungeschälten Kartoffeln rundum mit einer Gabel einstechen, etwas Salz auf die Schale reiben und auf ein Backblech legen. In einem auf 190 °C vorgeheizten Backofen etwa 1 Stunde backen, bis sie gar und ihre Schalen knusprig sind.

2 Die Kartoffeln aus dem Backofen nehmen und der Länge nach halbieren. Die einzelnen Hälften mit einem Löffel aushöhlen und das Fruchtfleisch in eine Schüssel geben.

3 Die Avocado halbieren, den Kern entfernen und das Fruchtfleisch mit einem Löffel herausheben. Mit dem Zitronensaft zu den Kartoffeln geben und mit einer Gabel zu Püree verarbeiten, dann Tofu, Knoblauch, Zwiebel und Tomate einrühren.

4 Jeweils eine Kartoffelhälfte mit der Avocado-Mischung füllen. Dann die Salatblätter über der Füllung anrichten und die andere Kartoffelhälfte aufsetzen.

5 Die Zutaten für die Salsa in einer kleinen Schüssel gut verrühren und mit Salz und Pfeffer abschmecken. Etwas Salsa zu den Kartoffeln geben und mit Koriander garniert servieren.

Samosas

40 Min. 40 Min.

12 STÜCK

TEIG
100 g Mehl
1 TL Backpulver
½ TL Salz
40 g Butter, in kleinen Stücken
4 EL Wasser

FÜLLUNG
3 Kartoffeln, gekocht
1 TL fein gehackte Ingwerwurzel
1 TL zerdrückter Knoblauch
½ TL Kreuzkümmelsamen
¼ TL Schwarzkümmelsamen
¼ TL Senfkörner
1 TL Salz
2 EL Zitronensaft
½ TL zerstoßene getrocknete rote Chillies
2 frische grüne Chillies, fein gehackt
Öl, zum Frittieren

1 Mehl, Backpulver und Salz in eine Schüssel sieben. Die Butter zugeben und mit dem Mehl verkneten, bis eine feinkrümelige Mischung entsteht. Dann das Wasser zugießen und alle Zutaten zu einem Teig verarbeiten. Diesen zu einer Kugel formen und etwa 5 Minuten durchkneten, bis er glatt ist. Dann abdecken und aufgehen lassen.

2 Für die Füllung die Kartoffeln leicht zerdrücken und mit Ingwer, Knoblauch, Kreuzkümmel, Schwarzkümmel- und Senfsamen, Salz, Zitronensaft, getrockneten und frischen Chillies mischen.

3 Vom Teig 12 Bällchen abstechen und jeweils zu sehr dünnen Kreisen ausrollen. Dann halbieren, die Ecken anfeuchten und zu Tütchen formen. In jede Tüte ein wenig Füllung geben. Die oberen und unteren Kanten der Tüte anfeuchten und zum Verschließen zusammendrücken. Anschließend beiseitestellen.

4 Eine tiefe Pfanne zu einem Drittel mit Öl füllen. Das Öl auf 180 °C erhitzen (ein Brotwürfel sollte in 30 Sekunden braun werden) und darin die Samosas portionsweise etwa 2–3 Minuten goldbraun frittieren. Herausnehmen und auf Küchenpapier gut abtropfen lassen. Heiß oder kalt servieren.

Klößchen in Joghurtsauce

35 Min. 35 Min.

4 PERSONEN

KLÖSSCHEN
100 g Kichererbsenmehl
1 TL Chilipulver
½ TL Backpulver
½ TL Salz
1 Zwiebel, fein gehackt
2 grüne Chillies, entkernt und fein gehackt
Korianderblätter
150 ml Wasser
300 ml Öl

JOGHURTSAUCE
300 g Naturjoghurt
3 EL Kichererbsenmehl
150 ml Wasser
1 TL gehackte Ingwerwurzel
1 TL zerdrückter Knoblauch
1½ TL Chilipulver
½ TL Kurkuma
1 TL gemahlener Koriander
1 TL gemahlener Kreuzkümmel
½ TL Salz

BAGHAAR
150 ml Öl
1 TL Kreuzkümmelsamen
6 getrocknete rote Chillies

1 Für die Klößchen Kichererbsenmehl, Chili- und Backpulver, Salz, Zwiebel, Chillies und Koriander in einer Schüssel mischen. Das Wasser zugießen und alles zu einer dicken Paste verarbeiten.

2 Das Öl in einer Pfanne erhitzen. Eine teelöffelgroße Menge des Klößchenteigs hineingeben und bei mittlerer Hitze goldbraun und knusprig braten. Dabei einmal wenden. Anschließend abtropfen lassen und beiseitestellen.

3 Für die Sauce Joghurt, Kichererbsenmehl und Wasser in einer Schüssel verrühren. Die Gewürze sowie ½ TL Salz zugeben und ebenfalls gut untermischen.

4 Die Joghurtmischung durch ein großes Sieb in einen Topf streichen und bei schwacher Hitze unter ständigem Rühren zum Kochen bringen. Falls die Sauce zu dick wird, etwas Wasser zugeben.

5 Die fertige Sauce in eine Servierschüssel gießen, die Klößchen darauf arrangieren, beiseitestellen und warm halten.

6 Für das Baghaar-Dressing das Öl in einer Pfanne erhitzen. Darin Kreuzkümmel und Chillies kurz anrösten, damit die Gewürze ihr Aroma entfalten. Dann das Dressing über die Klößchen gießen und heiß servieren.

Kartoffelrösti mit Chutney

40 Min. 15 Min.

8 PERSONEN

60 g Vollkornmehl
½ TL gemahlener Koriander
½ TL Kreuzkümmelsamen
¼ TL Chilipulver
½ TL Kurkuma
¼ TL Salz
1 Ei
3 EL Milch
350 g Kartoffeln, geschält
1–2 Knoblauchzehen, zerdrückt
4 Frühlingszwiebeln, gehackt
60 g Maiskörner
Öl, zum Frittieren

ZWIEBEL-TOMATEN-CHUTNEY
1 Zwiebel, fein gewürfelt
225 g Tomaten, fein gewürfelt
2 EL frisch gehackter Koriander
2 EL frisch gehackte Minze
2 EL Zitronensaft
½ TL Kreuzkümmelsamen, geröstet
¼ TL Salz
1 Prise Cayennepfeffer

1 Für das Chutney alle Zutaten in eine Schüssel geben und gut vermischen. Dann beiseitestellen und mindestens 15 Minuten durchziehen lassen, damit sich das Aroma vor dem Servieren entfalten kann.

2 Das Mehl in eine Schüssel geben, Gewürze und Salz einrühren und in die Mitte eine Vertiefung drücken. Ei und Milch hineingeben und alles zu einem recht dicken Teig verarbeiten.

3 Die Kartoffeln grob reiben, in ein Sieb geben und mit kaltem Wasser abspülen. Abtropfen lassen und trocken tupfen, dann mit Knoblauch, Frühlingszwiebeln und Mais unter den Teig rühren.

4 Das Öl in eine große Pfanne gießen (etwa 5 mm hoch) und erhitzen. Nach und nach einige Esslöffel von der Kartoffelmischung hineingeben. Jede Portion flach drücken und zu einem dünnen

Kuchen formen. Bei schwacher Hitze unter häufigem Wenden 2–3 Minuten braten, bis die Rösti goldbraun gebacken und gar sind. Dann auf Küchenpapier abtropfen lassen und warm stellen, bis alle Rösti fertig sind. Heiß mit dem Zwiebel-Tomaten-Chutney servieren.

Falafel

25 Min. 10–15 Min.

4 PERSONEN

675 g Kichererbsen aus der Dose, abgetropft
1 rote Zwiebel, gehackt
3 Knoblauchzehen, zerdrückt
100 g Vollkornbrot
2 kleine frische rote Chillies
1 TL gemahlener Kreuzkümmel
1 TL gemahlener Koriander
½ TL Kurkuma
1 EL gehackter Koriander
Salz und Pfeffer
1 Ei, verquirlt
100 g Vollkornsemmelbrösel
Öl, zum Frittieren
frisch gehackter Koriander, zum Garnieren
Tomaten-Gurken-Salat, zum Servieren
Zitronenspalten, zum Servieren

1 Kichererbsen, Zwiebel, Knoblauch, Brot, Chillies sowie sämtliche Gewürze im Mixer 30 Sekunden zerkleinern. Mit Salz und Pfeffer abschmecken, dann die Masse aus dem Mixer nehmen und zu walnussgroßen Kugeln formen.

2 Das Ei in eine flache Schüssel und die Vollkornsemmelbrösel auf einen Teller geben. Die Kugeln zuerst in das Ei tauchen und dann in den Semmelbröseln wälzen; überschüssige Brösel leicht abschütteln.

3 Das Frittieröl auf 180 °C erhitzen (ein Brotwürfel sollte darin in 30 Sekunden braun werden). Die Falafel 2–3 Minuten portionsweise knusprig und braun frittieren. Mit einem Schaumlöffel aus dem Öl nehmen und auf Küchenpapier abtropfen lassen.

4 Die fertigen Falafel mit Koriander garnieren und mit Tomaten-Gurken-Salat und Zitronenspalten servieren.

Spinat-Gnocchi mit Tomatensauce

25 Min. 1 Std.

4 PERSONEN

450 g fest kochende Kartoffeln
75 g Spinat
1 TL Wasser
1 EL Butter
1 kleines Ei, verquirlt
150 g Mehl, plus etwas mehr für die Arbeitsfläche
frische Basilikumzweige, zum Garnieren

TOMATENSAUCE

1 EL Olivenöl
1 Schalotte, gehackt
1 EL Tomatenmark
250 g gehackte Tomaten aus der Dose
2 EL frisch gehacktes Basilikum
100 ml Rotwein
1 TL feiner Zucker
Salz und Pfeffer

1 Die ungeschälten Kartoffeln 20 Minuten kochen, abtropfen lassen und mit einem Karoffelstampfer zerdrücken.

2 Den Spinat mit dem Wasser 5 Minuten garen und abtropfen lassen. Mit Küchenpapier trocken tupfen, hacken und zur Kartoffelmasse geben.

3 Kartoffel-Spinat-Mischung mit Butter, Ei und der Hälfte des Mehls gut vermengen. Dann den Teig auf eine bemehlte Arbeitsfläche legen und das restliche Mehl unterkneten, bis ein weicher Teig entsteht.

4 Den Teig mit leicht bemehlten Händen zu dünnen Strängen rollen und in 2 cm lange Stücke schneiden. Dann mit dem Finger in die Mitte jedes Teigstücks eine Vertiefung drücken, die Gnocchi abdecken und abkühlen lassen.

5 Für die Sauce das Öl erhitzen und die Schalotten 5 Minuten dünsten. Tomatenmark, Tomaten, Basilikum, Rotwein und Zucker zufügen, mit Salz und Pfeffer abschmecken, aufkochen und 20 Minuten köcheln lassen.

6 Die Gnocchi 2–3 Minuten in kochendem Salzwasser garen, bis sie an die Oberfläche steigen. Sorgfältig abtropfen lassen, auf Teller verteilen und etwas Tomatensauce darübergeben. Mit Basilikum garnieren und sofort servieren.

Omelett auf indische Art

10 Min. 20 Min.

4 PERSONEN

1 kleine Zwiebel, sehr fein gehackt
2 grüne Chillies, entkernt und fein gehackt
2 EL frisch gehackter Koriander
4 Eier, verquirlt
1 TL Salz
2 EL Öl
frische Basilikumblätter, zum Garnieren
getoastetes Brot oder knackiger grüner Salat, zum Servieren

1 Zwiebel, Chillies und Korianderblätter in einer Schüssel gut vermengen. Eier zugeben, salzen und alles gut verrühren.

2 1 EL Öl in einer großen Pfanne erhitzen. Eine Schöpfkelle voll Omelettteig in die Pfanne geben. Das Omelett goldbraun backen, dabei einmal wenden und mit einem flachen Löffel andrücken, damit die Eimasse stockt. Den gesamten Teig auf diese Weise ausbacken und warm halten, bis alle Omeletts fertig sind.

3 Die Omeletts mit Basilikum garnieren und mit dem getoasteten Brot oder mit einem Salat als leichtes Hauptgericht servieren.

Pilze mit Kartoffelfüllung

20 Min. 40 Min.
+ Einweichzeit

4 PERSONEN

25 g getrocknete Steinpilze
225 g mehligkochende Kartoffeln, gewürfelt
25 g Butter, zerlassen
4 EL Crème double
2 EL frisch gehackter Schnittlauch
Salz und Pfeffer
8 Riesenchampignons
25 g Emmentaler, gerieben
150 ml Gemüsebrühe
frischer Schnittlauch, zum Garnieren

1 Die Steinpilze in eine Schüssel geben, mit kochendem Wasser übergießen und 20 Minuten quellen lassen.

2 In der Zwischenzeit die Kartoffeln in einem Topf mit kochendem Wasser 10 Minuten garen. Dann abgießen und zu Püree zerstampfen.

3 Die eingeweichten Pilze abgießen und sehr fein hacken. In das Kartoffelpüree geben.

4 Butter, Crème double und Schnittlauch verrühren und in die Kartoffel-Pilz-Mischung geben. Alles gut miteinander vermengen und mit Salz und Pfeffer abschmecken.

5 Die Stiele der Riesenchampignons abschneiden, klein hacken und mit der Kartoffelmischung verrühren. Die Hüte mit der Masse füllen und mit dem Käse bestreuen.

6 Die gefüllten Pilze in eine feuerfeste Form geben, die Gemüsebrühe zugießen und im vorgeheizten Backofen bei 220 °C zugedeckt 20 Minuten garen. Dann den Deckel entfernen und weitere 5 Minuten backen, bis die Oberfläche der Füllung goldgelb ist.

7 Die Champignons mit etwas frisch gehacktem Schnittlauch garnieren und sofort servieren.

Linsen mit Gemüse

45 Min. 40–45 Min.

4 PERSONEN

150 g grüne Linsen
60 g Butter
2 Knoblauchzehen, zerdrückt
2 EL Olivenöl
1 EL Apfelessig
1 rote Zwiebel, geachtelt
50 g Babymais, längs halbiert
1 gelbe Paprika, entkernt und in Streifen
1 rote Paprika, entkernt und in Streifen
50 g Prinzessbohnen, halbiert
125 ml Gemüsebrühe
2 EL klarer Honig
Salz und Pfeffer
knuspriges Brot, zum Servieren

1 Die Linsen in einem großen Topf mit kaltem Wasser 25 Minuten einweichen. Dann aufkochen, die Hitze reduzieren und 20 Minuten köcheln lassen. Abgießen und gut abtropfen lassen.

2 1 EL Butter, 1 Knoblauchzehe, 1 EL Öl und den Essig zu den Linsen geben und alles gut vermengen.

3 Den Rest von Butter, Knoblauch und Öl in einer Pfanne erhitzen. Zwiebel, Babymais, Paprika und Bohnen zugeben und unter Rühren 3–4 Minuten braten. Dann die Brühe zugießen, alles aufkochen und etwa 10 Minuten kochen, bis alle Flüssigkeit verdampft ist.

4 Den Honig einrühren und mit Salz und Pfeffer würzen. Die Linsenmischung zugeben, 1 Minute kochen, bis sie vollständig erhitzt ist, dann das fertige Gericht auf vorgewärmte Teller verteilen und mit knusprigem Brot servieren.

VARIATION
Dieses Pfannengericht ist sehr vielseitig. Sie können dazu auch andere Gemüsesorten verwenden, beispielsweise Zucchini, Karotten oder Zuckererbsen.

Mais-Kartoffel-Bratlinge

20 Min. 20 Min.

2 PERSONEN

2 EL Öl
1 kleine Zwiebel, in dünnen Ringen
1 Knoblauchzehe, zerdrückt
350 g Kartoffeln
200 g Mais aus der Dose, abgetropft
½ TL getrockneter Oregano
1 Ei, verquirlt
Salz und Pfeffer
60 g Edamer oder Gouda, gerieben
2–4 Eier
2–4 Tomaten, geachtelt
Petersilienzweige, zum Garnieren

1 In einer beschichteten Pfanne 1 Esslöffel Öl erhitzen. Zwiebel und Knoblauch darin unter Rühren dünsten, bis sie leicht angebräunt sind. Dann vom Herd nehmen.

2 Die Kartoffeln grob in eine Schüssel reiben und mit Mais, Oregano, Ei sowie Salz und Pfeffer vermengen. Dann die gedünstete Zwiebel-Knoblauch-Mischung zugeben.

3 Das restliche Öl in einer Pfanne erhitzen. Den Kartoffelteig halbieren, beide Portionen in die Pfanne geben und mit einem Palettmesser zu ovalen flachen Bratlingen formen. Diese etwa 10 Minuten bei schwacher Hitze fast gar braten. Dabei in Form halten und darauf achten, dass sie nicht anbacken.

4 Die fertigen Bratlinge mit dem geriebenen Käse bestreuen und unter dem Backofengrill goldbraun grillen.

5 In der Zwischenzeit pro Person 1–2 Eier pochieren (siehe Seite 115).

6 Die Bratlinge auf vorgewärmte Teller geben und mit den Eiern und Tomatenachteln belegen. Mit Petersilie garniert sofort servieren.

Spinat-Ricotta-Muscheln

5 Min. 40 Min.

4 PERSONEN

400 g Lumache Rigate Grande
5 EL Olivenöl
60 g Semmelbrösel
125 ml Milch
300 g Spinat, Tiefkühlware aufgetaut und abgetropft
250 g Ricotta

1 Prise frisch geriebene Muskatnuss
Salz und Pfeffer
400 g gehackte Tomaten aus der Dose
1 Knoblauchzehe, zerdrückt

1 Die Nudeln in einem großen Topf mit kochendem Salzwasser und 1 Esslöffel Öl al dente kochen. Anschließend abgießen, unter kaltem Wasser abschrecken und bis zur weiteren Verwendung beiseitestellen.

2 Die Semmelbrösel mit der Milch und weiteren 3 Esslöffeln Olivenöl in einen Mixer geben und gut miteinander vermengen.

3 Spinat und Ricotta ebenfalls in den Mixer geben und glatt pürieren. Anschließend die Mischung in eine Schüssel umfüllen und mit Muskat, Salz und Pfeffer würzen.

4 Tomaten, Knoblauch und das restliche Öl mischen und auf den Boden einer Auflaufform geben.

5 Die Nudeln mit der Spinatmischung füllen und auf die Sauce setzen. Abdecken und in einem auf 180 °C vorgeheizten Backofen 20 Minuten backen. Die gefüllten Nudeln noch heiß direkt aus der Form servieren.

Knoblauchpilze auf Toast

10 Min. 10 Min.

4 PERSONEN

75 g Margarine
2 Knoblauchzehen, zerdrückt
350 g gemischte Pilze, z. B. Champignons, Austern- und Shiitake-Pilze, in Scheiben
8 Scheiben Baguette-Brot
1 EL frisch gehackte Petersilie
Salz und Pfeffer

1 Die Margarine in einer Pfanne zerlassen und den zerdrückten Knoblauch unter ständigem Rühren 30 Sekunden dünsten. Dann die Pilze zugeben und unter gelegentlichem Wenden etwa 5 Minuten andünsten.

2 Die Baguette-Scheiben unter einem vorgeheizten Grill 2–3 Minuten toasten; dabei einmal wenden. Die getoasteten Scheiben auf einen Servierteller legen.

3 Die Petersilie zu den Pilzen geben und gut verrühren. Dann mit Salz und Pfeffer abschmecken, die Masse auf den Broten verteilen und diese sofort servieren.

Gefüllte Zwiebeln

30 Min. 40 Min.

6 PERSONEN

40 g Rosinen
6 Zwiebeln
1 EL Sonnenblumenöl
1 Knoblauchzehe, fein gehackt
450 g Spinat, dicke Stiele entfernt
Salz
125 g Naturjoghurt
25 g Pinienkerne, geröstet
1 Prise frisch geriebene Muskatnuss
2 EL Vollkornsemmelbrösel

1 Die Rosinen in einer kleinen Schüssel mit Wasser bedeckt quellen lassen.

2 Inzwischen die Zwiebeln am Wurzelansatz flach abschneiden, damit sie Stand haben. Von der Oberseite eine 1 cm dicke Scheibe abschneiden. Die Zwiebeln vorsichtig aushöhlen, bis eine 1 cm starke Wand übrig bleibt, und das Zwiebelfleisch fein hacken. Die ausgehöhlten Zwiebeln in einen Dämpfeinsatz über einen Topf mit kochendem Wasser setzen. 10–15 Minuten dämpfen, dann vom Herd nehmen und beiseitestellen.

3 Das Öl in einer Pfanne erhitzen. Das gehackte Zwiebelfleisch zugeben und 5 Minuten glasig dünsten; dabei gelegentlich umrühren.

4 Den Knoblauch zufügen, 2 Minuten mitbraten, dann den Spinat einrühren. Alles abdecken und 3 Minuten kochen, bis der Spinat zusammengefallen ist. Salzen und unabgedeckt unter gelegentlichem Rühren etwa 5 Minuten kochen, bis alle Flüssigkeit verdampft ist. Vom Herd nehmen und abkühlen lassen.

5 Die Rosinen abtropfen lassen und zusammen mit Joghurt, Pinienkernen und Muskat zu der Zwiebel-Spinat-Mischung geben.

6 Die Zwiebelhüllen abtropfen lassen und mit der Spinatmasse füllen. Überschüssige Füllmasse auf dem Boden einer Auflaufform verteilen und die gefüllten Zwiebeln daraufsetzen. Mit Semmelbröseln bestreuen und 25 Minuten in einem vorgeheizten Backofen bei 180 °C backen. Zuletzt 3–4 Minuten unter einem vorgeheizten Grill gratinieren, dann sofort servieren.

Grillkartoffeln

10 Min. 15–20 Min.

4 PERSONEN

450 g Kartoffeln, gewaschen und in 1 cm dicken Scheiben
40 g Butter, zerlassen
2 EL frisch gehackter Thymian
Salz und Pfeffer
Paprikapulver, zum Bestäuben

LIMETTEN-MAYONNAISE
150 g Mayonnaise
2 TL Limettensaft
abgeriebene Schale von 1 Limette
1 Knoblauchzehe, zerdrückt
1 Prise Paprikapulver
Salz und Pfeffer

1 Die Kartoffeln in einem Topf mit kochendem Wasser 5–7 Minuten vorgaren – sie sollten noch fest sein. Herausnehmen und gründlich abtropfen lassen.

2 Ein Backblech mit Alufolie auslegen und die Kartoffelscheiben nebeneinander darauflegen. Mit der zerlassenen Butter einpinseln, mit Thymian bestreuen und mit Salz und Pfeffer würzen. Unter dem vorgeheizten Backofengrill auf mittlerer Schiene 10 Minuten backen, dabei einmal wenden.

3 In der Zwischenzeit die Zutaten für die Limetten-Mayonnaise in einer kleinen Schüssel gut verrühren und mit Salz und Pfeffer abschmecken.

4 Die heißen Kartoffelscheiben mit etwas Paprikapulver bestreuen und sofort servieren. Dazu die Limetten-Mayonnaise reichen.

TIPP
Sie können die Limetten-Mayonnaise auch kurz vor dem Servieren direkt über die heißen Kartoffeln geben, statt sie separat zu servieren.

Pakoras

15 Min. 15–20 Min.

4 PERSONEN

6 EL Kichererbsenmehl
½ TL Salz
1 TL Chilipulver
1 TL Backpulver
1½ TL Kreuzkümmelsamen
1 TL Granatapfelsamen
300 ml Wasser
1 EL fein gehackter Koriander
Gemüse nach Wahl, z.B Blumenkohlröschen, Zwiebelringe, Kartoffelscheiben, Auberginenscheiben oder frischer Spinat
Öl, zum Frittieren

1 Das Kichererbsenmehl in eine Schüssel sieben. Salz, Chilipulver, Backpulver, Kreuzkümmel und Granatapfelsamen zugeben und alles gut vermengen. Dann das Wasser zugießen und alles zu einem glatten Teig verarbeiten. Anschließend den Koriander zugeben, unterrühren und den Teig beiseitestellen.

2 Das vorbereitete Gemüse kurz in den Teig eintauchen und beim Herausnehmen vorsichtig abschütteln.

3 Das Frittieröl in einer großen Pfanne auf 180 °C erhitzen (ein Brotwürfel sollte darin in 30 Sekunden braun werden). Das Gemüse portionsweise hineingeben und unter einmaligem Wenden frittieren. Dann mit einem Schaumlöffel aus der Pfanne nehmen und auf Küchenpapier abtropfen lassen.

4 Die fertigen Pakoras auf eine vorgewärmten Servierplatte geben, mit einem frischen Korianderzweig garnieren und sofort servieren.

TIPP
Beim Frittieren ist es sehr wichtig, dass das Öl die richtige Temperatur hat. Ist es zu heiß, verbrennen Außenseite und Gewürze, bevor das Innere gar ist. Ist es hingegen zu kalt, saugen sich die Lebensmittel voll Öl, bevor der Teig knusprig wird.

Spanisches Omelett

20 Min. 20 Min.

4 PERSONEN

2 EL Olivenöl
1 Gemüsezwiebel, gehackt
2 Knoblauchzehen, fein gehackt
1 rote Paprika, entkernt und gewürfelt
250 g Zucchini, in dünnen Scheiben
2 Tomaten, geschält und gewürfelt
350 g Kartoffeln, gekocht und gewürfelt (nach Belieben)
6 Eier
4 EL Milch
2 TL frisch gehackter Estragon
Salz und Pfeffer
90 g Gouda, gerieben

1 Das Öl in einer großen Pfanne mit hitzebeständigem Stiel erhitzen. Die Zwiebel zugeben und 5 Minuten weich dünsten. Knoblauch, Paprika und Zucchini untermischen und alles weitere 5 Minuten unter häufigem Rühren anbraten. Dann Tomaten und nach Belieben Kartoffeln zugeben und nochmals 3 Minuten unter Rühren braten.

2 Eier, Milch und Estragon in einer Schüssel verquirlen und mit Salz und Pfeffer abschmecken. Dann in die Pfanne gießen und ohne umzurühren braten, bis das Ei stockt und sich die Unterseite des Omelettes goldbraun färbt.

3 Den Käse gleichmäßig auf der Oberfläche der Ei-Gemüse-Masse verteilen und die Pfanne unter einen vorgeheizten Backofengrill schieben. 3–4 Minuten überbacken, bis der Käse geschmolzen und goldbraun geworden ist.

TIPP
Sollte der Pfannenstiel nicht hitzebeständig sein, kann man ihn durch eine doppelte Lage Alufolie vor der Hitze schützen. Aber Vorsicht, dass die Pfanne beim Hochnehmen nicht herausrutscht!

Kresse-Käse-Törtchen

20 Min. 25 Min.

4 PERSONEN

100 g Mehl, plus etwas mehr für die Arbeitsfläche
1 Prise Salz
85 g Butter oder Margarine, plus etwas mehr zum Einfetten
2–3 EL kaltes Wasser
2 Bund Brunnenkresse
2 Knoblauchzehen, zerdrückt
1 Schalotte, gehackt
150 g Cheddar oder Gouda, gerieben
4 EL Naturjoghurt
½ TL Paprikapulver

1 Mehl und Salz in eine Schüssel sieben. 60 g Butter oder Margarine in die Mehlmischung kneten, bis die Konsistenz an feine Brotkrumen erinnert. Anschließend so viel von dem kalten Wasser einrühren, bis ein glatter Teig entsteht.

2 Den Teig auf einer leicht bemehlten Arbeitsfläche ausrollen und in 4 gefettete Tortenförmchen (Ø 10 cm) einpassen. Den Boden mit einer Gabel einstechen und die Förmchen kalt stellen.

3 Die restliche Butter oder Margarine in einer kleinen Pfanne erhitzen. Die harten Stängel der Brunnenkresse entfernen. Die Brunnenkresse mit dem Knoblauch und der Schalotte in die Pfanne geben und 1–2 Minuten dünsten, bis sie zusammenfällt. Dann die Pfanne vom Herd nehmen und Käse, Joghurt sowie Paprikapulver einrühren.

4 Die fertige Kressemischung in die Teigformen füllen und in einem auf 180 °C vorgeheizten Backofen etwa 20 Minuten backen, bis die Füllung stockt. Dann auf vorgewärmte Teller verteilen und servieren.

VARIATION
Statt der Brunnenkresse können Sie auch Spinat verwenden. Lassen Sie ihn gut abtropfen, bevor Sie ihn mit den restlichen Zutaten für die Füllung vermengen.

Frittierte Gemüsestäbchen

40 Min. 10 Min.

4 PERSONEN

Öl, zum Ausbacken
500 g Gemüse, z. B. Blumenkohl, Brokkoli, Pilze, Zucchini, Paprika oder Babymais, in gleich großen Stücken

TEIG
125 g Mehl
½ TL Salz
1 TL feiner Zucker
1 TL Backpulver
3 EL Öl
200 ml warmes Wasser

SAUCE
6 EL Malzessig
2 EL helle Sojasauce
2 EL Wasser
1 EL brauner Zucker
1 Prise Salz
2 Knoblauchzehen, zerdrückt
2 TL frisch geriebene Ingwerwurzel
2 rote Chillies, entkernt und fein gehackt
2 EL frisch gehackter Koriander

1 Für den Teig Mehl, Salz, Zucker und Backpulver in eine Schüssel sieben. Mit dem Öl und fast dem gesamten Wasser zu einem glatten, leichten Teig verarbeiten. Falls dieser zu dick ist, das restliche Wasser unterrühren. Den Teig 20–30 Minuten kalt stellen.

2 Für die Sauce Essig, Sojasauce, Wasser, Zucker und Salz in einem kleinen Topf zum Kochen bringen. Vom Herd nehmen und abkühlen lassen. Anschließend

Knoblauch, Ingwer, Chillies und Koriander unter die abgekühlte Sauce rühren.

3 Das Öl in einem Wok erhitzen. Das Gemüse portionsweise in den Teig tauchen und etwa 2 Minuten frittieren. Dann auf Küchenpapier abtropfen lassen und mit der Sauce servieren.

Sellerie à la rémoulade

10 Min. 0 Min.

4 PERSONEN

225 ml Mayonnaise (siehe Seite 5)
2 TL Zitronensaft
1 EL Dijon-Senf
Salz und Pfeffer
225 g Knollensellerie
1 Schalotte, gerieben
6 Kopfsalatblätter
Schnittlauchröllchen, zum Garnieren

1 Mayonnaise, Zitronensaft und Senf in einer großen Schüssel verrühren und mit Salz und Pfeffer abschmecken.

2 Den Sellerie in die zubereitete Mayonnaisemischung raspeln, die Schalotte zugeben und alles sorgfältig durchmischen, damit die Selleriestreifen rundum vom Mayonnaise-Dressing überzogen werden.

3 Eine Schale mit den Salatblättern auslegen und den Selleriesalat in die Mitte füllen. Mit Schnittlauchröllchen bestreuen und servieren.

TIPP
Raspeln Sie den Sellerie nicht im Voraus, da er an der Luft schnell braun wird.

Birnensalat mit Roquefort

10 Min. 0 Min.

4 PERSONEN

50 g Roquefort
150 g fettarmer Naturjoghurt
2 EL Schnittlauchröllchen
Pfeffer
einige Blätter Lollo rosso
einige Blätter Radicchio
einige Blätter Feldsalat
2 reife Birnen
Schnittlauchstängel, zum Garnieren

1 Den Roquefort in einer Schüssel mit der Gabel zerkleinern und mit dem Joghurt zu einem glatten Dressing verrühren. Dann den Schnittlauch einrühren und das fertige Dressing mit Pfeffer abschmecken.

2 Die Salatblätter in mundgerechte Stücke zupfen. Anschließend auf einer großen Servierplatte oder auf vier Tellern anrichten.

3 Die Birnen vierteln, das Kerngehäuse entfernen und dann die Viertel in Scheiben schneiden. Die Birnenscheiben auf die vorbereiteten Salatblätter legen.

4 Den fertig angerichteten Salat mit dem Roquefort-Dressing beträufeln, mit Schnittlauch garnieren und servieren.

TIPP
Äußerst praktisch sind fertig abgepackte Salatmischungen im Beutel. Waschen Sie den Salat ab, lassen Sie ihn abtropfen und trocknen Sie ihn auf Küchenpapier oder in der Salatschleuder.

Zwiebel-Bhajias

15 Min. 15 Min.

20 STÜCK

2 gehäufte EL Kichererbsenmehl
½ TL Kurkuma
½ TL gemahlener Kreuzkümmel
1 TL Garam Masala
1 Prise Cayennepfeffer
1 Ei
1 große Zwiebel, geviertelt und in Streifen
Salz
1 EL frisch gehackter Koriander
3–4 EL Semmelbrösel (nach Bedarf)
Öl, zum Frittieren

DIP
1 TL Koriandersamen, zerstoßen
1½ TL Kreuzkümmelsamen, zerstoßen
225 g Naturjoghurt
Salz und Pfeffer

1 Kichererbsenmehl, Kurkuma, Kreuzkümmel, Garam Masala und Cayennepfeffer in einer großen Schüssel mischen. Eine Mulde formen und das Ei hineingeben. Alles zu einem klebrigen Teig verarbeiten, dann die Zwiebel, ein wenig Salz und den Koriander zugeben und untermischen. Falls die Mischung noch zu flüssig ist, die Semmelbrösel einrühren.

2 Das Frittieröl bei mittlerer Hitze bis zum Rauchpunkt erhitzen.

3 Mit 2 Teelöffeln kleine Bällchen von der Zwiebelmasse abstechen, portionsweise (etwa 8–10 Stück auf einmal) in das heiße Öl geben und rundum braun frittieren. Auf Küchenpapier abtropfen lassen und bis zum Servieren im Backofen warm halten.

4 Für die Sauce die Gewürze in einer Pfanne anrösten, vom Herd nehmen, mit dem Joghurt verrühren und alles mit Salz und Pfeffer abschmecken.

TIPP
Trocknen Sie vor dem Frittieren die Pfanne und alle anderen Gerätschaften gründlich ab. Kommt Wasser in Kontakt mit dem heißen Öl, fängt es heftig an zu spritzen, was sehr gefährlich sein und zu Verbrennungen führen kann.

Tofu-Kichererbsen-Burger

15 Min. 20 Min.

4 PERSONEN

1 kleine rote Zwiebel, fein gehackt
1 große Knoblauchzehe, fein gehackt
1 TL gemahlener Kreuzkümmel
1 TL gemahlener Koriander
2 EL Zitronensaft
400 g Kichererbsen aus der Dose, abgetropft und abgespült
100 g weicher Tofu, abgetropft
125 g Kartoffeln, gekocht und gewürfelt
4 EL frisch gehackter Koriander
75 g Vollkornsemmelbrösel
1 EL Öl
4 Burger-Brötchen, aufgeschnitten
2 Tomaten, in Scheiben
1 große Karotte, geraspelt
Salz und Pfeffer

RELISH
1 EL Tahini (Sesampaste)
4 EL Magerquark
1 kleines Stück Salatgurke, klein geschnitten
1 EL frisch gehackter Koriander
Knoblauchsalz

1 Zwiebel, Knoblauch, Kreuzkümmel, Koriander und Zitronensaft in einen Topf geben und 5 Minuten dünsten.

2 Kichererbsen, Tofu und Kartoffeln in einer Schüssel zerstampfen. Gedünstete Zwiebel und frischen Koriander zugeben, mit Salz und Pfeffer abschmecken und alles verkneten. Aus dem Teig 4 Burger von 10 cm Durchmesser formen und diese in Semmelbröseln wenden.

3 Öl in einer Pfanne erhitzen. Die Burger von jeder Seite 5 Minuten braten. Inzwischen alle Zutaten für das Relish verrühren und bis zum Gebrauch kalt stellen.

4 Auf die unteren Brötchenhälften zuerst Tomaten, dann Karotten und darauf den Burger geben. Zuletzt einen Löffel Relish zufügen und den Burger mit der zweiten Brötchenhälfte bedecken.

Tofu-Aufstrich

5–10 Min. 5 Min.

4 PERSONEN

75 g Margarine
450 g marinierter fester Tofu, in kleine Stücke gebrochen
1 rote Zwiebel, gehackt
1 rote Paprika, entkernt und gewürfelt
4 Ciabatta-Brötchen
2 EL gehackte gemischte Kräuter
Salz und Pfeffer
frische Kräuter, zum Garnieren

1 Die Margarine in einer Pfanne zerlassen und den Tofu zugeben. Zwiebel und Paprika zufügen und unter gelegentlichem Rühren 3–4 Minuten andünsten.

2 In der Zwischenzeit die Ciabatta-Brötchen aufschneiden und 2–3 Minuten unter einmaligem Wenden im Backofengrill toasten. Dann herausnehmen und auf einen Servierteller legen.

3 Die gemischten Kräuter zur Tofumischung geben, gut verrühren und mit Salz und Pfeffer abschmecken.

4 Den Tofu-Aufstrich auf den Brötchen verteilen und mit frischen Kräutern garniert sofort servieren.

TIPP
Marinierter Tofu verleiht diesem Gericht den besonderen Geschmack. Man kann aber auch geräucherten Tofu verwenden. Zusätzliches Aroma erhält der Snack, wenn Sie die getoasteten Brötchen vor dem Belegen mit einer aufgeschnittenen Knoblauchzehe einreiben.

Gemüsepuffer

20 Min. 25 Min.

12 STÜCK

600 g Kartoffeln, in Scheiben
1 Zwiebel, in Ringen
½ Blumenkohl, in Röschen
50 g gekochte Erbsen
1 EL pürierter Spinat
2–3 grüne Chillies, entkernt und fein gehackt
1 TL fein gehackte Ingwerwurzel
1 Knoblauchzehe, zerdrückt
2 TL frische Korianderblätter, fein gehackt
1 TL gemahlener Koriander
1 Prise Kurkuma
1 TL Salz
50 g Semmelbrösel
300 ml Öl
Chilistreifen, zum Garnieren

1 Kartoffeln, Zwiebel und Blumenkohlröschen in einen Topf geben, mit Wasser bedecken und aufkochen. Die Hitze reduzieren und weiter köcheln, bis die Kartoffeln gar sind. Das Gemüse mit einem Schaumlöffel aus dem Topf nehmen, gut abtropfen lassen und beiseitestellen.

2 Erbsen und Spinat gründlich mit dem Gemüse vermengen und die Mischung mit einer Gabel zerdrücken.

3 Chillies, Ingwer, Knoblauch, frischen und gemahlenen Koriander, Kurkuma und Salz verrühren und unter das Gemüse rühren. Mit einer Gabel erneut zu einer sämigen Paste verarbeiten.

4 Aus der Gemüsepaste 10–12 kleine Bällchen formen und diese mit der Handfläche flach drücken, sodass kleine runde Puffer entstehen. Jeden Puffer von beiden Seiten in den Semmelbröseln wälzen.

5 In einer Pfanne das Öl erhitzen und darin die Puffer portionsweise goldbraun backen; dabei gelegentlich wenden. Anschließend die Puffer auf einen Servierteller geben und mit den Chilistreifen garnieren. Heiß servieren.

Buck Rarebit

10 Min. 15–20 Min.

4 PERSONEN

350 g reifer Cheddar, gerieben
125 g Gouda, Gruyère oder Emmentaler, gerieben
1 TL Senfpulver
1 TL grobkörniger Senf
2–4 EL dunkles Bier, Cidre oder Milch
½ TL vegetarische Worcestersauce
Salz und Pfeffer
4 Scheiben Weiß- oder Graubrot
4 Eier
1 Tomate, geviertelt, zum Garnieren
Brunnenkresse, zum Garnieren

1 Den Käse in eine beschichtete Pfanne geben. Senfpulver, Senf, dunkles Bier, Cidre oder Milch sowie die Worcestersauce zugeben. Alles gründlich vermengen und mit Salz und Pfeffer würzen. Unter Rühren langsam erhitzen, bis der Käse geschmolzen ist. Dann vom Herd nehmen und etwas abkühlen lassen.

2 Die Brotscheiben von jeder Seite unter einem vorgeheizten Grill toasten. Die Rarebit-Mischung gleichmäßig auf jede Scheibe verstreichen. Dann unter den Grill stellen, bis der Belag Blasen wirft.

3 In der Zwischenzeit die Eier pochieren. Dazu Wasser 4 cm hoch in einer Pfanne oder einem großen Topf aufkochen. Dann das Wasser rasch mit einem Messer aufwirbeln und jeweils 1 Ei in das dadurch entstandene „Loch" gießen. Etwa 4 Minuten kochen, bis das Ei stockt. Falls Sie Pochierpfannen benutzen, diese einfetten, im Wasser erhitzen und die aufgeschlagenen Eier in die Pfännchen geben, sobald das Wasser zu kochen beginnt. Abdecken und 4–5 Minuten köcheln lassen, bis die Eier gerade stocken.

4 Die Rarebits jeweils mit 1 pochierten Ei krönen und mit Tomatenvierteln und Brunnenkresse garniert servieren.

VARIATION

Sie können auch Stilton oder jeden anderen Blauschimmelkäse verwenden. Das Gericht sieht dann zwar weniger gut aus, schmeckt aber ebenso hervorragend.

Gefüllte Auberginen

40 Min. 30 Min.

4 PERSONEN

4 Auberginen
Salz
175 g Bulgur (vorgegarter Weizengrieß)
300 ml kochendes Wasser
3 EL Olivenöl
2 Knoblauchzehen, zerdrückt
2 EL Pinienkerne
½ TL Kurkuma
1 TL Chilipulver
2 Selleriestangen, klein geschnitten
4 Frühlingszwiebeln, gehackt
1 Karotte, gerieben
55 g Champignons, klein geschnitten
2 EL Rosinen
2 EL frisch gehackter Koriander
grüner Salat, zum Servieren

1 Die Auberginen der Länge nach halbieren. Das Fruchtfleisch mit einem Teelöffel herauslösen, klein schneiden und beiseitestellen. Die ausgehöhlten Auberginen von innen mit Salz einreiben und 20 Minuten ziehen lassen.

2 In der Zwischenzeit den Bulgur in eine Schüssel geben und mit dem kochenden Wasser übergießen. Etwa 20 Minuten beiseitestellen, bis das Wasser vollständig absorbiert ist.

3 Das Öl in einer Pfanne erhitzen. Knoblauch, Pinienkerne, Kurkuma, Chilipulver, Sellerie, Frühlingszwiebeln, Karotte, Pilze und Rosinen zugeben und 2–3 Minuten kochen.

4 Das beiseitegestellte Auberginenfleisch einrühren und weitere 2–3 Minuten kochen. Anschließend die Pfanne vom Herd nehmen und Koriander sowie Bulgur einrühren.

5 Die Auberginenschalen unter kaltem Wasser abspülen und mit Küchenpapier trocken tupfen. Mit der Bulgur-Mischung

füllen und auf ein Backblech setzen. Etwas kochendes Wasser zugießen und die Auberginen in einem auf 180 °C vorgeheizten Backofen 15–20 Minuten backen, bis sie richtig heiß sind. Dann aus dem Backofen nehmen und mit grünem Salat servieren.

Linsenkroketten

1 Std. 15 Min. 1 Std.

4 PERSONEN

225 g rote Linsen
1 grüne Paprika, entkernt und fein gehackt
1 rote Zwiebel, fein gehackt
2 Knoblauchzehen, zerdrückt
1 TL Garam Masala
½ TL Chilipulver
1 TL gemahlener Kreuzkümmel
2 TL Zitronensaft
2 EL gehackte ungesalzene Erdnüsse
600 ml Wasser
1 Ei, verquirlt
Salz und Pfeffer
3 EL Mehl
1 TL Kurkuma
1 TL Chilipulver
4 EL Öl
grüne Salatblätter und Kräuter, zum Garnieren

1 Linsen, Paprika, Zwiebel, Knoblauch, Garam Masala, Chili, Kreuzkümmel, Zitronensaft und Erdnüsse in einen großen Topf geben. Das Wasser zugießen und zum Kochen bringen. Dann die Hitze reduzieren und unter gelegentlichem Rühren etwa 30 Minuten köcheln lassen, bis die Flüssigkeit verkocht ist.

2 Das Gemüse vom Herd nehmen und leicht abkühlen lassen. Dann das Ei einrühren, mit Salz und Pfeffer abschmecken und vollständig abkühlen lassen.

3 Mehl, Kurkuma und Chilipulver auf einem kleinen Teller mischen.

4 Die abgekühlte Gemüsemischung zu 8 Kroketten formen und in der Gewürzmischung rollen, bis sie von allen Seiten gut bedeckt sind.

5 Das Öl in einer großen, schweren Pfanne erhitzen. Die Kroketten hineingeben und – je nach Größe der Pfanne eventuell portionsweise – etwa 10 Minuten braten, bis sie leicht gebräunt und rundum knusprig sind.

6 Die fertigen Kroketten auf vorgewärmte Servierteller legen, mit knackigen grünen Salatblättern sowie frischen Kräutern garnieren und servieren.

Kartoffel-Pilz-Puffer

20 Min. 25 Min.

4 PERSONEN

500 g mehligkochende Kartoffeln, gewürfelt
25 g Butter
175 g gemischte Pilze, gehackt
2 Knoblauchzehen, zerdrückt
1 kleines Ei, leicht verquirlt
1 EL frisch gehackter Schnittlauch
Salz und Pfeffer
Mehl, zum Panieren
Öl, zum Frittieren
frischer Schnittlauch, zum Garnieren
Blattsalat, zum Servieren

1 Die Kartoffeln in einem Topf mit kochendem Salzwasser 10 Minuten garen, bis sie weich sind. Dann abgießen, gut abtropfen lassen und zu einem glatten Brei zerstampfen.

2 Die Butter in einer Pfanne zerlassen und darin die Pilze mit dem Knoblauch 5 Minuten dünsten. Dabei ständig umrühren. Die Pilze aus der Pfanne nehmen und gut abtropfen lassen.

3 Pilze, Knoblauch, Ei und Schnittlauch sorgfältig unter die Kartoffelmasse mischen, dann mit etwas Salz und Pfeffer abschmecken. Die Pilz-Kartoffel-Mischung in 4 gleich große Portionen aufteilen, diese zu Puffern formen und gut in Mehl wenden.

4 Das Öl in einer Pfanne erhitzen und darin die Puffer je 10 Minuten bei mittlerer Hitze goldbraun braten, dabei einmal wenden. Mit Schnittlauch garnieren und sofort servieren. Dazu frischen Blattsalat reichen.

TIPP
Sie können den Pufferteig auch am Vortag zubereiten und bis zu 24 Stunden im Kühlschrank aufbewahren.

Spinatpfannkuchen

25 Min. 25 Min.

8–12 STÜCK

90 g Vollkornmehl
1 Ei
150 g Naturjoghurt
3 EL Wasser
1 EL Öl, plus etwas mehr zum Einfetten
200 g tiefgefrorener Blattspinat, aufgetaut und fein gehackt
1 Prise geriebene Muskatnuss
Salz und Pfeffer
Zitronenspalten, zum Garnieren
frische Korianderzweige, zum Garnieren

FÜLLUNG
1 EL Öl
3 Frühlingszwiebeln, in Ringen
225 g Ricotta
4 EL Naturjoghurt
90 g Gruyère, gerieben
1 Ei, leicht verquirlt
120 g ungesalzene Cashewkerne
2 EL frisch gehackte Petersilie
1 Prise Cayennepfeffer

1 Mehl und etwas Salz in eine Schüssel sieben. Ei, Joghurt, Wasser und Öl verquirlen und unter ständigem Rühren mit dem Mehl vermengen. Dann den Spinat zufügen, unterheben und alles mit Muskat, Salz und Pfeffer würzen.

2 Für die Füllung das Öl in einem Topf erhitzen und darin die Frühlingszwiebeln dünsten. Herausnehmen und auf Küchenpapier gut abtropfen lassen.

3 Ricotta, Joghurt und die Hälfte des Käses vermengen. Ei, Cashewkerne und Petersilie zugeben und alles mit Salz und Cayennepfeffer würzen.

4 Eine kleine, schwere Pfanne leicht mit Öl einstreichen und erhitzen. 3–4 Esslöffel Pfannkuchenteig hineingeben und die Pfanne so schwenken, dass der Teig den Boden bedeckt. Etwa 3 Minuten braten, bis sich in der Mitte Blasen bilden. Wenden und die andere Seite etwa 2 Minuten braten, bis sie leicht gebräunt ist. Den Pfannkuchen auf einen vorgewärmten Teller gleiten lassen, mit Folie abdecken und warm stellen, bis alle Pfannkuchen fertig sind.

5 Jeden Pfannkuchen mit Füllung bestreichen und zweimal in der Mitte falten. Die restliche Füllung in die Öffnung geben.

6 Eine flache feuerfeste Form einfetten und die Pfannkuchen in einer Lage darauf anrichten. Den restlichen Käse darüberstreuen und in einem auf 180 °C vorgeheizten Backofen 15 Minuten backen. Noch heiß mit Zitronenspalten und Koriander garniert servieren.

Gemüse-Enchiladas

20 Min. 50 Min.

4 PERSONEN

4 Weizenmehl-Tortillas
75 g Cheddar oder Gouda, gerieben

FÜLLUNG
75 g frischer Spinat
2 EL Olivenöl
8 Babymaiskolben, in Scheiben
25 g tiefgefrorene Erbsen, aufgetaut
1 rote Paprika, entkernt und in Streifen
1 Karotte, gewürfelt
1 Porreestange, in Ringen
2 Knoblauchzehen, zerdrückt
1 rote Chili, entkernt und gehackt
Salz und Pfeffer

SAUCE
300 g passierte Tomaten
2 Schalotten, gehackt
1 Knoblauchzehe, zerdrückt
300 ml Gemüsebrühe
1 TL Zucker
1 TL Chilipulver

1 Für die Füllung den Spinat 2 Minuten in kochendem Wasser blanchieren. Anschließend gut abtropfen lassen und klein hacken.

2 Das Olivenöl in einer großen Pfanne erwärmen. Babymais, Erbsen, Paprika, Karotte, Porree, Knoblauch und Chili zugeben und unter raschem Rühren 3–4 Minuten andünsten. Den Spinat einrühren und alles mit Salz und Pfeffer würzen.

3 Sämtliche Zutaten für die Sauce in einen Topf geben und zum Kochen bringen. Bei starker Hitze unter ständigem Rühren 20 Minuten kochen, bis die Sauce eindickt und um ein Drittel reduziert ist.

4 Ein Viertel der Füllung in die Mitte jeder Tortilla geben. Die Tortillas einrollen und mit der Naht nach unten in eine feuerfeste Form legen.

5 Die Sauce über die Tortillas gießen, den Käse darüberstreuen und die Enchiladas in einem auf 180 °C vorgeheizten Backofen etwa 20 Minuten backen, bis der Käse geschmolzen und gebräunt ist. Dann sofort heiß servieren.

Feta-Bratlinge

15 Min. 20 Min.

4 PERSONEN

25 g Mehl
¼ TL Kreuzkümmelsamen
½ TL Mohnsamen
1 TL mittelscharfes Currypulver
1 EL frisch gehackte Petersilie
Salz und Pfeffer
2 große Karotten, grob gerieben
1 große Zucchini, grob gerieben
1 kleine Zwiebel, grob gerieben
60 g Feta, zerbröselt
1 Ei, verquirlt
25 g Butter
2 EL Öl
frische Kräuterzweige, zum Garnieren

1 Mehl, Kreuzkümmel, Mohn, Currypulver und Petersilie in einer großen Schüssel mischen. Mit Salz und Pfeffer abschmecken.

2 Karotten, Zucchini, Zwiebel und Feta in das gewürzte Mehl geben und alles gut vermengen. Zuletzt das Ei unterrühren.

3 Butter und Öl in einer großen schweren Pfanne erhitzen. Jeweils einen gehäuften Esslöffel der Bratlingmischung in die Pfanne geben und mit einem Löffelrücken flach drücken. Die Bratlinge von jeder Seite etwa 2 Minuten goldbraun und knusprig braten. Anschließend auf Küchenpapier gründlich abtropfen lassen und warm stellen, bis alle Bratlinge fertig sind.

4 Die fertigen Bratlinge mit frischen Kräuterzweigen garniert servieren.

Kichererbsen-Snack

15 Min. 15 Min.

4 PERSONEN

2 Kartoffeln, gewürfelt
2 EL Tamarindenpaste
6 EL Wasser
1 TL Chilipulver
2 TL Zucker
1 TL Salz
400 g Kichererbsen aus der Dose, abgetropft
1 Zwiebel, fein gehackt
1 Tomate, in Scheiben, zum Garnieren
2 grüne Chillies, entkernt und gehackt, zum Garnieren
frische Korianderblätter, zum Garnieren

1 Die Kartoffelwürfel in einen großen Topf mit Wasser geben, aufkochen und etwa 10 Minuten garen. Anschließend abgießen und beiseitestellen.

2 Die Tamarindenpaste und das Wasser in einer kleinen Schale verrühren. Chilipulver, Zucker und Salz zufügen und unterrühren.

3 Die Kichererbsen in eine Schüssel geben, mit der Tamarinden-Mischung übergießen und alles vermengen. Kartoffelwürfel und Zwiebel zufügen und alles erneut mischen. Zuletzt mit etwas Salz abschmecken.

4 Den fertigen Kichererbsen-Snack in eine Servierschüssel füllen, mit Tomatenscheiben, Chillies und Korianderblättern garnieren und servieren.

TIPP
In Farbe und Form ähneln Kichererbsen Haselnüssen. Sie sind sogar leicht knusprig und haben auch einen etwas nussigen Geschmack.

Mexikanisches Bohnenmus

15 Min. 15 Min.

4 PERSONEN

2 EL Olivenöl
1 Zwiebel, fein gehackt
3 Knoblauchzehen, zerdrückt
1 grüne Chili, gehackt
400 g rote Kidney-Bohnen, abgetropft
400 g Pinto-Bohnen, abgetropft
2 EL gehackter Koriander
150 ml Gemüsebrühe
8 Weizenmehl-Tortillas
25 g Cheddar oder Gouda, gerieben
Salz und Pfeffer

SALSA
4 Frühlingszwiebeln, gehackt
1 rote Zwiebel, gehackt
1 grüne Chili, gehackt
1 EL Knoblauch-Weinessig
1 TL Zucker
1 Tomate, gehäutet, entkernt und gehackt

1 Das Öl in einer hohen Pfanne bei mittlerer Hitze erwärmen. Die Zwiebel 3–5 Minuten unter häufigem Rühren dünsten, Knoblauch und Chili zufügen und 1 Minute weiterdünsten.

2 Die Bohnen mit einem Kartoffelstampfer zerdrücken, mit dem Koriander mischen und in die Pfanne geben. Dann die Gemüsebrühe einrühren und die Bohnen unter ständigem Rühren 5 Minuten weich kochen.

3 In der Zwischenzeit die Tortillas in einem vorgeheizten Backofen bei 180 °C 1–2 Minuten aufbacken.

4 Für die Salsa alle Zutaten mischen.

5 Die Bohnen in eine Schale geben, mit Käse bestreuen und mit Salz und Pfeffer abschmecken. Die warmen Tortillas aufrollen und mit der Salsa und den Bohnen servieren.

Pikante Pommes frites

15 Min. 40 Min.
+ Einweichzeit

4 PERSONEN

4 große mehligkochende Kartoffeln, in Stiften
2 Süßkartoffeln, in Stiften
50 g Butter, zerlassen
½ TL Chilipulver
1 TL Garam Masala
Salz

1 Die Kartoffelstifte in eine Schüssel mit kaltem Salzwasser legen und 20 Minuten wässern. Dann mit einem Schaumlöffel herausheben, abtropfen lassen und mit Küchenpapier trocken tupfen.

2 Ein Backblech mit der Butter einfetten und die Kartoffelstifte darauf verteilen. Mit Chilipulver, Garam Masala und Salz bestreuen und in der Butter wenden.

3 Im vorgeheizten Backofen bei 200 °C 40 Minuten goldbraun backen, dabei häufig wenden. Die fertigen Pommes frites auf Küchenpapier abtropfen lassen und sofort servieren.

TIPP
Das Wässern entzieht den Kartoffeln die Stärke, wodurch sie beim Backen nicht aneinander haften.

Gefüllte Pilze

15 Min. 25 Min.

4 PERSONEN

8 Pilze mit offenem Hut, z. B. Riesenchampignons
1 EL Olivenöl
1 kleine Porreestange, gehackt
1 Selleriestange, gehackt
100 g fester Tofu, gewürfelt
1 Zucchini, gehackt
1 Karotte, gehackt
100 g Vollkornsemmelbrösel
2 EL frisch gehacktes Basilikum
1 TL Tomatenmark
2 EL Pinienkerne
Salz und Pfeffer
85 g Cheddar oder Gouda, gerieben
150 ml Gemüsebrühe
Salat, zum Servieren

1 Die Stängel der Pilze entfernen und fein hacken. Die Köpfe beiseitestellen.

2 Das Öl bei mittlerer Hitze in einer großen schweren Pfanne erhitzen. Gehackte Pilzstängel, Porree, Sellerie, Tofu, Zucchini und Karotte zugeben und unter ständigem Rühren 3–4 Minuten braten.

3 Semmelbrösel, Basilikum, Tomatenmark und Pinienkerne zu der Gemüsemischung geben und einrühren. Alles mit Salz und Pfeffer würzen und gut vermengen.

4 Die fertige Gemüsemischung in die Pilzköpfe füllen und den geriebenen Käse darübergeben. Anschließend die Pilzköpfe in eine flache feuerfeste Form setzen und mit der Gemüsebrühe umgießen.

5 Die Pilze in einem auf 220 °C vorgeheizten Backofen etwa 20 Minuten backen, bis sie gar sind und der Käse geschmolzen ist. Dann aus der Form nehmen und sofort servieren. Dazu einen Salat reichen.

Käsekartoffeln

20 Min. 20–25 Min.

4 PERSONEN

500 g festkochende Kartoffeln, grob gewürfelt
125 g frischer Parmesan, gerieben
Öl, zum Frittieren

SAUCE
25 g Butter
1 Zwiebel, halbiert und in Ringen
2 große Knoblauchzehen, fein gehackt
25 g Mehl
300 ml Milch
1 EL frisch gehackte Petersilie

TEIG
50 g Mehl
1 kleines Ei
150 ml Milch

1 Für die Sauce die Butter in einer Pfanne zerlassen und Zwiebel und Knoblauch darin 2–3 Minuten dünsten. Das Mehl zufügen und 1 weitere Minute dünsten. Vom Herd nehmen und Milch und Petersilie einrühren. Wieder auf den Herd stellen und einmal kurz aufkochen, dann warm stellen.

2 In der Zwischenzeit die Kartoffeln in einem Topf mit kochendem Wasser 5–10 Minuten vorgaren – sie sollen noch fest sein. Dann abgießen und kurz abtropfen lassen.

3 Den Parmesan in eine Schüssel geben, die Kartoffeln zufügen und gut darin wenden; der Käse hält besonders gut, wenn die Kartoffeln noch ein wenig feucht sind.

4 Für den Teig das Mehl in eine Schüssel geben. Nach und nach Ei und Milch unterrühren, bis ein glatter Teig entsteht. In diesem die Kartoffelwürfel wenden.

5 Das Öl in einem Topf oder einer Fritteuse auf 180–190 °C erhitzen (ein Brotwürfel sollte darin in 30 Sekunden braun werden). Die panierten Kartoffelwürfel darin 3–4 Minuten goldbraun frittieren, dann mit einem Schaumlöffel herausheben und auf Küchenpapier gut abtropfen lassen. Die fertigen Käsekartoffeln in eine Schüssel geben und servieren, die Knoblauchsauce dazu reichen.

Käse-Zwiebel-Rösti

10 Min. 40 Min.

4 PERSONEN

900 g Kartoffeln
1 Zwiebel, gerieben
50 g Gruyère, gerieben
2 EL frisch gehackte Petersilie
Salz und Pfeffer
1 EL Olivenöl
2 EL Butter
Frühlingszwiebeln, in Julienne-Streifen, zum Garnieren
1 kleine Tomate, geviertelt, zum Garnieren

1 Die ungeschälten Kartoffeln in einem Topf mit leicht gesalzenem Wasser etwa 10 Minuten kochen. Abkühlen lassen, anschließend schälen und grob in eine Schüssel reiben.

2 Zwiebeln, Käse und Petersilie mit der Kartoffelmasse verrühren und alles mit Salz und Pfeffer würzen. Dann die Masse in 4 gleich große Portionen teilen und zu flachen Rösti formen.

3 Die Hälfte des Öls und der Butter in einer Pfanne erhitzen. Darin 2 Rösti bei hoher Hitze 1 Minute braten, dann die Hitze reduzieren und die Rösti 5 Minuten weiterbraten, bis sie unten goldbraun sind. Anschließend wenden und weitere 5 Minuten braten. Aus der Pfanne nehmen und warm halten.

4 Die beiden anderen Rösti in gleicher Weise zubereiten, dann alle Rösti auf vorgewärmte Teller legen, mit Frühlingszwiebeln und Tomatenvierteln garnieren und sofort servieren.

TIPP
Die Rösti sollten während des Bratens flach gedrückt werden, da sie sonst außen verbrennen, bevor sie innen gar sind.

Kartoffelomelett

20 Min. 25–30 Min.

4 PERSONEN

75 g Butter
6 festkochende Kartoffeln (etwa 1,3 kg), gewürfelt
3 Knoblauchzehen, zerdrückt
1 TL Paprikapulver
2 Tomaten, gehäutet, entkernt und gewürfelt
12 Eier, verquirlt
Pfeffer

FÜLLUNG
225 g junger Blattspinat
1 TL Fenchelsamen
125 g Feta, gewürfelt
4 EL Naturjoghurt

1 1 Esslöffel Butter in einer Pfanne zerlassen und die Kartoffeln bei niedriger Hitze 7–10 Minuten goldbraun rösten.

2 Knoblauch, Paprikapulver und Tomaten zufügen und weitere 2 Minuten braten. Alles in eine Schüssel geben, die Eier darübergießen und kräftig mit Pfeffer abschmecken.

3 Für die Füllung den Spinat in kochendem Wasser 1 Minute blanchieren. Mit einem Schaumlöffel herausheben und unter kaltem Wasser abschrecken. Dann in eine Schüssel geben, Fenchelsamen, Käse und Joghurt zufügen und alles gut vermischen.

4 1 Esslöffel Butter in einer Pfanne (Ø 15 cm) zerlassen. Ein Viertel der Ei-Kartoffel-Mischung zufügen und 2 Minuten braten, dabei einmal wenden.

5 Das fertige Omelett auf einen Teller geben, ein Viertel der Spinatfüllung darauf verstreichen und das Omelett darüber zusammenklappen. Insgesamt 4 Omeletts zubereiten.

VARIATION
Sie können den Feta durch einen anderen Käse Ihrer Wahl ersetzen, zum Beispiel durch Gouda oder durch einen Blauschimmelkäse. Statt Spinat können Sie blanchierten Brokkoli verwenden.

Gemüse-Biryani

15 Min. 1 Std. 5 Min.
+ Marinierzeit

4 PERSONEN

1 große Kartoffel, gewürfelt
100 g kleine Karotten
50 g Okras, in dicken Scheiben
2 Selleriestangen, in dicken Scheiben
100 g kleine Champignons, halbiert
1 Aubergine, halbiert und in Scheiben
300 g Naturjoghurt
1 EL geriebene Ingwerwurzel
2 große Zwiebeln, gerieben
4 Knoblauchzehen, zerdrückt
1 TL Kurkuma
1 EL Currypulver
200 g Basmati-Reis
2 EL Butter
2 Zwiebeln, in Ringen
gehackte Korianderblätter, zum Garnieren

1 Kartoffelwürfel, Karotten und Okras 7–8 Minuten in Salzwasser kochen. Gut abgießen und in eine große Schüssel geben. Dann Sellerie, Pilze und Aubergine unterrühren.

2 Joghurt, Ingwer, geriebene Zwiebeln, Knoblauch, Kurkuma und Currypulver mischen, zum Gemüse geben und vermengen. 2 Stunden marinieren.

3 Den Reis 7 Minuten in Wasser kochen, gut abgießen und beiseitestellen.

4 Die Butter in einer Pfanne erhitzen und die Zwiebelringe 5–6 Minuten goldbraun braten. Einige gebratene Zwiebelringe herausnehmen und zum Garnieren beiseitestellen. Dann das marinierte Gemüse zu den restlichen Zwiebeln in die Pfanne geben und 10 Minuten schmoren.

5 Die Hälfte vom Reis in einen Topf (2 l Inhalt) mit feuerfesten Griffen füllen. Die Gemüsemischung darübergeben und mit dem übrigen Reis bedecken. Den Topf abdecken und das Gemüse etwa 20–25 Minuten in einem auf 190 °C vorgeheizten Backofen backen, bis der Reis weich ist.

6 Das fertige Biryani auf einer Platte anrichten und mit Zwiebelringen und Koriander garniert servieren.

Curry Aloo Gobi

20 Min. 20 Min.

4 PERSONEN

450 g Kartoffeln, in 2,5 cm großen Würfeln
2 EL Erdnuss- oder Sonnenblumenöl
1 TL Kreuzkümmelsamen
2 frische grüne Chillies, entkernt und fein gehackt
1 Blumenkohl, in Röschen
1 TL gemahlener Kreuzkümmel
1 TL gemahlener Koriander
¼ TL Kurkuma
½ TL Chilipulver
Salz
frisch gehackter Koriander, zum Garnieren

1 Die Kartoffeln 10 Minuten in kochendem Wasser garen. Anschließend gut abtropfen lassen.

2 Das Öl in einer großen Pfanne erhitzen. Die Kreuzkümmelsamen zugeben und unter ständigem Rühren 1–2 Minuten rösten, bis sie aufplatzen und ihr Aroma entfalten. Dann die Chillies zufügen und unter Rühren 1 Minute mitbraten.

3 Die Blumenkohlröschen in die Pfanne geben und alles unter ständigem Rühren 5 Minuten dünsten.

4 Kartoffeln, Kreuzkümmel, Koriander, Kurkuma und Chilipulver untermischen. Das Gemüse mit Salz abschmecken und unter häufigem Rühren weitere 10 Minuten kochen, bis es weich ist.

5 Das fertige Aloo Gobi auf eine vorgewärmte Platte geben, mit frischem Koriander garnieren und sofort servieren.

Gemüse-Parathas

25 Min. 30–35 Min.

6 PERSONEN

TEIG
225 g Vollkornmehl (Ata- oder Chapati-Mehl), plus etwas mehr für die Arbeitsfläche
½ TL Salz
200 ml Wasser
150 g Ghee oder Butter, plus etwas mehr zum Braten

FÜLLUNG
675 g Kartoffeln, klein gewürfelt
½ TL Kurkuma
1 TL Garam Masala
1 TL frische fein gehackte Ingwerwurzel
1 EL frische Korianderblätter
3 grüne Chillies, entkernt und fein gehackt
Salz

1 Für den Teig Mehl, Salz, Wasser und 100 g Ghee oder Butter in einer Schüssel zu einem glatten Teig verarbeiten.

2 Den Teig in 6–8 gleich große Stücke teilen. Jedes Stück auf einer bemehlten Arbeitsfläche ausrollen. Die Teigplatten in der Mitte mit ½ Teelöffel Ghee oder Butter bestreichen, dann zusammenfalten, eine Rolle daraus formen, diese flach drücken und wieder zusammenfalten. Den Vorgang mehrfach mit jeder Teigplatte wiederholen. Zuletzt den Teig zu einem runden Fladen von 18 cm Durchmesser ausrollen.

3 Für die Füllung die Kartoffeln in leicht gesalzenem Wasser sehr weich kochen und abgießen.

4 Kurkuma, Garam Masala, Ingwer, Koriander, Chillies und 1 Teelöffel Salz in einer Schüssel vermengen.

5 Die Kartoffeln zerdrücken und die Gewürzmischung gut damit verrühren. Auf die Hälfte der Fladen je 1 Esslöffel der Kartoffelfüllung verteilen. Jeweils einen zweiten Fladen darauflegen und an den Rändern zusammendrücken.

6 2 Teelöffel Ghee in einer schweren Pfanne erhitzen. Die Parathas darin einzeln von beiden Seiten goldbraun braten. Die fertigen Parathas aus der Pfanne nehmen und warm halten, während die restlichen gebacken werden. Dann auf 4 Tellern verteilen und heiß servieren.

Gemüse-Samosas

20 Min. 30 Min.

12 STÜCK

12 Blätter Filo-Teig
Öl, zum Frittieren

FÜLLUNG
2 EL Öl
1 Zwiebel, gehackt
½ TL gemahlener Koriander
½ TL gemahlener Kreuzkümmel
1 Prise Kurkuma
½ TL Ingwerpulver
½ TL Garam Masala
1 große Knoblauchzehe, fein gehackt
225 g Kartoffeln, gewürfelt
100 g tiefgefrorene Erbsen, aufgetaut
150 g frischer Spinat, gehackt

1 Für die Füllung das Öl in einer Pfanne erhitzen. Die Zwiebel zugeben und 1–2 Minuten weich dünsten. Anschließend die Gewürze und den Knoblauch einrühren und 1 Minute kochen.

2 Die Kartoffeln zugeben und bei geringer Hitze 5 Minuten unter häufigem Rühren gerade weich kochen. Dann Erbsen und Spinat einrühren und weitere 3–4 Minuten kochen.

3 Die Teigblätter auf einer Arbeitsfläche ausbreiten und jedes Blatt der Länge nach falten.

4 2 Esslöffel der Gemüsefüllung auf ein Ende eines jeden Teigblatts geben. Eine Ecke so falten, dass ein Dreieck entsteht. Auf diese Weise weiterfalten, sodass zuletzt ein dreieckiges Päckchen entstanden ist. Die Ränder mit Wasser verschließen. Die restlichen Teigblätter in gleicher Weise füllen.

5 Das Frittieröl auf etwa 180 °C erhitzen (ein Brotwürfel sollte darin in 30 Sekunden braun werden). Die Samosas portionsweise 1–2 Minuten goldbraun ausbacken. Auf Küchenpapier abtropfen lassen und warm stellen, bis alle Samosas fertig sind. Heiß servieren.

Auberginen-Timbalen

25 Min. 40 Min.

4 PERSONEN

1 große Aubergine
55 g Makkaroni
1 EL Öl, plus etwas mehr zum Einfetten
1 Zwiebel, gehackt
2 Knoblauchzehen, zerdrückt
2 EL Mais aus der Dose, abgetropft
2 EL tiefgefrorene Erbsen, aufgetaut
100 g Spinat
1 EL geriebener Gouda
1 Ei, verquirlt
225 g gehackte Tomaten aus der Dose
1 EL frisch gehacktes Basilikum
Salz und Pfeffer

SAUCE

4 EL Olivenöl
2 EL Weißweinessig
2 Knoblauchzehen, zerdrückt
3 EL frisch gehacktes Basilikum
1 EL Zucker

1 Die Aubergine mit einem Sparschäler in Längsstreifen schneiden und diese in einer Schüssel mit kochendem Salzwasser 3–4 Minuten stehen lassen. Dann gut abgießen.

2 4 kleine Auflaufformen (je 150 ml) einfetten und Boden und Wände mit den Auberginen so auslegen, dass diese 2,5 cm überstehen.

3 Die Nudeln in einem Topf mit kochendem Salzwasser al dente kochen.

4 Das Öl in einem Topf erhitzen, Zwiebel und Knoblauch zugeben und 2–3 Minuten dünsten. Mais und Erbsen zugeben und den Topf vom Herd nehmen.

5 Den Spinat blanchieren, abgießen, hacken und beiseitestellen.

6 Pasta, Käse, Ei, Tomaten und Basilikum mit der Zwiebelmischung vermengen und mit Salz und Pfeffer würzen.

7 Jedes Auflaufförmchen zur Hälfte mit einem Teil der Pasta füllen, dann den Spinat daraufschichten und die restliche Pasta einfüllen. Das Ganze mit den überstehenden Auberginen bedecken.

8 Die Förmchen auf ein halb mit kochendem Wasser gefülltes tiefes Backblech stellen, abdecken und in einem auf 180 °C vorgeheizten Backofen etwa 20–25 Minuten backen.

9 Inzwischen alle Zutaten für die Sauce in einem Topf erhitzen. Dann die fertigen Timbalen auf Teller stürzen und mit der Sauce servieren.

Gefüllte Ciabatta-Brötchen

15 Min. 10 Min.

4 PERSONEN

2 EL Olivenöl
1 Knoblauchzehe, zerdrückt
4 Ciabatta-Brötchen, aufgeschnitten

FÜLLUNG
1 rote Paprika, halbiert und entkernt
1 grüne Paprika, halbiert und entkernt
1 gelbe Paprika, halbiert und entkernt
4 Radieschen, in Scheiben
1 Bund Brunnenkresse
100 g Frischkäse

1 Olivenöl in einer Pfanne erhitzen und Knoblauch darin 2 Minuten andünsten. Die Mischung über die Brötchenhälften geben und diese beiseitestellen.

2 Die Paprikahälften mit der Schnittfläche nach unten auf ein Backblech legen und bei 200 °C etwa 10–12 Minuten grillen, bis die Haut leicht schwarz wird. Dann die Paprika vom Blech nehmen, die Haut mit einem kleinen Messer abziehen und das Fruchtfleisch in dünne Streifen schneiden.

3 Je eine Brötchenhälfte mit Radieschen und Brunnenkresse belegen, den Frischkäse daraufgeben und mit den gegrillten Paprikastreifen belegen. Zum Schluss mit den anderen Brötchenhälften bedecken und sofort servieren.

Kartoffelauflauf mit Pilzen

15 Min. 1 Std.

4 PERSONEN

500 g festkochende Kartoffeln, in dünnen Scheiben
25 g Butter, zum Einfetten
150 g gemischte Pilze, in Scheiben
1 EL frisch gehackter Rosmarin
4 EL frisch gehackter Schnittlauch
2 Knoblauchzehen, zerdrückt
150 g Crème double
Salz und Pfeffer
frisch gehackter Schnittlauch, zum Garnieren

1 Die Kartoffeln in einem Topf mit kochendem Wasser 10 Minuten garen, abgießen und gut abtropfen lassen.

2 Den Boden einer leicht gefetteten Auflaufform mit einem Viertel der Kartoffelscheiben auslegen. Dann ein Viertel der Pilze darübergeben und mit etwas Rosmarin, Schnittlauch und Knoblauch bestreuen. In dieser Reihenfolge weiter aufschichten und mit einer Schicht Kartoffeln abschließen.

3 Die Crème double mit etwas Salz und Pfeffer abschmecken und über die Kartoffeln gießen.

4 Den Auflauf im vorgeheizten Backofen bei 190 °C etwa 45 Minuten backen, bis die Kartoffeln goldbraun sind. Dann herausnehmen, mit frisch gehacktem Schnittlauch garnieren und sofort heiß servieren.

TIPP

Sollten Sie den Auflauf in einer Backform zubereiten, empfiehlt es sich, die Form zuvor mit Alufolie auszulegen. Auf diese Weise können Sie den Auflauf später besser herausheben.

Gefüllte Tomaten

20 Min. 35 Min.

4 PERSONEN

4 große Tomaten
2 EL frisches fein gehacktes Basilikum
4 TL Olivenöl
300 g Champignons, sehr fein gehackt
1 kleine Zwiebel, sehr fein gehackt
2 Knoblauchzehen, sehr fein gehackt
1 EL frisch gehackte Petersilie
Pfeffer
225 ml Gemüsebrühe
1 EL frisch geriebener Parmesan
Salz
frische Basilikumzweige, zum Garnieren

1 Von jeder Tomate einen Deckel abschneiden und beiseitelegen. Dann die Tomaten vorsichtig mit einem Löffel aushöhlen und kopfüber auf Küchenpapier abtropfen lassen. Das Tomatenfleisch hacken, in eine Schüssel geben und 1 Teelöffel Basilikum untermischen.

2 1 Esslöffel des Öls in einer Pfanne erhitzen. Pilze, Zwiebel, Knoblauch, Petersilie, Pfeffer sowie das restliche Basilikum zugeben. Das Gemüse abdecken und bei geringer Hitze 2 Minuten dünsten, dann den Deckel entfernen und das Gemüse weitere 8–10 Minuten kochen. Dabei gelegentlich umrühren.

3 Die Brühe in einem Topf aufkochen und auf etwa ein Viertel ihres Volumens reduzieren. Das Tomatenfleisch einrühren und die Sauce 3–4 Minuten einkochen. Die Masse durch ein Sieb streichen und mit dem Parmesan unter die Pilzmischung rühren.

4 Die ausgehöhlten Tomaten in eine Auflaufform geben und von innen salzen. Dann mit der Pilzmasse füllen und die Deckel wieder aufsetzen. Mit dem restlichen Öl bestreichen und in einem vorgeheizten Backofen bei 180 °C etwa 15 Minuten backen, bis sie gar sind. Mit Basilikumzweigen garnieren und sofort servieren.

Kartoffeln mit Käsekruste

10 Min. 40 Min.

4 PERSONEN

900 g festkochende Kartoffeln, ungeschält und in dicken Scheiben
70 g Semmelbrösel
40 g Parmesan, frisch gerieben
1½ TL Chilipulver
2 Eier, leicht verquirlt
Öl, zum Frittieren
Chilipulver (nach Belieben)

1 Die Kartoffelscheiben in einen Topf mit kochendem Wasser geben und 10–15 Minuten kochen, bis sie bissfest sind. Dann gut abgießen und beiseitestellen.

2 Semmelbrösel, Käse und Chilipulver in einer Schüssel vermengen. Dann auf einen Teller geben.

3 Die verquirlten Eier auf einen zweiten Teller geben.

4 Die Kartoffelscheiben zuerst in das Ei tauchen, dann gut in der Semmelbröselmischung wenden.

5 Das Öl in einem großen Topf oder einer Fritteuse auf 180–190 °C erhitzen (ein Brotwürfel sollte darin in 30 Sekunden braun werden). Die panierten Kartoffelscheiben portionsweise je 4–5 Minuten goldbraun frittieren. Dann mit einem Schaumlöffel aus dem Öl heben, auf Küchenpapier gründlich abtropfen lassen und während des Frittierens der restlichen Kartoffelscheiben warm halten.

6 Die Kartoffelscheiben auf einem vorgewärmten Servierteller arrangieren, nach Geschmack mit Chilipulver bestreuen und sofort servieren.

TIPP

Die fertig panierten Kartoffelscheiben halten sich eine Weile im Kühlschrank und können daher bereits am Vortag zubereitet werden.

Maisküchlein mit Paprika

15 Min. 20 Min.

4 PERSONEN

150 g tiefgefrorener Mais, aufgetaut
4 EL Speisestärke
4 EL Mehl
1 EL sehr fein gehackte frische Petersilie
1 kleine rote Paprika, entkernt und sehr fein gehackt
1 Eigelb
½ TL Zucker
2 Eiweiß
1 EL Olivenöl

1 Die Hälfte der Maiskörner im Mixer fein hacken. Dann in eine Schüssel geben und mit den restlichen Maiskörnern, Speisestärke, Mehl, Petersilie und Paprika vermengen.

2 Eigelb und Zucker verquirlen, dann ebenfalls zur Maismischung geben und gut unterheben.

3 Das Eiweiß in einer sauberen Schüssel steif schlagen (siehe Tipp). Den Eischnee nach und nach vorsichtig unter die Maismischung heben.

4 Die Hälfte des Öls in einer Pfanne erhitzen. Den Teig löffelweise in die Pfanne geben, ein wenig flach drücken und etwa 3 Minuten braten, bis die Unterseite braun ist. Dann wenden und die andere Seite ebenfalls etwa 3 Minuten braten. Die fertigen Maisküchlein auf eine Servierplatte geben und warm stellen, während der restliche Teig gebacken wird; dazu eventuell noch etwas Öl in die Pfanne geben. Heiß servieren.

TIPP
Wenn Sie die Eier etwa 30 Minuten vor der Verarbeitung aus dem Kühlschrank nehmen, lässt sich das Eiweiß besser und voluminöser aufschlagen.

Drei-Käse-Fondue

15 Min. 10 Min.

4 PERSONEN

1 Knoblauchzehe, zerdrückt
300 ml trockener Weißwein
250 g milder Cheddar oder Gouda, gerieben
125 g Gruyère, gerieben
125 g Mozzarella, gerieben
2 EL Speisestärke
Pfeffer
Baguette, gewürfelt, zum Servieren
verschiedene Gemüsesorten, z. B. Zucchini, Pilze, Babymais und Blumenkohl, in mundgerechten Stücken, zum Servieren

1 Eine große feuerfeste Schüssel mit dem Knoblauch einreiben. Eventuelle Knoblauchreste wegwerfen.

2 Den Wein in die Schüssel gießen und ohne Abdeckung auf höchster Stufe 3–4 Minuten erhitzen, aber nicht kochen!

3 Nach und nach Cheddar oder Gouda und Gruyère zugeben und nach jeder Zugabe gut unterrühren. Zuletzt den Mozzarella zugeben und rühren, bis der Käse vollständig geschmolzen ist.

4 Die Speisestärke mit etwas Wasser zu einer glatten Paste verquirlen und unter die Käsemischung rühren. Mit Pfeffer abschmecken, abdecken und bei mittlerer Hitze 6 Minuten kochen. Dabei umrühren, bis die Sauce glatt ist. Dann mit Baguette und Gemüse servieren.

TIPP
Geben Sie den Käse unbedingt nach und nach zum Wein und rühren Sie ihn nach jeder Zugabe sorgfältig unter, da er sonst leicht gerinnt. Falls das Fondue beim Essen zu sehr abkühlt, noch einmal auf dem Herd oder in der Mikrowell wärmen.

Gratinierte Spinat-Crêpes

25 Min. 45 Min.

4–6 PERSONEN

1 EL Sonnenblumenöl, plus etwas mehr zum Einfetten
1 Portion Crêpe-Teig (siehe Seite 6)
½ Portion heiße Käsesauce mit Parmesan (siehe Seite 5)
120 g Mozzarella, in dünnen Scheiben

FÜLLUNG
750 g frischer Spinat, dicke Stiele entfernt
25 g Butter
225 g Ricotta
1 Ei, leicht verquirlt
1 Prise frisch geriebene Muskatnuss
Salz und Pfeffer

1 Eine Pfanne einfetten, 12 Crêpes backen und warm stellen.

2 Den Spinat 7 Minuten in etwas Wasser kochen, bis er zusammenfällt. Dann abgießen, gut auspressen und hacken.

3 Den Spinat mit der Butter im Mixer oder mit dem Pürierstab glatt pürieren. Den Ricotta zugeben und einarbeiten. Alles in eine Schüssel füllen, das Ei unterrühren und die Mischung mit Muskat, Salz und Pfeffer würzen.

4 Die Spinatfüllung auf die Crêpes verteilen. Die Crêpes zusammenrollen und mit der Naht nach unten in eine leicht gefettete feuerfeste Form setzen.

5 Die Käsesauce über die Crêpe-Röllchen gießen und den Mozzarella darüberlegen. Dann die Crêpe-Röllchen 15–20 Minuten in einem vorgeheizten Backofen bei 220 °C backen, bis der Mozzarella geschmolzen und goldbraun geworden ist.

Käsewürstchen mit Kartoffelpüree

30 Min. 40 Min.

4 PERSONEN

WÜRSTCHEN
180 g Vollkornsemmelbrösel
175 g Gruyère, gerieben
1 Porreestange, fein gehackt
2 EL fein gehackte frische Petersilie
1 EL fein gehackter frischer Majoran
1 EL grobkörniger Senf
2 Eier
Pfeffer
Maiskeimöl, zum Frittieren

KARTOFFELBREI
700 g Süßkartoffeln, gewaschen
120 g Butter
1 Zwiebel, gerieben
125 g Schlagsahne
1 Prise frisch geriebene Muskatnuss
Salz und Pfeffer

1 Für den Kartoffelbrei die ungeschälten Süßkartoffeln 25–30 Minuten in leicht gesalzenem Wasser garen.

2 Inzwischen zwei Drittel der Semmelbrösel, Käse, Porree, Petersilie, Majoran und Senf in einer Schüssel vermengen. Ein Ei trennen. Das Eigelb mit dem zweiten Ei in die Schüssel geben. Die Masse mit Pfeffer würzen und kneten, bis sie bindet. Dann mit den Händen zu 8 Würstchen formen.

3 Zum Panieren das Eiweiß in einem tiefen Teller verquirlen und die restlichen Semmelbrösel in einen zweiten Teller füllen. Die Würste zunächst in Eiweiß tauchen, dann in den Semmelbröseln wenden. Lose Krumen abschütteln.

4 Die gegarten Kartoffeln abgießen und leicht abkühlen lassen, schälen und mit dem Kartoffelstampfer zerdrücken.

5 Die Butter in einer kleinen Pfanne erhitzen, die Zwiebeln zugeben und bei schwacher Hitze 5 Minuten dünsten. Die Zwiebelmischung zum Kartoffelbrei geben, die Sahne zugießen und mit einem Holzlöffel einarbeiten. Das Püree

mit Muskat, Salz und Pfeffer abschmecken und warm stellen, bis die Würstchen fertig sind.

6 Das Frittieröl auf 180–190 °C erhitzen und die Würstchen darin portionsweise jeweils 2 Minuten frittieren. Dann auf Küchenpapier abtropfen lassen und warm stellen. Wenn alle Würstchen frittiert sind, diese sofort mit dem Süßkartoffelpüree auf vorgewärmten Tellern anrichten und servieren.

Kartoffel-Pilz-Haschee

10 Min. 35 Min.

4 PERSONEN

675 g Kartoffeln, gewürfelt
1 EL Olivenöl
2 Knoblauchzehen, zerdrückt
1 grüne Paprika, entkernt und gewürfelt
1 gelbe Paprika, entkernt und gewürfelt
3 Tomaten, gehäutet, entkernt und gewürfelt
75 g kleine Champignons, halbiert
1 EL Worcestersauce
2 EL gehacktes Basilikum
Salz und Pfeffer
frische Basilikumzweige, zum Garnieren
warmes, knuspriges Brot, zum Servieren

1 Die Kartoffeln in einem großen Topf mit Salzwasser 7–8 Minuten kochen. Abgießen und beiseitestellen.

2 Das Olivenöl in einer großen Pfanne erhitzen, die Kartoffeln zufügen und unter Rühren 8–10 Minuten knusprig braten. Dann Knoblauch und Paprikawürfel zugeben und weitere 2–3 Minuten braten.

3 Tomaten und Champignons zufügen und gut mit der Kartoffel-Paprika-Mischung vermengen. Weitere 5–6 Minuten unter gelegentlichem Rühren garen.

4 Worcestersauce und Basilikum zugeben und alles mit Salz und Pfeffer abschmecken. Das fertige Haschee mit frischen Basilikumzweigen garnieren und warm mit aufgebackenem knusprigem Brot servieren.

TIPP
Viele Worcestersaucen enthalten Sardellen. Wenn Sie streng vegetarisch kochen, sollten Sie sicherstellen, dass Sie eine vegetarische Sorte gewählt haben.

Gemüse-Jambalaya

10 Min. 55 Min.

4 PERSONEN

75 g Naturreis (siehe Tipp)
2 EL Olivenöl
2 Knoblauchzehen, zerdrückt
1 rote Zwiebel, geachtelt
1 Aubergine, gewürfelt
1 grüne Paprika, entkernt und gewürfelt
50 g Babymais, längs halbiert
50 g tiefgefrorene Erbsen
100 g kleine Brokkoliröschen
150 ml Gemüsebrühe
225 g gehackte Tomaten aus der Dose
1 TL Tomatenmark
1 TL Cajun-Gewürz
½ TL zerstoßene Chillies
Salz und Pfeffer

1 Den Reis in einem großen Topf mit leicht gesalzenem Wasser etwa 20 Minuten gar kochen. Anschließend abgießen und mit kochendem Wasser abspülen. Dann noch einmal abgießen, gut abtropfen lassen und bis zur Verwendung beiseitestellen.

2 Das Öl in einer Pfanne erhitzen und darin Knoblauch und Zwiebel unter Rühren 2–3 Minuten leicht anbraten.

3 Aubergine, Paprika, Mais, Erbsen und Brokkoli in die Pfanne geben und unter gelegentlichem Rühren 2–3 Minuten dünsten.

4 Brühe, Tomaten, Tomatenmark, Cajun-Gewürz und Chillies einrühren und alles mit Salz und Pfeffer würzen. Bei schwacher Hitze 15–20 Minuten kochen, bis das Gemüse gar ist.

5 Den Reis mit der Gemüsemischung vermengen und 3–4 Minuten kochen. Das fertige Jambalaya in eine vorgewärmte Schüssel füllen und sofort servieren.

TIPP
Verwenden Sie eine Mischung aus verschiedenen Reissorten, z. B. wilden oder roten Reis, um dem Gericht eine interessantere Färbung zu verleihen.

Kartoffel-Spinat-Taschen

25 Min. 35 Min.

4 PERSONEN

225 g festkochende Kartoffeln, gewürfelt
500 g junger Blattspinat
2 EL Wasser
1 Tomate, entkernt, gehäutet und gehackt
½ TL Chilipulver
½ TL Zitronensaft
Salz und Pfeffer
225 g Filo-Teig, Tiefkühlware aufgetaut
50 g Butter, zerlassen, zum Einfetten

ZITRONEN-MAYONNAISE
150 g Mayonnaise
2 TL Zitronensaft
abgeriebene Schale von 1 Zitrone

1 Die Kartoffeln in einem Topf mit kochendem Wasser 10 Minuten weich garen. Dann abgießen, abtropfen lassen und in eine Schüssel geben.

2 Den Spinat mit dem Wasser in einen Topf geben, den Deckel aufsetzen und 2 Minuten dünsten, bis der Spinat leicht zusammengefallen ist. Dann gründlich abgießen, das Wasser mit den Händen ausdrücken und den Spinat zu den Kartoffeln geben.

3 Tomate, Chilipulver und Zitronensaft zufügen, alles verrühren und gut mit Salz und Pfeffer abschmecken.

4 8 Teigblätter leicht mit der Hälfte der zerlassenen Butter einpinseln und je 2 davon aufeinanderlegen. Die doppellagigen Teigstücke in etwa 20 cm x 10 cm große Rechtecke schneiden.

5 Die Kartoffel-Spinat-Füllung auf je eine Ecke des Teigrechtecks geben. Eine Ecke des Teigs so über die Füllung legen, dass ein Dreieck entsteht. Dieses auf das freie Rechteck klappen und die verbliebene Ecke über die Teigtasche falten, sodass wieder ein Dreieck entsteht.

6 Ein Backblech mit der restlichen Butter einfetten und die Teigtaschen darauflegen. Im vorgeheizten Backofen bei 190 °C 20 Minuten goldbraun backen.

7 Für die Mayonnaise alle Zutaten in einer Schüssel verrühren und diese mit den warmen oder kalten Teigtaschen servieren.

Maisküchlein

10 Min. 10 Min.

6 PERSONEN

325 g Mais aus der Dose, abgetropft
1 Zwiebel, fein gehackt
1 TL Currypulver
1 Knoblauchzehe, zerdrückt
1 TL gemahlener Koriander
2 Frühlingszwiebeln, gehackt
3 EL Mehl
½ TL Backpulver
1 großes Ei
4 EL Sonnenblumenöl
Salz
1 Frühlingszwiebel, in diagonalen Ringen, zum Garnieren

1 Den Mais in einer Schüssel leicht zerdrücken. Dann einzeln Zwiebel, Currypulver, Knoblauch, Koriander, Frühlingszwiebeln, Mehl, Backpulver und Ei zugeben und unterrühren. Zuletzt alles salzen.

2 Das Öl in einer Pfanne erhitzen. Jeweils 1 Esslöffel der Mischung vorsichtig in das heiße Öl setzen; dabei genug Abstand lassen, damit die Küchlein nicht ineinander laufen.

3 Die Küchlein etwa 4–5 Minuten braten, bis sie goldbraun und fest sind. Dabei einmal wenden, aber nicht zu früh, sonst fallen Sie in der Pfanne auseinander. Zuletzt die Küchlein mit einem Schaumlöffel aus der Pfanne nehmen und auf Küchenpapier abtropfen lassen. Dann heiß servieren.

TIPP
Die Frühlingszwiebeln können auch in normale Ringe geschnitten werden, doch die diagonalen Stücke wirken eleganter. Das Gericht wirkt noch reizvoller, wenn es, wie auf dem Foto abgebildet, auf großen Blättern serviert wird.

Eier im Nest

15 Min. 40 Min.

4 PERSONEN

900 g mehligkochende Kartoffeln, gewaschen
175 g Butter, plus etwas mehr zum Einfetten
Salz und Pfeffer
225 ml Milch
4 Eier
100 g Cheddar oder Gouda, gerieben

1 Die Kartoffeln in schwach gesalzenem Wasser 25 Minuten weich kochen. Dann abgießen, leicht abkühlen lassen und schälen. In eine Schüssel geben und zerdrücken.

2 125 g Butter unter die Kartoffeln mischen und alles salzen und pfeffern. Die Hälfte der Milch zugießen und mit einem Schneebesen kräftig durchschlagen. Unter Rühren die restliche Milch einarbeiten, bis das Püree locker und glatt ist.

3 Die Kartoffelmasse in eine leicht eingefettete Auflaufform füllen und mit einem Löffel vier Vertiefungen hineindrücken. Restliche Butter in Flöckchen in die Mulden geben, die Eier hineinschlagen und mit Salz und Pfeffer würzen.

4 Mit den Zinken einer Gabel um jedes Ei ein Muster einritzen, das an ein „Nest" erinnert. Den Käse über die Eier streuen und alles im vorgeheizten Backofen bei 200 °C etwa 15 Minuten backen, bis das Eiweiß gestockt und das Eigelb noch flüssig ist. Sofort servieren.

TIPP
Geben Sie die Kartoffelmasse auf keinen Fall in die Küchenmaschine. Sie wird sonst pappig.

Karotten-Kartoffel-Soufflé

15 Min. 1 Std. 40 Min.

4 PERSONEN

700 g mehligkochende Kartoffeln, gewaschen
25 g Butter
4 EL Vollkornsemmelbrösel
2 Karotten, geraspelt
2 Eier, getrennt
2 EL Orangensaft
1 Prise frisch geriebene Muskatnuss
Salz und Pfeffer
Karottenspäne, zum Garnieren
frischer Salat, zum Servieren

1 Die Kartoffeln mit einer Gabel rundum einstechen und in einem auf 190 °C vorgeheizten Backofen 1 Stunde backen.

2 Eine Auflaufform (900 ml Inhalt) mit der Butter einpinseln und mit 3 Esslöffeln Semmelbröseln ausschwenken.

3 Die gebackenen Kartoffeln halbieren und das Fruchtfleisch in eine Schüssel löffeln. Karotten, Eigelb, Orangensaft und Muskat zufügen. Salzen, pfeffern und alles vorsichtig verrühren.

4 Das Eiweiß in einer separaten Schüssel steif schlagen und mit einem Metalllöffel vorsichtig unter die Kartoffelmasse heben.

5 Die Soufflémasse in die vorbereitete Form füllen. Dann mit den restlichen Semmelbröseln bestreuen und in einem auf 200 °C vorgeheizten Backofen etwa 40–45 Minuten backen, bis das Soufflé aufgegangen und oben goldbraun ist.

6 Das fertige Soufflé mit den Karottenspänen garnieren und mit einem knackigen Salat sofort servieren.

TIPP
Öffnen Sie während des Backens keinesfalls die Backofentür, sonst fällt das Soufflé zusammen.

Bruschetta mit Zwiebeln

10 Min. 20 Min.

4 PERSONEN

6 EL natives Olivenöl extra
4 rote Zwiebeln, in dicken Streifen
2 EL Balsamico-Essig
8 schwarze Oliven, entsteint und gehackt
1 TL frische Thymianblätter
4 dicke Scheiben rustikales Brot, z. B. Ciabatta
4 Knoblauchzehen, halbiert
120 g Ziegenkäse, in Scheiben

1 In einer schweren Pfanne 2 Teelöffel Öl erhitzen. Die Zwiebeln zugeben und bei geringer Hitze 5 Minuten glasig dünsten. Dann die Hitze erhöhen und die Zwiebeln braten, bis sie Farbe bekommen. Den Essig zugießen und bis zum Verdunsten unter Rühren kochen. Zuletzt Oliven und Thymianblätter untermischen.

2 Die Brotscheiben von einer Seite unter einem vorgeheizten Grill rösten. Diese Seite mit Knoblauch einreiben. Dann das Brot mit der gerösteten Seite nach unten auf das Backblech legen, mit dem restlichen Olivenöl beträufeln und auf der zweiten Seite rösten.

3 Die Zwiebelmischung auf den Toastscheiben verteilen, den Ziegenkäse darüberlegen und das Brot weitere 2 Minuten rösten, bis der Käse geschmolzen ist. Dann sofort servieren, sonst wird der Käse wieder fest.

VARIATION
Wollen Sie Partysnacks zubereiten, verwenden Sie kleinere Scheiben von schmalen Brotstangen, beispielsweise Baguette.

Chinesische Gemüsepfanne

5 Min. 25 Min.

4 PERSONEN

3 EL Pflanzenöl
8 Perlzwiebeln, halbiert
1 Aubergine, gewürfelt
225 g Zucchini, in Scheiben
225 g große Champignons, halbiert
2 Knoblauchzehen, zerdrückt
400 g Tomaten aus der Dose, gehackt
2 EL Pesto rosso
2 EL Sojasauce
1 TL Sesamöl
1 EL chinesischer Reiswein oder trockener Sherry
Pfeffer
frische Basilikumblätter, zum Garnieren

1 Das Pflanzenöl in einem Wok erhitzen. Perlzwiebeln und Aubergine zufügen und 5 Minuten unter Rühren dünsten, bis das Gemüse gerade weich wird.

2 Zucchini, Pilze, Knoblauch, Tomaten und Pesto rosso zufügen und etwa 5 Minuten unter ständigem Rühren dünsten. Die Hitze reduzieren und weitere 10 Minuten köcheln lassen, bis das Gemüse zart ist.

3 Sojasauce, Sesamöl und Reiswein oder Sherry zugießen, zum Kochen bringen und 1 Minute garen. Dann alles mit Pfeffer würzen, in eine vorgewärmte Servierschüssel füllen, mit Basilikumblättern bestreuen und sofort servieren.

TIPP
Basilikum passt ideal zu Gemüse und chinesischen Gerichten. Sie können diesem Gericht in Schritt 2 eine Handvoll Basilikumblätter zusätzlich zufügen.

Artischocken aus der Mikrowelle

30 Min. 25 Min.

4 PERSONEN

4 Artischocken
8 EL Wasser
4 EL Zitronensaft
1 Zwiebel, gehackt
1 Knoblauchzehe, zerdrückt
2 EL Olivenöl
60 g getrocknete Tomaten in Öl, abgetropft und gehackt (das Öl aufbewahren)
225 g Champignons, gehackt
40 g schwarze Oliven, entsteint und in Scheiben
1 EL frisch gehacktes Basilikum
60 g Semmelbrösel
3 EL Pinienkerne, geröstet
Salz und Pfeffer

1 Die Stiele und äußeren Blätter der Artischocken entfernen und die Blattspitzen mit einer Schere abschneiden. Die Hälfte von Wasser und Zitronensaft in eine große Schüssel geben. 2 Artischocken in die Schüssel legen, abdecken und 5 Minuten auf höchster Stufe in der Mikrowelle garen. Dann wenden und 5 Minuten weitergaren, bis sich die Blätter leicht vom Boden lösen lassen. Die Artischocken mit der Spitze nach unten auf Küchenpapier abkühlen lassen. In der Zwischenzeit die restlichen Artischocken ebenso garen.

2 Zwiebel, Knoblauch und Olivenöl in eine Schüssel geben, abdecken und 2 Minuten auf höchster Stufe in der Mikrowelle garen.

3 Die Tomaten mit den Pilzen und Oliven zur Zwiebel-Knoblauch-Mischung geben. Zudecken und 2 Minuten auf höchster Stufe garen.

4 Basilikum, Semmelbrösel und Pinienkerne unterrühren und alles mit Salz und Pfeffer abschmecken.

5 Die Artischockenblätter vorsichtig auseinanderbiegen. Die mittleren blauvioletten Blütenblätter entfernen, das Heu in der Mitte mit einem Löffel herauskratzen und entfernen.

6 Die Füllung in vier Portionen teilen und in die Artischocken füllen. Die Blätter über der Füllung zusammendrücken.

7 Die Artischocken in eine flache Schale geben, mit etwas Öl von den Tomaten beträufeln und 7 Minuten auf höchster Stufe garen. Dann sofort servieren.

Ofenkartoffeln mit Bohnen

15 Min. 1 Std. 15 Min.

6 PERSONEN

6 große Kartoffeln (etwa 1,8 kg), gewaschen
4 EL Ghee oder Öl
1 große Zwiebel, gehackt
2 Knoblauchzehen, zerdrückt
1 TL Kurkuma
1 EL Kreuzkümmelsamen
2 EL Currypaste
350 g Kirschtomaten
400 g Augenbohnen aus der Dose, abgetropft und abgespült
400 g rote Kidney-Bohnen aus der Dose, abgetropft und abgespült
1 EL Zitronensaft
2 EL Tomatenmark
150 ml Wasser
2 EL frisch gehackte Minze oder Koriander
Salz und Pfeffer

1 Die Kartoffeln mit einer Gabel rundum einstechen und in einem vorgeheizten Backofen bei 180 °C etwa 1 Stunde backen, bis sie bei leichtem Druck ein wenig nachgeben.

2 20 Minuten vor Ende der Backzeit Ghee oder Öl in einem Topf erhitzen, die Zwiebel zugeben und bei schwacher Hitze 5 Minuten andünsten. Dann Knoblauch, Kurkuma, Kreuzkümmel und Currypaste zugeben und 1 Minute köcheln lassen.

3 Tomaten, Bohnen, Zitronensaft, Tomatenmark, Wasser und Minze oder Koriander einrühren. Alles mit Salz und Pfeffer würzen, abdecken und bei geringer Hitze unter häufigem Rühren 10 Minuten köcheln lassen.

4 Die Kartoffeln kreuzförmig einritzen und leicht auf die Schnittfläche drücken, damit sie sich öffnen. Die Bohnenmischung in die Kartoffeln füllen und mit der übrig gebliebenen Füllung als Beilage servieren.

VARIATION
Sie können die fertig gegarten Kartoffeln auch halbieren, statt sie kreuzförmig einzuritzen. Das Fruchtfleisch mit einer Gabel leicht zerdrücken, die vorbereitete Bohnenmischung darübergeben und auf vorgewärmten Tellern sofort servieren.

Sommerliche Gemüsepfanne

15 Min. 10 Min.

4 PERSONEN

2 EL Erdnuss- oder Sonnenblumenöl
2,5-cm-Stück frische Ingwerwurzel, fein gehackt
2 Knoblauchzehen, fein gehackt
120 g Prinzessbohnen
120 g Zuckererbsen
120 g Brokkoliröschen
120 g Karotten, diagonal in feine Scheiben geschnitten
120 g Spargelspitzen, diagonal geschnitten
½ rote Paprika, entkernt und gewürfelt
½ orangefarbene Paprika, entkernt und gewürfelt
½ gelbe Paprika, entkernt und gewürfelt
2 Selleriestangen, klein geschnitten
3 Frühlingszwiebeln, diagonal in Ringen
Salz
Schnittlauch, zum Garnieren

1 Die Hälfte des Öls in einem Wok erhitzen. Ingwer und Knoblauch einige Sekunden darin andünsten, dann die Bohnen zugeben und 2 Minuten dünsten.

2 Die Zuckererbsen untermischen und 1 Minute dünsten, dann Brokkoliröschen, Karotten und Spargel zugeben und weitere 2 Minuten garen.

3 Das restliche Öl zusammen mit Paprika, Sellerie und Frühlingszwiebeln in den Wok geben und 2–3 Minuten braten, bis alles knusprig und gar ist. Dann mit Salz abschmecken und mit Schnittlauch garniert servieren.

TIPP
Diagonal geschnittenes Gemüse gart wegen seiner größeren Oberfläche schneller und gleichmäßiger.

Pasta mit Pesto light

5 Min. 8–10 Min.

4 PERSONEN

225 g Linguine oder Spaghetti
60 g frische Basilikumblätter
25 g frische glatte Petersilie
1 Knoblauchzehe, grob gehackt
25 g Pinienkerne
120 g Magerquark
50 g Parmesan
Salz und Pfeffer
frische Basilikumzweige, zum Garnieren

1 In einem großen Topf leicht gesalzenes Wasser aufkochen. Die Nudeln zufügen und 8–10 Minuten al dente kochen. Anschließend abgießen, abtropfen lassen und in den Topf zurückgeben.

2 Während die Nudeln garen, jeweils die Hälfte des Basilikums und der Petersilie zusammen mit Knoblauch, Pinienkernen und Quark im Mixer oder mit dem Pürierstab glatt pürieren. Dann den Parmesan reiben und mit dem übrigen Basilikum und der Petersilie in den Mixer geben bzw. mit dem Pürierstab pürieren. Das Pesto mit Salz und Pfeffer abschmecken und noch einmal kurz durchmixen.

3 Die Pesto-Sauce über die heißen Nudeln gießen und mit zwei Gabeln gut unterheben. Dann die Pasta auf 4 vorgewärmte Teller verteilen, mit Basilikumzweigen garnieren und sofort servieren.

TIPP
Falls der Pesto zu dickflüssig ist, kann er mit dem Kochwasser der Nudeln verdünnt werden – man sollte also etwas davon zurückbehalten.

Thailändisches Omelett

10 Min. 10 Min.

4 PERSONEN

3 EL Öl
1 Knoblauchzehe, fein gehackt
1 kleine Zwiebel, fein gehackt
1 kleine Aubergine, gewürfelt
½ kleine grüne Paprika, entkernt und gehackt
1 großer getrockneter Shiitake-Pilz, eingeweicht, abgetropft und in Scheiben
1 Tomate, gewürfelt
1 EL helle Sojasauce
½ TL Zucker
¼ TL Pfeffer
2 große Eier, leicht verquirlt
Salatblätter, zum Garnieren
Tomatenspalten, zum Garnieren
Gurkenscheiben, zum Garnieren

1 Die Hälfte des Öls in einem Wok erhitzen. Den Knoblauch darin bei starker Hitze 30 Sekunden anbraten. Anschließend Zwiebel und Aubergine zugeben und unter gelegentlichem Rühren goldbraun braten.

2 Die Paprika zufügen und 1 Minute braten. Pilz, Tomate, Sojasauce, Zucker und Pfeffer zugeben und kurz erwärmen. Herausnehmen und warm stellen.

3 Das restliche Öl erhitzen und den Wok damit ausschwenken. Die Eier hineingeben und ebenfalls schwenken, sodass sie eine dünne Schicht bilden. Wenn die Eier stocken, die Füllung in die Mitte geben. Dann die Seiten hochschlagen, sodass ein viereckiges Päckchen entsteht.

4 Das fertige Omelett vorsichtig aus der Pfanne heben und mit frischen Salatblättern, Tomatenspalten und Gurkenscheiben garniert servieren.

TIPP
Wenn Sie zuerst die Pfanne stark erhitzen und dann das Öl zugeben und ebenfalls erhitzen, backt das Ei nicht am Pfannenboden an.

Überbackener Fenchel

5–10 Min. 45 Min.

4 PERSONEN

4 Fenchelknollen, halbiert
2 EL Butter, zum Einfetten
Béchamelsauce (siehe Seite 5), mit 2 Eigelb verfeinert
150 ml trockener Weißwein
Salz und Pfeffer
2 EL Semmelbrösel
3 EL frisch geriebener Parmesan
Fenchelgrün, zum Garnieren

1 Den Fenchel in einem großen Topf mit kochendem Salzwasser 20 Minuten garen, dann abtropfen lassen.

2 Eine Auflaufform mit der Butter einfetten und den abgetropften Fenchel hineinlegen.

3 Die Béchamelsauce mit dem Wein verrühren, mit Salz und Pfeffer abschmecken und über den Fenchel gießen.

4 Alles gleichmäßig mit Semmelbröseln und Parmesan bestreuen und in einem auf 200 °C vorgeheizten Backofen etwa 20 Minuten goldbraun backen. Heiß mit Fenchelgrün garniert servieren.

Leichtes Omelett

1 Std. 15 Min. 45 Min.

4 PERSONEN

175 g Kirschtomaten, halbiert
225 g gemischte Pilze, z. B. Pfifferlinge, Shiitake- oder Austernpilze und Champignons, in mundgerechten Stücken
4 EL Gemüsebrühe (siehe Seite 4)
1 Bund frischer Thymian
Salz und Pfeffer
4 Eier, getrennt
4 Eiweiß
4 TL Olivenöl
25 g Rucolablätter
frische Thymianzweige, zum Garnieren

1 Tomaten und Pilze mit Brühe und Thymian in einen Topf geben. Mit Salz und Pfeffer würzen, aufkochen und bei geringer Hitze abgedeckt 5–6 Minuten garen. Dann abgießen, den Thymian entfernen und die Mischung warm halten.

2 In einer fettfreien großen Schüssel das Eiweiß steif schlagen. Das Eigelb mit 8 Esslöffeln Wasser schaumig schlagen, auf den Eischnee geben und mit einem Metalllöffel unterheben. Dabei soll der Eischnee kaum zusammenfallen.

3 Die 4 Omeletts nacheinander braten. Dazu eine kleine Pfanne mit 1 Teelöffel Öl auspinseln und erhitzen. Jeweils ein Viertel der Eimasse zugießen und etwa 5 Minuten garen, bis sie stockt.

4 Den Grill auf mittlere Hitze vorheizen und die fertigen Omeletts 2–3 Minuten von beiden Seiten knusprig backen.

5 Die fertigen Omeletts auf vorgewärmte Teller legen und je eine Hälfte mit einem Viertel der Pilzmischung und einigen Rucolablättern belegen. Die andere Hälfte darüberklappen. Mit Thymianzweigen garnieren und sofort servieren.

Thailändische Nudelrösti

5 Min. 10 Min.

4 PERSONEN

125 g dünne Reisnudeln
2 Frühlingszwiebeln, in feinen Ringen
1 Stängel Zitronengras, in feinen Ringen
3 EL Kokosraspel
Salz und Pfeffer
2 EL Sesamöl, plus etwas mehr zum Einfetten
115 g Bohnensprossen
1 kleine rote Zwiebel, in dünnen Ringen
1 Avocado, in dünnen Scheiben
2 EL Limettensaft
2 EL Reiswein
1 TL Chilisauce
rote Chillies, zum Garnieren

1 Die Nudeln in kurze Stücke brechen und gemäß Packungsanweisung in heißem Wasser einweichen. Abtropfen lassen und mit Küchenpapier abtupfen.

2 Nudeln, Frühlingszwiebeln, Zitronengras und Kokosraspel vermengen und alles mit Salz und Pfeffer würzen.

3 Etwas Öl in einer Pfanne sehr hoch erhitzen. Eine runde metallene Ausstechform (Ø 9 cm) mit ein wenig Öl einpinseln und in die Pfanne legen. Einen Teil der Nudelmischung in die Form geben, sodass der Pfannenboden gerade bedeckt ist. Die eingefüllte Mischung mit einem Löffel leicht andrücken.

4 Die Nudeln 30 Sekunden braten, dann die Form entfernen und das Rösti unter einmaligem Wenden goldbraun braten. Auf Küchenpapier abtropfen lassen. Den restlichen Teig ebenso verarbeiten, um etwa 12 Rösti zu erhalten.

5 Auf einer Platte die fertigen Rösti abwechselnd mit Bohnensprossen,

Zwiebelringen und Avocadoscheiben aufschichten.

6 Limettensaft, Reiswein und Chilisauce verrühren und unmittelbar vor dem Servieren über die Rösti gießen. Mit ganzen Chillies garniert servieren.

Gnocchi mit Tomatensauce

30 Min. 45 Min.

4 PERSONEN

350 g mehligkochende Kartoffeln, halbiert
Salz und Pfeffer
85 g Mehl, plus etwas mehr zum Bestäuben
1 TL Backpulver
2 TL getrockneter Oregano
2 EL Öl
1 große Zwiebel, gehackt
2 Knoblauchzehen, zerdrückt
400 g gehackte Tomaten aus der Dose
½ Würfel Gemüsebrühe, in 100 ml kochendem Wasser aufgelöst
2 EL in Streifen geschnittenes frisches Basilikum
frische Basilikumblätter, zum Garnieren
frisch geriebener Parmesan, zum Servieren

1 Die ungeschälten Kartoffeln in einem Topf mit kochendem Salzwasser etwa 12–15 Minuten garen. Dann abgießen und abkühlen lassen.

2 Die abgekühlten Kartoffeln schälen, zerdrücken, mit Salz, Pfeffer, Mehl, Backpulver und Oregano mischen und von Hand zu einem festen Teig kneten.

3 Den Kartoffelteig zu einer Rolle mit einem Durchmesser von etwa 2 cm formen. Hiervon etwa 2 cm dicke Scheiben abschneiden. Die Hände mit Mehl bestäuben, jede Scheibe auf den Zeigefinger legen und von oben mit einer Gabel andrücken.

4 Für die Sauce das Öl in einer Pfanne erhitzen. Zwiebel und Knoblauch darin 3–4 Minuten dünsten. Tomaten und Brühe zugeben und 10 Minuten kochen. Dann mit Salz und Pfeffer abschmecken.

5 Wasser in einem großen Topf aufkochen und die Gnocchi darin garen.

6 Die Basilikumstreifen in die Tomatensauce geben und diese sofort über die fertigen Gnocchi gießen. Mit Basilikum garnieren und mit Parmesan bestreuen.

Indische Reisflocken

15 Min. 15–20 Min.
+ Einweichzeit

4 PERSONEN

300 ml Öl
2 TL Schwarzkümmel
6 Curryblätter
200 g Parva (Reisflocken)
2 EL Erdnüsse
25 g Rosinen
75 g Zucker
2 TL Salz
2 TL Chilipulver
50 g Sev (nach Belieben; siehe Tipp)
50 g Chana Dhal (gelbe Spalterbsen), 3 Stunden in kaltem Wasser eingeweicht und abgetropft

1 Das Öl in einem kleinen Topf erhitzen. Schwarzkümmel und Curryblätter zugeben und unter ständigem Rühren rösten, bis der Schwarzkümmel goldbraun ist.

2 Die Reisflocken zu den Gewürzen in den Topf geben und ebenfalls anbraten. Dann die Reisflockenmischung herausnehmen, auf Küchenpapier abtropfen lassen und in eine Schüssel umfüllen.

3 Die Erdnüsse unter Rühren im restlichen Öl rösten. Dann mit Rosinen, Zucker, Salz und Chilipulver zu den Reisflocken geben und alles gut verrühren. Nach Belieben die Sev zufügen. Das Ganze in eine Servierschüssel füllen.

4 Das Öl im Topf wieder erhitzen. Die Chana Dhal zugeben und darin goldgelb braten. Anschließend in die Servierschüssel geben und alles gut miteinander vermengen.

5 Das fertige Gericht sofort servieren oder in einem luftdicht verschließbaren Behälter aufbewahren.

TIPP
Sev sind dünne Brotstäbchen aus Kichererbsenmehl. Sie sind in asiatischen Lebensmittelläden erhältlich.

Paglia e fieno

15 Min. 12 Min.

4 PERSONEN

500 g gemischte weiße und grüne Tagliarini oder Spaghetti
60 g Butter
900 g frische Erbsen, gepalt
200 g Crème double
60 g Pecorino, frisch gerieben, plus etwas mehr zum Servieren
1 Prise frisch geriebene Muskatnuss
Salz und Pfeffer

1 In einem großen Topf leicht gesalzenes Wasser zum Kochen bringen. Die Nudeln zufügen, erneut zum Kochen bringen und 8–10 Minuten al dente garen.

2 Inzwischen die Butter in einer Pfanne zerlassen. Die Erbsen hineingeben und bei geringer Hitze 4–5 Minuten dünsten, dabei häufig umrühren. 150 g Crème double zugießen, aufkochen und 1 Minute köcheln lassen.

3 Die Nudeln gut abtropfen lassen und zu den Erbsen geben. Die restliche Crème double zufügen, den Pecorino darüberstreuen und mit Muskat, Salz und Pfeffer abschmecken. Gut durchmischen und sofort in einer vorgewärmten Schüssel servieren.

TIPP
Erbsen lassen sich zwar gut einfrieren, doch in Geschmack und Konsistenz sind sie nicht mit Frischware zu vergleichen. Nicht nur dieses Gericht schmeckt in der Erbsen-Saison am besten.

Crêpes mediterran

25 Min. 1 Std. 15 Min.

4–6 PERSONEN

1 EL Sonnenblumenöl, plus etwas mehr zum Einfetten
1 Portion Crêpe-Teig (siehe Seite 6)
25 g Butter, zerlassen
3 EL frisch geriebener Parmesan

FÜLLUNG
2 EL Olivenöl
1 Zwiebel, gehackt
2 Knoblauchzehen, fein gehackt
1 kleine Aubergine, gewürfelt
1 rote Paprika, entkernt und gewürfelt
4 Tomaten, gehäutet, entkernt und gewürfelt
1 EL Pesto rosso
1 EL frisch gehackte Petersilie
2 TL frisch gehackter Thymian
Salz und Pfeffer

1 Eine Pfanne mit Öl einfetten und erhitzen. Etwas Teig hineingeben und die Pfanne so drehen, dass er den Boden dünn bedeckt. Knapp 1 Minute backen, bis die Unterseite leicht braun ist. Dann den Pfannkuchen wenden und die andere Seite etwa 30 Sekunden backen. Die Crêpe auf eine vorgewärmte Platte gleiten lassen. Aus dem Teig insgesamt 12 Crêpes zubereiten und auf der Platte, jeweils durch Backpapier getrennt, ablegen.

2 Für die Füllung das Öl in einer schweren Pfanne erhitzen. Die Zwiebel zugeben und unter gelegentlichem Wenden 5 Minuten glasig dünsten. Knoblauch, Aubergine und Paprika zugeben und 10 Minuten kochen.

3 Tomaten, Pesto rosso, Petersilie und Thymian unterrühren. Alles mit Salz und Pfeffer abschmecken und abgedeckt 15 Minuten köcheln lassen.

4 Eine Auflaufform leicht einfetten. Die Füllung auf die Crêpes verteilen, zusammenrollen und mit der Naht nach unten in die Form legen. Mit zerlassener Butter bestreichen, mit Parmesan bestreuen und 15 Minuten im vorgeheizten Backofen bei 190 °C backen. Sofort servieren.

Frittierte Kümmelplätzchen

15 Min. 15–20 Min.

4 PERSONEN

150 g Mehl
1 TL Backpulver
½ TL Salz
1 EL Schwarzkümmel
100 ml Wasser
300 ml Öl
Dhal, zum Servieren

1 Das Mehl in eine große Schüssel sieben und mit Backpulver, Salz und Schwarzkümmel vermengen. Das Wasser zugeben und alles zu einem weichen Teig verarbeiten.

2 Den Teig auf einer sauberen Arbeitsfläche etwa 6 mm dick ausrollen und mit einem scharfen Messer rautenförmige Plätzchen aus dem Teig schneiden. Die verbliebenen Teigränder erneut ausrollen und weitere Rauten ausschneiden, bis der gesamte Teig verarbeitet ist.

3 Das Öl in einer großen Pfanne auf etwa 180 °C erhitzen (ein Brotwürfel sollte in 30 Sekunden braun werden). Die Plätzchen vorsichtig ins Öl geben und – eventuell portionsweise – goldbraun frittieren.

4 Die frittierten Plätzchen mit einem Schaumlöffel herausnehmen und auf Küchenpapier abtropfen lassen. Dann mit einem Dhal (Linsengericht) zum Dippen servieren.

Dim Sum mit Gemüse

15 Min. 15 Min.

4 PERSONEN

2 Frühlingszwiebeln, gehackt
25 g Prinzessbohnen, gehackt
½ kleine Karotte, fein gehackt
1 rote Chilischote, gehackt
25 g Bohnensprossen, gehackt
25 g junge Champignons, gehackt
25 g ungesalzene Cashewkerne, gehackt
1 kleines Ei, verquirlt
2 EL Speisestärke
1 TL helle Sojasauce
1 TL Hoisin-Sauce
1 TL Sesamöl
32 Dim-Sum-Blätter oder Wantan-Blätter
Öl, zum Frittieren
1 EL Sesamsaat
Soja- oder Pflaumensauce, zum Servieren

1 Das Gemüse in einer Schüssel mischen. Nüsse, Ei, Speisestärke, Soja- und Hoisin-Sauce sowie Sesamöl zufügen und gut mit dem Gemüse vermengen.

2 Die Dim-Sum-Blätter auf der Arbeitsfläche ausbreiten und etwas von der Mischung in die Mitte eines jeden Teigblatts geben. Dann die Ränder über der Füllung zu kleinen Päckchen zusammenfalten, aber offen lassen.

3 Das Frittieröl auf etwa 180 °C erhitzen (ein Brotwürfel sollte darin in 30 Sekunden braun werden). Die Dim Sums portionsweise in 1–2 Minuten goldbraun frittieren. Mit einem Schaumlöffel herausheben, auf Küchenpapier abtropfen lassen und warm halten, bis die restlichen Dim Sums fertig sind.

4 Die fertigen Dim Sums mit Sesam bestreuen und mit Soja- oder Pflaumensauce zum Dippen servieren.

TIPP
Wenn Sie eine gesündere Garmethode vorziehen, können Sie die Dim Sums auch 5–7 Minuten in einem Dämpftopf garen.

Mexikanische Pizzen

10 Min. 20 Min.

4 PERSONEN

4 fertige Pizzaböden
1 EL Olivenöl
200 g gehackte Tomaten aus der Dose
2 EL Tomatenmark
200 g Kidney-Bohnen aus der Dose, abgetropft und abgespült
120 g Mais, Tiefkühlware aufgetaut
1–2 TL Chilisauce
Salz und Pfeffer
1 große rote Zwiebel, in Ringen
100 g Gouda, gerieben
1 frische grüne Chili, entkernt und in Ringen

1 Den Backofen auf 220 °C vorheizen. Die Pizzaböden auf ein mit Backpapier ausgelegtes Backblech geben und dünn mit dem Olivenöl bestreichen.

2 Tomaten, Tomatenmark, Bohnen und Mais in einer Schüssel mischen. Die Chilisauce zugeben und alles mit Salz und Pfeffer würzen.

3 Die Gemüsemischung gleichmäßig auf den Pizzaböden verteilen, dabei einen schmalen Rand lassen. Anschließend die Zwiebelringe auf die Gemüsemischung legen und die Pizzen mit dem geriebenen Käse bestreuen. Zuletzt mit einigen Chiliringen dekorieren.

4 Die Pizzen 20 Minuten backen, bis das Gemüse weich ist, der Käse schmilzt und der Teigrand knusprig und goldbraun ist. Dann die fertigen Pizzen vom Backblech nehmen, auf Tellern anrichten und sofort servieren.

TIPP
Reichen Sie einen mexikanischen Tomaten-Avocado-Salat zu den Pizzen. Richten Sie dazu Tomatenscheiben, frischen Koriander und einige Scheiben einer reifen Avocado auf Tellern an und geben Sie frischen Limettensaft sowie grobes Salz darüber.

Kartoffeln mit Hüttenkäse

10 Min. 1 Std.

4 PERSONEN

4 Kartoffeln, gewaschen
2 TL Pesto rosso
½ TL gemahlener Koriander
Salz und Pfeffer
1 EL Olivenöl
3–4 Frühlingszwiebeln, fein gehackt
1–2 frische grüne Chillies, entkernt und fein gehackt
1 EL Tequila
1 EL frischer fein gehackter Koriander
225 g fettarmer Hüttenkäse
Limettenspalten und frische Korianderzweige, zum Garnieren

1 Jede Kartoffel in der Mitte kreuzweise einschneiden und die Schale mit einer Gabel einstechen. Die Kartoffeln einzeln in Alufolie einpacken und im vorgeheizten Backofen bei 200 °C etwa 1 Stunde backen.

2 In der Zwischenzeit Pesto rosso und gemahlenen Koriander in einem Schälchen verrühren. Mit Salz und Pfeffer würzen.

3 Kurz bevor die Kartoffeln gar sind, das Öl in einem Topf erhitzen. Frühlingszwiebeln und Chillies hineingeben und etwa 2–3 Minuten weich dünsten, dabei gelegentlich umrühren. Pesto-Rosso-Mischung und Tequila untermischen und 1 Minute kochen. Vom Herd nehmen, frischen Koriander und Hüttenkäse einrühren und alles gut vermischen.

4 Die Kartoffeln auspacken und leicht drücken, sodass sie an den Einschnitten aufplatzen. Die Hüttenkäse-Tomaten-Füllung auf die Kartoffeln verteilen und mit Limettenspalten und Korianderzweigen garniert servieren.

Spanisches Kartoffelomelett

20 Min. 35 Min.

6 PERSONEN

6 große Eier
Salz und Pfeffer
125 ml Olivenöl
600 g Kartoffeln, in Scheiben
1 große Zwiebel, in Ringen
1 große Knoblauchzehe, zerdrückt
Salat, zum Servieren

1 Die Eier in einer großen Schüssel verquirlen und mit Salz und Pfeffer abschmecken.

2 Eine beschichtete Pfanne bei starker Hitze erwärmen. Das Olivenöl zugießen und erhitzen. Die Hitze reduzieren, Kartoffeln, Zwiebel und Knoblauch zufügen und unter häufigem Rühren 15–20 Minuten dünsten, bis die Kartoffeln weich sind. Dann mit einem Schaumlöffel aus der Pfanne nehmen und zu den Eiern geben.

3 Das Öl aus der Pfanne in ein hitzebeständiges Kännchen gießen und die braunen Krusten vom Pfannenboden kratzen.

4 Die Pfanne erneut erhitzen. 2 Esslöffel Öl und die Kartoffel-Ei-Mischung hineingeben. Die Kartoffeln zu einer glatten Schicht zusammendrücken. 5 Minuten braten, dabei die Pfanne gelegentlich schütteln, damit die Tortilla nicht am Boden haftet. Dann wenden, mit dem Spatel die Ränder herunterdrücken und weitere 3–5 Minuten bei mittlerer Hitze braten, bis die Tortilla fest ist.

5 Die Pfanne vom Herd nehmen und die Tortilla auf einen Servierteller gleiten lassen. Vor dem Schneiden mindestens 5 Minuten stehen lassen. Mit einem frischen Salat heiß oder warm servieren.

TIPP
Zum Wenden die Tortilla mit einem Spatel an den Rändern lösen. Einen großen Teller über die Pfanne stülpen und die Tortilla vorsichtig auf den Teller stürzen. Dann mit der gebratenen Seite nach oben wieder in die Pfanne gleiten lassen.

Spinatomelett mit Kräutern

15 Min. 12 Min.

6–8 PERSONEN

4 EL Olivenöl
6 Frühlingszwiebeln, in Ringen
250 g junger Blattspinat
6 große Eier
Salz und Pfeffer
3 EL frisch gehackte Kräuter, z. B. glatte Petersilie und Koriander
2 EL frisch geriebener Parmesan, plus etwas mehr zum Garnieren
frische Petersilie, zum Garnieren

1 Eine beschichtete Pfanne mit feuerfestem Griff bei mittlerer Hitze erwärmen. Das Öl zufügen und die Frühlingszwiebeln darin etwa 2 Minuten dünsten. Dann den Spinat in die Pfanne geben und so lange dünsten, bis er zusammenfällt.

2 Die Eier in einer großen Schüssel verquirlen und mit Salz und Pfeffer würzen. Spinat und Frühlingszwiebeln zufügen und mit den Kräutern unterrühren. Das Olivenöl aus der Pfanne in ein feuerfestes Kännchen gießen und die braunen Krusten vom Pfannenboden kratzen.

3 Die Pfanne erneut erhitzen. 2 Esslöffel Öl hineingeben. Die Ei-Spinat-Mischung zufügen und zu einer glatten Schicht zusammendrücken. Etwa 6 Minuten braten, bis der Boden fest geworden ist, dabei gelegentlich die Pfanne schütteln.

4 Das Omelett mit Parmesan bestreuen. Die Pfanne unter den vorgeheizten Grill schieben und etwa 3 Minuten grillen, bis die Flüssigkeit verdampft und der Käse goldbraun ist.

5 Das fertige Omelett auf einen Servierteller gleiten lassen und vor dem Schneiden mindestens 5 Minuten stehen lassen. Mit Parmesan und Petersilie garnieren und heiß, warm oder bei Zimmertemperatur servieren.

Knoblauch-Nuss-Törtchen

20 Min. 15 Min.

4 PERSONEN

4 Scheiben Weizenvollkornbrot
50 g Pinienkerne, geröstet
150 g Butter
5 Knoblauchzehen, halbiert
2 EL frisch gehackter Oregano
4 schwarze Oliven, halbiert
Oreganoblätter, zum Garnieren

1 Das Brot mit einem Nudelholz leicht flach walzen. Mit einer Ausstechform 4 Kreise von mindestens 10 cm Durchmesser aus den Scheiben stechen und in Tortelettformen einpassen. Die Brotreste aufbewahren und für mindestens 10 Minuten in den Kühlschrank legen.

2 Brotreste, Pinienkerne, Butter, Knoblauch und Oregano im Mixer oder Mörser zu einer grobkörnigen Paste verarbeiten.

3 Die fertige Paste auf die in die Tortelettformen eingepassten Teigkreise geben und mit den Olivenhälften garnieren. Anschließend 10–15 Minuten in einem auf 200 °C vorgeheizten Backofen goldbraun backen.

4 Die fertigen Törtchen auf Teller verteilen und noch warm mit frischem Oregano garniert servieren.

VARIATION

Statt Brot können Sie auch 200 g Blätterteig verwenden. Die ausgestochenen Kreise 20 Minuten kalt stellen, dann in die Tortelettformen einpassen, mit Alufolie abdecken und 10 Minuten vorbacken. Die Folie entfernen und den Teig weitere 3–4 Minuten backen, bis er abgesunken ist, dann belegen.

Spinat-Frittata

20 Min. 20 Min.

4 PERSONEN

450 g Spinat
2 TL Wasser
4 Eier, verquirlt
2 EL Schlagsahne
2 Knoblauchzehen, zerdrückt
55 g Mais aus der Dose, abgetropft
1 Selleriestange, gehackt
1 rote Chili, gehackt
2 Tomaten, entkernt und gewürfelt
2 EL Olivenöl
2 EL Butter
4 EL Pekannusshälften
2 EL frisch geriebener Pecorino
25 g Fontina, gewürfelt
1 Prise Paprikapulver

1 Den Spinat mit dem Wasser in einen Topf geben, abdecken und 5 Minuten garen. Anschließend abtropfen lassen und mit Küchenpapier trocken tupfen.

2 Eier, Spinat, Sahne, Knoblauch, Mais, Sellerie, Chili und Tomaten in eine Schüssel geben und gut miteinander vermengen.

3 Das Öl und die Butter in einer schweren Pfanne (Ø 20 cm) bei mittlerer Hitze heiß werden lassen. Die Ei-Mischung zugeben, mit Nüssen, Käse und Paprika bestreuen und bei mittlerer Hitze ohne zu rühren 5–7 Minuten garen, bis die Unterseite der Frittata goldbraun ist.

4 Einen Teller über die Pfanne legen, die Frittata stürzen, in die Pfanne zurückgleiten lassen und weitere 2–3 Minuten braten. Die fertige Frittata direkt aus der Pfanne servieren oder auf einen Servierteller geben.

Tomaten-Zwiebel-Auflauf

10 Min. 1 Std.

4 PERSONEN

60 g Butter, plus etwas mehr zum Einfetten
2 große Zwiebeln, in dünnen Ringen
500 g Tomaten, gehäutet und in Scheiben
120 g Semmelbrösel
Salz und Pfeffer
4 Eier

1 In einer schweren Pfanne 40 g Butter zerlassen. Die Zwiebeln zugeben und unter gelegentlichem Rühren 5 Minuten weich dünsten.

2 Zwiebeln, Tomaten und Semmelbrösel in getrennten Lagen in eine leicht gefettete Auflaufform schichten, jede Lage salzen und pfeffern. Die restliche Butter in Flöckchen daraufsetzen und 40 Minuten im vorgeheizten Backofen bei 180 °C backen.

3 Mit dem Löffelrücken vier Vertiefungen in die Masse drücken und jeweils 1 Ei hineinschlagen. Zurück in den Backofen geben und weitere 15 Minuten backen, bis die Eier gestockt sind. Dann sofort servieren.

VARIATION

Für eine würzigere Variante kann man in Schritt 1 zu den gedünsteten Zwiebeln 2 entkernte und in Streifen geschnittene rote Paprika in die Pfanne geben und 10 Minuten garen. Mit 1 Prise Cayennepfeffer würzen und als weitere Zutat in die Form schichten.

Porreetörtchen

30 Min. + Kühlzeit 40 Min.

6 PERSONEN

1 Portion Mürbeteig (siehe Seite 6)
Mehl, für die Arbeitsfläche
Butter, zum Einfetten
getrocknete Bohnen, zum Backen

FÜLLUNG
25 g Butter
1 Zwiebel, in dünnen Ringen
450 g Porree, in dünnen Ringen
2 TL frisch gehackter Thymian
60 g Gruyère, gerieben
3 Eier
300 g Crème double
Salz und Pfeffer

1 Den Teig auf einer bemehlten Arbeitsfläche ausrollen und 6 Teigplatten von 13 cm Durchmesser ausstechen. 6 eingefettete Formen (Ø 10 cm) damit auslegen. Den Boden einstechen und Teig 30 Minuten kalt stellen.

2 Die Förmchen mit Alufolie auslegen, getrocknete Bohnen einfüllen und im vorgeheizten Backofen bei 190 °C 8 Minuten blindbacken. Dann Alufolie und Bohnen entfernen und weitere 2 Minuten backen. Die Förmchen zum Auskühlen auf ein Kuchengitter stellen.

3 Für die Füllung die Butter in einer schweren Pfanne zerlassen. Die Zwiebel zugeben und unter gelegentlichem Wenden 5 Minuten weich dünsten. Dann Porree und Thymian zugeben und alles weitere 10 Minuten dünsten; dabei ab und zu umrühren. Die Porree-Zwiebel-Mischung auf die Förmchen verteilen und den Käse darüberstreuen.

4 Eier und Sahne leicht verquirlen und mit Salz und Pfeffer abschmecken.

5 Die Tortenförmchen auf ein Backblech setzen und jeweils mit Eimasse übergießen. 15 Minuten bei 180 °C im vorgewärmten Backofen backen, bis die Füllung fest und goldbraun geworden ist. Auf einem Kuchengitter etwas abkühlen lassen, dann aus den Formen nehmen und servieren.

Bohnen-Burger

15 Min. 20 Min.

4 PERSONEN

1 EL Sonnenblumenöl, plus etwas mehr zum Bestreichen
1 Zwiebel, fein gehackt
1 Knoblauchzehe, fein gehackt
1 TL gemahlener Koriander
1 TL gemahlener Kreuzkümmel
120 g Champignons, fein gehackt
425 g rote Kidney- oder Pinto-Bohnen aus der Dose, abgetropft und gewaschen
2 EL frisch gehackte glatte Petersilie
Salz und Pfeffer
Mehl, für die Arbeitsfläche
4 Burger-Brötchen, aufgeschnitten, zum Servieren
Salat, zum Servieren

1 Das Öl in einer schweren Pfanne erhitzen. Die Zwiebel zugeben und 5 Minuten weich dünsten. Knoblauch, Koriander und Kreuzkümmel zugeben und 1 Minute unter häufigem Rühren mitdünsten. Die Pilze zufügen und unter ständigem Rühren 4–5 Minuten dünsten, bis alle Flüssigkeit verkocht ist. Dann alles in eine Schüssel umfüllen.

2 Die Bohnen in einer kleinen Schüssel mit dem Kartoffelstampfer oder einer Gabel zerdrücken. Zusammen mit der Petersilie unter die Pilze mischen und mit Salz und Pfeffer abschmecken.

3 Aus der Mischung 4 flache runde Bratlinge formen und in Mehl wälzen. Mit Öl bestreichen und unter dem vorgeheizten Grill 4–5 Minuten von jeder Seite braten. In den Burger-Brötchen servieren, dazu einen Salat reichen.

VARIATION
Die Pilze können durch 120 g fein gehackte Zucchini und Karotten ersetzt werden.

Pilz-Zwiebel-Quiche

40 Min. + Kühlzeit 1 Std. 15 Min.

4–6 PERSONEN

1 Portion Mürbeteig (siehe Seite 6), gekühlt
Mehl, für die Arbeitsfläche
Butter, zum Einfetten
getrocknete Bohnen, zum Backen

FÜLLUNG
50 Butter
3 rote Zwiebeln, halbiert und geschnitten
350 gemischte Wildpilze, z. B. Steinpilze, Morcheln, Pfifferlinge oder Austernpilze
2 TL gehackter frischer Thymian
1 Ei
2 Eigelb
100 g Crème double
Salz und Pfeffer

1 Den Teig auf einer bemehlten Arbeitsfläche ausrollen und eine leicht eingefettete Kuchenform (Ø 23 cm) damit auskleiden. Den Boden einstechen und 30 Minuten kalt stellen.

2 Mit Alufolie abdecken, getrocknete Bohnen einfüllen und im vorgeheizten Backofen bei 190 °C 25 Minuten blindbacken. Folie und Bohnen entfernen und auf einem Kuchengitter abkühlen lassen.

3 Für die Füllung die Butter in einer großen Pfanne zerlassen. Die Zwiebeln zugeben und bei schwacher Hitze abgedeckt 20 Minuten dünsten, dabei ab und zu umrühren. Pilze und Thymian untermischen und alles weitere 10 Minuten kochen. Dann die Mischung auf den abgekühlten Boden in der Kuchenform füllen und diese auf ein Backblech setzen.

4 Ei, Eigelb und Crème double leicht verquirlen und mit Salz und Pfeffer würzen. Über die Pilzfüllung gießen und in einem auf 180 °C vorgeheizten Backofen 20 Minuten backen, bis die Füllung gestockt und goldbraun ist. Heiß oder kalt servieren.

TIPP
Sie können auch tiefgefrorenen Mürbeteig verwenden. Er muss jedoch vor dem Gebrauch vollständig aufgetaut werden.

Scharfe Gemüseplätzchen

15 Min. 10 Min.

4–6 PERSONEN

150 g Mehl
1 TL gemahlener Koriander
1 TL gemahlener Kreuzkümmel
1 TL Kurkuma
1 TL Salz
½ TL Pfeffer
2 Knoblauchzehen, fein gehackt
3-cm-Stück frische Ingwerwurzel, gehackt
2 frische kleine grüne Chillies, fein gehackt
1 EL frisch gehackte Korianderblätter
225 ml Wasser
1 Zwiebel, gehackt
1 Kartoffel, grob gerieben
85 g Mais
1 kleine Aubergine, gewürfelt
125 g Brokkoli, in Röschen
Kokosfett, zum Frittieren

CHILI-DIP
2 frische kleine rote Chillies, fein gehackt
4 EL Zucker
4 EL Reisessig
1 EL helle Sojasauce

1 Alle Zutaten für den Dip so lange verrühren, bis der Zucker aufgelöst ist. Dann abdecken und bis zum Servieren beiseitestellen, sodass sich das Aroma entfalten kann.

2 Das Mehl in eine Schüssel geben und mit gemahlenem Koriander, Kreuzkümmel, Kurkuma, Salz und Pfeffer vermengen. Knoblauch, Ingwer, Chillies und gehackten Koriander zufügen, dann so viel von dem Wasser einrühren, dass ein dicker Teig entsteht.

3 Zwiebel, Kartoffel, Mais, Aubergine und Brokkoli zugeben und alles gründlich verrühren.

4 In einer Pfanne das Kokosfett auf 180 °C erhitzen (ein Brotwürfel sollte darin in 30 Sekunden braun werden). Den Teig löffelweise in das heiße Öl geben und goldbraun frittieren, dabei einmal wenden. Die fertigen Plätzchen im Backofen warm halten, während der restliche Teig verarbeitet wird.

5 Alle Plätzchen vor dem Servieren gründlich auf Küchenpapier abtropfen lassen. Anschließend sofort – so lange sie noch heiß und knusprig sind – mit dem vorbereiteten Chili-Dip anrichten und servieren.

Tomatenschiffchen

35 Min. 20 Min.

6 PERSONEN

etwas Mehl, für die Arbeitsfläche
250 g Blätterteig, Tiefkühlware aufgetaut
1 Ei, verquirlt
2 EL Pesto (siehe Seite 61)
6 Eiertomaten, in Scheiben
Salz und Pfeffer
frische Thymianblätter, zum Garnieren (nach Belieben)

1 Auf einer leicht bemehlten Arbeitsfläche den Teig zu einem Rechteck von 30 cm x 25 cm Seitenlänge ausrollen. Das Rechteck halbieren und die Hälften in je 3 Stücke schneiden, sodass 6 gleich große Rechtecke entstehen. Die Ränder der Teigstücke rundum einkerben und mit dem verquirlten Ei bestreichen.

2 Den Pesto gleichmäßig auf die Teigstücke verteilen; dabei einen Rand von 2,5 cm lassen.

3 Die Tomatenscheiben auf den Pesto legen, sodass sich 4 Tomatenscheiben pro Teigstück überlappen. Dann mit Salz und Pfeffer würzen und nach Belieben mit frischen Thymianblättern bestreuen.

4 Das so vorbereitete Gebäck in einem auf 200 °C vorgeheizten Backofen etwa 15–20 Minuten backen, bis es gut aufgegangen und goldbraun geworden ist. Dann die fertigen Tomatenschiffchen herausnehmen und sofort servieren.

VARIATION

Statt den Teig in kleine Rechtecke zu schneiden, können Sie ihn auch zu einem großen Rechteck ausrollen und wie beschrieben belegen.

Chilinudeln

10 Min. 15 Min.

6 PERSONEN

2 frische rote Chillies
2 Knoblauchzehen, fein gehackt
550 g passierte Tomaten oder zerdrückte Eiertomaten
200 g gehackte Tomaten aus der Dose
200 ml trockener Weißwein
4 TL Pesto rosso
450 g Gemelli (siehe Tipp)
3 EL frisch gehackte glatte Petersilie
Salz und Pfeffer
frisch geriebener Parmesan, zum Servieren (nach Belieben)

1 Die ganzen Chillies, Knoblauch, passierte oder zerdrückte Tomaten, gehackte Tomaten aus der Dose, Weißwein und Pesto rosso in einen großen Topf füllen und unter gelegentlichem Rühren aufkochen. Dann die Hitze reduzieren und etwa 10–15 Minuten köcheln lassen.

2 In einem großen Topf leicht gesalzenes Wasser aufkochen. Die Nudeln zugeben und 8–10 Minuten al dente kochen. Gut abtropfen lassen und in eine große, vorgewärmte Servierschüssel füllen.

3 Die Chillies aus der Sauce nehmen – wer es scharf mag, kann auch eine oder beide hacken und der Sauce zufügen. Die Sauce kräftig mit Salz und Pfeffer abschmecken, über die Nudeln gießen, alles gut durchmischen und sofort servieren. Nach Belieben mit Parmesan bestreuen.

TIPP

Gemelli bedeutet „Zwilling", denn für diese Nudeln werden zwei Teigstückchen miteinander verdreht. Jede andere kurze Nudelform eignet sich ebenso gut für das Gericht.

Tomaten-soufflés

30 Min. 30 Min.

6 PERSONEN

6 große Fleischtomaten
25 g Butter
25 g Mehl
2 EL Crème double
2 EL frisch geriebener Parmesan
½ TL Senfpulver
1 Prise gemahlene Muskatnuss
Salz und Pfeffer
5 Eiweiß
4 Eigelb

1 Die Tomaten halbieren, aushöhlen und kopfüber auf Küchenpapier abtropfen lassen. Fruchtfleisch und Kerne in einem kleinen Topf 3 Minuten köcheln lassen. Anschließend durch ein feines Sieb in eine Schüssel passieren.

2 In einem kleinen Topf die Butter zerlassen. Das Mehl zugeben und unter Rühren 1 Minute anschwitzen. Vom Herd nehmen und nach und nach passierte Tomaten und Crème double unterrühren. Zurück auf den Herd stellen und 2 Minuten unter ständigem Rühren eindicken lassen.

3 Den Topf vom Herd nehmen, Käse und Senfpulver untermischen und alles mit Muskat, Salz und Pfeffer abschmecken. Dann 10 Minuten zum Abkühlen beiseitestellen.

4 Das Eiweiß in einer fettfreien Schüssel steif schlagen.

5 Das Eigelb nach und nach unter die Tomatenmasse mischen. 2 Esslöffel Eischnee einrühren, den Rest unterheben. Falls nötig, die Innenwände der Tomaten trocken tupfen, dann die Soufflémasse einfüllen.

6 Die Soufflés auf ein Backblech setzen und in einem vorgeheizten Backofen bei 220 °C 5 Minuten backen. Dann die Temperatur auf 200 °C reduzieren und weitere 15–20 Minuten backen, bis die Oberfläche goldbraun ist. Heiß servieren.

Porree-Kräuter-Soufflé

15 Min. 50 Min.

4 PERSONEN

1 EL Olivenöl, plus etwas mehr zum Einfetten
350 g Babyporree, fein gehackt
125 ml Gemüsebrühe
50 g Walnüsse
2 Eier, getrennt
2 EL fein gehackte gemischte Kräuter
2 EL Naturjoghurt
Salz und Pfeffer

1 Das Öl in einer Pfanne erhitzen. Den Porree zugeben und bei mittlerer Hitze unter gelegentlichem Rühren 2–3 Minuten andünsten. Dann die Brühe zugießen, die Hitze reduzieren und weitere 5 Minuten köcheln lassen.

2 Die Walnüsse in einem Mixer sehr fein hacken. Den Porree zu den Nüssen geben und kurz pürieren. Dann in eine Schüssel umfüllen.

3 Eigelb, Kräuter und Joghurt mischen. Die Eimischung zum Porreepüree in die Schüssel geben. Alles mit Salz und Pfeffer abschmecken und gründlich verrühren.

4 Das Eiweiß in einer separaten Schüssel steif schlagen und dann unter die Porreemischung ziehen. Die fertige Soufflémischung in eine leicht eingefettete Souffléform (900 ml Inhalt) geben und auf ein vorgewärmtes Backblech stellen (siehe Tipp).

5 Das so vorbereitete Soufflé in einem auf 180 °C vorgeheizten Backofen etwa 35–40 Minuten backen, bis es aufgegangen und fest geworden ist. Dann sofort servieren.

TIPP
Stellen Sie das Soufflé auf ein vorgewärmtes Backblech. Dies unterstützt den Backvorgang von unten und gibt dem Soufflé Leichtigkeit.

Artischockensoufflé

20 Min. 40 Min.

4 PERSONEN

55 g Butter, plus etwas mehr zum Einfetten
55 g Mehl
300 ml Milch
1 Prise frisch geriebene Muskatnuss
Salz und Pfeffer
2 EL Schlagsahne
60 g Emmentaler, gerieben
6 Artischockenherzen aus der Dose, gewaschen und zerdrückt
4 Eigelb
5 Eiweiß

1 Eine Souffléform (1,7 l Inhalt) mit Butter einfetten. Einen doppellagigen Streifen Butterbrotpapier so um die Form binden, dass er etwa 5 cm über deren Rand hinaussteht.

2 Die Butter in einem schweren Topf zerlassen. Das Mehl hineingeben und unter ständigem Rühren 2 Minuten anschwitzen. Den Topf vom Herd nehmen und nach und nach die Milch einrühren. Zurück auf den Herd stellen, aufkochen und unter ständigem Rühren 2 Minuten eindicken lassen.

3 Den Topf vom Herd nehmen und alles mit Muskat, Salz und Pfeffer abschmecken. Sahne, Emmentaler und zerdrückte Artischockenherzen untermischen. Die Eigelbe einzeln einrühren.

4 Das Eiweiß in einer fettfreien Schüssel sehr steif aufschlagen. Zum Auflockern erst 2 Esslöffel vom Eischnee in die Artischockenmasse rühren, dann den Rest unterheben.

5 Die Masse in die Souffléform füllen und im auf 190 °C vorgeheizten Backofen etwa 35 Minuten backen, bis das Soufflé aufgegangen und die Oberfläche goldbraun ist. Sofort servieren.

VARIATION
Für ein Spinatsoufflé geben Sie statt der Artischocken 225 g gekochten, abgetropften und gehackten Spinat hinzu.

Kartoffel-Käse-Soufflé

10 Min. 55 Min.

4 PERSONEN

25 g Butter, zum Einfetten
2 TL Mehl, zum Bestäuben
900 g mehligkochende Kartoffeln
8 Eier, getrennt
25 g Gruyère, gerieben
25 g Blauschimmelkäse, zerbröckelt
25 g reifer Cheddar oder Gouda, gerieben
Salz und Pfeffer

1 Eine Souffléform (2,25 l Inhalt) mit Butter ausstreichen und mit Mehl bestäuben. Beiseitestellen.

2 Die Kartoffeln in einem Topf mit kochendem Wasser garen. Zu einem glatten Brei zerstampfen und zum Abkühlen in eine Schüssel geben.

3 Das Eigelb mit dem Kartoffelbrei verschlagen und Gruyère, Blauschimmelkäse und Cheddar oder Gouda einrühren. Alles gut mischen und mit Salz und Pfeffer würzen.

4 Das Eiweiß steif schlagen, dann vorsichtig mit einem Metalllöffel unter die Kartoffelmischung ziehen, bis alles gut verbunden ist. Die Kartoffel-Käse-Mischung vorsichtig in die vorbereitete Souffléform füllen.

5 Das Soufflé in einem auf 220 °C vorgeheizten Backofen 35–40 Minuten backen, bis es aufgegangen und fest geworden ist. Sofort servieren.

TIPP
Stechen Sie mit einem Holzstäbchen in die Mitte des Soufflés. Wenn das Stäbchen sauber herausgezogen werden kann, ist das Soufflé fertig.

Süßkartoffel-küchlein

15 Min. 15 Min.

4 PERSONEN

2 Knoblauchzehen, zerdrückt
1 kleine frische grüne Chili, entkernt und gehackt
2 frische Korianderzweige, gehackt
1 EL dunkle Sojasauce
500 g Süßkartoffeln, fein geraspelt
Mehl, zum Panieren
Öl, zum Braten
Sesamsaat, zum Bestreuen

SOJA-TOMATEN-SAUCE
2 TL Öl
1 Knoblauchzehe, fein gehackt
1½ TL fein gehackte frische Ingwerwurzel
3 Tomaten, gehäutet, entkernt und gehackt
2 EL dunkle Sojasauce
1 EL Limettensaft
2 EL frisch gehackter Koriander

1 Für die Soja-Tomaten-Sauce das Öl im Wok oder in einer Pfanne erhitzen. Knoblauch und Ingwer 1 Minute scharf anbraten. Die Tomaten zugeben und weitere 2 Minuten braten. Vom Herd nehmen und Sojasauce, Limettensaft und Koriander einrühren. Beiseitestellen und warm halten.

2 Knoblauch, Chili und Koriander in einem Mörser zu einer homogenen Paste verarbeiten. Dann die Sojasauce einrühren und alles mit den geraspelten Süßkartoffeln vermengen.

3 Die Masse in 12 Portionen teilen. In Mehl wälzen und zu flachen, runden Küchlein formen.

4 Den Boden einer großen Pfanne mit Öl bedecken und erhitzen. Die Kartoffelküchlein nach und nach bei großer Hitze goldbraun braten, dabei einmal wenden. Die fertigen Küchlein auf Küchenpapier abtropfen lassen und mit Sesamsaat bestreuen. Dann heiß mit einem Löffel Soja-Tomaten-Sauce servieren und die restliche Sauce separat zum Dippen dazu reichen.

Spinat-Ricotta-Klöße

20 Min. 30 Min.

4 PERSONEN

500 g frischer Spinat
250 g Ricotta
1 Ei, verquirlt
2 TL Fenchelsamen, leicht zerstoßen
Salz und Pfeffer
50 g Pecorino oder Parmesan, frisch gerieben
1 EL Mehl, mit 1 TL getrocknetem Thymian vermengt
75 g Butter
2 Knoblauchzehen, zerdrückt
Pecorino- oder Parmesanspäne, zum Garnieren

1 Den Spinat waschen und von den langen Stielen befreien. In einen Topf mit Wasser geben, den Deckel aufsetzen und 4–5 Minuten kochen, bis die Blätter zusammengefallen sind. Zum Abtropfen in ein Sieb geben und abkühlen lassen.

2 Den Ricotta cremig rühren und mit Ei und Fenchelsamen vermengen. Mit reichlich Salz und Pfeffer abschmecken. Dann den geriebenen Käse unterrühren.

3 Den Spinat gut ausdrücken und klein hacken. Anschließend unter die Käsemischung heben.

4 Etwa 1 Esslöffel der fertigen Mischung zu einer Kugel formen, leicht flach drücken und in dem gewürzten Mehl wenden. Diesen Vorgang so oft wiederholen, bis die gesamte Mischung verarbeitet ist.

5 Einen großen Topf zur Hälfte mit Wasser füllen, die Klöße hineingeben und 3–4 Minuten ziehen lassen, bis sie an die Oberfläche steigen. Dann mit einem Schaumlöffel aus dem Topf heben.

6 Die Butter zerlassen, den Knoblauch zugeben und 2–3 Minuten erwärmen.

Dann die Knoblauchbutter über die Klöße geben, mit den Käsespänen garnieren und sofort servieren.

Gefüllte Pita-Brote

15 Min. 10 Min.

4 PERSONEN

½ Eisbergsalat, grob gezupft
2 große Tomaten, geviertelt
7,5-cm-Stück Salatgurke, gewürfelt
25 g schwarze Oliven, entsteint
115 g Feta, gewürfelt
4 Pita-Brote

DRESSING
6 EL Olivenöl
3 EL Rotweinessig
1 EL gehackter Rosmarin
½ TL Zucker
Salz und Pfeffer

1 Eisbergsalat, Tomaten, Gurke und schwarze Oliven mischen. Feta vorsichtig unterheben und Salat beiseitestellen.

2 Für das Dressing Öl, Essig, Rosmarin und Zucker verrühren und mit Salz und Pfeffer würzen. In einen kleinen Topf geben und leicht erhitzen.

3 Die Pita-Brote in Alufolie wickeln und 2–3 Minuten im heißen Backofen erwärmen.

4 Das Brot auspacken und in der Mitte öffnen. Mit dem Salat füllen, das warme Dressing darüberträufeln und servieren.

TIPP
Ersetzen Sie Rosmarin durch andere Kräuter – Oregano oder Basilikum sind eine schmackhafte Alternative. Geben Sie reichlich Salat in die Pita-Brote – sie schmecken viel besser, wenn sie gut gefüllt sind.

Geröstetes Sommergemüse

10 Min. 20–25 Min.

4 PERSONEN

1 Fenchelknolle
2 rote Zwiebeln
2 Fleischtomaten
1 Aubergine
2 Zucchini
1 gelbe Paprika, entkernt
1 rote Paprika, entkernt
1 orangefarbene Paprika, entkernt
2 EL Olivenöl
4 Knoblauchzehen
4 frische Rosmarinzweige
Pfeffer
knuspriges Brot, zum Servieren

1 Fenchel, Zwiebeln und Tomaten in Spalten schneiden. Aubergine und Zucchini in dicke Scheiben und die Paprika in größere Stücke schneiden.

2 Eine große Auflaufform mit etwas Öl ausstreichen. Das vorbereitete Gemüse hineinlegen, die Knoblauchzehen und Rosmarinzweige dazwischenstecken. Anschließend das restliche Öl darüberträufeln und alles großzügig mit frisch gemahlenem schwarzem Pfeffer bestreuen.

3 Das Gemüse 20–25 Minuten in einem auf 200 °C vorgeheizten Backofen backen und einmal wenden, sobald es weich und leicht gebräunt ist.

4 Das Gemüse in der Auflaufform sofort servieren und knuspriges Brot zum Auftunken der Sauce dazu reichen.

Naan-Brot mit Kartoffeln

10 Min. 25 Min.

4 PERSONEN

225 g festkochende Kartoffeln, gewaschen und gewürfelt
1 EL Öl
1 Zwiebel, gehackt
2 Knoblauchzehen, zerdrückt
1 TL gemahlener Kreuzkümmel
1 TL gemahlener Koriander
½ TL Chilipulver
1 EL Tomatenmark
3 EL Gemüsebrühe
75 g junger Blattspinat, gehackt
4 kleine oder 2 große Naan-Brote
Limetten-Pickle, zum Servieren

GURKEN-RAITA
150 g fettarmer Naturjoghurt
4 EL klein gewürfelte Salatgurke
1 EL frisch gehackte Minze

1 Die Kartoffelwürfel in einen Topf mit kochendem Wasser geben und etwa 10 Minuten garen. Gründlich abtropfen lassen.

2 Das Öl in einem zweiten Topf erhitzen. Zwiebel und Knoblauch zugeben und unter Rühren 3 Minuten dünsten. Die Gewürze zugeben und weitere 2 Minuten dünsten.

3 Kartoffeln, Tomatenmark, Brühe und Spinat zugeben und alles gut mischen. 5 Minuten dünsten, bis alle Zutaten erwärmt sind.

4 Für das Raita alle Zutaten in einer kleinen Schüssel mischen (siehe Tipp).

5 Die Naan-Brote in einem auf 150 °C vorgeheizten Backofen etwa 2 Minuten aufwärmen.

6 Mit einem scharfen Messer in jedes Naan-Brot eine Tasche schneiden und diese mit der Kartoffelmischung füllen. Die gefüllten Brote zusammen mit dem Raita und dem Limetten-Pickle sofort servieren.

TIPP
Das Raita schmeckt intensiver, wenn man es im Voraus zubereitet und bis zum Verzehr in den Kühlschrank stellt.

Süßkartoffel-kroketten

15 Min. + Kühlzeit | 40 Min.

4 PERSONEN

900 g Süßkartoffeln, in 2 cm großen Würfeln
4 TL Sonnenblumenöl
2 Porreestangen, fein gehackt
2,5-cm-Stück Ingwerwurzel, fein gehackt
1 Knoblauchzehe, zerdrückt
2 EL fettarmer Frischkäse
200 g Mais aus der Dose, abgetropft
Salz und Pfeffer
60 g Vollkornmehl
Salatblätter, zum Servieren
Frühlingszwiebeln, in Julienne-Streifen, zum Servieren

INGWERSAUCE

2 EL Weißweinessig
1 rote Chili, entkernt und fein gehackt
2 TL Zucker
2,5-cm-Stück Ingwerwurzel, in dünnen Streifen
2 EL Ingwerwein
1 TL Speisestärke
4 EL frische Gemüsebrühe (siehe Seite 4)

1 Die Süßkartoffeln 10–15 Minuten in kochendem Wasser garen. Dann abgießen, zerdrücken und abkühlen lassen.

2 2 Teelöffel Öl erhitzen. Porree, Ingwer und Knoblauch 2–3 Minuten andünsten, mit Frischkäse und Mais zu den Kartoffeln geben und alles verkneten. Dann salzen und pfeffern.

3 Aus dem Teig 8 Kroketten formen und in Mehl wenden. Dann 30 Minuten kalt stellen.

4 Die Kroketten mit dem restlichen Öl bepinseln und auf mittlerer Schiene unter dem vorgeheizten Backofengrill von jeder Seite 5 Minuten grillen.

5 Für die Sauce Essig, Chili, Zucker und Ingwer aufkochen, 5 Minuten köcheln lassen, dann den Ingwerwein einrühren. Speisestärke und Gemüsebrühe mischen und zu der Sauce geben. Unter gelegentlichem Rühren so lange kochen, bis die Sauce eindickt.

6 Die Kroketten mit Salatblättern und Frühlingszwiebelstreifen garnieren und mit der Sauce servieren.

Blumenkohl-Überraschung

15 Min. | 15 Min.

4 PERSONEN

2 EL Sonnenblumenöl
2 Zwiebeln, gehackt
120 g Pilze, gehackt
4 Tomaten, gehäutet, entkernt und gehackt
200 g Mais aus der Dose, abgetropft
1 großer Blumenkohl, in Röschen
600 ml Käsesauce (siehe Seite 154), aus 70 g Gouda und 70 g Gruyère
4 EL frisch geriebener Parmesan
4 EL Semmelbrösel
Salz und Pfeffer

1 Das Öl in einer schweren Pfanne erhitzen. Die Zwiebeln zugeben und unter gelegentlichem Wenden 5 Minuten weich dünsten. Die Pilze zugeben und 5 Minuten bei schwacher Hitze dünsten, ab und zu umrühren. Tomaten und Mais untermischen, würzen und erwärmen.

2 Inzwischen den Blumenkohl in einem großen Topf mit leicht gesalzenem Wasser 5–10 Minuten garen. Abgießen und warm stellen.

3 Die Zwiebel-Mais-Mischung mit 150 ml Käsesauce mischen und in eine große Auflaufform füllen. Die Blumenkohlröschen darauflegen und mit der restlichen Käsesauce überziehen.

4 Parmesan und Semmelbrösel mischen und über den Auflauf streuen. Unter einem vorgeheizten Grill 3–5 Minuten hellbraun überbacken. Dann den Überraschungsauflauf sofort auf vorgewärmten Tellern servieren.

VARIATION
Einen besonderen Effekt erzielt man, wenn man abwechselnd Blumenkohl- und Brokkoliröschen verwendet.

Spinatkuchen

30 Min. 1 Std.

4–6 PERSONEN

2 Portionen Mürbeteig (siehe Seite 6), gekühlt
Mehl, für die Arbeitsfläche
Butter, zum Einfetten
1 Ei, leicht verquirlt, zum Bestreichen

FÜLLUNG
450 g tiefgefrorener Spinat, aufgetaut
2 EL Olivenöl
1 große Zwiebel, gehackt
2 Knoblauchzehen, fein gehackt
2 Eier, leicht verquirlt
225 g Ricotta
60 g Parmesan, frisch gerieben
1 Prise frisch geriebene Muskatnuss
Salz und Pfeffer

1 Für die Füllung den Spinat gut abtropfen lassen und möglichst alle Flüssigkeit ausdrücken, dann fein hacken.

2 In einer großen Pfanne das Öl erhitzen. Die Zwiebel zugeben und 5 Minuten weich dünsten, dabei gelegentlich umrühren. Dann Spinat und Knoblauch zugeben und alles weitere 10 Minuten kochen, ab und zu rühren.

3 Die Pfanne vom Herd nehmen und die Masse etwas abkühlen lassen. Dann Eier, Ricotta und Parmesan untermischen. Mit Muskat, Salz und Pfeffer abschmecken.

4 Auf einer bemehlten Arbeitsfläche zwei Drittel des Teigs ausrollen. Eine leicht gefettete Kuchenform (Ø 23 cm) damit so auskleiden, dass er am Rand überlappt. Die Spinatmischung mit einem Löffel gleichmäßig darin verteilen.

5 Den restlichen Teig auf der leicht bemehlten Arbeitsfläche ausrollen und in 5 mm breite Streifen schneiden. Die Streifen gitterartig auf den Kuchen legen und am Rand gut andrücken. Die überstehenden Teigteile abschneiden und die Oberfläche mit den verquirlten Eiern bestreichen.

6 Den Kuchen etwa 45 Minuten in einem auf 200 °C vorgeheizten Backofen goldgelb backen. Bevor man den Kuchen aus der Form nimmt, kurz auf einem Gitter abkühlen lassen, dann warm servieren.

TIPP
Der Spinatkuchen schmeckt auch vollständig abgekühlt hervorragend.

Eier-Curry

10 Min. 15 Min.

4 PERSONEN

4 EL Öl
1 Zwiebel, in Ringen
1 frische rote Chili, entkernt und fein gehackt
½ TL Chilipulver
½ TL fein gehackte frische Ingwerwurzel
1 Knoblauchzehe, zerdrückt
4 Eier
1 feste Tomate, in Scheiben
frische Korianderblätter
Fladenbrot, zum Servieren (nach Belieben)

1 Das Öl in einem großen Topf erhitzen und darin die Zwiebelringe bei mittlerer Hitze unter gelegentlichem Rühren etwa 5 Minuten glasig dünsten.

2 Die Hitze reduzieren. Chili, Chilipulver, Ingwer und Knoblauch zugeben und bei schwacher Hitze etwa 1 Minute pfannenrühren.

3 Eier und Tomaten zufügen und weitere 3–5 Minuten pfannenrühren, damit sich die Eier gut in dem Gericht verteilen.

4 Das Eier-Curry mit Korianderblättern bestreuen und auf vorgewärmten Tellern anrichten. Sofort servieren und leicht erwärmtes Fladenbrot als Beilage dazu reichen.

TIPP
Die Blätter und die klein geschnittenen Korianderzweige werden in der indischen Küche sowohl zum Würzen wie auch als essbare Garnierung verwendet.

Auberginen-Sandwiches

5 Min. 10–15 Min.

2 PERSONEN

1 EL Zitronensaft
3 EL Olivenöl
Salz und Pfeffer
1 große Aubergine, in dünnen Scheiben
125 g Mozzarella, gerieben
2 getrocknete Tomaten, gehackt
Focaccia- oder Ciabatta-Brot, zum Servieren
gemischte Salatblätter, zum Servieren
Tomatenscheiben, zum Servieren

1 Zitronensaft und Olivenöl in einer kleinen Schüssel verrühren und mit Salz und Pfeffer würzen.

2 Die Auberginenscheiben mit der Ölmischung bestreichen und 2–3 Minuten auf einem Holzkohle- oder Elektrogrill rösten, bis sie goldbraun sind.

3 Die Hälfte der Auberginenscheiben wenden und mit Käse und den gehackten Tomaten belegen. Die restlichen Auberginenscheiben mit der hellen Seite nach darauflegen.

4 Die Auberginen-Sandwiches weitere 1–2 Minuten grillen, dann vorsichtig wenden und noch einmal 1–2 Minuten grillen. Zum Schluss mit der Zitronen-Olivenöl-Mischung bestreichen und mit Brot, Salat und Tomaten servieren.

VARIATION
Sie können statt Mozzarella auch einen cremigen Ziegenkäse oder Feta verwenden. Nehmen Sie Feta, sollten Sie allerdings auf das Salz in der Öl-Zitronen-Mischung verzichten, da Feta bereits recht salzig ist.

Tomaten-Paprika-Brot

1 Std. 30 Min. 50 Min.

4 PERSONEN

60 g getrocknete Tomaten, in Streifen
50 ml kochendes Wasser
2 TL Trockenhefe
1 TL Zucker
150 ml lauwarmes Wasser
450 g Weizenmehl
2 TL getrockneter Rosmarin
2 EL Tomatenmark
1 kleine rote Paprika, entkernt, gehäutet und gewürfelt
1 kleine grüne Paprika, entkernt, gehäutet und gewürfelt
1 kleine gelbe Paprika, entkernt, gehäutet und gewürfelt
150 g Magerquark
1 EL grobes Salz
Butter, zum Einfetten
1 EL Olivenöl

1 Die getrockneten Tomaten in eine Schüssel geben, mit dem kochenden Wasser übergießen und quellen lassen.

2 Hefe und Zucker mit dem lauwarmen Wasser vermischen und 10 Minuten gehen lassen.

3 Das Mehl in eine Schüssel sieben und 1 Teelöffel Rosmarin zugeben. Eine Vertiefung in die Mitte drücken, die Hefemischung hineingießen und alles vermischen.

4 Tomatenmark, Tomaten mit Einweichflüssigkeit, Paprika, Quark und die Hälfte vom Salz zugeben. Alles zu einem geschmeidigen Teig verarbeiten und den Teig auf einer bemehlten Arbeitsfläche 3–4 Minuten durchkneten. In eine Schüssel legen, abdecken und an einem warmen Ort gehen lassen, bis sich sein Volumen verdoppelt hat.

5 Noch einmal durchkneten und in eine gefettete Springform (Ø 23 cm) legen. 30 Minuten abgedeckt gehen lassen. Dann mit Öl einpinseln, mit restlichem Salz und Rosmarin bestreuen und in

einem auf 220 °C vorgeheizten Backofen 35–40 Minuten backen. 10 Minuten abkühlen lassen, dann aus der Form lösen und servieren.

TIPP
Für einen schnellen sättigenden Snack das Brot im Winter mit einer heißen Suppe, im Sommer mit einem knackigen Salat servieren.

Zwiebel-Mozzarella-Törtchen

45 Min. 45 Min.

4 PERSONEN

250 g Blätterteig, Tiefkühlware aufgetaut
2 rote Zwiebeln, in Spalten
1 rote Paprika, halbiert und entkernt
8 Kirschtomaten, halbiert
100 g Mozzarella, gewürfelt
8 frische Thymianzweige

1 Den Blätterteig zu 4 Quadraten mit einer Seitenlänge von je 7–8 cm ausrollen. Die Ränder mit einem scharfen Messer begradigen und die abgeschnittenen Reste zusammen mit den Quadraten für 30 Minuten in den Kühlschrank stellen.

2 Die gekühlten Teigquadrate auf ein mit Backpapier ausgelegtes Backblech legen und die Ränder mit etwas Wasser bestreichen. Mit den Teigresten einen kleinen erhöhten Rand um jedes Quadrat ziehen.

3 Zwiebeln und Paprika etwa 15 Minuten unter einen vorgeheizten Grill legen, bis ihre Haut stellenweise schwarz geworden ist. Herausnehmen, die Paprika in einem Plastikbeutel 10 Minuten abkühlen lassen. Dann häuten und in Streifen schneiden.

4 Die Teigquadrate mit Alufolie bedecken und 10 Minuten in einem auf 200 °C vorgeheizten Backofen vorbacken. Dann die Folie entfernen und die Teigstücke weitere 5 Minuten backen.

5 Zwiebeln, Paprikastreifen, Tomaten und Käse auf die vorgebackenen Törtchen verteilen und mit Thymianzweigen belegen. Dann erneut 15 Minuten in den Backofen geben und goldbraun backen. Entweder sofort heiß servieren oder abkühlen lassen und kalt verzehren.

Gebackene Pesto-Kartoffeln

10 Min. 1 Std. 30 Min.

4 PERSONEN

4 festkochende Kartoffeln, gewaschen
150 g Crème double
80 ml Gemüsebrühe
1 EL Zitronensaft
2 große Knoblauchzehen, fein gehackt
3 EL frisches Basilikum, gehackt
Salz und Pfeffer
2 EL Pinienkerne
2 EL frisch geriebener Parmesan

1 Die Kartoffeln rundum mit einer Gabel einstechen, mit etwas Salz einreiben und auf ein Backblech legen. In einem auf 190 °C vorgeheizten Backofen etwa 1 Stunde garen, bis das Innere weich und die Schale knusprig ist.

2 Die Kartoffeln aus dem Backofen nehmen und längs halbieren. Die Hälften mit einem Löffel bis auf einen kleinen Rand aushöhlen. Das Fruchtfleisch in eine Schüssel geben und mit einer Gabel zerdrücken.

3 In der Zwischenzeit Crème double und Brühe in einem Topf verrühren und in 8–10 Minuten auf die Hälfte einkochen.

4 Zitronensaft, Knoblauch und Basilikum zufügen, mit Salz und Pfeffer abschmecken und mit den Pinienkernen unter die Kartoffelmasse geben.

5 Die Mischung in die Kartoffelhälften füllen, die Hälften mit Parmesan bestreuen und 10 Minuten bei 190 °C im Backofen überbacken, bis der Käse goldbraun wird. Dann sofort servieren.

Penne mit Walnusssauce

15 Min. 35 Min.

4 PERSONEN

25 g Butter
3 EL Olivenöl
2 rote Zwiebeln, in dünnen Ringen
450 g Zucchini, in dünnen Scheiben
375 g Penne
60 g Walnüsse, gehackt
3 EL frisch gehackte glatte Petersilie
2 EL Crème fraîche
Salz und Pfeffer
2 EL frisch geriebener Parmesan

1 Die Butter mit dem Olivenöl in einer großen, schweren Pfanne erhitzen. Die Zwiebeln hineingeben, zudecken und 5 Minuten bei schwacher Hitze glasig dünsten, dabei gelegentlich umrühren. Anschließend die Zucchini in die Pfanne geben und bei geschlossenem Deckel 15–20 Minuten köcheln lassen, bis das Gemüse sehr weich ist. Dabei ab und zu umrühren.

2 Die Nudeln in einen großen Topf mit kochendem Salzwasser geben und 8–10 Minuten al dente kochen.

3 Inzwischen Walnüsse, Petersilie und Crème fraîche unter die Zucchinimischung rühren und mit Salz und Pfeffer abschmecken.

4 Die Nudeln abgießen und in eine Schüssel füllen. Die Zucchinimischung zugeben und unterheben. Mit Parmesan bestreuen und sofort servieren.

TIPP

Italienische Nudeln dürfen nicht zu weich sein, sondern müssen noch Biss haben. Nach 7 Minuten Kochzeit fischt man immer wieder eine Nudel heraus und prüft deren Bisshärte. Sind sie al dente, gießt man sie ab.

Gemüse-Calzone

30 Min. + Ruhezeit | 30 Min.

4 STÜCK

TEIG

450 g Mehl, plus etwas mehr für die Arbeitsfläche
2 TL Trockenhefe
1 TL feiner Zucker
150 ml Gemüsebrühe
150 g passierte Tomaten
Butter, zum Einfetten
1 Ei, verquirlt

FÜLLUNG

1 EL Öl
1 Zwiebel, gehackt
1 Knoblauchzehe, zerdrückt
2 EL getrocknete Tomaten in Öl, abgetropft und gehackt
100 g Spinat, gehackt
3 EL Mais aus der Dose, abgetropft
25 g Prinzessbohnen, gedrittelt
1 EL Tomatenmark
1 EL frisch gehackter Oregano
Salz und Pfeffer
50 g Mozzarella, in Scheiben

1 Das Mehl in eine Schüssel sieben, Trockenhefe, Zucker, Brühe und die passierten Tomaten kräftig unterrühren, bis ein weicher Teig entsteht. Den Teig auf einer bemehlten Arbeitsfläche 10 Minuten kneten, dann in eine eingefettete Schüssel legen und an einem warmen Ort 1 Stunde gehen lassen.

2 Das Öl in einer Pfanne erhitzen und die Zwiebel 2–3 Minuten darin dünsten. Knoblauch, Tomaten, Spinat, Mais und Bohnen zufügen und 3–4 Minuten kochen. Dann Tomatenmark und Oregano unterrühren und mit Salz und Pfeffer abschmecken.

3 Den Teig vierteln und auf einer leicht bemehlten Arbeitsfläche zu 4 Kreisen von je 18 cm Durchmesser ausrollen.

4 Je ein Viertel der Füllung auf die Teigkreise geben, mit Käse belegen und den Teig zusammenklappen. Die Ränder mit dem Ei bestreichen und mit einer Gabel festdrücken.

5 Die Calzones auf ein leicht gefettetes Backblech legen und in einem auf 220 °C vorgeheizten Backofen 25–30 Minuten backen, bis sie aufgegangen und goldbraun sind. Dann sofort heiß servieren.

Käse-Makkaroni-Auflauf

15 Min. | 20 Min.

4 PERSONEN

200 g Makkaroni
1 Zwiebel, in Ringen
4 hart gekochte Eier, geviertelt
4 Kirschtomaten, halbiert
3 EL Semmelbrösel
2 EL roter Leicester, fein gerieben
Salz

KÄSESAUCE

40 g Butter
40 g Mehl
600 ml Milch
140 g roter Leicester, fein gerieben
1 Prise Cayennepfeffer
Salz

1 Die Makkaroni mit der Zwiebel in einem großen Topf mit leicht gesalzenem Wasser 8–10 Minuten al dente kochen. Gut abtropfen lassen, dann in eine Auflaufform geben.

2 Für die Käsesauce die Butter in einem Topf zerlassen. Das Mehl einrühren und unter ständigem Rühren 1–2 Minuten anschwitzen. Den Topf vom Herd nehmen und nach und nach die Milch untermischen. Auf den Herd zurückstellen und unter Rühren aufkochen. 2 Minuten köcheln lassen, bis die Sauce Glanz bekommt und eindickt. Dann wieder vom Herd ziehen, den Käse einrühren und kräftig mit Cayennepfeffer und Salz würzen.

3 Die Sauce über die Makkaroni gießen, die hart gekochten Eier dazugeben und alles vorsichtig mischen. Die halbierten Tomaten obenauf legen. Semmelbrösel mit dem Käse vermengen und darüberstreuen.

4 Unter einem vorgeheizten Grill 3–4 Minuten überbacken, bis die Oberfläche goldbraun ist und Blasen wirft. Anschließend sofort heiß servieren.

TIPP

Bei der Zubereitung einer Käsesauce müssen Sie vor dem Einrühren des Käses den Topf vom Herd nehmen. Der Käse könnte sonst gummiartig zäh werden.

Salate & Beilagen

Dreierlei Kartoffelsalat

10–20 Min. 20 Min.

4 PERSONEN

Salz
500 g neue Kartoffeln pro Dressing
Kräuter, zum Garnieren

CURRY-DRESSING
1 EL Öl
1 EL mittelscharfe Currypaste
1 kleine Zwiebel, gehackt
1 EL Mango-Chutney, zerkleinert
6 EL Naturjoghurt
3 EL Schlagsahne, plus 1 EL mehr zum Garnieren
2 EL Mayonnaise
Salz und Pfeffer

VINAIGRETTE
6 EL Haselnussöl
3 EL Apfelessig
1 TL grobkörniger Senf
1 TL Zucker
einige Basilikumblätter, gezupft
Salz und Pfeffer

PETERSILIENSAHNE
150 g saure Sahne
3 EL Mayonnaise
4 Frühlingszwiebeln, fein gehackt
1 EL frisch gehackte Petersilie
Salz und Pfeffer

1 Für das Curry-Dressing das Öl in einer Pfanne erhitzen. Currypaste und Zwiebel zugeben und unter häufigem Rühren dünsten, bis die Zwiebel weich ist. Dann vom Herd nehmen und langsam abkühlen lassen.

2 Mango-Chutney, Joghurt, Sahne und Mayonnaise vermengen. Die Currymischung zugeben und gut unterrühren. Dann alles mit Salz und Pfeffer abschmecken.

3 Für die Vinaigrette Öl, Essig, Senf, Zucker und Basilikum in einer kleinen Schale verrühren und mit Salz und Pfeffer abschmecken.

4 Für die Petersiliensahne saure Sahne, Mayonnaise, Frühlingszwiebeln und Petersilie sorgfältig verrühren und mit Salz und Pfeffer abschmecken.

5 Die Kartoffeln in leicht gesalzenem Wasser gerade weich kochen. Gut abgießen und zum Abkühlen 5 Minuten beiseitestellen. Dann das gewählte Dressing zugeben und die Kartoffeln darin wenden.

6 Die fertigen Salate mit frischen Kräutern garniert servieren. Die mit Curry-Dressing verfeinerten Kartoffeln zusätzlich mit einem Klacks flüssiger Sahne übergießen.

Salat Rot-Grün

10 Min. 5 Min.

4 PERSONEN

650 g gekochte Rote Bete
3 EL natives Olivenöl extra
Saft von 1 Orange
1 TL Zucker
1 TL Fenchelsamen
Salz und Pfeffer
120 g Spinatblätter

1 Die Rote Bete in mundgerechte Stücke schneiden. Das Olivenöl in einem kleinen Topf erhitzen. Orangensaft, Zucker und Fenchelsamen zugeben. Alles mit Salz und Pfeffer würzen und rühren, bis sich der Zucker aufgelöst hat.

2 Die Rote Bete in den Topf geben und rundum mit dem Dressing überziehen. Dann den Topf von Herd nehmen.

3 Die Spinatblätter in eine Salatschale legen. Die warme Rote Bete darauf anrichten und servieren.

TIPP
Bei roher Rote Bete vor dem Kochen 5 cm des Blattansatzes stehen lassen und die Wurzel nicht abschneiden. Die Knollen waschen und 1 Stunde Salzwasser weich köcheln lassen. Abgießen und abkühlen, dann die Haut abreiben und Blattstiele sowie Wurzel abschneiden.

Drei-Bohnen-Salat

10 Min. 5 Min.

6 PERSONEN

3 EL Olivenöl
1 EL Zitronensaft
1 EL Tomatenmark
1 EL heller Malzessig
1 EL frisch gehackte Schnittlauchröllchen, plus etwas mehr zum Garnieren
175 g Prinzessbohnen
400 g Sojabohnen aus der Dose, abgespült und abgetropft
400 g rote Kidney-Bohnen aus der Dose, abgespült und abgetropft
2 Tomaten, gehackt
4 Frühlingszwiebeln, gehackt
125 g Feta, gewürfelt
Salz und Pfeffer
gemischte Salatblätter, zum Servieren

1 Olivenöl, Zitronensaft, Tomatenmark, Malzessig und Schnittlauch in eine große Schüssel geben und sorgfältig vermengen. Dann beiseitestellen.

2 Die Prinzessbohnen 4–5 Minuten in kochendem, leicht gesalzenem Wasser blanchieren. Anschließend abgießen, unter fließend kaltem Wasser abschrecken, abtropfen lassen und mit Küchenpapier trocken tupfen.

3 Alle Bohnen zum Dressing geben und gut untermengen. Anschließend Tomaten, Frühlingszwiebeln und Feta zugeben und vorsichtig unterheben. Alles mit Salz und Pfeffer würzen.

4 Die Salatblätter auf 6 Servierteller verteilen. Die Bohnenmischung in die Mitte geben und den fertigen Salat mit Schnittlauchröllchen garniert servieren.

TIPP
Sie können den Salat in eine vollwertige Hauptmahlzeit verwandeln, indem Sie ihn mit 2–3 in Scheiben geschnittenen hart gekochten Eiern belegen und mit knusprigem Brot servieren.

Nussiger Süßkartoffelsalat

25 Min. 10 Min.

4 PERSONEN

500 g Süßkartoffeln, in mundgerechten Stücken
2 Selleriestangen, in feinen Scheiben
125 g Knollensellerie, geraspelt
2 Frühlingszwiebeln, in dünnen Ringen
50 g Pekannüsse, gehackt
2 Chicorées, in einzelnen Blättern
1 TL Zitronensaft
Thymianzweige, zum Garnieren

DRESSING
4 EL Öl
1 EL Knoblauchessig
1 TL Zucker
2 EL frisch gehackter Thymian

1 Die Süßkartoffeln 5 Minuten in kochendem Wasser garen. Dann abgießen und abkühlen lassen.

2 Stangen- und Knollensellerie, Frühlingszwiebeln sowie Nüsse mit den abgekühlten Kartoffeln vermengen.

3 Einen großen Servierteller mit den Chicoréeblättern auslegen und den Zitronensaft darüberträufeln. Dann die Süßkartoffelmischung mittig auf den Chicoréeblättern verteilen.

4 Alle Zutaten für das Dressing in ein Schraubglas oder einen Dressingshaker geben und durch kräftiges Schütteln gut miteinander vermengen.

5 Das Dressing über den Salat gießen und den Salat mit Thymianzweigen garnieren.

TIPP
Süßkartoffeln sind nicht so lange haltbar wie herkömmliche Kartoffeln. Man sollte sie kühl und dunkel lagern (aber nicht im Kühlschrank) und innerhalb 1 Woche verbrauchen.

Bunter Salat mit Rote Bete

15–20 Min. 20 Min.

4 PERSONEN

450 g mehligkochende Kartoffeln, gewürfelt
4 kleine Rote Bete, gekocht und in Scheiben
½ Salatgurke, in dünnen Scheiben
2 große Gewürzgurken, in Scheiben
1 rote Zwiebel, halbiert und in Ringen
Dillzweige, zum Garnieren

DRESSING
1 Knoblauchzehe, zerdrückt
2 EL Olivenöl
2 EL Rotweinessig
2 EL frisch gehackter Dill
Salz und Pfeffer

1 Die Kartoffeln etwa 15 Minuten in kochendem Wasser garen, bis sie beginnen weich zu werden. Dann abgießen und beiseitestellen.

2 Die abgekühlten Kartoffeln und die Rote Bete in eine Schüssel geben, vorsichtig vermengen und beiseitestellen.

3 Für das Dressing alle Zutaten in einer kleinen Schale, einem Schraubglas oder einem Dressingshaker vermengen.

4 Kurz vor dem Servieren eine große Servierplatte mit den Salat- und Gewürzgurkenscheiben auslegen. Die Zwiebelringe darüber anrichten.

5 Die Kartoffel-Rote-Bete-Mischung in der Mitte der Servierplatte über das restliche Gemüse geben.

6 Das Dressing über den Salat gießen. Den fertigen Salat mit frischen Dillzweigen garnieren und sofort servieren.

VARIATION
Legen Sie die Servierplatte mit den Blättern von 2 Chicoréeköpfen aus, bevor Sie Gurken und Zwiebeln anrichten.

Fruchtiger Süßkartoffelsalat

15 Min. 20 Min.

4 PERSONEN

500 g Süßkartoffeln, gewürfelt
50 g Butter
1 EL Zitronensaft
1 Knoblauchzehe, zerdrückt
1 rote Paprika, entkernt und gewürfelt
1 grüne Paprika, entkernt und gewürfelt
2 Bananen, in dicken Scheiben
2 dicke Scheiben Weißbrot, die Rinde entfernt und gewürfelt
Salz und Pfeffer

DRESSING
2 EL klarer Honig
2 EL Olivenöl
2 EL Zitronensaft
2 EL frisch gehackter Schnittlauch

1 Die Kartoffeln 10–15 Minuten in kochendem Wasser garen. Abgießen, abtropfen lassen und beiseitestellen.

2 Die Butter in einer großen Pfanne zerlassen. Zitronensaft, Knoblauch und Paprika zugeben und 3 Minuten dünsten.

3 Die Banane zufügen und alles 1 weitere Minute dünsten. Dann Gemüse und Banane mit einem Schaumlöffel aus der Pfanne heben und unter die Süßkartoffeln mischen.

4 Die Brotwürfel in die Pfanne geben und 2 Minuten goldbraun rösten.

5 Die Zutaten für das Dressing in einem Topf erwärmen, bis der Honig sehr flüssig geworden ist.

6 Die Kartoffelmischung in eine Salatschüssel geben und mit Salz und Pfeffer würzen. Das Dressing zugießen und gut unterheben. Den fertigen Salat mit den Croûtons bestreuen und sofort servieren.

TIPP
Verwenden Sie für den Salat feste, noch leicht unreife Bananen. Diese zerfallen beim Dünsten nicht so schnell.

Warmer Linsensalat

10 Min. 50 Min.

6–8 PERSONEN

200 g Puy-Linsen, gekocht (siehe Tipp)
2 EL Olivenöl
1 kleine Zwiebel, in Ringen
4 Selleriestangen, in Scheiben
2 Knoblauchzehen, zerdrückt
2 Zucchini, gewürfelt
125 g Prinzessbohnen, in kurzen Stücken
½ rote Paprika, entkernt und gewürfelt
½ gelbe Paprika, entkernt und gewürfelt
1 TL Dijon-Senf
1 EL Balsamico-Essig
Salz und Pfeffer

1 Die je nach Belieben noch warmen oder abgekühlten Linsen in eine große Schüssel geben.

2 Das Öl in einer Pfanne erhitzen. Zwiebeln sowie Sellerie zugeben und 2–3 Minuten andünsten.

3 Knoblauch, Zucchini und Bohnen zufügen und alles weitere 2 Minuten dünsten.

4 Die Paprika zufügen und das Gemüse 1 weitere Minute dünsten.

5 Senf und Balsamico-Essig zugeben. Gründlich mit den restlichen Zutaten vermengen und erwärmen.

6 Die warme Gemüsemischung zu den Linsen geben und gleichmäßig unterheben. Den fertigen Linsensalat mit Salz und Pfeffer abschmecken und sofort servieren.

TIPP

Die Linsen vor der Verwendung in einem Sieb abspülen und abtropfen lassen, dann in einem großen Topf mit reichlich kaltem Wasser aufkochen. 10 Minuten sprudelnd kochen, anschließend bei mittlerer Hitze weitere 35 Minuten garen, abgießen und abtropfen.

Tropischer Reissalat

20 Min. 15 Min.

4 PERSONEN

120 g Langkornreis, gewaschen
225 g Ananasstückchen im eigenen Saft aus der Dose
200 g Maiskörner aus der Dose, abgetropft
2 rote Paprika, entkernt und gewürfelt
4 Frühlingszwiebeln, in feinen Ringen
3 EL Sultaninen

DRESSING
1 EL Erdnussöl
1 EL Haselnussöl
1 EL helle Sojasauce
1 Knoblauchzehe, fein gehackt
1 TL frisch gehackte Ingwerwurzel
Salz und Pfeffer

1 Den Reis 15 Minuten in leicht gesalzenem Wasser garen. Abgießen, mit kaltem Wasser abspülen und in eine Servierschale füllen.

2 Die Ananasstücke in ein Sieb geben und gründlich abtropfen lassen; den Saft in einer Schüssel auffangen. Ananas, Mais, Paprika, Frühlingszwiebeln und Sultaninen zum Reis geben und alles gut vermischen.

3 Erdnuss- und Haselnussöl, Sojasauce, Knoblauch und Ingwer zum Ananassaft geben, vermengen und mit Salz und Pfeffer abschmecken.

4 Das fertige Dressing über den Salat gießen, unterheben und servieren.

Salat Grün-Weiß

15 Min. 20 Min.

4 PERSONEN

2 große Kartoffeln, ungeschält und in Scheiben
2 grüne Tafeläpfel, z. B. Granny Smith, gewürfelt
1 TL Zitronensaft
25 g Walnüsse, grob gehackt
125 g Ziegenkäse, gewürfelt
150 g Rucola
Salz und Pfeffer

DRESSING
2 EL Olivenöl
1 EL Rotweinessig
1 TL flüssiger Honig
1 TL Fenchelsamen

1 Die Kartoffelscheiben 15 Minuten in leicht gesalzenem kochendem Wasser garen. Anschließend abgießen, gründlich abtropfen lassen, beiseitestellen und abkühlen lassen.

2 Die Äpfel mit dem Zitronensaft vermengen, damit sie nicht braun werden. Dann abtropfen lassen.

3 Die abgekühlten Kartoffelscheiben in eine Salatschüssel füllen und die Apfelstücke unterheben. Walnüsse, Ziegenkäse sowie Rucola in die Schüssel geben und gut mit der Kartoffel-Apfel-Mischung vermengen.

4 Alle Zutaten für das Dressing in einer kleinen Schüssel verrühren oder in einem Dressingshaker unter Schütteln vermengen. Das fertige Dressing über die Salatmischung gießen, salzen und pfeffern und den Salat servieren.

TIPP
Servieren Sie diesen Salat sofort, da sich die Äpfel trotz der Zugabe von Zitronensaft schnell verfärben. Oder bereiten Sie alles andere im Voraus zu, schneiden Sie die Äpfel aber erst kurz vor dem Servieren auf.

Marokkanischer Salat

30–35 Min. 0 Min.

6 PERSONEN

175 g Couscous
1 Bund Frühlingszwiebeln, fein gehackt
1 kleine grüne Paprika, entkernt und fein gewürfelt
10-cm-Stück Salatgurke, fein gewürfelt
200 g Kichererbsen aus der Dose, abgespült und abgetropft
60 g Sultaninen oder Rosinen
Salz und Pfeffer
2 Orangen
Salatblätter, zum Servieren
frische Minzezweige, zum Garnieren

DRESSING
abgeriebene Schale von 1 Orange
1 EL frisch gehackte Minze
150 g fettarmer Naturjoghurt

1 Den Couscous in einer Schüssel mit kochendem Wasser bedecken und etwa 15 Minuten quellen lassen. Dann die Körner vorsichtig mit einer Gabel auflockern.

2 Frühlingszwiebeln, Paprika, Gurke, Kichererbsen und Sultaninen oder Rosinen zugeben. Gründlich unterrühren und alles mit Salz und Pfeffer abschmecken.

3 Für das Dressing Orangenschale, Minze und Joghurt in einer Schüssel gut vermengen. Über die Couscous-Mischung geben und unterheben.

4 Die Orangen schälen, die weiße Haut entfernen und das Fruchtfleisch in Stücke schneiden; dabei auch die Zwischenhäute entfernen.

5 Die Salatblätter auf 6 Teller verteilen. Die Couscous-Mischung in die Mitte geben, die Orangenstücke darauf anrichten und den fertigen Salat mit frischen Minzezweigen garniert servieren.

Grapefruitsalat mit Kokos

10 Min. 10 Min.

4 PERSONEN

125 g Kokosraspel
2 TL helle Sojasauce
2 EL Limettensaft
2 EL Wasser
2 TL Sonnenblumenöl
1 Zwiebel, fein gehackt
1 Knoblauchzehe, halbiert
2 große rosa Grapefruits, filetiert
90 g Alfalfasprossen

1 Die Kokosraspel ohne Fett in eine Pfanne geben und bei niedriger Hitze unter ständigem Rühren etwa 3 Minuten braten. Anschließend in eine Schüssel füllen.

2 Sojasauce, Limettensaft und das Wasser zu den Kokosraspeln geben und alles gut vermengen.

3 Das Öl in einem Topf erhitzen. Zwiebel und Knoblauch darin dünsten, bis die Zwiebel weich ist. Dann zu den Kokosraspeln geben und untermischen.

4 Die Grapefruitfilets auf 4 Tellern anrichten und die Alfalfasprossen sowie die Kokosmischung darauf verteilen.

TIPP
Alfalfasprossen sind in fast jedem Supermarkt im Kühlfach der Gemüseabteilung zu finden. Sie können die Sprossen aber auch ganz einfach selber ziehen.

Auberginensalat

1 Std. 30 Min. 25 Min.

4 PERSONEN

1 kg Auberginen
3 EL Salz
6 EL natives Olivenöl extra
1 kleine Zwiebel, fein gehackt
2 Knoblauchzehen, zerdrückt
6–8 Selleriestangen, in 1 cm dicken Scheiben
2 EL Kapern
12–16 grüne Oliven, entsteint und in Scheiben
2 EL Pinienkerne
25 g Zartbitterschokolade, gerieben
4 EL Weißweinessig
1 EL brauner Zucker
Salz und Pfeffer
2 Eier, hart gekocht und in Scheiben, zum Servieren
Sellerieblätter oder krause Endivienblätter, zum Garnieren

1 Die Auberginen in 2,5 cm große Würfel schneiden, in ein Sieb geben, mit dem Salz bestreuen und 1 Stunde ziehen lassen. Anschließend unter kaltem Wasser abspülen und trocken tupfen.

2 Den Großteil des Öls in einer Pfanne erhitzen, die Auberginen darin von allen Seiten goldbraun braten, auf Küchenpapier abtropfen lassen und in eine Schüssel geben.

3 Zwiebel und Knoblauch mit dem restlichen Öl glasig dünsten. Den Sellerie zufügen und einige Minuten unter ständigem Rühren anbraten, bis er leicht gebräunt ist.

4 Selleriemischung, Kapern, Oliven und Pinienkerne zu den Auberginen geben und alles sorgfältig verrühren.

5 Schokolade, Essig und Zucker zum Bratsud in die Pfanne geben und vorsichtig erhitzen, bis die Schokolade schmilzt. Dann aufkochen, die Mischung mit Salz und Pfeffer abschmecken, über den Salat geben und verrühren. Den Salat abdecken und abkühlen lassen. Dann für 1 Stunde in den Kühlschrank stellen.

6 Den gekühlten Auberginensalat mit Eierscheiben und Selleriegrün oder krausen Endivienblättern garniert servieren.

Schneller Kichererbsensalat

10 Min. 0 Min.

4 PERSONEN

1 Salatgurke
4 Karotten, in Streifen
1 Bund Frühlingszwiebeln, in Streifen
400 g Kichererbsen aus der Dose, abgetropft
½ TL Salz
½ TL Pfeffer
3 EL Zitronensaft
1 rote Paprika, entkernt und in feinen Streifen, zum Garnieren

1 Gurke in dicke Scheiben schneiden, die Scheiben vierteln und die Stücke in eine Schüssel geben.

2 Karotten, Frühlingszwiebeln und Kichererbsen zufügen und vorsichtig vermischen. Alles mit Salz und Pfeffer abschmecken und mit dem Zitronensaft übergießen. Dann erneut vorsichtig durchmischen.

3 Mit Paprika garnieren und den fertigen Salat sofort servieren oder bis zum Verzehr in den Kühlschrank stellen.

TIPP
Kichererbsen aus der Dose zu verwenden ist zeitsparender als die Zubereitung getrockneter Erbsen. Sie können den Salat natürlich auch aus getrockneten Kichererbsen zubereiten; beachten Sie dabei die Einweichzeit

Ziegenkäse-salat

10 Min. 6 Min.

4 PERSONEN

1 Ciabatta-Brot
4 kleine Tomaten, in Scheiben
12 frische Basilikumblätter
250 g fester Ziegenkäse
gemischte Salatblätter, inklusive Rucola und Radicchio, zum Servieren
frische Basilikumzweige, zum Garnieren

DRESSING
3 EL natives Olivenöl extra
1 EL Weißweinessig
1 TL Olivenpaste aus schwarzen Oliven
1 Knoblauchzehe, zerdrückt
1 TL frisch gehackter Thymian

1 Für das Dressing alle Zutaten in einer kleinen Schüssel sorgfältig verrühren.

2 Das Brot zunächst waagerecht, dann senkrecht halbieren, sodass 4 große Scheiben entstehen.

3 Die Brotscheiben mit etwas Dressing beträufeln, anschließend mit den Tomatenscheiben und Basilikumblättern belegen.

4 Den Käse in 12 Scheiben schneiden. Je 3 davon auf eine belegte Ciabatta-Scheibe geben.

5 Den Käse mit etwas Dressing bestreichen und die Brote in einem auf 230 °C vorgeheizten Backofen 5–6 Minuten backen.

6 Die Salatblätter mit dem restlichen Dressing beträufeln, mit den Basilikumzweigen garnieren und mit den Broten servieren.

TIPP
Ziegenkäse ist in unterschiedlichen Reifegraden erhältlich – von frisch und sahnig bis kräftig und würzig. Frischer Ziegenkäse sollte im Gegensatz zu den reiferen Sorten innerhalb von 2 Tagen verzehrt werden.

Nudelsalat mit Nüssen

15 Min. 15–20 Min.

4 PERSONEN

Salz
250 g Muschelnudeln
1 EL Olivenöl
125 g Walnusshälften
250 g Dolcelatte (siehe Tipp), zerbröckelt
gemischte Salatblätter, z. B. Radicchio, Endivie, Rucola, Feld- und Friséesalat

DRESSING
2 EL Walnussöl
4 EL natives Olivenöl extra
2 EL Rotweinessig
Salz und Pfeffer

1 Einen großen Topf mit Salzwasser füllen. Das Wasser aufkochen und die Nudeln darin mit dem Olivenöl al dente kochen. Abgießen, unter fließend kaltem Wasser abschrecken, abtropfen lassen und beiseitestellen.

2 Die Walnusshälften auf einem Backblech verteilen und 2–3 Minuten unter einem vorgeheizten Backofengrill rösten. Zum Abkühlen beiseitestellen.

3 Für das Dressing die Öle und den Essig in einer kleinen Schüssel vermengen und mit Salz und Pfeffer abschmecken.

4 Die Salatblätter in einer großen Servierschüssel anrichten. Die abgekühlten Nudeln in die Mitte geben und mit Dolcelatte bestreuen. Das Dressing über den Nudelsalat geben, den Salat mit Walnüssen bestreuen und alles gut unterheben. Anschließend sofort servieren.

TIPP
Dolcelatte ist ein halbfester Blauschimmelkäse aus Italien. Er ist sehr weich und cremig und hat einen feinen, aber pikanten Geschmack. Man kann ihn durch Roquefort ersetzen. Der Käse sollte aber in jedem Fall von bester Qualität und frisch sein.

Krautsalat auf asiatische Art

15 Min. 5–10 Min.

4 PERSONEN

1 große Karotte, geraspelt
1 kleine Zwiebel, fein gehackt
2 Selleriestangen, gehackt
¼ kleiner Weißkohl, geraspelt
1 EL frisch gehackte Petersilie
4 EL Sesamöl
½ TL Mohnsamen
60 g Cashewkerne
2 EL Weißwein- oder Apfelessig
Salz und Pfeffer
Petersilienzweige, zum Garnieren

1 Karotte, Zwiebel, Sellerie und Kohl in einer großen Salatschüssel vermengen. Die Petersilie einrühren und alles mit Salz und Pfeffer abschmecken.

2 Das Sesamöl in einer Pfanne erhitzen. Die Mohnsamen zugeben und die Pfanne abdecken. Die Samen bei mittlerer Hitze rösten, bis sie zu platzen beginnen. Dann vom Herd nehmen und abkühlen lassen.

3 Die Cashewkerne auf einem Backblech verteilen und auf der mittleren Schiene unter einem vorgeheizten Backofengrill hellbraun anrösten; dabei darauf achten, dass die Kerne nicht anbrennen. Dann abkühlen lassen.

4 Essig und Öl sorgfältig mit der Mohnsamenmischung vermengen. Dann das Dressing über die Karottenmischung gießen und gut vermischen, zuletzt die abgekühlten Cashewkerne zugeben und gut mit den anderen Salatzutaten vermengen.

5 Den fertigen Salat mit den frischen Petersilienzweigen garnieren und sofort servieren.

Warmer Gemüsesalat

10 Min. 10 Min.

4 PERSONEN

2 EL Butter
½ Blumenkohl, in Röschen
1 grüne Paprika, entkernt und in Streifen
1 rote Paprika, entkernt und in Streifen
½ Salatgurke, in Scheiben
4 Karotten, in schmalen Stiften
Salz und Pfeffer
ofenfrisches Brot, Brötchen oder Bruschetta, zum Servieren

DRESSING
3 EL Olivenöl
1 EL Weißweinessig
1 EL helle Sojasauce
1 TL Zucker
Salz und Pfeffer

1 Die Butter in einem großen Topf zerlassen. Das Gemüse darin 5–7 Minuten bei mittlerer Hitze unter gelegentlichem Rühren andünsten, bis es zart, aber noch bissfest ist. Dann alles mit Salz und Pfeffer abschmecken, die Hitze reduzieren, den Topf abdecken und das Gemüse weitere 3 Minuten köcheln lassen.

2 In der Zwischenzeit alle Zutaten für das Dressing gründlich verrühren.

3 Das fertige Gemüse in einer Servierschüssel anrichten, mit dem Dressing vermengen und sofort servieren.

VARIATION
Für dieses Gericht eignen sich auch andere Gemüsesorten Ihrer Wahl, z. B. Brokkoli, Frühlingszwiebeln und Zucchini.

Couscous-Kokosnuss-Salat

1 Std. 30 Min. 15 Min.

4 PERSONEN

350 g Couscous
175 g saftige Trockenaprikosen, in Streifen
1 Bund frischer Schnittlauch, in Röllchen
2 EL ungesüßte Kokosraspel
1 TL Zimt
Salz und Pfeffer
frisch gehackte Minzeblätter, zum Garnieren

DRESSING
1 EL Olivenöl
2 EL ungesüßter Orangensaft
½ TL abgeriebene Orangenschale
1 TL grobkörniger Senf
1 TL klarer Honig
2 EL frisch gehackte Minzeblätter
Salz und Pfeffer

1 Den Couscous einweichen. Dann in einen Dämpfeinsatz oder in ein mit Musselin ausgelegtes Sieb geben und abgedeckt über einem Topf mit kochendem Wasser gar dämpfen. Vom Herd nehmen, in eine hitzebeständige Schüssel geben und zum Abkühlen beiseitestellen.

2 Den abgekühlten Couscous mit Aprikosen, Schnittlauch, Kokosraspeln und Zimt vermengen. Alles mit Salz und Pfeffer abschmecken.

3 Alle Zutaten für das Dressing verrühren, über den Salat gießen und sorgfältig untermischen. Den fertigen Salat abdecken und mindestens 1 Stunde im Kühlschrank durchziehen lassen. Kurz vor dem Servieren mit Minzeblättern garnieren.

VARIATION
Der Salat kann auch warm serviert werden. Vermengen Sie dazu den Couscous in Schritt 2 noch warm mit den angegebenen Zutaten. Fügen Sie zusätzlich 1 Esslöffel Olivenöl zu und servieren Sie den fertigen Salat in einer vorgewärmten Schüssel.

Kartoffel-Bohnen-Salat

20 Min. 20 Min.

4 PERSONEN

225 g neue Kartoffeln, gewaschen und geviertelt
225 g gemischte Bohnen aus der Dose, abgespült und abgetropft
1 roter Tafelapfel, gewürfelt und mit 1 EL Zitronensaft vermengt
1 gelbe Paprika, entkernt und gewürfelt
1 Schalotte, in Ringen
½ Fenchelknolle, in Scheiben
Eichblattsalat

DRESSING
1 EL Rotweinessig
2 EL Olivenöl
1½ EL amerikanischer Senf
1 Knoblauchzehe, zerdrückt
2 TL frisch gehackter Thymian
Salz und Pfeffer

1 Die Kartoffeln 15 Minuten in kochendem Wasser garen. Dann abgießen und in eine große Schüssel geben.

2 Bohnen, Apfel, Paprika, Schalotten und Fenchel zu den Kartoffeln geben. Alle Zutaten gut vermengen, dabei aber darauf achten, dass die Kartoffeln nicht zerfallen.

3 Alle Zutaten für das Dressing verrühren, über den vorbereiteten Salat gießen und gut untermengen.

4 Einen großen Servierteller oder eine Salatschüssel mit Eichblattsalat auslegen. Die Kartoffelmischung in die Mitte geben und den fertigen Salat sofort servieren.

VARIATION
Einen leicht abgewandelten Geschmack erhalten Sie, wenn Sie für das Dressing anstelle des milden, leicht süßen amerikanischen Senfs französischen Dijon-Senf oder grobkörnigen Senf verwenden.

Salat mit Knoblauchdressing

10 Min. 0 Min.

4 PERSONEN

85 g Salatgurke, in Streifen
6 Frühlingszwiebeln, längs halbiert
2 Tomaten, entkernt und geachtelt
1 gelbe Paprika, entkernt und in Streifen
2 Selleriestangen, in Streifen
4 Radieschen, geviertelt
85 g Rucola
1 EL frisch gehackte Minze, zum Garnieren

DRESSING
2 EL Zitronensaft
1 Knoblauchzehe, zerdrückt
150 g fettarmer Naturjoghurt
2 EL Olivenöl
Salz und Pfeffer

1 Gurke, Frühlingszwiebeln, Tomaten, Paprika, Sellerie, Radieschen und Rucola in einer großen Salatschüssel vermengen.

2 Für das Dressing Zitronensaft, Knoblauch, Joghurt und Öl vermengen. Dann mit Salz und Pfeffer abschmecken.

3 Das Dressing über den Salat gießen und sorgfältig unterheben. Den fertigen Salat mit Minze bestreuen und sofort servieren.

TIPP
Rucola hat einen markanten pfeffrigen Geschmack, der Salaten eine besondere Note verleiht. Ersatzweise können Sie auch Feldsalat verwenden.

Italienischer Sommersalat

25 Min. 15 Min.

4 PERSONEN

Salz
250 g Fusilli
2 EL Pinienkerne
4 Tomaten, in Spalten
50 g schwarze Oliven, entkernt und halbiert
25 g sonnengetrocknete Tomaten in Öl, abgetropft und in Streifen
2 EL frisch geriebener Parmesan
frisches Basilikum, grob gezupft, zum Garnieren

VINAIGRETTE
1 Knoblauchzehe
15 g Basilikumblätter
2 EL frisch geriebener Parmesan
4 EL natives Olivenöl extra
2 EL Zitronensaft
Salz und Pfeffer

1 Die Nudeln in sprudelndem Salzwasser al dente kochen. Abgießen, unter kaltem Wasser abschrecken, gründlich abtropfen lassen und in eine große Schüssel geben.

2 Die Pinienkerne unter einem vorgeheizten Backofengrill goldgelb rösten.

3 Für die Vinaigrette Knoblauch und Basilikumblätter in einem Mixer zerkleinern. Käse, Öl, Zitronensaft sowie Salz und Pfeffer zugeben und untermengen. Alternativ Knoblauch und Basilikumblätter mit einem großen Messer fein hacken und mit den übrigen Zutaten mischen.

4 Die Vinaigrette über die Nudeln gießen und sorgfältig unterheben. Frische und getrocknete Tomaten sowie Oliven zu den Nudeln geben und alles vermischen.

5 Den fertigen Nudelsalat in eine Servierschüssel füllen, mit Parmesan und Pinienkernen bestreuen und mit frischen Basilikumblättern garniert servieren.

Scharf gewürzter Reissalat

30 Min. 25 Min.

4 PERSONEN

2 TL Öl
1 Zwiebel, fein gehackt
1 frische rote Chili, entkernt und fein gehackt
8 Kardamomkapseln
1 TL Kurkuma
1 TL Garam Masala
350 g Basmati-Reis, gewaschen
700 ml kochendes Wasser
1 orangefarbene Paprika, entkernt und fein gewürfelt
225 g Blumenkohl, in Röschen
4 reife Tomaten, gehäutet, entkernt und gehackt
125 g Rosinen
25 g gehobelte Mandeln, geröstet
Salz und Pfeffer
Gurken-Raita (siehe Seite 233), zum Servieren

1 Das Öl in einem großen beschichteten Topf erhitzen. Zwiebel, Chili, Kardamomkapseln, Kurkuma und Garam Masala zugeben und 2–3 Minuten bei geringer Hitze dünsten.

2 Reis, Wasser, Paprika und Blumenkohl zugeben und mit den Gewürzen vermengen. Den Topf abdecken. Den Inhalt aufkochen und bei geringer Hitze 15 Minuten köcheln lassen.

3 Dann den Deckel abnehmen und den Reis mit einer Gabel auflockern. Tomaten und Rosinen einrühren und alles mit Salz und Pfeffer abschmecken.

4 Den Topf erneut abdecken und den Herd abstellen. Den Reis 15 Minuten auf der noch warmen Herdplatte ziehen lassen, danach die Kardamomkapseln entfernen.

5 Den fertigen Reis in eine vorgewärmte Servierschüssel geben, mit den gerösteten Mandeln bestreuen und mit einer Gurken-Raita als Beilage servieren.

Spinatsalat mit Knoblauch

5 Min. 15 Min.

4 PERSONEN

12 Knoblauchzehen
4 EL Olivenöl
450 g junger Spinat
60 g Walnuss- oder Pinienkerne, gehackt
2 EL Zitronensaft
Salz und Pfeffer

1 Den Knoblauch ungeschält in eine Auflaufform geben, mit 2 Esslöffeln Olivenöl beträufeln und 15 Minuten in einem auf 190 °C vorgeheizten Backofen rösten.

2 Die gerösteten Knoblauchzehen zusammen mit dem Olivenöl in eine Salatschüssel füllen. Spinat, Walnuss- oder Pinienkerne Zitronensaft und das restliche Öl zugießen.

3 Den Salat gut mit dem Dressing vermengen, mit Salz und Pfeffer abschmecken und servieren, solange der Knoblauch noch warm ist. Diesen drückt bei Tisch jeder selbst aus der Schale.

VARIATION
Verwenden Sie alternativ junge Sauerampferblätter anstelle des Spinats. Diese sorgen für einen delikaten Zitrusgeschmack.

Scharfer Rotkohlsalat

1 Std. 0 Min.

4 PERSONEN

2 rote Tafeläpfel, entkernt und gewürfelt
1 EL Zitronensaft
1 große Karotte, fein geraspelt
½ kleiner Rotkohl, in feinen Streifen
1 rote Zwiebel, in feinen Ringen
100 g fettarmer Cheddar oder Gouda, gerieben
Karotten in Julienne-Streifen, zum Garnieren
Chillies in Julienne-Streifen, zum Garnieren

DRESSING
3 EL fettarme Mayonnaise
3 EL fettarmer Naturjoghurt
1 Knoblauchzehe, zerdrückt
1 TL Paprikapulver
Salz und Pfeffer
1–2 TL Chilipulver
1 Prise Cayennepfeffer (nach Belieben)

1 Die Äpfel nach dem Würfeln mit Zitronensaft beträufeln, damit sie nicht braun werden. Dann mit Karotte und Kohl in einer Schüssel vermengen. Zwiebel und Käse zugeben und untermischen.

2 Für das Dressing Mayonnaise, Joghurt, Knoblauch und Paprika in einer kleinen Schüssel verrühren. Mit Salz, Pfeffer und Chilipulver abschmecken. Soll der Salat sehr scharf werden, etwas Cayennepfeffer zugeben.

3 Das Dressing über den Salat gießen und gründlich unterheben. Den Salat abdecken und 1 Stunde kalt stellen, damit sich sein Aroma entfalten kann.

4 Den fertigen Salat mit Karotten- und Chilistreifen garnieren und servieren.

TIPP
Cayennepfeffer kommt aus Mexiko und wird nicht aus der Frucht eines Pfeffergewächses, sondern aus den getrockneten Schoten der Cayenne-Chili hergestellt. Dementsprechend scharf ist er.

Orangen-Fenchel-Salat

30 Min. 0 Min.

4 PERSONEN

4 große Orangen
1 große Fenchelknolle, in dünnen Stiften
2 TL Fenchelsamen
2 EL natives Olivenöl extra
frisch gepresster Orangensaft, zum Abschmecken
frisch gehackte Petersilie, zum Garnieren

1 Die Schale und die Haut der Orangen mit einem scharfen Messer entfernen; dabei vorsichtig von oben nach unten schneiden, damit die Orangen ihre Form behalten. Über einer Schüssel arbeiten, um den austretenden Saft aufzufangen.

2 Das Fruchtfleisch horizontal in 5 mm dicke Scheiben schneiden und in eine Servierschüssel geben. Die Fenchelstifte zufügen und mit etwas Orangensaft verrühren, damit sie nicht braun werden.

3 Die Fenchelsamen gleichmäßig über dem Salat verteilen.

4 Das Öl in einer kleinen Schüssel mit dem restlichen Orangensaft verrühren und mit zusätzlichem Orangensaft abschmecken. Über den vorbereiteten Salat gießen und vorsichtig unterheben. Dann den Salat mit Frischhaltefolie abdecken und kalt stellen.

5 Den fertigen Salat kurz vor dem Servieren aus dem Kühlschrank nehmen, mit Petersilie bestreuen und kalt servieren.

VARIATION
Sie können den Fenchel auch durch eine in Streifen geschnittene Zwiebel oder fein gehackte Frühlingszwiebeln ersetzen oder den Salat nach sizilianischer Art mit Blutorangen zubereiten.

Italienischer Kartoffelsalat

10 Min. 12 Min.

4 PERSONEN
500 g kleine neue Kartoffeln
8 getrocknete Tomaten, in dünnen Streifen
4 EL Naturjoghurt
4 EL Mayonnaise
Salz und Pfeffer
2 EL frisch gehackte glatte Petersilie

1 Die Kartoffeln gründlich waschen und in einen großen Topf mit Wasser geben. Das Wasser aufkochen und die Kartoffeln mit Schale darin 8–12 Minuten garen. Die genaue Garzeit hängt von der jeweiligen Größe der Kartoffeln ab.

2 Für das Dressing Joghurt und Mayonnaise in einer Schüssel vermengen und mit Salz und Pfeffer abschmecken. Dann die Tomatenstreifen und die Petersilie zugeben.

3 Das Kartoffelwasser abgießen und die Kartoffeln zum Abkühlen beiseitestellen. Größere Kartoffeln in mundgerechte Stücke schneiden.

4 Das Dressing über die Kartoffeln gießen und gut unterheben. Den fertigen Salat für etwa 20 Minuten zum Erkalten in den Kühlschrank stellen. Anschließend als Vorspeise oder als Beilage zu einem Hauptgericht servieren.

TIPP
Größere Kartoffeln sollten besser erst nach dem Kochen zerkleinert werden. Kleinere Stücke benötigen zwar eine kürzere Garzeit, doch sie zerfallen auch ziemlich schnell.

Bunter Paprikasalat

20 Min. 20 Min.

4 PERSONEN

4 große verschiedenfarbige Paprika, halbiert und entkernt
4 EL natives Olivenöl extra
1 große rote Zwiebel, in Ringen
2 Knoblauchzehen, zerdrückt
4 Tomaten, gehäutet und gehackt
1 Prise Zucker
1 TL Zitronensaft
Salz und Pfeffer

1 Die Paprika mit der Schnittfläche nach unten auf ein Backblech legen und 10–12 Minuten unter dem vorgeheizten Backofengrill rösten, bis die Haut leicht schwarz wird. Dann herausnehmen, unter kaltem Wasser abspülen und häuten. Anschließend in dünne Streifen schneiden.

2 Das Öl in einer Pfanne erhitzen. Zwiebel und Knoblauch darin weich dünsten. Paprika und Tomaten zufügen und bei geringer Hitze 10 Minuten mitdünsten.

3 Die Pfanne vom Herd nehmen, Zucker und Zitronensaft einrühren. Dann den Salat mit Salz und Pfeffer abschmecken, abkühlen lassen und servieren.

Süßkartoffelsalat

10 Min. 15 Min.

4 PERSONEN

1 Süßkartoffel, geschält und gewürfelt
2 Karotten, in Scheiben
3 Tomaten, gehäutet, entkernt und gehackt
90 g Kichererbsen aus der Dose, abgetropft

8 Blätter Eisbergsalat
1 EL Sultaninen
1 EL gehackte Walnüsse
1 kleine Zwiebel, in dünnen Ringen

DRESSING
6 EL Naturjoghurt
1 EL klarer Honig
Salz und Pfeffer

1 Die Süßkartoffelwürfel 10 Minuten in sprudelndem Wasser kochen. Dann die Karotten zugeben und alles weitere 3–5 Minuten kochen, bis die Süßkartoffeln gerade gar sind. Das Gemüse abtropfen lassen und in eine große Schüssel füllen.

2 Tomaten und Kichererbsen zur Süßkartoffelmischung geben und gut unterheben.

3 Eine Salatschüssel mit den Salatblättern auslegen und die Gemüsemischung in die Mitte füllen. Mit Sultaninen, Walnüssen und Zwiebelringen bestreuen.

4 Für das Dressing Joghurt, Honig und Pfeffer in eine kleine Servierschale geben und sorgfältig verrühren. Dann mit Salz abschmecken.

5 Den fertigen Salat noch warm servieren und das Joghurt-Honig-Dressing separat dazu reichen.

Gurkensalat

15 Min. 0 Min.
+ Kühlzeit

4 PERSONEN

225 g Salatgurke, in sehr dünnen Scheiben
1 grüne Chili, entkernt und fein gehackt (nach Belieben)
frische Minzeblätter, zum Garnieren
rote Paprikastreifen, zum Garnieren

DRESSING
frisch gehackter Koriander
2 EL Zitronensaft
½ TL Salz
1 TL Zucker

1 Die Gurkenscheiben auf einem Servierteller anrichten und nach Geschmack Chili darüberstreuen. Für mindestens 1 Stunde in den Kühlschrank stellen und ziehen lassen.

2 Für das Dressing Korianderblätter, Zitronensaft, Salz und Zucker in einer Schüssel verrühren.

3 Die kalten Gurkenscheiben kurz vor dem Servieren mit dem Dressing übergießen und mit Minzeblättern und Paprika garnieren.

Indischer Kartoffelsalat

25 Min. 20 Min.

4 PERSONEN

4 mehligkochende Kartoffeln, gewürfelt
75 g kleine Brokkoliröschen
1 kleine Mango, gewürfelt
4 Frühlingszwiebeln, in Ringen
Salz und Pfeffer
kleine Papadams, zum Servieren

DRESSING
½ TL gemahlener Kreuzkümmel
½ TL gemahlener Koriander
1 EL Mango-Chutney
150 g fettarmer Naturjoghurt
1 TL frisch gehackte Ingwerwurzel
2 EL frisch gehackter Koriander

1 Die Kartoffeln etwa 10 Minuten in kochendem Salzwasser garen. Dann abgießen und in eine Schüssel geben.

2 Inzwischen die Brokkoliröschen 2 Minuten in einem separaten Topf blanchieren. Anschließend ebenfalls abgießen, zu den Kartoffeln geben und beides abkühlen lassen.

3 Sobald Kartoffeln und Brokkoli abgekühlt sind, Mango und Frühlingszwiebeln zufügen. Alles mit Salz und Pfeffer würzen und gut vermengen.

4 Für das Dressing alle Zutaten in einer kleinen Schüssel verrühren. Dann über das Gemüse gießen und vorsichtig unterheben, sodass Kartoffeln und Brokkoli nicht matschig werden. Mit Papadams als Beilage servieren.

TIPP
Richten Sie den Salat schon einige Stunden im Voraus an und lassen Sie ihn im Kühlschrank ziehen – so kann sich sein Aroma besser entfalten.

Reissalat mit Mango

15 Min. 1 Std. 15 Min.

4 PERSONEN

85 g Wildreis
150 g Basmati-Reis
3 EL Haselnussöl
1 EL Sherry-Essig
1 reife Mango
3 Selleriestangen, in dünnen Scheiben
100 g getrocknete Aprikosen, gehackt
50 g Mandelsplitter, geröstet (siehe Tipp)
2 EL frisch gehackter Koriander oder frisch gehackte Minze
Salz und Pfeffer
frische Koriander- oder Minzezweige, zum Garnieren

1 Beide Reissorten getrennt in leicht gesalzenem, kochendem Wasser garen. Der Wildreis benötigt 45–50 Minuten, der Basmati-Reis 12 Minuten. Den fertigen Reis abgießen, abspülen, gründlich abtropfen und in einer großen Schale miteinander vermengen.

2 Öl und Essig mischen, über den Reis geben und gut unterheben.

3 Die Mango dicht am Stein vorbei längs halbieren. Den Stein entfernen und wegwerfen. Die Mango schälen und in gleich große Spalten schneiden.

4 Den Sellerie mit Mango, Aprikosen, Mandeln und gehackten Kräutern zum Reis geben. Alles kräftig mit Salz und Pfeffer abschmecken und gründlich vermengen. Anschließend in eine Servierschüssel umfüllen und mit frischen Koriander- oder Minzezweigen garniert servieren.

TIPP
Die Mandeln zum Rösten auf einem Backblech verteilen und 5–10 Minuten in einen auf 180 °C vorgeheizten Backofen geben. Sie können sie auch unter einem Backofengrill rösten, müssen sie dann aber wenden und darauf achten, dass sie nicht verbrennen.

Amerikanischer Krautsalat

10 Min. 5 Min.

4 PERSONEN

1 großer Weißkohl, in feinen Streifen
4 Karotten, grob geraspelt
1 grüne Paprika, in schmalen Streifen
2 EL Sonnenblumenkerne

DRESSING
150 g Mayonnaise
150 g fettarmer Naturjoghurt
1 Spritzer Tabasco-Sauce
Salz und Pfeffer

1 Für das Dressing Mayonnaise, Joghurt, Tabasco, Salz und Pfeffer in einer kleinen Schüssel vermengen und dann bis zur weiteren Verwendung in den Kühlschrank stellen.

2 Weißkohl, Karotten und Paprika in einer großen Schüssel gründlich vermengen. Mit dem Dressing übergießen, erneut gründlich vermengen und im Kühlschrank kalt stellen.

3 Kurz vor dem Servieren die Sonnenblumenkerne unter einem vorgeheizten Backofengrill goldbraun rösten. Diese über den fertigen Krautsalat streuen und servieren.

VARIATION
Probieren Sie den Salat einmal mit Rosinen, Weintrauben, geraspelten Äpfeln, Walnüssen, Käsewürfeln oder gerösteten Erdnüssen.

Fruchtiger Krautsalat

10 Min. 0 Min.

6 PERSONEN

½ kleiner Rotkohl, in Streifen
½ kleiner Weißkohl, in Streifen
175 g getrocknete Datteln, entsteint und gehackt
1 roter Tafelapfel
2 grüne Tafeläpfel
4 EL Zitronensaft
25 g Pinienkerne, geröstet

DRESSING
5 EL Olivenöl
2 EL Cidre-Essig
1 TL klarer Honig
Salz und Pfeffer

1 Weiß- und Rotkohlstreifen mit den Datteln in einer Salatschüssel vermengen.

2 Die Äpfel entkernen, aber nicht schälen. In dünne Scheiben schneiden, in eine separate Schüssel füllen und mit dem Zitronensaft vermengen, damit sie nicht braun werden. Dann zum Kohl in die Salatschüssel geben.

3 Für das Dressing Olivenöl, Essig und Honig in einer kleinen Schüssel vermengen, dann mit Salz und Pfeffer würzen. Das Dressing über den Salat gießen und gut unterheben. Den fertigen Salat mit den Pinienkernen bestreuen und servieren.

TIPP
Salatdressings lassen sich gut in einem Glas mit Schraubdeckel mischen. Bei aufgesetztem Deckel einfach kräftig schütteln.

Bunter Blütensalat

5 Min. 0 Min.

4 PERSONEN

½ Friséesalat
½ Eichblattsalat
einige Radicchio-Blätter
1 Chicorée
25 g Rucola
einige glatte Petersilien- oder Basilikumblätter
essbare Blüten, zum Garnieren (nach Belieben)

FRENCH-DRESSING
1 EL Weißweinessig
1 Prise Zucker
½ TL Dijon-Senf
3 EL natives Olivenöl extra
Salz und Pfeffer

1 Die Blattsalate in mundgerechte Stücke zupfen und in eine große Schüssel geben oder auf 4 Portionsschalen verteilen.

2 Den Chicorée diagonal in Streifen schneiden und zusammen mit dem Rucola, dem Basilikum oder der Petersilie zu den Blattsalaten geben.

3 Für das Dressing Essig, Zucker und Senf in einer kleinen Schüssel verquirlen, bis sich der Zucker aufgelöst hat. Dann langsam das Olivenöl unterrühren und alles mit Salz und Pfeffer abschmecken.

4 Das Dressing über den Salat geben und gut untermischen. Die essbaren Blüten großzügig darüberstreuen und den fertigen Salat sofort servieren.

TIPP
Essbare Blüten wie Veilchen, Kapuzinerkresse, Geranien, Schnittlauchblüten und Ringelblumen sind muntere Farbtupfer. Sie verleihen Salaten nicht nur ein süßes Aroma, sondern sind darüber hinaus ein Blickfang auf jedem Partybuffet. Sie geben selbst einem einfachen Mahl eine besondere Note.

Rote-Bete-Salat mit Nüssen

10 Min. 0 Min.

4 PERSONEN

175 g Feldsalat
4 kleine Rote Bete, gekocht und gewürfelt
2 EL gehackte Walnüsse

DRESSING
2 EL Zitronensaft
2 Knoblauchzehen, fein gehackt
1 EL Dijon-Senf
1 Prise Zucker
Salz und Pfeffer
125 ml Sonnenblumenöl
125 g saure Sahne

1 Für das Dressing Zitronensaft, Knoblauch, Senf und Zucker in einer Schüssel mischen und mit Salz und Pfeffer abschmecken. Nach und nach das Sonnenblumenöl unterrühren. Die saure Sahne leicht verschlagen und ebenfalls unterrühren.

2 Den Feldsalat in eine Schüssel füllen und etwa ein Drittel des Dressing darübergießen. Gut mischen und den Salat auf 4 Schälchen verteilen.

3 Die Rote-Bete-Würfel auf den Salat legen und mit dem verbliebenen Dressing beträufeln.

4 Den fertigen Salat mit den gehackten Walnüssen garnieren und anschließend sofort servieren.

TIPP
Das Dressing kann auch im Voraus zubereitet werden. Sie sollten es aber erst unmittelbar vor dem Servieren über den Salat gießen, da er sonst matschig wird.

Tomatensalat mit Basilikum

35 Min. 15 Min.

8 PERSONEN

Salz
500 g sehr kleine neue Kartoffeln, ungeschält und gewaschen
4–5 große Tomaten, in dünnen Scheiben
2 Kiwis, in dünnen Scheiben
1 Zwiebel, in feinen Ringen
2 EL grob gehackte frische Basilikumblätter
frische Basilikumblätter, zum Garnieren

DRESSING
4 EL natives Olivenöl extra
2 EL Balsamico-Essig
1 Knoblauchzehe, zerdrückt
Salz und Pfeffer
2 EL Mayonnaise oder Sauerrahm

1 Die Kartoffeln etwa 10–15 Minuten in leicht gesalzenem Wasser kochen, bis sie gerade weich sind. Dann abgießen und gut abtropfen lassen.

2 Für das Dressing Öl, Essig und Knoblauch vermengen und alles mit Salz und Pfeffer würzen.

3 Die Hälfte des Dressings in eine separate Schüssel füllen und die Mayonnaise oder den Sauerrahm untermischen. Dann über die Kartoffeln gießen und vorsichtig untermischen und abkühlen lassen.

4 Tomaten- und Kiwischeiben, Zwiebel und Basilikum am Rand einer flachen Servierschale anrichten. Anschließend die Kartoffeln in ihrem Dressing dekorativ in der Mitte des Tomatensalats platzieren.

5 Das Essig-Öl-Dressing über die Tomaten träufeln oder separat in einem Schälchen reichen. Den Salat mit frischen Basilikumblättern garnieren, mit Frischhaltefolie abdecken und bis zum Verzehr kalt stellen.

Fenchelsalat mit Minze

10 Min. 0 Min.

4 PERSONEN

1 Fenchelknolle
1–2 EL Zitronensaft
2 kleine Orangen
1 kleine Salatgurke
1 EL frisch gehackte Minze
1 EL natives Olivenöl extra
2 Eier, hart gekocht

1 Die äußeren Fenchelblätter entfernen. Die Knolle in feine Scheiben schneiden, in eine Schüssel mit Wasser geben und mit Zitronensaft beträufeln (siehe Tipp).

2 Die Schale der Orangen über einer Schüssel abreiben. Dann die Früchte vollständig schälen und filetieren. Dazu das Fruchtfleisch zwischen den Trennhäuten einschneiden und herauslösen. Den dabei austretenden Saft auffangen.

3 Die Gurke in 1 cm dicke Scheiben schneiden und jede Scheibe vierteln. Den Fenchel abgießen und mit den Orangen- und Gurkenstücken vermengen. Dann die Minze unterheben.

4 Das Olivenöl über den Salat gießen und ebenfalls gut unterheben.

5 Die Eier schälen, vierteln, auf dem Salat anrichten und diesen sofort servieren.

TIPP
Fenchel wird ohne Dressing an der Luft braun. Legen Sie ihn in eine Schüssel mit Wasser und beträufeln Sie ihn mit Zitronensaft, um dies zu verhindern.

Gazpacho-Reissalat

30 Min. 35 Min.

4 PERSONEN

125 ml natives Olivenöl extra
1 Zwiebel, fein gehackt
4 Knoblauchzehen, fein gehackt
200 g weißer Langkornreis
350 ml Gemüsebrühe oder Wasser
1½ TL getrockneter Thymian
Salz und Pfeffer
3 EL Sherry-Essig
1 TL Dijon-Senf
1 TL klarer Honig
1 rote Paprika, entkernt und gehackt
½ gelbe Paprika, entkernt und gehackt
½ grüne Paprika, entkernt und gehackt
1 rote Zwiebel, fein gehackt
½ Salatgurke, geschält, entkernt und gehackt (nach Belieben)
3 Tomaten, entkernt und gehackt
2–3 EL frisch gehackte glatte Petersilie
12 Kirschtomaten, halbiert
12 schwarze Oliven, entsteint und geviertelt
1 EL gehobelte Mandeln, geröstet

1 2 Esslöffel des Olivenöls in einem großen Topf erhitzen. Die Zwiebel darin 2 Minuten unter gelegentlichem Rühren weich dünsten. Die Hälfte des Knoblauchs einrühren und alles 1 weitere Minute dünsten.

2 Den Reis zugeben, gut mit der Ölmischung vermengen und etwa 2 Minuten glasig dünsten. Brühe oder Wasser und die Hälfte des Thymians zugeben. Die Flüssigkeit aufkochen und den Reis mit Salz und Pfeffer würzen.

3 Den Reis abgedeckt etwa 20 Minuten köcheln lassen. Vom Herd nehmen und etwa 15 Minuten abgedeckt ziehen lassen. Dann erst den Deckel abnehmen und den Reis vollständig auskühlen lassen.

4 Essig, restlichen Knoblauch, Thymian, Senf, Honig oder Zucker, Salz und Pfeffer in einer großen Schüssel verrühren. Das restliche Olivenöl einrühren und den Reis mit einer Gabel unter die Vinaigrette heben.

5 Paprika, Zwiebel, Gurke, Tomaten und Petersilie zugeben. Alles gründlich mischen und mit Salz und Pfeffer abschmecken.

6 Den fertigen Salat in einer Servierschüssel anrichten, mit Kirschtomaten, Oliven sowie gerösteten Mandeln garnieren und servieren.

Krönungssalat

25 Min. 0 Min.

4 PERSONEN

1 rote Paprika, entkernt und gewürfelt
60 g Rosinen
1 Selleriestange, in Scheiben
125 g Mais aus der Dose, abgetropft
1 säuerlicher Tafelapfel, z. B. Granny Smith, gewürfelt
125 g kernlose helle Weintrauben, halbiert
250 g gekochter Basmati-Reis
Salatblätter
1 TL Paprikapulver, zum Garnieren

DRESSING
4 EL Mayonnaise
2 TL mildes Currypulver
1 TL Zitronensaft
1 TL Paprikapulver
1 Prise Salz

1 Die Paprika mit Rosinen, Sellerie, Mais, Apfel und Trauben in einer großen Schüssel mischen. Dann den gekochten Reis unterrühren.

2 Für das Dressing Mayonnaise, Currypulver, Zitronensaft, Paprikapulver und Salz in einer kleinen Schüssel gründlich verrühren.

3 Das Dressing über den Salat gießen und unterheben, bis alle Zutaten rundum davon überzogen sind.

4 Eine große Servierplatte mit den Salatblättern auslegen. Die Reismischung darauf anrichten, mit Paprikapulver bestreuen und den fertigen Salat sofort servieren.

TIPP
Falls Ihnen das Mayonnaise-Dressing zu dickflüssig ist, fügen Sie einfach löffelweise Wasser zu, bis die Mayonnaise die gewünschte Konsistenz erreicht hat.

Gekühlter Bohnensalat

15 Min. 15 Min.

4 PERSONEN

1 rote Zwiebel, in Streifen
350 g dicke Bohnen, frisch oder tiefgefroren
½ Salatgurke, geschält, halbiert und in Scheiben

DRESSING
150 g fettarmer Naturjoghurt
1 EL frisch gehackte Minze
½ EL Zitronensaft
1 Knoblauchzehe, halbiert
Salz und weißer Pfeffer

1 Die Zwiebeln in ein Sieb geben und kurz unter fließend kaltem Wasser abspülen (siehe Tipp). Abtropfen lassen und mit Küchenpapier trocken tupfen.

2 Frische Bohnen 8–10 Minuten, tiefgefrorene Bohnen 5–6 Minuten in kochendem Wasser garen. Abgießen, mit kaltem Wasser abspülen und abtropfen lassen. Nach Belieben die harten weißen Außenschalen der Bohnen entfernen.

3 Für das Dressing Joghurt, Minze, Zitronensaft, Knoblauch, Salz und Pfeffer in einer Schüssel vermengen.

4 Zwiebel, Gurke und Bohnen gut mischen und mit dem Joghurt-Dressing übergießen. Die Knoblauchhälften entfernen und alles gut vermischen.

5 Den fertigen Salat in eine Servierschüssel füllen und sofort servieren.

TIPP
Man spült rohe Zwiebeln ab, um ihren beißenden Geschmack abzumildern. Dies ist auch bei anderen geschmacksintensiven Salatzutaten möglich.

Caesar Salad

15 Min. 20 Min.

4 PERSONEN

1 Knoblauchzehe, halbiert
1 Kopfsalat
60 g Parmesan, grob gerieben

KNOBLAUCH-CROÛTONS
3 EL Olivenöl
1 große Knoblauchzehe, halbiert
4 Scheiben Vollkornbrot, ohne Rinde und gewürfelt

DRESSING
1 Ei
1 TL Worcestersauce
2 EL Zitronensaft
2 TL Dijon-Senf
2 EL Olivenöl
Salz und Pfeffer

1 Für die Knoblauch-Croûtons das Öl in einen kleinen Topf gießen. Den Knoblauch zugeben, 5 Minuten sanft erhitzen, dann entfernen und wegwerfen. Die Brotwürfel in eine Schüssel geben und mit dem Öl begießen. Gut mischen, dann auf einem Backblech ausbreiten und in einem auf 190 °C vorgeheizten Backofen 10 Minuten knusprig backen. Beiseitestellen und abkühlen lassen.

2 Für das Dressing das Ei 1 Minute kochen. In einer Schüssel aufschlagen und das Eiweiß aus der Schale kratzen. Worcestersauce, Zitronensaft, Senf und Öl unterrühren und das Dressing mit Salz und Pfeffer abschmecken.

3 Das Innere einer Salatschüssel mit den Knoblauchhälften ausreiben, dann die Salatblätter in die Schüssel geben. Mit Parmesan bestreuen, mit dem Dressing beträufeln und die Knoblauchcroûtons darüberstreuen. Den Salat sofort servieren und erst am Tisch durchmischen.

VARIATION
Ältere oder kranke Menschen, kleine Kinder und Schwangere sollten wegen der Salmonellengefahr rohe oder halbgekochte Eier meiden. Sie können auf das weiche Ei für das Dressing verzichten und stattdessen geviertelte, hart gekochte Eier an den Salat geben.

Bohnen-sprossen-Salat

10 Min. 1 Min.

4 PERSONEN

350 g Bohnensprossen
1 kleine Salatgurke
1 grüne Paprika, entkernt und in feinen Streifen
1 Karotte, in feinen Streifen
2 Tomaten, fein gehackt
1 Selleriestange, in feinen Streifen
frischer Schnittlauch, zum Garnieren

DRESSING
1 Knoblauchzehe, zerdrückt
1 Schuss Chilisauce
2 EL helle Sojasauce
1 TL Weinessig
2 TL Sesamöl

1 Die Bohnensprossen 1 Minute in kochendem Wasser blanchieren. Dann abtropfen lassen, unter kaltem Wasser abschrecken und erneut abtropfen lassen.

2 Die Gurke längs halbieren. Die Kerne mit einem Löffel auskratzen und wegwerfen. Das Fruchtfleisch in Stifte schneiden und mit Bohnensprossen, Paprika, Karotte, Tomaten und Sellerie vermengen.

3 Für das Dressing Knoblauch, Chili- und Sojasauce, Weinessig und Sesamöl in einer kleinen Schüssel verrühren oder in einem Dressingshaker unter Schütteln vermengen. Das fertige Dressing über das Gemüse geben und gut unterheben.

4 Den fertigen Bohnensprossensalat in einer Servierschüssel oder auf 4 Beilagentellern anrichten, mit einigen Schnittlauchhalmen garnieren und sofort servieren.

VARIATION
Sie können statt der Salatgurke auch 350 g gekochte und abgekühlte grüne Bohnen oder Zuckererbsen verwenden. Die Bohnensprossen können Sie ebenfalls ersetzen, beispielsweise durch Alfalfa- oder Radieschensprossen.

Süß-saurer Auberginensalat

10 Min. 25 Min.

4 PERSONEN

6 EL Olivenöl
1 Zwiebel, gehackt
2 Knoblauchzehen, zerdrückt
2 Selleriestangen, in Scheiben
450 g Auberginen, geviertelt und in Scheiben
400 g gehackte Tomaten aus der Dose
50 g grüne Oliven, entsteint und gehackt
1 EL Zucker
100 ml Rotweinessig
25 g Kapern, abgetropft und abgespült
Salz und Pfeffer
1 EL grob gehackte glatte Petersilie, zum Garnieren

1 2 Esslöffel des Olivenöls in einer großen Pfanne erhitzen. Zwiebeln, Knoblauch und Sellerie zufügen und unter Rühren 3–4 Minuten dünsten.

2 Die Auberginenviertel mit dem restlichen Öl in die Pfanne geben und etwa 5 Minuten goldbraun anbraten. Tomaten, Oliven und Zucker zugeben und alles so lange kochen, bis sich der Zucker aufgelöst hat.

3 Den Essig zugießen. Die Hitze reduzieren und das Gemüse 10–15 Minuten köcheln, bis die Sauce eingedickt ist und die Auberginen weich sind.

4 Die Kapern zugeben und das Gemüse mit Salz und Pfeffer abschmecken.

5 Den fertigen Auberginensalat auf einem Servierteller anrichten und mit Petersilie garniert servieren.

TIPP
Dieser Salat schmeckt am besten, wenn er gut gekühlt einen Tag nach der Zubereitung serviert wird. Erst dann haben die Auberginen den Geschmack der Sauce vollständig aufgesogen.

Sardischer Kartoffelsalat

15 Min. 15 Min.

4 PERSONEN

750 g festkochende Kartoffeln
1 Schalotte, gehackt
2 Tomaten, in Spalten
Salz und Pfeffer
1 EL frisch gehacktes Basilikum
1 EL Weinessig
4 EL natives Olivenöl extra
1 Tomate, gehäutet, entkernt und fein gehackt
4 schwarze Oliven, entsteint und gehackt
1 Knoblauchzehe, zerdrückt
Salz und Pfeffer

1 Die Kartoffeln etwa 15 Minuten in kochendem Salzwasser garen, bis sie weich sind. Dann abgießen, grob würfeln und in eine Schüssel geben.

2 Schalotte und Tomaten zu den Kartoffeln geben und vorsichtig unterheben.

3 Für das Dressing Essig und Öl, Tomate, Oliven und Knoblauch vermengen, alles salzen und pfeffern. Dann über die Kartoffelmischung gießen und sorgfältig unterheben.

4 Den fertigen Salat in eine Servierschüssel füllen, salzen, pfeffern und mit Basilikum bestreut servieren.

TIPP
Verwenden Sie für das Dressing unbedingt qualitativ hochwertiges kaltgepresstes Olivenöl – nur dieses verleiht den Kartoffeln das für dieses Öl typische wunderbar fruchtige Aroma.

Cremiger Kartoffelsalat

20 Min. 20 Min.

4 PERSONEN

700 g kleine neue Kartoffeln
250 ml fettarme Mayonnaise
1 TL Paprikapulver
Salz und Pfeffer
8 Frühlingszwiebeln, in dünnen RIngen
1 hart gekochtes Ei, gewürfelt
2 EL gehackter Schnittlauch, zum Garnieren
1 Prise Paprikapulver, zum Garnieren

1 Die Kartoffeln 10–15 Minuten in sprudelndem Salzwasser garen. Abgießen und unter kaltem Wasser abschrecken. Gründlich abtropfen lassen, in eine Schüssel geben und beiseitestellen.

2 Mayonnaise und Paprikapulver verrühren, dann mit Salz und Pfeffer abschmecken und über die Kartoffeln geben.

3 Die Frühlingszwiebeln und das Ei zufügen und alles vorsichtig unterheben.

4 Den fertigen Salat in eine Servierschüssel geben, mit Schnittlauch und Paprikapulver garnieren, abdecken und bis zum Verzehr kalt stellen.

TIPP
Für ein leichteres Dressing können Sie die Hälfte der Mayonnaise durch fettarmen Joghurt ersetzen.

Pesto-Risotto-Salat

45 Min. 30 Min.

4–6 PERSONEN

3 EL natives Olivenöl extra
1 Zwiebel, fein gehackt
200 g Arborio-Reis
450 ml kochendes Wasser
Salz und Pfeffer
6 getrocknete Tomaten in Öl, abgetropft und in Streifen
½ kleine rote Zwiebel, in dünnen Ringen
3 EL Zitronensaft
frische Basilikumblätter, zum Garnieren
Parmesanspäne, zum Garnieren

PESTO
50 g frische Basilikumblätter
2 große Knoblauchzehen, fein gehackt
2 EL Pinienkerne, leicht geröstet
125 ml natives Olivenöl extra
50 g Parmesan, gerieben
Salz und Pfeffer

1 Für den Pesto Basilikum, Knoblauch und Pinienkerne 30 Sekunden in einem Mixer pürieren. Das Olivenöl in einem dünnen Strahl zugießen und unterrühren. Den Käse zufügen und alles gut durchmixen, bis der Pesto gut vermengt, aber noch leicht körnig ist. Dann in eine kleine Schüssel füllen, salzen, pfeffern und beiseitestellen.

2 1 Esslöffel Öl in einem Topf erhitzen. Die Zwiebel zufügen und weich garen. Den Reis einrühren und 2 Minuten andünsten. Das Wasser, Salz und Pfeffer zugeben, den Reis abdecken und 20 Minuten köcheln lassen, bis er das Wasser aufgesogen hat. Dann etwas abkühlen lassen.

3 Tomatenstreifen, Zwiebelringe, Zitronensaft und etwa 2 Esslöffel des Öls in einer großen Schüssel vermengen. Den Reis mit einer Gabel unterheben, dann den Pesto einrühren und den Salat abschmecken. Abdecken und auf Zimmertemperatur abkühlen lassen.

4 Den fertigen Salat auf einen Servierteller geben, mit dem restlichen Olivenöl beträufeln, mit Basilikum und Parmesan garnieren und zimmerwarm servieren.

Mexikanischer Kartoffelsalat

20 Min. 20 Min.

4 PERSONEN

1,25 kg festkochende Kartoffeln, in Scheiben
1 reife Avocado
1 TL Olivenöl
1 TL Zitronensaft
1 Knoblauchzehe, zerdrückt
1 Zwiebel, gehackt
2 große Tomaten, in Scheiben
1 grüne Chili, entkernt und gehackt
1 gelbe Paprika, entkernt und in Streifen
2 EL frisch gehackter Koriander
Salz und Pfeffer
Zitronenspalten, zum Garnieren

1 Die Kartoffelscheiben 10–15 Minuten in kochendem Wasser garen. Anschließend abgießen, beiseitestellen und abkühlen lassen.

2 Die Avocado halbieren, entkernen und die Schale entfernen. Das Fruchtfleisch in einer Schüssel zerdrücken. Dann mit Olivenöl, Zitronensaft, Knoblauch und Zwiebel vermengen. Die Schüssel mit Frischhaltefolie abdecken und beiseitestellen.

3 Tomaten, Chili und Paprika vermengen und mit den Kartoffelscheiben in eine Salatschüssel geben.

4 Das Avocadomus über die Gemüsemischung löffeln und mit Koriander bestreuen.

5 Den fertigen Salat mit Salz und Pfeffer abschmecken und mit Zitronenspalten garniert servieren.

VARIATION
Falls Sie es ein wenig milder mögen, können Sie den Salat auch ohne Chili zubereiten.

Salat mit grünem Gemüse

30 Min. 7–8 Min.

4 PERSONEN

Salz
2 Zucchini, in Stiften
100 g Prinzessbohnen, gedrittelt
1 grüne Paprika, entkernt und in Streifen
2 Selleriestangen, in Scheiben
1 Bund Brunnenkresse

DRESSING
200 g Naturjoghurt
1 Knoblauchzehe, zerdrückt
2 EL frisch gehackte Minze
Pfeffer

1 Zucchini und Prinzessbohnen 7–8 Minuten in einem Topf mit sprudelndem Salzwasser garen. Dann abgießen und vollständig abkühlen lassen.

2 Inzwischen für das Dressing Naturjoghurt, Knoblauch und Minze in einer kleinen Schale vermengen und mit Pfeffer abschmecken.

3 Das abgekühlte Gemüse mit Paprika, Sellerie und Brunnenkresse in einer großen Schüssel mischen.

4 Das Dressing über den Salat gießen und diesen sofort servieren.

TIPP
Der Salat muss sofort nach der Zugabe des Joghurtdressings serviert werden, da sich das Dressing schon nach kurzer Zeit absetzt.

Röstgemüsesalat

25 Min. 35 Min.

6 PERSONEN

6 EL Olivenöl
2 Auberginen
1 gelbe Paprika, entkernt und geviertelt
1 rote Paprika, entkernt und geviertelt

1 orangefarbene Paprika, entkernt und geviertelt
6 Schalotten
3 rote Zwiebeln, geviertelt
6 Eiertomaten, geviertelt
6 frische Basilikumblätter

DRESSING
4 EL Olivenöl
1 EL Rotweinessig
1 Knoblauchzehe, zerdrückt
Salz und Pfeffer

1 Das Öl in eine Grillpfanne gießen. Das Gemüse zugeben, im Öl wenden und in einem auf 230 °C vorgeheizten Backofen 20 Minuten unter gelegentlichem Wenden rösten. Dann Paprika, Schalotten, Zwiebeln und Tomaten herausnehmen und auf eine Servierplatte legen.

2 Die Auberginen weitere 15 Minuten unter einmaligem Wenden backen. Dann aus dem Backofen nehmen und leicht abkühlen lassen. In mundgerechte Stücke schneiden und auf die Gemüseplatte legen.

3 Für das Dressing Öl, Essig und Knoblauch in einer kleinen Schale sorgfältig vermengen. Das Dressing mit Salz und Pfeffer abschmecken und über das Gemüse gießen. Den Salat mit Basilikum garnieren und servieren.

Kartoffelsalat mit Äpfeln

10 Min. 15 Min.

6 PERSONEN

900 g kleine neue Kartoffeln, als Pellkartoffeln gekocht
2 grüne Tafeläpfel, klein gewürfelt
Frühlingszwiebeln, klein gehackt
4 Selleriestangen, klein gewürfelt
150 g Mayonnaise (siehe Seite 5)
Salz und Pfeffer

1 Die gekochten Kartoffeln in eine Salatschüssel füllen. Äpfel, Frühlingszwiebeln und Sellerie zugeben und miteinander vermengen.

2 Die Mayonnaise zur Kartoffel-Apfel-Mischung geben und alles mit Salz und Pfeffer abschmecken.

3 Den Salat gut durchmischen, beiseitestellen, durchziehen lassen und auf Zimmertemperatur abgekühlt servieren.

VARIATION
Sie können auch 1 Esslöffel frisch geschnittenen Schnittlauch in die Mayonnaise rühren, bevor Sie diese in Schritt 3 zum Salat geben.

Gemischter Bohnensalat

30 Min. 15–20 Min.

8 PERSONEN

400 g Flageolett-Bohnen aus der Dose, abgetropft
400 g rote Kidney-Bohnen aus der Dose, abgetropft
400 g dicke Bohnen aus der Dose, abgetropft
1 kleine rote Zwiebel, in dünnen Ringen
Salz
200 g Prinzessbohnen, geputzt
1 rote Paprika, halbiert und entkernt

DRESSING
4 EL Olivenöl
2 EL Sherry-Essig
2 EL Zitronensaft
1 TL Zucker
1 TL Chilisauce (nach Belieben)

1 Alle Bohnen aus der Dose in eine Schüssel geben und mit der Zwiebel mischen.

2 Die Prinzessbohnen halbieren und etwa 8 Minuten in kochendem, leicht gesalzenem Wasser garen. Anschließend unter kaltem Wasser abschrecken, abtropfen lassen und zur Bohnenmischung geben.

3 Die Paprikahälften mit der Schnittseite nach unten auf ein Backblech legen und unter einem vorgeheizten Backofengrill rösten, bis sich die Schale schwarz verfärbt. Dann abkühlen lassen, enthäuten, das Fruchtfleisch grob zerkleinern und zu den Bohnen geben.

4 Für das Dressing Olivenöl, Essig, Zitronensaft, Zucker und Chilisauce in einem Schraubglas oder einem Dressingshaker unter Schütteln sorgfältig vermengen.

5 Das Dressing über den Bohnensalat gießen und unterheben. Den fertigen Salat bis zum Servieren kalt stellen.

VARIATION
Der Salat kann auch mit jeder anderen Bohnenkombination bereitet werden. Eine etwas andere Geschmacksnote erhalten Sie, wenn Sie statt der Chilisauce 1 TL Currypaste unter das Dressing mischen.

Warmer chinesischer Salat

5 Min. 10 Min.

4 PERSONEN

2 EL Sonnenblumenöl
1 Knoblauchzehe, zerdrückt
4 Frühlingszwiebeln, schräg in dünnen Ringen
250 g Zucchini, in 4 cm langen Stiften
250 g Karotten, in 4 cm langen Stiften
1 rote oder grüne Paprika, entkernt und in dünnen Streifen
400 g Bohnensprossen aus der Dose, gut abgetropft
125 g Prinzessbohnen, in 5 cm langen Stücken
1 EL Sesamöl
1–2 TL Sesamsaat, zum Garnieren

DRESSING
1 EL dunkle Sojasauce
1½–2 TL süße Chilisauce
2 EL Sherry
1 EL brauner Zucker
1 EL Weinessig
Salz und Pfeffer

1 Für das Dressing Soja- und Chilisauce, Sherry, Zucker und Essig in einer kleinen Schüssel mischen, salzen und pfeffern.

2 Das Öl in einem Wok oder in einer großen schweren Pfanne erhitzen. Knoblauch und Frühlingszwiebeln zugeben und 1–2 Minuten pfannenrühren.

3 Zucchini, Karotten und Paprika zufügen, und das gesamte Gemüse weitere 1–2 Minuten pfannenrühren. Dann mit der Soja-Chili-Sauce aufkochen.

4 Bohnensprossen und Bohnen zugeben und alles weitere 1–2 Minuten pfannenrühren, bis das gesamte Gemüse gut mit der Sauce überzogen ist.

5 Das Sesamöl über das Gemüse träufeln und alles weitere 30 Sekunden pfannenrühren.

6 Das fertige Gemüse herausnehmen, mit der Sesamsaat bestreuen und sofort servieren.

Nudelsalat mit Käse

15 Min. 8–10 Min.

4 PERSONEN

120 g Walnusshälften
225 g Fusilli
100 g gemischte Salatblätter, z. B. Eichblattsalat, Rucola, Lollo rosso, Spinat oder Feldsalat
225 g Dolcelatte, gewürfelt
4 EL Sonnenblumenöl
2 EL Walnussöl
2 EL Rotweinessig
Salz und Pfeffer

1 Die Walnusshälften in einer Pfanne leicht anrösten und beiseitestellen.

2 Die Nudeln in kochendem Salzwasser al dente kochen, dann abgießen, abspülen und abtropfen lassen.

3 Die Salatblätter auf einer Servierplatte verteilen, die gekochte Pasta darübergeben und alles mit den Käsewürfeln bestreuen.

4 Die Öle und den Weinessig in einer kleinen Schüssel verrühren und mit Salz und Pfeffer würzen.

5 Das fertige Dressing über den Salat gießen, unterheben und den Salat mit den Walnüssen bestreuen.

VARIATION
Der Dolcelatte kann auch durch einen anderen pikanten Käse wie Stilton, Feta oder Ziegenkäse ersetzt werden.

Reissalat mit Bohnen

2 Std. 15 Min. 1 Std.

4–6 PERSONEN

150 g schwarze Bohnen, über Nacht in kaltem Wasser eingeweicht
1 Zwiebel, mit 4 Gewürznelken gespickt
150 g Wildreis
2 Knoblauchzehen
450 ml kochendes Wasser
1 rote Zwiebel, fein gehackt
2 frische rote Chillies, entkernt und in dünnen Ringen
1 große rote Paprika, entkernt und gehackt
1 kleine Mango, geschält, entsteint bzw. entkernt und gewürfelt
2 Orangen, filetiert und den Saft aufgefangen
4 Passionsfrüchte, Mark und Saft
Saft von 3–4 Limetten
½ TL gemahlener Kreuzkümmel
1 EL Ahornsirup oder brauner Zucker
150 ml natives Olivenöl extra
1 kleines Bund frischer Koriander, gehackt
Limettenscheiben, zum Garnieren

1 Die Bohnen abgießen, mit der gespickten Zwiebel in einen Topf geben und 5 cm hoch mit Wasser bedecken. Aufkochen, die Hitze reduzieren und die Bohnen 1 Stunde köcheln lassen, bis sie gar sind. Die Zwiebel entfernen, die Bohnen mit kaltem Wasser abspülen und abgießen.

2 Unterdessen Reis, Knoblauch und Wasser in einen Topf geben. Abdecken und bei schwacher Hitze 30–50 Minuten köcheln lassen. Dann abkühlen lassen und den Knoblauch entfernen.

3 Bohnen und Wildreis in einer großen Schüssel mischen. Die rote Zwiebel, Chillies, Paprika, Mango, Orangenfilets und -saft sowie Passionsfruchtmark und -saft einrühren.

4 Limettensaft, Kreuzkümmel und Ahornsirup oder braunen Zucker verrühren. Olivenöl und die Hälfte des Korianders zufügen. Alles über den Salat gießen, unterheben, den Salat abdecken und 2 Stunden ziehen lassen.

5 Den Salat in eine Schüssel füllen, mit dem restlichen Koriander bestreuen und mit Limettenscheiben garniert servieren.

Pilzsalat

40 Min. + Marinierzeit | 0 Min.

4 PERSONEN

½ Salatgurke, gewürfelt
120 g Champignons, in dünnen Scheiben
1 kleiner Kopfsalat, zerpflückt
4 Tomaten, in Scheiben
1 EL frisch gehackter Koriander
1 EL frisch gehackte Petersilie

DRESSING
2 EL Olivenöl
1 EL Weißweinessig
1 Lorbeerblatt
1 Knoblauchzehe, fein gehackt
1 frischer Estragonzweig
1 frischer Rosmarinzweig
Salz und Pfeffer

1 Für das Dressing Öl, Essig, Lorbeerblatt, Knoblauch, Estragon und Rosmarin in einer großen Schüssel mischen und mit Salz und Pfeffer würzen.

2 Gurke und Pilze zum Dressing geben und gut unterheben. Mit Frischhaltefolie abdecken und 30 Minuten marinieren.

3 Eine Salatschüssel mit dem Kopfsalat auslegen. Pilze und Gurke mit einem Schaumlöffel darüber verteilen, die Tomaten zugeben und alles mit Koriander und Petersilie bestreuen.

4 Das Dressing abseihen und die Rückstände entfernen. Dann über den Salat gießen und diesen sofort servieren.

TIPP
Zum Säubern die Pilze mit feuchtem Küchenpapier abwischen oder mit einer kleinen Bürste reinigen. Nie ins Wasser legen, weil sie sich sonst vollsaugen und an Geschmack verlieren.

Scharfer roter Reissalat

1 Std. 30 Min. | 30 Min.

6–8 PERSONEN

1 EL Olivenöl
200 g roter Reis
600 ml Wasser
1 TL Salz
400 g rote Kidney-Bohnen aus der Dose, abgespült und abgetropft
1 kleine rote Paprika, entkernt und gewürfelt
1 kleine rote Zwiebel, fein gehackt
2 kleine Rote Bete, gekocht, geschält und gewürfelt
6–8 Radieschen, in dünnen Scheiben
2–3 EL frisch gehackter Schnittlauch
Salz und Pfeffer
Schnittlauchröllchen, zum Garnieren

DRESSING
2 EL Sahnemeerrettich
1 EL Dijon-Senf
1 TL Zucker
50 ml Rotweinessig
125 ml natives Olivenöl extra

1 Öl, Reis, Wasser und Salz in einen großen Topf geben und bei mittlerer Hitze aufkochen. Die Hitze reduzieren, den Topf abdecken und den Reis so lange köcheln lassen, bis er gar ist und das Wasser aufgenommen hat. Dann vom Herd nehmen und abkühlen lassen.

2 Für das Dressing Meerrettich, Senf und Zucker in einer kleinen Schüssel vermengen. Den Essig unterrühren, dann langsam das Öl unterschlagen, bis eine cremige Mischung entsteht.

3 Kidney-Bohnen, Paprika, Zwiebel, Rote Bete, Radieschen und Schnittlauch in eine Schüssel geben, alles sorgfältig vermengen und mit Salz und Pfeffer abschmecken.

4 Den Reis zugeben und mit einer Gabel unter das Gemüse mischen. Das Dressing zugießen und gut unterheben. Den Salat mit Frischhaltefolie abdecken und etwa 1 Stunde durchziehen lassen.

5 Anschließend in eine flache Schüssel füllen, mit Schnittlauchröllchen garnieren und sofort servieren.

Pooris mit Paprika

55 Min. 15 Min.

6 PERSONEN

POORIS
125 g Weizenvollkornmehl
1 EL Ghee oder Öl
1 Prise Salz
5 EL heißes Wasser
Öl, zum Braten
Korianderzweige, zum Garnieren
Naturjoghurt, zum Servieren

BELAG
4 EL Ghee oder Öl
1 große Zwiebel, geviertelt und in dünnen Ringen
½ rote Paprika, entkernt und in dünnen Streifen
½ grüne Paprika, entkernt und in dünnen Streifen
¼ mittelgroße Aubergine, längs in 6 Spalten, dann in dünnen Scheiben
1 Knoblauchzehe, zerdrückt
2,5-cm-Stück Ingwerwurzel, gehackt
½–1 TL frisch gehackte Chili
2 TL milde oder mittelscharfe Currypaste
225 g gehackte Tomaten aus der Dose
Salz

1 Für die Pooris Mehl, Ghee oder Öl und Salz in eine Schüssel geben. Das Wasser zugießen und alles zu einem weichen Teig verarbeiten. Diesen sorgfältig durchkneten, mit einem feuchten Tuch abdecken und 30 Minuten ruhen lassen.

2 Unterdessen für den Belag Ghee oder Öl in einem Topf erhitzen. Zwiebel, Paprika, Aubergine, Knoblauch, Ingwer, Chili und Currypaste zugeben und 5 Minuten leicht anbraten. Die Tomaten einrühren, alles salzen und 5 Minuten unter Rühren köcheln lassen, bis die Sauce eindickt. Dann vom Herd nehmen.

3 Den Teig auf einer leicht bemehlten Arbeitsfläche durchkneten. In 6 Portionen teilen und zu Fladen von je 15 cm Durchmesser ausrollen. Dann abdecken, damit sie nicht austrocknen.

4 Eine Pfanne etwa 1 cm hoch mit Öl füllen und erhitzen. Die vorbereiteten Pooris nacheinander hineingeben und von jeder Seite etwa 15 Sekunden braten, bis sie sich aufblähen und goldbraun gefärbt sind; dabei häufig wenden. Fertige Pooris auf Küchenpapier abtropfen lassen und warm stellen, bis alle Pooris fertig sind.

5 Die Gemüsemischung aufwärmen. Die Pooris auf Servierteller verteilen und die warme Gemüsemischung darübergeben.

6 Zuletzt etwas Joghurt zufügen, die Pooris mit Korianderzweigen garnieren und sofort servieren.

Parathas

50 Min. 10 Min.

6 PERSONEN

90 g Vollkornmehl
90 g Mehl
1 Prise Salz
1 EL Öl, plus etwas mehr zum Einfetten
75 ml lauwarmes Wasser

1 Die beiden Mehlsorten und das Salz in eine Schüssel geben. Öl und Wasser zufügen und alles zu einem weichen Teig verarbeiten. Falls nötig, etwas mehr Wasser zugeben. Den Teig auf einer leicht bemehlten Arbeitsfläche glatt kneten, dann abdecken und 30 Minuten ruhen lassen.

2 Danach den Teig erneut kurz durchkneten und in 6 gleich große Stücke teilen. Diese zu Bällchen formen, dann zu Fladen von etwa 15 cm Durchmesser ausrollen und mit Öl bestreichen.

3 Die Fladen in der Mitte falten, dann nochmals falten, sodass ein Dreieck entsteht. Dieses ausrollen, bis es etwa 18 cm lang ist (gemessen von der Spitze zum oberen Mittelpunkt). Falls nötig, mit zusätzlichem Mehl bestäuben.

4 Eine große Pfanne einfetten und erhitzen. 1–2 Parathas hineingeben und diese etwa 1–1½ Minuten backen. Dann von oben leicht mit Öl bestreichen, wenden und auf der anderen Seite 1½ Minuten backen, bis sie gut durch sind.

5 Die fertigen Parathas auf einen Teller geben und mit Folie abdecken oder in einem sauberen Küchenhandtuch warm halten, während die restlichen Parathas gebacken werden. Die Pfanne nach jedem Backvorgang etwas einfetten.

VARIATION

Eine zusätzliche Geschmacksnote erhalten Sie, wenn Sie die Parathas während des Backens mit Knoblauch- oder Chiliöl bestreichen.

Naan-Brot

2 Std. 15 Min. 10 Min.

8 PERSONEN

1 TL Zucker
1 TL frische Hefe
150 ml warmes Wasser
200 g Mehl, plus etwas mehr für die Arbeitsfläche
1 EL Ghee
1 TL Salz
50 g Butter, plus etwas mehr zum Einfetten
1 TL Mohnsamen

1 Zucker, Hefe und Wasser in einer kleinen Schale vermengen, bis sich die Hefe vollständig aufgelöst hat. Anschließend etwa 10 Minuten beiseitestellen, bis die Mischung schäumt.

2 Das Mehl in eine große Schüssel geben. In die Mitte eine Vertiefung drücken, Ghee, Salz und die Hefemischung hineingeben und zu einem Teig verarbeiten. Bei Bedarf weiteres Wasser zufügen.

3 Den Teig auf einer bemehlten Arbeitsfläche etwa 5 Minuten glatt kneten. Dann den Teig wieder in die Schüssel geben, abdecken und an einem warmen Ort etwa 90 Minuten gehen lassen, bis er sein Volumen verdoppelt hat.

4 Den aufgegangenen Teig auf einer bemehlten Arbeitsfläche 2 Minuten durchkneten. Dann von Hand zu Fladen von 12 cm Durchmesser und 1 cm Dicke formen.

5 Die Fladen auf ein eingefettetes Stück Alufolie legen und unter einem vorgeheizten Backofengrill 10 Minuten rösten; dabei zweimal wenden. Dann mit Butter bestreichen und mit Mohn bestreuen.

6 Die fertigen Fladen sofort warm servieren oder bis zum Verzehr in Alufolie warm halten.

Chapati-Brote

40 Min. 25 Min.

10–12 STÜCK

225 g Vollkornmehl (Ata- oder Chapati-Mehl), plus etwas mehr für die Arbeitsfläche
½ TL Salz
200 ml Wasser

1 Das Mehl in eine große Schüssel geben und mit dem Salz vermengen. In die Mitte des Mehls eine Vertiefung drücken, das Wasser zugießen und die Mischung von Hand zu einem geschmeidigen Teig verarbeiten.

2 Den Teig 7–10 Minuten durchkneten. Dann 15–20 Minuten ruhen lassen – notfalls kann der Teig aber auch sofort ausgerollt werden – und in 10–12 Portionen aufteilen. Jede Portion auf einer bemehlten Arbeitsfläche zu einem runden Fladen ausrollen.

3 Eine große schwere Pfanne ohne Fett auf höchster Stufe erhitzen, dann die Hitze zur Hälfte reduzieren. Jeweils einen Brotfladen in die Pfanne geben und wenden, sobald sich Blasen bilden. Dazu den Fladen mit einem sauberen Geschirrtuch oder einem Pfannenwender vorsichtig andrücken und dann noch einmal wenden.

4 Das fertige Brot aus der Pfanne nehmen, beiseitestellen und warm halten, während die restlichen Fladen gebacken werden.

TIPP
Chapati-Brote verzehrt man am besten ganz frisch. Sollte dies nicht möglich sein, die Fladen in Alufolie warm halten. In Indien werden Chapati-Brote über offenem Feuer zubereitet, sodass sie stark aufgehen. Man rechnet 2 Fladen pro Person.

Peshwari Naan

3 Std. 45 Min. 30 Min.

6 PERSONEN

50 ml lauwarmes Wasser
1 Prise Zucker
½ TL Trockenhefe
500 g Weizenmehl, Type 550, plus etwas mehr für die Arbeitsfläche
½ TL Salz
50 g Naturjoghurt
Öl, zum Einfetten
2 Tafeläpfel, geschält, entkernt und gewürfelt
60 g Sultaninen
60 g gehobelte Mandeln
1 EL frische Korianderblätter
2 EL geriebene Kokosnuss

1 Wasser, Zucker und Trockenhefe vermengen und 5–10 Minuten gehen lassen, bis sich die Hefe aufgelöst hat und eine schaumige Mischung entstanden ist.

2 Mehl und Salz in eine große Schüssel geben. Mit der Faust eine Vertiefung in die Mitte drücken und die Hefemischung mit dem Joghurt hineingeben. Alles gut vermischen und dabei so viel lauwarmes Wasser zugeben, bis ein geschmeidiger Teig entsteht. Diesen anschließend auf einer bemehlten Arbeitsfläche 10 Minuten glatt kneten. Dann in eine eingefettete Schüssel geben, abdecken und 3 Stunden an einem warmen Ort gehen lassen.

3 Ein Backblech mit Alufolie auslegen, die glänzende Seite nach oben.

4 Die Äpfel mit etwas Wasser in einen Topf geben. Das Wasser aufkochen und die Äpfel leicht zerdrücken. Die Hitze reduzieren und die Äpfel 20 Minuten köcheln lassen; dabei immer wieder leicht zerdrücken.

5 Den aufgegangenen Teig in 4 Portionen teilen. Jede zu einem etwa 20 cm langen Oval ausrollen und an einem Ende tränenförmig ausziehen, bis es etwa 5 mm dick ist. Die Teigstücke auf eine bemehlte Arbeitsfläche geben und mit einer Gabel einstechen.

6 Beide Brotseiten mit Öl bestreichen. Dann unter einen vorgeheizten Backofengrill geben und von jeder Seite 3 Minuten rösten. Die fertigen Brote sollten an vielen Stellen dunkle Flecken aufweisen.

7 Jedes Brot mit 1 Teelöffel Apfelpüree bestreichen und mit je einem Viertel der Sultaninen, Mandeln, Korianderblätter und geriebener Kokosnuss bestreuen.

Kichererbsen-brote

30 Min. 15 Min.

4–6 PERSONEN

100 g Vollkornmehl (Ata- oder Chapati-Mehl), plus etwas mehr für die Arbeitsfläche
75 g Kichererbsenmehl
½ TL Salz
1 kleine Zwiebel, fein gehackt
frische Korianderblätter, sehr fein gehackt
2 grüne Chillies, sehr fein gehackt
150 ml Wasser
2 TL Ghee

1 Vollkorn- und Kichererbsenmehl in eine große Schüssel sieben und mit dem Salz vermengen.

2 Zwiebel, Koriander und Chillies zum Mehl geben und unterrühren. Das Wasser zugeben und alles zu einem geschmeidigen Teig verarbeiten. Diesen abdecken und etwa 15 Minuten ruhen lassen.

3 Den Teig 5–7 Minuten gut durchkneten und dann in 8 gleich große Portionen aufteilen. Die Portionen auf einer leicht bemehlten Arbeitsfläche zu flachen Fladen von etwa 18 cm Durchmesser ausrollen.

4 Die Fladen mit Ghee bestreichen und nacheinander bei mittlerer Hitze in einer Pfanne unter dreimaligem Wenden backen. Die fertigen Kichererbsen-Brote noch heiß auf einem Servierteller servieren.

TIPP

Kichererbsenmehl ist ein hellgelbes Mehl. In der indischen Küche dient es zur Zubereitung von Broten, Bhajis und Ausbackteigen sowie zum Andicken von Saucen und zur Stabilisierung von Joghurt, der zu heißen Gerichten gereicht wird.

Indisches Pfannenbrot

35 Min. 20–25 Min.

10 STÜCK

225 g Vollkornmehl (Ata- oder Chapati-Mehl), plus etwas mehr für die Arbeitsfläche
½ TL Salz
1 EL Ghee
300 ml Wasser

1 Mehl und Salz in eine große Schüssel geben und gut vermengen. In die Mitte der Mehlmischung eine Vertiefung drücken. Das Ghee zugeben und gut einarbeiten. Nach und nach das Wasser einrühren und alles zu einem weichen Teig verarbeiten. Diesen 10–15 Minuten ruhen lassen.

2 Dann erneut den Teig 5–7 Minuten leicht durchkneten. Anschließend in 10 gleich große Portionen teilen.

3 Die Teigportionen auf einer leicht bemehlten Arbeitsfläche zu flachen Fladen ausrollen. Anschließend in jeden Fladen mit einem scharfen Messer ein Rautenmuster einritzen.

4 Eine schwere Pfanne erhitzen und die einzelnen Fladen nacheinander hineingeben. Jedes Brot etwa 1 Minute von einer Seite backen, dann wenden und mit 1 Teelöffel Ghee bestreichen. Das Brot erneut wenden und bestreichen, bis beide Seiten goldbraun angebraten sind; dabei bewegen, damit es nicht am Pfannenboden festbrät.

5 Das fertige Brot aus der Pfanne nehmen und warm halten, während die restlichen Brote gebraten werden.

TIPP
In Indien werden Brote auf einer Tava, einer gusseisernen Platte zum Pfannkuchenbacken, zubereitet. Eine große, schwere Bratpfanne ist ein guter Ersatz hierfür.

Pooris

35 Min. 15–20 Min.

10 STÜCK

225 g Vollkornmehl (Ata- oder Chapati-Mehl), plus etwas mehr zum Bestäuben
½ TL Salz
150 ml Wasser
600 ml Öl

1 Mehl und Salz in einer großen Schüssel vermengen. In die Mitte des Mehls eine Vertiefung drücken. Nach und nach das Wasser zugießen und mit dem Mehl verkneten. Die Mehlmischung zu einem glatten elastischen Teig verarbeiten und an einem warmen Ort etwa 15 Minuten ruhen lassen.

2 Den Teig in 10 möglichst gleich große Portionen teilen und mit leicht bemehlten Händen zu kleinen Bällchen formen.

3 Jedes Bällchen auf einer leicht bemehlten Arbeitsfläche mit einem Nudelholz zu einem flachen Fladen ausrollen.

4 Das Öl in einer Fritteuse oder einem Wok erhitzen und die Fladen darin portionsweise unter einmaligem Wenden goldbraun frittieren.

5 Die fertig frittierten Pooris sorgfältig auf Küchenpapier abtropfen lassen und heiß servieren.

TIPP
Sie können die Pooris entweder aufeinander stapeln oder dekorativ auf einem großen Servierteller anrichten, wodurch sie ihr Volumen bewahren.

Spinat-Pooris

1 Std. 10 Min.

6 PERSONEN

125 g Vollkornmehl
125 g Weizenmehl, plus etwas mehr für die Arbeitsfläche
½ TL Salz

2 EL Öl, plus etwas mehr zum Einfetten
125 g Spinat, blanchiert, überschüssiges Wasser ausgedrückt und püriert; Tiefkühlware aufgetaut
50 ml Wasser
Öl, zum Frittieren

RELISH
2 EL frisch gehackte Minze
2 EL Naturjoghurt
½ rote Zwiebel, in Streifen und abgespült
½ TL Cayennepfeffer

1 Die beiden Mehlsorten und das Salz in eine Schüssel sieben. Das Öl darüberträufeln und mit den Fingerspitzen einarbeiten, bis eine feinkrümelige Mischung entsteht.

2 Spinat und Wasser zugeben und alles zu einem festen Teig verarbeiten. Den Teig 10 Minuten auf einer leicht bemehlten Arbeitsfläche weich kneten. Dann zu einer Kugel formen, in eine eingefette Schüssel legen, mit Frischhaltefolie abdecken und 30 Minuten ruhen lassen.

3 Inzwischen für das Relish Minze, Naturjoghurt und Zwiebel vermengen, in eine kleine Servierschale füllen und mit Cayennepfeffer bestäuben.

4 Den Teig erneut durchkneten und in 12 Kugeln aufteilen. Diese nacheinander zu Kreisen von 12 cm Durchmesser ausrollen.

5 Einen Wok oder eine große Pfanne 2,5 cm hoch mit dem Frittieröl auffüllen. Das Öl erhitzen, bis es leicht raucht – es muss sehr heiß sein.

6 Jeweils einen Fladen in das Öl geben. Wenn er zu Boden sinkt, sollte er sofort wieder aufsteigen und brutzeln, sonst ist das Öl nicht heiß genug. Den Fladen mit dem Rücken eines Schaumlöffels ständig in das Öl zurückdrücken. Er sollte sich sofort aufblähen. Schließlich Wenden und weitere 5–10 Sekunden frittieren.

7 Das fertige Poori aus dem Wok heben und auf Küchenpapier gründlcih abtropfen lassen. Den Vorgang mit den anderen Teigfladen wiederholen, dann sofort servieren.

Kartoffeln mit Kräuterkruste

25 Min. 30 Min.

4 PERSONEN

Salz
900 g mehligkochende Kartoffeln, gewürfelt
25 g Butter
2 EL Milch
50 g mittelalter Gouda oder Blauschimmelkäse, gerieben

STREUSEL
40 g Butter
1 Zwiebel, grob gewürfelt
1 Knoblauchzehe, zerdrückt
1 EL grobkörniger Senf
175 g Vollkornsemmelbrösel
2 EL frisch gehackte Petersilie
Salz und Pfeffer

1 Die Kartoffeln 10 Minuten in leicht gesalzenem, kochendem Wasser garen.

2 Unterdessen für die Streusel die Butter in einer Pfanne zerlassen. Zwiebel, Knoblauch und Senf zugeben und die Mischung bei mittlerer Hitze unter ständigem Rühren 5 Minuten dünsten.

3 Die Semmelbrösel in eine Schüssel geben. Die Zwiebelmischung und die Petersilie zugeben und sorgfältig unterrühren. Alles mit Salz und Pfeffer würzen.

4 Die Kartoffeln gründlich abgießen und in eine separate Schüssel geben. Butter und Milch zufügen und die Kartoffeln zu einem groben Püree zerstampfen. Den Käse einrühren, solange die Kartoffeln noch heiß sind.

5 Das Kartoffelpüree in eine flache Auflaufform geben und mit der Streuselmischung bedecken. Das Gericht in einem auf 200 °C vorgeheizten Backofen 10–15 Minuten backen, bis die Streusel goldbraun und knusprig sind. Dann sofort servieren.

TIPP
Noch knuspriger wird das Gericht, wenn Sie in Schritt 4 frisches bissfest gekochtes Gemüse wie Sellerie und Paprika mit dem Püree vermengen.

Okras und Röstzwiebeln

10 Min. 20 Min.

4 PERSONEN

500 g Okras
150 ml Öl
100 g getrocknete Zwiebeln
2 TL Aamchoor (Mangopulver)
1 TL gemahlener Kreuzkümmel
1 TL Chilipulver
1 TL Salz

1 Die Kopfenden der Okras abschneiden und wegwerfen. Die Schoten mit einem scharfen Messer vorsichtig längs aufschneiden, aber nicht vollständig durchtrennen.

2 1 Esslöffel des Öls in einem großen Topf erhitzen. Die Zwiebeln zugeben und knusprig braten.

3 Die Zwiebeln mit einem Schaumlöffel aus dem Topf nehmen und auf Küchenpapier abtropfen lassen. Abkühlen lassen und in eine große Schüssel geben.

4 Mangopulver, Kreuzkümmel, Chilipulver und Salz zu den Zwiebeln geben und alles gut vermengen.

5 Die aufgeschlitzten Okras vorsichtig mit der vorbereiteten Zwiebel-Gewürz-Mischung füllen.

6 Das restliche Öl im Topf erhitzen. Die Okras zugeben und bei geringer Hitze 10–12 Minuten garen.

7 Die fertigen Schoten in eine vorgewärmte Servierschüssel füllen, sofort servieren und noch warm verzehren.

TIPP
Aamchoor (Mangopulver) hat ein herbsüßes Aroma und wird in der indischen Küche häufig verwendet, um den Eigengeschmack von Gerichten zu verstärken.

Überbackener Blumenkohl aus der Mikrowelle

30 Min. 15 Min.

4 PERSONEN

½ Zwiebel, mit 4 Gewürznelken gespickt
½ Karotte
1 Bouquet garni
250 ml Milch
4 Babyblumenkohl
3 EL Wasser
15 g Butter
15 g Mehl
60 g roter Leicester, gerieben
1 EL Mohnsamen
Salz und Pfeffer
1 Prise Paprikapulver
frische Petersilie, zum Garnieren

1 Die gespickte Zwiebel mit Karotte, Bouquet garni und Milch in einer Schüssel in der Mikrowelle 2–3 Minuten aufkochen, dann 20 Minuten ruhen lassen.

2 Strünke und Blätter des Blumenkohls entfernen und die Stiele herausschneiden, ohne die Köpfe zu beschädigen. Die Köpfe dann umgedreht in eine große Mikrowellenform setzen. Das Wasser zugeben, Blumenkohl abdecken und 5 Minuten bei hoher Hitze in der Mikrowelle garen, dann 2–3 Minuten ruhen lassen.

3 Die Butter in einer hitzebeständigen Schüssel 30 Sekunden bei hoher Hitze zerlassen. Das Mehl einrühren und etwa 30 Sekunden anschwitzen.

4 Die gewürzte Milch durch ein Sieb in ein Glas seihen. Das ausgesiebte Gemüse wegwerfen. Die Milch nach und nach unter ständigem Rühren zu Butter und Mehl geben. Abdecken und 3 Minuten bei hoher Hitze aufkochen. Dabei nach der ersten Minute alle 30 Sekunden durchrühren, bis die Sauce eindickt.

5 Käse und Mohn unter die Sauce rühren und alles mit Salz und Pfeffer abschmecken. Die Sauce abdecken und weitere 30 Sekunden bei hoher Leistung kochen.

6 Den Blumenkohl abgießen und auf einem großen Teller oder in einer flachen Form anrichten. Mit der Sauce übergießen und mit Paprikapulver bestreuen. Erneut 1 Minute bei hoher Hitze in der Mikrowelle erwärmen, dann mit Petersilie garnieren und servieren.

Bratkartoffeln mit Zwiebeln

10 Min. 50 Min.

4 PERSONEN

900 g festkochende Kartoffeln, gewürfelt
125 g Butter
1 rote Zwiebel, geachtelt
2 Knoblauchzehen, zerdrückt
1 TL Zitronensaft
2 EL frisch gehackter Thymian
Salz und Pfeffer

1 Die Kartoffeln 10 Minuten in kochendem Wasser garen, dann gründlich abgießen.

2 Die Butter in einer großen, schweren Pfanne zerlassen, Zwiebel, Knoblauch und Zitronensaft zugeben und unter ständigem Rühren etwa 2–3 Minuten dünsten.

3 Die Kartoffeln zufügen und gut in der Butter wenden. Die Hitze reduzieren und die Kartoffeln abgedeckt 25–30 Minuten bei geringer Hitze goldbraun braten.

4 Die Kartoffeln mit Thymian bestreuen und mit Salz und Pfeffer würzen. Dann das fertige Gericht in eine vorgewärmte Servierschüssel füllen und sofort heiß servieren.

TIPP

Zwischendurch immer wieder in die Pfanne schauen und rühren, damit die Kartoffeln nicht anbrennen oder am Pfannenboden anhaften.

Pommes Anna

15 Min. 2 Std.

4 PERSONEN

675 g festkochende Kartoffeln, geschält und in dünnen Scheiben
60 g Butter, zerlassen, plus etwas mehr zum Einfetten
4 EL fein gehackte gemischte Kräuter
Salz und Pfeffer
frisch gehackte Kräuter, zum Garnieren

1 Eine flache Auflaufform (1 l Inhalt) mit etwas zerlassener Butter einfetten.

2 Den Boden der vorbereiteten Auflaufform mit einer Schicht Kartoffelscheiben auslegen. Die Scheiben mit etwas zerlassener Butter bestreichen und ein Viertel der gehackten Kräuter darüberstreuen. Dann die Schicht mit Salz und Pfeffer würzen.

3 Die Schichtung fortsetzen, bis alle Kartoffeln verbraucht sind. Jede Lage mit etwas zerlassener Butter bestreichen, mit Kräutern bestreuen, salzen und pfeffern.

4 Die oberste Lage der Kartoffelscheiben ebenfalls mit Butter bestreichen. Die Kartoffeln abdecken und in einem auf 190 °C vorgeheizten Backofen ungefähr 90 Minuten backen.

5 Die Kartoffeln auf eine feuerfeste Platte stürzen und weitere 25–30 Minuten im Backofen goldbraun backen. Dann mit frischen Kräutern garnieren und sofort servieren.

TIPP
Achten Sie darauf, die Kartoffeln in sehr dünne Scheiben zu schneiden, sodass sie beinahe durchsichtig sind. Dadurch werden sie schneller gar.

Auberginen süß-sauer

45 Min. 30 Min.

4 PERSONEN

2 große Auberginen, gewürfelt
6 EL Olivenöl
4 Knoblauchzehen, zerdrückt
1 Zwiebel, geachtelt
4 große Tomaten, gehäutet, entkernt und gehackt
3 EL frisch gehackte Minze
150 ml Gemüsebrühe
4 TL brauner Zucker
2 EL Rotweinessig
1 TL Chiliflocken
Salz und Pfeffer
frische Minzezweige, zum Garnieren

1 Die Auberginen in einen Durchschlag geben, salzen und 30 Minuten ziehen lassen. Dann abspülen, abtropfen lassen und trocken tupfen.

2 Das Öl in einer Pfanne erhitzen. Die Auberginen zugeben und bei mittlerer Hitze 1–2 Minuten unter ständigem Rühren anbraten. Dann Knoblauch und Zwiebel zufügen und unter ständigem Rühren 2–3 Minuten mitbraten.

3 Tomaten, Minze und Brühe einrühren. Die Hitze reduzieren und abgedeckt 15–20 Minuten köcheln lassen.

4 Zucker, Essig und Chili zufügen und die Auberginen mit Salz und Pfeffer abschmecken. Dann unter Rühren weitere 2–3 Minuten kochen.

5 Die Auberginen in eine Schüssel füllen, mit Minze garnieren und sofort servieren.

Zucchini auf italienische Art

10 Min. 20 Min.

4 PERSONEN

2 EL Olivenöl
1 große Zwiebel, gehackt
1 Knoblauchzehe, fein gehackt
5 Zucchini, in Scheiben
150 ml Gemüsebrühe
1 TL frisch gehackter Majoran
Salz und Pfeffer
1 EL frisch gehackte glatte Petersilie, zum Garnieren

1 Das Olivenöl in einer Pfanne erhitzen, Zwiebel und Knoblauch darin 5 Minuten glasig dünsten. Dann die Zucchini zugeben und unter ständigem Rühren 3–4 Minuten dünsten.

2 Brühe und Majoran zufügen und alles mit Salz und Pfeffer würzen. Die Zucchini 10 Minuten köcheln lassen, bis die Flüssigkeit fast völlig verdampft ist.

3 Dann auf einer Platte anrichten, mit Petersilie bestreuen und servieren.

Ofenkartoffeln mit Chili

5–10 Min. 30 Min.

4 PERSONEN

500 g kleine neue Kartoffeln, gewaschen
150 ml Öl
1 TL Chilipulver
½ TL Kümmel
1 TL Salz
1 EL frisch gehacktes Basilikum

1 Die Kartoffeln mit Schale 10 Minuten in kochendem Wasser blanchieren. Dann gründlich abgießen.

2 Etwas Öl in eine Grillpfanne gießen und in einem auf 200 °C vorgeheizten Backofen 10 Minuten erhitzen. Die Kartoffeln zugeben und in dem heißen Öl wenden.

3 Chilipulver, Kümmel und Salz in einer kleinen Schüssel mischen und über die Kartoffeln streuen. Die Kartoffeln wenden, bis sie rundum gewürzt sind.

4 Das restliche Öl in den Bräter geben und die Kartoffeln 15 Minuten in dem noch heißen Backofen goldbraun rösten. Dann die fertigen Kartoffeln mit einem Schaumlöffel aus der Grillpfanne heben und in eine vorgewärmte Schüssel geben.

5 Die Kartoffeln mit Basilikum garnieren und sofort servieren.

VARIATION

Verwenden Sie anstelle der oben angegebenen Gewürze auch einmal Curry- oder Paprikapulver.

Karotten-Bohnen-Pfanne

10 Min. 15 Min.

4 PERSONEN

500 g junge Karotten, der Länge nach geviertelt
230 g Prinzessbohnen
4 EL Ghee oder Öl
1 Bund Frühlingszwiebeln, in 5 cm breiten Stücken
1 TL gemahlener Kreuzkümmel
1 TL gemahlener Koriander
Samenkörner von 3 Kardamomkapseln
2 getrocknete rote Chillies
1 große Knoblauchzehe, fein gehackt
1–2 TL Honig
1 TL Zitronen- oder Limettensaft
Salz und Pfeffer
60 g ungesalzene, geröstete Cashewkerne
1 EL frisch gehackter Koriander oder Petersilie
Zitronen- oder Limettenspalten, zum Garnieren
frische Korianderzweige, zum Garnieren

1 Karotten und Bohnen 5–6 Minuten in kochendem Salzwasser blanchieren, sodass sie noch Biss haben. Abschrecken und gut abtropfen lassen.

2 Das Ghee oder Öl in einer großen Pfanne erhitzen und Frühlingszwiebeln, Karotten, Bohnen, Kreuzkümmel, Koriander, Kardamomsamen und Chillies bei niedriger Hitze unter gelegentlichem Rühren 2 Minuten dünsten.

3 Knoblauch, Honig und Zitronen- oder Limettensaft unterrühren und unter gelegentlichem Rühren weitere 2 Minuten garen. Mit Salz und Pfeffer abschmecken. Die Chilischoten entfernen.

4 Das Gemüse mit den Cashewkernen und dem Koriander bestreuen und vorsichtig vermengen. Mit den Zitronen- oder Limettenspalten und den Korianderzweigen garnieren und sofort heiß servieren.

Masala Aloo

10–15 Min. 10 Min.

4 PERSONEN

6 EL Öl
2 Zwiebeln, fein gehackt
1 TL fein gehackte frische Ingwerwurzel
1 Knoblauchzehe, zerdrückt
1 TL Chilipulver
1½ TL gemahlener Kreuzkümmel
1½ TL gemahlener Koriander
1 TL Salz
400 g neue Kartoffeln aus dem Glas
1 EL Zitronensaft
frische Korianderblätter, zum Garnieren
1 grüne Chili, fein gehackt, zum Garnieren

BAGHAAR
3 EL Öl
3 getrocknete rote Chillies
½ TL Schwarzkümmel
½ TL Senfkörner
½ TL Bockshornkleesamen

1 Das Öl in einem großen Topf erhitzen. Die Zwiebeln zugeben und unter Rühren goldbraun anbraten. Die Hitze reduzieren, Ingwer, Knoblauch, Chilipulver, Kreuzkümmelsamen, Koriander und Salz zugeben und alles etwa 1 Minute pfannenrühren. Dann vom Herd nehmen und beiseitestellen.

2 Das Kartoffelwasser abgießen. Die Kartoffeln in die Würzmischung geben und erhitzen. Mit Zitronensaft beträufeln und gut vermengen.

3 Für das Baghaar das Öl in einem Topf erhitzen. Chillies, Schwarzkümmel, Senfkörner und Bockshornkleesamen

zugeben und leicht anrösten. Dann vom Herd nehmen und über die Kartoffeln gießen.

4 Das fertige Gericht mit Korianderblättern und Chillies garnieren und sofort servieren.

Bohnen nach Bostoner Art

10 Min. 5 Std. 30 Min.

8 PERSONEN

500 g getrocknete Perlbohnen, über Nacht in kaltem Wasser eingeweicht
2 Zwiebeln, gehackt
2 große Tomaten, gehäutet, entkernt und gehackt
2 TL amerikanischer Senf
2 EL Sirup
Salz und Pfeffer

1 Die Bohnen abtropfen lassen, in einen großen Topf schütten, mit kaltem Wasser bedecken und 15 Minuten kochen. Dann abgießen – dabei 300 ml des Kochsuds auffangen – und die Bohnen mit den Zwiebeln in eine Auflaufform geben.

2 Den zurückbehaltenen Sud wieder in den Topf gießen. Dann die Tomaten zufügen, aufkochen und 10 Minuten köcheln lassen. Den Topf vom Herd nehmen, Senf und Sirup einrühren und alles mit Salz und Pfeffer würzen.

3 Die Tomatenmischung über die Bohnen gießen und in einem auf 140 °C vorgeheizten Backofen 5 Stunden backen. Dann sofort servieren.

TIPP
Wenn Sie die Bohnen mit Vollkornbrot oder Toast servieren, erhalten sie ein ausgewogenes Mittag- oder Abendessen.

Eingelegtes Gemüse

20 Min. 10 Min.

6–8 PERSONEN

500 ml Reisessig
1 EL Zucker
1 TL Salz
½ kleiner Blumenkohl, in Röschen
½ Salatgurke, geschält, entkernt und in Würfeln
2 Karotten, in dicken Scheiben
200 g Prinzessbohnen, in mundgerechten Stücken
½ kleiner Chinakohl, in Streifen
3 frische kleine rote Chillies
3 Knoblauchzehen
3 Schalotten
5 EL Erdnussöl

1 Reisessig, Zucker und Salz in einem großen Topf bis kurz vor den Siedepunkt erhitzen. Dann die Hitze reduzieren, Blumenkohlröschen, Gurke, Karotten, Bohnen und Chinakohl zugeben. Alles 3–4 Minuten in der Essigmischung köcheln lassen, bis es zart, aber noch bissfest ist. Dann den Topf vom Herd nehmen und das Gemüse ein wenig abkühlen lassen.

2 Die Chillies nach Belieben entkernen und mit Knoblauch und Schalotten im Mörser zu einer Paste verarbeiten.

3 Das Öl in einer Pfanne erhitzen. Die Gewürzpaste zugeben und 1–2 Minuten anbraten. Gemüse und Essig zufügen und 2 Minuten köcheln lassen, um den Sud leicht zu reduzieren. Dann vom Herd nehmen und auskühlen lassen.

4 Das fertige Gemüse kalt servieren oder in Schraubgläser füllen. Im Kühlschrank ist es etwa 2 Wochen haltbar.

TIPP
Schneiden Sie nach Belieben dekorative Karottenblüten zurecht. Dazu die Karotten nach dem Schälen mit einem Zestenschneider in regelmäßigen Abständen längs einschneiden, sodass sich dünne Rillen bilden. Anschließend die Karotten in Scheiben schneiden.

Kashmiri-Spinat

5 Min. 25 Min.

4 PERSONEN

500 g frischer Spinat, junger Spinat oder Mangold, oder Tiefkühlware aufgetaut
2 EL Senföl
¼ TL Garam Masala
1 TL gelbe Senfkörner
2 Frühlingszwiebeln, in Ringen

1 Die harten Stängel von Spinat oder Mangold entfernen.

2 Das Öl in einem heißen Wok oder in einer großen Pfanne erhitzen, bis es zu rauchen beginnt.

3 Garam Masala und Senfkörner zugeben und den Wok schnell abdecken, da die Körner rasch aufplatzen werden.

4 Sind die Körner aufgeplatzt, den Deckel abnehmen, Frühlingszwiebeln und Spinat oder Mangold in den Wok geben und 10–15 Minuten pfannenrühren, bis der Spinat zusammengefallen und die Flüssigkeit fast vollständig verdampft ist.

5 Wird tiefgefrorener Spinat verwendet, ist die Kochzeit geringer. Aber auch er sollte so lange gekocht werden, bis das meiste Wasser verdampft ist.

6 Spinat und Frühlingszwiebeln mit einem Schaumlöffel aus dem Wok oder der Pfanne heben und die Restflüssigkeit vollständig abtropfen lassen – Kashmiri-Spinat schmeckt besser, wenn er so trocken wie möglich serviert wird.

7 Das fertige Gemüse in einer vorgewärmten Servierschüssel kochend heiß servieren.

Tipp
Senföl wird aus Senfsamen hergestellt und ist kalt genossen äußerst scharf. Wird es jedoch erhitzt, bis es zu rauchen beginnt, verliert es viel an Schärfe und wird leicht süßlich.

Dauphine-Kartoffeln

25 Min. 1 Std. 30 Min.

4 PERSONEN

15 g Butter, zum Einfetten
700 g festkochende Kartoffeln, in dünnen Scheiben
2 Knoblauchzehen, zerdrückt
1 rote Zwiebel, gehackt
85 g Gruyère, gerieben
Salz und Pfeffer
300 g Crème double

1 Den Boden einer Auflaufform (1 l Inhalt) mit etwas Butter bestreichen.

2 Den Boden der Form mit einer dünnen Schicht Kartoffeln auslegen. Die Hälfte von Knoblauch und Zwiebel sowie ein Drittel des Käses über die Kartoffeln streuen und alles mit Salz und Pfeffer würzen.

3 Die Schichtung wiederholen, bis alle Kartoffeln verbraucht sind. Mit einer Kartoffelschicht abschließen. Diese nur mit Käse bestreuen.

4 Die obere Kartoffelschicht mit der Crème double übergießen. Die fertig vorbereiteten Dauphine-Kartoffeln in einem auf 180 °C vorgeheizten Backofen etwa 90 Minuten backen, bis sie auf der Oberseite knusprig braun geworden sind. Dann sofort servieren.

TIPP
Es gibt viele Versionen dieses klassischen Rezepts, doch alle enthalten Crème double. Daher ist dies ein gehaltvolles und sehr sättigendes Gericht. Es ist wichtig, zum Garen eine flache Form zu verwenden, damit eine knusprige goldbraune Kruste entsteht!

Auberginen in Safransauce

25 Min. 20 Min.

4 PERSONEN

½ TL Safranfäden, fein zerrieben
1 EL kochendes Wasser
1 große Aubergine
3 EL Öl
1 große Zwiebel, grob gehackt
2 Knoblauchzehen, zerdrückt
2,5-cm-Stück Ingwerwurzel, gerieben
1½ EL milde oder mittelscharfe Currypaste
1 TL Kreuzkümmelsamen
150 g Crème double
150 g Naturjoghurt
2 EL Mango-Chutney
Salz und Pfeffer
frische Petersilie, zum Garnieren

1 Den Safran in einem Schälchen mit dem kochenden Wasser übergießen und 5 Minuten ziehen lassen.

2 Die Aubergine längs vierteln, dann in 1 cm dicke Stücke schneiden.

3 Das Öl in einer Pfanne erhitzen und die Zwiebel darin 3 Minuten glasig dünsten. Auberginenstücke, Knoblauch, Ingwer, Currypaste und Kreuzkümmel unterrühren und 3 Minuten bei niedriger Hitze kochen.

4 Safranwasser, Crème double, Joghurt und Mango-Chutney in die Pfanne geben. Alles sorgfältig unterrühren, bis die Auberginen rundum von der Sauce überzogen sind. Dann das Gemüse unter häufigem Rühren 8–10 Minuten kochen, bis die Auberginen weich sind.

5 Das fertige Gericht mit Salz und Pfeffer abschmecken, in eine warme Schüssel füllen, mit Petersilie garnieren und heiß servieren.

TIPP
Der Joghurt macht das Gericht cremig und gibt der Sauce eine angenehme Säure. Am besten geben Sie ihn löffelweise nach und nach in die Pfanne; so kann er nicht ausflocken.

Brindil Bhaji

20 Min. 20 Min.

4 PERSONEN

2 EL Ghee
1 Zwiebel, in dünnen Ringen
2 Knoblauchzehen, in dünnen Scheiben
500 g Auberginen, in Scheiben und dann in Streifen geschnitten
2,5-cm-Stück Ingwerwurzel, gerieben
½ TL Kurkuma
1 getrocknete rote Chili, fein gehackt
½ TL Salz
400 g Tomaten aus der Dose
1 TL Garam Masala
Korianderzweige, zum Garnieren

1 Das Ghee in einem Topf erhitzen. Die Zwiebel zugeben und bei mittlerer Hitze unter ständigem Rühren etwa 7–8 Minuten andünsten, bis sie sehr weich ist.

2 Knoblauch und Auberginenstreifen zufügen, die Hitze erhöhen und das Gemüse 2 Minuten kochen.

3 Dann Ingwer, Kurkuma, Chili, Salz und Tomaten mit dem Saft einrühren. Die Tomaten mit einem Holzlöffel im Topf leicht zerdrücken und das Gemüse 15–20 Minuten unabgedeckt köcheln lassen.

4 Wenn die Aubergine sehr weich ist, das Garam Masala einrühren und alles weitere 4–5 Minuten köcheln lassen.

5 Dann das fertige Gericht auf eine vorgewärmte Platte geben, mit Korianderzweigen garnieren und sofort heiß servieren.

VARIATION
Anstelle der Auberginen können Sie auch Zucchini, Kartoffeln, Paprika oder eine Mischung aus verschiedenen Gemüsesorten verarbeiten.

Okra-Tomaten-Curry

10 Min. 20 Min.

4 PERSONEN

500 g Okras
4 EL Ghee oder Öl
1 Bund Frühlingszwiebeln, in Ringen
2 Knoblauchzehen, zerdrückt
5-cm-Stück Ingwerwurzel, gehackt
1 TL fein gehackte Chili
1½ TL gemahlener Kreuzkümmel
1 TL gemahlener Koriander
1 TL Kurkuma
225 g gehackte Tomaten aus der Dose
150 ml Gemüsebrühe
Salz und Pfeffer
1 TL Garam Masala
frisch gehackter Koriander, zum Garnieren

1 Die Okras waschen, trocken tupfen und die Enden abschneiden.

2 Ghee oder Öl in einem großen Topf erhitzen, Frühlingszwiebeln, Knoblauch, Ingwer und Chili zugeben und alles bei geringer Hitze unter häufigem Rühren 1 Minute dünsten.

3 Die Gewürze einrühren und 30 Sekunden anrösten, dann Tomaten, Brühe und Okras in den Topf geben. Alles mit Salz und Pfeffer würzen und unter gelegentlichem Rühren etwa 15 Minuten köcheln lassen, bis die Okras bissfest sind.

4 Garam Masala über die Okra streuen. Das Gemüse abschmecken und – falls nötig – nachwürzen.

5 Das fertige Gericht in eine vorgewärmte Servierschüssel füllen, mit dem Koriander garnieren und heiß servieren.

TIPP
Sie können die Okras auch in Ringe geschnitten in den Topf geben (Schritt 3) und unter gelegentlichem Rühren leicht bissfest kochen. Beim Kauf frischer Okras ist darauf zu achten, dass die Schoten nicht schrumpelig sind und keine braunen Flecken haben.

Ingwerkartoffeln

20 Min. 30 Min.

4 PERSONEN

Salz
675 g festkochende Kartoffeln, gewürfelt
2 EL Öl
5-cm-Stück Ingwerwurzel, gerieben
1 frische grüne Chili, entkernt und gehackt
1 Selleriestange, in Scheiben
25 g Cashewkerne
einige Safranfäden
3 EL kochendes Wasser
60 g Butter
Sellerieblätter, zum Garnieren

1 Die Kartoffeln 10 Minuten in kochendem, leicht gesalzenem Wasser vorgaren. Dann gründlich abgießen, abtropfen lassen und beiseite stellen.

2 Das Öl in einer großen Pfanne erhitzen. Die Kartoffeln zugeben und bei mittlerer Hitze unter ständigem Rühren 3–4 Minuten anbraten. Ingwer, Chili, Sellerie und Cashewkerne zugeben und 1 Minute mitbraten.

3 Unterdessen die Safranfäden in eine kleine Schüssel geben. Mit dem kochenden Wasser übergießen und 5 Minuten ziehen lassen.

4 Die Butter in die Pfanne geben und zerlassen. Die Hitze reduzieren, die Safranmischung einrühren und alles bei geringer Hitze weitere 10 Minuten kochen, bis die Kartoffeln gar sind.

5 Das fertige Gericht in eine vorgewärmte Schüssel geben, mit Sellerieblättern garnieren und sofort servieren.

TIPP

Verwenden Sie eine beschichtete Pfanne, da die Kartoffelmischung recht trocken ist und in einer gewöhnlichen Pfanne leicht anbrennen kann.

Wokgemüse mit Sesam

10 Min. 12 Min.

4 PERSONEN

3 EL Erdnuss- oder Sonnenblumenöl
1 EL Sesamöl
12 Knoblauchzehen, fein gehackt
225 g Brokkoliröschen
120 g Zuckererbsen
1 Chinakohl, in Streifen
6 Frühlingszwiebeln, gehackt
2 EL dunkle Sojasauce
2 EL chinesischer Reiswein
3 EL Wasser
1 EL Sesamsaat, geröstet, zum Garnieren

1 Die Öle in einem Wok oder einer Pfanne erhitzen. Den Knoblauch zugeben und 30 Sekunden pfannenrühren.

2 Die Brokkoliröschen zufügen und 3 Minuten unter Rühren braten. Dann die Zuckererbsen zugeben und alles weitere 2 Minuten pfannenrühren. Zuletzt Chinakohl und Frühlingszwiebeln einrühren und weitere 2 Minuten braten.

3 Sojasauce, Reiswein und das Wasser zugießen und das Gemüse 3–4 Minuten unter ständigem Rühren in der Flüssigkeit kochen.

4 Das fertige Wokgemüse auf einer vorgewärmten Servierplatte anrichten, mit dem Sesam bestreuen und sofort servieren.

VARIATION

Verwenden Sie nur einen halben Chinakohl und vermengen Sie dafür 120 g fein geschnittene Karotten und 120 g Babymais mit dem Brokkoli in Schritt 2.

Auberginen-auflauf

10 Min. 55 Min.

4 PERSONEN

2 Auberginen
4 EL Öl
1 Zwiebel, in Ringen
1 TL Kreuzkümmelsamen
1 TL Chilipulver
1 TL Salz
3 EL Naturjoghurt
½ TL Minzsauce
Minzeblätter, zum Garnieren

1 Die Auberginen nebeneinander in eine kleine Auflaufform oder auf ein mit Alufolie ausgelegtes Backblech legen und in einem auf 160 °C vorgeheizten Backofen 45 Minuten backen. Die fertig gebackenen Auberginen aus dem Backofen nehmen und abkühlen lassen.

2 Die Auberginen halbieren und das Fruchtfleisch mit einem Teelöffel aus der Schale kratzen. In eine Schüssel füllen und beiseitestellen.

3 Das Öl bei geringer Hitze in einem großen Topf erhitzen. Zwiebel und Kreuzkümmelsamen zugeben und unter ständigem Rühren 1–2 Minuten dünsten.

4 Chilipulver, Salz, Naturjoghurt und Minzsauce zugeben und alles gründlich unterrühren.

5 Das Auberginenfleisch zufügen und bei mittlerer Hitze unter ständigem Rühren 5–7 Minuten braten, bis es die Flüssigkeit vollständig aufgenommen hat und die Mischung beinahe trocken ist.

6 Das fertige Gemüse in eine vorgewärmte Servierschüssel füllen. Zuletzt den Auberginenauflauf mit frischen Minzeblättern garnieren und noch heiß servieren.

Lyonnaiser Kartoffeln

10 Min. 25 Min.

6 PERSONEN

1,25 kg Kartoffeln, in 5 mm dicken Scheiben
4 EL Olivenöl
25 g Butter
2 Zwiebeln, in Ringen
2–3 Knoblauchzehen, zerdrückt (nach Belieben)
Salz und Pfeffer
frisch gehackte Petersilie, zum Garnieren

1 Die Kartoffeln etwa 10–12 Minuten abgedeckt in leicht gesalzenem Wasser köcheln lassen, bis sie fast gar sind. Dabei darauf achten, dass sie nicht zu stark kochen, da die Scheiben sonst zerbrechen und matschig werden. Nach dem Kochen gut abgießen.

2 Während die Kartoffeln kochen, Öl und Butter in einer großen Pfanne erhitzen. Zwiebeln und nach Belieben Knoblauch zugeben und bei mittlerer Hitze unter häufigem Rühren dünsten, bis die Zwiebeln weich sind.

3 Die vorgekochten Kartoffelscheiben zugeben und unter gelegentlichem Wenden 5–8 Minuten mitbraten, bis sie gebräunt sind. Dann alles mit Salz und Pfeffer abschmecken, zum Servieren mit Petersilie bestreuen.

4 Bei Bedarf Kartoffeln und Zwiebeln in eine Auflaufform geben und bei schwacher Hitze bis zum Servieren im Backofen warm halten.

TIPP
Falls sich die Kartoffeln beim Kochen dunkel verfärben, geben Sie 1 Esslöffel Zitronensaft ins Kochwasser.

Bohnen in Zitrussauce

5 Min. 20 Min.

4 PERSONEN

1 kg gemischte frische Bohnen, z. B. dicke Bohnen, Prinzessbohnen und Stangenbohnen
75 g Butter oder Margarine
4 TL Mehl
300 ml Gemüsebrühe
100 ml trockener Weißwein
6 EL Schlagsahne
3 EL frisch gehackte gemischte Kräuter, z. B. Rosmarin, Thymian, Estragon und Salbei
2 EL Zitronensaft
abgeriebene Schale von 1 Zitrone
Salz und Pfeffer

1 Die Bohnen 10 Minuten in kochendem Salzwasser garen. Dann abgießen und in eine warme Servierschüssel geben.

2 Inzwischen Butter oder Margarine in einem Topf zerlassen. Das Mehl zufügen und 1 Minute anschwitzen. Den Topf vom Herd nehmen, Brühe und Wein einrühren, dann den Topf wieder auf den Herd stellen und die Mischung aufkochen.

3 Den Topf erneut vom Herd nehmen und Sahne, Kräuter, Zitronensaft und -schale einrühren. Die fertige Sauce mit Salz und Pfeffer abschmecken, über die Bohnen gießen und gut unterheben. Dann sofort servieren.

VARIATION
Wenn Sie Limette statt Zitrone verwenden, erhalten Sie ein anderes Aroma. Für eine fettreduziertere Version des Gerichts können die Sahne durch Naturjoghurt ersetzen.

Wintergemüse

20 Min. 1 Std. 40 Min.

8 PERSONEN

KNUSPRIGE RÖSTKARTOFFELN
2 kg Kartoffeln, in großen Stücken
Salz
Öl, zum Einfetten

HONIGGLASIERTE KAROTTEN
1 kg Karotten, in Scheiben
1 EL klarer Honig
25 g Butter
2 TL Sesamsaat, geröstet

WÜRZIGER WINTERKOHL
1 fester Weißkohl, grob geraspelt
2 Tafeläpfel, geschält, entkernt und klein geschnitten
einige Tropfen Zitronensaft
Salz und Pfeffer
25 g Butter
frisch geriebene Muskatnuss

1 Für die knusprigen Röstkartoffeln die Kartoffelstücke in einen Topf mit leicht gesalzenem Wasser geben und aufkochen. Dann Hitze reduzieren, die Kartoffeln abdecken und 8–10 Minuten köcheln lassen, bis sie halb gar sind. Sorgfältig abgießen.

2 Etwa 150 ml Öl auf einem Backblech stark erhitzen. Die Kartoffeln zugeben, im Öl wenden und in einem auf 200 °C vorgeheizten Backofen etwa 1 Stunde backen, bis sie goldbraun sind; dabei gelegentlich mit dem Öl bestreichen.

3 Für die honigglasierten Karotten die Karotten in einen Topf geben und knapp mit Wasser bedecken. Honig und Butter zufügen und alles 15 Minuten im offenen Topf kochen, bis die Flüssigkeit vollständig verdampft ist und die Karotten gar sind. Herausnehmen, mit Sesam bestreuen und servieren.

4 Für den pikanten Winterkohl den Kohl in einen Topf geben, Äpfel und Zitronensaft zufügen. Die Zutaten mit Wasser bedecken und abgedeckt etwa 6 Minuten bei mittlerer Hitze gar kochen. Den Kohl abgießen, salzen und pfeffern. Dann die Butter unterheben, bis sie geschmolzen und der Kohl rundum davon überzogen ist. Den fertigen Kohl eine vorgewärmte Schüssel geben, mit Muskat bestreuen und sofort servieren.

Blumenkohl im Teigmantel

15 Min. 15 Min.

4 PERSONEN

1 Blumenkohl, in Röschen
120 g Mehl
Salz
1 Prise getrockneter Thymian
2 Eier, getrennt
150 ml Wasser
4 EL Milch
Sonnenblumen- oder Maiskeimöl, zum Frittieren

1 Den Blumenkohl 5 Minuten in kochendem Wasser blanchieren, dann abgießen, abtropfen lassen und trocken tupfen.

2 Das Mehl mit 1 Prise Salz in eine Schüssel sieben. Thymian, Eigelb und das Wasser zufügen, glatt rühren, dann die Milch untermengen.

3 Das Eiweiß in einer separaten Schüssel steif schlagen. Zunächst einen Teil des Eischnees vorsichtig unter den Teig ziehen, dann nach und nach den restlichen Eischnee unterheben.

4 Das Öl in einer Fritteuse oder einer Pfanne auf 180 °C erhitzen (ein Brotwürfel sollte darin in 30 Sekunden braun werden). Die Blumenkohlröschen in den Teig tauchen, dann portionsweise in das heiße Öl geben und goldbraun ausbacken.

5 Den fertig frittierten Blumenkohl auf Küchenpapier abtropfen lassen, in eine vorgewärmte Schüssel füllen und sofort servieren.

TIPP
Heizen Sie das Öl zwischendurch immer wieder auf, falls die Temperatur beim Frittieren zu stark abfällt.

Palak Panir

20 Min. 40 Min.

6 PERSONEN

2 EL Ghee
1 Zwiebel, in Ringen
1 Knoblauchzehe, zerdrückt
1 getrocknete rote Chili
1 TL Kurkuma
Salz und Pfeffer
500 g festkochende Kartoffeln, in 2,5 cm großen Würfeln
400 g Tomaten aus der Dose, abgetropft
150 ml Wasser
225 g frischer Spinat
500 g Panir (siehe Seite 334), in 2,5 cm großen Würfeln
1 TL Garam Masala
1 EL frisch gehackter Koriander
1 EL frisch gehackte Petersilie
Naan-Brot, zum Servieren

1 Das Ghee in einem Topf erhitzen. Die Zwiebel zugeben und bei geringer Hitze unter Rühren 10 Minuten dünsten, bis sie sehr weich ist. Knoblauch und Chili zufügen und weitere 5 Minuten dünsten.

2 Kurkuma, 1 Prise Salz, Kartoffeln, Tomaten und das Wasser zugeben und zum Kochen bringen. Die Mischung 10–15 Minuten köcheln lassen, bis die Kartoffeln gar sind.

3 Spinat, Panir, Garam Masala, Koriander und Petersilie einrühren. Weitere 5 Minuten köcheln lassen, mit Salz und Pfeffer abschmecken und die Chili entfernen. Mit Naan-Brot servieren.

VARIATION

Sie können anstelle des indischen Panir auch frischen italienischen Pecorino verwenden.

Karottenauflauf mit Mohn

20 Min. 40 Min.

4 PERSONEN

675 g Karotten, in dünnen Streifen
1 Porreestange, in Ringen
300 ml frisch gepresster Orangensaft
2 EL klarer Honig
1 Knoblauchzehe, zerdrückt
2 TL frisch gehackter Thymian
1 EL Mohnsamen
Salz und Pfeffer
frische Thymianzweige, zum Garnieren
Orangenschale, zum Garnieren

1 Karotten und Porree 5–6 Minuten in kochendem Salzwasser blanchieren. Anschließend abgießen, Gemüse in eine flache Auflaufform füllen und bis zur weiteren Verwendung beiseitestellen.

2 Orangensaft, Honig, Knoblauch und Thymian gründlich vermengen. Alles mit Salz und Pfeffer abschmecken, über das Gemüse gießen und sorgfältig unterheben.

3 Die Auflaufform abdecken und das Gemüse in einem auf 180 °C vorgeheizten Backofen 30 Minuten garen.

4 Den fertigen Auflauf aus dem Ofen nehmen, den Deckel abheben und das Gemüse mit Mohn bestreuen. Mit Thymianzweigen und Orangenschale garnieren und sofort servieren, solange es noch heiß ist.

TIPP

Der Thymian kann durch Kreuzkümmel ersetzt werden. Anstelle des Orangensafts und der Orangenschale können alternativ Zitronensaft und -schale verwendet werden.

Okra Bhaji

25 Min. 35 Min.

4 PERSONEN

1 EL Sonnenblumenöl
1 TL schwarze Senfkörner
1 TL Kreuzkümmelsamen
1 TL gemahlener Koriander
½ TL Kurkuma
1 grüne Chili, entkernt und fein gehackt
1 rote Zwiebel, in feinen Ringen
2 Knoblauchzehen, zerdrückt
1 orangefarbene Paprika, entkernt und in feinen Streifen
500 g Okras, blanchiert
250 ml Gemüsesaft
Salz
150 ml Schlagsahne
1 EL Zitronensaft
Zitronenscheiben, zum Garnieren

1 Das Öl im Wok oder in einer schweren Pfanne erhitzen. Die Senfkörner zugeben und bei abgedeckter Pfanne rösten, bis sie zu springen beginnen.

2 Kreuzkümmel, Koriander, Kurkuma und Chili zugeben und 1 Minute unter Rühren rösten, bis sie ihre Aromen entfalten.

3 Zwiebel, Knoblauch und Paprika zugeben und unter häufigem Rühren etwa 5 Minuten glasig dünsten.

4 Die Okras in die Pfanne geben und sorgfältig mit den anderen Zutaten vermengen. Dann den Gemüsesaft zugießen und bei starker Hitze 5 Minuten kochen, dabei gelegentlich umrühren. Sobald die Flüssigkeit fast verdampft ist, die Okras mit Salz abschmecken und eventuell nachsalzen.

5 Die Sahne zugießen, die Mischung aufkochen und bei starker Hitze etwa 12 Minuten kochen, bis sie Flüssigkeit fast vollständig verdampft ist.

6 Das fertige Okra Bhaji mit Zitronensaft beträufeln und auf vorgewärmte Teller verteilen. Mit Zitonenscheiben garnieren und sofort servieren.

TIPP
Okras enthalten viel Gluten. Als Bestandteil von Currys und Eintöpfen geben die Schoten diesen „Kleber" ab und die Sauce wird auf natürliche Weise eingedickt.

Paprika-Tomaten-Curry

5 Min. 45 Min.

4 PERSONEN

2 EL Öl
1 TL Senfkörner
1 TL Schwarzkümmel
½ TL Kreuzkümmelsamen
3–4 Curryblätter, gehackt
500 g Zwiebeln, fein gehackt
3 Tomaten, gehäutet, entkernt und gehackt
½ rote Paprika, entkernt und in Streifen
½ grüne Paprika, entkernt und in Streifen
1 große Knoblauchzehe, zerdrückt
1 TL fein gehackte frische Ingwerwurzel
1 TL Chilipulver
½ TL Kurkuma
1 TL Salz
425 ml Wasser
2 Kartoffeln, geschält und gewürfelt
½ Blumenkohl, in kleinen Röschen
4 Karotten, geschält und in Scheiben
3 grüne Chillies, entkernt und gehackt
1 EL frische Korianderblätter
1 EL Zitronensaft

1 Das Öl in einem großen Topf erhitzen. Senfkörner, Schwarzkümmel, Kreuzkümmel und Curryblätter zugeben und kurz anbraten.

2 Die Zwiebeln zufügen und bei mittlerer Hitze unter gelegentlichem Rühren goldbraun braten. Dann Tomaten und Paprika zugeben und 5 Minuten pfannenrühren.

3 Knoblauch, Ingwer, Chilipulver, Kurkuma und Salz zugeben und gut unterrühren. 300 ml des Wassers zugießen, den Topf abdecken und das Gemüse 10–12 Minuten köcheln lassen.

4 Kartoffeln, Blumenkohl, Karotten, Chillies und Korianderblätter zugeben und weitere 5 Minuten unter Rühren kochen.

5 Das restliche Wasser und den Zitronensaft zugießen und gut unterrühren. Den Deckel aufsetzen und das Gemüse etwa 15 Minuten köcheln lassen; dabei gelegentlich umrühren.

6 Das fertige Curry auf Teller verteilen und sofort servieren.

Kartoffel-Käse-Auflauf

15 Min. 1 Std. 30 Min.

4 PERSONEN

500 g Kartoffeln
1 Porreestange, in Ringen
3 Knoblauchzehen, zerdrückt
50 g Cheddar oder Gouda, gerieben
50 g Mozzarella, gerieben
25 g Parmesan, gerieben
2 EL frisch gehackte Petersilie
Salz und Pfeffer
150 g Schlagsahne
150 ml Milch
frisch gehackte glatte Petersilie, zum Garnieren

1 Die Kartoffeln 10 Minuten in kochendem Salzwasser blanchieren. Dann gut abgießen und etwas abkühlen lassen.

2 Die Kartoffeln in dünne Scheiben schneiden. Den Boden einer Auflaufform mit einem Teil der Kartoffelscheiben auslegen. Diese mit etwas Porree, Knoblauch, Käse sowie Petersilie belegen und mit Salz und Pfeffer würzen.

3 Die Kartoffel-Gemüse-Schichten wiederholen, bis sämtliche Zutaten aufgebraucht sind; dabei mit einer Lage Käse abschließen.

4 Sahne und Milch verrühren, mit Salz und Pfeffer würzen und über die Kartoffelschichten gießen.

5 Den vorbereiteten Auflauf in einem auf 160 °C vorgeheizten Backofen 60–75 Minuten backen, bis der Käse goldbraun ist und Blasen wirft und die Kartoffeln gar sind. Den fertigen Auflauf mit gehackter Petersilie garnieren und sofort heiß servieren.

TIPP
Kartoffeln sind eine gute Basis für Gemüsebeilagen. Sie enthalten viele Kohlenhydrate und eine Reihe von Vitaminen. Geschmacklich lassen sie sich mit einer Vielzahl anderer Zutaten kombinieren.

Gedämpfte Gemüse-päckchen

15 Min. 8–10 Min.

4 PERSONEN

120 g Prinzessbohnen
60 g Zuckererbsen
12 junge Karotten
8 Perlzwiebeln oder Schalotten
12 kleine weiße Rüben
8 Radieschen
Salz und Pfeffer
60 g Butter oder Margarine
4 Zitronenzesten
4 TL fein gehackter frischer Kerbel
4 EL trockener Weißwein

1 Aus Butterbrotpapier 4 doppellagige Kreise von 30 cm Durchmesser ausschneiden.

2 Prinzessbohnen, Zuckererbsen, Karotten, Perlzwiebeln oder Schalotten, Rüben und Radieschen in 4 Portionen aufteilen und auf jeweils eine Hälfte der Kreise verteilen. Das Gemüse mit Salz und Pfeffer würzen, mit je einem Stück Butter oder Margarine belegen und einen Streifen Zitronenschale zugeben. Dann alles mit Kerbel bestreuen und mit Wein beträufeln. Das Papier zusammenfalten und die Kanten gut verschließen.

3 Die Pakete in einen Dämpfeinsatz legen und gut abgedeckt 8–10 Minuten über einem Topf mit kochendem Wasser dämpfen. Danach sofort servieren, aber erst am Tisch öffnen, damit die Aromen bis zum Verzehr erhalten bleiben.

VARIATION
Man kann anstelle von Butter oder Margarine auch 4 EL Olivenöl verwenden. Der Kerbel kann durch frisch gehackte Minze, die Radieschen können durch Kirschtomaten ersetzt werden.

Scharfe Linsen mit Spinat

15 Min. 35 Min.

4–6 PERSONEN

2 EL Olivenöl
1 große Zwiebel, fein gehackt
1 große Knoblauchzehe, zerdrückt
½ EL gemahlener Kreuzkümmel
½ EL Ingwerpulver
250 g Puy-Linsen
etwa 600 ml Gemüsebrühe
100 g junger Blattspinat
2 EL frisch gehackte Minzeblätter
1 EL frisch gehackte Korianderblätter
1 EL frisch gehackte glatte Petersilienblätter
frisch gepresster Zitronensaft
Salz und Pfeffer
Zitronenzesten, zum Garnieren

1 Das Öl bei mittlerer Hitze in einer Pfanne erwärmen. Die Zwiebel unter Rühren darin 6 Minuten dünsten. Dann Knoblauch, Kreuzkümmel und Ingwer einrühren und so lange dünsten, bis die Zwiebel braun wird.

2 Die Linsen einrühren und so viel Gemüsebrühe zugießen, dass die Linsen 2,5 cm hoch bedeckt sind. Aufkochen, dann die Hitze reduzieren und die Linsen 20 Minuten (oder nach Packungsanweisung) gar köcheln lassen.

3 Wenn keine Brühe mehr in der Pfanne ist, noch etwas zugießen. Den Spinat zufügen und unter Rühren zusammenfallen lassen. Minze, Koriander und Petersilie zufügen. Das Gericht mit Zitronensaft, Salz und Pfeffer abschmecken, in eine Schüssel füllen und mit Zitronenzesten garniert servieren.

TIPP
In diesem Rezept werden grüne Puy-Linsen aus Frankreich verarbeitet, die auch nach langem Kochen ihre Form behalten. Sie können auch rote oder braune Linsen verwenden, sollten dann aber beim Kochen darauf achten, dass sie nicht zerfallen.

Überbackene Ratatouille

15 Min. 25 Min.

4 PERSONEN

2 Zwiebeln, geschält und fein gehackt
1 Knoblauchzehe, fein gehackt
1 rote Paprika, entkernt und in Streifen
1 grüne Paprika, entkernt und in Streifen
800 g gehackte Tomaten aus der Dose
1 Bouquet garni
2 EL Tomatenmark
Salz und Pfeffer
1 Aubergine, fein gewürfelt
2 Zucchini, in dünnen Scheiben
900 g Kartoffeln, in 2,5 cm großen Würfeln
75 g Hartkäse, gerieben
2 EL Schnittlauchröllchen, zum Garnieren

1 Zwiebeln, Knoblauch und Paprika in einen Topf geben. Tomaten, Bouquet garni und Tomatenmark zufügen und alles mit Salz und Pfeffer würzen. Aufkochen, die Hitze reduzieren und das Gemüse 10 Minuten abgedeckt köcheln lassen; dabei einmal umrühren.

2 Aubergine und Zucchini zugeben und ohne Deckel weitere 10 Minuten köcheln lassen; dabei häufig umrühren.

3 In der Zwischenzeit die Kartoffeln in einem separaten Topf in leicht gesalzenem Wasser 10–12 Minuten weich garen. Dann abgießen, abtropfen lassen und beiseitestellen.

4 Die Gemüsemischung in eine Auflaufform geben und die Kartoffelwürfel gleichmäßig darauf verteilen. Mit dem geriebenem Käse bestreuen und etwa 5 Minuten unter dem heißen Backofengrill überbacken, bis sich eine goldbraune Kruste gebildet hat und die Sauce köchelt.

5 Den fertigen Auflauf mit Schnittlauchröllchen bestreuen und sofort heiß servieren.

VARIATION
Je nach Saison und persönlichem Geschmack können Sie dieses Gericht auch mit anderen Gemüsesorten zubereiten, etwa mit Brokkoli, Karotten oder Mais.

Grüne Gnocchi

20 Min. 30 Min.

4 PERSONEN

300 g mehligkochende Kartoffeln, gewürfelt
200 g Spinat
1 Eigelb
1 TL Olivenöl
125 g Mehl
Salz und Pfeffer
Spinatblätter, zum Garnieren

SAUCE
1 EL Olivenöl
2 Schalotten, gehackt
1 Knoblauchzehe, zerdrückt
300 g passierte Tomaten
2 TL Zucker

1 Die Kartoffeln 10–15 Minuten in kochendem Wasser garen. Anschließend gut abgießen und zu Püree verarbeiten.

2 Unterdessen den Spinat 1–2 Minuten in kochendem Wasser blanchieren, dann abgießen und fein hacken.

3 Das Kartoffelpüree auf eine leicht bemehlte Arbeitsfläche geben und eine Vertiefung in die Mitte drücken. Eigelb, Öl, Spinat und etwas Mehl hineingeben und mit der Kartoffelmasse verkneten. Nach und nach das restliche Mehl zufügen, bis ein fester Teig entsteht. Diesen mit Salz und Pfeffer abschmecken und zu kleinen Klößchen formen.

4 Die Klößchen portionsweise jeweils 5 Minuten in kochendem Salzwasser garen, bis sie an die Oberfläche steigen.

5 Unterdessen für die Sauce Öl, Schalotten, Knoblauch, passierte Tomaten und Zucker in einen Topf geben und bei geringer Hitze 10–15 Minuten köcheln lassen, bis die Sauce eingedickt ist.

6 Die Gnocchi mit einem Schaumlöffel herausheben, auf Teller verteilen und warm halten, bis alle Gnocchi fertig sind. Dann mit der Sauce übergießen und mit Spinatblättern garniert servieren.

VARIATION
Statt Spinat können Sie dem Teig auch Kräuter oder geriebenen Käse zufügen.

Mandelkartoffeln mit Sahne

5 Min. 40–45 Min.

4 PERSONEN

600 g Kartoffeln, ungeschält in Scheiben
1 EL Öl
1 rote Zwiebel, halbiert und in Ringen
1 Knoblauchzehe, zerdrückt
50 g Mandelblättchen
½ TL Kurkuma
125 g Rucola
300 g Crème double
Salz und Pfeffer

1 Die Kartoffeln 10 Minuten in kochendem Wasser garen. Dann gründlich abgießen und beiseitestellen.

2 Das Öl in einer Pfanne erhitzen, Zwiebel und Knoblauch zufügen und 3–4 Minuten unter ständigem Rühren dünsten.

3 Mandeln, Kurkuma und Kartoffelscheiben zugeben und 2–3 Minuten unter ständigem Rühren anbraten. Dann den Rucola zufügen.

4 Die Kartoffelmischung in eine flache Auflaufform füllen. Alles mit Crème double übergießen und mit Salz und Pfeffer würzen.

5 Die so vorbereiteten Mandelkartoffeln in einem auf 190 °C vorgeheizten Backofen 20 Minuten backen, bis sie gar sind. Anschließend sofort servieren, solange sie noch heiß sind.

Gnocchi mit Kräutersauce

30 Min. 30 Min.

6 PERSONEN

Salz
1 kg Kartoffeln, in 1 cm großen Würfeln
60 g Butter oder Margarine
1 Ei, verquirlt
300 g Mehl, plus etwas mehr zum Bestäuben
frisch geriebener Parmesan, zum Servieren (nach Belieben)
gemischter Salat, zum Servieren
warmes Ciabatta-Brot, zum Servieren

KRÄUTERSAUCE
125 ml Olivenöl
2 Knoblauchzehen, sehr fein gehackt
Salz und Pfeffer
1 EL frisch gehackter Oregano
1 EL frisch gehacktes Basilikum

1 Die Kartoffeln 10 Minuten in kochendem Salzwasser garen, bis sie weich sind. Dann gut abgießen und die noch heißen Kartoffeln durch ein Sieb in eine Schüssel passieren. 1 Teelöffel Salz, Butter oder Margarine, Ei und 150 g Mehl zufügen und gut untermengen.

2 Die Kartoffelmischung auf einer leicht bemehlten Arbeitsfläche durchkneten. Nach und nach das restliche Mehl einarbeiten, bis ein weicher, glatter und leicht zäher Teig entsteht.

3 Den fertigen Teig mit bemehlten Händen zu mehreren 2 cm dicken Strängen rollen. Diese Stränge in 1 cm lange Stücke schneiden, dann alle Stücke mit bemehlten Gabelzinken eindrücken und auf einem bemehlten Küchentuch ausbreiten.

4 Salzwasser in einem großen Topf zum Kochen bringen. Die Gnocchi portionsweise zugeben und 2–3 Minuten kochen, bis sie an die Oberfläche steigen. Die fertigen Gnocchi mit einem Schaumlöffel aus dem Topf heben, in eine vorgewärmte Schüssel füllen, abdecken und warm halten.

5 Für die Sauce Öl, Knoblauch, Salz und Pfeffer in einem Topf vermengen und 2–3 Minuten unter gelegentlichem Rühren braten, bis der Knoblauch goldbraun ist. Dann die Sauce vom Herd nehmen und die Kräuter einrühren.

6 Die Gnocchi mit der Sauce übergießen, nach Geschmack mit Parmesan bestreuen und mit Salat sowie Ciabatta-Brot servieren.

Bohnen auf griechische Art

5 Min. 1 Std.

4 PERSONEN

1 EL Olivenöl
3 Knoblauchzehen, zerdückt
400 g weiße Bohnen aus der Dose, abgetropft
425 ml Gemüsebrühe
1 Lorbeerblatt
2 Oreganozweige
1 EL Tomatenmark
Saft von 1 Zitrone
1 kleine rote Zwiebel, gehackt
25 g schwarze Oliven, entsteint und halbiert
Salz und Pfeffer

1 Öl und Knoblauch in eine feuerfeste Kasserolle geben. Die Bohnen zufügen, gründlich in dieser Mischung wenden und bei geringer Hitze unter gelegentlichem Rühren 4–5 Minuten kochen.

2 Brühe, Lorbeerblatt, Oregano, Tomatenmark, Zitronensaft und Zwiebel zufügen und unterrühren. Abdecken und etwa 1 Stunde köcheln lassen, bis die Sauce eindickt.

3 Die Oliven einrühren, alles mit Salz und Pfeffer abschmecken und noch heiß servieren. Alternativ können die Bohnen auch im Voraus zubereitet und nach Geschmack kalt, jedoch nicht gekühlt, mit knusprigem frischem Brot serviert werden.

VARIATION
Nach Belieben können Sie dieses Gericht auch mit anderen Bohnensorten zubereiten, beispielsweise mit Cannellini- oder Augenbohnen. Auch Kichererbsen eignen sich gut für das Gericht. Dosenware sollten Sie vor der Verwendung stets gut abgießen und abspülen, da sie oft gezuckert oder gesalzen ist.

Kartoffel-Haschee

10 Min. 30 Min.

4 PERSONEN

2 EL Butter
1 rote Zwiebel, halbiert und in Streifen
1 Karotte, in Scheiben
25 g Prinzessbohnen, halbiert
900 g festkochende Kartoffeln, gewürfelt
2 EL Mehl
600 ml Gemüsebrühe
225 g fester Tofu, gewürfelt
Salz und Pfeffer
frisch gehackte Petersilie, zum Garnieren

1 Die Butter in einer großen Pfanne zerlassen. Zwiebel, Karotte, Bohnen und Kartoffeln zugeben und bei geringer Hitze 5–7 Minuten goldbraun anbraten; dabei gelegentlich umrühren.

2 Das Mehl in die Pfanne geben und unter ständigem Rühren 1 Minute anschwitzen. Weiterrühren und nach und nach die Brühe zugießen. Die Hitze reduzieren und das Gemüse 15 Minuten köcheln lassen, bis die Kartoffeln gar sind.

3 Die Tofuwürfel in die Pfanne geben und alles weitere 5 Minuten kochen. Dann das Kartoffel-Haschee mit Salz und Pfeffer abschmecken.

4 Das fertige Gericht mit Petersilie bestreuen und noch sehr heiß, am besten direkt aus der Pfanne servieren.

TIPP
Als „hash" bezeichnet man im Amerikanischen eine aus grob gehackten oder gewürfelten Zutaten bestehende Speise. Ein traditioneller „hash" enthält Zutaten wie Paprika, Zwiebeln und Sellerie.

Spinat-Blumenkohl-Bhaji

10 Min. 25 Min.

4 PERSONEN

4 EL Ghee oder Öl
2 große Zwiebeln, grob gehackt
1 Blumenkohl, in Röschen
2 Knoblauchzehen, zerdrückt
2,5-cm-Stück Ingwerwurzel, gehackt
1¼ TL Cayennepfeffer (nach Belieben)
1 TL gemahlener Kreuzkümmel
1 TL Kurkuma
2 TL gemahlener Koriander
400 g gehackte Tomaten aus der Dose
300 ml Gemüsebrühe
Salz und Pfeffer
500 g frischer Spinat, gewaschen, oder 225 g tiefgefrorener Spinat, aufgetaut

1 Ghee oder Öl in einem Topf erhitzen, Zwiebeln und Blumenkohl zugeben und bei geringer Hitze unter häufigem Rühren 3 Minuten dünsten.

2 Knoblauch, Ingwer und Gewürze zufügen und alles unter gelegentlichem Rühren 1 weitere Minute dünsten. Dann Tomaten und Brühe einrühren und das Gemüse mit Salz und Pfeffer würzen. Die Mischung aufkochen, abdecken, die Hitze reduzieren und alles 8 Minuten köcheln lassen.

3 Den Spinat in den Topf geben und unter gelegentlichem Rühren kochen, bis die Blätter zusammenfallen. Dann abdecken und unter häufigem Rühren etwa 8–10 Minuten köcheln lassen, bis Spinat und Blumenkohl weich sind. Das fertige Gemüse in eine vorgewärmte Schüssel füllen und heiß servieren.

TIPP
Achten Sie beim Kauf von Blumenkohl darauf, dass er fest und weiß und nicht verfärbt oder welk ist.

Bohnen mit Tomaten

15 Min. 25 Min.

6 PERSONEN

500 g Prinzessbohnen, halbiert
2 EL Ghee
2,5-cm-Stück Ingwerwurzel, gerieben
1 Knoblauchzehe, zerdrückt
1 TL Kurkuma
½ TL Cayennepfeffer
1 TL gemahlener Koriander
4 Tomaten, gehäutet, entkernt und gewürfelt
150 ml Gemüsebrühe

1 Die Bohnen kurz in kochendem Wasser blanchieren. Dann abgießen, unter fließend kaltem Wasser abschrecken und gut abtropfen lassen.

2 Ghee in einem Topf bei mittlerer Hitze zerlassen. Ingwer und Knoblauch unterrühren, dann Kurkuma, Cayennepfeffer und Koriander zufügen. Die Gewürze bei geringer Hitze etwa 1 Minute rösten, bis sich ihr Aroma entfaltet.

3 Die Tomaten zufügen und rundum mit der Gewürzmischung überziehen. Die Brühe zugießen, aufkochen und bei mittlerer Hitze unter gelegentlichem Rühren etwa 10 Minuten kochen, bis eine dickflüssige Sauce entsteht.

4 Die Bohnen zufügen, die Hitze reduzieren und das Gemüse unter ständigem Rühren 5 Minuten erwärmen, bis es völlig heiß ist. Dann das fertige Gericht in einer vorgewärmten Schüssel servieren.

TIPP
Ingwerreiben aus Bambus oder Porzellan sind sehr nützlich für die indische Küche. Man kann diese kleinen flachen Geräte während des Reibens direkt über die Pfanne halten.

Soufflierte Käsekartoffeln

20 Min. 25 Min.

4 PERSONEN

900 g Kartoffeln, grob gewürfelt
150 g Crème double
75 g Gruyère, gerieben
1 Prise Cayennepfeffer
Salz und Pfeffer
2 Eiweiß
Öl, zum Frittieren
frisch gehackte glatte Petersilie, zum Garnieren
2 EL geriebener Käse, zum Garnieren

1 Die Kartoffeln etwa 10 Minuten in leicht gesalzenem, kochendem Wasser garen. Dann gründlich abgießen, mit Küchenpapier trocken tupfen und beiseitestellen.

2 Crème double und Gruyère in einer großen Schüssel vermengen. Den Cayennepfeffer einrühren und alles mit Salz und Pfeffer würzen.

3 Das Eiweiß steif schlagen und vorsichtig unter die Käsemischung heben, bis es ganz eingearbeitet ist. Dann die Kartoffeln zugeben und rundum mit der Käsemischung überziehen.

4 Das Frittieröl auf 180 °C erhitzen (ein Brotwürfel sollte darin in 30 Sekunden braun werden). Die Kartoffeln mit einem Schaumlöffel aus der Käsemischung heben und, falls nötig portionsweise, 3–4 Minuten in dem heißen Öl frittieren, bis sie rundum goldbraun angebraten sind.

5 Die fertigen soufflierten Kartoffeln auf einen vorgewärmten Teller geben, mit Petersilie und Käse garnieren und sofort servieren.

VARIATION
Sie können die Käsecreme auch mit geriebener Muskatnuss oder Currypulver verfeinern.

Blumenkohl-Brokkoli-Gratin

10 Min. 20 Min.

4 PERSONEN

Salz
2 Babyblumenkohlköpfe, halbiert
225 g Brokkoli, in Röschen

SAUCE
8 EL Olivenöl
4 EL Butter oder Margarine
2 TL frisch geriebene Ingwerwurzel
Saft und abgeriebene Schale von 2 Zitronen
5 EL frisch gehackter Koriander
Salz und Pfeffer
5 EL geriebener Cheddar oder Gouda

1 Blumenkohl und Brokkoli 10 Minuten in kochendem Salzwasser blanchieren. Gut abgießen, in eine flache Auflaufform geben und bis zur weiteren Verwendung warm halten.

2 Für die Sauce Olivenöl und Butter oder Margarine in einen Topf geben und vorsichtig erhitzen, bis die Butter geschmolzen ist. Ingwer, Zitronensaft, Zitronenschale und Koriander zugeben und 2–3 Minuten unter gelegentlichem Rühren köcheln lassen. Alles mit Salz und Pfeffer abschmecken und die Sauce über das Gemüse gießen. Den Käse darüberstreuen.

3 Das so vorbereitete Gemüse 2–3 Minuten unter einem vorgeheizten Backofengrill gratinieren, bis der Käse goldbraun ist und Blasen wirft. Das fertige Gratin 1–2 Minuten abkühlen lassen, dann sofort servieren.

TIPP
Anstelle der Zitronen können Sie auch Limetten oder Orangen verwenden.

Safrankartoffeln

20 Min. 40 Min.

4 PERSONEN

1 TL Safranfäden
6 EL kochendes Wasser
700 g festkochende Kartoffeln, ungeschält und in Spalten
1 rote Zwiebel, geachtelt
2 Knoblauchzehen, zerdrückt
1 EL Weißweinessig
2 EL Olivenöl
1 EL grobkörniger Senf
5 EL Gemüsebrühe
5 EL trockener Weißwein
2 TL frisch gehackter Rosmarin
Salz und Pfeffer

1 Den Safran in eine kleine Schale geben, mit dem kochenden Wasser übergießen und etwa 10 Minuten ziehen lassen.

2 Die Kartoffeln in eine Grillpfanne geben. Zwiebel und Knoblauch darüber verteilen. Essig, Öl, Senf, Brühe, Weißwein, Rosmarin und Safranwasser zugießen und alles salzen und pfeffern.

3 Die Grillpfanne mit Alufolie abdecken und das Gemüse in einem auf 220 °C vorgeheizten Backofen 30 Minuten backen.

4 Die Alufolie abnehmen und das Gemüse weitere 10 Minuten backen, bis die Kartoffeln gar und knusprig braun geworden sind. Dann sofort servieren.

TIPP
Um das Gericht gelb zu färben, können Sie statt des Safrans auch Kurkuma verwenden. Rein geschmacklich ist Safran allerdings die bessere Wahl.

Kandierte Süßkartoffeln

15 Min. 25 Min.

4 PERSONEN

700 g Süßkartoffeln, in Scheiben
40 g Butter
1 EL Limettensaft
75 g brauner Zucker
1 EL Weinbrand
abgeriebene Schale von 1 Limette

1 Die Süßkartoffeln etwa 5 Minuten in kochendem Wasser blanchieren. Dann mit einem Schaumlöffel abschöpfen und abtropfen lassen.

2 Die Butter in einer großen Pfanne zerlassen, Limettensaft und Zucker zufügen und bei geringer Hitze unter Rühren erwärmen, bis sich der Zucker aufgelöst hat.

3 Die vorgegarten Süßkartoffeln und den Weinbrand zugeben und die Kartoffeln etwa 10 Minuten in der Limettenmischung fertig garen.

4 Die Limettenschale über die Kartoffeln streuen und alles gut miteinander vermengen. Dann die kandierten Süßkartoffeln auf einer Servierplatte anrichten und sofort servieren.

TIPP
Süßkartoffeln haben eine rosafarbene Schale und entweder orangefarbenes, gelbliches oder weißes Fleisch. Welche Sorte Sie verwenden, spielt für dieses Gericht keine Rolle.

Indische Erbsen und Kartoffeln

15 Min. 25 Min.

4 PERSONEN

150 ml Öl
3 Zwiebeln, in Ringen
1 Knoblauchzehe, zerdrückt
1 TL fein gehackte frische Ingwerwurzel
2 grüne Chillies, entkernt und fein gehackt
1 TL Chilipulver
½ TL Kurkuma
1 TL Salz
300 ml Wasser
675 g Kartoffeln, grob gewürfelt
100 g Erbsen
frische Korianderblätter, zum Garnieren
gehackte rote Chillies, zum Garnieren

1 Das Öl in einer großen Pfanne erhitzen. Die Zwiebelringe zugeben und unter gelegentlichem Rühren goldbraun anbraten.

2 Knoblauch, Ingwer, grüne Chillies, Chilipulver, Kurkuma und Salz vermengen und zu den Zwiebeln in die Pfanne geben. 150 ml Wasser zugießen und unterrühren. Abdecken und kochen, bis die Zwiebeln weich sind.

3 Die Kartoffeln in die Pfanne geben und 5 Minuten pfannenrühren. Die Erbsen und das restliche Wasser zugeben, Pfanne abdecken und alles 7–10 Minuten kochen. Dann auf Teller verteilen und mit Korianderblättern und Chillies garniert servieren.

TIPP
Kurkuma ist eine Wurzel, die getrocknet zu einem leuchtend gelben Pulver gemahlen wird, das in vielen indischen Gerichten Verwendung findet. Es duftet aromatisch und hat einen vollen Geschmack.

Frittierte Zucchini

5 Min. 5 Min.
+ Ruhezeit

4 PERSONEN

5 EL Speisestärke
1 TL Salz
1 Prise Cayennepfeffer
150 ml Wasser
900 g Zucchini, in 5 mm dicken Scheiben
Öl, zum Frittieren
Meersalz, zum Servieren
frische Kräuter, z. B. Basilikum, glatte Petersilie oder Salbei, zum Garnieren

1 Speisestärke, Salz und Cayennepfeffer in einer Schüssel vermengen. Eine Vertiefung in die Mitte drücken, das Wasser zugießen und alles zu einem flüssigen Teig verrühren. Dieser darf ruhig ein paar Klümpchen haben und sollte nach der Zubereitung möglichst 20 Minuten ruhen.

2 Den Teig noch einmal durchrühren und die Zucchini portionsweise hineingeben, sodass sie rundum mit Teig überzogen sind. Dann mit einem Schaumlöffel herausheben und kurz abtropfen lassen.

3 Das Öl in einer großen Pfanne oder einer Fritteuse auf etwa 180 °C erhitzen (ein Brotwürfel sollte darin in 30 Sekunden braun werden). Die Zucchini in das heiße Öl geben und 45–60 Sekunden frittieren, bis sie rundum goldbraun und knusprig sind. Dann aus dem Öl nehmen und auf Küchenpapier abtropfen lassen. Die fertig frittierten Scheiben mit Meersalz bestreuen und bis zum Servieren warm halten.

4 Die restlichen Zucchinischeiben auf die gleiche Weise im heißen Öl ausbacken. Anschließend alle Scheiben mit beliebigen Kräutern der Saison garnieren und heiß servieren.

VARIATION
Nach der beschriebenen Methode ausgebackene Zwiebelringe schmecken ebenfalls köstlich.

Pikanter Mais

10 Min. 10 Min.

4 PERSONEN

1 TL gemahlener Kreuzkümmel
1 Knoblauchzehe, zerdrückt
1 TL gemahlener Koriander
1 TL Salz
2 frische grüne Chillies, entkernt und gehackt
1 Zwiebel, fein gehackt
3 EL Butter
4 getrocknete rote Chillies, zerstoßen
200 g Mais aus der Dose, abgetropft
½ TL Zitronensaft
frische Korianderblätter, plus etwas mehr zum Garnieren

1 Kreuzkümmel, Knoblauch, Koriander, Salz, 1 grüne Chili und die Zwiebel in einem Mörser oder Mixer zu einer glatten Paste verarbeiten.

2 Die Butter in einer Pfanne zerlassen. Die Gewürzmischung zugeben und bei mittlerer Hitze 5–7 Minuten unter gelegentlichem Rühren anbraten.

3 Die roten Chillies zu der Mischung in der Pfanne geben und gut unterrühren. Dann den Mais zufügen und alles weitere 2 Minuten unter Rühren braten.

4 Die zweite grüne Chili, Zitronensaft und Korianderblätter in die Pfanne geben. Mit dem Mais vermengen und alles kurz erwärmen.

5 Das fertige Gericht in eine vorgewärmte Servierschüssel geben. Mit frischem Koriander garnieren und heiß servieren.

TIPP
Koriander, den man frisch, gemahlen oder als Samen kaufen kann, ist eine der Hauptzutaten der indischen Küche. Koriandersamen werden vor dem Gebrauch oft trocken geröstet, damit sie ihr Aroma entfalten.

Pikante Kartoffeln und Spinat

10 Min. 20 Min.

4 PERSONEN

3 EL Öl
1 rote Zwiebel, in Ringen
2 Knoblauchzehen, zerdrückt
½ TL Chilipulver
2 TL gemahlener Koriander
1 TL gemahlener Kreuzkümmel
150 ml Gemüsebrühe
300 g Kartoffeln, gewürfelt
500 g junger Spinat
Salz und Pfeffer
1 rote Chili, entkernt und in Ringen

1 Das Öl in einer Pfanne erhitzen. Zwiebel und Knoblauch zugeben und bei mittlerer Hitze unter gelegentlichem Rühren 2–3 Minuten weich dünsten.

2 Chilipulver, Koriander und Kreuzkümmel zugeben und unter ständigem Rühren etwa 30 Sekunden mitdünsten, bis die Gewürze ihr Aroma entfalten.

3 Gemüsebrühe, Kartoffeln und Spinat zugeben. Alles aufkochen, die Hitze reduzieren, die Pfanne abdecken und das Gemüse etwa 10 Minuten köcheln lassen, bis die Kartoffeln gar sind.

4 Den Deckel abnehmen, alles mit Salz und Pfeffer würzen, die Chili zugeben und das Gemüse weitere 2–3 Minuten im offenen Topf kochen. Dann in eine vorgewärmte Schüssel geben und sofort servieren.

TIPP
Rote Zwiebeln verleihen dem Gericht nicht nur einen zusätzlichen Farbtupfer, sie sind auch süßer und weniger scharf als andere Sorten.

Röstkartoffeln mit Curry

5 Min. 30–35 Min.

4 PERSONEN

2 TL Kreuzkümmelsamen
2 TL Koriandersamen
90 g Butter
1 TL Kurkuma
1 TL schwarze Senfkörner
2 große Knoblauchzehen, fein gehackt
2 getrocknete rote Chillies
750 g kleine neue Kartoffeln

1 Kreuzkümmel- und Koriandersamen in einem Mörser oder einer Gewürzmühle zerkleinern.

2 Die Butter in einer heißen Grillpfanne zerlassen und Kurkuma, Senfkörner, Knoblauch, Chillies sowie die gemahlenen Samen zugeben. Alles sorgfältig mischen und in einem auf 200 °C vorgeheizten Backofen 5 Minuten rösten.

3 Die Grillpfanne aus dem Backofen nehmen – die Gewürze sollten jetzt sehr stark duften –, die Kartoffeln zugeben und in der Gewürzmischung wenden.

4 Die Kartoffeln 20–25 Minuten im noch heißen Backofen backen; dabei gelegentlich wenden, damit sie gleichmäßig garen.

5 Gegen Ende der Backzeit die Kartoffeln mit einem Holzspieß einstechen – wenn sie beim Anheben leicht heruntergleiten, sind sie gar. Die fertigen Karoffeln in eine Schüssel geben und sofort servieren.

TIPP
Kleine neue Kartoffeln sind mittlerweile ganzjährig erhältlich. Sie können aber auch durch normal große Kartoffeln, in 2,5 cm große Würfel geschnitten, ersetzt werden.

Kartoffeln Bombay

5 Min. 1 Std. 10 Min.

4 PERSONEN

1 kg festkochende Kartoffeln
2 EL Ghee
1 TL Panch-Poran-Gewürzmischung (siehe Tipp)
3 TL Kurkuma
2 EL Tomatenmark
300 g Naturjoghurt
Salz
frisch gehackter Koriander, zum Garnieren

1 Die Kartoffeln in leicht gesalzenem Wasser vorgaren. Die Kochzeit hängt von der Größe der Kartoffeln ab und beträgt bei mittelgroßen Kartoffeln etwa 15 Minuten. Sie sollten gegen Ende der Garzeit bissfest, aber nicht weich sein.

2 Das Ghee in einem Topf bei mittlerer Hitze erwärmen. Panch Poran, Kurkuma, Tomatenmark, Joghurt und Salz zugeben. Alles gut verrühren und aufkochen. Dann im offenen Topf 5 Minuten köcheln lassen.

3 Die Kartoffeln abgießen und vierteln. Zur Sauce in den Topf geben, abdecken und kurz aufkochen.

4 Kartoffeln und Sauce in einen feuerfesten Schmortopf füllen, abdecken und in einem auf 180 °C vorgeheizten Backofen etwa 40 Minuten backen, bis die Kartoffeln weich sind und die Sauce etwas eingedickt ist.

5 Das fertige Gericht mit gehacktem Koriander bestreuen und sofort servieren.

TIPP
Panch Poran erhält man in asiatischen oder indischen Lebensmittelgeschäften. Sie können es auch selbst aus Kreuzkümmel, Fenchel-, Senf-, Schwarzkümmel- und Bockshornkleesamen zu jeweils gleichen Teilen herstellen.

Colcannon

20 Min. 20 Min.

4 PERSONEN

225 g Wirsing oder Spitzkohl, in Streifen
85 ml Magermilch
225 g mehligkochende Kartoffeln, gewürfelt
1 große Porreestange, in Ringen
1 Prise frisch geriebene Muskatnuss
Salz und Pfeffer
1 EL Butter, zerlassen

1 Wirsing oder Spitzkohl 7–10 Minuten in kochendem Salzwasser blanchieren. Anschließend abtropfen lassen und beiseitestellen.

2 Unterdessen die Milch in einem separaten Topf kurz aufkochen. Kartoffeln und Porree zufügen, die Hitze reduzieren und das Gemüse 15–20 Minuten köcheln lassen.

3 Muskatnuss, Salz und Pfeffer zugeben und das Gemüse zu einem groben Püree verarbeiten.

4 Wirsing oder Spitzkohl zufügen. Alles mit Salz und Pfeffer abschmecken und gut verrühren.

5 Die Kartoffel-Kohl-Mischung in eine Schüssel füllen. Mit einem Löffelrücken eine Vertiefung in die Mitte drücken. Die zerlassene Butter in die Vertiefung füllen und den fertigen Colcannon sofort heiß servieren.

TIPP
Da das ganze Jahr über verschiedene Kohlsorten frisch auf dem Markt erhältlich sind, können Sie dieses Rezept stets neu variieren.

Chinesisches Wokgemüse

5 Min. 10 Min.

4 PERSONEN

2 EL Erdnussöl
350 g Brokkoliröschen
1 EL frisch gehackte Ingwerwurzel
2 Zwiebeln, geachtelt
3 Selleriestangen, in Scheiben
175 g junger Spinat
125 g Zuckererbsen
6 Frühlingszwiebeln, geviertelt
2 Knoblauchzehen, zerdrückt
2 EL helle Sojasauce
2 TL Zucker
2 EL trockener Sherry
1 EL Hoisin-Sauce
125 ml Gemüsebrühe

1 Das Erdnussöl in einem heißen Wok oder einer großen schweren Pfanne erhitzen, bis es zu rauchen beginnt. Dann Brokkoli, Ingwer, Zwiebeln und Sellerie in den Wok geben und 1 Minute pfannenrühren.

2 Spinat, Zuckererbsen, Frühlingszwiebeln und Knoblauch zufügen und das gesamte Gemüse weitere 3–4 Minuten pfannenrühren.

3 Sojasauce, Zucker, Sherry, Hoisin-Sauce und Brühe vermengen. Die MIschung in den Wok gießen und gut unter das Gemüse heben.

4 Den Wok abdecken und das Gemüse 2–3 Minuten bei mittlerer Hitze kochen, bis es gar, aber noch bissfest ist. Das fertige Gemüse in eine vorgewärmte Servierschüssel füllen und sofort als Beilage servieren.

TIPP
Mit Reis oder Nudeln gereicht wird das Gemüse zu einer vollwertigen Hauptmahlzeit. Sie können außerdem chinesische Pfannkuchen damit füllen, die fertig verpackt in asiatischen Lebensmittelgeschäften erhältlich sind und 2–3 Minuten in einem Dämpfeinsatz erwärmt werden.

Auberginen-Bhaji

5 Min. 25 Min.

4 PERSONEN

2 EL Senföl
4 EL Sonnenblumenöl
1 TL Panch-Poran-Gewürzmischung (siehe Tipp auf Seite 212)
2 Auberginen, in 2,5 cm großen Würfeln
¼ TL Cayennepfeffer
1 TL gemahlener Koriander
½ TL Kurkuma
200 g gehackte Tomaten aus der Dose
½ TL Zucker
1 Prise Salz
2 TL Limettensaft
1 frischer Korianderzweig, zum Garnieren

1 Das Senföl im Wok oder einer Pfanne erhitzen, bis es zu rauchen beginnt. Dann die Hitze reduzieren und das Sonnenblumenöl zugießen. Anschließend die Panch-Poran-Mischung zugeben und einmal umrühren. Die Auberginenstücke zufügen und kurz anbraten.

2 Cayennepfeffer, Koriander und Kurkuma hinzugeben und bei starker Hitze alles 2–3 Minuten unter Rühren braten, bis die Auberginen rundum angebraten sind.

3 Die Tomaten mit ihrem Saft in den Wok oder die Pfanne geben und alles aufkochen. Dann das Gemüse etwa 15 Minuten köcheln lassen, bis die Flüssigkeit fast vollständig verdampft ist; dabei ein- oder zweimal umrühren.

4 Das Gemüse vom Herd nehmen, Zucker, 1 Prise Salz und Limettensaft unterrühren. Das fertige Gericht in eine vorgewärmte Schüssel füllen und sofort servieren.

TIPP
Die meisten asiatischen Köche salzen Auberginen nicht. Die fast das ganze Jahr über verfügbaren Früchte sind so frisch, dass sie keine Bitterstoffe enthalten. Besonders gut schmecken die prallen, glänzenden Exemplare, die an der Pflanze ausreifen konnten.

Geschmorter Chicorée

15 Min. 50 Min.

6 PERSONEN

500 ml Gemüsebrühe
1 Lorbeerblatt
6 frische Petersilienzweige
2 frische Thymianzweige
12 Chicorées
4 EL Zitronensaft
6 EL frisch gehackte Petersilie
5 EL Schlagsahne
Salz und Pfeffer

1 Die Brühe in einen großen Topf gießen und aufkochen. Lorbeerblatt, Petersilienzweige und Thymian zusammenbinden, zur Brühe geben und diese abgedeckt 10 Minuten köcheln lassen.

2 Chicorée und Zitronensaft zugeben, abdecken und 20–25 Minuten köcheln lassen, bis der Chicorée gar ist. Anschließend den Chicorée in eine Servierschale legen und warm halten.

3 Die Kräuter aus der Brühe nehmen, die Flüssigkeit erneut aufkochen und etwa 15 Minuten weiterkochen, bis nur noch etwa 150 ml übrig sind.

4 Derweil die Petersilie 1 Minute in kochendem Wasser blanchieren, abtropfen lassen und in einem Mixer sehr fein hacken. Bei laufender Maschine nach und nach den reduzierten Chicoréesud zugießen.

5 Die Sauce in einen kleinen Topf füllen. Die Sahne einrühren und alles mit Salz und Pfeffer abschmecken. Dann die Sauce kurz erhitzen, aber nicht mehr kochen, über den Chicorée gießen und diesen sofort servieren.

TIPP
Beim Vorbereiten des Chicorées mit einem scharfen Messer den Kern am unteren Ende entfernen und alle welken oder beschädigten Blätter wegschneiden.

Knoblauch-Kartoffelpüree

15 Min. 30 Min.

4 PERSONEN

900 g mehligkochende Kartoffeln, grob gewürfelt
8 Knoblauchzehen, zerdrückt
150 ml Milch
85 g Butter
1 Prise frisch geriebene Muskatnuss
Salz und Pfeffer

1 Die Kartoffeln in einem großen Topf mit leicht gesalzenem Wasser 10 Minuten kochen. Dann den Knoblauch zugeben und alles weitere 10 Minuten kochen, bis die Kartoffeln weich sind.

2 Kartoffeln und Knoblauch gründlich abtropfen lassen; dabei 3 Esslöffel des Kochsuds aufbewahren.

3 Den aufgefangenen Kochsud in den Topf zurückgeben, die Milch zufügen und zum Köcheln bringen. Butter, Kartoffeln und Knoblauch zugeben, dann mit einem Kartoffelstampfer gut pürieren.

4 Das fertige Püree mit Muskat, Salz und Pfeffer abschmecken. Dann mit einem Holzlöffel luftig und locker aufschlagen und sofort servieren.

VARIATION

Man kann die Milch durch Sahne und die Butter durch 8 Esslöffel natives Olivenöl ersetzen.

Pikante Bratkartoffeln

15 Min. 30 Min.

6 PERSONEN

2 Zwiebeln, geviertelt
5-cm-Stück Ingwerwurzel, fein gehackt
2 Knoblauchzehen
2–3 EL milde oder mittelscharfe Currypaste
4 EL Wasser
Öl, zum Frittieren
750 g neue Kartoffeln, in 2,5 cm großen Stücken
3 EL Ghee oder Öl
150 g griechischer Joghurt
150 g Crème double
3 EL frisch gehackte Minze
Salz und Pfeffer
½ Bund Frühlingszwiebeln, gehackt, zum Garnieren

1 Zwiebeln, Ingwer, Knoblauch, Currypaste und das Wasser in einem Mixer zu einer glatten Paste verarbeiten.

2 Das Öl in einer Fritteuse oder einem hochwandigen Topf auf etwa 180 °C erhitzen (ein Brotwüfel sollte darin in 30 Sekunden braun werden).

3 Die Kartoffeln portionsweise zugeben und 5 Minuten goldbraun frittieren; dabei häufig wenden. Dann aus der Fritteuse nehmen und auf Küchenpapier abtropfen lassen.

4 Ghee oder Öl in einer Pfanne erhitzen, die Curry-Zwiebel-Mischung zugeben und unter Rühren 2 Minuten leicht anbraten. Dann Joghurt, Crème double und 2 Esslöffel Minze zugeben und untermengen.

5 Die Kartoffeln zugeben und unterrühren, bis sie mit der Sauce überzogen sind. Unter Rühren weitere 5–7 Minuten kochen, bis die Sauce eingedickt ist. Alles mit Salz und Pfeffer abschmecken und mit der restlichen Minze und den Frühlingszwiebeln bestreut servieren.

TIPP

Wenn Sie neue Kartoffeln kaufen, wählen Sie möglichst frische aus: Die Haut sollte anfangen abzupellen. Kochen Sie sie möglichst rasch nach dem Kauf. Ansonsten lagern Sie sie an einem kühlen, dunklen, gut belüfteten Ort.

Chinesische Pommes frites

10 Min. 15 Min.

4 PERSONEN

650 g mittelgroße Kartoffeln, in Stiften
120 ml Öl
1 frische rote Chili, entkernt und halbiert
1 kleine Zwiebel, geviertelt
2 Knoblauchzehen, halbiert
2 EL Sojasauce
1 Prise Salz
1 TL Weinessig
1 EL Meersalz
1 Prise Chilipulver

1 Die Kartoffelstäbchen 2 Minuten in kochendem Wasser blanchieren. Dann abtropfen lassen, unter kaltem Wasser abspülen, erneut gut abtropfen lassen und mit Küchenpapier trocken tupfen.

2 Das Öl in einem Wok erhitzen, bis es raucht. Chili, Zwiebel und Knoblauch zufügen und 30 Sekunden pfannenrühren. Den Wok vom Herd nehmen, Chili, Zwiebel und Knoblauch entfernen und wegwerfen.

3 Die Kartoffelstäbchen in den Wok geben und 3–4 Minuten im gewürzten Öl goldgelb braten.

4 Sojasauce, Salz und Essig zugeben, die Hitze reduzieren und die Kartoffelstäbchen 1 weitere Minute braten, bis sie knusprig sind.

5 Die fertigen Pommes frites mit einem Schaumlöffel aus dem Wok heben und auf Küchenpapier abtropfen lassen. In eine Schüssel geben, mit Meersalz und Chilipulver bestreuen und sofort heiß servieren.

VARIATION
Sie können die Pommes frites auch mit anderen Gewürzen, wie z. B. Currypulver, bestreuen oder mit einem Chili-Dip servieren.

Pikante indische Kartoffeln

10 Min. 40 Min.

4 PERSONEN

½ TL Koriander
1 TL Kreuzkümmel
4 EL Öl
2 Kardamomkapseln
1-cm-Stück Ingwerwurzel, gerieben
1 rote Chili, gehackt
1 Zwiebel, gehackt
2 Knoblauchzehen, zerdrückt
500 g neue Kartoffeln, ungeschält, gewaschen und geviertelt
150 ml Gemüsebrühe
700 g frischer Spinat, gehackt
4 EL Naturjoghurt
Salz und Pfeffer

1 Koriander und Kreuzkümmel in einem Mörser zerstoßen.

2 Das Öl in einer Pfanne erhitzen, Kreuzkümmel, Koriander, Kardamom und geriebenen Ingwer zugeben und 2 Minuten anbraten. Chili, Zwiebel und Knoblauch zufügen und alles weitere 2 Minuten dünsten; dabei immer wieder umrühren.

3 Kartoffeln und Gemüsebrühe zugeben und 30 Minuten unter gelegentlichem Rühren köcheln lassen, bis die Kartoffeln gar sind.

4 Den gehackten Spinat zufügen und mit den Kartoffeln weitere 5 Minuten köcheln lassen.

5 Die Pfanne vom Herd nehmen und den Joghurt einrühren. Das Gemüse mit Salz und Pfeffer abschmecken, in eine Schüssel geben und sofort servieren.

VARIATION
Sie können auch tiefgefrorenen Spinat verwenden. Tauen Sie diesen vor der Verwendung auf und lassen Sie ihn gut abtropfen, sonst wird das Gericht leicht matschig.

Gemüse-potpourri

10 Min. 20 Min.

4 PERSONEN

150 g junge Prinzessbohnen, halbiert
8 kleine Karotten, halbiert
6 kleine weiße Rüben, geviertelt
½ kleiner Blumenkohl, in Röschen
2 EL Öl
2 große Zwiebeln, in Ringen
2 Knoblauchzehen, fein gehackt
300 g fettarmer Naturjoghurt
1 EL Speisestärke
2 EL Tomatenmark
1 kräftige Prise Chilipulver
Salz

1 Bohnen, Karotten, Rüben und Blumenkohl 3 Minuten über kochendem, leicht gesalzenem Wasser dämpfen, dann abgießen und sofort in eine große Schüssel mit kaltem Wasser legen, damit es nicht weitergart.

2 Das Öl in einer Pfanne erhitzen und die Zwiebeln darin glasig dünsten. Den Knoblauch zufügen und 1 Minute mitgaren.

3 Joghurt, Speisestärke und Tomatenmark zu einer glatten Paste verrühren. Diese in die Pfanne geben und 1–2 Minuten kochen, bis die Sauce gut bindet.

4 Das Gemüse abtropfen lassen und nach und nach unter die Sauce heben; dabei aufpassen, dass es nicht zerfällt. Alles mit Salz und Chilipulver würzen, abdecken und 5 Minuten köcheln lassen, bis das Gemüse gerade weich ist. Dann sofort servieren.

TIPP

Diese farbenfrohe, knackige Gemüsezubereitung eignet sich nicht nur als Beilage, sondern kann – mit Chapati-, Pita- oder Naan-Brot – auch als leichtes vollwertiges Hauptgericht serviert werden.

Erbsen mit Perlzwiebeln

20 Min. 25 Min.

4 PERSONEN

15 g Butter
175 g Perlzwiebeln
900 g frische Erbsen, gepalt
125 ml Wasser
2 EL Mehl
150 g Crème double
1 EL frisch gehackte Petersilie
Salz und Pfeffer
1 EL Zitronensaft

1 Die Butter in einem großen Topf zerlassen. Die Perlzwiebeln im Ganzen zugeben und 5 Minuten dünsten; dabei gelegentlich umrühren. Die Erbsen zugeben und 3 Minuten unter ständigem Rühren mitdünsten. Dann das Wasser zugießen und aufkochen. Die Hitze reduzieren und das Gemüse halb abgedeckt 10 Minuten köcheln lassen.

2 Mehl und Crème double mischen. Den Topf vom Herd nehmen, Mehlmischung und Petersilie einrühren und alles mit Salz und Pfeffer würzen.

3 Das Gemüse auf den Herd zurückstellen und unter vorsichtigem Rühren 3 Minuten erhitzen, bis die Sauce bindet.

4 Den Zitronensaft zur Sauce geben, verrühren und das Gemüse sofort heiß servieren.

VARIATION

Sie können die Erbsen auch durch 2 kg dicke Bohnen ersetzen und diese wie beschrieben zubereiten.

Schmor-kartoffeln

10 Min. 45 Min.

4 PERSONEN

675 g festkochende Kartoffeln, grob gewürfelt
15 g Butter
2 Porreestangen, in Ringen
150 ml trockener Weißwein
150 ml Gemüsebrühe
1 EL Zitronensaft
2 EL frisch gehackte gemischte Kräuter
Salz und Pfeffer
Zitronenzesten, zum Garnieren
frisch gehackte Kräuter, zum Garnieren

1 Die Kartoffeln 5 Minuten in leicht gesalzenem, kochendem Wasser vorgaren. Dann gründlich abgießen.

2 Die Butter in einer Pfanne zerlassen, den Porree zufügen und 5 Minuten weich dünsten.

3 Kartoffeln und Porree in eine große Auflaufform füllen.

4 Wein, Brühe, Zitronensaft und Kräuter sorgfältig vermengen. Die Mischung mit Salz und Pfeffer würzen und über das in der Auflaufform angerichtete Gemüse gießen.

5 Die Kartoffeln in einem auf 190 °C vorgeheizten Backofen 35 Minuten schmoren, bis sie weich sind. Dann das Gericht mit Zitronenzesten und Kräutern garnieren und als Beilage zu Schmortöpfen oder Aufläufen servieren.

TIPP

Decken Sie die Auflaufform nach etwa der Hälfte der Garzeit ab, damit der Porree nicht zu braun wird.

Zitronen- und Kräuter-kartoffeln

20 Min. 35 Min.

4 PERSONEN

ZITRONENKARTOFFELN
1 kg neue Kartoffeln
25 g Butter
1 EL frisch gehackter Dill oder Schnittlauch, plus etwas mehr zum Garnieren
1 EL fein abgeriebene Zitronenschale
2 EL Zitronensaft
Salz und Pfeffer

KRÄUTERKARTOFFELN
1 kg neue Kartoffeln
3 EL helles Olivenöl
1 EL Weißweinessig
1 Prise Senfpulver
1 Prise Zucker
Salz und Pfeffer
2 EL frisch gehackte gemischte Kräuter, z. B. Petersilie, Schnittlauch, Majoran, Basilikum und Rosmarin, plus etwas mehr zum Garnieren

1 Für die Zitronenkartoffeln die Kartoffeln gut abbürsten oder die Schalen mit einem Messer abschaben. Dann etwa 15 Minuten in leicht gesalzenem Wasser kochen, bis sie gerade gar sind.

2 Die Butter bei geringer Hitze in einem kleinen Topf zerlassen. Kräuter, Zitronenschale und -saft zufügen und mit Salz und Pfeffer würzen.

3 Die Kartoffeln abgießen, sorgfältig abtropfen lassen und in eine Servierschüssel füllen. Die Zitronenbutter über die Kartoffeln gießen und unterheben. Dann mit zusätzlichen Kräutern garnieren und heiß oder warm servieren.

4 Für die Kräuterkartoffeln die Kartoffeln wie in Schritt 1 putzen und kochen.

5 Öl, Essig, Senfpulver, Zucker sowie Salz und Pfeffer in einer kleinen Schüssel gründlich vermengen, dann die Kräuter einrühren.

6 Die Kartoffeln abgießen und mit der Kräutersauce vermengen. Mit den zusätzlichen Kräutern garnieren und warm oder kalt servieren.

Kartoffeln en papillotes

10 Min. 35 Min.

4 PERSONEN

16 kleine neue Kartoffeln (etwa 450 g)
1 Karotte, in Stiften
1 Fenchelknolle, in Scheiben
75 g Prinzessbohnen
1 gelbe Paprika, entkernt und in Streifen
Salz und Pfeffer
240 ml trockener Weißwein
4 Rosmarinzweige, plus etwas mehr zum Garnieren

1 Aus Backpapier 4 Quadrate von etwa 25 cm Seitenlänge zurechtschneiden.

2 Kartoffeln, Karotte, Fenchel, Bohnen und Paprika gleichmäßig auf die 4 Quadrate verteilen und mit Salz und Pfeffer würzen.

3 Dann die Papierecken über dem Gemüse zusammenfassen und das Papier so falten, dass oben eine Öffnung bleibt.

4 Die Gemüsepäckchen in eine Grillpfanne setzen und in jedes der Pakete 4 Esslöffel Weißwein und einen Rosmarinzweig geben. Dann die Päckchen oben fest zusammenfalten und im auf 190 °C vorgeheizten Backofen 30–35 Minuten backen, bis das Gemüse gar ist.

5 Die fertigen Gemüsepäckchen auf Serviertellern anrichten und mit Rosmarinzweigen garnieren. Die Päckchen erst am Tisch öffnen, damit das volle Aroma der Zutaten bis zum Verzehr erhalten bleibt.

TIPP
Falls Sie keine kleinen Kartoffeln bekommen, verwenden Sie große. Diese müssen jedoch geviertelt werden, um in der vorgegebenen Zeit gar zu werden. Die Päckchen können alternativ auch gedämpft werden.

Tofu-Sandwiches

40 Min. 15 Min.

28 STÜCK

4 getrocknete chinesische Pilze
½ Salatgurke, geraspelt
1-cm-Stück Ingwerwurzel, geraspelt
60 g Frischkäse
Salz und Pfeffer
275 g Tofu, in 2,5 cm breiten Scheiben

TEIG
125 g Mehl
1 Ei, verquirlt
125 ml Wasser
½ TL Salz
2 EL Sesamsaat
Öl, zum Frittieren

DIP
150 g Naturjoghurt
2 TL Honig
2 EL frisch gehackte Minze

1 Die Pilze in eine kleine Schüssel geben und etwa 25 Minuten in warmem Wasser einweichen lassen. Dann abtropfen lassen und trocken tupfen. Die etwas zähen Mittelteile entfernen und die Pilze klein hacken.

2 Eventuell überschüssige Flüssigkeit sorgfältig aus den Gurkenraspeln pressen. Dann Gurkenraspel, Pilze, Ingwer und Frischkäse gründlich vermengen und alles kräftig mit Salz und Pfeffer abschmecken. Anschließend mit der fertigen Mischung etwa 28 Tofu-Sandwiches zubereiten.

3 Für den Teig das Mehl in eine Schüssel sieben. Ei, Wasser und Salz zugeben und alles zu einem zähflüssigen Teig vermengen. Dann die Sesamsaat einrühren.

4 Das Öl in einem Wok erhitzen. Die Sandwiches in den Teig tauchen und portionsweise im Öl goldbraun frittieren.

5 Joghurt, Honig und Minze vermengen und die fertigen Tofu-Sandwiches zusammen mit dem Dip servieren.

TIPP
Falls Sie keine getrockneten chinesischen Pilze kriegen sollten, können Sie alternativ fein geschnittene flachhütige Pilze verwenden.

Glasierte Perlzwiebeln

10 Min. 25 Min.

4–6 PERSONEN

500 g kleine Zwiebeln
2 EL Olivenöl
2 große Knoblauchzehen, zerdrückt
300 ml Gemüsebrühe
1 EL frisch gehackter Thymian
1 EL Zucker
2 EL Rotweinessig
etwa 1½ EL Balsamico-Essig
Salz und Pfeffer
frische Thymianzweige, zum Garnieren

1 Die Zwiebeln in eine Schüssel geben und mit kochendem Wasser übergießen. 2 Minuten ziehen lassen. Dann abgießen und die braune Außenhaut der Zwiebeln mit einem kleinen Messer abziehen.

2 Das Olivenöl bei mittlerer Hitze in einer Pfanne erwärmen. Die Zwiebeln hinzufügen und unter gelegentlichem Rühren 8 Minuten dünsten, bis sie von allen Seiten goldbraun sind.

3 Den Knoblauch zugeben und alles weitere 2 Minuten unter gelegentlichem Rühren dünsten. Dann Brühe, Thymian, Zucker und Rotweinessig zugeben und so lange rühren, bis sich der Zucker gelöst hat.

4 Die Mischung aufkochen. Dann die Hitze reduzieren und alles 10 Minuten köcheln lassen, bis die Zwiebeln so weich sind, dass sie unter leichtem Druck mit einer Messerspitze nachgeben. Der Sud sollte zu Sirup reduziert sein.

5 Den Balsamico-Essig einrühren und die Zwiebeln mit Salz und Pfeffer würzen. Nach Geschmack noch etwas mehr Balsamico zugeben. Die fertigen Zwiebeln in eine Schüssel füllen und mit Thymianstängeln garniert heiß oder kalt servieren.

VARIATION
Geben Sie für etwas mehr Biss 2 Esslöffel geröstete Pinienkerne zu den Zwiebeln, jedoch erst kurz vor dem Servieren, da sie sonst weich werden.

Kartoffeln in Kokoscreme

10 Min. 15 Min.

4 PERSONEN

600 g Kartoffeln, in 2 cm großen Würfeln
1 Zwiebel, in dünnen Ringen
2 frische kleine rote Chillies, entkernt und fein gehackt
½ TL Salz
½ TL Pfeffer
85 g Kokoscreme
350 ml Gemüsebrühe
frisch gehackte Koriander- oder Basilikumblätter, zum Garnieren

1 Kartoffeln, Zwiebel, Chillies, Salz, Pfeffer und Kokoscreme in einen Topf geben. Dann die Brühe einrühren.

2 Alles unter gelegentlichem Rühren zum Kochen bringen. Anschließend die Hitze reduzieren und das Gemüse abgedeckt köcheln lassen, bis die Kartoffeln weich sind.

3 Die fertigen Kokoskartoffeln mit Salz und Pfeffer abschmecken. In eine vorgewärmte Servierschüssel füllen, mit Koriander oder Basilikum bestreuen und heiß servieren.

TIPP
Junge, neue Kartoffeln mit dünner Schale sollten nur gewaschen und kräftig abgebürstet, aber nicht geschält werden. So behält das Gericht mehr Ballaststoffe. Ganz kleine, junge Kartoffeln können auch im Ganzen verwendet werden.

Trio aus Kartoffelpüree

15 Min. 1 Std. 15 Min.

4 PERSONEN

1 EL Butter, zum Einfetten
300 g mehligkochende Kartoffeln, grob gehackt
125 g Steckrübe, grob gehackt
1 Karotte, gehackt
450 g Spinat
1 EL Magermilch
15 g Butter
25 g Mehl
1 Ei
½ TL Zimt
1 EL Orangensaft
1 Prise frisch geriebene Muskatnuss
Salz und Pfeffer
Karottenstifte, zum Garnieren

1 4 Souffléförmchen (je 150 ml Inhalt) mit Butter ausstreichen.

2 Kartoffeln, Steckrübe und Karotte separat jeweils 10 Minuten in kochendem Wasser garen. Den Spinat kurz blanchieren und gut abgießen.

3 Die Kartoffeln mit Milch und Butter zu einem glatten Püree verarbeiten. Dann Mehl und Ei unterrühren.

4 Das Kartoffelpüree in 3 gleich große Portionen aufteilen und in separate Schüsseln geben. Einen Teil mit der Steckrübe verrühren, einen anderen mit der Karotte und den dritten mit dem Spinat.

5 Die Steckrübenmischung mit Zimt, die Karottenmischung mit Orangensaft und die Spinatmischung mit dem Muskat verrühren. Alle Mischungen mit Salz und Pfeffer abschmecken.

6 Je eine Schicht Steckrübenmischung in die Förmchen geben und glatt streichen. Den Vorgang mit der Spinat- und zuletzt mit der Karottenmischung wiederholen. Anschließend die Förmchen mit Alufolie abdecken und in eine Grillpfanne geben. Die Grillpfanne bis zur Hälfte mit kochendem Wasser füllen und die Kartoffeltrios in einem auf 180 °C vorgeheizten Backofen etwa 40 Minuten backen.

7 Die Kartoffeltrios auf einen Servierteller stürzen, mit Karottenstiften garnieren und sofort servieren.

Gemüse à la grecque

15 Min. + Kühlzeit 35–40 Min.

4–6 PERSONEN

250 g kleine Perlzwiebeln
250 g Champignons
250 g Zucchini
450 ml Wasser
5 EL Olivenöl
2 EL Zitronensaft
2 Zitronenzesten
2 große Knoblauchzehen, in dünnen Scheiben
½ Zwiebel, fein gehackt
1 Lorbeerblatt
15 schwarze Pfefferkörner, grob zerstoßen
1 Prise getrockneter Oregano
10 Koriandersamen, grob zerstoßen
frisch gehackte glatte Petersilie oder Koriander, zum Garnieren
Focaccia oder Fladenbrot, zum Servieren

1 Die Perlzwiebeln in eine Schüssel geben und mit kochendem Wasser übergießen. 2 Minuten ziehen lassen, dann abgießen und die Haut abziehen.

2 Die Pilze entstielen. Die Hüte je nach Größe ganz lassen oder zerteilen und beiseitestellen.

3 Die Enden der Zucchini abschneiden; einige Streifen ihrer Schale entfernen, dann die Zucchini in Scheiben schneiden.

4 Das Wasser, Öl, Zitronensaft und -zesten, Knoblauch, Zwiebel, Lorbeerblatt, Pfeffer, Oregano und Koriandersamen in einen Topf geben und bei starker Hitze aufkochen. Die Hitze reduzieren und alles 15 Minuten köcheln lassen.

5 Die Perlzwiebeln zugeben und alles weitere 5 Minuten köcheln lassen. Zucchini und Pilze einrühren und erneut 2 Minuten köcheln lassen. Dann das gesamte Gemüse mit einem Schaumlöffel aus dem Topf heben und in eine hitzebeständige Schüssel geben.

6 Den Kochsud bei starker Hitze aufkochen, auf etwa 6 Esslöffel reduzieren und über das Gemüse gießen. Das Gemüse auskühlen lassen, dann mit Frischhaltefolie abdecken und mindestens 12 Stunden kalt stellen.

7 Das gekühlte Gemüse mit Petersilie garnieren und mit Focaccia oder Fladenbrot servieren.

TIPP
Der Begriff „à la grecque" stammt aus der französischen Küche und bedeutet, dass das Gemüse in einer aromatischen Brühe gegart und kalt serviert wird.

Kartoffeln in grüner Sauce

5 Min. 25 Min.

5 PERSONEN

1 kg festkochende Kartoffeln
1 Zwiebel, ungeschält und halbiert
8 Knoblauchzehen, ungeschält
1 frische grüne Chili
8 Tomatillos, die äußere Schale entfernt; ersatzweise Kirschtomaten
225 ml Gemüsebrühe
1 TL gemahlener Kreuzkümmel
1 frischer Thymianzweig oder 1 Prise getrockneter Thymian
1 frischer Oreganozweig oder 1 Prise getrockneter Oregano
2 EL Pflanzen- oder Olivenöl
1 Zucchini, gewürfelt
1 Bund frischer Koriander, gehackt

1 Die Kartoffeln etwa 15 Minuten in kochendem Salzwasser weich garen. Dann abgießen und beiseitestellen.

2 Zwiebel, Knoblauch, Chilischote und Tomatillos oder Kirschtomaten in einer ungefetteten Pfanne leicht anrösten. Beiseitestellen und abkühlen lassen.

3 Dann Zwiebel, Knoblauch und Chilischote mit einem kleinen Messer schälen und ebenso wie die Tomatillos oder Kirschtomaten grob hacken. Alles zusammen in einen Mixer geben und mit der Hälfte der Brühe fein pürieren. Zuletzt Kreuzkümmel, Thymian und Oregano zugeben.

4 Das Öl in einer Pfanne erhitzen, das pürierte Gemüse zugeben und 5 Minuten unter Rühren einkochen lassen. Dann Kartoffeln und Zucchinistücke zum Püree geben und die restliche Brühe zugießen. Etwa die Hälfte des Korianders zugeben und sorgfältig unterheben. Alles weitere 5 Minuten kochen.

5 Das fertige Gemüse in eine vorgewärmte Servierschüssel füllen, mit dem restlichen Koriander garnieren und servieren.

Chillies in Sahnesauce

5 Min. 30 Min. + Ruhezeit

4–6 PERSONEN

4 große, milde grüne Chillies, z. B. Anaheim oder Poblano, oder 4 grüne Paprika und 2 Jalapeño-Chillies
2 EL Butter
1 Zwiebel, fein gehackt
2 Knoblauchzehen, zerdrückt
¼ TL gemahlener Kreuzkümmel
Salz und Pfeffer
225 ml Schlagsahne
225 ml Gemüsebrühe
Saft von 1 Limette, zum Beträufeln

1 Die Chillies und eventuell die Paprika in einer schweren Pfanne oder unter einem vorgeheizten Backofengrill so lange rösten, bis ihre Haut Blasen wirft und stellenweise schwarz wird. Dann abkühlen lassen.

2 Das abgekühlte Gemüse halbieren, entkernen, häuten und dann in Streifen schneiden.

3 Die Butter in einer großen Pfanne zerlassen. Zwiebel und Knoblauch darin etwa 3 Minuten dünsten, dann Kreuzkümmel, Salz und Pfeffer zufügen.

4 Chili- und eventuell Paprikastücke in die Pfanne geben. Sahne und Brühe zugießen und bei mittlerer Hitze unter Rühren einkochen, bis eine cremige Sauce entsteht.

5 Das warme Gemüse in eine Servierschüssel geben, mit Limettensaft beträufeln und sofort servieren.

VARIATION

Sie können Mais in derselben Menge wie Chilischoten zugeben – das verleiht dem Gericht einen delikaten, süßlichen Geschmack.

Ratatouille

40 Min. 45 Min.

4–6 PERSONEN

1 große Aubergine, gewürfelt
5 EL Olivenöl
2 große Zwiebeln, in dünnen Ringen
2 große Knoblauchzehen, zerdrückt
2 Zucchini, in Scheiben
800 g gehackte Tomaten aus der Dose
1 TL Zucker
1 Bouquet garni aus je 2 frischen Thymian- und Petersilienzweigen, 1 Basilikumzweig und 1 Lorbeerblatt, festgebunden an einem 7,5-cm-Stück Sellerie
Salz und Pfeffer
frische Basilikumblätter, zum Garnieren

1 Die Auberginenwürfel in einen Durchschlag geben, mit etwas Salz bestreuen und 30 Minuten ziehen lassen. Dann gut abspülen und trocken tupfen.

2 Das Öl bei mittlerer Hitze in einem großen Topf erwärmen. Die Hitze reduzieren, die Zwiebeln zufügen und unter ständigem Rühren 10 Minuten dünsten.

3 Den Knoblauch zufügen und alles weitere 2 Minuten dünsten, bis die Zwiebeln weich und leicht gebräunt sind.

4 Aubergine, Zucchini, Tomaten mit Saft, Zucker und Bouquet garni zugeben. Mit Salz und Pfeffer würzen, kurz aufkochen, Hitze reduzieren und das Gemüse abgedeckt 30 Minuten köcheln lassen.

5 Das Bouquet garni entfernen und das Gericht mit Salz und Pfeffer abschmecken. Das Gemüse in eine Schüssel füllen und mit Basilikum garniert servieren.

TIPP
Dieses Gericht schmeckt heiß und kalt. Reichen Sie Brot oder gekochten Couscous dazu.

Safranreis

15 Min. 25 Min.

8 PERSONEN

12 Safranfäden, leicht zerdrückt
2 EL lauwarmes Wasser
400 ml Wasser
225 g Basmati-Reis
1 EL gehobelte Mandeln, geröstet

1 Die Safranfäden mit dem warmen Wasser in eine Schüssel geben und 10 Minuten ziehen lassen.

2 Wasser und Reis in einem Topf zum Kochen bringen. Dann Safran und Safranwasser einrühren und die Mischung nochmals leicht aufkochen. Umrühren und den Reis unabgedeckt etwa 10 Minuten sanft köcheln lassen, bis er das Wasser vollständig aufgenommen hat.

3 Anschließend den Reis abdecken und bei niedrigster Hitze 10 Minuten ziehen lassen. Den Deckel währenddessen nicht abheben, sonst wird der Reis matschig. (Alternativ können Sie den Reis auch über Nacht einweichen und vor dem Kochen abgießen. Dann wie beschrieben kochen, allerdings aufgrund des Einweichens die Wassermenge um 100 ml und die Kochzeit um 3–4 Minuten reduzieren.)

4 Den fertigen Reis vom Herd nehmen und in eine Servierschüssel geben. Mit einer Gabel auflockern und vor dem Servieren mit gerösteten Mandelblättchen bestreuen.

TIPP
Die Safranfäden werden vor der Verwendung zerdrückt, um so viel Aroma und Farbe wie möglich austreten zu lassen.

Kartoffeln in Blätterteig

5–10 Min. 50 Min.

6 PERSONEN

700 g Kartoffeln, in dünnen Scheiben
1 rote Zwiebel, fein gehackt
2 Frühlingszwiebeln, fein gehackt
150 g Crème double
Salz und Pfeffer
500 g Blätterteig, Tiefkühlware aufgetaut
etwas Butter, zum Einfetten
2 Eier, verquirlt

1 Die Kartoffelscheiben einige Minuten in kochendem Wasser vorgaren. Dann abtropfen und abkühlen lassen.

2 Zwiebel, Frühlingszwiebeln und Kartoffelscheiben in einer Schüssel vermengen. 2 Esslöffel Crème double zugeben und alles mit Salz und Pfeffer würzen.

3 Den Teig halbieren. Eine Hälfte zu einem Kreis von etwa 23 cm Durchmesser, die andere zu einem Kreis von etwa 25 cm Durchmesser ausrollen.

4 Die kleinere Teigplatte auf ein eingefettetes Backblech geben und mit der Kartoffelmischung belegen; dabei einen Rand von 2,5 cm lassen. Diesen mit einem Teil der verquirlten Eier bestreichen.

5 Das größere Teigstück über die Füllung legen. Die Ränder gut zusammendrücken und einkräuseln. Ein Loch in die Teigdecke stechen, damit beim Backen Dampf entweichen kann. Den fertig vorbereiteten Kuchen mit einem weiteren Teil der verquirlten Eier bestreichen und in einem auf 200 °C vorgeheizten Backofen etwa 30 Minuten backen.

6 Die restliche Eimasse mit der übrigen Crème double verquirlen und durch das Loch in der Teigdecke gießen. Den Kuchen weitere 15 Minuten backen, dann 30 Minuten abkühlen lassen und warm oder kalt servieren.

Kartoffeln auf spanische Art

20 Min. 35 Min.

4 PERSONEN

2 EL Olivenöl
500 g kleine neue Kartoffeln, halbiert
1 Zwiebel, halbiert und in Ringen
1 grüne Paprika, entkernt und in Streifen
1 TL Chilipulver
1 TL Senf
300 ml passierte Tomaten
300 ml Gemüsebrühe
Salz und Pfeffer
frisch gehackte Petersilie, zum Garnieren

1 Das Olivenöl in einer großen schweren Pfanne erhitzen. Kartoffeln und Zwiebel zugeben und unter gelegentlichem Rühren 4–5 Minuten dünsten, bis die Zwiebel weich und glasig ist. Anschließend Paprika, Chilipulver und Senf in den Topf geben und alles weitere 2–3 Minuten dünsten.

2 Passierte Tomaten und Brühe einrühren. Alles aufkochen, anschließend die Hitze reduzieren, die Kartoffeln abdecken und etwa 25 Minuten köcheln lassen, bis sie weich sind.

3 Die fertigen Kartoffeln in eine vorgewärmte Servierschüssel geben, mit gehackter Petersilie bestreuen und servieren. Alternativ können Sie die Kartoffeln auch vollständig abkühlen lassen und bei Zimmertemperatur servieren.

TIPP
In Spanien werden Tapas traditionell mit einem Glas gekühltem Sherry oder einem anderen Aperitif serviert.

Gemüse in Kokosmilch

5 Min. 5 Min.

4 PERSONEN

1 frische rote Chili, entkernt und gehackt
1 TL Koriandersamen
1 TL Kreuzkümmelsamen
2 Knoblauchzehen, zerdrückt
Saft von 1 Limette
250 ml Kokosmilch
120 g Bohnensprossen
120 g Weißkohl, in Streifen
120 g Zuckererbsen
120 g Karotten, in feinen Scheiben
120 g Blumenkohlröschen
3 EL Erdnussbutter
Kokosraspel oder Kokosspäne, zum Servieren

1 Chili, Koriander, Kreuzkümmel, Knoblauch und Limettensaft in einem Mörser zerstoßen oder in einem Mixer zu einer glatten Paste verarbeiten.

2 Die Paste in einen Topf von mittlerer Größe geben und 1 Minute vorsichtig erhitzen, bis ihre Aromastoffe freigesetzt werden. Dann die Kokosmilch zugießen und unter ständigem Rühren zum Sieden bringen.

3 Bohnensprossen, Weißkohl, Zuckererbsen, Karotten und Blumenkohl in einer großen Schüssel mischen.

4 Die Erdnussbutter zu der gewürzten Kokosmilch in den Topf geben und unter Rühren zerlassen. Die Sauce über das vorbereitete Gemüse gießen und gut unterheben. Das fertige Gericht mit Kokosraspeln oder -spänen garnieren und sofort servieren.

TIPP

Blumenkohl, Karotten und Zuckererbsen können auch vor der Verwendung blanchiert werden; sie sind dann leichter verdaulich, haben aber dennoch Biss.

Peperonata

15 Min. 40 Min.

4 PERSONEN

4 EL Olivenöl
1 Zwiebel, in feinen Ringen
2 rote Paprika, entkernt und in Streifen
2 grüne Paprika, entkernt und in Streifen
2 gelbe Paprika, entkernt und in Streifen
2 Knoblauchzehen, zerdrückt
800 g gehackte Tomaten aus der Dose, abgetropft
2 EL frisch gehackter Koriander
Salz und Pfeffer
2 EL schwarze Oliven, entsteint und gehackt

1 Das Öl in einer großen Pfanne erhitzen. Die Zwiebel zugeben und unter ständigem Rühren etwa 5 Minuten dünsten. Dann Paprika und Knoblauch zufügen und alles weitere 3–4 Minuten dünsten.

2 Tomaten und Koriander einrühren, das Gemüse mit Salz und Pfeffer würzen, abdecken und 30 Minuten bei geringer Hitze garen, bis kaum noch Flüssigkeit in der Pfanne ist. Zuletzt die Oliven unterrühren und das fertige Gemüse sofort servieren.

Indonesische Zwiebeln

10 Min. 20 Min. + Ruhezeit

6 PERSONEN

450 g kleine Zwiebeln, in dünnen Streifen
Erdnuss- oder Sonnenblumenöl, zum Frittieren

1 Die Zwiebeln auf Küchenpapier ausbreiten und an einem gut belüfteten Ort etwa 2 Stunden trocknen lassen.

2 Das Öl im Wok oder der Fritteuse auf 180 °C erhitzen. Die Zwiebeln portionsweise hineingeben und knusprig braun frittieren.

3 Die Zwiebeln mit einem Schieblöffel herausnehmen, auf Küchenpapier abtropfen lassen und die restlichen Zwiebeln zubereiten.

TIPP

Die Zwiebeln müssen vor dem Frittieren sehr trocken sein, sonst werden sie nicht knusprig.

Gegrilltes Gemüse

20 Min. + Kühlzeit   15 Min.

6 PERSONEN

2 Süßkartoffeln, in Scheiben
3 Zucchini, längs halbiert
3 rote Paprika, entkernt und geviertelt
Olivenöl, zum Bestreichen
Salz

SALSA VERDE
2 frische grüne Chillies, halbiert und entkernt
8 Frühlingszwiebeln, grob gehackt
2 Knoblauchzehen, grob gehackt
1 EL Kapern
Bund frische Petersilie, grob gehackt
abgeriebene Schale und Saft von 1 Limette
4 EL Zitronensaft
6 EL Olivenöl
1 EL grüne Tabasco-Sauce
Pfeffer

1 Die Süßkartoffelscheiben 5 Minuten in kochendem Wasser blanchieren. Abtropfen und abkühlen lassen.

2 Die Zucchini salzen und 30 Minuten beiseitestellen. Dann abwaschen und mit Küchenpapier trocken tupfen.

3 Inzwischen für die Salsa Verde Chillies, Frühlingszwiebeln und Knoblauch in einem Mixer zerkleinern. Dann Kapern und Petersilie zugeben und die Mischung in eine Servierschale füllen.

4 Schale und Saft der Limette, Zitronensaft, Olivenöl und Tabasco unterrühren. Die Salsa pfeffern und abgedeckt in den Kühlschrank stellen.

5 Süßkartoffeln, Zucchini und Paprika mit Olivenöl bestreichen und unter einen Backofen- oder auf einen Holzkohlegrill geben. 8–10 Minuten grillen, bis das Gemüse gar und leicht gebräunt ist; dabei einmal wenden und mit Olivenöl bestreichen. Sofort mit der Salsa verde servieren.

Kandierte neue Kartoffeln

5 Min. 20 Min.

4 PERSONEN

700 g neue Kartoffeln, gewaschen
4 EL brauner Zucker
60 g Butter
1 EL Orangensaft
1 EL frisch gehackte Petersilie oder frisch gehackter Koriander
Salz und Pfeffer
Orangenzesten, zum Garnieren

1 Die Kartoffeln 10 Minuten in kochendem Wasser garen, bis sie fast weich sind. Dann abgießen, gründlich abtropfen lassen und beiseitestellen.

2 Den Zucker bei geringer Hitze in einer großen Pfanne erwärmen, bis er sich auflöst; dabei ständig rühren, damit er nicht anbrennt. Butter und Orangensaft zufügen und so lange weiterrühren, bis die Butter zerlassen ist.

3 Die Kartoffeln zugeben und in der Orangen-Butter-Mischung wenden, bis sie komplett damit überzogen sind. Dann unter Rühren goldbraun rösten.

4 Die fertig gerösteten Kartoffeln mit den gehackten Kräutern bestreuen und mit Salz und Pfeffer abschmecken. Dann in eine Servierschüssel geben, mit Orangenzesten garnieren und sofort heiß servieren.

VARIATION

Statt des Orangensafts können Sie auch Zitronen- oder Limettensaft verwenden und das Gericht entsprechend mit Zitronen- oder Limettenschalenzesten garnieren.

Gebratener Blumenkohl

5 Min. 20 Min.

4 PERSONEN

4 EL Öl
½ TL Schwarzkümmel
½ TL Senfkörner
½ TL Bockshornkleesamen
4 getrocknete rote Chillies
1 kleiner Blumenkohl, in Röschen
1 TL Salz
1 grüne Paprika, entkernt und gewürfelt

1 Das Öl bei mittlerer Hitze in einem großen Topf erhitzen. Schwarzkümmel, Senfkörner, Bockshornkleesamen und Chillies zugeben und gut mit dem Öl vermengen.

2 Die Hitze reduzieren und nach und nach Blumenkohlröschen und Salz in den Topf geben. Unter gelegentlichem Rühren 7–10 Minuten dünsten, bis die Röschen gut mit den Gewürzen überzogen sind.

3 Die Paprikawürfel in den Topf geben und 3–5 Minuten bei geringer Hitze unter ständigem Rühren mitdünsten.

4 Das fertige Gemüse in eine vorgewärmte Schüssel umfüllen und sofort servieren.

Pesto-Kartoffeln

15 Min. 15 Min.

4 PERSONEN

900 g kleine neue Kartoffeln, abgebürstet
75 g frisches Basilikum
2 EL Pinienkerne
3 Knoblauchzehen, zerdrückt
Salz und Pfeffer
100 ml Olivenöl
75 g gemischter Parmesan und Pecorino, gerieben
frische Basilikumzweige, zum Garnieren

1 Die Kartoffeln 15 Minuten in leicht gesalzenem, kochendem Wasser garen, bis sie weich sind. Dann abgießen und gut abtropfen lassen. In eine vorgewärmte Schüssel geben und bis zum Servieren warm halten.

2 Unterdessen Basilikum, Pinienkerne, Knoblauch sowie etwas Salz und Pfeffer in einen Mixer geben. Alles 30 Sekunden mixen; dabei nach und nach das Olivenöl zugießen, bis eine glatte Masse entstanden ist.

3 Anschließend die Masse in eine kleine Schüssel füllen, die Parmesan-Pecorino-Mischung hinzufügen und alles sorgfältig vermischen.

4 Den Pesto über die Kartoffeln gießen und gut unterheben. Die Kartoffeln mit frischem Basilikum garnieren und sofort servieren.

Italienische Ofenkartoffeln

15 Min. 35 Min.

4 PERSONEN

2 große festkochende Kartoffeln, ungeschält, in je 8 Spalten
2 EL Tomatenmark
150 ml Gemüsebrühe
4 große Tomaten, gehäutet, entkernt und gehackt
1 kleine gelbe Paprika, entkernt und in Streifen
125 g kleine Champignons, geviertelt
1 EL frisch gehacktes Basilikum
Salz und Pfeffer
50 g Cheddar oder Gouda, gerieben

1 Die Kartoffeln in leicht gesalzenem, kochendem Wasser 15 Minuten blanchieren. Anschließend gut abgießen, trocken tupfen und in eine Auflaufform geben.

2 Das Tomatenmark mit der Brühe verrühren und zu den Kartoffeln geben. Dann die gehackten Tomaten hinzufügen.

3 Paprika, Pilze und Basilikum über den Kartoffeln verteilen und alles mit Salz und Pfeffer würzen.

4 Den fertigen Auflauf mit dem geriebenen Cheddar oder Gouda bestreuen und in einem auf 190 °C vorgeheizten Backofen 15–20 Minuten goldbraun backen. Dann sofort servieren.

Sautiertes Sommergemüse

10 Min. 10–15 Min.

4 PERSONEN

60 g Butter
225 g kleine junge Karotten, längs halbiert
125 g Stangenbohnen, in mundgerechten Stücken
2 Zucchini, in Scheiben
1 Bund große Frühlingszwiebeln, in 6–8 cm langen Stücken
1 Bund Radieschen, halbiert
2 EL Olivenöl
2 EL Weißweinessig
4 EL trockener Weißwein
1 TL Zucker
1 EL frisch gehackter Estragon
Salz und Pfeffer
frische Estragonzweige, zum Garnieren

1 Die Butter in einer großen Pfanne zerlassen. Das Gemüse zugeben und bei mittlerer Hitze unter häufigem Rühren dünsten, bis es weich, aber trotzdem noch bissfest ist.

2 Öl, Essig, Wein und Zucker in einem kleinen Topf bei schwacher Hitze unter Rühren erhitzen, bis sich der Zucker aufgelöst hat. Dann vom Herd nehmen und den gehackten Estragon unterheben.

3 Das Dressing über das fertig gegarte Gemüse gießen und sorgfältig unterheben. Zuletzt das Gemüse kräftig mit Salz und Pfeffer abschmecken.

4 Das fertige Sommergemüse in eine vorgewärmte Schüssel geben und mit frischen Estragonzweigen garniert sofort servieren.

Rösti

15 Min. + Kühlzeit 30 Min.

4 PERSONEN

900 g Kartoffeln
25–55 g Butter
1–2 EL Olivenöl
Salz und Pfeffer

1 Die ungeschälten Kartoffeln 10 Minuten in leicht gesalzenem, kochendem Wasser blanchieren. Dann abgießen, abkühlen lassen, in eine flache Schale legen und für mindestens 30 Minuten in den Kühlschrank stellen.

2 Die gekühlten Kartoffeln pellen und grob raspeln.

3 25 g Butter mit 1 Esslöffel Öl in einer schweren Pfanne von 23 cm Durchmesser bei mittlerer Hitze zerlassen. Die geraspelten Kartoffeln gleichmäßig in der Pfanne verteilen und bei reduzierter Hitze 10 Minuten braten.

4 Die Pfanne mit einem Teller abdecken und umdrehen. Den gestürzten Kartoffelkuchen zum Bräunen der zweiten Seite erneut in die Pfanne geben und weitere 10 Minuten braten. Falls nötig, etwas mehr Butter und Öl zugeben. Zuletzt mit Salz und Pfeffer abschmecken und sofort servieren.

TIPP
Es ist nicht unbedingt nötig, die Kartoffeln zu kühlen. Gekühlt lassen sie sich allerdings viel leichter raspeln.

Coulis in Weiß und Orange

15 Min. 10 Min.

4 PERSONEN

ORANGEFARBENE COULIS
150 ml frisch gepresster Orangensaft
225 g Karotten, in Scheiben
60 g Frischkäse oder Ricotta
1 Prise gemahlener Koriander
1 TL Zitronensaft
Salz und weißer Pfeffer

WEISSE COULIS
150 ml Gemüsebrühe
225 g Pastinaken, in Scheiben
60 g Frischkäse oder Ricotta
1 Prise frisch geriebene Muskatnuss
1 TL Zitronensaft
Salz und weißer Pfeffer

1 Für die orangefarbene Coulis den Orangensaft in einem Topf aufkochen. Die Karotten in einem Dämpfeinsatz daraufsetzen und bei geschlossenem Deckel 10 Minuten dämpfen.

2 Für die weiße Coulis die Gemüsebrühe in einem Topf aufkochen. Die Pastinaken in einem Dämpfeinsatz daraufsetzen und 10 Minuten bei geschlossenem Deckel dämpfen.

3 Karotten und Orangensaft in einem Mixer glatt pürieren. Dann das Püree in eine Schüssel geben und Frischkäse oder Ricotta, Koriander und Zitronensaft untermischen. Mit Salz und Pfeffer abschmecken, dann warm stellen.

4 Pastinaken und Brühe ebenfalls mit dem Mixer glatt pürieren. In eine Schüssel geben und Frischkäse oder Ricotta, Koriander, Muskat und Zitronensaft untermischen. Salzen und pfeffern.

5 Die fertigen Coulis in Schälchen anrichten und sofort servieren.

VARIATION
Für eine grüne Coulis eine grüne Gemüsesorte über 150 ml Gemüsebrühe dämpfen. Pürieren und mit Frischkäse oder Ricotta, 1 Esslöffel frisch gehackter Minze und Zitronensaft vermengen.

Bohnen mit Bohnenkraut

15 Min. 20 Min.

4 PERSONEN

900 g dicke Bohnen
1 frischer Bohnenkrautzweig
60 g Butter oder Margarine
1 EL Zitronensaft
Salz und Pfeffer
1 EL frisch gehacktes Bohnenkraut

1 Die Bohnen aus den Schoten lösen; dabei eine ganze Schote zurückbehalten.

2 Bohnen, die ganze Schote und das Bohnenkraut in einen Topf mit leicht gesalzenem, kochendem Wasser geben, den Deckel aufsetzen und 10–15 Minuten köcheln lassen, bis die Bohnen weich sind. Dann die Bohnen abgießen, die Schote und das Bohnenkraut entfernen.

3 Butter oder Margarine in einem Topf zerlassen, Zitronensaft und Bohnen zufügen und mit Salz und Pfeffer würzen. Zum Mischen leicht durchschütteln.

4 Die Bohnen in eine Servierschüssel füllen. Mit dem gehackten Bohnenkraut bestreuen und sofort servieren.

TIPP
Etwas reifere Bohnenkerne sollten Sie schälen, bevor Sie sie ins Fett geben.

Fenchel mit Tomaten und Oliven

10 Min. 25 Min.

6 PERSONEN

2 Fenchelknollen
1 EL Olivenöl
1 Zwiebel, in feinen Streifen
2 Tomaten, gehäutet, entkernt und gehackt
60 g entsteinte schwarze Oliven
2 EL frisch gezupfte Basilikumblätter
Pfeffer

1 Die Fenchelblätter abschneiden und klein hacken. Dann die Knollen längs halbieren und in Scheiben schneiden.

2 Das Öl in einer schweren Pfanne erhitzen. Die Zwiebel zugeben und bei schwacher Hitze 5 Minuten glasig dünsten; dabei ab und zu umrühren.

3 Die Fenchelscheiben zugeben und alles unter gelegentlichem Rühren weitere 10 Minuten dünsten.

4 Die Hitze erhöhen und Tomaten sowie Oliven untermischen. Alles 10 Minuten unter häufigem Rühren kochen, dann das Basilikum zugeben und das Gemüse mit Pfeffer abschmecken.

5 Das fertige Gemüse in eine vorgewärmte Schüssel füllen, mit Fenchelgrün garnieren und sofort servieren.

TIPP
Den Fenchel nicht zu lange vor der Verarbeitung aufschneiden, denn er verfärbt sich an der Luft. Man kann die Fenchelstücke aber in mit 2 EL Zitronensaft gesäuertes Wasser legen und vor dem Gebrauch abtropfen lassen.

Geschmorter Rotkohl

10 Min. 55 Min.

6 PERSONEN

2 EL Sonnenblumenöl
2 Zwiebeln, in feinen Streifen
2 Kochäpfel, geschält, entkernt und in feinen Scheiben
900 g Rotkohl, ohne Strunk und gehobelt
4 EL Rotweinessig
2 EL Zucker
¼ TL gemahlene Gewürznelken
60 g Rosinen
125 ml Rotwein
Salz und Pfeffer
2 EL Johannisbeergelee

1 Das Öl in einem Topf erhitzen. Die Zwiebeln zugeben und 10 Minuten bei geringer Hitze unter gelegentlichem Rühren dünsten, bis sie leicht gebräunt und weich sind. Dann de Äpfel untermischen und alles weitere 3 Minuten dünsten.

2 Kohl, Essig, Zucker, Nelken, Rosinen und Rotwein zugeben und alles mit Salz und Pfeffer abschmecken. Die Mischung unter gelegentlichem Rühren aufkochen. Dann die Hitze reduzieren und das Gemüse abgedeckt 40 Minuten köcheln lassen, dabei ab und zu umrühren. Der Kohl sollte zuletzt weich sein und die Flüssigkeit fast vollständig aufgenommen haben.

3 Das Johannisbeergelee unter den Rotkohl mischen und das fertige Gericht in einer vorgewärmten Schüssel sofort servieren.

TIPP
Man kann den Kohl auch etwa 1 Stunde in einem auf 180 °C vorgeheizten Backofen schmoren.

Brokkoli in Bohnensauce

5 Min. 15 Min.

4 PERSONEN

450 g Brokkoliröschen
2 EL Sonnenblumenöl
1 Zwiebel, in Ringen
2 Knoblauchzehen, in dünnen Scheiben
25 g gehobelte Mandeln
1 Chinakohl, in Streifen
4 EL schwarze Bohnenpaste

1 Die Brokkoliröschen etwa 1 Minute in kochendem Wasser blanchieren. Dann abgießen, gründlich abtropfen lassen und beiseitestellen.

2 Unterdessen das Öl in einem heißen Wok oder einer großen, schweren Pfanne erhitzen. Zwiebelringe und Knoblauchscheiben zugeben und unter häufigem Rühren anbräunen.

3 Brokkoliröschen und Mandeln untermischen und alles weitere 2–3 Minuten pfannenrühren. Dann den Chinakohl zugeben und alles weitere 2 Minuten unter gelegentlichem Rühren braten.

4 Die Bohnenpaste zugießen. Den Wok oder die Pfanne mehrmals schwenken, damit das Gemüse rundum von der Sauce überzogen wird. Dann das Gemüse so lange kochen, bis die Flüssigkeit zu sieden beginnt.

5 Das fertige Gericht in vorgewärmte Servierschalen füllen und sofort heiß servieren.

VARIATION

Nach Belieben können Sie statt der gehobelten Mandeln auch ungeröstete Cashewkerne verwenden.

Spinat in Honig-Sherry-Sauce

5 Min. 15 Min.

4 PERSONEN

3 EL Erdnussöl
350 g Shiitake-Pilze, in Scheiben
2 Knoblauchzehen, zerdrückt
350 g junger Spinat
2 EL trockener Sherry
2 EL klarer Honig
4 Frühlingszwiebeln, in breiten Ringen

1 Das Öl in einem heißen Wok erhitzen. Die Pilze zugeben und 5 Minuten pfannenrühren, bis sie weich sind. Dann den Knoblauch unterrühren.

2 Den Spinat in den Wok geben und alles weitere 2–3 Minuten unter Rühren braten, bis der Spinat zusammenfällt.

3 Sherry und Honig in einer kleinen Schüssel vermengen. Die Mischung über den Spinat träufeln, dann gründlich unterheben.

4 Das fertige Gemüse auf vorgewärmte Portionsteller verteilen, mit den Frühlingszwiebeln bestreuen und sofort heiß servieren.

Ofen-getrocknete Tomaten in Öl

15 Min. 2 Std. 30 Min.

Ergibt 250 ml

Meersalz
1 kg vollreife Tomaten, entkernt und geachtelt
natives Olivenöl extra

1 Ein Backblech mit dem Meersalz bestreuen. Die Tomaten mit der Haut nach unten darauf verteilen und in einem auf 120 °C vorgeheizten Backofen 150 Minuten trocknen, bis die Ränder angeröstet sind und das Fleisch trocken, aber noch geschmeidig ist. Die exakte Garzeit hängt von der Größe und Saftigkeit der verwendeten Tomaten ab. Nach 90 Minuten sollten die Tomaten deswegen alle 30 Minuten geprüft werden.

2 Die fertig getrockneten Tomaten vollständig auskühlen lassen. Dann in ein Einmachglas (250 ml Inhalt) füllen und mit Olivenöl übergießen, bis sie vollständig bedeckt sind. Das Glas fest verschließen und im Kühlschrank lagern, wo die Tomaten bis zu 2 Wochen haltbar sind.

TIPP
Servieren Sie die Tomaten mit Büffel-Mozzarella, beträufeln Sie sie mit Olivenöl und garnieren Sie sie mit Pfeffer und gezupften Basilikumblättern.

Raitas

10 Min. 20 Min.

4 PERSONEN

MINZE-RAITA
200 g fettarmer Naturjoghurt
50 ml Wasser
1 kleine Zwiebel, fein gehackt
½ TL Minzsauce
½ TL Salz
frische Minzeblätter, zum Garnieren

GURKEN-RAITA
225 g Salatgurke, in Scheiben
1 Zwiebel, fein gehackt
½ TL Salz
½ TL Minzsauce
300 g fettarmer Naturjoghurt
150 ml Wasser
1 EL frisch gehackte Minzeblätter, zum Garnieren

AUBERGINEN-RAITA
1 Aubergine, klein gewürfelt
1 TL Salz
1 kleine Zwiebel, fein gehackt
2 grüne Chillies, entkernt und fein gehackt
200 g fettarmer Naturjoghurt
3 EL Wasser
1 Frühlingszwiebel, in feinen Ringen

1 Für das Minze-Raita den Joghurt in eine kleine Schüssel geben. Mit einer Gabel verschlagen und unter ständigem Rühren das Wasser zugießen. Dann Zwiebel, Minzsauce und Salz einrühren und das Raita mit frischen Minzeblättern garnieren.

2 Für das Gurken-Raita Salatgurke, Zwiebel, Salz und Minzsauce gründlich vermengen. Dann mit Joghurt und Wasser in einem Mixer oder mit einem Pürierstab glatt rühren und mit gehackten Minzeblättern garniert servieren.

3 Für das Auberginen-Raita die Aubergine in Wasser weich kochen. Abgießen, leicht zerdrücken und in einer Schüssel mit Salz, Zwiebel und Chillies mischen. Joghurt und Wasser in einer zweiten Schüssel verquirlen und über die Auberginen geben. Verrühren und mit Frühlingszwiebelringen servieren.

Aromatisierte Oliven

10–15 Min. | 0 Min.

Ergibt je 500 ml

PROVENZALISCHE OLIVEN
3 getrocknete rote Chillies
1 TL schwarze Pfefferkörner
300 g schwarze Oliven in Salzlake
2 Zitronenscheiben
1 TL schwarze Senfkörner
1 EL mit Knoblauch aromatisiertes Olivenöl
natives Olivenöl extra

KATALANISCHE OLIVEN
150 g schwarze Oliven in Salzlake
150 g grüne, mit Paprika gefüllte Oliven
½ rote oder orangefarbene Paprika, geröstet und fein gehackt
1 EL eingelegte Kapern, abgetropft
1 Prise Chilipulver, zum Abschmecken
4 EL frisch gehackter Koriander
1 Lorbeerblatt
natives Olivenöl extra

GRIECHISCHE OLIVEN
½ große Zitrone
300 g Kalamata-Oliven oder schwarze Oliven in Salzlake
4 frische Thymianzweige
1 Schalotte, sehr fein gehackt
1 EL Fenchelsamen, grob zerstoßen
1 TL getrockneter Dill
natives Olivenöl extra

1 Für die provenzalischen Oliven Chilischoten und Pfefferkörner in einem Mörser grob zerstoßen.

2 Die Oliven abgießen, abspülen und mit Küchenpapier trocken tupfen. Dann zusammen mit allen anderen Zutaten in ein Einmachglas (500 ml Inhalt) füllen und mit Olivenöl übergießen, bis die Oliven bedeckt sind. Das Glas verschließen und die Oliven mindestens 10 Tage ziehen lassen; währenddessen täglich schütteln.

3 Für die katalanischen Oliven die Oliven abgießen, abspülen und mit Küchenpapier trocken tupfen. Dann zusammen mit allen anderen Zutaten in ein Einmachglas (500 ml Inhalt) geben und mit Olivenöl übergießen, bis die Oliven bedeckt sind. Das Glas verschließen und Oliven wie in Schritt 2 marinieren.

4 Für die griechischen Oliven die Zitrone in 4 Scheiben schneiden, dann jede Scheibe halbieren.

5 Die Oliven abgießen, abspülen und mit Küchenpapier trocken tupfen. Dann jede Olive längs bis zum Stein einschneiden und mit allen anderen Zutaten in ein Einmachglas (500 ml Inhalt) geben. Mit Olivenöl übergießen, bis die Oliven bedeckt sind. Wie in Schritt 2 marinieren.

6 Zum Servieren die Oliven in eine Schüssel umfüllen.

Auberginen in Joghurt

5 Min. 15 Min.

4 PERSONEN

200 g Naturjoghurt
75 ml Wasser
1 TL Salz
150 ml Öl
1 Aubergine, in dünnen Scheiben
1 TL Kreuzkümmelsamen
6 getrocknete rote Chillies

1 Den Joghurt in einer Schüssel mit einer Gabel verschlagen. Dann Wasser und Salz unterrühren.

2 Das Öl in einer Pfanne erhitzen. Die Auberginenscheiben zugeben und unter gelegentlichem Wenden bei mittlerer Hitze knusprig braten. Aus der Pfanne nehmen, auf einen Servierteller geben und warm halten.

3 Die Hitze reduzieren, Kreuzkümmel und Chillies in die Pfanne geben und unter Rühren 1 Minute andünsten.

4 Die Aubergin mit dem Joghurt übergießen, dann mit der Kreuzkümmel-Chili-Mischung bestreuen und sofort servieren.

TIPP
Der eiweiß- und kalziumreiche Joghurt spielt in der indischen Küche eine wichtige Rolle. Er dient als Marinade, als Dickungsmittel in Currys und Saucen sowie als kühlende Beilage zu scharfen Gerichten.

Scharfe mexikanische Salsas

10 Min. 5 Min.

4–6 PERSONEN

SALSA TROPICAL
½–1 frische grüne Chili, entkernt und gehackt
½–1 frische rote Chili, gehackt
½ Ananas, gewürfelt
1 Mango, gewürfelt
½ rote Zwiebel, gehackt
1 EL Zucker
Saft von 1 Limette
3 EL frisch gehackte Minze
Salz

SALSA CHILI
2–3 frische grüne Chillies, entkernt und klein geschnitten
1 grüne Paprika, entkernt, gehäutet und klein geschnitten
2 Knoblauchzehen, fein gehackt
Saft von ½ Limette
1 TL Salz
2–3 EL natives Olivenöl
1 Prise getrockneter Oregano
1 Prise gemahlener Kreuzkümmel

SALSA VERDE
450 g Tomatillos aus der Dose, abgetropft und klein geschnitten
1 grüne Paprika, entkernt und gehackt
1–2 frische grüne Chillies, entkernt und gehackt
1 kleine Zwiebel, gehackt
1 Bund frischer Koriander, fein gehackt
½ TL gemahlener Kreuzkümmel

1 Für die Salsa tropical alle Zutaten in einer kleinen Schüssel mischen und mit Salz abschmecken. Bis zum Gebrauch abgedeckt in den Kühlschrank stellen.

2 Für die Salsa chili die Chillies mit der Paprika in einer Pfanne ohne Fett rundum anrösten. Dann mit Knoblauch, Limettensaft, Salz und Öl in einer Schüssel mischen und mit Oregano und Kreuzkümmel bestreuen.

3 Für die Salsa verde alle Zutaten in einer Schüssel vermengen, mit Salz abschmecken und in eine Servierschale füllen. Wird eine feinere Konsistenz gewünscht, kann man die Zutaten in einem Mixer zerkleinern.

Gekochte Chipotle-Salsa

5 Min. 30 Min.

Ergibt etwa 450 ml

3 getrocknete Chipotle-Chillies
1 Zwiebel, fein gehackt
400 g Tomaten aus der Dose
3–4 EL brauner Zucker
2–3 Knoblauchzehen, zerdrückt
1 Prise Zimt
1 Prise gemahlene Gewürznelken oder gemahlener Piment
1 Prise gemahlener Kreuzkümmel
Saft von ½ Zitrone
1 EL Olivenöl
Salz
Zitronenzesten, zum Garnieren

1 Die Chillies in einen Topf geben, mit reichlich Wasser bedecken und zum Kochen bringen. Die Chillies etwa 5 Minuten kochen; dabei die Küche gut durchlüften (siehe Tipp Seite 242). Dann den Topf vom Herd nehmen, abdecken und die Chillies abkühlen lassen.

2 Die abgekühlten Chillies mit einem Schaumlöffel aus dem Topf heben, mit einem scharfen Messer Stiele und Samen entfernen und das Fruchtfleisch von den Schalen kratzen oder wahlweise mit den Schalen zerhacken.

3 Zwiebel, Tomaten mit dem Saft und Zucker in einen Topf geben und bei mittlerer Hitze so lange kochen, bis die Masse eingedickt ist; dabei immer wieder gut umrühren.

4 Den Topf vom Herd nehmen. Knoblauch, Zimt, Nelkenpulver oder Piment, Kreuzkümmel, Zitronensaft, Olivenöl und Chillies einrühren. Die Salsa salzen und abkühlen lassen. In eine kleine Schüssel umfüllen und mit geriebener Zitronenschale servieren.

TIPP
Diese Salsa lässt sich gut einfrieren, auch portionsweise: Einfach in einen Eiswürfelbereiter geben, tiefkühlen und die fertigen Salsawürfel in einen Gefrierbeutel umfüllen.

Griechischer Joghurt

15 Min. 0 Min.
+ Abtropf- und Ruhezeit

Ergibt etwa 500 g

1 kg Naturjoghurt
½ TL Salz, zum Abschmecken

GARNIERUNG (nach Belieben)
natives Olivenöl extra
Orangenblüten- oder Lavendelhonig
fein abgeriebene Zitronenschale
zerstoßene Koriandersamen
Paprikapulver
sehr fein gehackte frische Minze oder frischer Koriander

1 Ein 125 cm x 75 cm großes Stück Musselin in einen Topf geben und mit Wasser bedecken. Das Wasser aufkochen, dann den Topf vom Herd nehmen, den Stoff mit einem Holzlöffel herausheben und mit Gummihandschuhen auswringen.

2 Den Stoff doppelt falten und einen Durchschlag oder ein Sieb damit auslegen. Den Joghurt in eine Schüssel geben und das Salz einrühren. Dann in die Mitte des Musselins löffeln.

3 Den gefüllten Stoff zu einem Säckchen zusammenbinden. Wenn die Spüle tief genug ist, das Säckchen am Wasserhahn befestigen. Wenn nicht, einen Besenstiel quer zwischen 2 Stühle legen und die Schüssel darunterstellen. Das Säckchen am Besenstiel über der Schüssel festbinden und für mindestens 12 Stunden abtropfen lassen.

4 Den abgetropften, eingedickten Joghurt in ein über eine Schüssel gehängtes Nylonsieb geben. Mit Frischhaltefolie abdecken und für weitere 24 Stunden in den Kühlschrank stellen, bis er weich und cremig ist.

5 Den fertigen Joghurt vor dem Servieren abschmecken und eventuell nachsalzen. Dann in eine kleine Schale füllen und nach Belieben garnieren.

Scharfe Chilisauce

5 Min. + Kühlzeit | 5 Min.

Ergibt etwa 225 ml

10 getrocknete Arbol-Chillies, ohne Stiele (siehe Tipp)
225 ml Apfel- oder Weißweinessig
½ TL Salz

1 Die getrockneten Chillies in einen Mörser geben und fein zerstoßen.

2 Apfel- oder Weißweinessig, Salz und die zerstoßenen Chillies in einen Topf geben, vermischen und unter Rühren aufkochen. 3 Minuten köcheln lassen, dann die heiße Sauce vom Herd nehmen und vollständig abkühlen lassen.

3 Die abgekühlte Sauce in eine kleine Schüssel oder eine Glasflasche füllen und servieren. Abgedeckt kann die Chilisauce bis zu 1 Monat im Kühlschrank aufbewahrt werden.

TIPP
Arbol-Chillies sind lange rote Chillies, deren Schärfe an die feurige Hitze der mexikanischen Wüste erinnnert. Sie schmecken leicht rauchig und werden fast ausschließlich getrocknet verwendet. Falls Sie keine Arbol-Schoten erhalten, verwenden Sie andere scharfe rote Chillies oder Chiliflocken.

Frische Ananas-Salsa

15 Min. | 0 Min.

4 PERSONEN

½ reife Ananas
Saft von 1 Limette oder Zitrone
1 Knoblauchzehe, zerdrückt
1 Frühlingszwiebel, in feinen Ringen
½–1 frische grüne oder rote Chili, entkernt und fein gehackt
½ rote Paprika, entkernt und fein gewürfelt
3 EL frisch gehackte Minze
3 EL frisch gehackter Koriander
1 Prise Salz
1 Prise Zucker

1 Den oberen und unteren Teil der Ananasschale mit einem scharfen Messer entfernen. Die Ananas aufrecht auf ein Küchenbrett stellen und die Schale an den Seiten mit kräftigen, von oben nach unten geführten Schnitten ablösen.

2 Dann die Ananas in Scheiben schneiden, die Scheiben halbieren, den holzigen Kern entfernen und das Fruchtfleisch fein würfeln; dabei eventuell austretenden Saft auffangen.

3 Ananaswürfel und -saft in eine große Schüssel geben. Zitronen- oder Limettensaft, Knoblauch, Frühlingszwiebel, Chili und Paprika zugeben und mit den Ananasstücken mischen. Anschließend Minze, Koriander, Salz und Zucker einstreuen und gut verrühren. Die fertige Salsa bis zum Verzehr im Kühlschrank aufbewahren.

TIPP
Eine gut gereifte Ananas erkennt man an ihrer noch annährend festen Konsistenz, ihrem süßen Aroma und dem kräftig aussehenden Blattschopf.

Mole verde

10 Min. 20 Min.

4 PERSONEN

250 g Kürbiskerne, geröstet
1 l Gemüsebrühe
mehrere Prisen gemahlene Gewürznelken
8–10 Tomatillos, ersatzweise 225 ml milde Tomatillosalsa
½ Zwiebel, gehackt
½ frische grüne Chili, entkernt und gewürfelt
3 Knoblauchzehen, gehackt
½ TL frische Thymianblätter
½ TL frische Majoranblätter
3 EL Schmalz oder Öl
3 Lorbeerblätter
4 EL frisch gehackte Korianderblätter
Salz und Pfeffer
frische grüne Chilistreifen, zum Garnieren

1 Die Kürbiskerne in einem Mixer mahlen. Dann die Hälfte der Brühe sowie Nelken, Tomatillos, Zwiebel, Chili, Knoblauch, Thymian und Majoran zugeben und alles fein pürieren.

2 Schmalz oder Öl in einer schweren Pfanne erhitzen. Die Kürbiskernmischung und die Lorbeerblätter zugeben und alles bei mittlerer Hitze etwa 5 Minuten kochen, bis eine dickflüssige Sauce entstanden ist.

3 Die Pfanne vom Herd nehmen. Die restliche Brühe und den Koriander unterrühren. Anschließend die Sauce erneut aufkochen, bis sie eindickt, dann endgültig vom Herd nehmen.

4 Die Lorbeerblätter entfernen und die Sauce ein zweites Mal pürieren, bis sie ganz glatt ist. Dann mit Salz und Pfeffer abschmecken.

5 Die fertige Sauce in eine Schüssel füllen, mit Chilistreifen garnieren und servieren.

VARIATION
Wird die Sauce als Füllung für Tamales verwendet, erhält man einen schmackhaften, sättigenden Snack.

Milde rote Chilisauce

10 Min. + Kühlzeit 15 Min.

Ergibt etwa 350 ml

5 große, frische milde Chillies, z. B. New Mexico oder Ancho
450 ml Gemüsebrühe
1 EL Masa-Harina-Mehl oder 1 zerstoßene Maismehl-Tortilla, mit Wasser zu einer dünnen Paste püriert
1 Prise gemahlener Kreuzkümmel
1–2 Knoblauchzehen, zerdrückt
Saft von 1 Limette
Salz

1 Die Chillies unter einen vorgeheizten Backofengrill legen und rösten, bis ihre Schale völlig verkohlt ist; dabei mehrmals wenden. Anschließend herausnehmen, in eine hitzebeständige Schüssel geben, mit kochendem Wasser übergießen und abkühlen lassen.

2 In der Zwischenzeit die Gemüsebrühe in einen Topf geben und aufkochen.

3 Die abgekühlten Chillies mit einem Schaumlöffel aus dem Wasser nehmen und entkernen. Das Fruchtfleisch grob zerkleinern und in einem Mixer oder mit einem Pürierstab zu einer glatten Paste pürieren. Dann die heiße Brühe unterrühren.

4 Die Chilimischung in einen Topf geben. Masa-Harina-Mehl oder zerstoßene Tortilla, Kreuzkümmel, Knoblauch und Limettensaft zugeben. Die Sauce aufkochen, dann einige Minuten eindicken lassen. Zuletzt mit Salz abschmecken und servieren.

Mole poblano

20 Min. 15 Min.
+ Ruhezeit

4 PERSONEN

3 Mulato-Chillies
3 milde Ancho-Chillies
5–6 New-Mexico- oder Anaheim-Chillies
1 Zwiebel, gehackt
5 Knoblauchzehen, grob gehackt
450 g reife Tomaten
2 Tortillas, möglichst altbacken, in kleinen Stücken
1 Prise gemahlene Gewürznelken
1 Prise Fenchelsamen
1 Msp. Zimt
1 Msp. gemahlener Koriander
1 Msp. gemahlener Kreuzkümmel
3 EL geröstete Sesamsaat oder Tahinipaste
3 EL gehobelte oder gemahlene Mandeln
2 EL Rosinen
1 EL Erdnussbutter (nach Belieben)
450 ml Gemüsebrühe
3–4 EL geriebene dunkle Schokolade, plus etwas mehr zum Garnieren
2 EL mildes Chilipulver
3 EL Öl
Salz und Pfeffer
1 EL Limettensaft

1 Die Chillies unter mehrmaligem Wenden bei mittlerer Hitze in einer ungefetteten schweren Pfanne rösten, bis die Schale stellenweise schwarz wird. Dann in ein hitzebeständiges Gefäß geben, mit kochendem Wasser übergießen, abdecken und mindestens 1 Stunde, besser über Nacht, einweichen lassen.

2 Die Chillies mit einem Schaumlöffel aus dem Wasser heben, Samen und Stiele entfernen, das Fruchtfleisch grob zerkleinern und in einen Mixer geben.

3 Zwiebel, Knoblauch, Tomaten, Tortillas, Nelken, Fenchelsamen, Zimt, Koriander, Kreuzkümmel, Sesamsaat oder Tahinipaste, Mandeln, Rosinen und eventuell Erdnussbutter zugeben und alles fein pürieren. Unterdessen so viel Brühe zugießen, dass eine glatte Paste entsteht. Abschließend die restliche Brühe, die Schokolade und das Chilipulver unterrühren.

4 Das Öl in einem Topf erhitzen und die Chili-Schoko-Mischung zugeben. 10 Minuten kochen, dabei gelegentlich umrühren, damit die Sauce nicht anbrennt.

5 Die fertige Sauce mit Salz, Pfeffer und Limettensaft abschmecken, mit geriebener Schokolade garnieren und sofort servieren.

Scharfe Tomatensauce

5 Min. 0 Min.

4 PERSONEN

2–3 frische grüne Chillies, z. B. Jalapeño oder Serrano
225 g gehackte Tomaten aus der Dose
1 Frühlingszwiebel, fein gehackt
2 große Knoblauchzehen, fein gehackt
2–3 EL Apfelessig
50–80 ml Wasser
1 Prise getrockneter Oregano
1 Prise gemahlener Kreuzkümmel
1 Prise Zucker
1 Prise Salz

1 Die Chillies nach Belieben entkernen und dann grob hacken. Zusammen mit Tomaten, Frühlingszwiebel, Knoblauch, Essig, Wasser, Oregano, Kreuzkümmel, Zucker und Salz in einen Mixer geben und fein pürieren.

2 Die Tomatensauce kräftig abschmecken und bis zum Servieren kalt stellen. Abgedeckt hält sie sich im Kühlschrank bis zu 1 Woche.

TIPP
Wenn Sie es weniger scharf mögen, entkernen Sie die Chillies vor der Verwendung – ihre Schärfe steckt in den Samen. Tragen Sie während der Verarbeitung nach Möglichkeit Gummihandschuhe, denn das in den Samen und dem Fuchtfleisch enthaltene Öl kann Hautirritationen hervorrufen. Niemals nach der Arbeit mit Chillies die Augen reiben.

Sesam-Chutney

10 Min. 5 Min.

4 PERSONEN

8 EL Sesamsaat
2 EL Wasser
½ Bund frischer Koriander, fein gehackt
3 frische grüne Chillies, gehackt
1 TL Salz
2 TL Zitronensaft
gehackte rote Chillies, zum Garnieren

1 Den Sesam in einen großen Topf geben und ohne Fett unter Rühren anrösten. Dann zum Abkühlen beiseitestellen.

2 Die abgekühlte Sesamsaat in einem Mixer oder einem Mörser zu feinem Pulver verarbeiten. Dann das Wasser zugeben und mit dem Sesampulver zu einer glatten Paste verrühren.

3 Den Koriander mit den Chillies zur Sesampaste geben und gut unterrühren. Salz und Zitronensaft zufügen und alles erneut gut vermengen.

4 Das fertige Chutney in eine Schüssel umfüllen, mit roten Chillies garnieren und servieren.

TIPP
Das Rösten getrockneter Gewürze, Samen oder Kerne ohne Fett verstärkt ihr Aroma und dauert nicht lange. Wichtig ist, dass Sie beim Anrösten ununterbrochen rühren, damit die Gewürze nicht verbrennen. Die Gewürze sind fertig, wenn sie zu duften beginnen.

Rouille

10 Min. 0 Min.

Ergibt etwa 175 g

60 g helles altbackenes Bauernbrot, in Scheiben oder Würfeln
2 große Knoblauchzehen
2 kleine rote Chillies
1 Prise Salz
3 EL natives Olivenöl extra
1 EL Tomatenmark
Pfeffer
Cayennepfeffer (nach Belieben)

1 Die Rinde vom Brot abschneiden. Das Brot in eine Schüssel geben, mit Wasser bedecken und etwa 30 Sekunden einweichen lassen. Dann alle Flüssigkeit gründlich ausdrücken; dabei 2 Esslöffel auffangen.

2 Knoblauch und Chilischoten grob hacken; Chili nach Belieben entkernen. Mit dem Salz in einen Mörser geben und zu einer Paste zerstampfen.

3 Die Paste mit dem Brot in eine Schüssel geben und gut unterrühren. Nach und nach unter ständigem Rühren das Olivenöl zugießen. Wird die Mischung zu fest, etwas von dem aufgefangenen Einweichwasser zugießen.

4 Das Tomatenmark unterrühren und die Paste mit Pfeffer und eventuell Cayennepfeffer abschmecken. Auf frisch geröstetes Brot streichen und dieses als Suppeneinlage verwenden.

TIPP
Wenn die Creme nach einer Weile zu fest erscheint, 1 EL heißes Wasser zugießen. Ist sie zu dünn, um ein Brot zu bestreichen, noch etwas eingeweichtes Brot unterrühren.

Salsa-Klassiker

5 Min. 0 Min.

4–6 PERSONEN

JALAPEÑO-SALSA
1 Zwiebel, fein gehackt
2–3 Knoblauchzehen, zerdrückt
4–6 eingelegte Jalapeño-Chillies, grob gehackt
Saft von ½ Zitrone
¼ TL gemahlener Kreuzkümmel
Salz

SALSA CRUDA
6–8 reife Tomaten, fein gewürfelt
100 ml Tomatensaft
3–4 Knoblauchzehen, zerdrückt
½–1 Bund frischer Koriander, grob gehackt
1 Prise Zucker
3–4 frische grüne Chillies, entkernt und fein gehackt
½–1 TL gemahlener Kreuzkümmel
3–4 Frühlingszwiebeln, in feinen Ringen
Salz

1 Für die Jalapeño-Salsa Zwiebel, Knoblauch, Chillies, Zitronensaft und Kreuzkümmel in einer Schüssel mischen. Mit Salz abschmecken, abdecken und bis zum Verzehr kalt stellen.

2 Für eine grobkörnige Salsa Cruda alle Zutaten vermengen, abdecken und bis zum Verzehr kalt stellen.

3 Für eine weniger grobe Salsa Cruda die Zutaten nach dem Mischen kurz in einem Mixer oder mit einem Pürierstab pürieren. Dann abdecken und bis zum Verzehr kalt stellen.

TIPP
Statt der Tomaten kann die Salsa Cruda auch mit kleinen Orangenstückchen und Zucchiniwürfeln zubereitet werden. Sie schmeckt dann fruchtiger.

Tomaten-Salsa

10 Min. 0 Min.

4 PERSONEN

4 Tomaten
1 rote Zwiebel oder 6 Frühlingszwiebeln
1–2 Knoblauchzehen, zerdrückt (nach Belieben)
2 EL frisch gehackter Koriander
½ rote oder grüne Chili (nach Belieben)
abgeriebene Schale von ½–1 Zitrone oder Limette
1–2 EL Zitronen- oder Limettensaft
Pfeffer

1 Die Tomaten fein würfeln und in eine Schüssel geben. Nach Belieben kann man die Tomaten vor der Verwendung enthäuten: Dazu 2 Minuten in kochendes Wasser geben und die Haut anschließend mit einem spitzen Küchenmesser abziehen.

2 Die Zwiebel in feine Ringe oder die Frühlingszwiebeln schräg in dicke Stücke schneiden. Mit Knoblauch und Koriander zu den Tomaten geben und vorsichtig mischen.

3 Die Chili entkernen, fein hacken und zu den Tomaten geben. Dann Limetten- oder Zitronenschale und Zitronensaft zufügen und mischen. Die fertige Salsa in eine Schüssel geben und mit Pfeffer bestreuen.

TIPP
Wenn Sie den intensiven Geschmack von frischem Koriander nicht mögen, verarbeiten Sie stattdessen glatte Petersilie.

Marinierte Chipotle-Salsa

10 Min. 35 Min.

4–6 PERSONEN

6 getrocknete Chipotle-Chillies
6 EL Tomatenketchup
350 g reife Tomaten, gehäutet, entkernt und gewürfelt
1 große Zwiebel, gehackt
5 Knoblauchzehen, zerdrückt
2 EL Apfelessig
300 ml Wasser
1 EL Olivenöl
2 EL Zuckersirup
1 Prise Salz
¼ TL gemahlener Piment
¼ TL gemahlene Gewürznelken
¼ TL Zimt
¼ TL gemahlener Kreuzkümmel
3–4 EL Limettensaft
Salz und Pfeffer

1 Die Chillies in einen Topf geben, mit Wasser bedecken und aufkochen. Die aufsteigenden Dämpfe nicht einatmen; falls möglich, die Küche gut durchlüften (siehe Tipp). Sobald das Wasser kocht, die Hitze reduzieren, den Topf abdecken und die Chillies etwa 20 Minuten köcheln. Dann vom Herd nehmen und abkühlen lassen.

2 Die Chillies aus dem Topf nehmen. Stiele und Kerne entfernen und das Fruchtfleisch von den Schalen kratzen oder zusammen mit den Schalen zerhacken.

3 Chillies, Ketchup, Tomaten, Zwiebel, Knoblauch, Essig, Wasser, Olivenöl, Zuckersirup, Salz, Piment, Nelken, Zimt und Kreuzkümmel in einen Topf geben und kurz aufkochen. Dann die Hitze reduzieren und die Mischung etwa 15 Minuten einkochen lassen.

4 Zuletzt den Saft zugießen und mit der Chilimischung verrühren. Die fertige Salsa mit Salz und Pfeffer abschmecken.

TIPP
Die Dämpfe kochender Chillies sollten nicht eingeatmet werden, weil sie Atembeschwerden hervorrufen können.

Schnelle Tomatensauce

5 Min. 15 Min.

4–6 PERSONEN

2 EL Pflanzen- oder Olivenöl
1 Zwiebel, in dünnen Ringen
5 Knoblauchzehen, in dünne Streifen
400 g gehackte Tomaten aus der Dose oder 600 g frische Tomaten, gehäutet und gewürfelt
einige Prisen mildes Chilipulver
350 ml Gemüsebrühe
Salz und Pfeffer
1 Prise Zucker (nach Belieben)

1 Das Öl in einer großen Pfanne erhitzen. Zwiebel und Knoblauch zugeben und unter gelegentlichem Rühren weich dünsten.

2 Tomaten mit Saft, Chilipulver und Brühe in die Pfanne geben. Bei mittlerer Hitze etwa 10 Minuten kochen, bis die Sauce eingedickt ist und ihr Aroma entfaltet hat.

3 Die fertige Tomatensauce mit Salz, Pfeffer und nach Belieben mit einer Prise Zucker abschmecken und noch warm servieren.

VARIATION
Wer es schärfer mag, kann mit der Zwiebel und dem Knoblauch ½ Teelöffel fein gehackte frische Chili zugeben.

Chipotle-Salsa

10 Min. 0 Min.

Ergibt etwa 450 ml

450 g reife Tomaten, gehäutet, entkernt und gewürfelt
3–5 Knoblauchzehen, grob gehackt
½ Bund frischer Koriander, grob gehackt
1 kleine Zwiebel, gehackt
1–2 TL Adobo-Marinade (Saft von eingelegten Chipotle-Chillies)
½–1 TL Zucker
Limettensaft (nach Belieben)
Salz
1 Prise Zimt (nach Belieben)
1 Prise gemahlener Piment (nach Belieben)
1 Prise gemahlener Kreuzkümmel (nach Belieben)

1 Tomaten, Knoblauch und Koriander in einem Mixer oder mit dem Pürierstab fein pürieren.

2 Zwiebel, Adobo-Marinade und Zucker unterrühren und alles gut vermischen. Mit Limettensaft, Salz und nach Belieben mit Zimt, Piment und Kreuzkümmel abschmecken.

3 Die Salsa sofort servieren oder abdecken und bis zum Verzehr kalt stellen.

TIPP
Die Salsa ist so schnell auf den Tisch gezaubert, dass Sie sich mit der Zubereitung bis zur letzten Minute Zeit lassen können. Wenn es noch schneller gehen soll, können Sie die frischen Tomaten durch 400 g gehackte Tomaten aus der Dose ersetzen. Eingelegte Chipotle-Chillies sind im Fachhandel erhältlich.

Mango-Chutney

10–15 Min. + Ruhezeit | 1 Std. 5 Min.

4 PERSONEN

1 kg Mangos, gewürfelt
4 EL Salz
600 ml Wasser
500 g Zucker
450 ml Essig
2 TL fein gehackte frische Ingwerwurzel
2 Knoblauchzehen, zerdrückt
2 TL Chilipulver
2 Zimtstangen
75 g Rosinen
100 g Datteln, entsteint

1 Die Mangowürfel in eine große Schüssel geben. Salz und Wasser hinzufügen und die Früchte mehrere Stunden, am besten über Nacht ruhen lassen.

2 Das Mangowasser abgießen und die Mangowürfel auf Küchenpapier abtropfen lassen.

3 Zucker und Essig in einem großen Topf bei schwacher Hitze unter ständigem Rühren zum Kochen bringen. Nach und nach die Mangowürfel zugeben und gründlich unterrühren.

4 Ingwer, Knoblauch, Chilipulver, Zimtstangen, Rosinen und Datteln zufügen und unter gelegentlichem Rühren erneut aufkochen. Die Hitze reduzieren und die Mischung 1 Stunde köcheln lassen, bis sie eindickt. Dann abkühlen lassen.

5 Die Zimtstangen aus der Mischung entfernen und wegwerfen.

6 Das Mango-Chutney in saubere und trockene Schraubgläser füllen und sorgfältig verschließen. An einem kühlen Ort aufbewahren, damit es sein volles Aroma entfalten kann.

TIPP
Kaufen Sie Mangos mit glänzender, makelloser Schale. Um die Reife zu testen, umfassen Sie die Frucht mit der Hand und drücken Sie sie ganz leicht – gibt sie unter dem Druck ein wenig nach, ist sie reif.

Tamarinden-Chutney

10 Min. | 0 Min.

6 PERSONEN

2 EL Tamarindenpaste
5 EL Wasser
1 TL Chilipulver
½ TL Ingwerpulver
½ TL Salz
1 TL Zucker
frisch gehackte Korianderblätter, zum Garnieren

1 Die Tamarindenpaste in eine Schüssel geben. Nach und nach das Wasser zugießen und die Mischung mit einer Gabel langsam zu einer glatten Sauce verrühren.

2 Chilipulver, Ingwer, Salz und Zucker zu der Paste geben und gut verrühren.

3 Das fertige Tamarinden-Chutney in eine Schüssel füllen, mit Korianderblättern garnieren und sofort servieren oder bis zum Servieren im Kühlschrank aufbewahren.

TIPP
Durch Tamarinde erhalten Gemüsegerichte einen leicht sauren Geschmack. Tamarinde wird aus dem gepressten Mark des Tamarindenbaums hergestellt. In asiatischen Lebensmittelgeschäften wird sie zu Riegeln gepresst angeboten.

Nudeln, Getreide & Hülsenfrüchte

Tagliatelle mit Champignons

15 Min. 20 Min.

4 PERSONEN

2 EL Walnussöl
1 Bund Frühlingszwiebeln, in Ringen
2 Knoblauchzehen, in dünnen Scheiben
250 g Champignons, in Scheiben
500 g frische grüne und weiße Tagliatelle
1 EL Olivenöl
250 g frischer Spinat, abgetropft
125 g Frischkäse mit Knoblauch und Kräutern
4 EL Schlagsahne
Salz und Pfeffer
60 g ungesalzene Pistazien, gehackt
2 EL frisch gehacktes Basilikum
frische Basilikumzweige, zum Garnieren
italienisches Brot, zum Servieren

1 Das Walnussöl in einer großen Pfanne erhitzen. Frühlingszwiebeln und Knoblauch zugeben und 1 Minute unter Rühren andünsten. Die Champignons zugeben und mit den anderen Zutaten vermengen. Dann die Pfanne abdecken und das Gemüse 5 Minuten bei geringer Hitze garen.

2 Die Nudeln in einem großen Topf mit kochendem Salzwasser und dem Olivenöl al dente kochen. Abgießen und wieder zurück in den Topf geben.

3 Den Spinat in die Pfanne geben und 1–2 Minuten erhitzen. Den Käse zufügen und schmelzen lassen. Die Sahne einrühren und ohne zu kochen erhitzen.

4 Die Sauce über die Nudeln geben, mit Salz und Pfeffer abschmecken und gut vermengen. Unter ständigem Rühren vorsichtig erhitzen.

5 Die Nudeln in einer Schüssel anrichten und mit Pistazien und Basilikum bestreuen. Mit Basilikumzweigen garnieren und mit frischem Brot servieren.

Nudelomelett

10 Min. 15–20 Min.

2 PERSONEN

4 EL Olivenöl
1 kleine Zwiebel, gehackt
1 Fenchelknolle, in dünnen Streifen
120 g Kartoffeln, klein gewürfelt
1 Knoblauchzehe, gehackt
4 Eier
1 EL frisch gehackte glatte Petersilie
Salz und Pfeffer
1 Prise Chilipulver
100 g gekochte kurze Nudeln
2 EL gefüllte grüne Oliven, halbiert
frische Majoranzweige, zum Garnieren
Tomatensalat, zum Servieren

1 Die Hälfte des Öls in einer Pfanne erhitzen. Zwiebel, Fenchel und Kartoffeln zugeben, unter Rühren 10 Minuten garen.

2 Den Knoblauch zugeben und 1 Minute dünsten. Die Pfanne vom Herd nehmen, das Gemüse auf einen Teller geben und beiseitestellen.

3 Die Eier schaumig schlagen. Die Petersilie einrühren und mit Salz, Pfeffer und Chilipulver würzen.

4 1 Esslöffel des restlichen Öls in einer sauberen Pfanne erhitzen. Die Hälfte der Eimischung in die Pfanne gießen und Gemüse, Nudeln und die Hälfte der Oliven zugeben. Die restliche Mischung darübergießen und backen, bis die Ränder zu stocken beginnen.

5 Die Ränder des Omeletts mit einem Pfannenwender anheben und das rohe Ei darunterlaufen lassen. Backen, bis die Unterseite goldbraun ist. Anschließend das Omelett auf einen Teller gleiten lassen, die Pfanne mit Küchenpapier auswischen und das restliche Öl erhitzen. Das Omelett wieder in die Pfanne stürzen und von der anderen Seite ebenfalls goldbraun backen.

6 Das Omelett auf einen vorgewärmten Servierteller gleiten lassen und mit den restlichen Oliven und dem Majoran garnieren. Zum Servieren das Omelett in Stücke schneiden und dazu einen frischen Tomatensalat reichen.

Spinat-Nuss-Pfanne

5 Min. 15 Min.

4 PERSONEN

225 g Spiralnudeln
125 ml Olivenöl
1 Zwiebel, geviertelt und in Ringen
2 Knoblauchzehen, zerdrückt
3 große Champignons, in Scheiben
225 g frischer Spinat
2 EL Pinienkerne
75 ml trockener Weißwein
Salz und Pfeffer
Parmesanspäne, zum Garnieren

1 Die Nudeln in einem Topf mit kochendem Salzwasser al dente kochen. Dann gut abtropfen lassen.

2 In der Zwischenzeit das Öl in einem großen Topf erhitzen und Zwiebeln sowie Knoblauch darin 1 Minute kurz andünsten.

3 Die Pilze in den Topf geben und bei mittlerer Hitze etwa 2 Minuten unter gelegentlichem Rühren dünsten.

4 Die Hitze reduzieren, den Spinat in den Topf geben und unter gelegentlichem Rühren 4–5 Minuten kochen, bis er zusammengefallen ist.

5 Die Pinienkerne und den Wein einrühren, alles mit Salz und Pfeffer abschmecken und 1 Minute kochen lassen.

6 Die Nudeln in eine vorgewärmte Schüssel füllen, die Sauce darübergeben und gut mischen. Mit Parmesanspänen garnieren und sofort servieren.

Spaghetti mit Zitronendressing

10 Min. 25 Min.

4 PERSONEN

250 g Knollensellerie, in Stiften
2 Karotten, in Stiften
2 Porreestangen, in Streifen
1 kleine rote Paprika, entkernt und in Streifen
1 kleine gelbe Paprika, entkernt und in Streifen
2 Knoblauchzehen, in dünnen Scheiben
1 TL Selleriesamen
1 EL Zitronensaft
300 g Spaghetti
Salz
Sellerieblätter, fein gehackt, zum Garnieren

ZITRONENDRESSING
1 TL abgeriebene Zitronenschale
1 EL Zitronensaft
4 EL Magerquark oder fettarmer Naturjoghurt
Salz und Pfeffer
2 EL frische Schnittlauchröllchen

1 Sellerie, Karotten, Porree, Paprika und Knoblauch in eine große Schüssel geben und gut vermischen. Selleriesamen und Zitronensaft hinzugeben und alles verrühren.

2 Die Spaghetti in einem großen Topf mit kochendem Salzwasser al dente kochen. Anschließend abgießen und warm stellen.

3 In einem zweiten Topf Wasser aufkochen, das Gemüse in einen Dämpfaufsatz oder ein großes Sieb geben und über das kochende Wasser hängen. Abgedeckt 6–7 Minuten dämpfen, bis das Gemüse gerade weich wird.

4 Während Nudeln und Gemüse garen werden, die Zutaten für das Zitronendressing verrühren.

5 Spaghetti und Gemüse in eine Schüssel geben und mit dem Dressing mischen. Mit gehackten Sellerieblättern bestreuen und servieren.

Selbst gemachte Tagliatelle

45 Min. 5 Min.

4 PERSONEN

450 g Weizenmehl, plus etwas mehr für die Arbeitsfläche
2 TL Salz
4 Eier, verquirlt
3 EL Olivenöl
75 g Butter, zerlassen
3 Knoblauchzehen, zerdrückt
2 EL frisch gehackte Petersilie
Pfeffer

1 Das Mehl in eine große Schüssel sieben und mit dem Salz mischen.

2 Mit der Faust eine Vertiefung in die Mitte der Mischung drücken. Die Eier und 2 Esslöffel Öl in die Mulde geben und mit einem Holzlöffel unter das Mehl rühren. Wenn der Teig für den weiteren Gebrauch des Löffels zu fest wird, mit den Händen weiterkneten.

3 Sobald sich Mehl und Eier vollständig verbunden haben, den Teig aus der Schüssel nehmen und 5 Minuten auf einer bemehlten Arbeitsfläche weiterkneten. Ist der Teig zu feucht, mehr Mehl zugeben. Den fertigen Teig in Frischhaltefolie wickeln und für mindestens 15 Minuten in den Kühlschrank stellen.

4 Den abgekühlten Nudelteig entweder von Hand oder mit einer Nudelmaschine dünn ausrollen und in die gewünschte Form bringen.

5 Für die Tagliatelle die dünn ausgerollten Teigplatten dreifach zusammenfalten und in lange, dünne etwa 6 mm breite Streifen schneiden.

6 Die Tagliatelle in einem großen Topf mit kochendem Salzwasser und 1 Esslöffel Öl 2–3 Minuten garen. Aus dem Topf nehmen und gut abtropfen lassen.

7 Butter, Knoblauch und Petersilie mischen, über die Nudeln gießen, mit reichlich Pfeffer bestreuen und sofort servieren.

Penne mit Gemüse

10 Min. 25 Min.

4 PERSONEN

225 g Penne
2 EL Olivenöl
2 EL Butter
2 Knoblauchzehen, zerdrückt
1 grüne Paprika, in dünnen Streifen
1 gelbe Paprika, in dünnen Streifen
16 Kirschtomaten, halbiert
1 EL gehackter Oregano
125 ml trockener Weißwein
2 EL schwarze Oliven, geviertelt
Salz und Pfeffer
100 g Rucola
frische Oreganozweige, zum Garnieren

1 Die Nudeln in einem Topf mit kochendem Salzwasser al dente kochen. Dann abgießen und gut abtropfen lassen.

2 Öl und Butter in einer Pfanne erhitzen. Den Knoblauch zugeben und 30 Sekunden andünsten. Die Paprika zugeben und 3–4 Minuten unter Rühren mitbraten.

3 Kirschtomaten, Oregano, Wein und Oliven zufügen und 3–4 Minuten kochen. Mit Salz und Pfeffer abschmecken. Den Rucola zugeben und rühren, bis dieser zusammengefallen ist.

4 Die Nudeln in eine Schüssel geben und gut mit der Sauce mischen, mit Oreganozweigen garnieren und servieren.

VARIATION
Falls kein Rucola erhältlich ist, können Sie auch Spinat verwenden – die Zubereitungsmethode bleibt die gleiche.

Sommerliche Tagliatelle

10 Min. 20 Min.

4 PERSONEN

650 g Zucchini
6 EL Olivenöl
3 Knoblauchzehen, zerdrückt
3 EL frisch gehacktes Basilikum
2 rote Chillies, in Ringen
Saft von 1 großen Zitrone
5 EL Schlagsahne
4 EL geriebener Parmesan
Salz und Pfeffer
225 g Tagliatelle
knuspriges Brot, zum Servieren

1 Die Zucchini mit einem Sparschäler in dünne Längsstreifen schneiden.

2 Das Öl in einer Pfanne erhitzen und den Knoblauch darin 30 Sekunden dünsten.

3 Die Zucchinistreifen zugeben und bei schwacher Hitze unter ständigem Rühren etwa 5–7 Minuten anbraten.

4 Basilikum, Chiliringe, Zitronensaft, Sahne und Parmesan einrühren und alles mit Salz und Pfeffer abschmecken. Die Sauce bei geringer Hitze so lange warm halten, bis die Nudeln gar sind.

5 In der Zwischenzeit die Tagliatelle in einem großen Topf mit kochendem Salzwasser al dente kochen. Gut abtropfen lassen und in eine vorgewärmte Schüssel geben.

6 Die Zucchinisauce auf die Nudeln geben und das fertige Gericht sofort mit frischem Brot servieren.

TIPP
Sie können auch Limetten- statt Zitronensaft verwenden. Da Limetten gewöhnlich kleiner sind, sollten Sie aber den Saft von 2 Früchten nehmen.

Spaghetti mit Ricotta

5 Min. 25 Min.

4 PERSONEN

350 g Spaghetti
3 EL Olivenöl
2 EL Butter
2 EL frisch gehackte glatte Petersilie
120 g frisch gemahlene Mandeln
120 g Ricotta
1 Prise frisch geriebene Muskatnuss
1 Prise Zimt
150 g Crème fraîche
125 ml kochende Gemüsebrühe
Salz und Pfeffer
1 EL Pinienkerne
frische glatte Petersilie, zum Garnieren

1 Die Spaghetti in einem großen Topf mit kochendem Salzwasser und 1 Esslöffel Olivenöl al dente kochen. Dann abgießen, wieder in den Topf geben, mit Butter und Petersilie vermengen und warm stellen.

2 Für die Sauce Mandeln, Ricotta, Muskat, Zimt und Crème fraîche in einen Topf geben und bei schwacher Hitze zu einer dickflüssigen Paste verrühren. Das restliche Öl zufügen, dann langsam mit der Brühe glatt rühren. Mit Salz und Pfeffer abschmecken.

3 Die Spaghetti in eine vorgewärmte Servierschüssel geben, mit der Sauce übergießen und gut vermengen (siehe Tipp). Zum Schluss die Pinienkerne darüberstreuen, mit Petersilie garnieren und warm servieren.

TIPP
Verwenden Sie zum Vermengen der Spaghetti mit der Sauce zwei lange Gabeln oder spezielle Spaghettigabeln, die in Haushaltsfachgeschäften erhältlich sind. Führen Sie die Gabeln leicht unter die Nudeln und heben Sie sie zur Mitte hin an.

Provenzalischer Nudelsalat

10 Min. 15 Min.

4 PERSONEN

225 g Penne
1 EL Olivenöl
25 g entsteinte schwarze Oliven, abgetropft und klein geschnitten
25 g getrocknete Tomaten, eingeweicht und klein geschnitten
Salz und Pfeffer
400 g Artischockenherzen aus der Dose, abgetropft und halbiert
120 g kleine Zucchini, in Scheiben
120 g Kirschtomaten, halbiert
100 g gemischte kleine Salatblätter
gehackte Basilikumblätter, zum Garnieren

DRESSING
2 EL passierte Tomaten
2 EL fettarmer Frischkäse oder fettarmer Naturjoghurt
1 EL ungesüßter Orangensaft
1 Bund frisches Basilikum, gehackt

1 Die Nudeln in einem Topf mit kochendem Salzwasser al dente kochen. Danach abgießen, in den Topf zurückgeben und Olivenöl, Oliven und getrocknete Tomaten unterrühren. Mit Salz und Pfeffer würzen und abkühlen lassen.

2 Artischocken, Zucchini und Kirschtomaten unter die Nudeln mengen.

3 Die Salatblätter auf einer Platte dekorativ anrichten.

4 Alle Zutaten für das Dressing gründlich verrühren, dann über Nudeln und Gemüse gießen und gründlich mischen.

5 Die Nudeln auf den Salatblättern anrichten und mit Basilikum garnieren.

VARIATION
Dieses Gericht kann auch mit anderen Nudelsorten zubereitet werden. Besonders gut eignen sich solche mit kleinen Löchern oder Vertiefungen, wie Farfalle oder Rotelle, in denen die Sauce gut haften bleibt.

Rotelle in pikanter Sauce

30 Min. 25 Min.

4 PERSONEN

5 EL Olivenöl
3 Knoblauchzehen, zerdrückt
2 frische rote Chillies, entkernt und gehackt
1 frische grüne Chili, entkernt und gehackt
200 ml Rotweinsauce (siehe Seite 4)
Salz und Pfeffer
400 g Rotelle
warmes italienisches Brot, zum Servieren

1 4 Esslöffel Olivenöl in einem Topf erhitzen und darin Knoblauch und Chillies 3 Minuten dünsten.

2 Die Rotweinsauce zugießen, mit Salz und Pfeffer abschmecken und 20 Minuten köcheln lassen.

3 Die Rotelle in einem großen Topf mit kochendem Salzwasser und dem restlichen Olivenöl al dente kochen. Dann abgießen und gut abtropfen lassen.

4 Die Sauce über die Rotelle geben und gut vermengen. In eine vorgewärmte Schüssel umfüllen und sofort mit dem warmen Brot servieren.

TIPP
Entfernen Sie die Chilisamen, bevor Sie die Schoten schneiden. Sie sind das schärfste an der Chili.

Tagliarini mit Gorgonzola

10 Min. 25 Min.

4 PERSONEN

1 EL Butter
225 g Gorgonzola, zerbröckelt
150 g Crème double
2 EL trockener Weißwein
1 TL Speisestärke
4 frische Salbeizweige, fein gehackt
Salz und weißer Pfeffer
400 g Tagliarini
2 EL Olivenöl

1 Die Butter in einem Topf zerlassen. 150 g Gorgonzola einrühren und 2 Minuten bei schwacher Hitze schmelzen.

2 Crème double, Wein und Speisestärke zugeben und mit einem Schneebesen gut verquirlen.

3 Den Salbei einrühren und die Sauce mit Salz und Pfeffer abschmecken. Unter ständigem Schlagen bei schwacher Hitze aufkochen, bis die Sauce eindickt. Vom Herd nehmen und bis zur weiteren Verwendung beiseitestellen.

4 Die Tagliarini in einem großen Topf mit kochendem Salzwasser und 1 Esslöffel Olivenöl 12–14 Minuten al dente kochen. Dann gründlich abtropfen lassen und mit dem restlichen Olivenöl vermengen. In eine Schüssel umfüllen und warm stellen.

5 Die Gorgonzolasauce unter ständigem Rühren bei niedriger Hitze aufwärmen. Über die Tagliarini gießen, mit dem restlichen Käse bestreuen und sofort servieren.

TIPP
Gorgonzola ist einer der besten Blauschimmelkäse der Welt. Achten Sie beim Kauf auf eine cremig gelbe Farbe und eine feine blaugrüne Äderung. Meiden Sie harten oder verfärbten Käse. Der Gorgonzola sollte ein volles, pikantes, aber nicht bitteres Aroma haben.

Nudeln mit grünem Gemüse

10 Min. 30 Min.

4 PERSONEN

225 g Gemelli oder andere Spiralnudeln
1 EL Olivenöl
1 Brokkoli, in Röschen
2 Zucchini, in Scheiben
225 g grüner Spargel
125 g Zuckererbsen
125 g tiefgefrorene Erbsen, aufgetaut
1 EL Butter
3 EL Gemüsebrühe
4 EL Schlagsahne
Salz und Pfeffer
frisch geriebene Muskatnuss
2 EL frisch gehackte Petersilie
2 EL frisch geriebener Parmesan

1 Die Nudeln in einem großen Topf mit kochendem Salzwasser und Olivenöl al dente kochen. Die Nudeln abgießen, wieder in den Topf geben, abdecken und warm stellen.

2 Brokkoli, Zucchini, Spargel und Zuckererbsen in einen Dämpfeinsatz geben und diesen in einen Topf mit kochendem Salzwasser hängen. Das Gemüse gar dämpfen, vom Herd nehmen und mit kaltem Wasser abschrecken. Abtropfen lassen und beiseitestellen.

3 Salzwasser in einem kleinen Topf zum Kochen bringen und die Erbsen darin 3 Minuten garen. Abgießen, mit kaltem Wasser abschrecken und erneut abtropfen lassen. Mit dem übrigen Gemüse beiseitestellen.

4 Butter und Gemüsebrühe bei mittlerer Hitze in einem Topf erwärmen. Das Gemüse bis auf einige Spargelstangen hineingeben. Mit einem Holzlöffel vorsichtig vermengen und so lange rühren, bis das Gemüse heiß ist.

5 Die Sahne einrühren und heiß werden lassen, aber nicht kochen. Mit Salz, Pfeffer und Muskat abschmecken.

6 Die Nudeln auf eine vorgewärmte Servierplatte geben und mit der gehackten Petersilie bestreuen. Die Gemüse-Sahne-Mischung über die Nudeln geben und mit Parmesan bestreuen. Die zurückbehaltenen Spargelstangen dekorativ auf den Tellern anrichten und sofort servieren.

Pappardelle mit Erdnussbutter

15 Min. 20 Min.

4 PERSONEN

280 g Pappardelle
3 EL Erdnussöl
2 Knoblauchzehen, zerdrückt
2 Schalotten, in Ringen
225 g Prinzessbohnen, in Stücken
100 g Kirschtomaten, halbiert
1 TL Chiliflocken
4 EL grobe Erdnussbutter
150 ml Kokosmilch
1 EL Tomatenmark
Frühlingszwiebelringe, zum Garnieren

1 Die Nudeln in einem großen Topf mit kochendem Salzwasser al dente kochen. Gut abtropfen lassen und beiseitestellen.

2 Das Erdnussöl in einem großen vorgewärmten Wok erhitzen. Den Knoblauch und die Schalotten zufügen und 1 Minute pfannenrühren.

3 Bohnen und Nudeln in den Wok geben und 5 Minuten weiterrühren. Dann die Kirschtomaten zufügen und unterheben.

4 Chiliflocken, Erdnussbutter, Kokosmilch und Tomatenmark verrühren. Diese Sauce in die Pfanne gießen, gründlich mit den anderen Zutaten vermengen und erhitzen.

5 Das fertige Gericht auf vorgewärmte Teller geben, mit Frühlingszwiebelringen garnieren und sofort servieren.

VARIATION
Verwenden Sie statt der Pappardelle Eiernudeln. Kochen Sie die Nudeln nach Packungsanleitung und geben Sie sie dann wie beschrieben in Schritt 3 zu der Sauce in den Wok.

Nudel-Käse-Pudding

45 Min. 50 Min.

4 PERSONEN

1 EL weiche Butter, zum Einfetten
60 g Semmelbrösel
175 g bunte Spaghetti
1 EL Olivenöl
300 ml Béchamelsauce (siehe Seite 5)
1 Eigelb
150 g Gruyère, frisch gerieben
Salz und Pfeffer
glatte Petersilie, zum Garnieren

TOMATEN-LORBEER-SAUCE
2 TL Olivenöl
1 Zwiebel, fein gehackt
1 Lorbeerblatt
150 ml trockener Weißwein
150 g passierte Tomaten
1 EL Tomatenmark
Salz und Pfeffer

1 Vier kleine Souffléformen (je 180 ml Inhalt) einfetten und die Hälfte der Semmelbrösel gleichmäßig darin verteilen.

2 Die Spaghetti in 5 cm lange Stücke brechen und in einem großen Topf mit kochendem Salzwasser und etwas Öl al dente kochen. Abtropfen lassen und in eine Schüssel geben.

3 Béchamelsauce, Eigelb, Käse, Salz und Pfeffer unter die Nudeln rühren und die Masse in die Formen füllen. Mit den restlichen Semmelbröseln bestreuen, auf ein Backblech stellen und im vorgeheizten Backofen bei 220 °C 20 Minuten überbacken, bis die oberste Schicht goldbraun ist. Anschließend 20 Minuten ruhen lassen.

4 Unterdessen die Sauce zubereiten. Das Öl in einer Pfanne erhitzen. Zwiebel und Lorbeer darin 2–3 Minuten unter Rühren dünsten.

5 Wein, passierte Tomaten und Tomatenmark unterrühren, mit Salz und Pfeffer abschmecken, aufkochen und 20 Minuten köcheln lassen, bis die Sauce andickt. Das Lorbeerblatt entfernen.

6 Den Rand des Puddings von den Formen lösen, auf Servierteller stürzen, mit Petersilie garnieren und mit der Tomaten-Lorbeer-Sauce servieren.

Pasta mit Zucchini-Käse-Sauce

10 Min. 30 Min.

4 PERSONEN

60 g Pinienkerne
350 g Farfalle oder Conchiglie
1 EL Olivenöl
2 Zucchini, in Scheiben
125 g Brokkoli, in Röschen
200 g Frischkäse
150 ml Milch
1 EL frisch gehacktes Basilikum
150 g braune Champignons, in Scheiben
100 g Blauschimmelkäse, zerbröckelt
Salz und Pfeffer
grüner Salat, zum Servieren

1 Die Pinienkerne auf ein Backblech streuen und unter dem vorgeheizten Grill goldbraun rösten, dabei gelegentlich wenden.

2 Die Nudeln in einem großen Topf mit kochendem Salzwasser und dem Olivenöl al dente kochen.

3 In der Zwischenzeit das Gemüse 5 Minuten in kochendem Wasser blanchieren, bis es gerade gar ist.

4 Den Frischkäse in einen Topf geben und bei schwacher Hitze erwärmen. Die Milch einrühren. Basilikum und Pilze zugeben und 2–3 Minuten köcheln lassen. Den Blauschimmelkäse einrühren und mit Salz und Pfeffer abschmecken.

5 Nudeln und Gemüse abgießen und in eine Schüssel geben. Mit der Sauce übergießen und mit den gerösteten Pinienkernen bestreuen. Gut vermengen und sofort servieren. Dazu einen grünen Salat reichen.

Gemüse-Cannelloni

10 Min. 45 Min.

4 PERSONEN

1 Aubergine
125 ml Olivenöl
225 g Spinat
2 Knoblauchzehen, zerdrückt
1 TL gemahlener Kreuzkümmel
85 g Pilze, gehackt
Salz und Pfeffer
12 Cannelloni

TOMATENSAUCE
1 EL Olivenöl
1 Zwiebel, gehackt
2 Knoblauchzehen, zerdrückt
800 g gehackte Tomaten aus der Dose
1 TL Zucker
2 EL gehacktes Basilikum
60 g Mozzarella, in Scheiben

1 Die Aubergine in kleine Würfel schneiden. Das Öl in einer Pfanne erhitzen und die Aubergine bei mittlerer Hitze unter Rühren 2–3 Minuten andünsten.

2 Spinat, Knoblauch, Kreuzkümmel und Pilze zugeben. Mit Salz und Pfeffer abschmecken und unter gelegentlichem Rühren 2–3 Minuten kochen. Die fertige Mischung in die Cannelloni füllen und diese nebeneinander in eine Auflaufform legen.

3 Für die Sauce das Öl in einem Topf erhitzen. Zwiebel und Knoblauch darin 1 Minute kurz anbraten. Tomaten, Zucker und Basilikum zugeben und alles zum Kochen bringen. Die Hitze reduzieren und die Sauce 5 Minuten köcheln lassen. Die fertige Sauce über die Cannelloni gießen.

4 Den Mozzarella über die Cannelloni geben und das so vorbereitete Gericht in einem auf 190 °C vorgeheizten Backofen 30 Minuten überbacken, bis der Käse Blasen wirft und goldbraun ist. Sofort servieren.

TIPP
Sie können die Tomatensauce im Voraus zubereiten und bis zu 24 Stunden im Kühlschrank aufbewahren.

Gemüse-Ravioli

20 Min. 20 Min.

4 PERSONEN

FÜLLUNG
1 EL Butter
2 Knoblauchzehen, zerdrückt
1 kleine Porreestange, gehackt
200 g Champignons, gehackt
2 Selleriestangen, gehackt
1 Ei, verquirlt
2 EL frisch geriebener Parmesan
Salz und Pfeffer

RAVIOLI
4 Lagen Filo- oder Blätterteig
1 EL Butter, zerlassen
Öl, zum Frittieren

1 Für die Füllung Butter in einer Pfanne zerlassen und darin Knoblauch und Porree 2–3 Minuten glasig dünsten.

2 Pilze und Sellerie zufügen und weitere 4–5 Minuten dünsten. Die Hitze reduzieren, Ei und Parmesan unterrühren und mit Salz und Pfeffer abschmecken.

3 Die Teiglagen auf ein Brett legen und in jeweils 9 Quadrate schneiden. In die Mitte von 18 Teigstücken etwas Füllung geben, die Ränder mit Butter bestreichen. Mit einem weiteren Teigquadrat bedecken und die Ränder fest zusammendrücken.

4 Das Öl in einem großen Topf auf 180 °C erhitzen. Darin die Ravioli nacheinander 2–3 Minuten goldbraun frittieren. Mit einem Schaumlöffel herausnehmen und mit Küchenpapier trocken tupfen.

5 Die Ravioli auf einer vorgewärmten Platte anrichten und sofort servieren.

Auberginen mit Nudelfüllung

25 Min. 55 Min.

4 PERSONEN

225 g Penne oder andere kurze Nudeln
4 EL Olivenöl, plus etwas mehr zum Einfetten
2 große Auberginen
1 große Zwiebel, gehackt
2 Knoblauchzehen, zerdrückt
400 g gehackte Tomaten aus der Dose
2 TL getrockneter Oregano
Salz und Pfeffer
60 g Mozzarella, in dünnen Scheiben
2 EL frisch geriebener Parmesan
5 EL Semmelbrösel
Salatblätter, zum Servieren

1 Die Nudeln in leicht gesalzenem Wasser und 1 Esslöffel Olivenöl al dente kochen. Anschließend abgießen, gut abtropfen lassen, in den Topf zurückgeben, abdecken und warm halten.

2 Die Auberginen längs halbieren und das Fruchtfleisch kreuzförmig einschneiden, ohne die Schale zu beschädigen. Das Fruchtfleisch mit einem Löffel vorsichtig auslösen, hacken und beiseitestellen. Die ausgehöhlten Auberginen innen mit etwas Olivenöl bestreichen.

3 Die Zwiebel im restlichen Öl glasig dünsten. Den Knoblauch zugeben und 1 Minute mitdünsten. Das gehackte Fruchtfleisch der Auberginen zufügen und 5 Minuten braten. Tomaten und Oregano zugeben und alles mit Salz und Pfeffer abschmecken. Aufkochen und 10 Minuten köcheln lassen. Dann vom Herd nehmen und die Nudeln einrühren.

4 Ein Backblech mit Öl einfetten und die ausgehöhlten Auberginen darauf setzen. Die Hälfte der Füllung auf die Auberginen verteilen. Mit Mozzarella belegen und mit der restlichen Füllung bedecken.

5 Parmesan und Semmelbrösel mischen und über die Auberginen streuen. Dann die gefüllten Auberginen 25 Minuten in einem auf 200 °C vorgeheizten Backofen goldbraun backen und mit Salatblättern garniert servieren.

Drei-Käse-Auflauf

5 Min. 1 Std.

4 PERSONEN

Butter, zum Einfetten
400 g Penne
1 EL Olivenöl
2 Eier, verquirlt
350 g Ricotta
Salz und Pfeffer
4 frische Basilikumzweige
100 g Mozzarella, gerieben
4 EL frisch geriebener Parmesan
frische Basilikumblätter, zum Garnieren (nach Belieben)
verschiedene gekochte Gemüsesorten, zum Servieren

1 Eine große Auflaufform leicht mit Butter einfetten.

2 Die Penne in einem großen Topf mit kochendem Salzwasser und Olivenöl al dente kochen. Anschließend abgießen, beiseitestellen und warm halten.

3 Die Eier mit dem Ricotta gut verrühren und mit Salz und Pfeffer abschmecken.

4 Die Hälfte der Penne auf dem Boden der Auflaufform verteilen. Basilikum abzupfen und Penne mit der Hälfte der Basilikumblätter bedecken.

5 Die Hälfte der Ricotta-Mischung über die Nudeln geben. Mit Mozzarella bestreuen und mit den restlichen Basilikumblättern belegen. Mit den restlichen Penne bedecken und die verbliebene Ricotta-Mischung darübergeben. Zum Schluss das Ganze dünn mit geriebenem Parmesan bestreuen.

6 Den so vorbereiteten Auflauf 30–40 Minuten in einem auf 190 °C vorgeheizten Backofen backen, bis der Käse goldbraun ist und Blasen wirft. Nach Belieben mit frischen Basilikumblättern garnieren und mit einer Auswahl an gekochtem Gemüse servieren.

Auberginen-Lasagne

1 Std. 15 Min. 1 Std.

4 PERSONEN

1 kg Auberginen
8 EL Olivenöl
1 EL Knoblauch-Kräuter-Butter
500 g Zucchini, in Scheiben
Salz und Pfeffer
225 g Mozzarella, gerieben
600 g passierte Tomaten
6 grüne Lasagne-Platten, vorgekocht
600 ml Béchamelsauce (siehe Seite 5)
60 g Parmesan, frisch gerieben
1 TL getrockneter Oregano

1 Die Auberginen in dünne Scheiben schneiden, salzen und 20 Minuten beiseitestellen. Abspülen und trocken tupfen.

2 Die Hälfte des Öls in einer großen Pfanne erhitzen. Die Hälfte der Auberginen 6–7 Minuten bei geringer Hitze goldbraun braten. Anschließend abtropfen lassen und die zweite Hälfte im restlichen Öl braten. Aus der Pfanne nehmen und ebenfalls abtropfen lassen.

3 Die Butter in der Pfanne zerlassen und die Zucchini 5–6 Minuten goldbraun braten. Abtropfen lassen.

4 Die Hälfte der Zucchini- und Auberginenscheiben in eine große Auflaufform schichten. Mit Salz und Pfeffer würzen und mit der Hälfte des Mozzarellas bestreuen. Die Hälfte der passierten Tomaten darübergeben und mit 3 Lasagne-Platten belegen.

5 Den Schichtvorgang mit den restlichen Zucchini- und Auberginenscheiben, dem Mozzarella und den Tomaten wiederholen. Mit Lasagne-Platten abschließen.

6 Das Gericht mit Béchamelsauce übergießen und mit Parmesan sowie Oregano bestreuen. Auf ein Backblech stellen und 35 Minuten in einem auf 220 °C vorgeheizten Backofen goldbraun backen.

Auberginen auf Linguine

15 Min. 15 Min. + Marinierzeit

4 PERSONEN

150 ml Gemüsebrühe
150 ml Weißweinessig
2 TL Balsamico-Essig
3 EL Olivenöl
1 frischer Oreganozweig
450 g Auberginen, geschält und in dünnen Scheiben
Salz
400 g Linguine

MARINADE
2 EL natives Olivenöl extra
2 Knoblauchzehen, zerdrückt
2 EL frisch gehackter Oregano
2 EL fein gehackte Mandeln, geröstet
2 EL rote Paprika, entkernt und gewürfelt
2 EL Limettensaft
abgeriebene Schale und Saft von 1 Orange
Salz und Pfeffer

1 Die Brühe und die beiden Essigsorten in einen Topf geben und bei geringer Hitze aufkochen. 1 Esslöffel Olivenöl und den Oreganozweig zugeben und 1 Minute köcheln lassen.

2 Die Auberginenscheiben zu der Essig-Gemüsebrühe in den Topf geben. Dann den Topf vom Herd nehmen und das Gemüse 10 Minuten ziehen lassen.

3 In der Zwischenzeit die Marinade zubereiten. Dazu Olivenöl, Knoblauch, Oregano, Mandeln, Paprika, Limettensaft, Orangenschale und -saft in einer großen Schüssel mischen und mit Salz und Pfeffer würzen.

4 Die Auberginen mit einem Schaumlöffel aus dem Topf heben, gut abtropfen lassen und mit Küchenpapier trocken tupfen. Anschließend die Scheiben in der Marinade wenden und etwa 12 Stunden ziehen lassen.

5 Salzwasser mit 1 Esslöffel des restlichen Olivenöls in einem großen Topf zum Kochen bringen. Nudeln zugeben und in 8–10 Minuten al dente kochen.

6 Die fertig gegarten Nudeln abgießen und mit dem restlichen Öl vermengen. Dann die Nudeln auf einer Servierplatte anrichten, die Auberginenscheiben und die Marinade darübergeben und sofort servieren.

Nudelnester mit Gemüse

25 Min. 40 Min.

4 PERSONEN

175 g Spaghetti
6 EL Olivenöl
1 Aubergine, halbiert und in Scheiben
1 Zucchini, gewürfelt
1 rote Paprika, entkernt und in Streifen
2 Knoblauchzehen, zerdrückt
4 EL Butter, zerlassen, plus etwas mehr zum Einfetten
1 EL Semmelbrösel
Salz und Pfeffer
frische Petersilienzweige, zum Garnieren

1 Die Spaghetti in einem großen Topf mit kochendem Salzwasser und 1 Esslöffel Öl al dente kochen. Abgießen, in den Topf zurückgeben und warm stellen.

2 Die Aubergine, die Zucchini und die Paprika auf ein Backblech legen.

3 Das restliche Öl und den Knoblauch verrühren. Die Mischung über das Gemüse gießen und gut vermengen.

4 Das Gemüse unter einem vorgeheizten Grill bei gelegentlichem Wenden 10 Minuten garen, bis es leicht gebräunt ist. Anschließend warm halten.

5 Die Spaghetti auf 4 leicht eingefettete große Puddingformen verteilen und mit 2 Gabeln zu Nestern formen.

6 Die Nudelnester mit zerlassener Butter beträufeln und die Semmelbrösel darüberstreuen. Im vorgeheizten Backofen bei 200 °C 15 Minuten goldgelb backen. Die Nester aus der Form nehmen, auf Tellern anrichten und mit dem Gemüse füllen. Mit Salz und Pfeffer abschmecken, mit Petersilie garnieren und servieren.

Gebackene Nudeln

10 Min. 1 Std. 5 Min.

4 PERSONEN

100 g Penne oder Makkaroni
1 EL Olivenöl
1 Porreestange, gehackt
3 Knoblauchzehen, zerdrückt
1 grüne Paprika, entkernt und gewürfelt
400 g gehackte Tomaten aus der Dose
2 EL schwarze Oliven, entsteint und gehackt
2 Eier, verquirlt
1 EL gehacktes Basilikum
Salz und Pfeffer
etwas Butter, zum Einfetten

TOMATENSAUCE
1 EL Olivenöl
1 Zwiebel, gehackt
225 g gehackte Tomaten aus der Dose
1 TL Zucker
2 EL Tomatenmark
150 ml Gemüsebrühe
Salz und Pfeffer

1 Die Nudeln in einem großen Topf mit kochendem Salzwasser al dente kochen, dann abgießen und gut abtropfen lassen.

2 In der Zwischenzeit das Öl in einem Topf erhitzen, Porree und Knoblauch 2 Minuten unter Rühren andünsten. Paprika, Tomaten und Oliven zugeben und 5 Minuten mitschmoren.

3 Den Topf vom Herd nehmen, Pasta, Eier und Basilikum einrühren. Mit Salz und Pfeffer abschmecken und in eine leicht gefettete Puddingform (etwa 1 l Inhalt) geben.

4 Die Auflaufform in eine Fettpfanne oder einen Bräter setzen, diese bis zur Hälfte mit kochendem Wasser füllen. Abdecken und im vorgeheizten Backofen bei 180 °C etwa 40 Minuten im Wasserbad garen, bis die Masse gestockt ist.

5 Für die Sauce das Öl in einem Topf erhitzen und die Zwiebel 2 Minuten unter Rühren dünsten. Die übrigen Zutaten zugeben und 10 Minuten kochen. Die

Sauce im Mixer glatt pürieren und wieder erwärmen. Mit Salz und Pfeffer abschmecken.

6 Die gebackenen Nudeln aus der Puddingform auf eine warme Servierplatte stürzen. In Scheiben schneiden und mit der Sauce servieren.

Gemüse-Lasagne

35 Min. 55 Min.

4 PERSONEN

1 Aubergine, in dünnen Scheiben
3 EL Olivenöl
1 rote Zwiebel, halbiert und in Ringen
2 Knoblauchzehen, zerdrückt
1 gelbe Paprika, entkernt und gewürfelt
1 grüne Paprika, entkernt und gewürfelt
1 rote Paprika, entkernt und gewürfelt
225 g gemischte Pilze, in Scheiben
2 Selleriestangen, in Scheiben
1 Zucchini, gewürfelt
½ TL Chilipulver
½ TL gemahlener Kreuzkümmel
2 Tomaten, gehackt
300 g passierte Tomaten
2 EL gehacktes Basilikum
Salz und Pfeffer
8 grüne Lasagne-Platten

KÄSESAUCE
2 EL Butter
1 EL Mehl
150 ml Gemüsebrühe
300 ml Milch
75 g Cheddar oder Gouda, gerieben
1 TL Dijon-Senf
1 EL gehacktes Basilikum
1 Ei, verquirlt

1 Die Auberginenscheiben in einen Durchschlag legen, mit Salz bestreuen und 20 Minuten ziehen lassen. Dann abspülen, abtropfen lassen und beiseitestellen.

2 Das Öl in einer Pfanne erhitzen und Zwiebeln sowie Knoblauch darin 1–2 Minuten andünsten. Paprika, Pilze, Sellerie und Zucchini zugeben und unter ständigem Rühren 3–4 Minuten dünsten

3 Die Gewürze einrühren und 1 Minute kochen. Tomaten, passierte Tomaten und Basilikum mischen und mit Salz und Pfeffer würzen.

4 Für die Käsesauce die Butter in einem Topf zerlassen, das Mehl einrühren und 1 Minute anschwitzen. Den Topf vom Herd nehmen, Brühe und Milch einrühren, dann wieder auf den Herd stellen. Die Hälfte des Käses und den Senf zugeben. Die Sauce unter Rühren kochen, bis sie eindickt. Dann das Basilikum einrühren, den Topf erneut vom Herd nehmen und das Ei einrühren.

5 Die Hälfte der Lasagne-Platten in eine Auflaufform geben. Zuerst die halbe Gemüsemischung, dann die Hälfte der Auberginen darauf geben. Wiederholen und mit der Käsesauce abschließen. Mit dem restlichen Käse bestreuen und in einem auf 180 °C vorgeheizten Backofen 40 Minuten backen. Dann sofort heiß servieren.

Auberginen-Nudel-Kuchen

55 Min. 35 Min.

4 PERSONEN

etwas Butter, zum Einfetten
1 Aubergine
300 g bunte Nudeln
125 g fettarmer Frischkäse mit Knoblauch und Kräutern
350 g passierte Tomaten
4 EL frisch geriebener Parmesan
1½ TL getrockneter Oregano
Salz und Pfeffer
2 EL Semmelbrösel

1 Den Backofen auf 190 °C vorheizen. Eine Springform (Ø 20 cm) einfetten und den Boden mit Backpapier auslegen.

2 Die Aubergine putzen und der Länge nach in 0,5 cm dicke Scheiben schneiden. In eine Schüssel geben, mit Salz bestreuen und 30 Minuten ziehen lassen, um ihnen die Bitterstoffe zu entziehen. Abspülen und abtropfen lassen

3 Die Auberginenscheiben in einem Topf mit kochendem Wasser 1 Minute blanchieren. Abgießen und mit Küchenpapier trocken tupfen. Beiseitestellen.

4 Die Nudeln in kochendem Salzwasser al dente kochen. Abgießen und wieder in den Topf geben. Den Frischkäse zugeben und auf den Nudeln schmelzen.

5 Passierte Tomaten, Parmesan und Oregano unterrühren und mit Salz und Pfeffer abschmecken. Beiseitestellen.

6 Die Form so mit Auberginenscheiben auslegen, dass die einzelnen Scheiben einander überlappen und keine Lücken frei bleiben.

7 Die Nudelmischung in die Springform füllen, etwas andrücken und mit Semmelbröseln bestreuen. Dann in einem auf 190 °C vorgeheizten Backofen 20 Minuten backen und anschließend 15 Minuten ruhen lassen.

8 Den fertigen Nudelkuchen ringsum mit einem Messer von der Form lösen, auf einen Teller oder eine Servierplatte stürzen und heiß servieren.

Nudeltorte mit Champignons

10 Min. 1 Std. 10 Min.

4 PERSONEN

225 g Vermicelli oder Spaghetti
1 EL Olivenöl
1 EL Butter, plus etwas mehr zum Einfetten
Salz und Pfeffer
Tomaten-Basilikum-Salat, zum Servieren

FÜLLUNG
60 g Butter
1 Zwiebel, gehackt
150 g kleine Champignons, halbiert
1 grüne Paprika, entkernt und in Streifen
150 ml Milch
3 Eier, leicht verquirlt
2 EL Crème double
1 TL getrockneter Oregano
1 Prise frisch geriebene Muskatnuss
Pfeffer
1 EL frisch geriebener Parmesan

1 Die Nudeln in einem großen Topf mit kochendem Salzwasser und Öl al dente kochen. Abtropfen lassen, in den Topf zurückgeben, die Butter untermischen, salzen und pfeffern.

2 Eine Springform (Ø 20 cm) einfetten, die Nudeln auf dem Boden und am Rand der Form verteilen.

3 Für die Füllung die Butter in einer Pfanne zerlassen, die Zwiebel darin glasig dünsten, herausnehmen und über die Nudeln geben.

4 Pilze und Paprika in die Pfanne geben, gleichmäßig in dem Fett wenden und 2 Minuten dünsten. Zu den Nudeln geben und gleichmäßig verteilen.

5 Milch, Eier und Crème double verrühren, Oregano zufügen und mit Muskat und Pfeffer abschmecken. Die Mischung über das Gemüse geben und mit Parmesan bestreuen.

6 Die Nudeltorte im vorgeheizten Backofen bei 180 °C 40–45 Minuten backen, bis die Masse fest wird.

7 Auf eine Servierplatte geben und mit Tomaten-Basilikum-Salat servieren.

Sahnenudeln mit Brokkoli

10 Min. 25 Min.

4 PERSONEN

60 g Butter
1 große Zwiebel, fein gehackt
500 g Lasagnette
500 g Brokkoli, in Röschen
150 ml kochende Gemüsebrühe
Salz und weißer Pfeffer
1 EL Mehl
150 g Schlagsahne
60 g Mozzarella, gewürfelt
frisch geriebene Muskatnuss
frische Apfelscheiben, zum Garnieren

1 Die Hälfte der Butter in einem großen Topf bei mittlerer Hitze zerlassen und darin die Zwiebel 4 Minuten dünsten.

2 Nudeln und Brokkoli in den Topf geben und unter ständigem Rühren 2 Minuten andünsten. Die Brühe zugießen, aufkochen und 12 Minuten köcheln lassen. Dann mit Salz und Pfeffer abschmecken.

3 In der Zwischenzeit die restliche Butter in einem Topf bei mittlerer Hitze zerlassen. Das Mehl einrühren und 2 Minuten anschwitzen. Nach und nach die Sahne einrühren, erhitzen, aber nicht mehr kochen. Den Mozzarella zugeben und mit Salz und etwas Muskat abschmecken.

4 Nudeln und Brokkoli abgießen und in die Käsesauce geben. Unter gelegentlichem Rühren 2 Minuten kochen. Das Ganze in eine vorgewärmte große Schüssel geben und mit Apfelscheiben garniert servieren.

VARIATION
Dieses Gericht lässt sich ebenso schmackhaft und farbenfroh mit Romanesco zubereiten, einer Blumenkohlsorte mit einer kräftigen blaugrünen Farbe.

Drei-Käse-Makkaroni

30 Min. 45 Min.

4 PERSONEN

600 ml Béchamelsauce (siehe Seite 5)
225 g Makkaroni
1 Ei, verquirlt
150 g reifer Cheddar oder Gouda, gerieben
1 EL grobkörniger Senf
2 EL frisch gehackter Schnittlauch
Salz und Pfeffer
4 Tomaten, in Scheiben
125 g roter Leicester, frisch gerieben
60 g Blauschimmelkäse, z.B. Gorgonzola, grob zerbröckelt
2 EL Sonnenblumenkerne
frische Schnittlauchröllchen, zum Garnieren

1 Die Béchamelsauce frisch zubereiten, in eine Schüssel umfüllen und mit Frischhaltefolie abdecken, damit sich keine Haut bildet. Dann beiseitestellen.

2 Die Nudeln in einem großen Topf mit kochendem Salzwasser al dente kochen. Abtropfen lassen und in eine Auflaufform geben.

3 Ei, Cheddar oder Gouda, Senf und Schnittlauch unter die vorbereitete Béchamelsauce rühren. Anschließend mit Salz und Pfeffer abschmecken und die Sauce gleichmäßig über die Nudeln gießen. Dann die Nudeln mit einer Schicht aus Tomatenscheiben bedecken.

4 Leicester, Blauschimmelkäse und die Sonnenblumenkerne darübergeben. Den Auflauf auf ein Backblech stellen und im vorgeheizten Backofen bei 190 °C 25–30 Minuten garen, bis die oberste Schicht goldbraun und knusprig ist.

5 Das fertige Gericht mit Schnittlauchröllchen garnieren und sofort auf vorgewärmten Tellern servieren.

Linguine al pesto

15 Min. 10–15 Min.

4 PERSONEN

400 g Linguine
frisch geriebener Parmesan, zum Servieren (nach Belieben)

PESTO
150 g Parmesan, gerieben
3 Knoblauchzehen, grob gehackt
150 g frische Basilikumblätter
5 EL Pinienkerne
150 ml natives Olivenöl extra
Salz und Pfeffer

1 Alle Pestozutaten in einen Mixer geben und alles etwa 30 Sekunden pürieren.

2 Die Linguine in Salzwasser al dente garen. Die Nudeln abgießen.

3 Die Sauce zu den Nudeln geben und bei niedriger Hitze unterrühren, bis die Sauce warm ist. Dann nach Belieben mit Parmesan bestreuen und servieren.

TIPP
Das Pesto ist im Kühlschrank bis zu 5 Tage lang haltbar.

Spaghetti aglio e olio

5 Min. 5–10 Min.

4 PERSONEN

125 ml natives Olivenöl extra
3 Knoblauchzehen, zerdrückt
Salz und Pfeffer
500 g frische Spaghetti

1 1 Esslöffel Olivenöl zurückbehalten, den Rest in einem Topf erhitzen. Den Knoblauch mit 1 Prise Salz unter ständigem Rühren bei geringer Hitze goldbraun anrösten, dann den Topf vom Herd nehmen. Vorsicht: Der Knoblauch darf nicht anbrennen, da er sonst sein Aroma verliert.

2 In der Zwischenzeit die Spaghetti in einem großen Topf mit kochendem Salzwasser und dem restlichen Olivenöl al dente kochen. Abgießen und wieder in den Topf geben.

3 Öl und Knoblauch zu den Spaghetti geben und vermengen. Mit Pfeffer abschmecken und sofort servieren.

Nudeln mit Birnensauce

10 Min. 20 Min.

4 PERSONEN

225 g Spaghetti
2 kleine reife Birnen, geschält und in Scheiben
150 ml Gemüsebrühe
100 ml trockener Weißwein
2 EL Butter
1 EL Olivenöl
1 rote Zwiebel, geviertelt und in Ringen
1 Knoblauchzehe, zerdrückt
60 g Walnusshälften
2 EL gehackter Oregano
1 EL Zitronensaft
85 g milder Blauschimmelkäse, zerbröckelt
Salz und Pfeffer
frische Oreganoblätter, zum Garnieren

1 Die Nudeln in einem Topf mit kochendem Salzwasser al dente kochen. Gut abgießen und warm halten.

2 In der Zwischenzeit die Birnen in einen Topf geben und mit Brühe und Wein übergießen. Die Birnen bei niedriger Hitze 10 Minuten pochieren. Abgießen, Birnen und Kochsud beiseitestellen.

3 Butter und Öl in einem Topf erhitzen, bis die Butter zerläuft. Darin Zwiebel und Knoblauch 2–3 Minuten unter Rühren dünsten.

4 Walnüsse, Oregano und Zitronensaft einrühren. Dann die Birnen zusammen mit 4 Esslöffeln des aufbewahrten Kochsuds unterrühren.

5 Den Käse in den Topf geben und die Mischung 1–2 Minuten bei niedriger Hitze köcheln, bis der Käse zu schmelzen beginnt. Dabei gelegentlich umrühren. Die Sauce mit Salz und Pfeffer würzen.

6 Die fertigen Spaghetti mit der Sauce vermengen, mit Oregano garnieren und sofort servieren.

Walnuss-Oliven-Pasta

15 Min. 10 Min.

4-5 PERSONEN

2 dicke Scheiben Vollkornbrot ohne Rinde
300 ml Milch
275 g geschälte Walnüsse
2 Knoblauchzehen, zerdrückt
120 g schwarze Oliven, entsteint
60 g Parmesan, frisch gerieben
8 EL natives Olivenöl extra
150 g Crème double
500 g frische Fettuccine
Salz und Pfeffer
2–3 EL frisch gehackte glatte Petersilie

1 Das Brot mit der Milch übergießen und einweichen, bis die Flüssigkeit vollständig absorbiert ist.

2 Die Walnüsse auf einem Backblech ausbreiten und 5 Minuten im vorgeheizten Backofen bei 190 °C goldgelb rösten. Zum Abkühlen beiseitestellen.

3 Brot, Walnüsse, Knoblauch, Oliven, Parmesan und 6 Esslöffel des Öls in einem Mixer pürieren. Anschließend mit Salz und Pfeffer abschmecken und die Crème double zugeben.

4 Die Fettuccine in einem Topf mit kochendem Salzwasser und 1 Esslöffel Olivenöl al dente kochen. Abgießen und mit dem restlichen Olivenöl gut vermengen.

5 Das fertige Gericht auf Teller verteilen und die Oliven-Walnuss-Sauce darauf anrichten. Mit frischer Petersilie bestreuen und sofort servieren.

TIPP
Geriebener Parmesan verliert schnell an Geschmack. Daher empfiehlt es sich, ihn am Stück zu kaufen und erst bei Bedarf zu reiben. In Frischhaltefolie verpackt und im Kühlschrank gelagert ist der italienische Hartkäse mehrere Monate haltbar.

Italienischer Nudelsalat

15 Min. 15 Min.

4 PERSONEN

2 EL Pinienkerne
175 g Fusilli
1 EL Olivenöl
1 große Avocado
2 EL Zitronensaft
6 Tomaten, in dünnen Scheiben
225 g Mozzarella, in dünnen Scheiben
3 EL frisch gehacktes Basilikum
Salz und Pfeffer
frisches Basilikum, zum Garnieren

DRESSING
6 EL natives Olivenöl extra
2 EL Weißweinessig
1 EL grobkörniger Senf
1 Prise Zucker
Salz und Pfeffer

1 Die Pinienkerne auf ein Backblech streuen und unter einem vorgeheizten Grill 1–2 Minuten goldbraun rösten.

2 Die Fusilli in einem großen Topf mit kochendem Salzwasser und Olivenöl al dente garen. Abgießen, mit kaltem Wasser abschrecken und erneut abgießen.

3 Die Avocado halbieren, schälen und den Stein entfernen. Der Länge nach in dünne Scheiben schneiden und mit dem Zitronensaft beträufeln, damit das Fruchtfleisch sich nicht verfärbt.

4 Für das Dressing Öl, Essig, Senf und Zucker in einer kleinen Schüssel verrühren und mit Salz und Pfeffer abschmecken.

5 Abwechselnd Tomaten, Mozzarella und Avocado fächerförmig auf einer Servierplatte anrichten.

6 Die Fusilli mit der Hälfte des Dressings und dem gehackten Basilikum gut mischen und mit Salz und Pfeffer abschmecken.

7 Die Nudeln in die Mitte der Servierplatte geben und mit dem restlichen Dressing übergießen. Mit den gerösteten Pinienkernen bestreuen, mit frischem Basilikum garnieren und dann sofort servieren.

Makkaroni-Auflauf

15 Min. 35–40 Min.

4 PERSONEN

225 g Makkaroni
Salz
175 g Cheddar oder Gouda, gerieben
100 g Parmesan, gerieben
4 EL Semmelbrösel
1 EL frisch gehacktes Basilikum
1 EL Butter oder Margarine, plus etwas mehr zum Einfetten

TOMATENSAUCE
1 EL Olivenöl
1 Schalotte, fein gehackt
2 Knoblauchzehen, zerdrückt
500 g gehackte Tomaten aus der Dose
1 EL frisch gehacktes Basilikum
Salz und Pfeffer

1 Für die Tomatensauce das Öl in einer schweren Pfanne erhitzen. Schalotte und Knoblauch zugeben und 1 Minute andünsten. Dann Tomaten und Basilikum einrühren, mit Salz und Pfeffer würzen und bei mittlerer Hitze unter ständigem Rühren 10 Minuten kochen.

2 In der Zwischenzeit die Makkaroni in einem großen Topf mit kochendem Salzwasser al dente kochen. Gut abtropfen lassen und beiseitestellen.

3 Cheddar oder Gouda und Parmesan in einer Schüssel mischen.

4 Eine tiefe Auflaufform einfetten. Ein Drittel der Tomatensauce auf den Boden der Form geben, darauf ein Drittel der Makkaroni, dann ein Drittel der Käsemischung verteilen. Alles mit Salz und Pfeffer würzen. Die Schichtung zweimal wiederholen und mit einer Lage geriebenem Käse abschließen.

5 Die Semmelbrösel mit dem Basilikum mischen und gleichmäßig über den Auflauf streuen. Butter- oder Margarineflöckchen darauf verteilen und den Auflauf in einem auf 190 °C vorgeheizten Backofen 25 Minuten goldbraun backen. Anschließend sofort servieren.

Makkaroni-Mais-Bratlinge

15 Min. 40 Min.

4 PERSONEN

2 Maiskolben
60 g Butter
125 g rote Paprika, entkernt und klein gewürfelt
300 g kurze Makkaroni
150 g Crème double
1 EL Mehl
Salz und Pfeffer
4 Eigelb
4 EL Olivenöl
Austernpilze, zum Servieren
gedünsteter Porree, zum Servieren

1 Die Maiskolben in einem großen Topf mit kochendem Salzwasser 8 Minuten garen. Dann den Mais abgießen und 3 Minuten unter kaltem Wasser abschrecken. Die Körner vom Kolben lösen und zum Trocknen beiseitestellen.

2 1 Esslöffel Butter in einer Pfanne zerlassen, die Paprika zugeben und 4 Minuten bei schwacher Hitze dünsten. Dann abtropfen lassen und mit Küchenpapier trocken tupfen.

3 Die Makkaroni in einem großen Topf mit kochendem Salzwasser al dente kochen. Abgießen und zum Abkühlen in kaltes Wasser geben.

4 Crème double, Mehl, etwas Salz und das Eigelb in einer Schüssel glatt verquirlen. Mais und Paprika zugeben. Die Makkaroni abgießen und mit dem Teig vermengen. Kräftig mit Pfeffer würzen.

5 Die restliche Butter mit dem Öl in einer Pfanne zerlassen. Den Teig löffelweise in die Pfanne geben und flach drücken. Von beiden Seiten goldgelb braten. Mit Austernpilzen und gedünstetem Porree servieren.

Spinat-Wildpilz-Lasagne

20 Min. 40 Min.

4 PERSONEN

120 g Butter, plus etwas mehr zum Einfetten
2 Knoblauchzehen, zerdrückt
120 g Schalotten
225 g Wildpilze, z.B. Pfifferlinge
450 g Spinat, gekocht, abgetropft und fein gehackt
225 g Emmentaler, gerieben
¼ TL frisch geriebene Muskatnuss
1 TL frisch gehacktes Basilikum
Salz und Pfeffer
60 g Mehl
600 ml Milch, erhitzt
60 g geriebener Gouda
8 Lasagne-Platten, vorgekocht
Brunnenkressesalat, zum Servieren

1 Eine tiefe quadratische oder rechteckige Auflaufform leicht einfetten.

2 Die Hälfte der Butter in einem Topf zerlassen. Knoblauch, Schalotten und Pilze 3 Minuten bei schwacher Hitze andünsten.

3 Spinat, Emmentaler, Muskat und Basilikum einrühren. Kräftig mit Salz und Pfeffer abschmecken und beiseitestellen.

4 Die restliche Butter in einem zweiten Topf bei schwacher Hitze zerlassen. Das Mehl einrühren und 1 Minute anschwitzen. Langsam unter ständigem Schlagen die Milch zugießen und glatt rühren. 1 Esslöffel Gouda einrühren und mit Salz und Pfeffer abschmecken.

5 Die Hälfte der Spinat-Pilz-Mischung auf den Boden der Form geben. Mit 4 Lasagne-Platten bedecken und die Hälfte der Käsesauce darübergeben. Wiederholen und zum Schluss mit dem restlichen Gouda bestreuen.

6 Die Lasagne im vorgeheizten Backofen bei 200 °C etwa 30 Minuten backen, bis sie goldbraun ist. Noch heiß mit einem Salat aus Brunnenkresse servieren.

VARIATION
Den Spinat durch 4 Paprikaschoten ersetzen. Die halbierten entkernten Schoten 20 Minuten in einem vorgeheizten Backofen bei 200 °C rösten, dann häuten und klein hacken.

Ravioli di verdure

1 Std. 30 Min. 55 Min.

4 PERSONEN

500 g Nudelteig-Grundrezept (siehe Seite 248)
1 EL Olivenöl
100 g Butter
150 g Schlagsahne
75 g Parmesan, frisch gerieben
1 Basilikumzweig, zum Garnieren

FÜLLUNG
2 große Auberginen
3 große Zucchini
6 große Tomaten
120 ml Olivenöl
3 Knoblauchzehen, fein gehackt
1 große Zwiebel, fein gehackt
1 große grüne Paprika, entkernt und gewürfelt
1 große rote Paprika, entkernt und gewürfelt
60 g Tomatenmark
½ TL frisch gehacktes Basilikum
Salz und Pfeffer

1 Für die Füllung die Auberginen und die Zucchini in etwa 2 cm große Würfel schneiden. Die Auberginenwürfel in einen Durchschlag geben, salzen und 20 Minuten beiseitestellen. Anschließend abspülen, abtropfen lassen und mit Küchenpapier trocken tupfen.

2 Die Tomaten 2 Minuten in kochendem Wasser blanchieren. Anschließend häuten und das Fruchtfleisch hacken.

3 Das Öl in einem Topf erhitzen. Knoblauch und Zwiebel zugeben und 3 Minuten unter Rühren andünsten.

4 Die restlichen Füllungszutaten zugeben und alles mit Salz und Pfeffer abschmecken. Abdecken und unter regelmäßigem Rühren 20 Minuten köcheln lassen.

5 Den Teig ausrollen und 7 cm große Quadrate ausschneiden. Einen Löffel Füllung auf jede Scheibe geben. Die Ränder befeuchten, über der Füllung einschlagen und festdrücken.

6 Die Ravioli mit dem Öl 3–4 Minuten in Salzwasser ziehen lassen. Abgießen und in eine Auflaufform schichten. Jede Lage mit Butterflocken belegen. Mit Sahne übergießen und mit Käse bestreuen. In einem vorgeheizten Backofen bei 200 °C 20 Minuten backen. Mit Basilikum garnieren und heiß servieren.

Nudelsalat mit Ziegenkäse

1 Std. 30 Min. 15 Min.

4 PERSONEN

250 g Penne
5 EL natives Olivenöl extra
1 Radicchio, in Stücke gezupft
1 Kopfsalat, in Stücke gezupft
7 EL gehackte Walnüsse
2 reife Birnen, entkernt und gewürfelt
1 frischer Basilikumzweig
1 Bund Brunnenkresse
2 EL Zitronensaft
3 EL Knoblauchessig
Salz und Pfeffer
4 Tomaten, geviertelt
1 kleine Zwiebel, in Ringen
1 große Karotte, gerieben
250 g Ziegenkäse, gewürfelt

1 Die Nudeln in einem großen Topf mit kochendem Salzwasser und 1 Esslöffel Olivenöl al dente kochen. Anschließend abgießen, unter fließend kaltem Wasser abschrecken, abtropfen lassen und beiseitestellen.

2 Die Radicchio- und Kopfsalatblätter in einer großen Salatschüssel mischen. Nudeln, Walnüsse, Birnen, Basilikum und Brunnenkresse darübergeben.

3 Zitronensaft, restliches Olivenöl, Essig sowie Salz und Pfeffer in einem Messbecher verquirlen. Über die Salatmischung geben und gründlich mischen.

4 Tomaten, Zwiebel, Karotte und Ziegenkäse zugeben und mit zwei Gabeln gründlich vermengen. Den Salat vor dem Servieren mindestens 1 Stunde kalt stellen, damit er gut durchziehen kann.

TIPP
Radiccio ist eine italienische Chicorée-Art mit einem leicht bitteren Geschmack.

Basilikum-Tomaten-Pasta

10 Min. 25–35 Min.

4 PERSONEN

2 Rosmarinzweige
2 Knoblauchzehen, ungeschält
450 g Eiertomaten, halbiert
1 EL Olivenöl
1 EL Pesto rosso, ersatzweise Tomatenmark
12 frische Basilikumblätter, plus ein paar mehr zum Garnieren
Salz und Pfeffer
675 g frische oder 350 g getrocknete Farfalle

1 Rosmarin, Knoblauch und Tomaten mit der Schnittfläche nach unten auf ein Backblech geben.

2 Das Gemüse mit dem Öl beträufeln und unter einem vorgeheizten Grill etwa 20 Minuten rösten, bis die Tomaten stellenweise schwarz geworden sind.

3 Die Tomaten abkühlen lassen, häuten, hacken und in einen Topf geben.

4 Die Knoblauchzehen schälen, zerdrücken und mit Pesto rosso zu den gehackten Tomaten in den Topf geben.

5 Das Basilikum grob zerpflücken und ebenfalls zu den Tomaten geben. Die Sauce mit Salz und Pfeffer abschmecken.

6 Die Farfalle in einem großen Topf mit kochendem Salzwasser al dente kochen. Dann abgießen und abtropfen lassen.

7 Die Tomatensauce langsam erwärmen.

8 Die Nudeln auf vorgewärmte Teller verteilen. Die Tomatensauce darübergießen und mit Basilikum garnieren. Sofort servieren.

TIPP

Die Sauce schmeckt auch gut, wenn sie kalt in einem Nudelsalat serviert wird.

Tortelloni mit Champignons

1 Std. 15 Min. 25 Min.

4 PERSONEN

300 g Nudelteig-Grundrezept (siehe Seite 248)
3 EL Butter
55 g Schalotten, fein gehackt
3 Knoblauchzehen, zerdrückt
55 g Champignons, fein gehackt
½ Selleriestange, fein gehackt
5 EL frisch geriebener Pecorino
Salz und Pfeffer
1 EL Olivenöl
frisch geriebener Pecorino, zum Garnieren

1 Nudelteig dünn ausrollen und mit einem gezackten Teigrädchen 72 Quadrate mit einer Seitenlänge von je 5 cm ausschneiden. Mit Frischhaltefolie abdecken, damit sie nicht austrocknen.

2 Für die Füllung in einer Pfanne 1 EL Butter zerlassen. Darin Schalotten, 1 Knoblauchzehe, Champignons und Sellerie 4–5 Minuten dünsten.

3 Die Pfanne vom Herd nehmen, den Pecorino einrühren und mit Salz und Pfeffer abschmecken.

4 Auf 36 Teigquadrate je 1 Teelöffel Füllung verteilen. Die Ränder der Quadrate mit Wasser befeuchten, die restlichen 36 Teigstücke darüberlegen und an den Rändern fest zusammendrücken. Dann 5 Minuten ruhen lassen.

5 Die Tortelloni in einem großen Topf mit kochendem Salzwasser und dem Olivenöl portionsweise gar ziehen lassen, bis sie an die Wasseroberfläche steigen. Anschließend mit einem Schaumlöffel aus dem Topf nehmen und gut abtropfen lassen.

6 Während die Tortelloni kochen, die restliche Butter in einen Topf geben und zerlassen. Die übrigen beiden Knoblauchzehen und reichlich Pfeffer zufügen und kurz erhitzen. Danach die Tortelloni auf Teller verteilen, mit der noch warmen Knoblauchbutter übergießen, mit dem Pecorino garnieren und sofort heiß servieren.

Tagliatelle mit Chilisauce

15 Min. 35 Min.

4 PERSONEN

50 g Butter
1 Zwiebel, fein gehackt
1 Knoblauchzehe, zerdrückt
2 kleine rote Chillies, entkernt und gewürfelt
450 g frische Tomaten, gehäutet, entkernt und gewürfelt
200 ml Gemüsebrühe
2 EL Tomatenmark
1 TL Zucker
Salz und Pfeffer
675 g frische oder 350 g getrocknete grüne und weiße Tagliatelle

1 Die Butter in einem großen Topf zerlassen. Die Zwiebel und den Knoblauch darin 3–4 Minuten dünsten, bis sie weich sind.

2 Die Chillies zugeben und weitere 2 Minuten dünsten. Tomaten und Brühe hinzufügen, die Hitze reduzieren und 10 Minuten köcheln lassen.

3 Die Sauce im Mixer glatt pürieren oder durch ein Sieb passieren.

4 Die passierte Sauce wieder in den Topf gießen, Tomatenmark, Zucker, Salz und Pfeffer zufügen und bei niedriger Hitze langsam erwärmen.

5 Die Tagliatelle in Salzwasser al dente kochen. Abgießen, mit der heißen Sauce mischen und auf Teller verteilen.

VARIATION

Bereiten Sie dieses Rezept einmal mit einer anderen kurzen Pastasorte zu, etwa Penne: Mischen Sie Nudeln und Sauce gut, füllen Sie das Gericht in eine Auflaufform, bestreuen Sie es mit geriebenem Käse und geben Sie es zum Überbacken in den Backofen.

Fettuccine all'Alfredo

5 Min. 10 Min.

4 PERSONEN

1 EL Butter
200 g Crème double
500 g frische Fettuccine
1 EL Olivenöl
100 g Parmesan, frisch gerieben, plus etwas mehr zum Servieren
1 Prise frisch geriebene Muskatnuss
Salz und Pfeffer
frische Petersilienzweige, zum Garnieren

1 Die Butter und 150 g Crème double in einen großen Topf geben und bei mittlerer Hitze aufkochen. Die Hitze reduzieren und einige Minuten köcheln lassen, bis die Mischung leicht eingedickt ist.

2 In der Zwischenzeit die Fettuccine in einem Topf mit kochendem Salzwasser und Olivenöl al dente kochen. Abgießen und in den Topf zurückgeben. Dann die Sahnesauce darübergießen.

3 Den Topf wieder auf den Herd stellen und mit zwei Gabeln die Nudeln mit der Sauce bei niedriger Hitze gründlich vermengen.

4 Die restliche Crème double, Parmesan und Muskat zugeben. Alles gründlich vermengen, mit Salz und Pfeffer abschmecken und langsam erwärmen. Dann auf eine vorgewärmte Servierplatte geben, mit Petersilie garnieren und mit frisch geriebenem Parmesan servieren.

VARIATION
Dieses klassische römische Gericht wird oft mit Schinkenstreifen und frischen Erbsen serviert. Dazu in Schritt 4 250 g gepalte, gekochte Erbsen und 175 g Schinkenstreifen mit dem Parmesan zugeben.

Makkaroni-Kartoffel-Auflauf

15 Min. 45 Min.

4 PERSONEN

500 g kurze Makkaroni
1 EL Olivenöl
60 g Butter
500 g Kartoffeln, gekocht und in dünnen Scheiben
450 g Zwiebeln, in Streifen
225 g Mozzarella, gerieben
Salz und Pfeffer
150 g Crème double
ofenfrisches Brot, zum Servieren
Butter, zum Servieren

1 Makkaroni in kochendem Salzwasser und Olivenöl al dente kochen. Gut abtropfen lassen und beiseitestellen.

2 Die Butter in einem großen Topf mit hitzebeständigen Griffen zerlassen und vom Herd nehmen.

3 Kartoffeln, Zwiebeln, Makkaroni und Mozzarella in den Topf schichten und jede Schicht mit Salz und Pfeffer würzen. Mit einer Lage Käse abschließen, und zuletzt die Crème double über den Mozzarella gießen.

4 Den Makkaroni-Kartoffel-Auflauf 25 Minuten im vorgeheizten Backofen bei 200 °C backen, dann die obere Käseschicht unter dem heißen Backofengrill bräunen.

5 Den Auflauf im Topf belassen und als Hauptgericht mit Brot und Butter oder alternativ als Beilage servieren.

VARIATION
Für einen intensiveren Geschmack kann man statt des normalen Mozzarellas die geräucherte Variante (Mozzarella affumicata) oder Gruyère verwenden.

Mediterrane Spaghetti

10 Min. 40 Min.

4 PERSONEN

2 EL Olivenöl
1 große rote Zwiebel, gehackt
2 Knoblauchzehen, zerdrückt
1 EL Zitronensaft
4 kleine Auberginen, geviertelt
600 g passierte Tomaten
Salz und Pfeffer
2 TL Zucker
2 EL Tomatenmark
400 g Artischockenherzen aus der Dose, abgetropft und halbiert
120 g entsteinte schwarze Oliven
350 g Spaghetti
1 EL Butter
frische Basilikumzweige, zum Garnieren
Olivenbrot, zum Servieren

1 1 Esslöffel Olivenöl in einer großen Pfanne erhitzen. Zwiebel, Knoblauch, Zitronensaft und Auberginen zugeben und 4–5 Minuten bei schwacher Hitze anbraten, bis sie leicht gebräunt sind.

2 Die passierten Tomaten zugeben, mit Salz und Pfeffer abschmecken und Zucker und Tomatenmark einrühren. Aufkochen, dann unter Rühren 20 Minuten köcheln lassen.

3 Artischockenherzen und Oliven einrühren und 5 Minuten kochen.

4 In der Zwischenzeit die Spaghetti in einem großen Topf mit kochendem Salzwasser und dem restlichen Olivenöl al dente kochen.

5 Die Spaghetti abgießen und mit der Butter vermengen. Auf eine große Servierplatte geben.

6 Die Gemüsesauce über die Nudeln verteilen, mit frischem Basilikum garnieren und sofort mit Olivenbrot servieren.

Pasta al pesto

1 Std. 30 Min.

4 PERSONEN

250 g Champignons, in Scheiben
150 ml Gemüsebrühe
150 g grüner Spargel, in 5 cm langen Stücken
300 g grüne oder weiße Tagliatelle
Salz
400 g Artischockenherzen aus der Dose, abgetropft und halbiert
gehackte Basilikumblätter, zum Garnieren
Parmesanspäne, zum Garnieren

PESTO
2 große Knoblauchzehen, zerdrückt
15 g frische Basilikumblätter
6 EL fettarmer Frischkäse
2 EL frisch geriebener Parmesan
Salz und Pfeffer

1 Die Pilze mit der Brühe in einem Topf zum Kochen bringen. Dann abdecken und 3–4 Minuten weich kochen. Abgießen und beiseitestellen.

2 Wasser in einem kleinen Topf zum Kochen bringen und den Spargel darin 3–4 Minuten bissfest garen. Anschließend abgießen und beiseitestellen.

3 Die Nudeln in einem Topf mit Salzwasser gemäß Packungsanleitung al dente kochen. Anschließend abgießen, gut abtropfen lassen, wieder in den Topf geben und warm stellen.

4 Für den Pesto alle Zutaten in einem Mixer oder mit dem Pürierstab zu einer glatten Masse verarbeiten. Alternativ das Basilikum fein hacken und mit den anderen Zutaten mischen.

5 Pilze, Spargel und Artischockenherzen zu den Nudeln geben und unter gelegentlichem Rühren bei geringer Hitze 2–3 Minuten durchwärmen. Vom Herd nehmen und den Pesto gut unterrühren.

6 Das fertige Gericht in eine vorgewärmte Schüssel umfüllen. Mit Basilikumblättern und Parmesanspänen garnieren und sofort servieren.

Nudel-Apfel-Salat

20 Min. + Kühlzeit | 10–15 Min.

4 PERSONEN

1 großer Salatkopf
250 g Penne
Salz
1 EL natives Olivenöl extra
8 rote Tafeläpfel
Saft von 4 Zitronen
1 Bund Stangensellerie, in Scheiben
125 g Walnusshälften
250 g Knoblauchmayonnaise (siehe Tipp)

1 Die Salatblätter waschen, abtropfen lassen und mit Küchenpapier trocken tupfen. 1 Stunde kalt stellen.

2 In der Zwischenzeit die Nudeln in einem Topf mit Salz und Olivenöl al dente kochen. Abgießen und unter fließend kaltem Wasser abschrecken. Gründlich abtropfen lassen und beiseitestellen.

3 Die Äpfel entkernen, würfeln und mit Zitronensaft beträufeln, damit sie nicht braun werden. Dann Nudeln, Sellerie, Äpfel und Walnüsse mischen, mit der Knoblauchmayonnaise vermengen und mit Salz und Pfeffer abschmecken. Nach Geschmack mehr Mayonnaise zugeben.

4 Eine Salatschüssel mit den Salatblättern auslegen, den Nudelsalat hineingeben und servieren.

TIPP

Wenn Sie Zeit haben, können Sie die Knoblauchmayonnaise auch selbst herstellen. Dazu 2 Eigelb, 1 Prise Salz und 6 zerdrückte Knoblauchzehen verrühren. Teelöffelweise 350 ml Olivenöl einrühren; wenn ein Viertel des Öls verarbeitet ist, 2 EL Weißweinessig zugeben. Das restliche Öl in einem dünnen Strahl zugeben und einrühren. Zuletzt die Mayonnaise mit 1 TL Senf abschmecken.

Cannelloni mit Ricotta

50 Min. | 30 Min.

4 PERSONEN

20 getrocknete Cannelloni
1 TL Öl
250 g Ricotta
150 g tiefgefrorener Spinat, aufgetaut
½ kleine rote Paprika, entkernt und gewürfelt
2 Frühlingszwiebeln, gehackt
Salz und Pfeffer
etwas Butter, zum Einfetten
150 ml kochende Gemüsebrühe
1 Portion Tomatensauce (siehe Seite 4), mit 2 EL Basilikum anstelle der Petersilie
50 g Pecorino, frisch gerieben

1 Getrocknete Cannelloni müssen unter Umständen vorgekocht werden. Falls die Packungsanleitung dies vorschreibt, Salzwasser in einem großen Topf aufkochen, 1 Teelöffel Öl zufügen und darin die Pasta am besten portionsweise 3–4 Minuten kochen.

2 Ricotta, Spinat, Paprika und Frühlingszwiebeln in einer Schüssel vermengen und mit Salz und Pfeffer abschmecken.

3 Eine Auflaufform, die so groß ist, dass alle Cannelloni in einer Lage hineinpassen, leicht einfetten. Die Cannelloni mit der Ricotta-Mischung füllen und in die Form geben.

4 Die Brühe mit der Tomatensauce mischen und über die gefüllten Cannelloni gießen.

5 Anschließend die Cannelloni mit dem Käse bestreuen und in einem vorgeheizten Backofen bei 190 °C 20–25 Minuten backen, bis die Nudeln goldbraun und gar sind.

VARIATION

Falls Sie das Gericht cremiger bevorzugen, können Sie die Tomatensauce durch Béchamelsauce (siehe Seite 5) ersetzen.

Pilz-Lasagne

45 Min. 40 Min.

4 PERSONEN

40 g getrocknete Steinpilze
2 EL Olivenöl
1 Zwiebel, fein gehackt
400 g gehackte Tomaten aus der Dose
Salz und Pfeffer
60 g Butter, plus etwas mehr zum Einfetten
450 g Champignons, in dünnen Scheiben
1 Knoblauchzehe, fein gehackt
1 EL Zitronensaft
½ TL Dijon-Senf
6 Lasagne-Platten, vorgekocht
¾-Portion Käsesauce (siehe Seite 5), aus Gouda
60 g Parmesan, frisch gerieben

1 Die getrockneten Steinpilze in einer kleinen Schüssel mit kochendem Wasser bedecken und 30 Minuten einweichen.

2 Inzwischen in einer kleinen Pfanne das Olivenöl erhitzen. Die Zwiebel hineingeben und unter gelegentlichem Wenden 5 Minuten glasig dünsten. Die Tomaten zugeben und 7–8 Minuten kochen, häufig umrühren. Mit Salz und Pfeffer würzen und beiseitestellen.

3 Die Steinpilze abtropfen lassen und klein schneiden.

4 Die Hälfte der Butter in einer schweren, großen Pfanne zerlassen. Steinpilze und Champignons hineingeben und braten, bis Saft austritt. Knoblauch und Zitronensaft unterrühren, mit Salz und Pfeffer abschmecken. Bei schwacher Hitze köcheln, bis die Flüssigkeit fast verdampft ist, gelegentlich umrühren.

5 Eine Auflaufform mit Butter einfetten. Den Senf in die Käsesauce mischen, dann ein Drittel auf dem Boden der Form verteilen. Die Hälfte der Lasagne-Platten darauflegen und nacheinander schichtweise Pilze, Sauce, wieder Lasagne, Tomatenmischung und abschließend Sauce auftragen. Mit Käse bestreuen und die restliche Butter darauf verteilen.

6 In einem vorgeheizten Backofen bei 200 °C 20 Minuten backen. Vor dem Servieren 5 Minuten ruhen lassen.

Pasta tricolore

5 Min. 15 Min.

4 PERSONEN

500 g Farfalle
4 EL Olivenöl
500 g Kirschtomaten, halbiert
100 g Rucola
Salz und Pfeffer
Pecorino, in Spänen, zum Garnieren

1 Die Farfalle in einem großen Topf mit kochendem Salzwasser und 1 Esslöffel Öl al dente kochen. Anschließend abgießen und wieder in den Topf geben.

2 Das restliche Olivenöl in einem großen Topf erhitzen. Die Tomaten zugeben und 1 Minute andünsten.

3 Farfalle und Rucola in den Topf geben und vorsichtig mit den Tomaten verrühren. Nudeln und Gemüse bei niedriger Hitze langsam erwärmen, dabei darauf achten, dass der Rucola nicht zu stark zusammenfällt. Alles mit Salz und Pfeffer abschmecken.

4 Das fertige Gericht auf einer vorgewärmten Servierplatte anrichten. Mit Pecorino garnieren und sofort servieren.

Rote-Bete-Salat

10 Min. 25 Min.

4 PERSONEN

300 g Ditalini rigati
5 EL Olivenöl
2 Knoblauchzehen, gehackt
400 g gehackte Tomaten aus der Dose
400 g Rote Bete, gekocht und gewürfelt
2 EL frisch gehacktes Basilikum
1 TL Senfkörner
Salz und Pfeffer
gemischte Salatblätter, mit etwas Olivenöl vermengt, zum Servieren
4 Eiertomaten, in Scheiben, zum Servieren

1 Die Nudeln in einem großen Topf mit kochendem, leicht gesalzenem Wasser und 1 Esslöffel Öl al dente kochen. Abgießen, gut abtropfen lassen und beiseitestellen.

2 Das restliche Öl in einem großen Topf erhitzen, den Knoblauch zugeben und 3 Minuten andünsten. Dann die gehackten Tomaten zugeben und 10 Minuten kochen.

3 Den Topf vom Herd nehmen, Rote Bete, Basilikum, Senfkörner und Nudeln vorsichtig zugeben und mit Salz und Pfeffer abschmecken.

4 Das fertige Gericht noch warm auf einem Bett aus Salatblättern und Tomatenscheiben servieren.

TIPP
Die Blätter der Roten Bete 5 cm über der Wurzel abschneiden, dabei die Schale intakt lassen. 30 Minuten in sehr schwach gesalzenem Wasser kochen. Abkühlen lassen und die Schale abreiben.

Spaghetti mit Rahmpilzen

10 Min. 35 Min.

4 PERSONEN

60 g Butter
2 EL Olivenöl
6 Schalotten, in Ringen
500 g Champignons, in Scheiben
Salz und Pfeffer
1 TL Mehl
150 g Crème double
2 EL Portwein
120 g getrocknete Tomaten, gehackt
frisch geriebene Muskatnuss
500 g Spaghetti
1 EL frisch gehackte Petersilie
4 Scheiben Toastbrot, halbiert und getoastet, zum Servieren

1 Die Butter und 1 Esslöffel Öl in einem Topf erhitzen. Die Schalotten 3 Minuten bei mittlerer Hitze darin dünsten. Die Champignons zugeben und 2 Minuten bei schwacher Hitze mitdünsten. Alles mit Salz und Pfeffer würzen, mit Mehl bestreuen und unter ständigem Rühren 1 Minute braten.

2 Crème double und Portwein einrühren, die Tomaten und 1 Prise Muskat zugeben und weitere 8 Minuten bei schwacher Hitze kochen.

3 In der Zwischenzeit die Spaghetti in einem großen Topf mit kochendem Salzwasser und dem restlichen Öl al dente kochen.

4 Die fertigen Spaghetti abgießen, gut abtropfen lassen und wieder in den Topf geben. Die Pilzsauce darübergießen, gut vermengen und weitere 3 Minuten kochen. Das fertige Gericht auf eine große Servierplatte geben, mit Petersilie bestreuen und mit knusprigem Toastbrot servieren.

VARIATION
Falls Sie keinen Portwein zur Hand haben, können Sie alternativ auch 2 Esslöffel trockenen Weißwein verwenden.

Exotische Gemüsenudeln

15 Min. 25 Min.

4 PERSONEN

400 g Vollkornnudeln in Muschelform
Salz
1 EL Olivenöl
2 Karotten, in dünnen Scheiben
125 g Babymaiskolben
3 EL Maiskeimöl
2-cm-Stück frische Ingwerwurzel, in Scheiben
1 große Zwiebel, in Ringen
1 Knoblauchzehe, in Scheiben
3 Selleriestangen, in Scheiben
1 kleine rote Paprika, entkernt und in Streifen
1 kleine grüne Paprika, entkernt und in Streifen
1 TL Speisestärke
2 EL Wasser
3 EL Sojasauce
3 EL trockener Sherry
1 TL klarer Honig
rote Paprikastreifen, zum Garnieren

1 Die Nudeln in einem großen Topf mit Salzwasser und dem Olivenöl al dente kochen. Dann abgießen und warm stellen.

2 Einen weiteren Topf mit leicht gesalzenem Wasser füllen. Karotten und Babymais zugeben und 2 Minuten darin blanchieren. Abgießen, mit kaltem Wasser abschrecken und abtropfen lassen.

3 Das Maiskeimöl in einem heißen Wok erhitzen. Den Ingwer zugeben und 1 Minute bei mittlerer Hitze dünsten. Dann mit einem Schaumlöffel herausnehmen und wegwerfen.

4 Zwiebel, Knoblauch, Sellerie und Paprika in den Wok geben und 2 Minuten pfannenrühren. Dann Karotten und Maiskolben zugeben und weitere 2 Minuten pfannenrühren. Zuletzt die Nudeln unterheben.

5 Speisestärke und Wsser zu einer glatten Paste verrühren. Sojasauce, Sherry und Honig einrühren. Zu den Nudeln geben und unter gelegentlichem Rühren 2 Minuten kochen.

6 Das fertige Gericht in eine Schüssel füllen, mit Paprikastreifen garnieren und heiß servieren.

Gebratene Thai-Nudeln

15 Min. 3–5 Min.

4 PERSONEN

500 g asiatische Eiernudeln
60 g Bohnensprossen
15 g Schnittlauch, in Röllchen, plus einige Halme zum Garnieren
3 EL Sonnenblumenöl
1 Knoblauchzehe, zerdrückt
4 frische grüne Chillies, entkernt, in Streifen geschnitten und in 2 EL Reisessig eingeweicht
Salz

1 Die Nudeln in einer Schüssel mit kochendem Wasser 10 Minuten einweichen. Anschließend abgießen und beiseitestellen.

2 Die Bohnensprossen kurz in kaltem Wasser einweichen. Dann sorgfältig abgießen, auf Küchenpapier geben und vorsichtig trocken tupfen.

3 Das Öl in einem heißen Wok erhitzen. Erst den Knoblauch unterrühren, anschließend die Chillies zugeben und etwa 1 Minute unter ständigem Rühren dünsten, bis sie ihr Aroma vollständig entfaltet haben.

4 Die Bohnensprossen hinzufügen und unterrühren, anschließend die Nudeln zugeben. Nach Geschmack mit Salz würzen und die Schnittlauchröllchen zugeben. Dann die Nudeln mit 2 Löffeln oder einer Wokzange 1 Minute im Wok wenden, bis sie durch und durch erhitzt sind.

5 Die Nudeln in eine Schüssel füllen, mit dem restlichen Schnittlauch garnieren und sofort servieren.

TIPP

Werden die Chillies in Reisessig eingeweicht, kann sich ihr Aroma im fertigen Gericht gleichmäßiger entfalten. Wer es weniger scharf mag, sollte die Chillies vor dem Einweichen etwas dicker aufschneiden.

Chow Mein

15 Min. 10 Min.

4 PERSONEN

500 g asiatische Eiernudeln
4 EL Öl
1 Zwiebel, in dünnen Ringen
2 Karotten, in dünnen Stiften
125 g kleine Champignons, geviertelt
125 g Zuckererbsen
1/2 Salatgurke, in Stiften
125 g Spinat, gehackt
125 g Bohnensprossen
2 EL dunkle Sojasauce
1 EL Sherry
1 TL Salz
1 TL Zucker
1 TL Speisestärke
1 TL Sesamöl

1 Die Nudeln kochen, unter fließend kaltem Wasser abspülen, abtropfen lassen und beiseitestellen.

2 In einem großen heißen Wok oder einer Pfanne 3 Esslöffel Öl erhitzen. Zwiebel und Karotten zugeben und 1 Minute unter Rühren anbraten. Champignons, Zuckererbsen und Gurke in die Pfanne geben und 1 Minute unter Rühren mitdünsten.

3 Das restliche Öl zugießen und die Nudeln zusammen mit Spinat und Bohnensprossen zugeben.

4 Die restlichen Zutaten mischen und über das Nudelgemüse geben. Dann das Chow Mein unter Pfannenrühren durch und durch erhitzen. Danach in eine vorgewärmte Schüssel füllen und heiß servieren.

TIPP
Für eine würzigere, schärfere Variante des Gerichts können Sie 1–2 EL Chilisauce zugeben oder das Sesamöl durch Chiliöl ersetzen.

Thailändische Nudelpfanne

15 Min. 5 Min.

4 PERSONEN

225 g Reisnudeln
2 rote Chillies, entkernt und gehackt
2 Schalotten, fein gehackt
2 EL Zucker
2 EL Tamarindenwasser (siehe Tipp)
1 EL Limettensaft
2 EL helle Sojasauce
Salz und Pfeffer
1 EL Sonnenblumenöl
1 TL Sesamöl
175 g geräucherter Tofu, gewürfelt
2 EL gehackte geröstete Erdnüsse, zum Garnieren

1 Die Reisnudeln gemäß Packungsanleitung zubereiten oder 5 Minuten in kochendem Wasser einweichen.

2 Chillies und Schalotten mit Zucker, Tamarindenwasser, Limettensaft und Sojasauce vermengen und mit Salz und Pfeffer abschmecken.

3 Beide Öle in einem heißen Wok stark erhitzen. Tofu zugeben und 1 Minute pfannenrühren.

4 Die Chilimischung in den Wok geben, zum Kochen bringen und unter ständigem Rühren etwa 2 Minuten eindicken lassen.

5 Die Reisnudeln abgießen und in den Wok geben. Wenden Sie mithilfe von 2 Löffeln die Nudeln so lange, bis sie nicht mehr dampfen.

6 Das fertige Gericht mit den Erdnüssen garnieren und sofort servieren.

TIPP
Tamarindenwasser erhält man, indem man etwas Tamarindenpaste in ein wenig kochendem Wasser einweicht und dann durch ein Sieb streicht.

Japanische Nudelpfanne

15 Min. 15 Min.

4 PERSONEN

250 g japanische Eiernudeln
2 EL Sonnenblumenöl
1 rote Zwiebel, in Ringen
1 Knoblauchzehe, zerdrückt
450 g gemischte Pilze, z. B. Shiitake, Austernpilze oder braune Champignons
350 g Pak Choi
2 EL süßer Sherry
6 EL Austernsauce
4 Frühlingszwiebeln, in Ringen, zum Garnieren
1 EL geröstete Sesamsaat, zum Garnieren

1 Die Nudeln in einer großen Schüssel mit ausreichend kochendem Wasser bedecken und 10 Minuten einweichen. Dann abgießen und beiseitestellen.

2 Das Öl in einem heißen Wok oder einer Pfanne erhitzen. Zwiebel und Knoblauch zugeben und 2–3 Minuten unter Rühren dünsten. Dann die Pilze zugeben und unter Pfannenrühren etwa 5 Minuten garen, bis sie weich sind.

3 Nudeln, Pak Choi, Sherry und Austernsauce in den Wok oder die Pfanne geben. Alles gründlich vmischen und 2–3 Minuten erhitzen, bis die Flüssigkeit kocht.

4 Die fertige Nudeln in eine Schüssel geben, mit Frühlingszwiebeln und Sesam garnieren und sofort servieren.

TIPP
Wichtig ist bei diesem Rezept, dass die Pilze flache Köpfe haben.

Selbst gemachte Asia-Nudeln

20 Min. 15 Min.

2–4 PERSONEN

NUDELN
125 g Mehl
2 EL Speisestärke
½ TL Salz
125 ml kochendes Wasser
5 EL Öl, plus etwas mehr zum Einfetten

GEBRATENES GEMÜSE
1 Zucchini, in dünnen Stiften
1 Selleriestange, in dünnen Stiften
1 Karotte, in dünnen Stiften
1 Porreestange, in Ringen
125 g Brokkoliröschen und -stiele, geschält und klein geschnitten
125 g große Champignons, in Scheiben
125 g Bohnensprossen
1 EL Sojasauce
2 TL Reisessig
½ TL Zucker

1 Für den Nudelteig Mehl, Speisestärke und Salz in eine Schüssel sieben. Eine Mulde formen und das kochende Wasser und 1 Teelöffel Öl hineingießen. Alles rasch zu einem weichen Teig verarbeiten. Abdecken und 5–6 Minuten ruhen lassen.

2 Kleine Stücke vom Teig abbrechen und zu Kugeln rollen. Diese Kugeln auf einer leicht mit Öl eingefetteten Arbeitsplatte mit den Handflächen zu dünnen Nudeln ausrollen. Es macht nichts, wenn einige Nudeln in kleinere Stücke zerfallen. Die Nudeln beiseitestellen.

3 Im Wok 3 Esslöffel Öl erhitzen. Die Nudeln nach und nach bei starker Hitze braten. Die Hitze reduzieren und weitere 2 Minuten braten. Herausnehmen und auf Küchenpapier abtropfen lassen. Beiseitestellen.

4 Das restliche Öl im Wok erhitzen. Zucchini, Sellerie und Karotte 1 Minute unter Rühren dünsten. Porree, Brokkoli und Pilze zugeben und 1 weitere Minute rühren.

5 Bohnensprossen, Sojasauce, Reisessig und Zucker in die Pfanne geben und erhitzen.

6 Die Nudeln zufügen und bei starker Hitze erwärmen, bis sie heiß sind, dann mit zwei Gabeln durchmischen. Sofort servieren.

Pikante japanische Nudeln

5 Min. 15 Min.

4 PERSONEN

500 g frische japanische Nudeln
1 EL Sesamöl
1 EL Sesamsaat
1 EL Sonnenblumenöl
1 rote Zwiebel, in Ringen
100 g Zuckererbsen
175 g Karotten, in dünnen Scheiben
350 g Weißkohl, geraspelt
3 EL süße Chilisauce
2 Frühlingszwiebeln, in Ringen, zum Garnieren

1 Die Nudeln in einem großen Topf mit Wasser 2–3 Minuten kochen. Anschließend abgießen, gut abtropfen lassen und mit Sesamöl und Sesamsaat vermengen.

2 Das Sonnenblumenöl in einem heißen Wok oder einer Pfanne erhitzen. Zwiebel, Zuckererbsen, Karotten und Weißkohl in den Wok geben und etwa 5 Minuten pfannenrühren.

3 Die Chilisauce zugießen und das Gemüse unter ständigem Rühren weitere 2 Minuten garen.

4 Die Sesamnudeln zufügen, gut mit dem Gemüse vermengen und 2–3 Minuten erhitzen. Falls Sie die Nudeln separat reichen möchten, geben Sie sie in eine Servierschüssel.

5 Die Nudeln-Gemüse-Mischung portionsweise in Schalen füllen und mit Frühlingszwiebeln garniert servieren.

TIPP
Falls keine frischen japanischen Nudeln erhältlich sind, verwenden Sie getrocknete Reis- oder Eiernudeln.

Asiatischer Nudelsalat

5 Min. 15 Min.

4 PERSONEN

250 g chinesische Eiernudeln
Salz
1 EL Sesamöl
1 rote Paprika
1 gelbe Paprika
1 grüne Paprika
2–3 Frühlingszwiebeln, in Julienne-Streifen, zum Garnieren

DRESSING
5 EL Sesamöl
2 EL Sojasauce
1 EL Tahini
4–5 Tropfen Tabasco-Sauce

1 Einen Backofengrill vorheizen. Die Nudeln in kochendem Salzwasser al dente kochen. Dann abgießen, unter kaltem Wasser abschrecken, gut abtropfen lassen, in eine große Salatschüssel geben und mit Sesamöl beträufeln.

2 Die Paprikaschoten unter mehrmaligem Wenden unter dem vorgeheizten Grill rösten, bis ihre Haut stellenweise schwarz wird. Dann unter kaltem Wasser abschrecken, enthäuten, halbieren, entkernen und in Streifen schneiden. Abdecken und bis zum Gebrauch beiseitestellen.

3 Für das Dressing alle Zutaten sorgfältig verquirlen, dann das Dressing bis auf 1 Esslöffel über die Nudeln gießen und gut unterheben. Die Paprikastreifen über die Nudeln geben und mit dem restlichen Dressing beträufeln. Den fertigen Salat mit Frühlingszwiebelstreifen garnieren und sofort servieren.

TIPP
Eine etwas zeitaufwendigere Methode, Paprika zu häuten, ist, sie zu grillen und anschließend 20 Minuten in einem verschlossenen Plastikbeutel abkühlen zu lassen. Danach kann die Haut problemlos abgezogen werden.

Asiatische Gemüsenudeln

10 Min. 15 Min.

4 PERSONEN

175 g grüne Fadennudeln oder bunte Spaghetti
Salz
1 TL Sesamöl
2 EL grobe Erdnussbutter
2 EL helle Sojasauce
1 EL Weißweinessig
1 TL klarer Honig
125 g Daikon (japanischer Rettich), gerieben
125 g Karotten, geraspelt
125 g Salatgurke, fein geraspelt
1 Bund Frühlingszwiebeln, fein gehackt
1 EL trocken geröstete Erdnüsse, gehackt
Karottenblüten, zum Garnieren
Frühlingszwiebelquasten (siehe Tipp Seite 131 unten), zum Garnieren

1 Die Nudeln In einem großen Topf mit kochendem, leicht gesalzenem Wasser al dente kochen. Dann abgießen, kalt abspülen und gut abtropfen lassen. In einer Schüssel mit kaltem Wasser beiseitestellen.

2 Für die Sauce Sesamöl, Erdnussbutter, Sojasauce, Essig und Honig in ein Schraubglas geben. Das Glas verschließen und kräftig schütteln.

3 Die Nudeln abtropfen lassen, in eine Schüssel geben und mit der Hälfte der Erdnusssauce vermischen.

4 Daikon, Karotten, Gurke und Frühlingszwiebeln mit 2 Gabeln unter die Nudelmischung heben. Dann mit gehackten Erdnüssen bestreuen, mit Karottenblüten und Frühlingszwiebelquasten garnieren und mit der restlichen Erdnusssauce servieren.

TIPP
Die Auswahl asiatischer Nudeln ist groß. Probieren Sie Reisnudeln! Sie enthalten nur wenig Fett und sind schnell gar.

Knusprige Nudeln mit Tofu

35 Min. 25 Min.

4 PERSONEN

175 g asiatische Eiernudeln
2 TL abgeriebene Zitronenschale
1 EL helle Sojasauce
1 EL Reisessig
1 EL Zitronensaft
1 1/2 EL Zucker
600 ml Sonnenblumenöl, zum Frittieren
250 g marinierter Tofu, gewürfelt
2 Knoblauchzehen, zerdrückt
1 rote Chili, entkernt und in feinen Streifen
1 rote Paprika, gewürfelt
4 Eier, verquirlt
1 rote Chiliblume (siehe Seite 6), zum Garnieren

1 Die Eiernudeln kurz in kochendem Wasser blanchieren, dann abtropfen lassen und mindestens 30 Minuten auf einer entsprechend großen Unterlage ausgebreitet trocknen lassen. Anschließend in etwa 7 cm lange Fäden schneiden.

2 Zitronenschale, Sojasauce, Reisessig, Zitronensaft und Zucker in einer kleinen Schüssel verrühren und bis zur späteren Verwendung beiseitestellen.

3 Das Öl in einem Wok erhitzen und die Nudeln portionsweise frittieren. Sobald sie eine hellgoldene Farbe annehmen, herausheben und auf Küchenpapier abtropfen, dann abkühlen lassen.

4 Das Öl bis auf 2 EL abgießen. Diesen Rest erhitzen. Den Tofu in den Wok geben und bei hoher Hitze anbraten, damit er leicht knusprig wird.

5 Dann Knoblauch, Chili und Paprika in den Wok geben und 1–2 Minuten dünsten.

6 Die beiseitegestellte Essigmischung in den Wok gießen, gut verrühren. Die Eier zugeben und so lange rühren, bis sie stocken.

7 Tofu und Nudeln mischen und mit einer Chiliblume garniert servieren.

TIPP
Um zu prüfen, ob das Öl zum Frittieren schon heiß genug ist, geben Sie testweise ein paar wenige Nudeln hinein: Sie sollten um das Vielfache ihrer Größe aufquellen. Ist das nicht der Fall, warten Sie noch etwas, bis das Öl heiß genug zum Frittieren ist. Die Nudeln werden sonst zäh und faserig.

Frittierte Gemüsenudeln

5 Min. 25 Min.

4 PERSONEN

350 g asiatische Eiernudeln
2 EL Erdnussöl
2 Knoblauchzehen, zerdrückt
1/2 TL gemahlener Sternanis
1 Karotte, in dünnen Stiften
1 grüne Paprika, entkernt und in Streifen
1 Zwiebel, geviertelt und in Ringen
125 g Brokkoli, in Röschen
75 g Bambussprossen
1 Selleriestange, in Scheiben
1 EL helle Sojasauce
150 ml Gemüsebrühe
Öl, zum Frittieren
1 TL Speisestärke
2 TL Wasser

1 Die Nudeln 2 Minuten in Wasser kochen. Abgießen und abtropfen lassen.

2 Das Öl in einem vorgewärmten Wok erhitzen, bis es raucht. Die Hitze reduzieren, Knoblauch und Sternanis 30 Sekunden unter Rühren anbraten. Dann das Gemüse zugeben und 1–2 Minuten pfannenrühren.

3 Sojasauce und Brühe zugießen, bei geringer Hitze 5 Minuten kochen.

4 Das Frittieröl auf 180 °C erhitzen (ein Brotwürfel sollte darin in 30 Sekunden braun werden).

5 Die Nudeln mit Küchenpapier trocken tupfen. Dann zu kleinen Nestern formen und nach und nach knusprig frittieren, dabei einmal wenden. Auf Küchenpapier abtropfen lassen.

6 Die Speisestärke in 2 Teelöffeln Wasser auflösen und in das Gemüse einrühren. Dann das Ganze aufkochen und dabei stetig weiterrühren, bis die Sauce eingedickt ist.

7 Die Nudeln auf einer Platte anrichten, das Gemüse darüber verteilen und servieren.

Scharf-saure Nudeln

5 Min. 8 Min.

4 PERSONEN

250 g mittelfeine asiatische Eiernudeln
Salz
1 EL Sesamöl
1 EL Chiliöl
1 Knoblauchzehe, zerdrückt
2 Frühlingszwiebeln, fein gehackt
60 g Champignons, in Scheiben
40 g Shiitake-Pilze, eingeweicht, abgetropft und in Scheiben
2 EL Limettensaft
3 EL helle Sojasauce
1 TL Zucker
Chinakohl, in Streifen, zum Servieren
2 EL Korianderblätter, in Streifen, zum Garnieren
2 EL gehackte geröstete Erdnüsse, zum Garnieren

1 Die Nudeln in einem großen Topf mit kochendem Salzwasser al dente kochen. Abgießen, gut abtropfen lassen, wieder in den Topf geben, mit Sesamöl beträufeln und beiseitestellen.

2 Das Chiliöl in einem Wok oder einer großen Pfanne erhitzen. Knoblauch, Frühlingszwiebeln und Champignons bissfest dünsten.

3 Shiitake-Pilze, Limettensaft, Sojasauce und Zucker zugeben und unter Rühren erwärmen, bis die Masse aufkocht. Dann die Nudeln zugeben und unterheben.

4 Auf einer Servierplatte ein Bett aus Chinakohlstreifen anrichten, das fertige Gericht darauf verteilen, mit Koriander und Erdnüssen bestreuen und servieren.

TIPP
Chiliöl ist sehr scharf. Wenn Sie es milder mögen, bereiten Sie das Gericht mit Öl zu und träufeln nur zum Schluss etwas Chiliöl darüber.

Pikante Sesamnudeln

5 Min. 10 Min.

4 PERSONEN

500 g asiatische Eiernudeln
3 EL Sonnenblumenöl
2 EL Sesamöl
1 Knoblauchzehe, zerdrückt
1 EL Erdnussbutter
1 kleine grüne Chili, entkernt und fein gehackt
3 EL Sesamsaat, geröstet
4 EL helle Sojasauce
1/2 EL Limettensaft
Salz und Pfeffer
4 EL frisch gehackter Koriander

1 Die Nudeln gemäß Packungsanleitung zubereiten oder in einen großen Topf mit kochendem Wasser geben, dann sofort vom Herd nehmen, abdecken und 6 Minuten ziehen lassen. Dabei nach 3 Minuten einmal umrühren.

2 In der Zwischenzeit das Dressing zubereiten. Sonnenblumenöl, Sesamöl, Knoblauch und Erdnussbutter in einer Schüssel glatt rühren.

3 Chili, Sesamsaat und Sojasauce zu den anderen Dressing-Zutaten geben. Den Limettensaft nach Geschmack zufügen und gut verrühren. Alles mit Salz und Pfeffer würzen.

4 Die Nudeln gründlich abtropfen lassen und in eine vorgewärmte Servierschüssel füllen.

5 Dressing und Koriander zu den Nudeln geben und gut verrühren. Noch heiß als Hauptgericht oder Beilage servieren.

TIPP
Wenn Sie die Nudeln im Voraus kochen, schwenken Sie die gekochten, abgetropften Nudeln in 2 TL Sesamöl und füllen Sie sie anschließend in eine Schüssel. Decken Sie sie gut ab und halten Sie sie für später warm.

Nudel-Mango-Salat

15 Min. 5 Min.

4 PERSONEN

250 g asiatische Eiernudeln
2 EL Erdnussöl
4 Schalotten, in Streifen
2 Knoblauchzehen, zerdrückt
1 rote Chili, entkernt und in Streifen
1 rote Paprika, entkernt und in Streifen
1 grüne Paprika, entkernt und in Streifen
1 reife Mango, in dünnen Streifen
25 g gesalzene Erdnüsse, gehackt

DRESSING
4 EL Erdnussbutter
100 ml Kokosmilch
1 EL Tomatenmark

1 Die Nudeln in eine große Schüssel geben, mit kochendem Wasser übergießen und 10 Minuten quellen lassen.

2 Das Öl in einem großen heißen Wok oder einer Pfanne erhitzen. Schalotten, Knoblauch, Chili und Paprika zugeben und 2–3 Minuten pfannenrühren.

3 Die Nudeln gründlich abtropfen lassen. Mit den Mangostreifen in den Wok geben und 2 Minuten erhitzen.

4 Den warmen Nudel-Mango-Salat auf vorgewärmten Tellern anrichten und mit den gehackten Erdnüssen bestreuen.

5 Alle Zutaten für das Dressing verrühren und über den warmen Salat geben. Anschließend sofort servieren.

TIPP
Sie können das Erdnussdressing auch leicht erhitzen, bevor Sie es über den Salat geben.

Gebackene Grieß-Gnocchi

15 Min. 30 Min.

4 PERSONEN

450 ml Gemüsebrühe
100 g Grieß
1 EL frisch gezupfter Thymian
1 Ei, verquirlt
50 g Parmesan, frisch gerieben
Salz und Pfeffer
2 EL Butter, plus etwas mehr zum Einfetten
2 Knoblauchzehen, zerdrückt

1 Die Brühe aufkochen. Den Grieß einstreuen und unterrühren. Unter stetigem Rühren 3–4 Minuten kochen, bis die Masse so fest ist, dass der Kochlöffel aufrecht darin stehen bleibt. Anschließend die Masse beiseitestellen und leicht abkühlen lassen.

2 Den Thymian, das Ei und die Hälfte des Parmesans unter den Grieß rühren und mit Salz und Pfeffer abschmecken.

3 Die Masse auf ein Küchenbrett streichen, bis die Schicht etwa 1 cm dick ist. Dann abkühlen lassen.

4 Die abgekühlte Grießmasse in 2,5 cm große Quadrate schneiden. Die Teigreste aufbewahren.

5 Eine Auflaufform einfetten. Eventuelle Teigreste auf dem Boden der Form verteilen. Die Quadrate darüber anordnen und mit dem restlichen Parmesan bestreuen.

6 Die Butter in einer Pfanne zerlassen, den Knoblauch zufügen und mit Pfeffer abschmecken. Die Buttersauce über die Gnocchi gießen, dann in einem auf 220 °C vorgeheizten Backofen 15–20 Minuten backen, bis sie etwas aufgegangen und goldbraun geworden sind.

Spinat-Ricotta-Gnocchi

20 Min. 15 Min.

4 PERSONEN

1 kg frischer Spinat
350 g Ricotta
125 g Pecorino, gerieben
3 Eier, verquirlt
1/4 TL frisch geriebene Muskatnuss
Salz und Pfeffer
Mehl, plus etwas mehr zum Bestäuben
1 Spritzer Öl
125 g Butter, plus etwas mehr zum Einfetten
25 g Pinienkerne
50 g Rosinen

1 Den Spinat waschen, gut abtropfen lassen und in einem abgedeckten Topf ohne Zugabe von Wasser etwa 8 Minuten dünsten. In einen Durchschlag schütten und möglichst viel Flüssigkeit auspressen. Dann durch ein Sieb streichen oder im Mixer pürieren.

2 Das Spinatpüree mit Ricotta, der Hälfte des Käses, Eiern und Muskat vorsichtig, aber gründlich vermischen und mit Salz sowie Pfeffer abschmecken. Dann das Mehl einarbeiten, bis die Masse griffig ist.

3 Aus dem Teig rasch längliche Klößchen formen und leicht mit Mehl bestäuben.

4 In einem großen Topf Wasser mit etwas Salz und einem Schuss Öl zum Kochen bringen. Die Gnocchi vorsichtig hineingeben und etwa 2 Minuten kochen, bis sie an die Oberfläche steigen. Mit einem Schaumlöffel herausnehmen, in eine gebutterte Auflaufform legen und warm halten.

5 Die Butter in einer Pfanne zerlassen. Pinienkerne und Rosinen zugeben und braten, bis die Kerne leicht braun werden, die Butter darf dabei aber nicht anbräunen.

6 Die Gnocchi mit der Buttermsichung übergießen, mit dem restlichen Pecorino bestreuen und servieren.

Gnocchi romana

1 Std. 15 Min. 45 Min.

4 PERSONEN

700 ml Milch
1 Prise frisch geriebene Muskatnuss
100 g Butter, plus etwas mehr zum Einfetten
Salz und Pfeffer
250 g Grieß
125 g Parmesan, frisch gerieben
2 Eier, verquirlt
60 g Gruyère, gerieben
frische Basilikumzweige, zum Garnieren

1 Die Milch in einem Topf zum Kochen bringen. Anschließend vom Herd nehmen und Muskat sowie 1 Esslöffel der Butter einrühren und alles mit Salz und Pfeffer würzen.

2 Den Grieß in die gewürzte Milch einstreuen; dabei ständig Rühren, um Klümpchenbildung zu verhindern. Dann bei schwacher Hitze ebenfalls unter ständigem Rühren 10 Minuten köcheln, bis die Milch eindickt.

3 Die Hälfte des Parmesans unter die Milch rühren, dann die Eier zugeben und verquirlen. Die fertige Mischung beiseitestellen und leicht abkühlen lassen.

4 Den Grießteig in einer 1 cm dicken Schicht auf ein Blatt Backpapier oder ein großes eingeöltes Backblech streichen. Dann vollständig abkühlen lassen und für 1 Stunde in den Kühlschrank stellen.

5 Mit einer Ausstechform Gnocchischeiben mit einem Durchmesser von etwa 4 cm aus dem abgekühlten Grießteig ausstechen. Die dabei übrig bleibenden Teigreste aufbewahren.

6 Eine große flache Auflaufform oder 4 kleinere Formen einfetten und den Boden mit den Teigresten auslegen. Die vorbereiteten Gnoccischeiben überlappend darüber anrichten.

7 Die restliche Butter zerlassen und über die Gnocchi träufeln. Mit dem restlichen Parmesan, dann mit dem Gruyère bestreuen.

8 Die Gnocchi in einem auf 200 °C vorgeheizten Backofen 25–30 Minuten backen, bis die Oberfläche knusprig und goldbraun ist. Die fertigen Gnocci mit Basilikum garnieren und sofort servieren.

Käse-Grieß-Bratlinge

30 Min. 40–45 Min.

4 PERSONEN

600 ml Milch
1 kleine Zwiebel
1 Selleriestange
1 Lorbeerblatt
2 Gewürznelken
125 g Grieß
125 g reifer Cheddar oder Gouda, gerieben
1/2 TL Senfpulver
Salz und Pfeffer
2 EL Mehl
1 Ei, verquirlt
60 g Semmelbrösel
6 EL Öl
Sellerieblätter, zum Garnieren
Krautsalat, zum Servieren

APFEL-CHUTNEY
2 Selleriestangen, gehackt
2 kleine Tafeläpfel, entkernt und gewürfelt
90 g Sultaninen
90 g getrocknete Aprikosen, gehackt
6 EL Apfelessig
1 Prise gemahlene Gewürznelke
1/2 TL Zimt

1 In einem Topf Milch, Zwiebel, Sellerie, Lorbeerblatt und Gewürznelken aufkochen, dann vom Herd nehmen und 15 Minuten ruhen lassen.

2 Die Milch abseihen und in einem zweiten Topf aufkochen. Den Grieß einstreuen und einrühren. Die Hitze reduzieren und die Mischung 5 Minuten köcheln lassen, bis sie eingedickt ist; dabei gelegentlich umrühren.

3 Vom Herd nehmen. Käse, Senfpulver, Salz und Pfeffer einrühren, alles in eine gefettete Schüssel füllen und abkühlen lassen.

4 Für das Apfel-Chutney die Zutaten in einen Topf geben, zum Kochen bringen, abdecken und 20 Minuten köcheln lassen, bis alles weich ist. Dann abkühlen lassen.

5 Die abgekühlte Grießmischung zu 8 Bratlingen von etwa 6 cm Durchmesser formen.

6 Die Bratlinge zuerst leicht in Mehl, dann in Ei und zuletzt in den Semmelbröseln wenden.

7 Das Öl in einer großen Pfanne erhitzen und die Grieß-Bratlinge darin von jeder Seite 3–4 Minuten goldbraun braten. Anschließend zum Abtropfen auf Küchenpapier legen.

8 Die Bratlinge mit Sellerieblättern garnieren und sofort mit Apfel-Chutney und Krautsalat servieren.

Polenta mit zwei Saucen

1 Std. 15 Min. 1 Std.

4 PERSONEN

1,5 l Wasser
1½ TL Salz
300 g Polenta- oder Maismehl
2 Eier, verquirlt (nach Belieben)
125 g Semmelbrösel (nach Belieben)
Öl, zum Frittieren und Einfetten
2 Portionen Tomatensauce (siehe Seite 5)

CHAMPIGNONSAUCE
3 EL Olivenöl
250 g Champignons, in Scheiben
2 Knoblauchzehen, zerdrückt
150 ml trockener Weißwein
Salz und Pfeffer
4 EL Crème double
2 EL frisch gehackte Kräuter

1 Das Wasser mit dem Salz in einem Topf aufkochen und das Mehl nach und nach zufügen; dabei ständig rühren, damit sich keine Klumpen bilden. Die Mischung etwa 30–35 Minuten bei schwacher Hitze unter häufigem Rühren köcheln lassen, bis die Polenta andickt und sich von den Seiten des Topfes löst. Da die Mischung Blasen wirft und spritzt, den Topf zeitweise zudecken.

2 Eine Auflaufform (30 cm x 20 cm) einfetten, die Polenta hineingeben und mithilfe eines feuchten Holzlöffels oder Spatels gleichmäßig verteilen. Abkühlen lassen und, wenn möglich, mehrere Stunden bei Zimmertemperatur ruhen lassen.

3 Die Polenta in 30–36 Quadrate schneiden. Das Öl in einer großen Pfanne erhitzen und die Quadrate etwa 5 Minuten von allen Seiten goldbraun braten; dabei mehrere Male wenden. Oder: Jedes Quadrat vor dem Braten in die verquirlten Eier tauchen und in Semmelbröseln wälzen.

4 Für die Champignonsauce das Öl erhitzen und die Champignons mit dem Knoblauch 3–4 Minuten dünsten. Den Wein hinzufügen, alles mit Salz und Pfeffer abschmecken und 5 Minuten leicht köcheln lassen. Dann die Crème double und die Kräuter unterrühren und die Sauce erneut 1–2 Minuten köcheln lassen.

5 Die fertige Polenta mit Champignon- und Tomatensauce servieren.

Chili-Polenta-Fritten

5 Min. 20 Min.

4 PERSONEN

1,5 l Wasser
2 TL Salz
350 g Instant-Polenta
2 TL Chilipulver
Salz und Pfeffer
1 EL Olivenöl oder zerlassene Butter
150 g saure Sahne
1 EL frisch gehackte Petersilie

1 Wasser in einen Topf füllen und zum Kochen bringen. Das Salz zufügen, die Polenta gleichmäßig einstreuen und sorgfältig unterrühren. Die Hitze reduzieren und die Polenta etwa 5 Minuten weiterrühren, damit sie nicht anbrennt. Sie ist fertig, wenn sie so steif geworden ist, dass der Kochlöffel aufrecht darin stehen bleibt.

2 Chilipulver zufügen und gut unterrühren. Dann die Polenta mit etwas Salz und Pfeffer abschmecken.

3 Die fertige Polenta etwa 4 cm dick auf eine Arbeitsfläche oder ein Küchenbrett streichen. Anschließend auskühlen lassen.

4 Die abgekühlte Polenta in schmale Streifen schneiden.

5 Das Öl in einer Pfanne erhitzen und die Polentastreifen darin von jeder Seite 3–4 Minuten goldbraun und knusprig braten. Auf Küchenpapier abtropfen lassen.

6 Die saure Sahne und die Petersilie in einer Schüssel vermischen und den Dip zu den Polentastreifen servieren.

TIPP
Instant-Polenta ist in den meisten Supermärkten erhältlich und einfach zuzubereiten. Angerührt ist sie bis zu 1 Woche im Kühlschrank haltbar.

Würziger Grießbrei

5 Min. 15 Min.

4 PERSONEN

150 ml Öl
1 TL Senfkörner
1 TL Schwarzkümmelsamen
4 Curryblätter
4 getrocknete rote Chillies
8 EL Grieß
50 g Cashewkerne
1 TL Salz
150 ml Wasser

1 Das Öl in einem großen Topf bei geringer bis mittlerer Hitze erwärmen.

2 Senfkörner, Schwarzkümmel, Curryblätter und Chillies zugeben und etwa 1 Minute unter ständigem Rühren dünsten.

3 Die Hitze reduzieren, den Grieß sowie die Cashewkerne zufügen und bei niedriger Hitze etwa 5 Minuten anbraten. Dabei ständig rühren, damit der Grieß nicht am Topfboden anbackt oder anbrennt.

4 Die Grießmischung salzen, dabei fortwährend rühren. Das Wasser zugießen und den Grieß unter stetigem Rühren eindicken lassen.

5 Den fertigen Grießbrei als warme Zwischenmahlzeit servieren.

Hirse-Pilaw

20 Min. 30 Min.

4 PERSONEN

300 g Hirse
1 EL Öl
1 Bund Frühlingszwiebeln, in Ringen
1 Knoblauchzehe, zerdrückt
1 TL frisch geriebene Ingwerwurzel
1 gelbe Paprika, entkernt und gewürfelt
600 ml Wasser
1 Orange
Salz und Pfeffer
115 g Datteln ohne Stein, gehackt
2 TL Sesamöl
115 g geröstete Cashewkerne
2 EL Kürbiskerne
Salat, zum Servieren

1 Die Hirse in einem großen Topf bei mittlerer Hitze 4–5 Minuten rösten, bis die Körner zu platzen beginnen. Den Topf dabei gelegentlich rütteln.

2 In einem zweiten Topf das Öl erhitzen. Frühlingszwiebeln, Knoblauch, Ingwer und Paprika bei mittlerer Hitze 2–3 Minuten dünsten, bis das Gemüse weich, aber noch nicht gebräunt ist. Die Hirse zugeben und mit dem Wasser auffüllen.

3 Mit einem Sparschäler die Orangenschale abschälen und zur Hirse geben. Saft der Orange auspressen und zugeben. Mit Salz und Pfeffer abschmecken.

4 Aufkochen, dann bei reduzierter Hitze 20 Minuten köcheln lassen, bis alle Flüssigkeit aufgenommen ist. Den Topf vom Herd nehmen, Datteln und Sesamöl untermischen, beiseitestellen und 10 Minuten ruhen lassen.

5 Die Orangenschale entfernen, die Cashewkerne unterrühren. Pilaw in eine vorgewärmte Schale füllen, mit Kürbiskernen bestreuen und sofort mit einem kleinen Salat servieren.

Gefüllte Kohlröllchen

30 Min. 1 Std. 10 Min.

4 PERSONEN

8 große oder 12 mittlere Weißkohlblätter
1 l Wasser
100 g Perlgraupen
2 EL frisch gehackte Petersilie
800 g gehackte Tomaten aus der Dose
2 Knoblauchzehen, grob gehackt
4 EL Rotweinessig
1 EL Sonnenblumen- oder Maiskeimöl, plus etwas mehr zum Einfetten
2 Zucchini, gewürfelt
3 Frühlingszwiebeln, in Ringen
Salz und Pfeffer
2 EL brauner Zucker

1 Die dicken Blattrippen aus den Kohlblättern schneiden, dann die Blätter in einem großen Topf mit kochendem Wasser 1 Minute blanchieren. Gut abtropfen lassen und zum Trocknen ausbreiten.

2 Das abgemessene Wasser in einem großen Topf aufkochen. Perlgraupen und 1 EL Petersilie zugeben, abdecken und etwa 45 Minuten köcheln lassen, bis alle Flüssigkeit absorbiert ist.

3 Inzwischen die Hälfte der Tomaten mit Knoblauch und Essig im Mixer oder mit dem Pürierstab zu einem Püree verarbeiten. In eine Schüssel füllen und beiseitestellen.

4 Das Öl in einer großen Pfanne erhitzen. Zucchini und die restliche Petersilie zugeben und unter Rühren 3 Minuten dünsten. Die Frühlingszwiebeln zufügen, kurz anbraten, dann das Tomatenpüree zugeben. Etwa 10 Minuten eindicken und in eine große Schüssel füllen.

5 Die Graupen in die Schüssel geben, mit Salz und Pfeffer würzen und gut durchmischen.

6 Eine Auflaufform leicht einfetten. 1 Esslöffel der Graupenmischung auf das Stielende eines Kohlblattes füllen. Die Seiten einklappen, zusammenrollen und mit der Nahtseite nach unten in die Form setzen. Alle Blätter füllen und in einer Lage anordnen. Den Zucker über die Röllchen streuen und die restlichen Tomaten mit ihrem Saft darüber verteilen. Mit Alufolie abdecken und in einem auf 190 °C vorgeheizten Backofen 30 Minuten backen. Direkt aus der Form servieren.

Kofta Kebabs

1 Std. 20 Min. 1 Std. 30 Min.

4 PERSONEN

175 g Adzuki-Bohnen
175 g Bulgur
450 ml Gemüsebrühe
3 EL Olivenöl, plus etwas mehr zum Einfetten
1 Zwiebel, fein gehackt
2 Knoblauchzehen, zerdrückt
1 TL gemahlener Koriander
1 TL gemahlener Kreuzkümmel
2 EL frisch gehackter Koriander
3 Eier, verquirlt
Salz und Pfeffer
125 g Semmelbrösel
schwarze Oliven, zum Servieren
Pita-Brot, zum Servieren

TABBOULEH
175 g Bulgur
425 ml Wasser
2 EL Zitronensaft
1 EL Olivenöl
6 EL frisch gehackte Petersilie
4 Frühlingszwiebeln, fein gehackt
60 g Salatgurke, fein gehackt
3 EL frisch gehackte Minze
1 extra große Tomate, fein gehackt

1 Die Adzuki-Bohnen 40 Minuten in kochendem Wasser garen, bis sie weich sind. Abgießen, abspülen und abkühlen lassen.

2 Den Bulgur 10 Minuten in der Brühe kochen, bis er sie aufgenommen hat. Dann beiseitestellen.

3 1 Esslöffel Öl in einer Pfanne erhitzen. Zwiebel, Knoblauch und Gewürze 4–5 Minuten darin andünsten. Den Pfanneninhalt mit Bohnen, Koriander, Eiern, Salz und Pfeffer mischen und zerstampfen. Semmelbrösel und Bulgur unterrühren. Die Mischung abdecken und 1 Stunde kalt stellen, bis sie fest ist.

4 Für das Tabbouleh das Wasser aufkochen und den Bulgur 15 Minuten darin einweichen. Anschließend mit den restlichen Zutaten mischen, alles abdecken und in den Kühlschrank stellen.

5 Die kalte Kofta-Mischung mit feuchten Händen zu 32 Bällchen formen. Die fertigen Bällchen auf Spieße stecken, mit Öl bestreichen und 5–6 Minuten goldbraun grillen. Wenden, erneut bestreichen und weitere 5–6 Minuten grillen. Zum Abtropfen auf Küchenpapier legen, garnieren und mit Tabbouleh, Oliven und Pita servieren.

Gemüse-Couscous

20 Min. 40 Min.

4 PERSONEN

2 EL Öl
1 große Zwiebel, grob gehackt
1 Karotte, gewürfelt
1 weiße Rübe, gewürfelt
600 ml Gemüsebrühe
175 g Couscous
2 Tomaten, gehäutet und geviertelt
2 Zucchini, gewürfelt
1 rote Paprika, entkernt und gewürfelt
125 g Prinzessbohnen, klein geschnitten
abgeriebene Schale von 1 Zitrone
1 Prise Kurkuma (nach Belieben)
Salz und Pfeffer
1 EL frisch gehackter Koriander oder frisch gehackte Petersilie
glatte Petersilie, zum Garnieren

1 Das Öl in einem großen Topf erhitzen. Zwiebel, Karotte und Rübe zugeben und 3–4 Minuten andünsten. Die Brühe zugießen, aufkochen, das Gemüse abdecken und 20 Minuten köcheln lassen.

2 Den Couscous in einer Schüssel mit etwas kochendem Wasser übergießen und unter Rühren quellen lassen.

3 Tomaten, Zucchini, Paprika und Bohnen zu den anderen Gemüsesorten in den Topf geben.

4 Zitronenschale und Kurkuma zum Couscous geben und gut unterrühren. Mit Salz und Pfeffer würzen. Dann den Couscous in einen Dämpfeinsatz geben, über den Topf mit dem Gemüse stellen und 8–10 Minuten dämpfen.

5 Den Couscous auf vorgewärmten Tellern anrichten. Das Gemüse darüber verteilen und mit einen Teil seines Kochsuds übergießen.

6 Den fertigen Gemüse-Couscous mit Koriander oder Petersilie bestreuen, mit Petersilienzweigen garnieren und sofort servieren.

Couscous royale

25 Min. 45 Min.

6 PERSONEN

3 Karotten
3 Zucchini
350 g Kürbis
1,25 l Gemüsebrühe
2 Zimtstangen, in Hälften gebrochen
2 TL gemahlener Kreuzkümmel
1 TL gemahlener Koriander
1 Msp. Safranfäden
2 EL Olivenöl
abgeriebene Schale und Saft von 1 Zitrone
2 EL klarer Honig
Salz und Pfeffer
500 g fertiger Couscous
60 g weiche Butter
175 g große Rosinen
Korianderblätter, zum Garnieren

1 Karotten und Zucchini in 7 cm große Stücke schneiden und längs halbieren.

2 Den Kürbis putzen und die Kerne entfernen. Das Fruchtfleisch schälen und in ebenso große Stücke schneiden wie das restliche Gemüse.

3 Brühe, Gewürze, Safran und Karotten in einem großen Topf aufkochen. Dann abschäumen, das Öl zugeben und alles 15 Minuten köcheln lassen.

4 Zitronenschale und -saft, Honig, Zucchini und Kürbis zugeben. Alles gut würzen, erneut zum Kochen bringen und weitere 10 Minuten köcheln lassen.

5 In der Zwischenzeit den Couscous laut Packungsanleitung einweichen. In einen Dämpfeinsatz oder einen großen, mit Musselin ausgelegten Durchschlag geben und auf den Topf mit dem Gemüse stellen. Abdecken und wie angegeben dämpfen, dann die Butter einrühren.

6 Den fertig gegarten Couscous auf einem vorgewärmten Servierteller anrichten. Das Gemüse abgießen und auf dem Couscous anrichten; dabei Brühe, Zitronenschale und Zimtstangen aufbewahren. Dann mit Rosinen bestreuen, mit 6 Esslöffeln Brühe begießen und warm stellen.

7 Die restliche Brühe auf den Herd stellen und 5 Minuten leicht einkochen. Anschließend Zitronenschale und Zimt entfernen.

8 Das fertige Gericht mit dem Koriander garnieren und sofort servieren. Die Sauce separat dazu reichen.

Tabbouleh

1 Std. 30 Min. 5–10 Min.

2 PERSONEN

125 g Bulgur
600 ml kochendes Wasser
1 rote Paprika, entkernt und halbiert
3 EL Olivenöl
1 Knoblauchzehe, zerdrückt
abgeriebene Schale von 1/2 Limette
1 EL Limettensaft
Salz und Pfeffer
1 EL gehackte Minze
1 EL gehackte Petersilie
3–4 Frühlingszwiebeln, in feinen Ringen
8 schwarze Oliven, entsteint und halbiert
40 g gesalzene Erdnüsse oder Cashewkerne
1–2 TL Zitronensaft
60–90 g Gruyère
Minzeblätter, zum Garnieren
warmes Pita-Brot oder knusprige Brötchen, zum Servieren

1 Den Bulgur in eine Schüssel geben, etwa 2,5 cm hoch mit kochendem Wasser bedecken, beiseitestellen und etwa 1 Stunde einweichen lassen, bis er das Wasser fast völlig aufgenommen hat und abgekühlt ist.

2 In der Zwischenzeit die Paprika mit der Schnittfläche nach unten auf einen Grillrost legen und unter einem vorgeheiztem Grill so lange rösten, bis die Haut dunkel wird und Blasen wirft. Anschließend etwas abkühlen lassen.

3 Die abgekühlte Paprika häuten, die Kerne entfernen und das Fruchtfleisch in schmale Streifen schneiden.

4 Für das Dressing Öl, Knoblauch, Limettenschale und -saft vermengen und mit Salz und Pfeffer würzen. 4–5 Teelöffel des Dressings zu der Paprika geben und leicht unterheben.

5 Den eingeweichten Bulgur gründlich abtropfen lassen, in einem trockenem Tuch ausdrücken und in eine Schüssel geben.

6 Kräuter, Frühlingszwiebeln, Oliven und Nüsse mit dem Bulgur vermengen. Den Zitronensaft mit dem restlichen Dressing vermengen, das Dressing über den Salat gießen und unterheben. Den Salat auf 2 Servierteller verteilen.

7 Den Käse in Streifen schneiden, mit den Paprikastreifen mischen und neben dem Bulgur anrichten. Mit Minzeblättern garnieren und mit warmem Pita-Brot oder knusprigen Brötchen servieren.

Pikanter Basmati-Pilaw

20 Min. 25 Min.

4 PERSONEN

500 g Basmati-Reis
175 g Brokkoli
6 EL Öl
2 große Zwiebeln, gehackt
225 g Pilze, in Scheiben
2 Knoblauchzehen, zerdrückt
6 Kardamomkapseln, gespalten
6 Gewürznelken
8 schwarze Pfefferkörner
1 Zimtstange oder 1 Stück Cassia-Rinde
1 TL Kurkuma
1,2 l kochende Gemüsebrühe oder Wasser
Salz und Pfeffer
60 g kernlose Rosinen
60 g ungesalzene Pistazien, grob gehackt

1 Den Brokkoli in kleine Röschen teilen, Stängel schälen, längs vierteln und diagonal in 1 cm große Stücke schneiden.

2 Das Öl in einem großen Topf erhitzen. Zwiebeln und Brokkolistängel zugeben und bei schwacher Hitze unter häufigem Rühren 3 Minuten dünsten. Dann Pilze, Reis, Knoblauch und Gewürze zufügen und 1 Minute unter Rühren kochen, bis der Reis mit Öl überzogen ist.

3 Die Brühe zugießen und alles mit Salz und Pfeffer würzen. Die Brokkoliröschen in den Topf geben und das Gericht erneut aufkochen. Abdecken, die Hitze reduzieren und das Gericht bei geringer Hitze 15 Minuten köcheln lassen. Den Deckel während dieser Zeit nicht abnehmen.

4 Den fertigen Pilaw vom Herd nehmen und 5 Minuten abgedeckt ruhen lassen. Dann die Rosinen und die gehackten Pistazien zugeben und die Reiskörner mit einer Gabel leicht auflockern. Heiß servieren.

VARIATION
Der Reis wird gehaltvoller, wenn Sie unmittelbar vor dem Servieren einen Löffel Ghee zugeben. Geben Sie für eine farbenfrohere Variante bei Schritt 4 etwas gewürfelte, rote Paprika und einige gekochte Erbsen zu.

Cajun-Reis mit Bohnen

10 Min. 15 Min.

4 PERSONEN

175 g Langkornreis
4 EL Olivenöl
1 kleine grüne Paprika, entkernt und gewürfelt
1 kleine rote Paprika, entkernt und gewürfelt
1 Zwiebel, fein gehackt
1 kleine rote oder grüne Chili, entkernt und gehackt
2 Tomaten, gehackt
125 g rote Kidney-Bohnen aus der Dose, gewaschen und abgetropft
1 EL frisch gehacktes Basilikum
2 TL frisch gehackter Thymian
1 TL Cajun-Gewürz
Salz und Pfeffer
frische Basilikumblätter, zum Garnieren

1 Den Reis in reichlich kochendem Salzwasser etwa 12 Minuten fast weich kochen. Mit kaltem Wasser abspülen und gut abtropfen lassen.

2 In der Zwischenzeit das Öl in einer Pfanne erhitzen und Paprika sowie Zwiebel darin etwa 5 Minuten dünsten, bis sie zart sind. Chili und Tomaten zugeben und weitere 2 Minuten kochen.

3 Die Gemüsemischung und die Kidney-Bohnen zum Reis geben und alles gut verrühren. Kräuter und Cajun-Gewürz zufügen und unterrühren.

4 Das fertige Gericht mit Salz und Pfeffer abschmecken und mit Basilikumblättern garniert servieren.

Bunter Gemüsereis

10 Min. 20 Min.

4 PERSONEN

125 g weißer Langkornreis
3 EL Erdnussöl
2 Knoblauchzehen, zerdrückt
$^1/_2$ TL chinesisches Fünf-Gewürze-Pulver
60 g Prinzessbohnen
1 grüne Paprika, entkernt und klein geschnitten
4 Babymaiskolben, längs geviertelt
25 g Bambussprossen, klein geschnitten
3 Tomaten, gehäutet, entkernt und klein geschnitten
60 g gekochte Erbsen
1 TL Sesamöl

1 Den Reis in kochendem Wasser etwa 15 Minuten in garen. Gründlich abtropfen lassen, unter kaltem Wasser abspülen und erneut gut abtropfen lassen.

2 Das Öl in einem heißen Wok oder einer großen Pfanne erhitzen. Den Knoblauch und das Fünf-Gewürze-Pulver darin 30 Sekunden anbraten.

3 Bohnen, Paprika und Mais in den Wok oder die Pfanne geben und 2 Minuten pfannenrühren. Die Bambussprossen, Tomaten, Erbsen und den Reis unterrühren und alles 1 weitere Minute pfannenrühren.

4 Das fertige Gericht mit Sesamöl beträufeln, in eine Schüssel füllen und sofort servieren.

VARIATION
Welche Gemüsesorten Sie auch für dieses Gericht verwenden, schneiden Sie sie auf die gleiche Größe, damit sie gleich schnell garen.

Aromatischer Jasminreis

15 Min. 15 Min.

4 PERSONEN

400 g Jasminreis
800 ml Wasser
abgeriebene Schale von $^1/_2$ Zitrone
2 EL frisch gehackte Basilikumblätter

1 Den Reis gründlich mit kaltem Wasser waschen, bis es klar abläuft. Das Wasser in einen großen Topf füllen und zum Kochen bringen. Anschließend den Reis zugeben.

2 Das Wasser erneut aufkochen, dann die Hitze reduzieren. Abdecken und den Reis 12 Minuten köcheln lassen.

3 Den Reis vom Herd nehmen und immer noch abgedeckt 10 Minuten ziehen lassen. Es ist äußerst wichtig, dass der Reis gut abgedeckt wird, damit er gleichmäßig nachgaren kann und dadurch locker und körnig wird.

4 Den fertig gegarten Reis mit einer Gabel auflockern, dann die Zitronenschale einrühren und das Basilikum darüber streuen.

Thailändischer Jasminreis

5 Min. 10–15 Min.

4 PERSONEN

IM OFFENEN TOPF
225 g thailändischer Jasminreis
1 l Wasser

IM GESCHLOSSENEN TOPF
225 g thailändischer Jasminreis
450 ml Wasser

1 Den Reis in einem Sieb unter kaltem Wasser abspülen und gut abtropfen lassen.

2 Für die Garmethode im offenem Topf das Wasser zum Kochen bringen. Den Reis zugeben, einmal umrühren und bei mittlerer Hitze 8–10 Minuten ohne Deckel kochen, bis er weich ist.

3 Für die Zubereitung im geschlossenen Topf Reis und Wasser zum Kochen bringen. Einmal umrühren, dann den Topf abdecken und den Reis bei niedrigster Hitze 10 Minuten kochen. Anschließend 5 Minuten ruhen lassen.

4 Den fertigen Reis mit einer Gabel leicht auflockern und sofort servieren.

Paella mit Cashewkernen

15 Min. 35 Min.

4 PERSONEN

2 EL Olivenöl
1 EL Butter
1 rote Zwiebel, gehackt
150 g Arborio-Reis
1 TL Kurkuma
1 TL gemahlener Kreuzkümmel
1/2 TL Chilipulver
3 Knoblauchzehen, zerdrückt
1 grüne Chili, entkernt und in Ringen
1 grüne Paprika, entkernt und gewürfelt
1 rote Paprika, entkernt und gewürfelt
85 g Babymaiskolben, längs halbiert
2 EL entsteinte schwarze Oliven
1 große Tomate, entkernt und gewürfelt
450 ml Gemüsebrühe
85 g ungesalzene Cashewkerne
55 g tiefgefrorene Erbsen
Salz und Pfeffer
2 EL frisch gehackte Petersilie
1 Prise Cayennepfeffer
frische Kräuter, zum Garnieren

1 Olivenöl und Butter in einer großen Brat- oder Paella-Pfanne erhitzen, bis die Butter zerlassen ist. Die Zwiebel in die Pfanne geben und bei mittlerer Hitze unter ständigem Rühren 2–3 Minuten weich dünsten.

2 Reis, Kurkuma, Kreuzkümmel, Chilipulver, Knoblauch, Chili, Paprika, Babymais, Oliven und Tomaten einrühren und bei mittlerer Hitze unter gelegentlichem Rühren 1–2 Minuten kochen.

3 Die Brühe zugießen und zum Kochen bringen. Dann die Hitze reduzieren und die Paella-Mischung unter ständigem Rühren 20 Minuten kochen.

4 Cashewkerne und Erbsen zugeben und den Reis unter gelegentlichem Rühren weitere 5 Minuten kochen. Zum Schluss mit Salz und Pfeffer abschmecken und mit Petersilie und Cayennepfeffer bestreuen. Die fertige Paella auf vorgewärmte Teller verteilen, mit Kräutern garnieren und sofort servieren.

Gebratener Reis mit Bohnen

10 Min. 25 Min.

4 PERSONEN

3 EL Sonnenblumenöl
1 Zwiebel, fein gehackt
225 g Langkornreis
1 grüne Paprika, entkernt und gewürfelt
1 TL Chilipulver
600 ml kochendes Wasser
225 g rote Kidney-Bohnen
100 g Mais aus der Dose, abgetropft
2 EL frisch gehackter Koriander, plus etwas mehr zum Garnieren (nach Belieben)

1 Das Öl in einem heißen Wok oder einer großen Pfanne erhitzen, die Zwiebel zugeben und etwa 2 Minuten pfannenrühren. Reis, Paprika und Chilipulver zufügen und 1 Minute mitbraten.

2 Das Wasser in den Wok oder die Pfanne gießen und zum Kochen bringen. Anschließend die Hitze reduzieren und die Mischung 15 Minuten köcheln lassen.

3 Kidney-Bohnen, Mais und Koriander in den Wok geben und erhitzen, dabei gelegentlich umrühren.

4 Den fertig gegarten Reis in eine Servierschüssel füllen und eventuell mit zusätzlichem Koriander bestreut servieren.

Chatuchak-Reis

25 Min. 15 Min.

4 PERSONEN

1 EL Sonnenblumenöl
3 Schalotten, fein gehackt
2 Knoblauchzehen, zerdrückt
1 rote Chili, entkernt und fein gehackt
2,5-cm-Stück Ingwer, in Streifen
1/2 grüne Paprika, entkernt und in dünnen Streifen
150 g Babyauberginen, geviertelt
90 g Zuckererbsen, geputzt und blanchiert
90 g Babymaiskolben, längs halbiert und blanchiert
1 Tomate, geachtelt
90 g Bohnensprossen
500 g gekochter Jasminreis
2 EL Tomatenketchup
2 EL helle Sojasauce
frische Korianderblätter, zum Garnieren
Limettenspalten, zum Garnieren

1 Das Öl in einem Wok oder einer großen Pfanne stark erhitzen. Schalotten, Knoblauch, Chili und Ingwer zugeben und pfannenrühren, bis die Schalotten glasig sind. Dann Paprika und Auberginen zugeben und gründlich unterrühren.

2 Zuckererbsen, Babymais, Tomate und Bohnensprossen zufügen und 3 Minuten pfannenrühren.

3 Den fertig gegarten Jasminreis hinzufügen und diesen 4–5 Minuten mit zwei Löffeln unterheben und so lange rühren, bis schließlich kein Dampf mehr aufsteigt.

4 Tomatenketchup und Sojasauce zugießen und gut vermengen.

5 Das fertige Gericht auf vorgewärmte Teller verteilen, mit Korianderblättern und Limettenspalten garnieren und sofort servieren.

Reis mit Obst und Nüssen

20 Min. 1 Std.

6 PERSONEN

4 EL Ghee oder Öl
1 große Zwiebel, gehackt
2 Knoblauchzehen, zerdrückt
2,5-cm-Stück Ingwerwurzel, fein gehackt
1 TL Chilipulver
1 TL Kreuzkümmelsamen
1 EL mildes oder mittelscharfes Currypulver
300 g Naturreis
850 ml heiße Gemüsebrühe
400 g gehackte Tomaten aus der Dose
Salz und Pfeffer
175 g getrocknete Aprikosen oder Pfirsiche, eingeweicht und in Streifen
1 rote Paprika, entkernt und gewürfelt
90 g tiefgefrorene Erbsen
60–90 g gemischte Nüsse, geröstet
1–2 kleine halbreife Bananen, in Scheiben

1 Ghee oder Öl in einem großen Topf erhitzen und die Zwiebel darin 3 Minuten leicht andünsten. Anschließend Knoblauch, Ingwer, Chilipulver, Kreuzkümmel, Currypulver und Reis unterrühren. Alles 2 Minuten vorsichtig pfannenrühren, bis sich der Reis mit dem Gewürzöl verbunden hat.

2 Unter Rühren die Brühe zugießen. Dann die Tomaten zufügen. Alles mit Salz und Pfeffer würzen, aufkochen, die Hitze reduzieren, abdecken und 40 Minuten köcheln lassen, bis der Reis fast gar und die Flüssigkeit größtenteils absorbiert ist.

3 Aprikosen oder Pfirsiche, Paprika und Erbsen zufügen, abdecken und den Reis weitere 10 Minuten kochen. Dann vom Herd nehmen und etwa 5 Minuten ruhen lassen, ohne den Deckel abzunehmen.

4 Den Reis mit einer Gabel durchrühren und auflockern, dann vorsichtig Nüsse und Bananenscheiben unterheben. Das fertige Gericht auf einem großen Teller anrichten und sofort heiß servieren.

Champignon-Käse-Risotto

20 Min. 40 Min.

4 PERSONEN

2 EL Oliven- oder Pflanzenöl
225 g Arborio-Reis
2 Knoblauchzehen, zerdrückt
1 Zwiebel, gehackt
2 Selleriestangen, gehackt
1 rote oder grüne Paprika, entkernt und gehackt
225 g Champignons, in dünnem Scheiben
1 EL frisch gehackter Oregano oder 1 TL getrockneter Oregano
1 l Gemüsebrühe
60 g getrocknete Tomaten in Öl, abgetropft und gehackt (nach Belieben)
Salz und Pfeffer
3 EL frisch geriebener Parmesan
glatte Petersilienzweige, zum Garnieren
frische Lorbeerblätter, zum Garnieren

1 Das Öl in einem Wok oder einer Pfanne erhitzen, den Reis zufügen und unter ständigem Rühren 5 Minuten garen.

2 Knoblauch, Zwiebel, Sellerie und Paprika zugeben und alles unter ständigem Rühren weitere 5 Minuten dünsten. Dann die Champignons unterrühren und alles erneut 3–4 Minuten garen.

3 Oregano und Brühe zufügen, einmal aufkochen, dann die Hitze reduzieren, das Gericht abdecken und etwa 20 Minuten köcheln lassen, bis der Reis zart und cremig ist.

4 Die Tomaten zugeben, den Reis mit Salz und Pfeffer würzen und die Hälfte des Parmesans unterrühren. Mit dem restlichen Käse bestreuen, mit Petersilie sowie Lorbeerblättern garnieren und sofort servieren.

Risotto mit Wildpilzen

15 Min. 30 Min.

4 PERSONEN

2 EL Olivenöl
1 große Zwiebel, fein gehackt
1 Knoblauchzehe, zerdrückt
200 g gemischte Wild- und Zuchtpilze, etwa Champignons, Stein- und Austernpilze, geputzt und in gleich großen Stücken
250 g Arborio-Reis, gewaschen
1 Msp. Safran
700 ml kochende Gemüsebrühe
60 ml trockener Weißwein
100 g Parmesan, gerieben, plus etwas mehr zum Servieren
2 EL frisch gehackter Thymian
Pfeffer

1 Das Öl in einer Pfanne erhitzen. Die Zwiebel und den Knoblauch zugeben und 3–4 Minuten weich dünsten.

2 Die Pilze zufügen und alles weitere 3 Minuten dünsten, bis die Pilze gerade zu bräunen beginnen.

3 Reis und Safran zugeben und kurz unterrühren, bis der Reis rundum mit Öl überzogen ist.

4 Brühe und Wein vermengen und nach und nach zu Reis und Pilzen in die Pfanne gießen. Zwischendurch immer so lange warten, bis die neu zugefügte Flüssigkeit vom Reis aufgenommen ist, bevor weitere zugegeben wird.

5 Nach etwa 15 Minuten sollte die gesamte Flüssigkeit absorbiert sein. Falls der Reis zu diesem Zeitpunkt innen noch immer etwas hart ist, etwas Wasser zugießen und weiterkochen, bis er gar ist.

6 Parmesan und Thymian einrühren und den Reis mit frisch gemahlenem schwarzen Pfeffer würzen.

7 Den fertigen Risotto auf Teller verteilen und mit zusätzlichem Parmesan bestreuen.

TIPP
Wildpilze haben einen sehr intensiven Geschmack, sind jedoch recht teuer. Sie können durch einfache weiße und braune Champignons ersetzt werden.

Grüner Risotto aus der Mikrowelle

15 Min. 20 Min.

4 PERSONEN

1 Zwiebel, gehackt
2 EL Olivenöl
250 g Arborio-Reis
700 ml heiße Gemüsebrühe
350 g grüne Gemüsesorten, z. B. grüner Spargel, Prinzessbohnen, Zuckererbsen, Zucchini, Erbsen oder Brokkoliröschen
2 EL frisch gehackte Petersilie
Salz und Pfeffer
60 g frisch gehobelte Parmesanspäne

1 Zwiebel und Öl in eine Schüssel geben, abdecken und 2 Minuten auf höchster Stufe in der Mikrowelle garen.

2 Den Reis zufügen und sorgfältig unterrühren, bis er gleichmäßig mit Öl überzogen ist. Dann etwa 75 ml Brühe zugießen und den Reis 2 Minuten ohne Deckel auf höchster Stufe garen, bis er die Flüssigkeit aufgenommen hat. Diesen Vorgang zweimal wiederhohlen.

3 Das Gemüse in gleich große Stücke schneiden und mit der restlichen Brühe zum Reis geben. Den Reis abdecken und 8 Minuten auf höchster Stufe in der Mikrowelle garen; dabei gelegentlich umrühren, bis ein Großteil der Flüssigkeit aufgenommen und der Reis gerade gar ist.

4 Die Petersilie unterrühren, alles mit Salz und Pfeffer abschmecken, das Gericht abdecken und mindestens 5 Minuten ruhen lassen. Danach sollte der Reis zart und cremig sein.

5 Den Parmesan über den fertigen Risotto streuen und das Gericht sofort servieren.

TIPP

Der Risotto erhält mehr Biss, wenn Sie gegen Ende der Garzeit geröstete Pinienkerne oder grob gehackte Cashewkerne zufügen.

Riesenchampignons mit Reisfüllung

25 Min. 35 Min.

4 PERSONEN

4 Riesenchampignons
100 g Wildpilze, in Scheiben
4 getrocknete Tomaten, gehackt
150 ml trockener Rotwein
4 Frühlingszwiebeln, fein gehackt
75 g gekochter Reis
Salz und Pfeffer
2 EL frisch geriebener Parmesan
4 dicke Scheiben Mehrkornbrot, Kruste entfernt
Frühlingszwiebelstreifen, zum Garnieren

1 Die Riesenchampignons häuten, den Stiel herausdrehen und die Hüte beiseitestellen. Die Stiele fein hacken und in einen Topf geben.

2 Wildpilze, Tomaten und Rotwein ebenfalls in den Topf geben. Das Gemüse aufkochen und abgedeckt 2–3 Minuten köcheln lassen, bis die Pilze weich sind. Dann abgießen – dabei den Kochsud auffangen – und die Wildpilzmischung in eine Schüssel geben.

3 Frühlingszwiebeln und Reis mit der Wildpilzmischung verrühren. Dann kräftig mit Salz und Pfeffer würzen und in die vorbereiteten Pilzhüte füllen. Mit geriebenem Parmesan bestreuen.

4 Die gefüllten Pilze auf ein Backblech legen und mit dem zurückbehaltenen Kochsud umgießen. Dann in einem auf 190 °C vorgeheizten Backofen 25 Minuten backen, bis die Pilze gar sind.

5 Kurz vor Ende der Garzeit die Brotscheiben in einem Toaster hellbraun rösten.

6 Die fertigen Pilze abgießen und je einen auf eine geröstete Brotscheibe legen. Mit Frühlingszwiebeln garnieren und servieren.

Zucchini-Basilikum-Risotto

5–10 Min. 35 Min.

4 PERSONEN

4 EL natives Olivenöl extra mit Basilikumaroma, plus etwas mehr zum Beträufeln
4 Zucchini, gewürfelt
1 gelbe Paprika, entkernt und gewürfelt
2 Knoblauchzehen, fein gehackt
1 große Zwiebel, fein gehackt
400 g Arborio- oder Carnaroli-Reis
80 ml trockener weißer Wermut
1,5 l heiße Gemüsebrühe
2 EL weiche Butter
1 Handvoll frische Basilikumblätter, zerpflückt, plus etwas mehr zum Garnieren
85 g Parmesan, frisch gerieben

1 Die Hälfte des Öls in einer großen Pfanne stark erhitzen. Zucchini und Paprika zugeben und 3 Minuten unter gelegentlichem Rühren goldbraun braten. Anschließend den Knoblauch einrühren und alles 1 weitere Minute braten. Aus der Pfanne nehmen und beiseitestellen.

2 Das restliche Öl in einem großen Topf bei mittlerer Hitze erwärmen. Die Zwiebel zugeben und etwa 2 Minuten weich dünsten. Den Reis zugeben und weitere 2 Minuten unter häufigem Rühren glasig dünsten.

3 Den Wermut und eine Kelle (etwa 225 ml) der köchelnden Brühe zugießen. Ständig rühren, bis der Reis die Flüssigkeit aufgenommen hat. Weiterhin jeweils eine halbe Schöpfkelle voll Brühe zugießen und vom Reis aufsaugen lassen. Erst dann wieder eine halbe Schöpfkelle Brühe zugeben, wenn die Flüssigkeit vollständig absorbiert ist. Den Reis niemals trocken kochen. Nach etwa 20–25 Minuten sollte der Vorgang beendet sein und der Risotto eine sahnige Konsistenz haben; die Reiskörner sollten zart, aber noch bissfest sein.

4 Zucchini, Paprika, Butter, Basilikumblätter und Parmesan einrühren. Den fertigen Risotto mit etwas Öl beträufeln, mit Basilikum garnieren und sofort heiß servieren.

Risotto alla milanese

10 Min. 35 Min.

4 PERSONEN

1 TL Safranfäden
90 g Butter
1 große Zwiebel, fein gehackt
1–2 Knoblauchzehen, zerdrückt
350 g Arborio-Reis
150 ml trockener Weißwein
1,2 l heiße Gemüsebrühe
90 g Parmesan, gerieben
Salz und Pfeffer

1 Den Safran in ein Schälchen geben, mit 3–4 Esslöffeln kochendem Wasser übergießen und während der Zubereitung des Risottos ziehen lassen.

2 Zwiebeln und Knoblauch in 60 g Butter glasig dünsten, aber nicht bräunen. Den Reis zugeben und alles weitere 2–3 Minuten dünsten, bis alle Reiskörner mit Fett überzogen sind und gerade beginnen, etwas Farbe anzunehmen.

3 Den Wein zugießen und köcheln lassen, bis er vollständig absorbiert ist; dabei gelegentlich umrühren.

4 Nach und nach die kochende Brühe zugießen (jeweils etwa 150 ml). Jede zugegebene Portion unter Rühren einkochen, erst dann neue Brühe nachgießen. Nach etwa 20 Minuten sollte die gesamte Brühe aufgenommen und der Reis gar, aber noch bissfest sein.

5 Ist der Reis fertig, Safranwasser, Parmesan und die restliche Butter unterrühren, mit Salz und Pfeffer abschmecken. Den Reis unter gelegentlichem Rühren weitere 2 Minuten köcheln lassen, bis er kochend heiß und alles gut vermischt ist.

6 Den Reis gut abdecken, 5 Minuten neben dem Herd ziehen lassen, dann gut durchrühren und servieren.

Risotto primavera

15 Min. 40 Min.

6–8 PERSONEN

220 g junger grüner Spargel
4 EL Olivenöl
175 g Prinzessbohnen, in 2,5 cm langen Stücken
175 g Zucchini, längs geviertelt und in 2,5 cm langen Stücken
220 g frisch gepalte Erbsen
1 Zwiebel, fein gehackt
1–2 Knoblauchzehen, fein gehackt
350 g Arborio- oder Carnaroli-Reis
1,5 l kochende Gemüsebrühe, plus 2 EL mehr
4 Frühlingszwiebeln, in 2,5 cm langen Stücken, plus etwas mehr zum Garnieren
Salz und Pfeffer
4 EL Butter
120 g Parmesan, frisch gerieben
2 EL Schnittlauchröllchen
2 EL frisch gehacktes Basilikum

1 Die holzigen Enden des Spargels entfernen, die Spitzen abschneiden. Die Stangen in 2,5 cm lange Stücke schneiden und mit den Spitzen beiseitestellen.

2 2 Esslöffel Olivenöl in einer großen Pfanne stark erhitzen. Spargel, Bohnen, Zucchini und Erbsen zugeben und 3–4 Minuten unter Rühren dünsten, bis sie leuchtend grün sind und weich zu werden beginnen. Beiseitestellen.

3 Das restliche Öl in einem großen Topf bei mittlerer Hitze erwärmen. Die Zwiebel zugeben und etwa 1 Minute weich dünsten. Den Knoblauch einrühren und 30 Sekunden mitdünsten. Den Reis zugeben und 2 Minuten unter Rühren glasig dünsten.

4 Einen Schöpflöffel (etwa 225 ml) kochende Brühe zugießen. Sie kocht brodelnd auf. Ständig rühren, bis der Reis sie aufgenommen hat.

5 Die restliche Brühe in Schüben zugießen und jeweils unter Rühren vom Reis aufsaugen lassen. Das Ganze so lange wiederholen, bis der Reis cremig, die Körner aber noch fest sind. Den Reis niemals trocken kochen. Dieser Vorgang dauert 20–25 Minuten.

6 Das gedünstete Gemüse und die Frühlingszwiebeln mit etwas Brühe unterrühren. 2 Minuten unter häufigem Rühren durchwärmen, dann mit Salz und Pfeffer abschmecken. Zuletzt Butter, Parmesan, Schnittlauch und Basilikum einrühren.

7 Den Risotto vom Herd nehmen und abgedeckt 1 Minute quellen lassen. Mit Frühlingszwiebeln garnieren und sofort servieren.

Reis mit Limettensaft

5 Min. 15 Min.

4 PERSONEN

2 EL Öl
1 kleine Zwiebel, fein gehackt
3 Knoblauchzehen, zerdrückt
175 g gemischter Langkorn- und Wildreis
450 ml Gemüsebrühe
Saft von 1 Limette
1 EL frisch gehackter Koriander

1 Das Öl in einem großen Topf erhitzen. Die Zwiebel und den Knoblauch zugeben und etwa 2 Minuten weich dünsten.

2 Den Reis zugeben und alles 1 weitere Minute unter Rühren dünsten. Dann die Brühe zugießen und aufkochen. Anschließend die Hitze so weit reduzieren, dass der Reis nur noch leicht köchelt.

3 Die Pfanne abdecken und den Reis etwa 10 Minuten köcheln lassen, bis er die gesamte Flüssigkeit aufgenommen hat.

4 Den Limettensaft zugießen und unter den Reis heben. Diesen anschließend mit Koriander garnieren und sofort servieren.

Risotto mit Spargel

5–10 Min. 30–35 Min.

6 PERSONEN

900 g frischer grüner Spargel
2 EL Öl
6 EL Butter
2 Schalotten oder 1 kleine Zwiebel, fein gehackt
400 g Arborio- oder Carnaroli-Reis
1,5 l heiße Gemüsebrühe
85 g Parmesan, gerieben
Salz und Pfeffer
Parmesanspäne, zum Garnieren (nach Belieben)

1 Die holzigen Enden des Spargels entfernen. Die Spargelspitzen abschneiden und beiseitelegen. Die Spargelstangen in 2,5 cm lange Stücke schneiden.

2 Die Spargelstücke in einem Topf mit kochendem Wasser 2 Minuten garen. Die Spargelspitzen zufügen und 1 Minute mitkochen. Danach unter fließend kaltem Wasser abschrecken und beiseitestellen.

3 Das Öl mit der Hälfte der Butter in einem Topf erhitzen. Schalotten oder Zwiebel zufügen und 2 Minuten weich dünsten. Den Reis zugeben und 2 Minuten unter Rühren glasig dünsten.

4 Einen Schöpflöffel (etwa 225 ml) kochende Brühe zugießen. Sie kocht brodelnd auf und verdunstet schnell. Ständig rühren, bis der Reis die Brühe vollständig absorbiert hat. Die restliche Brühe in Schüben zugießen und jeweils unter Rühren vom Reis aufnehmen lassen. Das Ganze so lange wiederholen, bis der Reis cremig, die Körner aber noch fest sind. Den Reis niemals trocken kochen. Dieser Vorgang dauert etwa 20–25 Minuten.

5 Die Spargelspitzen in der verbliebenen Brühe erhitzen. Die Stammstücke mit dem letzten Schöpflöffel Brühe, der Butter und dem Parmesan unter den Risotto rühren. Den Topf vom Herd nehmen, die Spargelspitzen zugeben und mit Salz und Pfeffer würzen. Nach Geschmack mit Parmesanspänen servieren.

Gebratener Gemüsereis

5 Min. 20 Min.

4 PERSONEN

150 g Langkornreis
2 EL Öl
2 Knoblauchzehen, zerdrückt
1 TL frisch geraspelte Ingwerwurzel
1 Karotte, in Stifte geschnitten
1 Zucchini, gewürfelt
225 g junger Spinat
2 TL helle Sojasauce
2 TL hellbrauner Zucker

1 Den Reis in einem Topf mit kochendem Wasser etwa 15 Minuten garen. Dann abgießen, unter kaltem Wasser gründlich abspülen und beiseitestellen.

2 Das Öl in einem heißen Wok oder einer großen Pfanne erhitzen. Knoblauch und Ingwer zugeben und etwa 30 Sekunden anbraten.

3 Karotten und Zucchini zufügen und etwa 2 Minuten pfannenrühren. Anschließend Spinat zufügen und 1 Minute weiter pfannenrühren, bis er zusammengefallen ist.

4 Reis, Sojasauce und Zucker in den Wok geben, gut vermengen und kurz erwärmen. Das fertige Gericht in eine Schüssel füllen und sofort servieren.

Risotto verde

5 Min. 45 Min.

4 PERSONEN

1,75 l Gemüsebrühe
2 EL Olivenöl
2 Knoblauchzehen, zerdrückt
2 Porreestangen, in dünnen Streifen
225 g Arborio-Reis
300 ml trockener Weißwein
4 EL frisch gehackte gemischte Kräuter
225 g frischer Blattspinat
Salz und Pfeffer
3 EL fettarmer Naturjoghurt
Porree, in Julienne-Streifen, zum Garnieren

1 Die Brühe in einem großen Topf zum Kochen bringen. Dann die Hitze reduzieren, bis die Brühe nur noch köchelt.

2 Unterdessen das Öl in einem zweiten Topf erhitzen. Knoblauch und Porree zugeben und bei schwacher Hitze unter gelegentlichem Rühren 2–3 Minuten weich dünsten, aber nicht bräunen.

3 Den Reis unterrühren und 2 Minuten zusammen mit dem Gemüse kochen. Der Reis sollte komplett mit Öl überzogen sein.

4 Die Hälfte des Weins und etwas Brühe zugießen. Bei geringer Hitze die Flüssigkeit vollständig verkochen lassen. Nach und nach den Rest von Brühe und Wein zugießen und den Reis weitere 25 Minuten garen, bis er sämig ist.

5 Kräuter und Spinat einrühren, alles mit Salz und Pfeffer würzen und 2 Minuten kochen. Dann den Joghurt unterrühren.

6 Das fertige Risotto mit Porreestreifen garnieren und sofort servieren.

Fenchel-Risotto mit Wodka

5 Min. 30–35 Min.

4–6 PERSONEN

2 große Fenchelknollen
2 EL Öl
6 EL Butter
1 große Zwiebel, fein gehackt
350 g Arborio- oder Carnaroli-Reis
150 ml Wodka (nach Belieben Wodka mit Zitronenaroma)
1,3 l kochende Gemüsebrühe
60 g Parmesan, frisch gerieben
5–6 EL Zitronensaft
Pfeffer

1 Den Fenchel putzen, das Grün zum Garnieren aufbewahren. Die Knollen längs halbieren und die Strünke entfernen. Den Fenchel grob hacken und zur Brühe geben.

2 Das Öl und die Hälfte der Butter in einem Topf bei mittlerer Hitze erwärmen. Zwiebel und Fenchel etwa 2 Minuten unter häufigem Rühren weich dünsten.

3 Den Reis zugeben und 2 Minuten unter häufigem Rühren glasig dünsten.

4 Den Wodka zugießen. Er kocht sprudelnd auf und verdunstet schnell. Einen Schöpflöffel (etwa 225 ml) kochende Brühe zugießen und ständig rühren, bis der Reis sie aufgenommen hat.

5 Die restliche Brühe in Schüben zugießen und jeweils unter Rühren vom Reis aufsaugen lassen. Das Ganze so lange wiederholen, bis der Reis cremig, die Körner aber noch bissfest sind. Den Reis niemals trocken kochen. Dieser Vorgang dauert 20–25 Minuten.

6 Die restliche Butter, Parmesan und Zitronensaft einrühren, mit Pfeffer würzen. Vom Herd nehmen, den Deckel auflegen und 1 Minute quellen lassen. Mit Fenchelgrün garnieren und sofort servieren.

Kokosnussreis

5 Min. 15 Min.

4 PERSONEN

275 g Langkornreis
600 ml Wasser
$^1/_2$ TL Salz
100 ml Kokosmilch
25 g Kokosraspel

1 Den Reis unter fließend kaltem Wasser waschen, bis das Wasser ganz klar und nicht mehr milchig trüb ist. Dann in einem Sieb über einer großen Schüssel gründlich abtropfen lassen. Das dient dazu, einen Großteil der Stärke zu entfernen und um zu verhindern, dass die Reiskörner zusammenkleben.

2 Den Reis und das Wasser in einen Wok geben. Dann das Salz und die Kokosmilch zufügen und aufkochen. Anschließend den Wok mit dem Deckel oder mit Alufolie abdecken (die Alufolie muss wie eine Kuppel geformt sein). Die Hitze reduzieren und den Reis 10 Minuten köcheln lassen.

3 Den Deckel abnehmen. Die gesamte Flüssigkeit sollte vom Reis absorbiert worden sein, und die Reiskörner sollten gar, zart und nicht verklebt sein. Ist das nicht der Fall, noch etwas Wasser zugeben und ein paar Minuten weiterköcheln lassen, bis die Flüssigkeit vollständig aufgenommen ist.

4 Den fertigen Reis mit einer Gabel auflockern, mit Kokosraspeln bestreuen und sofort servieren.

TIPP
Kokosmilch ist nicht die in Kokosnüssen enthaltene Flüssigkeit (Kokoswasser), sondern wird aus dem Fruchtfleisch von Kokosnüssen gewonnen, das in Wasser und Milch eingeweicht und dann ausgepresst wird. Sie können diese Zutat selbst herstellen oder in Dosen kaufen.

Fruchtiger Kokosreis

5 Min. 35 Min.

4 PERSONEN

90 g Kokoscreme
700 ml kochendes Wasser
1 EL Sonnenblumenöl
1 Zwiebel, gehackt
250 g Langkornreis
$^1/_4$ TL Kurkuma
6 ganze Gewürznelken
1 Zimtstange
$^1/_2$ TL Salz
60–90 g Rosinen oder Sultaninen
60 g Wal- oder Pekannüsse, grob gehackt
2 EL Kürbiskerne (nach Belieben)

1 Die Kokoscreme mit der Hälfte des kochenden Wassers glatt rühren. Dann das restliche Wasser gut untermischen.

2 Das Öl in einem heißen Wok erhitzen, darin die Zwiebel 3–4 Minuten dünsten.

3 Den Reis waschen und abtropfen lassen. Zusammen mit der Kurkuma in den Wok geben und 1–2 Minuten unter ständigem Rühren anbraten.

4 Kokoscreme, Nelken, Zimtstange und Salz zugeben und aufkochen. Abdecken und 10 Minuten köcheln lassen.

5 Rosinen, Nüsse und eventuell Kürbiskerne zugeben und gut unterrühren. Den Wok erneut abdecken und den Inhalt weitere 5–8 Minuten köcheln lassen, bis die Flüssigkeit absorbiert und der Reis weich ist.

6 Vom Herd nehmen und 5 Minuten abgedeckt stehen lassen. Die Zimtstange herausnehmen und den Reis servieren.

Tipp
Für einen intensiveren Geschmack können Sie Oliven- statt Sonnenblumenöl verwenden.

Vegetarische Paella

15 Min. 40 Min.

4 PERSONEN

¼ TL Safranfäden
3 EL heißes Wasser
6 EL Olivenöl
1 Gemüsezwiebel, in Ringen
3 Knoblauchzehen, fein gehackt
1 rote Paprika, entkernt und in Streifen
1 orangefarbene Paprika, entkernt und in Streifen
1 große Aubergine, gewürfelt
225 g Arborio-Reis
600 ml Gemüsebrühe
450 g Tomaten, gehäutet und gehackt
Salz und Pfeffer
115 g Pilze, in Scheiben
115 g Prinzessbohnen, halbiert
400 g Pinto-Bohnen (Wachtelbohnen) oder Kichererbsen aus der Dose

1 Den Safran in einem Schälchen mit heißem Wasser ziehen lassen. Unterdessen das Öl in einer großen Pfanne erhitzen. Die Zwiebel zugeben und 5 Minuten glasig dünsten, gelegentlich umrühren. Knoblauch, Paprika und Aubergine zufügen und weitere 5 Minuten dünsten.

2 Den Reis zugeben und 1 Minute rühren, damit die Körner mit Öl überzogen werden. Brühe, Tomaten und Safran mit dem Einweichwasser in die Pfanne geben und mit Salz und Pfeffer abschmecken. Aufkochen, dann bei reduzierter Hitze 15 Minuten köcheln lassen. Die Pfanne häufig schwenken und die Mischung umrühren.

3 Pilze, Prinzessbohnen, Pinto-Bohnen oder Kichererbsen inklusive Flüssigkeit unterrühren. Weitere 10 Minuten kochen, dann servieren.

TIPP
Arborio-Reis ist rundlicher als Langkornreis und kann viel Flüssigkeit aufnehmen ohne aufzuweichen. Falls erhältlich, sollte man natürlich echten spanischen Reis verwenden.

Reis mit Tofu und Erdnüssen

15 Min. 15 Min.

4 PERSONEN

1 TL Koriandersamen
1 TL Kreuzkümmelsamen
1 TL Zimt
1 TL Gewürznelken
1 ganzer Sternanis
1 TL Kardamomkapseln
1 TL weiße Pfefferkörner
4 EL Sonnenblumenöl
6 Schalotten, grob gehackt
6 Knoblauchzehen, grob gehackt
5-cm-Stück Zitronengras, geschnitten
4 frische rote Chillies, entkernt und gehackt
abgeriebene Schale von 1 Limette
1 TL Salz
250 g marinierter Tofu, in 2,5 cm großen Würfeln
125 g Prinzessbohnen, in 2,5 cm langen Stücken
300 g Reis, gekocht
3 Schalotten, fein gewürfelt und frittiert
1 Frühlingszwiebel, fein gehackt
2 EL klein gehackte, geröstete Erdnüsse
1 EL Limettensaft

1 Die Samen und Gewürze in einem Mörser oder mit einer Gewürzmühle zermahlen.

2 3 Esslöffel Sonnenblumenöl in einem heißen Wok stark erhitzen. Schalotten, Knoblauch und Zitronengras zugeben und bei geringer Hitze etwa 5 Minuten weich dünsten.

3 Die Chillies mit den gemahlenen Gewürzen zugeben. Dann Limettenschalen und Salz einrühren.

4 Das restliche Öl in einem großen Wok oder einer Pfanne erhitzen. Den Tofu bei starker Hitze 2 Minuten anbraten. Die Gewürzmischung und die Bohnen einrühren. Den Reis zugeben und etwa 3 Minuten unter ständigem Rühren mitbraten.

5 Das fertige Gericht mit frittierten Schalotten, Frühlingszwiebeln und Erdnüssen bestreuen, mit Limettensaft beträufeln und heiß servieren.

Auberginen-schiffchen

20 Min. 55 Min.

2 PERSONEN

60 g gemischter Langkorn- und Wildreis
1 große Aubergine
1 EL Olivenöl
1 kleine Zwiebel, fein gehackt
1 Knoblauchzehe, zerdrückt
1/2 kleine rote Paprika, entkernt und fein gewürfelt
2 EL Wasser
3 EL Rosinen
25 g Cashewkerne, grob gehackt
1/2 TL getrockneter Oregano
Salz und Pfeffer
40 g reifer Cheddar oder Parmesan, gerieben
frischer Oregano oder frische Petersilie, zum Garnieren

1 Den Reis in kochendem Salzwasser etwa 15 Minuten garen. Dann abgießen, abspülen und abtropfen lassen.

2 Den Auberginenstiel abschneiden und die Aubergine längs halbieren. Das Fruchtfleisch vorsichtig herauslösen, dabei einen Rand von etwa 1,5 cm stehen lassen. Das Auberginenfleisch fein hacken, die beiden Auberginenhälften 3–4 Minuten in einem Topf mit kochendem Wasser blanchieren. Anschließend gut abtropfen lassen.

3 Das Öl in einem Topf erhitzen. Zwiebel und Knoblauch zugeben und bei schwacher Hitze weich dünsten. Die Paprika und das Auberginenfleisch zufügen und alles weitere 2–3 Minuten dünsten. Dann das Wasser zugeben und das Gemüse weitere 2–3 Minuten kochen.

4 Die Pfanne vom Herd nehmen und Rosinen, Cashewkerne, Oregano und Reis unter das Gemüse mengen. Die fertige Mischung mit Salz und Pfeffer abschmecken und noch einmal gut durchrühren.

5 Die Auberginenhälften in eine Auflaufform geben und mit der Reismischung hoch auffüllen.

6 Dann das so vorbereitete Gericht abdecken und in einem auf 190 °C vorgeheizten Backofen 20 Minuten backen. Dann die Abdeckung entfernen und den Käse über die Füllung streuen. Die gefüllten Auberginen unter einem vorgeheizten Grill 3–4 Minuten gratinieren, bis der Käse goldbraun ist und Blasen wirft. Noch heiß mit Oregano oder Petersilie garniert servieren.

Reispfanne spezial

10 Min. 30 Min.

4 PERSONEN

175 g Langkornreis
60 g Cashewkerne
2 EL Öl
1 Karotte, längs halbiert und in Scheiben
1/2 Salatgurke, gewürfelt
1 gelbe Paprika, entkernt und in Streifen
2 Frühlingszwiebeln, fein gehackt
1 Knoblauchzehe, zerdrückt
125 g tiefgefrorene Erbsen, aufgetaut
1 EL Sojasauce
1 TL Salz
Korianderblätter, zum Garnieren

1 Reis in einem Topf mit Wasser aufkochen und 15 Minuten köcheln lassen. Dann abspülen und gut abtropfen lassen.

2 Die Cashewkerne in einem heißen Wok ohne Zugabe von Fett leicht anrösten. Dann beiseitestellen.

3 Das Öl im Wok erhitzen. Karotte, Gurke, Paprika, Frühlingszwiebeln und Knoblauch zugeben und 3 Minuten pfannenrühren. Reis, Erbsen, Sojasauce und Salz zufügen und so lange weiterrühren, bis alles gut erhitzt ist.

4 Die Cashewkerne unterrühren und das fertige Gericht in eine vorgewärmte Schüssel füllen. Mit Korianderblättern garnieren und sofort servieren.

TIPP

Sie können das in diesem Rezept verwendete Gemüse durch jedes beliebige andere ersetzen, das sich zum Pfannenrühren eignet.

Spinat-Nuss-Pilaw aus der Mikrowelle

55 Min. 15–20 Min.

4 PERSONEN

10 g getrocknete Steinpilze
300 ml kochendes Wasser
1 Zwiebel, gehackt
1 Knoblauchzehe, zerdrückt

1 TL frisch geriebene Ingwerwurzel
1/2 grüne Chili, entkernt und gehackt
2 EL Öl
225 g Basmati-Reis
1 große Karotte, gerieben
175 ml Gemüsebrühe
1/2 TL Zimt
4 Gewürznelken
1/2 TL Safranfäden
Salz und Pfeffer
225 g frischer Spinat, lange Stiele entfernt
60 g Pistazien
1 EL frisch gehackter Koriander
Korianderblätter, zum Garnieren

1 Die Steinpilze in einer kleinen Schüssel mit dem kochenden Wasser übergießen und 30 Minuten einweichen lassen.

2 Zwiebel, Knoblauch, Ingwer, Chili und Öl in eine große Schüssel geben. Die Schüssel abdecken und das Gemüse 2 Minuten auf höchster Stufe in der Mikrowelle garen.

3 Den Reis abspülen, mit der Karotte in die Schüssel geben, die Schüssel abdecken und alles 1 weitere Minute auf höchster Stufe garen.

4 Die Pilze abgießen und grob hacken. Die Einweichflüssigkeit mit der Brühe mischen und über den Reis gießen.

5 Pilze, Zimt, Gewürznelken, Safran und ½ Teelöffel Salz einrühren. Alles abdecken und 10 Minuten auf höchster Stufe kochen; dabei einmal umrühren. Anschließend abgedeckt 10 Minuten ruhen lassen.

6 Den Spinat in eine große Schüssel geben. Abdecken und 3–4 Minuten auf höchster Stufe kochen; dabei einmal umrühren. Anschließend den Spinat gut abgießen und grob hacken.

7 Spinat, Pistazien und Koriander unter den Reis rühren. Das fertige Gericht mit Salz und Pfeffer abschmecken und mit Korianderblättern garniert sofort servieren.

Pilaw-Reis mit Safran

5 Min. 25 Min.

4 PERSONEN

2 EL Ghee
3 grüne Kardamomkapseln
2 Gewürznelken
3 Pfefferkörner
200 g Basmati-Reis, gewaschen
$^1/_2$ TL Salz
$^1/_2$ TL Safran
400 ml kochendes Wasser

1 Das Ghee in einem Topf zerlassen. Kardamom, Gewürznelken und Pfefferkörner zugeben und etwa 1 Minute pfannenrühren.

2 Den Reis zufügen und bei mittlerer Hitze etwa 2 Minuten pfannenrühren.

3 Salz, Safran und Wasser zugeben und die Hitze reduzieren. Topf abdecken und alles bei schwacher Hitze sanft köcheln lassen, bis das Wasser vollständig absorbiert ist.

4 Den Pilaw-Reis in einer Schale anrichten und heiß servieren.

TIPP
Safran ist das teuerste Gewürz der Welt. Er wird aus den Staubgefäßen einer Krokusart hergestellt und verleiht Gerichten eine goldene Farbe sowie einen delikaten, leicht bitteren Geschmack. Safran wird als Pulver oder – noch teurer – als Fäden verkauft.

Auberginen-Reis-Rouladen

30 Min. 1 Std. 5 Min.

4 PERSONEN

3 Auberginen (etwa 750 g)
3 EL Langkorn- und Wildreismischung
4 Frühlingszwiebeln, in dünnen Ringen
3 EL gehackte Cashewkerne oder gehackte und geröstete Haselnüsse
2 EL Kapern
1 Knoblauchzehe, zerdrückt
2 EL frisch geriebener Parmesan
1 Ei, verquirlt
Salz und Pfeffer
1 EL Olivenöl, plus etwas mehr zum Einfetten
1 EL Balsamico-Essig
2 EL Tomatenmark
150 ml Wasser
150 ml trockener Weißwein
frische Korianderzweige, zum Garnieren

1 Die Enden der Auberginen mit einem scharfen Messer abschneiden und jede Aubergine der Länge nach in 16 dünne Scheiben schneiden. Die Scheiben 5 Minuten blanchieren und auf Küchenpapier abtropfen lassen.

2 Den Reis 12 Minuten in Salzwasser bissfest kochen, abtropfen lassen und in eine Schüssel geben. Frühlingszwiebeln, Nüsse, Kapern, Knoblauch, Käse, Ei, Salz und Pfeffer zufügen und alles sorgfältig vermengen.

3 Die Auberginenscheiben dünn mit der Reismischung bestreichen, dann aufrollen und mit Zahnstochern feststecken. Eine Auflaufform einfetten, die Auberginenrouladen hineingeben und mit Olivenöl bestreichen.

4 Essig, Tomatenmark und Wasser mischen, die Mischung über die Auberginen gießen und in einem auf 180 °C vorgeheizten Backofen 40 Minuten backen, bis die Flüssigkeit vollständig aufgenommen ist. Dann auf einen Servierteller legen.

5 Den Wein zum Bratensud geben und vorsichtig erhitzen, bis sich die Reste

vom Boden lösen, dann 2–3 Minuten bei schwacher Hitze köcheln. Mit Salz und Pfeffer abschmecken und die Sauce durch ein Sieb über die Auberginenrouladen gießen. Alles abkühlen lassen und dann im Kühlschrank vollständig durchkühlen.

6 Die erkalteten Rouladen mit Korianderzweigen garnieren und servieren.

Kitchouri

10 Min. 30 Min.

4 PERSONEN

2 EL Ghee oder Butter
1 rote Zwiebel, fein gehackt
1 Knoblauchzehe, zerdrückt
1/2 Selleriestange, klein geschnitten
1 TL Kurkuma
1/2 TL Garam Masala
1 grüne Chili, entkernt und fein gehackt
1/2 TL Kreuzkümmelsamen
1 EL frisch gehackter Koriander
125 g Basmati-Reis, unter kaltem Wasser gewaschen
125 g grüne Linsen
300 ml Gemüsesaft
600 ml Gemüsebrühe

1 Ghee oder Butter in einem großen Topf erhitzen. Zwiebel, Knoblauch und Sellerie zugeben und etwa 5 Minuten andünsten, bis sie zart sind.

2 Kurkuma, Garam Masala, Chili, Kreuzkümmel und Koriander zufügen. Die Mischung bei mittlerer Hitze unter ständigem Rühren 1 weitere Minute dünsten, bis sich das Gewürzaroma vollständig entfaltet hat.

3 Reis und Linsen zugeben und 1 Minute kochen, bis der Reis glasig ist.

4 Gemüsesaft und -brühe zugießen und bei mittlerer Hitze aufkochen. Das Gericht abdecken und bei schwacher Hitze etwa 20 Minuten unter gelegentlichem Rühren köcheln lassen, bis die Linsen gar sind (sie sind es, wenn sie sich zwischen zwei Fingern weich anfühlen).

5 Das fertige Kitchouri in eine vorgewärmte Schüssel umfüllen und heiß servieren.

TIPP
Dieses vielseitige, schmackhafte Gericht können Sie als nahrhaften Eintopf ebenso servieren wie als winterliches Mittagessen mit Tomaten und Joghurt.

Reis mit grünem Gemüse

25 Min. 30 Min.

4 PERSONEN

2 EL Öl, plus 1 TL Öl
1 große Zwiebel, fein gehackt
1 Knoblauchzehe, zerdrückt
2 große grüne Paprika, entkernt und in kleinen Rauten
2 frische grüne Chillies, entkernt und fein gehackt
1 EL gemahlener Koriander
375 g Langkornreis
750 ml Gemüsebrühe
225 g tiefgefrorene Erbsen
Salz und Pfeffer
6 EL frisch gehackter Koriander
1 Ei, verquirlt
frische Korianderzweige, zum Garnieren
Tortilla-Chips, zum Servieren
Limettenspalten, zum Servieren

1 2 Esslöffel Öl in einem Topf erhitzen. Zwiebel, Knoblauch, Paprika und Chili 5–6 Minuten darin anbraten, bis sie weich, aber nicht angebräunt sind.

2 Koriander, Reis und Brühe unterrühren. Alles aufkochen, abdecken und 10 Minuten köcheln lassen. Die Erbsen zugeben, erneut aufkochen, abdecken und 5 weitere Minuten köcheln lassen, bis der Reis gar ist. Dann vom Herd nehmen und abgedeckt 10 Minuten ziehen lassen.

3 Den Reis mit Salz und Pfeffer würzen, und den Koriander einrühren. In eine Servierschüssel füllen und warm halten.

4 Das restliche Öl in einer Pfanne erhitzen. Das Ei in hineingießen und von jeder Seite 1–2 Minuten braten. Das fertige Omelett auf einen Teller geben, aufrollen und in Streifen schneiden.

5 Den Gemüsereis mit den Omelettrollen und den Korianderblättern garnieren und mit Tortilla-Chips und Limettenspalten servieren.

Zitronen-Risotto

10 Min. 35 Min.

4 PERSONEN

2–3 Zitronen
2 EL Olivenöl
2 Schalotten, fein gehackt
300 g Arborio-Reis
125 ml trockener weißer Wermut
1 l heiße Gemüsebrühe
1 EL frisch gehackte glatte Petersilie
2 EL Butter
frische Petersilienzweige, zum Garnieren
Zitronenzesten, zum Garnieren
frisch geriebener Parmesan, zum Servieren
Avocadospalten, zum Servieren

1 Die Schale von 2 Zitronen fein abreiben. Die Zitronen auf einem Brett fest hin- und herrollen, dann 100 ml Saft auspressen. Saft und Schale beiseitestellen.

2 Das Olivenöl in einer Pfanne erhitzen. Die Schalotten zufügen und unter Rühren 3 Minuten glasig dünsten. Den Reis zufügen und gut verrühren.

3 Den Wermut unterrühren und bis zum Verdampfen sprudelnd kochen. Die Hitze reduzieren. Zitronensaft und 1 Schöpfkelle Brühe zugießen. Gut mischen und unter gelegentlichem Rühren kochen, bis die Flüssigkeit aufgenommen ist.

4 Die restliche Brühe in Schüben zugießen und jeweils unter Rühren vom Reis aufsaugen lassen. So lange wiederholen, bis der Reis cremig, die Körner aber noch fest sind. Einige Esslöffel Flüssigkeit dürfen auf der Oberfläche schwimmen.

5 Zitronenschale und Petersilie unterrühren. Die Butter zufügen, die Pfanne abdecken und vom Herd nehmen. 5 Minuten stehen lassen. Gut verrühren und mit Petersilie und Zitronenzesten garnieren. Mit Parmesan und Avocadospalten servieren.

Pesto-Reis mit Knoblauchbrot

20 Min. 40 Min.

4 PERSONEN

300 g Langkorn- und Wildreismischung
frische Basilikumblätter, zum Garnieren
Tomaten-Orangen-Salat, zum Servieren

PESTO
15 g frisches Basilikum
125 g Pinienkerne
2 Knoblauchzehen, zerdrückt
6 EL Olivenöl
60 g Parmesan, frisch gerieben
Salz und Pfeffer

KNOBLAUCHBROT
2 kleine Vollkornbaguettes
100 g weiche Butter
2 Knoblauchzehen, zerdrückt
1 TL getrocknete gemischte Kräuter
Salz und Pfeffer

1 Den Reis in einen Topf geben, mit Wasser bedecken und aufkochen. 15–20 Minuten garen; dann abtropfen lassen und warm halten.

2 Für den Pesto das Basilikum fein hacken, etwa 1 Esslöffel der Pinienkerne beiseitelegen und den Rest fein hacken. Basilikum und Pinienkerne mit den anderen Dressingzutaten mischen. Oder: Alle Zutaten in einem Mixer glatt pürieren. Dann beiseitestellen.

3 Für das Knoblauchbrot die Baguettes im Abstand von 3 cm tief einschneiden, aber nicht durchschneiden. Butter, Knoblauch, Kräuter, Salz und Pfeffer verrühren und zwischen die Baguettescheiben streichen. Das Brot in Alufolie wickeln und in einem auf 200 °C vorgeheizten Backofen 10–15 Minuten backen.

4 Die beiseitegelegten Pinienkerne in einer Pfanne ohne Zugabe von Fett 2–3 Minuten rösten.

5 Den Pesto mit dem heißen Reis vermengen und den fertigen Reis auf vorgewärmte Teller verteilen. Mit den gerösteten Pinienkernen bestreuen, mit Basilikum garnieren und mit dem Knoblauchbrot sowie einem erfrischenden Tomaten-Orangen-Salat servieren.

Risotto mit Kidney-Bohnen

20 Min. 1 Std.

4 PERSONEN

4 EL Olivenöl
1 Zwiebel, gehackt
2 Knoblauchzehen, fein gehackt
175 g Naturreis
600 ml Gemüsebrühe
Salz und Pfeffer
1 rote Paprika, entkernt und gehackt
2 Selleriestangen, in Scheiben
225 g braune Champignons, in dünnen Scheiben
425 g rote Kidney-Bohnen aus der Dose, abgetropft und gewaschen
3 EL frisch gehackte Petersilie, plus etwas mehr zum Garnieren
55 g Cashewkerne

1 Die Hälfte des Öls in einem hohen Topf erhitzen. Die Zwiebel darin 5 Minuten glasig dünsten, gelegentlich umrühren. Die Hälfte des Knoblauchs untermengen.

2 Nach 2 Minuten den Reis zugeben und 1 Minute gut unterrühren, bis er vollständig mit Öl überzogen ist.

3 Die Brühe mit 1 Prise Salz zugießen und unter Rühren aufkochen. Die Hitze reduzieren und 35–40 Minuten köcheln lassen, bis die Flüssigkeit vollständig aufgenommen ist.

4 Inzwischen das restliche Öl in einer schweren Pfanne erhitzen. Rote Paprika und Sellerie hineingeben und 5 Minuten unter ständigem Rühren dünsten. Pilze und restlichen Knoblauch zugeben und 4–5 Minuten dünsten, dabei häufig umrühren.

5 Reis, Kidney-Bohnen, Petersilie und Cashewkerne in die Pfanne geben. Mit Salz und Pfeffer würzen und den Risotto unter ständigem Rühren gut erhitzen. Dann in eine vorgewärmten Schale füllen, mit Petersilie bestreuen und servieren.

VARIATION
Sie können das Gericht auch mit einer Mischung aus Langkorn- und Wildreis zubereiten.

Risotto alla rustica

5 Min. 30 Min.

4 PERSONEN

850 ml Gemüsebrühe
40 g Butter
2 EL Olivenöl
1 Zwiebel, fein gehackt
2 Schalotten, fein gehackt
1 Knoblauchzehe, fein gehackt
375 g Arborio-Reis
50 ml trockener Weißwein
1 frischer Rosmarinzweig, fein gehackt
1 EL frisch gehackte Petersilie
4 frische Basilikumblätter, gezupft
4 Eiertomaten, gehäutet
Salz und Pfeffer
2 EL Schlagsahne

1 Die Brühe in einem hohen Topf aufkochen und dann bei reduzierter Hitze köcheln lassen.

2 25 g Butter mit dem Olivenöl in einem zweiten Topf bei schwacher Hitze zerlassen. Zwiebel, Schalotten und Knoblauch zugeben und unter gelegentlichem Rühren 5 Minuten dünsten.

3 Den Reis hineingeben und 1 Minute andünsten, bis er mit Fett überzogen ist. Den Wein zugießen und unter ständigem Rühren kochen, bis die Flüssigkeit vollständig verkocht ist. Rosmarin, Petersilie, Basilikum und Tomaten zugeben, diese mit einer Gabel zerdrücken.

4 Die heiße Brühe schöpfkellenweise zugießen und jeweils unter Rühren vom Reis aufsaugen lassen. So lange Brühe zugeben und kochen, bis der Reis cremig, die Körner aber noch bissfest sind. Der gesamte Vorgang dauert etwa 20 Minuten.

5 Die restliche Butter einrühren und mit Salz und Pfeffer abschmecken. Dann die Sahne untermischen und sofort servieren.

Reis mit Kreuzkümmel

20 Min. 20 Min.

4 PERSONEN

2 EL Butter
1 EL Öl
1 grüne Paprika, entkernt und in Streifen
1 rote Paprika, entkernt und in Streifen
3 Frühlingszwiebeln, in feinen Ringen
3–4 Knoblauchzehen, zerdrückt
175 g Langkornreis
1½ TL Kreuzkümmelsamen
½ TL getrockneter Oregano oder Majoran
450 ml Gemüsebrühe

1 Die Butter und das Öl in einem Topf oder einer schweren Pfanne erhitzen. Die Paprika zugeben und unter gelegentlichem Rühren so lange dünsten, bis sie weich sind. Dann Frühlingszwiebeln, Knoblauch, Reis und Kreuzkümmel zufügen und etwa 5 Minuten andünsten, bis der Reis leicht gebräunt ist.

2 Oregano oder Majoran einstreuen, die Brühe zugießen und aufkochen lassen. Dann die Hitze reduzieren und etwa 5 Minuten köcheln lassen.

3 Den Topf vom Herd nehmen, mit einem sauberen Geschirrtuch abdecken und den Reis noch etwa 10 Minuten ziehen lassen, bis er gar ist. Dann mit einer Gabel auflockern und sofort warm servieren.

VARIATION
Sie können den Kreuzkümmel-Reis mit schwarzen Bohnen mischen und als Beilage zu einem vegetarischen Curry reichen.

Biryani mit Zwiebeln

1 Std. 15 Min. 25 Min.

4 PERSONEN

175 g Basmati-Reis, gewaschen
55 g rote Linsen, gewaschen
1 Lorbeerblatt
6 Kardamomkapseln, aufgebrochen
1 TL Kurkuma
6 Gewürznelken
1 TL Kreuzkümmelsamen
1 Zimtstange, zerbrochen
1 Zwiebel, gehackt
225 g Blumenkohl, in kleinen Röschen
1 große Karotte, gewürfelt
100 g tiefgefrorene Erbsen
60 g Rosinen
Salz und Pfeffer
600 ml Gemüsebrühe
Naan- oder Fladenbrot, zum Servieren

KARAMELLISIERTE ZWIEBELN
2 TL ÖL
1 rote Zwiebel, in Ringen
1 weiße Zwiebel, in Ringen
2 TL Zucker

1 Reis, Linsen, Lorbeerblatt, Gewürze, Zwiebel, Blumenkohl, Karotte, Erbsen und Rosinen in einen Topf geben. Mit Salz und Pfeffer würzen und gut vermischen.

2 Die Brühe zugießen und aufkochen. Abgedeckt 15 Minuten köcheln lassen, bis der Reis weich ist; dabei gelegentlich umrühren. Vom Herd nehmen und abgedeckt 10 Minuten stehen lassen, damit der Reis die Brühe aufnimmt. Lorbeerblatt, Kardamomkapseln, Zimtstange und Nelken entfernen.

3 In der Zwischenzeit in einer Pfanne das Öl erhitzen und die Zwiebelringe bei mittlerer Hitze 3–4 Minuten dünsten, bis sie weich werden. Den Zucker zufügen, die Hitze erhöhen und unter ständigem Rühren weiterdünsten, bis die Zwiebeln goldbraun sind.

4 Reis und Gemüse vorsichtig mischen und auf Tellern anrichten. Die karamellisierten Zwiebeln auf dem Gemüsereis verteilen und mit warmem Naan-Brot oder Fladenbrot servieren.

Gebratener Reis mit Ei

20 Min. 10 Min.

4 PERSONEN

150 g Langkornreis
3 Eier, verquirlt
2 EL Öl
2 Knoblauchzehen, zerdrückt
4 Frühlingszwiebeln, klein geschnitten
125 g gekochte grüne Erbsen
1 EL helle Sojasauce
1 Prise Salz
Frühlingszwiebel, in Julienne-Streifen, zum Garnieren

1 Den Reis in einen Topf mit kochendem Wasser geben und etwa 10–12 Minuten garen. Dann abgießen, gründlich abspülen und gut abtropfen lassen.

2 Die Eier in einem Topf bei geringer Hitze leicht verrühren.

3 Das Öl in einem heißen Wok oder in einer großen Pfanne unter vorsichtigem Schwenken stark erhitzen.

4 Knoblauch, Frühlingszwiebeln und Erbsen zugeben und unter gelegentlichem Rühren 1–2 Minuten köcheln lassen. Dann den Reis zufügen unterrühren.

5 Eier, Sojasauce und Salz zugeben und alles gut vermengen.

6 Sobald die Eier gestockt sind, das Gericht in vorgewärmte Servierschalen füllen und mit Frühlingszwiebelstreifen garniert servieren.

TIPP

Spülen Sie Reis vor der Verwendung immer gründlich unter kaltem Wasser ab, um die Stärke auszuwaschen und somit eine Verklumpung beim Kochen zu vermeiden.

Reisgratin

15 Min. 1 Std.

4 PERSONEN

100 g Naturreis
2 EL Butter oder Margarine, plus etwas mehr zum Einfetten
1 rote Zwiebel, gehackt
2 Knoblauchzehen, zerdrückt
1 Karotte, in Julienne-Streifen
1 Zucchini, in Scheiben
75 g Babymaiskolben, längs halbiert
2 EL Sonnenblumenkerne
3 EL fein gehackte gemischte Kräuter
100 g Mozzarella, gerieben
Salz und Pfeffer
2 EL Vollkornsemmelbrösel

1 Den Reis in einem Topf mit kochendem Salzwasser 20 Minuten garen. Gut abgießen und beiseitestellen.

2 Eine Auflaufform (850 ml Inhalt) leicht mit Butter einfetten.

3 Die Butter in einer Pfanne erhitzen. Die Zwiebel zugeben und unter ständigem Rühren 2 Minuten weich dünsten.

4 Knoblauch, Karotte, Zucchini und Babymais zufügen und unter ständigem Rühren weitere 5 Minuten kochen.

5 Den Reis mit den Sonnenblumenkernen und den Kräutern mischen, zu dem Gemüse in den Topf geben und gut unterrühren. Anschließend die Hälfte des Käses einrühren und mit Salz und Pfeffer abschmecken. Die Mischung in die Auflaufform geben.

6 Semmelbrösel und den restlichen Käse darüberstreuen. In einem auf 180 °C vorgeheizten Backofen 25–30 Minuten backen und dann sofort servieren.

Curry-Reis-Plätzchen

15 Min. + Kühlzeit
55 Min.

4–6 PERSONEN

70 g Basmati-Reis, gewaschen
2 EL Olivenöl
1 rote Zwiebel, fein gehackt
2 Knoblauchzehen, zerdrückt
2 TL Currypulver
1/2 TL zerstoßene getrocknete Chillies
1 kleine rote Paprika, entkernt und gewürfelt
120 g tiefgefrorene Erbsen, aufgetaut
1 kleine Porreestange, fein gehackt
1 Tomate, gehäutet, entkernt und gehackt
300 g Kichererbsen aus der Dose, abgespült und abgetropft
85 g Semmelbrösel
1–2 EL frisch gehackter Koriander
1 Ei, leicht verquirlt
Salz und Pfeffer
Öl, zum Braten
Salatgurke und Limetten, zum Garnieren

DRESSING
125 ml Tahini (Sesampaste)
2 Knoblauchzehen, zerdrückt
1/2 TL gemahlener Kreuzkümmel
1 Prise Cayennepfeffer
5 EL Zitronensaft
etwas natives Olivenöl extra

1 Für das Dressing Tahini, Knoblauch, Kreuzkümmel, Cayennepfeffer und Zitronensaft im Mixer cremig rühren. Langsam das Öl und danach so viel Wasser (etwa 125 ml) zugießen, bis ein sahniges Dressing entsteht.

2 Wasser mit 1/2 Teelöffel Salz in einem Topf zum Kochen bringen. Den Reis zugeben und 15–20 Minuten garen, dann abgießen und beiseitestellen.

3 Das Olivenöl in einem Topf erhitzen. Zwiebel und Knoblauch weich dünsten. Currypulver und Chillies zugeben und 2 Minuten dünsten. Paprika, Erbsen, Porree und Tomaten zufügen und 7 Minuten dünsten.

4 Die Kichererbsen im Mixer glatt pürieren. Die Hälfte des Gemüses zugeben und ebenfalls pürieren. In eine Schüssel umfüllen und das restliche Gemüse zufügen. Semmelbrösel, Koriander und Ei unterrühren. Den Reis zufügen, alles vermischen und mit Salz und Pfeffer abschmecken. 1 Stunde in den Kühlschrank stellen, dann 4–6 Plätzchen formen.

5 Die Plätzchen in heißem Öl 6–8 Minuten goldbraun braten. Mit Gurkenscheiben und Limettenspalten garnieren und mit dem Dressing servieren.

Karibischer Reis mit Erbsen

10 Min. 1 Std. 30 Min.

4 PERSONEN

115 g getrocknete Gunga-Erbsen, über Nacht in kaltem Wasser eingeweicht
225 g Langkornreis
700 ml Wasser
55 g Kokoscreme
1 Zwiebel, gehackt
2 Knoblauchzehen, fein gehackt
1 kleine rote Paprika, entkernt und klein gewürfelt
1 EL frischer Thymian
1 Lorbeerblatt
½ TL gemahlener Piment
Salz und Pfeffer

1 Die Erbsen abtropfen lassen und in einen großen Topf schütten. Mit reichlich kaltem Wasser bedecken, 15 Minuten kochen und dann etwa 45 Minuten köcheln lassen. Abtropfen lassen und wieder in den Topf geben.

2 Reis, Wasser, Kokoscreme, Zwiebel, Knoblauch, Paprika, Thymian, Lorbeerblatt und Piment dazugeben und mit Salz und Pfeffer würzen. Unter ständigem Rühren aufkochen, bis die Kokoscreme vollständig geschmolzen ist. Dann die Hitze reduzieren und 20 Minuten köcheln lassen.

3 Den Deckel abnehmen und 5 Minuten kochen, bis die überschüssige Flüssigkeit verdampft ist. Mit einer Gabel leicht durchrühren und den Reis auflockern, dann sofort servieren.

TIPP
Gunga-Erbsen sind unter einer Vielzahl verschiedener Bezeichnungen wie Tauben-, Strauch-, Kongo- oder Jamaika-Erbsen im Handel zu finden.

Gefüllte Paprika

25 Min. + Ruhezeit 20 Min.

4 PERSONEN

4 große rote, gelbe oder orangefarbene Paprika, halbiert und entkernt
450 ml Gemüsebrühe
200 g Langkornreis
2 EL Olivenöl
1 Zwiebel, gehackt
2 Knoblauchzehen, fein gehackt
120 g braune Champignons, gehackt
4 Tomaten, gehäutet und gehackt
1 Karotte, gewürfelt
Salz und Pfeffer
1 EL frisch gehackte Petersilie
100 g Ziegenkäse, zerbröckelt
55 g Pinienkerne
25 g Parmesan, frisch gerieben

1 Die Paprikahälften in einem großen Topf mit kochendem Wasser 5 Minuten blanchieren, mit einem Schaumlöffel herausnehmen und mit der Öffnung nach unten abtropfen lassen.

2 Die Brühe in einen zweiten Topf gießen, den Reis zugeben und aufkochen. Die Hitze reduzieren, den Topf abdecken und 15 Minuten köcheln lassen. Dann den Topf vom Herd nehmen und zugedeckt 5 Minuten ruhen lassen.

3 Inzwischen das Olivenöl in einer großen Pfanne erhitzen, die Zwiebel zugeben und 5 Minuten glasig dünsten, dabei gelegentlich umrühren. Knoblauch, Pilze, Tomaten und Karotte zugeben, mit Salz und Pfeffer abschmecken. Abdecken und weitere 5 Minuten kochen.

4 Reis, Petersilie, Ziegenkäse und Pinienkerne unter die Gemüsemischung rühren.

5 Die halbierten Paprikaschoten in eine Brat- oder Auflaufform legen und mit der Reis-Gemüse-Mischung füllen.

6 Die gefüllten Paprika mit Parmesan bestreuen und in einem auf 190 °C vorgeheizten Backofen etwa 20 Minuten backen, bis der Käse geschmolzen ist. Sofort heiß servieren.

Linsen-Reis-Schmortopf

15 Min. 40 Min.

4 PERSONEN

225 g rote Linsen
50 g weißer Langkornreis, gewaschen
1,2 l Gemüsebrühe
1 Porreestange, in großen Stücken
3 Knoblauchzehen, zerdrückt
400 g gehackte Tomaten aus der Dose
1 TL gemahlener Kreuzkümmel
1 TL Chilipulver
1 TL Garam Masala
1 rote Paprika, entkernt und in Streifen
100 g Brokkoli, in kleinen Röschen
8 Babymaiskolben, längs halbiert
50 g Prinzessbohnen, halbiert
1 EL gezupfte Basilikumblätter
Salz und Pfeffer
1 grüne Chili
frische Basilikumzweige, zum Garnieren

1 Linsen, Reis und Gemüsebrühe in einen großen Topf geben und bei schwacher Hitze unter gelegentlichem Rühren 20 Minuten kochen.

2 Porree, Knoblauch, Tomaten mit Saft, Kreuzkümmel, Chilipulver, Garam Masala, Paprika, Brokkoli, Mais und Bohnen in den Topf geben und alles zum Kochen bringen. Anschließend die Hitze reduzieren, abdecken und weitere 10–15 Minuten köcheln lassen, bis das Gemüse zart ist.

3 Zuletzt das Basilikum unterrühren und mit Salz und Pfeffer abschmecken, dann mit frischen Basilikumzweigen und der Chilischote garnieren und sofort servieren.

VARIATION

Nach Geschmack können Sie für dieses Rezept auch Natur- oder Wildreis verwenden.

Reis mit grünen Kräutern

1 Std. 10 Min. 35 Min.

4 PERSONEN

2 EL Olivenöl
500 g Basmati- oder Jasminreis, 1 Stunde eingeweicht, gewaschen und abgetropft
700 ml Kokosmilch
1 TL Salz
1 Lorbeerblatt
2 EL frisch gehackter Koriander
2 EL frisch gehackte Minze
2 grüne Chillies, entkernt und fein gehackt

1 Das Öl in einem Topf erhitzen, den Reis zugeben und bei mittlerer Hitze unter Rühren anbraten, bis er glasig wird.

2 Kokosmilch, Salz und Lorbeerblatt zugeben. Die Mischung zum Kochen bringen und so lange köcheln lassen, bis der Reis die gesamte Flüssigkeit aufgenommen hat.

3 Dann den Topf abdecken und alles bei niedrigster Hitze 10 Minuten kochen; dabei darauf achten, dass der Reis nicht am Topfboden festbackt oder anbrennt.

4 Das Lorbeerblatt entfernen und Koriander, Minze und Chillies einrühren. Den Reis mit einer Gabel leicht auflockern, in eine Schüssel umfüllen und sofort servieren.

TIPP

Die kontrastreichen Farben machen dieses Gericht besonders attraktiv. Mit einer sorgfältig ausgewählten Garnierung kann es noch interessanter wirken. Frische Limettenspalten ergänzen den Koriander beispielsweise ausgezeichnet.

Gebratener Würzreis

10 Min. 35 Min.

4 PERSONEN

500 g Reis
2 EL Ghee
1 Zwiebel, in Ringen
1 TL fein gehackte Ingwerwurzel
1 Knoblauchzehe, zerdrückt
1 TL Salz
1 TL Kreuzkümmelsamen
3 Gewürznelken
3 grüne Kardamomkapseln
2 Zimtstangen
4 schwarze Pfefferkörner
700 ml Wasser

1 Den Reis unter fließend kaltem Wasser gründlich waschen.

2 Ghee in einem großen Topf erhitzen. Die Zwiebel zugeben und bei mittlerer Hitze unter gelegentlichem Rühren knusprig und goldbraun dünsten.

3 Ingwer, Knoblauch und Salz zugeben und gut unterrühren, die Hälfte der Zwiebelmischung aus dem Topf nehmen und beiseitestellen.

4 Reis, Kreuzkümmel, Gewürznelken, Kardamomkapseln, Zimtstangen und Pfefferkörner zur Zwiebelmischung in den Topf geben und 3–5 Minuten pfannenrühren.

5 Das Wasser in den Topf gießen und bei mittlerer Hitze zum Kochen bringen. Dann die Hitze reduzieren, den Deckel aufsetzen und den Reis köcheln lassen, bis er gar ist und die Flüssigkeit vollständig aufgenommen hat.

6 Den fertigen Würzreis in eine vorgewärmte Servierschüssel geben und sofort mit der beiseitegestellten Zwiebelmischung servieren.

Gefüllte Reispfannkuchen

15 Min. 40–45 Min.
+ Einweichzeit

4 PERSONEN

200 g Reis und 50 g Urid Dhal (weiße Linsen) oder 200 g grobes Reismehl und 50 g Urid-Dhal-Mehl
450–600 ml Wasser
1 TL Salz
4 EL Öl

FÜLLUNG
4 mittelgroße Kartoffeln, gewürfelt
3 frische grüne Chillies, entkernt und gehackt
1/2 TL Kurkuma
1 TL Salz
150 ml Öl
1/2 TL Senfkörner
1/2 TL Schwarzkümmelsamen
3 getrocknete Chillies
4 Curryblätter
2 EL Zitronensaft

1 Für die Reispfannkuchen Reis und Linsen 3 Stunden in Wasser einweichen. Anschließend zu einem flüssigen Brei pürieren, bei Bedarf Wasser zugießen. Weitere 3 Stunden ruhen lassen. Oder: Reis- und Linsenmehl in einer Schüssel mischen und mit Wasser und Salz zu einem glatten Pfannkuchenteig verrühren.

2 Etwa 1 Esslöffel Öl in einer beschichteten großen Pfanne erhitzen. Etwas Teig in die Pfanne geben und gleichmäßig verteilen. Den Deckel aufsetzen und den Teig bei mittlerer Hitze 3 Minuten backen, dann den Deckel abnehmen und den Pfannkuchen vorsichtig wenden. Abgedeckt weitere 2 Minuten backen. Den Vorgang mit dem restlichen Teig wiederholen.

3 Für die Füllung die Kartoffeln mit den frischen Chillies, Kurkuma und Salz in Wasser kochen, bis sie weich sind. Dann abgießen und die Kartoffeln leicht zerdrücken.

4 Das Öl in einem Topf erhitzen und Senfkörner, Schwarzkümmel, Chillies und Curryblätter etwa 1 Minute anbraten. Die Gewürzmischung über die zerdrückten Kartoffeln geben, mit Zitronensaft beträufeln und alles gut verrühren.

5 Jeden Pfannkuchen zur Hälfte mit der Kartoffelfüllung bedecken und die andere Hälfte darüberklappen. Sofort servieren.

Gemüse-Pilaw

20 Min. 55 Min.

6 PERSONEN

4 EL Ghee
2 Kartoffeln, in je 6 Stücken
1 Aubergine, in 6 Stücken
200 g Karotten, in Scheiben
50 g Prinzessbohnen, in Stücken
2 Zwiebeln, in Scheiben
175 g Naturjoghurt
2 TL fein gehackte Ingwerwurzel
2 Knoblauchzehen, zerdrückt
2 TL Garam Masala
2 TL Kreuzkümmelsamen
1/2 TL Kurkuma
3 schwarze Kardamomkapseln
3 Zimtstangen
2 TL Salz
1 TL Chilipulver
1/2 TL Safranfäden
300 ml Milch
600 g Basmati-Reis
5 EL Zitronensaft
4 frische grüne Chillies, entkernt und gehackt, zum Garnieren
frisch gehackte Korianderblätter, zum Garnieren

1 Ghee in einem Topf erhitzen. Kartoffeln, Aubergine, Karotten und Bohnen zugeben und unter häufigem Rühren braten, bis alles weich ist. Aus der Pfanne nehmen und beiseitestellen.

2 Die Zwiebeln in die Pfanne geben und unter Rühren weich dünsten. Joghurt, Ingwer, Knoblauch, Garam Masala, 1 TL Kreuzkümmel, Kurkuma, 1 Kardamomkapsel, 1 Zimtstange, 1 TL Salz und Chilipulver zugeben und 3–5 Minuten unter Rühren dünsten. Dann das Gemüse zugeben und 4–5 Minuten kochen.

3 Safran und Milch in einen Topf geben und unter Rühren aufkochen. Vom Herd nehmen und beiseitestellen.

4 Den Reis mit dem Rest von Salz, Zimtstangen, Kardamomkapseln und Kreuzkümmel in einem Topf mit kochendem Wasser halb gar kochen. Dann abgießen. Eine Hälfte des Reis im Topf belassen, die andere in eine Schüssel füllen. Die Gemüsemischung auf den Reis im Topf geben.

5 Die Hälfte des Zitronensafts und der Safranmilch über Gemüse und Reis gießen und mit dem restlichen Reis bedecken. Dann den Rest Zitronensaft und Safranmilch darübergeben. Wieder auf den Herd stellen, abdecken und bei schwacher Hitze etwa 20 Minuten kochen. Dann mit Chillies und Koriander garnieren und noch heiß servieren.

Bohnenmus

5–10 Min. + Einweichzeit 3 Std.

4–6 PERSONEN

1 Portion mexikanische Bohnen (siehe Seite 314), mit Kochsud
125 ml Öl
1–2 Zwiebeln, gehackt
½ TL gemahlener Kreuzkümmel
Salz
250 g Cheddar oder Gouda, gerieben (nach Belieben)
grüner Salat, zum Servieren

1 Zwei Drittel der gekochten Bohnen mit der gesamten Kochflüssigkeit in einen Mixer geben und fein pürieren. Die so entstandene Paste mit den übrigen Bohnen vermengen und beiseitestellen.

2 Öl in einer schweren Pfanne erhitzen. Die Zwiebeln zugeben und weich dünsten. Dann mit Kreuzkümmel und Salz würzen.

3 Eine volle Schöpfkelle Bohnenmischung zu den Zwiebeln in die Pfanne geben und unter Rühren so lange kochen, bis eine zähflüssige Paste entstanden ist; die Bohnen sollten dabei leicht anbräunen.

4 Den in Schritt 3 beschriebenen Vorgang so oft wiederholen, bis die gesamte Bohnenmischung eingekocht ist.

5 Falls Käse verwendet wird, diesen über die Bohnen streuen und die Pfanne abdecken, sodass der Käse durch die Hitze in der Pfanne schmilzt. Oder: Das Gericht unter einen vorgeheizten Grill stellen, bis der Käse geschmolzen ist und Blasen wirft.

6 Das fertige Bohnenmus sofort auf vorgewärmte Teller verteilen und mit einem frischen grünen Salat servieren.

Kirchererbsen-Curry

10 Min. 20 Min.

4 PERSONEN

6 EL Öl
2 Zwiebeln, in Ringen
1 TL fein gehackte Ingwerwurzel
1 TL gemahlener Kreuzkümmel
1 TL gemahlener Koriander
1 Knoblauchzehe, zerdrückt
150 ml Wasser
2 grüne Chillies, entkernt und gehackt
frische Korianderblätter
1 TL Chilipulver
1 große Kartoffel, klein gewürfelt
400 g Kichererbsen aus der Dose, abgetropft
1 EL Zitronensaft
Naan-Brot, zum Servieren

1 Das Öl in einem großen Topf erhitzen und die Zwiebeln darin bei mittlerer Hitze unter gelegentlichem Rühren 5–8 Minuten goldbraun dünsten.

2 Die Hitze reduzieren, Ingwer, Kreuzkümmel, Koriander, Knoblauch, Chilipulver, Chillies und Korianderblätter zufügen und 2 Minuten pfannenrühren. Das Wasser zugießen und gut mit den anderen Zutaten verrühren.

3 Die Kartoffel mit den Kichererbsen in den Topf geben. Die Hitze reduzieren, den Deckel aufsetzen und unter gelegentlichem Rühren 5–7 Minuten köcheln lassen.

4 Zuletzt den Zitronensaft unterrühren, das Kichererbsen-Curry in Schalen anrichten und mit Naan-Brot servieren.

TIPP
Sie können auch getrocknete Kichererbsen verwenden. Diese müssen Sie allerdings über Nacht einweichen und dann 20 Minuten kochen, bevor Sie sie weiterverarbeiten können.

Chana Dhal mit Reis

15 Min. 1 Std.
+ Einweichzeit

6 PERSONEN

100 g Chana Dhal (gelbe Spalterbsen)
500 g Basmati-Reis
60 ml Ghee
2 Zwiebeln, in Ringen
1 TL fein gehackte Ingwerwurzel
1 Knoblauchzehe, zerdrückt
½ TL Kurkuma
2 TL Salz
½ TL Chilipulver
1 TL Garam Masala
5 EL Naturjoghurt
1,35 l Wasser
150 ml Milch
1 TL Safran
3 EL Zitronensaft
2 grüne Chillies, entkernt und gehackt
frische Korianderblätter
3 schwarze Kardamomkapseln
3 Schwarzkümmelsamen

1 Die Erbsen abspülen und 3 Stunden einweichen.

2 Den Reis unter fließendem Wasser waschen und beiseitestellen.

3 Ghee in einer Pfanne erhitzen. Die Zwiebeln zugeben und goldbraun dünsten. Dann die Hälfte der Zwiebeln und etwas Ghee mit einem Schaumlöffel aus der Pfanne nehmen und beiseitestellen.

4 Ingwer, Knoblauch, Kurkuma, 1 TL Salz, Chilipulver und Garam Masala zu den restlichen Zwiebeln in die Pfanne geben und 5 Minuten pfannenrühren. Den Joghurt zugeben, Chana Dhal und 150 ml Wasser einrühren. Abdecken, 15 Minuten kochen, dann beiseitestellen.

5 Die Milch mit dem Safran aufkochen, Zwiebeln, Zitronensaft, Chillies und Koriander einrühren und beiseitestellen.

6 Das restliche Wasser aufkochen und Salz, Kardamom, Schwarzkümmel und Reis zugeben. Unter Rühren kochen, bis der Reis halb gar ist. Abgießen und die Hälfte der Milch-Zwiebel-Mischung auf die Chana-Dhal-Mischung geben. Den Reis daraufgeben und mit dem Rest der Milch-Zwiebel-Mischung bedecken.

7 Gut abdecken und 20 Minuten bei sehr schwacher Hitze kochen. Vor dem Umfüllen in eine vorgewärmte Schüssel mit einem Schaumlöffel vermengen. Sofort servieren.

Pikanter Reis mit Linsen

5 Min. 30 Min.

4 PERSONEN

200 g Basmati-Reis
175 g Masoor Dhal (rote Spaltlinsen, siehe Seite 317)
2 EL Ghee
1 kleine Zwiebel, in Ringen
1 TL fein gehackte Ingwerwurzel
1 Knoblauchzehe, zerdrückt
½ TL Kurkuma
600 ml Wasser
1 TL Salz

1 Den Reis und die Linsen vermengen und gründlich unter fließend kaltem Wasser abspülen. Dann beiseitestellen.

2 Das Ghee in einem großen Topf erhitzen. Die Zwiebel zugeben und etwa 2 Minuten unter gelegentlichem Rühren dünsten.

3 Die Hitze reduzieren, Ingwer, Knoblauch und Kurkuma zufügen und etwa 1 Minute pfannenrühren.

4 Reis und Linsen in die Pfanne geben und vorsichtig unterrühren. Das Wasser zugießen und bei mittlerer Hitze zum Kochen bringen. Die Hitze reduzieren, den Deckel auflegen und das Ganze 20–25 Minuten kochen, bis der Reis gar ist und die Flüssigkeit vollständig absorbiert hat.

5 Das fertige Gericht mit dem Salz abschmecken, in eine große vorgewärmte Schüssel umfüllen und sofort heiß servieren.

TIPP
Viele indische Rezepte schlagen Ghee als Bratfett vor. Ghee ist geklärter Butter ähnlich und verträgt sehr hohe Temperaturen. Es gibt dem Gericht einen nussigen Geschmack und verleiht Saucen einen glänzenden Schimmer. Natürlich kann aber auch anderes Fett verwendet werden.

Rahmgemüse-Curry

20 Min. 25 Min.

4 PERSONEN

2 EL Sonnenblumenöl
1 Zwiebel, in Ringen
2 TL Kreuzkümmelsamen
2 EL gemahlener Koriander
1 TL Kurkuma
2 TL Ingwerpulver
1 frische rote Chili, entkernt und gehackt
2 Knoblauchzehen, gehackt
400 g gehackte Tomaten aus der Dose
3 EL Kokospulver, in 300 ml kochendem Wasser gelöst
1 kleiner Blumenkohl, in Röschen zerteilt
2 Zucchini, in Scheiben
2 Karotten, in Scheiben
1 Kartoffel, gewürfelt
400 g Kichererbsen, abgespült und abgetropft
Salz und Pfeffer
150 g dickflüssiger Naturjoghurt
2 EL Mango-Chutney
3 EL frisch gehackter Koriander
frische Kräuter, zum Garnieren

1 Das Öl in einem Topf erhitzen und die Zwiebel darin weich dünsten. Dann Kreuzkümmel, Koriander, Kurkuma, Ingwer, Chili und Knoblauch 1 Minute mitdünsten.

2 Tomaten und Kokosnussflüssigkeit zufügen und gut verrühren.

3 Blumenkohlröschen, Zucchini, Karotten, Kartoffel und Kichererbsen zugeben und alles mit Salz und Pfeffer würzen. Dann abdecken und 20 Minuten köcheln lassen, bis das Gemüse gar ist.

4 Joghurt, Mango-Chutney und frischen Koriander einrühren und behutsam erhitzen, aber nicht mehr kochen.

5 Das fertige Curry mit den frischen Kräutern garnieren und sofort heiß servieren.

Bohnen-Stew mit Klößchen

20 Min. 40 Min.

4 PERSONEN

1 EL Öl
1 rote Zwiebel, in Ringen
2 Selleriestangen, klein geschnitten
850 ml Gemüsebrühe
225 g Karotten, gewürfelt
225 g Kartoffeln, gewürfelt
225 g Zucchini, gewürfelt
4 Tomaten, gehäutet, entkernt und gehackt
125 g rote Spaltlinsen
400 g Kidney-Bohnen aus der Dose, abgespült und abgetropft
1 TL Paprikapulver
Salz und Pfeffer

KLÖSSCHEN
125 g Mehl
½ TL Salz
2 TL Backpulver
1 TL Paprikapulver
7 EL Wasser
1 TL getrocknete gemischte Kräuter
25 g Pflanzenfett
glatte Petersilie, zum Garnieren

1 Das Öl in einem großen Topf erhitzen. Zwiebel und Sellerie zugeben und bei schwacher Hitze unter häufigem Rühren 3–4 Minuten dünsten, bis alles weich ist. Dann die Brühe zugießen. Karotten und Kartoffeln einrühren. Alles aufkochen, abdecken und 5 Minuten kochen.

2 Zucchini, Tomaten, Linsen, Kidney-Bohnen und Paprika zugeben und mit Salz und Pfeffer abschmecken. Dann alles erneut zum Kochen bringen, abdecken und weitere 5 Minuten kochen.

3 Für die Klößchen Mehl, Salz, Back- und Paprikapulver in eine Schüssel sieben. Kräuter und Fett einrühren. Diese Zutaten mit dem Wasser binden und zu einem weichen Teig verarbeiten. Den fertigen Teig in 8 Portionen teilen und zu Bällchen formen.

4 Das Gemüse gut durchrühren. Dann die Klößchen obenauf geben und vorsichtig hineindrücken. Abdecken, die Hitze reduzieren und weitere 15 Minuten köcheln lassen, bis die Klößchen aufgegangen und gut durchgegart sind. Mit Petersilienblättern garnieren und sofort servieren.

Feurige Gemüsebällchen

25 Min. 30 Min.

4 PERSONEN

3 EL Erdnussöl
1 Zwiebel, fein gehackt
1 Selleriestange, fein gehackt
1 TL getrocknete Kräuter der Provence
225 g ungesalzene geröstete Erdnüsse, gemahlen
175 g Kichererbsen aus der Dose, abgetropft und zerdrückt
1 TL Hefe-Extrakt
60 g Vollkornsemmelbrösel
1 Eigelb
25 g Mehl
1 rote Chili, in Streifen, zum Garnieren
Reis, zum Servieren
Salat, zum Servieren

SCHARFE CHILISAUCE
2 TL Erdnussöl
1 große rote Chili, entkernt und fein gehackt
2 Frühlingszwiebeln, in feinen Ringen
2 EL Rotweinessig
200 g gehackte Tomaten aus der Dose
2 EL Tomatenmark
2 TL feiner Zucker
Salz und Pfeffer

1 1 Esslöffel Öl in einer Pfanne erhitzen. Zwiebel und Sellerie 3–4 Minuten darin dünsten, bis sie weich, aber noch nicht angebräunt sind.

2 Die anderen Zutaten, bis auf das Mehl und das restliche Öl, in einer großen Schüssel mit der Zwiebel und dem Sellerie mischen. Die Mischung zu 12 Bällchen formen und gründlich im Mehl wenden.

3 Das restliche Öl in der Pfanne erhitzen und die Bällchen darin bei mittlerer Hitze 15 Minuten unter häufigem vorsichtigem Wenden rundum braten, bis sie goldbraun und gar sind. Auf Küchenpapier abtropfen lassen.

4 In der Zwischenzeit für die Sauce das Öl in einer Pfanne erhitzen. Chili und Frühlingszwiebeln 2–3 Minuten darin dünsten. Die restlichen Zutaten unterrühren und mit Salz und Pfeffer abschmecken. Dann aufkochen und 5 Minuten köcheln lassen.

5 Die fertigen Gemüsebällchen mit der Chilisauce, etwas Reis und einem knackigen Salat servieren.

Kichererbsen-pfanne

15 Min. 20–25 Min.

4 PERSONEN

6 EL Ghee oder Öl
1 große Aubergine, in Würfeln
2 Zucchini, in Scheiben
1 große Zwiebel, geviertelt und in Streifen
2 Knoblauchzehen, zerdrückt
1–2 frische grüne Chillies, entkernt und gehackt
2 TL gemahlener Koriander
2 TL Kreuzkümmelsamen
1 TL Kurkuma
1 TL Garam Masala
400 g gehackte Tomaten aus der Dose
300 ml Gemüsebrühe oder Wasser
Salz und Pfeffer
400 g Kichererbsen aus der Dose, abgespült und abgetropft
2 EL gehackte Minze
150 g Schlagsahne
gekochter Reis oder Fladenbrot, zum Servieren

1 Ghee oder Öl in einem Topf erhitzen und darin Aubergine, Zucchini, Zwiebel, Knoblauch und Chilis bei geringer Hitze und unter häufigem Rühren 5 Minuten dünsten.

2 Die Gewürze zufügen, 30 Sekunden anrösten, dann Tomaten und Brühe oder Wasser zugeben. Alles mit Salz und Pfeffer würzen und 10 Minuten köcheln lassen.

3 Die Kichererbsen zugeben und das Gericht weitere 4 Minuten köcheln lassen.

4 Minze und Sahne zufügen und vorsichtig einrühren. Anschließend die fertige Kichererbsenpfanne noch einmal mit Salz und Pfeffer abschmecken, dann in eine vorgewärmte Servierschüssel füllen und mit Reis oder Fladenbrot servieren.

Aloo Chat

35 Min. 1 Std. 5 Min.

4 PERSONEN

100 g Kichererbsen, über Nacht in kaltem Wasser eingeweicht, abgetropft
1 getrocknete rote Chili
500 g festkochende Kartoffeln, als Pellkartoffeln gekocht, geschält und in 2,5 cm großen Würfeln
1 TL Kreuzkümmelsamen
2 TL Salz
1 TL schwarze Pfefferkörner
1/2 TL getrocknete Minze
1/2 TL Chilipulver
1/2 TL Ingwerpulver
2 TL Mangopulver
125 g Naturjoghurt
Öl, zum Frittieren
4 Papadams (Fladen aus Linsenmehl)

1 Die Kichererbsen mit der Chilischote 1 Stunde in reichlich kochendem Wasser garen. Anschließend abtropfen lassen und mit den Kartoffelwürfeln vermengen.

2 Kreuzkümmel, Salz und Pfefferkörner in einem Mörser oder in einer Gewürzmühle zerkleinern und mit Minze, Chili-, Ingwer- und Mangopulver vermengen.

3 Eine Pfanne bei mittlerer Hitze erwärmen. Die Gewürze unter Rühren so lange rösten, bis ihre Aromastoffe freigesetzt werden. Dann vom Herd nehmen.

4 Die Hälfte der Gewürzmischung mit Kartoffeln und Kichererbsen mischen. Den Rest unter den Joghurt rühren.

5 Die Papadams laut Packungsanleitung frittieren, auf Küchenpapier abtropfen lassen, in mundgerechte Stücke brechen und zur Kichererbsenmischung geben. Den Gewürzjoghurt darübergießen und das fertige Gericht sofort servieren.

Gemüse-Linsen-Koftas

30 Min. 50 Min.

4 PERSONEN

6 EL Ghee oder Öl
1 Zwiebel, fein gehackt
2 Karotten, fein gehackt
2 Selleriestangen, fein gehackt
2 Knoblauchzehen, zerdrückt
1 grüne Chili, entkernt und fein gehackt
4 1/2 TL Currypulver oder -paste
225 g rote Spaltlinsen
600 ml Gemüsebrühe
2 EL Tomatenmark
125 g Vollkornsemmelbrösel
90 g ungesalzene Chashewkerne, fein gehackt
2 EL frisch gehackter Koriander
1 Ei, verquirlt
Salz und Pfeffer
Garam Masala, zum Bestreuen

JOGHURTDRESSING
250 g Naturjoghurt
1–2 EL frisch gehackter Koriander
1–2 EL Mango-Chutney

1 4 Esslöffel Ghee oder Öl in einem großen Topf erhitzen und Zwiebel, Karotten, Sellerie, Knoblauch und Chili unter häufigem Rühren 5 Minuten dünsten. Curry und Linsen zugeben und 1 Minute unter ständigem Rühren kochen.

2 Brühe und Tomatenmark zugeben und zum Kochen bringen. Die Hitze reduzieren, abdecken und 20 Minuten köcheln lassen, bis die Linsen gar sind und die gesamte Flüssigkeit aufgenommen haben. Dann den Topf vom Herd nehmen und den Inhalt langsam abkühlen lassen.

3 Semmelbrösel, Nüsse, Koriander und Ei zugeben, alles mit Salz und Pfeffer würzen, gut verrühren und abkühlen lassen. Dann mit 2 Löffeln zu golfballgroßen Kugeln formen.

4 Die Gemüse-Linsen-Koftas auf ein mit Backpapier ausgelegtes Backblech geben und mit dem restlichen Fett beträufeln. Dann mit dem Garam Masala bestreuen und in einem auf 180 °C vorgeheizten Backofen 15–20 Minuten goldbraun backen.

5 Inzwischen für das Dressing Joghurt, Koriander und Mango-Chutney in einer Schüssel vermengen. Die fertigen Koftas noch heiß mit dem Joghurtdressing servieren.

Herzhafte Augenbohnen

15 Min. 1 Std.

4 PERSONEN

150 g Augenbohnen, über Nacht in kaltem Wasser eingeweicht
300 ml Öl
2 Zwiebeln, in Ringen
1 TL fein gehackte frische Ingwerwurzel
1 Knoblauchzehe, zerdrückt
1 TL Chilipulver
1 1/2 TL Salz
1 1/2 TL gemahlener Koriander
1 1/2 TL gemahlener Kreuzkümmel
150 ml Wasser
2 frische grüne Chillies, entkernt und gehackt
frische Korianderblätter
1 EL Zitronensaft

1 Die eingeweichten Bohnen abgießen, in einen großen Topf mit Wasser geben und 15 Minuten kochen. Dann die Hitze reduzieren und weitere 45 Minuten köcheln lassen. Gründlich abtropfen lassen und beiseitestellen.

2 Das Öl in einem zweiten Topf erhitzen und die Zwiebeln darin unter gelegentlichem Rühren goldbraun dünsten. Ingwer, Knoblauch, Chilipulver, Salz, Koriander sowie Kreuzkümmel zugeben und 3–5 Minuten pfannenrühren. Dann mit dem Wasser ablöschen, abdecken und so lange kochen, bis alle Flüssigkeit absorbiert ist.

3 Augenbohnen, Chillies und Korianderblätter zugeben, unterrühren und die gesamte Mischung 3–5 Minuten pfannenrühren.

4 Das fertige Gericht in eine Schüssel füllen, mit Zitronensaft beträufeln und heiß servieren. Alternativ kann man die Bohnen vor dem Servieren abkühlen lassen – das Gericht schmeckt kalt ebenfalls sehr gut.

TIPP
Augenbohnen sind oval, grau oder beige und haben einen dunklen Fleck in der Mitte. Sie schmecken leicht rauchig und werden sowohl in Dosen als auch getrocknet verkauft. Getrocknete Augenbohnen müssen – wie hier – vor der Verwendung über Nacht in Wasser eingeweicht werden.

Borlotti-Bohnen mit Tomaten

20 Min. 30 Min.

4–6 PERSONEN

600 g frische Borlotti-Bohnen mit Hülsen
4 große frische Salbeiblätter, gezupft
1 EL Olivenöl
1 große Zwiebel, in dünnen Ringen
300 ml selbst gemachte Tomatensauce (siehe Seite 4) oder hochwertige küchenfertige Tomatensauce
Salz und Pfeffer
frisch gehackte Salbeiblätter, zum Garnieren

1 Die Hülsen der Bohnen entfernen. Wasser in einem Topf zum Kochen bringen. Bohnen und Salbei zugeben und 12 Minuten köcheln lassen, bis die Bohnen weich sind. Abgießen und beiseitestellen.

2 Das Olivenöl in einer großen, schweren Pfanne bei mittlerer Hitze erwärmen. Dann die Zwiebel zufügen und unter gelegentlichem Rühren etwa 5 Minuten dünsten, bis sie weich, aber noch nicht gebräunt ist. Anschließend die Tomatensauce mit den Borlotti-Bohnen und den Salbeiblättern einrühren.

3 Die Bohnenmischung bei starker Hitze unter Rühren zum Kochen bringen. Die Hitze reduzieren und mit halb geschlossenem Deckel etwa 10–12 Minuten köcheln lassen, bis die Sauce etwas eingedickt ist.

4 Mit Salz und Pfeffer kräftig abschmecken und das fertige Gericht in eine vorgewärmte Servierschüssel füllen. Mit Salbeiblättern garnieren und sofort heiß servieren.

VARIATION
Anstatt der frischen Borlotti-Bohnen können Sie auch Konservenware verwenden. Diese müssen Sie abgießen, gründlich abspülen und in Schritt 2 zusammen mit der Tomatensauce und dem Salbei zugeben.

Mexikanische Bohnen

15 Min. 2 Std. 30 Min.

4–6 PERSONEN

500 g getrocknete Pinto- oder Borlotti-Bohnen, gewaschen und über Nacht in kaltem Wasser eingeweicht
1 frischer Minzezweig
1 frischer Thymianzweig
1 frischer Zweig glatte Petersilie
1 Zwiebel, grob gewürfelt
Salz
warme Mais- oder Weizenmehl-Tortillas, zum Servieren
1 Frühlingszwiebel, in Julienne-Streifen, zum Servieren

1 Das Einweichwasser der Bohnen abschütten und die Bohnen abtropfen lassen. Dann in einen großen Topf geben und mit frischem Wasser bedecken. Minze, Thymian und Petersilie zugeben und das Wasser aufkochen. Dann die Bohnen bei niedriger Hitze etwa 2 Stunden gerade weich kochen. Um die genaue Garzeit zu bestimmen, müssen Sie die Konsistenz der Bohnen nach 1 Stunde 45 Minuten Kochzeit immer wieder prüfen.

2 Die Zwiebel zugeben und alles so lange kochen, bis Bohnen und Zwiebel ganz weich sind.

3 Das Kochwasser abgießen, die Bohnen mit Salz abschmecken und in mehreren jeweils mit einer warmen Tortilla ausgelegten Schüsseln anrichten. Zuletzt mit Frühlingszwiebeln garnieren und Bohnen als Beilage servieren.

TIPP
Sollen die Bohnen für das Bohnenmus-Rezept (siehe Seite 308) verwendet werden, dürfen Sie das Kochwasser nicht abgießen.

Rettich-Curry

10 Min. 20 Min.

4 PERSONEN

500 g Daikon (japanischer Rettich), möglichst mit Blättern, in dicken Scheiben
1 EL Moong Dhal (siehe Seite 322)
600 ml Wasser
150 ml Öl
1 Zwiebel, in dünnen Ringen
1 große Knoblauchzehe, zerdrückt
1 TL fein gehackte rote Chili
1 TL Salz
Chapatis (siehe Seite 184), zum Servieren

1 Rettichscheiben, -blätter und Moong Dhal in einen großen Topf geben. Das Wasser zugießen und zum Kochen bringen. Die Hitze reduzieren und den Rettich kochen, bis er weich ist.

2 Das fertig gegarte Gemüse gründlich abtropfen lassen, eventuell überschüssiges Wasser mit den Händen ausdrücken.

3 Das Öl in einem Topf erhitzen. Zwiebel, Knoblauch, Chili und Salz zugeben und unter gelegentlichem Rühren anbraten, bis die Zwiebel weich und goldbraun ist.

4 Rettich, Rettichblätter und Dhal zu den Zwiebeln in den Topf geben und alles gut verrühren. Dann die Hitze reduzieren und das Gemüse 3–5 Minuten unter Rühren anbraten.

5 Das fertige Rettich-Curry auf vorgewärmte Teller verteilen und noch heiß mit einigen Chapatis servieren.

TIPP
Japanischer Rettich verleiht dem Gericht eine würzige Schärfe. Er ist – abhängig von der Jahreszeit – in gut sortierten Supermärkten zu finden. Alternativ erhalten Sie ihn in asiatischen Lebensmittelgeschäften.

Fruchtige Linsen

5 Min. 45 Min.

4 PERSONEN

125 g braune oder grüne Linsen
1 l Wasser
2 EL Öl
3 kleine bis mittelgroße Zwiebeln, gehackt
4 Knoblauchzehen, grob gehackt
1 großer Kochapfel, geschält, entkernt und grob gewürfelt
1/4 reife Ananas, gewürfelt
2 Tomaten, gehäutet, entkernt und gewürfelt
1 fast reife Banane, in Stücken
Salz
Cayennepfeffer
1 frischer Petersiliezweig, zum Garnieren

1 Die Linsen mit dem Wasser in einen Topf geben und aufkochen lassen. Dann bei niedrigster Hitze etwa 40 Minuten garen, dabei darauf achten, dass sie nicht verkochen.

2 Das Öl in einer Pfanne erhitzen, Zwiebeln und Knoblauch zufügen und weich dünsten. Dann die Apfelwürfel zugeben und goldbraun anbraten.

3 Nacheinander die Ananasstücke und Tomatenwürfel einrühren und bei mittlerer Hitze unter gelegentlichem Rühren so lange kochen, bis der austretende Fruchtsaft eingedickt ist.

4 Die Linsen abgießen und dabei etwa 125 ml des Kochsuds auffangen. Die abgetropften Linsen zur Fruchtmischung in die Pfanne geben. Eventuell etwas Kochsud zugießen und alles etwa 1 Minute erwärmen.

5 Die Bananenstücke zugeben. Alles mit Salz und Cayennepfeffer abschmecken und mit Petersilie garniert servieren.

VARIATION
Statt der Linsen können Sie auch Pinto- oder Borlotti-Bohnen verwenden.

Reis mit Bohnensprossen

5 Min. 25 Min.

4 PERSONEN

Salz
350 g Langkornreis
1 TL Kurkuma
2 EL Sonnenblumenöl
225 g Zucchini, in Scheiben
1 rote Paprika, entkernt und in Streifen
1 grüne Paprika, entkernt und in Streifen
1 grüne Chili, entkernt und fein gehackt
1 Karotte, grob geraspelt
150 g Bohnensprossen
6 Frühlingszwiebeln, in Ringen, plus etwas mehr zum Garnieren (nach Belieben)
2 EL Sojasauce

1 Reis und Kurkuma in einem Topf mit Salzwasser zum Kochen bringen. Die Hitze reduzieren und den Reis köcheln lassen, bis er gerade gar ist. Dann gut abtropfen lassen, eventuell überschüssiges Wasser mit Küchenpapier auspressen und beiseitestellen.

2 Das Sonnenblumenöl in einem großen vorgewärmten Wok erhitzen. Die Zucchini zugeben und unter gelegentlichem Rühren 2 Minuten dünsten. Anschließend Paprika und Chili in den Wok geben und ebenfalls 2–3 Minuten dünsten.

3 Den Reis in kleinen Portionen zum Gemüse geben und jedes Mal gut schwenken.

4 Karotten, Bohnensprossen und Frühlingszwiebeln in den Wok geben und alles weitere 2 Minuten dünsten. Dann das fertige Gericht mit der Sojasauce beträufeln und – nach Belieben mit Frühlingszwiebeln garniert – sofort heiß servieren.

TIPP
Wenn Sie sich etwas Luxus gönnen wollen, verwenden Sie statt Kurkuma einige in kochendem Wasser eingeweichte Safranfäden.

Reis mit schwarzen Bohnen

15 Min. 15 Min.

4 PERSONEN

1 Zwiebel, gehackt
5 Knoblauchzehen, gehackt
225 ml Gemüsebrühe
2 EL Öl
175 g Langkornreis
225 ml Kochsud von schwarzen Bohnen
einige schwarze Bohnen, gekocht
1/2 TL gemahlener Kreuzkümmel
Salz und Pfeffer
3–5 Frühlingszwiebeln, in feinen Ringen, zum Garnieren
2 EL frisch gehackter Koriander, zum Garnieren

1 Zwiebel, Knoblauchzehen und Brühe in eine Küchenmaschine geben und zu einer grobkörnigen Sauce verarbeiten.

2 Das Öl in einer schweren Pfanne erhitzen. Den Reis zugeben und unter ständigem Rühren bei geringer Hitze goldbraun andünsten. Dann die Zwiebelmischung, den Kochsud und die Bohnen zugeben und alles mit Kreuzkümmel, Salz und Pfeffer würzen.

3 Den Topf abdecken und den Reis bei geringer Hitze etwa 10 Minuten garen, bis er weich ist und eine rötlich-graue Farbe angenommen hat.

4 Den fertig gegarten Reis mit einer Gabel auflockern, abdecken und etwa 5 Minuten ziehen lassen. Dann mit Frühlingszwiebeln und Koriander garnieren und sofort servieren.

Erbsen mit Gemüse

15 Min. 1 Std.

4 PERSONEN

250 g getrocknete gelbe Spalterbsen, über Nacht in 1,2 l Wasser eingeweicht
1/2 TL Kurkuma
5 EL Öl
2 Zwiebeln, grob gehackt
500 g neue Kartoffeln, geschält und in 5 mm dicken Scheiben
175 g kleine Champignons
1 TL gemahlener Koriander
1 TL gemahlener Kreuzkümmel
1 TL Chilipulver
1 TL Garam Masala
Salz und Pfeffer
450 ml Gemüsebrühe
1/2 Blumenkohl, in Röschen
90 g tiefgefrorene Erbsen
180 g Kirschtomaten, halbiert
frische Minzezweige, zum Garnieren

1 Die Erbsen mit dem Einweichwasser in einen Topf geben und Kurkuma unterrühren. Aufkochen und den Schaum von der Oberfläche abschöpfen. Den Topf halb zudecken und bei mittlerer Hitze 20 Minuten köcheln lassen, bis die Erbsen gar sind und das Wasser fast ganz aufgenommen ist. Den Topf vom Herd nehmen.

2 In der Zwischenzeit das Öl in einer Kasserole erhitzen und Zwiebeln, Kartoffeln und Pilze 5 Minuten bei niedriger Hitze unter häufigem Rühren dünsten. Die Gewürze zugeben und 1 Minute unter Rühren garen. Mit Salz und Pfeffer würzen. Brühe und Blumenkohlröschen zufügen.

3 Die Kasserole abdecken und das Gemüse unter gelegentlichem Wenden 25 Minuten köcheln lassen, bis die Kartoffeln gar sind. Die Spalterbsen und den eventuell noch vorhandenen Kochsud sowie die Tiefkühlerbsen zugeben. Aufkochen, abdecken und 5 Minuten kochen.

4 Die Kirschtomaten untermischen und weitere 2 Minuten kochen. Mit Salz und Pfeffer abschmecken, mit der Minze garnieren und sofort servieren.

Zwiebel-Dhal

5 Min. 30 Min.

4 PERSONEN

100 g Masoor Dhal (siehe Tipp)
6 EL Öl
1 kleines Bund Frühlingszwiebeln, gehackt
1 TL fein gehackte Ingwerwurzel
1 Knoblauchzehe, zerdrückt
1/2 TL Chilipulver
1/2 TL Kurkuma
300 ml Wasser
1 TL Salz
1 frische grüne Chili, entkernt und fein gehackt, zum Servieren
frische Korianderblätter, fein gehackt, zum Servieren

1 Die Linsen gründlich waschen und beiseitestellen.

2 Das Öl in einem Topf erhitzen und die Frühlingszwiebeln darin bei mittlerer Hitze leicht anbräunen. Dann die Hitze reduzieren, Ingwer, Knoblauch, Chilipulver sowie Kurkuma zugeben und kurz dünsten. Anschließend die Linsen zufügen und alles gut verrühren.

3 Das Wasser zur Linsenmischung gießen, die Hitze reduzieren und etwa 25 Minuten köcheln lassen. Dann das Dhal salzen und vorsichtig verrühren.

4 Das Dhal in eine Schüssel füllen. Mit Chili und Koriander garniert servieren.

TIPP
Masoor Dhal sind kleine, runde lachsfarbene Spaltlinsen, die beim Kochen hellgelb werden.

Toovar Dhal

10 Min. 50 Min.

6 PERSONEN

2 EL Ghee
1 große Zwiebel, fein gehackt
1 Knoblauchzehe, zerdrückt
1 EL frisch geriebene Ingwerwurzel
1 EL gemahlener Kreuzkümmel
2 TL gemahlener Koriander
1 getrocknete rote Chili
2,5-cm-Stück Zimtstange
1 TL Salz
$^1/_2$ TL Kurkuma
225 g gelbe Spalterbsen, 1 Stunde in kaltem Wasser eingeweicht und abgetropft
400 g Eiertomaten aus der Dose
300 ml Wasser
2 TL Garam Masala

1 Das Ghee in einem großen Topf erhitzen. Zwiebel, Knoblauch und Ingwer zugeben und 3–4 Minuten andünsten, bis die Zwiebel weich ist.

2 Kreuzkümmel, Koriander, Chili, Zimt, Salz und Kurkuma zugeben. Dann die Erbsen beifügen und alles gut vermengen.

3 Die Tomaten mit einem Löffelrücken leicht zerdrücken und zusammen mit ihrem Saft zugeben.

4 Das Wasser zugießen und zum Kochen bringen. Bei niedrigster Hitze das Gericht ohne Deckel etwa 40 Minuten köcheln lassen, bis die meiste Flüssigkeit aufgenommen wurde und die Erbsen weich sind. Gelegentlich den Schaum mit einem Schaumlöffel abschöpfen.

5 Nach und nach das Garam Masala einrühren und nach jeder Zugabe abschmecken. Das fertige Gericht in einer vorgewärmten Schüssel heiß servieren.

Kabli Chana Sag

10 Min. 1–2 Std.

6 PERSONEN

225 g Kichererbsen, über Nacht eingeweicht und abgetropft
5 Gewürznelken
2,5-cm-Stück Zimtstange
2 Knoblauchzehen
3 EL Sonnenblumenöl
1 kleine Zwiebel, in Ringen
3 EL Zitronensaft
1 TL Koriandersamen
2 Tomaten gehäutet, entkernt und gehackt
500 g frischer Spinat, gewaschen, grobe Stängel entfernt
1 EL frisch gehackter Koriander
Korianderblätter, zum Garnieren
Zitronenscheiben, zum Garnieren

1 Die Kichererbsen in einen Topf geben und mit reichlich Wasser bedecken. Nelken, Zimt und 1 ganze, ungeschälte, nur leicht mit einem Messerrücken angedrückte Knoblauchzehe zugeben. Diese Mischung zum Kochen bringen, dann die Hitze reduzieren und die gewürzten Kichererbsen 40–50 Minuten köcheln lassen, bis sie weich sind. Zwischendurch den Schaum abschöpfen.

2 In der Zwischenzeit 1 Esslöffel Öl in einem Topf erhitzen. Die andere Knoblauchzehe zerdrücken. Mit der Zwiebel zum Öl in den Topf geben und bei mittlerer Hitze etwa 5 Minuten dünsten.

3 Nelken, Zimt und Knoblauch aus den Kichererbsen entfernen. Die Kichererbsen abgießen. 90 g davon zusammen mit Zwiebel, Knoblauch, Zitronensaft und 1 Esslöffel Öl in einem Mixer oder mit einer Gabel glatt rühren. Das Püree zu den restlichen Kichererbsen geben.

4 Das restliche Öl in einer großen Pfanne erhitzen, den Koriandersamen zugeben und 1 Minute rösten. Dann die Tomaten unterrühren und den Spinat zufügen. Anschließend abdecken und 1 Minute bei mittlerer Hitze kochen. Der Spinat sollte zusammengefallen, aber nicht matschig sein. Zuletzt den frischen Koriander einrühren und die Mischung vom Herd nehmen.

5 Die Kichererbsen in eine warme Schüssel füllen und das Gemüse darübergeben. Mit Koriander und Zitronenscheiben garnieren und sofort servieren.

Gemüse-Curry

20 Min. 40–45 Min.

4 PERSONEN

2 EL Öl
2 große Knoblauchzehen, fein gehackt
1 große Zwiebel, gehackt
1 große Karotte, in Scheiben
1 Apfel, entkernt und gehackt
2 EL mittelscharfes Currypulver
1 TL fein geriebene Ingwerwurzel
2 TL Paprikapulver
850 ml Gemüsebrühe
2 EL Tomatenmark
½ kleiner Blumenkohl, in Röschen
425 g Kichererbsen, abgespült und abgetropft
25 g Sultaninen
2 EL Speisestärke
2 EL Wasser
Salz und Pfeffer
4 Eier, hart gekocht
Paprikapulver, zum Garnieren

GURKEN-DIP
7,5-cm-Stück Salatgurke, gehackt
1 EL frisch gehackte Minze
150 g Naturjoghurt
Minzeblätter, zum Garnieren

1 Das Öl in einem großen Topf erhitzen. Knoblauch, Zwiebel, Karotte und Apfel zugeben und 4–5 Minuten unter ständigem Rühren weich dünsten.

2 Currypulver, Ingwer und Paprika zugeben und 1 Minute mitdünsten. Dann Gemüsebrühe und Tomatenmark einrühren.

3 Blumenkohl, Kichererbsen und Sultaninen zugeben. Alles zum Kochen bringen, dann die Hitze reduzieren, abdecken und 25–30 Minuten köcheln lassen, bis das Gemüse weich ist.

4 Stärke und Wasser zu einer glatten Paste verarbeiten und unter das Gemüse rühren, bis alles eindickt. Dann 2 Minuten leicht köcheln lassen und mit Salz und Pfeffer abschmecken.

5 Für den Dip Gurke, Minze und Joghurt in einer Schale mischen.

6 Das fertige Curry auf vorgewärmten Tellern anrichten. Die Eier schälen, vierteln und auf dem Gemüse verteilen. Das so angerichtete Curry mit etwas Paprikapulver bestreuen und mit dem Gurken-Dip servieren.

Spinat mit Chana Dhal

5 Min., 45 Min.

6 PERSONEN

4 EL Chana Dhal (gelbe Spalterbsen), über Nacht in kaltem Wasser eingeweicht
6 EL Öl
½ TL Senfkörner
½ TL Schwarzkümmelsamen
4 getrocknete rote Chillies
425 g tiefgefrorener Spinat, aufgetaut
1 TL fein gehackte Ingwerwurzel
1 TL gemahlener Koriander
1 TL gemahlener Kreuzkümmel
1 TL Salz
1 TL Chilipulver
2 EL Zitronensaft
1 frische grüne Chili, zum Garnieren

1 Die Erbsen abgießen, in einen Topf geben, mit Wasser bedecken und zum Kochen bringen. Etwa 30 Minuten köcheln lassen, dann gut abgießen.

2 Das Öl erhitzen, Senfkörner, Schwarzkümmel und Chillies zugeben. Pfannenrühren, bis die Chillies dunkel werden.

3 Den Spinat vorsichtig unterrühren. Ingwer, Koriander, Kreuzkümmel, Salz und Chilipulver zufügen, die Hitze reduzieren und 7–10 Minuten pfannenrühren.

4 Die Erbsen zugeben und gründlich, aber behutsam vermengen, sodass sie nicht zerfallen.

5 Das fertige Gericht in einer vorgewärmten Servierschüssel anrichten, mit Zitronensaft beträufeln und mit der frischen Chili garnieren. Sofort servieren.

Murkha Dhal

5 Min. 55 Min.

4 PERSONEN

60 g Butter
2 TL schwarze Senfkörner
1 Zwiebel, fein gehackt
2 Knoblauchzehen, fein gehackt
1 EL frisch geriebene Ingwerwurzel
1 TL Kurkuma
2 grüne Chillies, entkernt und fein gehackt
225 g rote Linsen
1 l Wasser
300 ml Kokosmilch
1 TL Salz

1 Die Butter bei mittlerer Hitze in einem großen Topf zerlassen. Die Senfkörner zugeben, den Topf abdecken und warten, bis sie zu springen beginnen.

2 Dann Zwiebel, Knoblauch und Ingwer hinzufügen und ohne Deckel 7–8 Minuten unter gelegentlichem Rühren dünsten, bis Zwiebel und Knoblauch leicht braun sind.

3 Kurkuma und Chillies zufügen und 1–2 Minuten dünsten, bis die Chillies weich werden.

4 Die Linsen in den Topf geben und unter häufigem Rühren 2 Minuten kochen, bis sie glänzen.

5 Wasser, Kokosmilch und Salz zugeben. Alles aufkochen, dann die Hitze reduzieren und das Gericht 40 Minuten sanft köcheln lassen, bis es die gewünschte Konsistenz erreicht hat. Anschließend das fertige Dhal in eine vorgewärmte Servierschüssel füllen und servieren.

TIPP
In der indischen Küche werden viele verschiedene Linsenarten verarbeitet. Am häufigsten werden rote und grüne Linsen verwendet. Rote Linsen haben eine relativ kurze Garzeit und werden sämiger als z. B. grüne oder braune Linsen.

Dhal in Baghaar

5 Min. 30 Min.

4 PERSONEN

75 g Masoor Dhal (siehe Tipp auf Seite 317)
50 g Moong Dhal (siehe Tipp auf Seite 322)
425 ml Wasser
1 TL fein gehackte Ingwerwurzel
1 Knoblauch, zerdrückt
2 rote Chillies, entkernt und fein gehackt
1 TL Salz

BAGHAAR
2 EL Ghee
1 Zwiebel, in Ringen
1/2 TL Senfkörner
1/2 TL Schwarzkümmelsamen

1 Die Hülsenfrüchte gründlich abspülen, in einen großen Topf geben, mit dem Wasser übergießen und umrühren. Ingwer, Knoblauch und Chillies zugeben und bei mittlerer Hitze zum Kochen bringen. Den Topf halb abdecken und 15–20 Minuten köcheln lassen.

2 Die Hülsenfrüchte zerdrücken; eventuell mehr Wasser zugeben, um eine dicke Sauce zu erhalten. Dann salzen und in eine Schüssel füllen.

3 Für das Baghaar kurz vor dem Servieren das Ghee in einem kleinen Topf zerlassen. Die Zwiebel zugeben und bei mittlerer Hitze unter häufigem Rühren 5–8 Minuten goldbraun dünsten. Dann Senfkörner und Schwarzkümmel unterrühren.

4 Die Zwiebelmischung über das Dhal gießen, solange sie noch heiß ist. Das Ganze gründlich vermengen und sofort servieren.

TIPP
Dieses Gericht ist eine sehr gute Beilage, vor allem für trockene Curry-Gerichte. Es lässt sich auch gut einfrieren und später einfach im Topf oder abgedeckt im Backofen wieder aufwärmen.

Tarka Dhal

10 Min. 25 Min.

4 PERSONEN

2 EL Ghee
2 Schalotten, in Ringen
1 TL Senfkörner
2 große Knoblauchzehen, fein gehackt
8 Bockshornkleesamen
1-cm-Stück Ingwerwurzel, fein gerieben
1/2 TL Salz
125 g rote Linsen
1 EL Tomatenmark
600 ml Wasser
2 Tomaten, geschält, entkernt und gehackt
1 EL Zitronensaft
4 EL frisch gehackter Koriander
1/2 TL Garam Masala
1/2 TL Chilipulver

1 Die Hälfte des Ghee in einem großen Topf erhitzen. Die Schalotten zugeben und 2–3 Minuten bei hoher Hitze dünsten, dann die Senfkörner zugeben und den Topf abdecken, bis die Körner aufplatzen.

2 Den Deckel sofort abnehmen und Knoblauch, Bockshornkleesamen, Ingwer und Salz zugeben.

3 Die Gewürze umrühren, dann Linsen, Tomatenmark und das Wasser einrühren. Zum Kochen bringen, anschließend die Hitze reduzieren und 10 Minuten köcheln lassen.

4 Tomaten, Zitronensaft und Koriander einrühren. Alles weitere 4–5 Minuten köcheln lassen, bis die Linsen weich sind. Das Gericht in eine Schüssel füllen.

5 Das restliche Ghee in einem Topf erhitzen. Vom Herd nehmen und Garam Masala sowie Chilipulver einrühren. Über das Dhal gießen und servieren.

TIPP
Sie können den Geschmack dieses Gerichts ganz nach Belieben variieren. Für eine intensivere Schärfe verwenden Sie mehr Chilipulver oder -schoten, einen feinen Anisgeschmack erhalten Sie durch die Zugabe von Fenchelsamen.

Linsen-Gemüse-Biryani

20 Min. 45 Min.

6 PERSONEN

125 g grüne Linsen
4 EL Ghee oder Öl
2 Zwiebeln, geviertelt und in Streifen
2 Knoblauchzehen, zerdrückt
2,5-cm-Stück Ingwerwurzel, fein gehackt
1 TL Kurkuma
1/2 TL Chilipulver
1 TL gemahlener Koriander
2 TL gemahlener Kreuzkümmel
3 Tomaten, gehäutet, entkernt und gehackt
1 Aubergine, in 1 cm großen Würfeln
1,75 l heiße Gemüsebrühe
1 rote oder grüne Paprika, entkernt und gewürfelt
350 g Basmati-Reis
125 g grüne Bohnen, halbiert
225 g Blumenkohlröschen
125 g Pilze, in Scheiben oder geviertelt
60 g ungesalzene Cashewkerne, grob gehackt
3 Eier, hart gekocht und halbiert, zum Garnieren
frische Korianderblätter, zum Garnieren

1 Die Linsen unter fließend kaltem Wasser abspülen und anschließend gut abtropfen lassen.

2 Ghee oder Öl in einem Topf erhitzen und darin die Zwiebeln 2 Minuten dünsten. Knoblauch, Ingwer und Gewürze unter häufigem Rühren 1 Minute mitdünsten.

3 Linsen, Tomaten, Aubergine und 600 ml Brühe zugeben, alles gut mischen. Dann abdecken und 20 Minuten köcheln lassen.

4 Die Paprika zugeben und weitere 10 Minuten kochen, bis die Linsen weich sind und die Flüssigkeit vollständig aufgenommen haben.

5 In der Zwischenzeit den Reis unter fließend kaltem Wasser waschen. Abtropfen lassen und mit der restlichen Brühe in einen zweiten Topf geben. Die Brühe aufkochen und Bohnen, Blumenkohl sowie Pilze zugeben. Dann abdecken und alles 15 Minuten kochen, bis Reis und Gemüse gar sind. Vom Herd nehmen und abgedeckt 10 Minuten ziehen lassen.

6 Die Linsenmischung und die Cashewkerne mit dem gekochten Reis vermengen. Das fertige Gericht auf Teller verteilen und mit den hart gekochten Eiern und den Korianderblättern garnieren. Heiß servieren.

Nachos mit Bohnenmus

15 Min. 15 Min.

6–8 PERSONEN

400 g Bohnenmus, ersatzweise Bohnen aus der Dose, abgetropft und püriert
400 g Pinto-Bohnen aus der Dose
1 Prise gemahlener Kreuzkümmel
1 Prise mildes Chilipulver
175 g Tortilla-Chips
225 g Käse, gerieben
Salsa, nach Wahl
1 Avocado, entkernt, gewürfelt und mit Limettensaft beträufelt
1/2 kleine Zwiebel, fein gehackt
2 reife Tomaten, gewürfelt
1 Handvoll Salatblätter, in feinen Streifen
3–4 EL frisch gehackter Koriander
saure Sahne, zum Servieren

1 Bohnenmus, Pinto-Bohnen, Kreuzkümmel und Chilipulver in einen Topf geben. Unter Rühren so viel Wasser zugießen, bis eine zähflüssige Masse entsteht.

2 Die Bohnenmischung bei mittlerer Hitze erwärmen. Dann die Hitze reduzieren, sodass die Mischung weiterhin warm bleibt, aber nicht kocht.

3 Die Hälfte der Tortilla-Chips in einer tiefen feuerfesten Form verteilen. Mit der Bohnenmischung bedecken, mit Käse bestreuen und in einem auf 200 °C vorgeheizten Backofen so lange backen, bis der Käse schmilzt.

4 Wahlweise die Mischung 5–7 Minuten unter einen vorgeheizten Grill stellen, bis der Käse Blasen wirft und goldbraun wird.

5 Salsa, Avocado, Zwiebel, Tomaten, Salatstreifen und Koriander über dem geschmolzenen Käse verteilen. Mit den restlichen Tortilla-Chips garnieren und mit der sauren Sahne servieren.

VARIATION

Sie können die saure Sahne auch durch Joghurt ersetzen.

Moong Dhal

5 Min. 30–35 Min.

4 PERSONEN

150 g Moong Dhal (gelbe Spaltlinsen)
1 TL fein gehackte Ingwerwurzel
1/2 TL gemahlener Kreuzkümmel
1/2 TL gemahlener Koriander
1 große Knoblauchzehe, zerdrückt
1/2 TL Chilipulver
600 ml Wasser
1 TL Salz
Chapatis (siehe Seite 184), zum Servieren
Gemüse-Curry (siehe Seite 319), zum Servieren

BAGHAAR

100 g Ghee
5 getrocknete rote Chillies
1 TL Kreuzkümmelsamen

1 Die Linsen verlesen und waschen. Dann mit Ingwer, Kreuzkümmel, Koriander, Knoblauch und Chilipulver in einen Topf geben und gut verrühren.

2 Das Wasser zugießen, sodass die Linsen bedeckt sind. Bei mittlerer Hitze unter gelegentlichem Rühren köcheln lassen, bis die Linsen weich sind. Dann die Linsen salzen, in eine Schüssel füllen und warm halten.

3 In der Zwischenzeit das Baghaar zubereiten. Dazu das Ghee in einem Topf zerlassen. Chillies und Kreuzkümmel unter Rühren anbraten, bis die Gewürze sich verfärben und ihr Aroma entfalten.

4 Das fertige Baghaar über die Linsen geben und heiß zu Gemüse-Curry mit Chapati-Brot servieren.

TIPP

Moong Dhal sind tropfenförmige gelbe Spaltlinsen, die im Norden Indiens verbreiteter sind als im Süden.

Pfannen-, Schmor- & Backofengerichte

Tofu mit Erdnusssauce

5 Min. 20 Min.

4 PERSONEN

500 g marinierter Tofu
2 EL Reisessig
2 EL Zucker
1 TL Salz
3 EL feine Erdnussbutter
½ TL Chiliflocken
3 EL Grillsauce
1 l Sonnenblumenöl
2 EL Sesamöl

TEIG
4 EL Mehl
2 Eier, verquirlt
4 EL Milch
½ TL Backpulver
½ TL Chilipulver

1 Den Tofu in 2,5 cm große Stücke schneiden und beiseitestellen.

2 Reisessig, Zucker und Salz in einem Topf verrühren. Dann aufkochen und 2 Minuten köcheln lassen.

3 Die Mischung vom Herd nehmen und Erdnussbutter, Chiliflocken sowie Grillsauce gründlich unterrühren.

4 Für den Teig das Mehl in eine Schüssel sieben. Eine Vertiefung in die Mitte drücken, die Eier hineingeben und mit dem Mehl vermengen. Nach und nach die Milch zugießen, dann Backpulver und Chilipulver einrühren.

5 Sonnenblumen- und Sesamöl in einer Fritteuse oder einem großen tiefen Topf erhitzen, bis es zu rauchen beginnt.

6 Die Tofu-Stücke in den vorbereiteten Teig tauchen und – eventuell portionsweise – goldbraun frittieren. Anschließend auf Küchenpapier geben und abtropfen lassen.

7 Die fertigen Tofu-Stücke in eine Schüssel geben und mit der Erdnusssauce anbieten.

TIPP
Tofu wird aus pürierten Sojabohnen hergestellt. Er ist weiß, hat eine weichkäseähnliche Konsistenz und wird in Blöcken verkauft. Er ist relativ geschmacksneutral, nimmt aber den Geschmack von Gewürzen sehr gut auf.

Tofu mit Pilzen

15 Min. 10 Min.

4 PERSONEN

1 große Salatgurke
1 TL Salz
225 g geräucherter Tofu
2 EL Öl
60 g Zuckererbsen
125 g Babymaiskolben
1 Selleriestange, schräg geschnitten
425 g Strohpilze aus der Dose, abgetropft
2 Frühlingszwiebeln, in Streifen
1-cm-Stück Ingwerwurzel, fein gehackt
1 EL gelbe Bohnenpaste
1 EL helle Sojasauce
1 EL trockener Sherry
2 EL Wasser

1 Die Gurke längs halbieren und mit einem Teelöffel oder Melonenformer von den Kernen befreien.

2 Die Gurke würfeln, in ein Sieb legen und mit Salz bestreuen. 10 Minuten abtropfen lassen, dann das Salz unter kaltem Wasser gründlich abspülen und die Gurkenwürfel auf Küchenpapier abtropfen lassen.

3 Den Tofu in mundgerechte Würfel schneiden; dazu ein scharfes Messer verwenden, damit der Tofu nicht zerfällt.

4 In einem Wok das Öl erhitzen, bis es zu rauchen beginnt. Tofu, Zuckererbsen, Babymais und Sellerie in den Wok geben und unter Rühren anbraten, bis der Tofu leicht gebräunt ist. Dann Strohpilze, Frühlingszwiebeln und Ingwer zufügen und 1 Minute pfannenrühren.

5 Gurke, Bohnenpaste, Sojasauce, Sherry und 2 Esslöffel Wasser einrühren. Alles 1 Minute pfannenrühren, bis das Gemüse rundum mit Sauce überzogen ist.

TIPP
Strohpilze in der Dose sind in asiatischen Lebensmittelgeschäften und einigen gut sortierten Supermärkten erhältlich. Eine gute Alternative sind junge Champignons.

Pikant frittierte Tofu-Ecken

1 Std. 15 Min. 10 Min.

4 PERSONEN

1 EL Meersalz
4½ TL chinesisches Fünf-Gewürze-Pulver
3 EL brauner Zucker
2 Knoblauchzehen, zerdrückt
1 TL frisch geraspelte Ingwerwurzel
2 225-g-Blöcke Tofu
Öl, zum Frittieren
2 Porreestangen, halbiert und in Streifen
Porreestreifen, zum Garnieren

1 Salz, Fünf-Gewürze-Pulver, Zucker, Knoblauch und Ingwer in einer Schüssel mischen, dann auf einen Teller geben.

2 Die Tofublöcke schräg halbieren, sodass insgesamt 4 Dreiecke entstehen. Jedes Dreieck erneut halbieren, bis sich 16 Dreiecke ergeben.

3 Die Dreiecke in der Gewürzmischung wälzen, bis sie ganz davon überzogen sind. Anschließend 1 Stunde beiseitestellen.

4 Das Öl in einem Wok erhitzen, bis es zu rauchen beginnt. Die Hitze etwas reduzieren und die Tofustücke 5 Minuten goldbraun braten. Dann herausnehmen, beiseitestellen und warm halten.

5 Den Porree 1 Minute im Wok dünsten. Herausnehmen und auf Küchenpapier abtropfen lassen.

6 Den Porree auf eine Platte geben und den Tofu darauf anrichten. Mit frischen Porreestreifen garnieren und servieren.

TIPP
Frittieren Sie den Tofu portionsweise und halten Sie die fertigen Portionen warm, bis der gesamte Vorgang abgeschlossen ist.

Gemüsepfanne mit Nüssen

10 Min. 15 Min.

4 PERSONEN

3 EL grobe Erdnussbutter
150 ml Wasser
1 EL Sojasauce
1 TL Zucker
25 g Erdnüsse, grob gehackt
250 g asiatische Eiernudeln
2 EL Pflanzenöl
1 TL Sesamöl
1 Karotte, in Streifen
½ rote Zwiebel, in Ringen
4 Babyzucchini, in schrägen Streifen
1 rote Paprika, entkernt und gewürfelt
1 kleine grüne Chili, entkernt und in dünnen Ringen
1 Knoblauchzehe, in schmalen Streifen
225 g Wasserkastanien aus der Dose, abgegossen und in Scheiben
175 g Bohnensprossen
Salz

1 Erdnussbutter und Wasser in einer kleinen Schüssel langsam verrühren. Dann Sojasauce und Zucker einrühren und die Mischung beiseitestellen.

2 Die Erdnüsse in einer Pfanne ohne Fett rösten, bis sie zu bräunen beginnen. Dann aus der Pfanne nehmen und bis zur weiteren Verwendung beiseitestellen.

3 Wasser in einem Topf zum Kochen bringen. Die Nudeln zugeben, den Topf sofort vom Herd nehmen und die Nudeln 4 Minuten ziehen lassen. Dabei gelegentlich umrühren.

4 Beide Öle im Wok erhitzen. Karotte, Zwiebel, Zucchini, Paprika und Chili sowie Knoblauch zufügen und 2–3 Minuten pfannenrühren. Wasserkastanien, Bohnensprossen und Erdnusssauce zugeben, alles aufkochen und mit Salz abschmecken.

5 Die Nudeln abgießen und mit dem Gemüse auf Portionsteller verteilen. Mit den gerösteten Erdnüssen bestreuen und sofort servieren.

Gemüse-Tofu-Pfanne

10 Min. 12 Min.
+ Marinierzeit

4 PERSONEN

225 g fester Tofu
1 EL Erdnuss- oder Sonnenblumenöl
2 Frühlingszwiebeln, gehackt
1 Knoblauchzehe, fein gehackt
115 g Babymaiskolben, halbiert
115 g Zuckererbsen
115 g Shiitake-Pilze, in dünnen Scheiben
2 EL fein gehackte Korianderblätter

MARINADE
2 EL dunkle Sojasauce
1 EL chinesischer Reiswein
2 TL brauner Zucker
½ TL chinesisches Fünf-Gewürze-Pulver
1 frische rote Chili, entkernt und fein gehackt
2 Frühlingszwiebeln, fein gehackt
1 EL frisch geraspelte Ingwerwurzel

1 Alle Zutaten für die Marinade in eine metallfreie Schüssel geben und gut vermengen. Den Tofu in mundgerechte Stücke schneiden und in der Marinade wenden. Mit Frischhaltefolie abdecken und 2 Stunden im Kühlschrank marinieren; dabei den Tofu ein- bis zweimal wenden.

2 Den Tofu abtropfen lassen und die Marinade auffangen. Das Öl im Wok erhitzen und den Tofu 2–3 Minuten goldbraun braten, dann herausnehmen und beiseitestellen.

3 Frühlingszwiebeln und Knoblauch 2 Minuten im Wok dünsten, dann den Mais zugeben und 1 Minute pfannenrühren. Zuckererbsen und Pilze zugeben und 2 Minuten pfannenrühren.

4 Den Tofu in den Wok zurückgeben, die Marinade zugießen und alles 1–2 Minuten bei geringer Hitze aufwärmen. Mit Koriander bestreuen und sofort servieren.

Tofu mit Paprika

25 Min. 15 Min.

4 PERSONEN

350 g fester Tofu
2 Knoblauchzehen, zerdrückt
4 EL Sojasauce
1 EL süße Chilisauce
6 EL Sonnenblumenöl
1 Zwiebel, in Ringen
1 grüne Paprika, entkernt und gewürfelt
1 EL Sesamöl

1 Den Tofu mit einem scharfen Messer in mundgerechte Stücke schneiden und in ein flache metallfreie Schüssel geben.

2 Knoblauch, Soja- und Chilisauce mischen. Über den Tofu gießen und vermengen, bis der Tofu ganz überzogen ist. Etwa 20 Minuten marinieren.

3 Inzwischen das Öl in einem großen heißen Wok erhitzen.

4 Die Zwiebel zugeben, bei hoher Hitze knusprig braten, aus dem Wok nehmen und auf Küchenpapier abtropfen lassen.

5 Den Tofu in das heiße Öl geben, etwa 5 Minuten braten und herausnehmen.

6 Das Öl, bis auf 1 Esslöffel, aus dem Wok abgießen. Die Paprikawürfel zufügen und 2–3 Minuten pfannenrühren.

7 Den Tofu und die Zwiebeln in den Wok zurückgeben und unter gelegentlichem Rühren erhitzen.

8 Das fertige Gericht mit Sesamöl beträufeln, auf Tellern anrichten und sofort servieren.

TIPP
Falls Sie keine Zeit zum Marinieren haben, können Sie auch bereits marinierten Tofu kaufen.

Pikante Bohnenpfanne

5 Min. 5 Min.

4 PERSONEN

2 EL Erdnussöl
450 g Prinzessbohnen, halbiert
2 frische rote Chillies, entkernt und in Streifen
½ TL gemahlener Sternanis
1 Knoblauchzehe, zerdrückt
2 EL helle Sojasauce
2 TL klarer Honig
½ TL Sesamöl

1 Das Öl in einem heißen Wok oder einer großen Pfanne stark erhitzen. Die Hitze reduzieren, die Bohnen zugeben und 1 Minute pfannenrühren.

2 Chillies, Sternanis und Knoblauch zugeben und weitere 30 Sekunden pfannenrühren.

3 Sojasauce, Honig und Sesamöl in einer kleinen Schüssel mischen.

4 Die Sauce in den Wok geben. Das Ganze weitere 2 Minuten pfannenrühren und die Bohnen dabei gut in der Sauce schwenken. Das fertige Gemüse auf Tellern anrichten und sofort servieren.

VARIATION
Dieses Gericht schmeckt auch mit Rosenkohl sehr gut. Den Rosenkohl putzen und klein schneiden. 2 Minuten in heißem Öl anbraten und mit Schritt 2 dieses Rezepts fortfahren.

Paprika mit Wasserkastanien

5 Min. 15 Min.

4 PERSONEN

Öl, zum Frittieren
225 g Porree, in feinen Streifen, zum Garnieren
3 EL Erdnussöl
1 gelbe Paprika, entkernt und gewürfelt
1 grüne Paprika, entkernt und gewürfelt
1 rote Paprika, entkernt und gewürfelt
200 g Wasserkastanien aus der Dose, abgegossen und in Scheiben
2 Knoblauchzehen, zerdrückt
3 EL helle Sojasauce

1 Das Frittieröl in einem großen heißen Wok oder einer großen schweren Pfanne erhitzen. Wenn es raucht, den Porree darin 2–3 Minuten knusprig frittieren. Dann beiseitestellen.

2 Das Erdnussöl im Wok oder in der Pfanne erhitzen. Die Paprikawürfel zugeben und bei hoher Hitze etwa 5 Minuten pfannenrühren, bis die Ränder zu bräunen beginnen und das Gemüse weich wird.

3 Wasserkastanien, Knoblauch und Sojasauce zufügen und das gesamte Gemüse weitere 2–3 Minuten schmoren.

4 Das fertige Gericht auf vorgewärmte Teller verteilen, mit den knusprig frittierten Porreeringen garnieren und sofort servieren.

Geschmortes China-Gemüse

10 Min. 10 Min.

4 PERSONEN

10 g chinesische Trockenpilze
3 EL Erdnuss- oder Sonnenblumenöl
225 g fester Tofu, gewürfelt
175 g Chinakohl, klein geschnitten
75 g geschnittene Bambussprossen aus der Dose, abgetropft und gewaschen
75 g Strohpilze, halbiert
75 g Zuckererbsen
½ TL brauner Zucker
1 EL dunkle Sojasauce
1 Spritzer Sesamöl

1 Die Pilze in ein Schälchen füllen und mit kaltem Wasser bedecken; 20 Minuten quellen lassen. Dann abtropfen lassen und alle harten Stiele entfernen.

2 Erdnuss- oder Sonnenblumenöl in einem Wok erhitzen. Den Tofu darin 2–4 Minuten rundum anbräunen. Herausnehmen und beiseitestellen.

3 Eingeweichte Pilze, Chinakohl, Bam bussprossen, Strohpilze und Zuckererbsen in die Pfanne geben und 2 Minuten pfannenrühren.

4 Tofu, Zucker und Sojasauce in die Pfanne geben, 1 Minute pfannenrühren. Dann abdecken und 3 Minuten dünsten. Anschließend mit einem Spritzer Sesamöl beträufeln und servieren.

Pikante Pilzpfanne

5 Min. 10 Min.

4 PERSONEN

2 EL Erdnussöl
2 Knoblauchzehen, zerdrückt
3 Frühlingszwiebeln, klein gehackt
300 g kleine Champignons
2 große Pilze mit breitem Hut, in Scheiben
125 g Austernpilze
1 TL Chilisauce
1 EL dunkle Sojasauce
1 EL Hoisin-Sauce
1 EL Weißweinessig
½ TL gemahlener Szechuan-Pfeffer
1 EL brauner Zucker
1 TL Sesamöl
frisch gehackte Petersilie, zum Garnieren

1 Das Erdnussöl in einem heißen Wok oder einer Pfanne stark erhitzen, bis es zu rauchen beginnt.

2 Die Hitze leicht reduzieren, Knoblauch und Frühlingszwiebeln zugeben und etwa 30 Sekunden anbraten.

3 Alle Pilze in den Wok oder die Pfanne geben. Chili-, Soja- und Hoisin-Sauce, Weinessig, Szechuan-Pfeffer und Zucker zufügen und alles 4–5 Minuten pfannenrühren, bis die Pilze gar sind. Die Mischung muss ständig gerührt werden, damit keine Zutaten am Wok- oder Pfannenboden ansetzen.

4 Das fertige Gericht im Wok oder in der Pfanne mit Sesamöl beträufeln. Dann in eine vorgewärmte Schüssel umfüllen, mit Petersilie garnieren und sofort servieren.

TIPP
Fügen Sie dem Gericht ein paar getrocknete chinesische Pilze (z. B. Mu-Err-Pilze) zu und verleihen Sie ihm so noch mehr Biss. Sie müssen die Pilze gut waschen, 20 Minuten in warmem Wasser einweichen und vor der Verwendung abspülen.

Karotten mit Ananas

5 Min. 15 Min.

4 PERSONEN

1 EL Sonnenblumenöl
1 EL Olivenöl
1 kleine Zwiebel, fein geschnitten
1–2 Knoblauchzehen, zerdrückt
2,5-cm-Stück Ingwerwurzel, geraspelt
500 g Karotten, in sehr dünnen Scheiben
200 g Ananas aus der Dose oder 250 g frische Ananas, jeweils in kleinen Stücken
2–3 EL Ananassaft, aus der Dose oder frisch
Salz und schwarzer Pfeffer
frisch gehackte Petersilie oder Dill, zum Garnieren

1 Sonnenblumenöl und Olivenöl zusammen im Wok erhitzen. Zwiebel, Knoblauch und Ingwer zugeben und 2–3 Minuten scharf anbraten.

2 Die Karotten hineingeben und etwa 5 Minuten bei niedriger Hitze pfannenrühren.

3 Ananas und Ananassaft mit reichlich Salz und Pfeffer in den Wok geben. Weitere 5–6 Minuten pfannenrühren, bis die Karottenscheiben knusprig und gar sind und die Flüssigkeit fast vollständig verdampft ist.

4 Noch einmal abschmecken und in eine vorgewärmte Schüssel füllen. Mit Petersilie bestreuen und als Gemüsebeilage servieren.

VARIATION
Alternativ kann man die Karotten mit Ananas auch abkühlen lassen und mit einigen Esslöffeln French-Dressing als Salat reichen.

Gemüse mit Hoisin-Sauce

20 Min. 10 Min.

4 PERSONEN

2 EL Sonnenblumenöl
1 rote Zwiebel, in Ringen
100 g Karotten, in dünnen Scheiben
1 gelbe Paprika, entkernt und gewürfelt
50 g gekochter Naturreis
175 g Zuckererbsen
175 g Bohnensprossen
4 EL Hoisin-Sauce
1 EL Schnittlauchröllchen, zum Garnieren

1 Das Öl in einem großen heißen Wok oder einer großen Pfanne erhitzen.

2 Zwiebel, Karotten und Paprika in den Wok oder die Pfanne geben und etwa 3 Minuten pfannenrühren.

3 Reis, Zuckererbsen und Bohnensprossen zugeben und unter Rühren weitere 2 Minuten braten.

4 Die Hoisin-Sauce einrühren, alles vorsichtig durchmischen und heiß werden lassen.

5 Das fertige Gericht auf vorgewärmte Teller verteilen, mit frisch gehacktem Schnittlauch bestreuen und servieren.

TIPP
Hoisin-Sauce ist eine rötlich braune Sauce aus Sojabohnen, Knoblauch, Chili und anderen Gewürzen und wird in der chinesischen Küche gern verwendet. Sie eignet sich auch als Dip.

Quorn-Gemüse-Pfanne

30 Min. 10 Min.

4 PERSONEN

1 EL frisch geraspelte Ingwerwurzel
1 TL Ingwerpulver
1 EL Tomatenmark
2 EL Sonnenblumenöl
1 Knoblauchzehe, zerdrückt
2 EL Sojasauce
350 g Quorn- oder Sojawürfel
100 g Prinzessbohnen, klein geschnitten
225 g Karotten, in Scheiben
4 Selleriestangen, klein geschnitten
1 rote Paprika, entkernt und in Streifen
gekochter Reis, zum Servieren

1 Frischen und gemahlenen Ingwer, Tomatenmark, 1 Esslöffel Öl, Knoblauch, Sojasauce und Quorn- oder Sojawürfel in eine große Schüssel geben. Gründlich, aber vorsichtig vermengen, damit die Quorn- oder Sojawürfel nicht auseinander fallen. Abdecken und 20 Minuten marinieren.

2 Das restliche Öl in einem großen heißen Wok oder einer Pfanne erhitzen. Die marinierte Quorn-Mischung in den Wok geben und etwa 2 Minuten pfannenrühren.

3 Bohnen, Karotten, Stangensellerie und Paprika zugeben und 5 Minuten dünsten.

4 Das fertige Gericht auf vorgewärmte Teller geben und mit frisch gekochtem Reis servieren.

TIPP
Frischer Ingwer ist an einem kühlen, trockenen Ort mehrere Wochen lang haltbar. Er kann auch tiefgefroren werden – brechen Sie bei Bedarf einfach ein Stück davon ab.

Chinesischer Zitronenkohl

5 Min. 10 Min.

4 PERSONEN

500 g Chinakohl
3 EL Öl
1-cm-Stück Ingwerwurzel, gerieben
1 TL Salz
1 TL Zucker
125 ml Wasser oder Gemüsebrühe
1 TL abgeriebene Zitronenschale
1 EL Speisestärke
1 EL Zitronensaft

1 Die Kohlblätter trennen, waschen, gut abtropfen lassen und mit Küchenpapier trocken tupfen. Dann die Blätter in etwa 5 cm breite Streifen schneiden.

2 Das Öl in einem Wok erhitzen und zunächst den Ingwer, dann den Kohl zugeben und 2–3 Minuten pfannenrühren, bis die Kohlblätter zusammenfallen.

3 Salz und Zucker zufügen und gut verrühren. Dann den Kohl aus dem Wok nehmen und beiseitestellen.

4 Wasser und Zitronenschale in den Wok geben und aufkochen.

5 In der Zwischenzeit Speisestärke und Zitronensaft zu einer glatten Paste verrühren. In den Wok geben und unter ständigem Rühren etwa 1 Minute köcheln lassen, bis eine sämige Sauce entsteht.

6 Den Chinakohl wieder in den Wok geben und mit der Zitronensauce vermengen. Anschließend auf einer vorgewärmten Platte anrichten und sofort servieren.

Bambussprossen mit Paprika

5 Min. 15 Min.

4 PERSONEN

2 EL Erdnussöl
225 g Bambussprossen aus der Dose, abgespült und abgetropft
2,5-cm-Stück frische Ingwerwurzel, fein gehackt
1 kleine rote Paprika, entkernt und in dünnen Streifen
1 kleine grüne Paprika, entkernt und in dünnen Streifen
1 kleine gelbe Paprika, entkernt und in dünnen Streifen
1 Porreestange, in Ringen
125 ml Gemüsebrühe
1 EL helle Sojasauce
2 TL brauner Zucker
2 TL chinesischer Reiswein oder trockener Sherry
1 TL Speisestärke
2 TL Wasser
1 TL Sesamöl

1 Das Öl in einem heißen Wok oder einer großen Pfanne unter leichtem Schwenken sehr stark erhitzen.

2 Bambussprossen, Ingwer, Paprika und Porree zugeben und alles 2–3 Minuten pfannenrühren.

3 Brühe, Sojasauce, Zucker und Reiswein oder Sherry zu dem Gemüse in den Wok gießen und unter ständigem Rühren aufkochen.

4 Die Hitze reduzieren und das Gemüse etwa 4–5 Minuten weiter in der Sauce köcheln lassen, bis es langsam zart wird.

5 Die Speisestärke in einer kleinen Schüssel mit dem Wasser zu einer Paste verquirlen und mit den Zutaten im Wok verrühren. Aufkochen und die Sauce unter ständigem Rühren einkochen.

6 Das Sesamöl über das Gemüse träufeln und 1 Minute weitergaren. Dann sofort servieren.

Bohnen-Gemüse-Pfanne

5 Min. 10 Min.

4 PERSONEN

1 TL Chiliöl
25 g Butter
225 g Prinzessbohnen, halbiert
4 Schalotten, in Ringen
1 Knoblauchzehe, zerdrückt
100 g Shiitake-Pilze, in Scheiben
1 Eisbergsalat, in Streifen
4 EL schwarze Bohnenpaste

1 Chiliöl und Butter in einem großen heißen Wok erhitzen.

2 Bohnen, Schalotten, Knoblauch sowie Pilze zufügen und 2–3 Minuten pfannenrühren.

3 Den Eisbergsalat zufügen und 2 Minuten pfannenrühren, bis die Blätter zusammenfallen.

4 Die Bohnenpaste in den Wok geben und unter das Gemüse heben. Sorgfältig erhitzen, bis die Sauce zu sieden beginnt.

5 Die fertige Bohnen-Gemüse-Pfanne auf vorgewärmte Schalen verteilen und sofort servieren.

Bambussprossen mit Gurke

20 Min. 10 Min.

4 PERSONEN

½ Salatgurke
Salz
2 EL Sesamöl
4 Schalotten, fein gehackt
1 Knoblauchzehe, fein gehackt
350 g Bambussprossen aus der Dose, abgespült und abgetropft
1 EL trockener Sherry
1 EL Sojasauce
2 TL Speisestärke
1 TL Sesamsaat
2 rote Chiliblumen (siehe Seite 6), zum Garnieren
Frühlingszwiebelstreifen, zum Garnieren

1 Die Gurke in dünne Scheiben schneiden und mit Salz bestreuen. 10–15 Minuten ruhen lassen, dann mit kaltem Wasser abspülen.

2 Das Sesamöl in einem Wok oder einer Pfanne erhitzen und Schalotten sowie Knoblauch darin 2 Minuten goldbraun dünsten.

3 Bambussprossen und Gurke zugeben und 2–3 Minuten pfannenrühren.

4 Sherry, Sojasauce und Speisestärke mischen. Dann in den Wok oder die Pfanne gießen und gut verrühren.

5 Die Sauce 1–2 Minuten einkochen lassen, bis die Flüssigkeit andickt, dann die Sesamsaat unterrühren.

6 Das fertige Gericht mit Chiliblumen und Frühlingszwiebeln garniert servieren.

Bambussprossen mit Spinat

5 Min. 10 Min.

4 PERSONEN

3 EL Erdnussöl
225 g Spinat, grob gezupft
175 g Bambussprossen aus der Dose, abgespült und abgetropft
1 Knoblauchzehe, zerdrückt
2 frische rote Chillies, in Ringen
1 Prise Zimt
300 ml Gemüsebrühe
1 Prise Zucker
1 Prise Salz
1 EL helle Sojasauce

1 Das Öl in einem heißen Wok unter vorsichtigem Rühren sehr stark erhitzen. Spinat und Bambussprossen in den Wok geben und 1 Minute pfannenrühren.

2 Knoblauch, Chillies und Zimt zugeben und 30 Sekunden pfannenrühren.

3 Brühe, Zucker, Salz und Sojasauce einrühren, das Gemüse abdecken und bei mittlerer Hitze 5 Minuten köcheln lassen, bis es gar und die Sauce eingekocht ist. Hat sich zu viel Kochsud entwickelt, etwas Speisestärke mit der doppelten Menge kaltem Wasser anrühren und mit der Sauce vermengen.

4 Das fertige Gericht in eine Schüssel umfüllen und sofort servieren.

Karotten-Orangen-Pfanne

10 Min. 10 Min.

4 PERSONEN

2 EL Sonnenblumenöl
450 g Karotten, gerieben
225 g Porree, in Julienne-Streifen
2 Orangen, geschält und filetiert
2 EL Tomatenketchup
1 EL Farin-Zucker
2 EL helle Sojasauce
100 g Erdnüsse, gehackt

1 Das Sonnenblumenöl in einem heißen Wok erhitzen. Karotten und Porree zugeben und 2–3 Minuten unter Rühren gerade weich dünsten.

2 Die Orangenfilets zugeben und erhitzen. Dabei sehr behutsam Rühren, damit die Fruchtstücke nicht zerfallen.

3 Tomatenketchup, Zucker und Sojasauce in einer Schüssel vermengen. Die Saucenmischung in den Wok gießen und weitere 2 Minuten pfannenrühren.

4 Das fertige Gericht in eine vorgewärmte Schüssel füllen, mit gehackten Erdnüssen bestreuen und sofort heiß servieren.

VARIATION

Statt die Karotten zu reiben, können Sie sie in feine Julienne-Streifen schneiden, um dem Gericht „Biss" zu verleihen.

Chinakohl in Honig

5 Min. 10 Min.

4 PERSONEN

1 EL Erdnussöl
1-cm-Stück frische Ingwerwurzel, geraspelt
2 Knoblauchzehen, zerdrückt
1 frische rote Chili, in Streifen
450 g Chinakohl, in dünnen Streifen
1 EL chinesischer Reiswein oder trockener Sherry
4½ TL helle Sojasauce
1 EL klarer Honig
125 ml Orangensaft
1 EL Sesamöl
2 TL Sesamsaat
Orangenzesten, zum Garnieren

1 Das Öl in einem heißen Wok oder einer Pfanne erhitzen. Ingwer, Knoblauch und Chili zufügen, vermischen und etwa 30 Sekunden pfannenrühren.

2 Chinakohl, Reiswein oder Sherry, Sojasauce, Honig und Orangensaft zugeben. Die Hitze reduzieren und 5 Minuten köcheln lassen.

3 Das Sesamöl zugießen und die Sesamsaat unterrühren.

4 Das fertige Gericht in eine vorgewärmte Schüssel umfüllen, mit den Orangenzesten garnieren und servieren.

TIPP

Aus einer einzigen Blütenart gewonnener Honig ist qualitativ besser als gemischter. Akazienhonig ist die in China beliebteste Sorte, aber Sie können auch Klee-, Zitronen-, Limetten- oder Orangenblütenhonig verwenden.

Gebratener Spinat

5 Min. 10 Min.

4 PERSONEN

1 EL Sonnenblumenöl
1 Knoblauchzehe, halbiert
2 Frühlingszwiebeln, in dünnen Ringen
225 g Wasserkastanien aus der Dose, abgetropft und in dünnen Scheiben
500 g Blattspinat, ohne harte Stiele
1 TL Sherry-Essig
1 TL helle Sojasauce
Pfeffer

1 Das Öl unter Schwenken in einem Wok oder einer großen Pfanne stark erhitzen.

2 Den Knoblauch 1 Minute unter Rühren anbraten, dann die Frühlingszwiebeln und die Wasserkastanien zugeben und 2–3 Minuten pfannenrühren.

3 Den Spinat in den Wok geben und gut unterrühren.

4 Sherry-Essig, Sojasauce und Pfeffer nach Geschmack zugeben und den Spinat unter Rühren gar kochen. Dann die Knoblauchhälften herausnehmen und wegwerfen.

5 Den fertig gegarten Spinat mit einem Schaumlöffel aus dem Wok heben, gut abtropfen lassen und anschließend auf vorgewärmte Portionsteller verteilt sofort servieren.

TIPP
Man kann den Spinat auch durch chinesische Blattgemüsesorten ersetzen, z.B. durch Pak Choi oder Mangold.

Acht Kostbarkeiten

5 Min. 10 Min.

4 PERSONEN

2 EL Erdnussöl
6 Frühlingszwiebeln, klein geschnitten
3 Knoblauchzehen, zerdrückt
1 grüne Paprika, entkernt und gewürfelt
1 rote Paprika, entkernt und gewürfelt
1 frische rote Chili, entkernt und in Streifen
2 EL Wasserkastanien, gehackt
1 Zucchini, klein geschnitten
125 g Austernpilze
3 EL schwarze Bohnenpaste
2 TL chinesischer Reiswein oder trockener Sherry
4 EL dunkle Sojasauce
1 TL brauner Zucker
2 EL Wasser
1 TL Sesamöl

1 Das Erdnussöl in einem heißen Wok stark erhitzen. Dann die Hitze reduzieren, Frühlingszwiebeln und Knoblauch in den Wok geben und etwa 30 Sekunden pfannenrühren.

2 Paprika, Chili, Wasserkastanien und Zucchini zufügen und 2–3 Minuten pfannenrühren, bis das Gemüse gerade zart wird.

3 Austernpilze, Bohnenpaste, Reiswein oder Sherry, Sojasauce, Zucker und Wasser in den Wok geben und weitere 4 Minuten pfannenrühren.

4 Das fertig gegarte Gemüse mit Sesamöl beträufeln und noch heiß servieren.

TIPP
„Acht Kostbarkeiten" spielen beim chinesischen Neujahrsfest eine wichtige Rolle: Der Küchengott, der über alles im Haus Bescheid weiß, muss zu dieser Zeit Bericht im Himmel erstatten. Damit er nichts Schlechtes erzählt, wird er mit einem vegetarischen Festessen bestochen.

Asiatische Gemüsepfanne

10 Min. 15 Min.

4 PERSONEN

2 EL Sonnenblumenöl
1 rote Zwiebel, in Ringen
175 g Karotten, in Scheiben
175 g Zucchini, in Scheiben
1 rote Paprika, entkernt und in Streifen
1 kleiner Chinakohl, in Streifen
150 g Bohnensprossen
225 g Bambussprossen aus der Dose, abgetropft
150 g Cashewkerne, geröstet

SAUCE
3 EL halbtrockener Sherry
3 EL helle Sojasauce
1 TL Ingwerpulver
1 große Knoblauchzehe, fein gehackt
1 TL Speisestärke
1 EL Tomatenmark

1 Das Sonnenblumenöl in einem großen heißen Wok erhitzen.

2 Die Zwiebel zugeben und 2–3 Minuten weich dünsten.

3 Karotten, Zucchini und Paprika in den Wok geben und alles weitere 5 Minuten pfannenrühren.

4 Chinakohl, Bohnen- und Bambussprossen zufügen, unterrühren und 2–3 Minuten garen, bis der Kohl zusammenfällt. Dann die Cashewkerne einrühren.

5 Sherry, Sojasauce, Ingwer, Knoblauch, Speisestärke und Tomatenmark verquirlen. Über das Gemüse gießen und gut unterrühren. 2–3 Minuten köcheln lassen, bis die Sauce andickt. Anschließend das fertige Gericht sofort servieren.

Muttar Panir

15 Min. + Kühlzeit 25 Min.

6 PERSONEN

150 ml Öl
2 Zwiebeln, gehackt
2 Knoblauchzehen, zerdrückt
2,5-cm-Stück Ingwerwurzel, gehackt
1 TL Garam Masala
1 TL Kurkuma
1 TL Chilipulver
500 g tiefgefrorene Erbsen
225 g gehackte Tomaten aus der Dose
125 ml Gemüsebrühe
Salz und Pfeffer
2 EL frisch gehackter Koriander

PANIR
2,5 l Vollmilch
5 EL Zitronensaft
1 Knoblauchzehe, zerdrückt (nach Belieben)
1 EL frisch gehackter Koriander (nach Belieben)

1 Für den Panir die Milch aufkochen, vom Herd nehmen und den Zitronensaft einrühren. Wieder auf den Herd stellen und 1 Minute erhitzen, bis sich Weißkäse und Molke trennen. Erneut vom Herd nehmen. Ein Sieb mit einer doppelten Lage Musselin auslegen und die Milchmischung hindurch gießen. Nach Belieben Knoblauch und Koriander zufügen. Die Flüssigkeit vollständig aus dem Weißkäse pressen und abtropfen lassen.

2 Die Käserohmasse in eine Schüssel geben, gut abdecken und über Nacht in den Kühlschrank stellen.

3 Den fertigen Panir in kleine Würfel schneiden. Das Öl in einer großen Pfanne erhitzen und darin den Panir rundum goldbraun braten. Herausnehmen und auf Küchenpapier abtropfen lassen.

4 Das Öl bis auf 4 Esslöffel aus der Pfanne abgießen. Zwiebeln, Knoblauch und Ingwer zugeben und 5 Minuten dünsten. Dann die Gewürze einrühren und 2 Minuten rösten.

5 Erbsen, Tomaten und Brühe zugeben und mit Salz und Pfeffer abschmecken.

Abdecken und unter gelegentlichem Rühren 10 Minuten köcheln lassen, bis die Zwiebel weich ist.

6 Den Panir in die Pfanne zurückgeben und alles weitere 5 Minuten kochen. Abschmecken, eventuell nachwürzen, mit Koriander bestreuen und sofort servieren.

Bubble and Squeak

15 Min. 40 Min.

4 PERSONEN

450 g mehligkochende Kartoffeln, gewürfelt
225 g Wirsing, in schmalen Streifen
5 EL Öl
2 Porreestangen, gehackt
1 Knoblauchzehe, zerdrückt
225 g geräucherter Tofu, gewürfelt
Salz und Pfeffer
gedünstete Porreeringe, zum Garnieren

1 Die Kartoffeln in einem großen Topf mit Salzwasser 10 Minuten weich kochen. Anschließend abgießen und zerdrücken.

2 In der Zwischenzeit den Wirsing in einem anderen Topf mit kochendem Wasser 5 Minuten blanchieren. Gut abschütten und zu den Kartoffeln geben.

3 Das Öl in einer schweren Pfanne erhitzen. Porree und Knoblauch zugeben, 2–3 Minuten dünsten und mit der Kartoffel-Wirsing-Mischung vermengen.

4 Den Tofu zugeben, alles mit Salz und Pfeffer würzen und bei mittlerer Hitze 10 Minuten braten.

5 Die Kartoffel-Gemüse-Masse vorsichtig wenden und weitere 5–7 Minuten bei mittlerer Hitze braten, bis die Unterseite knusprig ist.

6 Das fertige Gericht mit den Porreeringen garnieren und sofort servieren.

TIPP
Diese vegetarische Variante des traditionellen Rezepts eignet sich bestens als Hauptgericht, da sie durch den Tofu sehr nahrhaft und sättigend ist.

Tomaten-Curry

25 Min. 15 Min.

4 PERSONEN

400 g Tomaten aus der Dose
1 TL fein gehackte frische Ingwerwurzel
1 TL zerdrückter Knoblauch
1 TL Chilipulver
1 TL Salz
½ TL gemahlener Koriander
½ TL gemahlener Kreuzkümmel
4 EL Öl
½ TL Schwarzkümmelsamen
½ TL Senfkörner
½ TL Bockshornkleesamen
1 Prise Kreuzkümmelsamen
3 getrocknete rote Chillies, gehackt
2 EL Zitronensaft
3 Eier, hart gekocht
frische Korianderblätter, zum Garnieren

1 Die Tomaten in eine große Schüssel geben. Ingwer, Knoblauch, Chilipulver, Salz, Koriander und gemahlenen Kreuzkümmel zugeben und gut verrühren.

2 Das Öl in einem großen Topf erhitzen. Schwarzkümmel, Senfkörner, Bockshornkleesamen und Kreuzkümmelsamen sowie die Chillies zufügen und alles 1 Minute pfannenrühren. Dann vom Herd nehmen.

3 Die Tomatenmischung zugeben und den Topf wieder auf den Herd stellen. Alles etwa 3 Minuten pfannenrühren.

4 Die Hitze reduzieren und das Gericht halb abgedeckt unter gelegentlichem Rühren 7–10 Minuten kochen.

5 Das Curry mit 1 Esslöffel Zitronensaft beträufeln. Abschmecken und nach Bedarf auch noch den restlichen Saft einrühren.

6 Das Tomaten-Curry in eine vorgewärmte Schüssel geben und warm stellen.

7 Die Eier schälen und vierteln, dann vorsichtig mit dem Eigelb nach unten in das Tomaten-Curry geben.

8 Das fertige Tomaten-Curry mit frischen Korianderblättern garnieren und sofort servieren.

Kartoffel-Blumenkohl-Curry

10 Min. 25 Min.

4 PERSONEN

150 ml Öl
½ TL Kreuzkümmelsamen
4 getrocknete rote Chillies
2 Zwiebeln, in Ringen
1 TL frische Ingwerwurzel, gehackt
1 TL zerdrückter Knoblauch
1 TL Chilipulver
1 TL Salz
1 Prise Kurkuma
3 Kartoffeln, geschält und gewürfelt
½ Blumenkohl, in Röschen
frische Korianderblätter
150 ml Wasser
3 rote Chillies (nach Belieben)

1 Das Öl in einem großen Topf erhitzen. Den Kreuzkümmelsamen und die getrockneten Chillies zugeben und gut mit dem Öl vermengen. Dann die Zwiebeln zufügen und bei mittlerer Hitze unter Rühren 5–8 Minuten goldbraun anbraten.

2 Ingwer, Knoblauch, Chilipulver, Salz und Kurkuma in einer Schüssel vermengen. Die Mischung zu den Zwiebeln in den Topf geben und 2 Minuten pfannenrühren.

3 Kartoffelwürfel und Blumenkohlröschen zugeben und mit der Würzmischung vermengen.

4 Anschließend die Hitze reduzieren und Korianderblätter, Wasser sowie nach Belieben frische Chillies zufügen. Abdecken und etwa 10–15 Minuten köcheln lassen, bis das Gemüse gar ist.

5 Das fertige Kartoffel-Blumenkohl-Curry auf vorgewärmten Tellern anrichten und sofort servieren.

Pikantes Gemüse-Curry

30 Min. 45 Min.

4 PERSONEN

225 g weiße Rüben oder Steckrüben, geschält
1 Aubergine, die Enden abgeschnitten
350 g neue Kartoffeln, gebürstet
6 EL Ghee oder Öl
1 große Zwiebel, in Ringen
225 g Karotten, in Scheiben
225 g Blumenkohl, in Röschen
2 Knoblauchzehen, zerdrückt
5-cm-Stück Ingwerwurzel, gehackt
1–2 frische grüne Chillies, entkernt und gehackt
1 EL Paprikapulver
2 TL gemahlener Koriander
1 EL mildes oder mittelscharfes Currypulver oder Currypaste
450 ml Gemüsebrühe
400 g gehackte Tomaten aus der Dose
225 g Champignons
Salz
1 grüne Paprika, entkernt und in Streifen
1 EL Speisestärke
150 ml Kokosmilch
2–3 EL gemahlene Mandeln
frische Korianderzweige, zum Garnieren

1 Rüben, Aubergine und Kartoffeln in 1 cm große Würfel schneiden.

2 Ghee oder Öl in großem Topf erhitzen, Zwiebel, Rüben, Kartoffeln, Karotten und Blumenkohl zugeben und unter häufigem Rühren 3 Minuten dünsten.

3 Knoblauch, Ingwer, Chillies und Gewürze 1 Minute mitdünsten.

4 Brühe, Tomaten, Aubergine und ganze Pilze einrühren. Das Gemüse salzen, abdecken und etwa 30 Minuten gar köcheln lassen; dabei gelegentlich umrühren. Dann die Paprika zugeben, den Topf abdecken und alles weitere 5 Minuten kochen.

5 Speisestärke und Kokosmilch zu einer glatten Paste verrühren und mit dem Gemüse vermengen. Die Mandeln zugeben und alles weitere 2 Minuten köcheln lassen; dabei ständig rühren.

6 Das fertige Gericht abschmecken und mit Korianderzweigen garniert servieren.

Bohnen-Kartoffel-Curry

15 Min. 30 Min.

4 PERSONEN

300 ml Öl
1 TL Kreuzkümmelsamen
1 TL Schwarzkümmelsamen
1 TL Senfkörner
4 getrocknete rote Chillies
3 Tomaten, in Scheiben
1 TL Salz
1 TL fein gehackte frische Ingwerwurzel
1 TL zerdrückter Knoblauch
1 TL Chilipulver
200 g Prinzessbohnen, klein geschnitten
450 g Kartoffeln, geschält und gewürfelt
300 ml Wasser
1 EL frisch gehackter Koriander, zum Garnieren
2 grüne Chillies, entkernt und fein gehackt, zum Garnieren
gekochter Reis, zum Servieren

1 Das Öl in einem großen schweren Topf oder einer hitzebeständigen Kasserolle erhitzen.

2 Kreuzkümmelsamen, Schwarzkümmel und Senfkörner sowie rote Chillies zugeben und gut verrühren.

3 Die Tomatenscheiben zufügen und 3–5 Minuten unter ständigem, aber vorsichtigem Rühren anbraten.

4 Salz, Ingwer, Knoblauch und Chilipulver vermengen. Die Gewürzmischung in den Topf geben und gut mit den anderen Zutaten verrühren.

5 Bohnen und Kartoffeln zufügen und alles weitere 5 Minuten pfannenrühren.

6 Das Wasser zugießen, die Hitze reduzieren und das Gemüse unter gelegentlichem Rühren 10–15 Minuten köcheln lassen.

7 Das fertige Bohnen-Kartoffel-Curry mit Koriander und Chillies garnieren und mit gekochtem Reis servieren.

Grünes Curry mit Tempeh

20 Min. 15–20 Min.

4 PERSONEN

1 EL Sonnenblumenöl
175 g Tempeh (mariniert oder einfach), in Rautenform
6 Frühlingszwiebeln, in Ringen
150 ml Kokosmilch
abgeriebene Schale von 1 Limette
15 g frische Basilikumblätter
¼ TL Flüssigwürze, z. B. Maggi
Korianderblätter, zum Garnieren
2 Chillies, entkernt und in dünnen Ringen, zum Garnieren

GRÜNE CURRYPASTE
2 TL Koriandersamen
1 TL Kreuzkümmelsamen
1 TL schwarze Pfefferkörner
4 große grüne Chillies, entkernt
2 Schalotten, geviertelt
2 Knoblauchzehen
2 EL frisch gehackter Koriander
abgeriebene Schale von 1 Limette
1 EL Galgant, grob gehackt
1 TL Kurkuma
Salz
2 EL Öl

1 Für die Currypaste Koriander- und Kreuzkümmelsamen sowie Pfefferkörner in einem Mixer zerkleinern oder im Mörser zerstoßen. Die restlichen Zutaten mischen und die gemahlenen Gewürze zugeben.

2 Das Öl in einem Wok erhitzen. Den Tempeh zugeben und bei starker Hitze etwa 2 Minuten pfannenrühren, bis er rundum angebräunt ist. Dann die Frühlingszwiebeln zugeben und 1 Minute unter Rühren anbraten. Danach die Zutaten aus dem Wok nehmen und beiseitestellen.

3 Die Hälfte der Kokosmilch in den Wok gießen und aufkochen. 6 Esslöffel der Currypaste sowie die Limettenschale zufügen und alles 1 Minute kochen, bis sich das Aroma entfaltet. Dann Tempeh und Frühlingszwiebeln zufügen.

4 Die restliche Kokosmilch zugeben und alles 7–8 Minuten köcheln lassen. Basilikumblätter und Flüssigwürze zugeben und alles 1 weitere Minute köcheln lassen. Das fertige Curry mit Korianderblättern und Chillies garniert sofort servieren.

TIPP
Die Currypaste ist bis zu 3 Wochen im Kühlschrank haltbar oder kann in einem geeignetem Gefäß eingefroren werden.

Spinat-Käse-Curry

20–30 Min. 25 Min.

4 PERSONEN

300 ml Öl
200 g Panir (siehe Seite 334 und 408), gewürfelt
3 Tomaten, in Scheiben
1 TL gemahlener Kreuzkümmel
1½ TL Chilipulver
1 TL Salz
400 g Spinat
3 grüne Chillies, entkernt und gehackt
Pooris (siehe Seite 186) oder gekochter Reis, zum Servieren

1 Das Öl in einer großen schweren Pfanne erhitzen. Den Panir zugeben und unter gelegentlichem Rühren goldbraun anbraten.

2 Die Tomaten zugeben, 5 Minuten unter ständigem Rühren dünsten und dabei mit einem Löffel oder einem Pfannenwender etwas zerkleinern.

3 Kreuzkümmel, Chilipulver und Salz zufügen und gut mit den Tomaten und dem Käse vermengen.

4 Den Spinat zugeben und bei geringer Hitze 7–10 Minuten pfannenrühren, bis er zusammenfällt.

5 Die Chillies zugeben und das Gemüse unter ständigem Rühren weitere 2 Minuten garen.

6 Das fertige Gericht auf vorgewärmte Teller verteilen und sofort mit Pooris oder gekochtem Reis servieren.

VARIATION
Sie können für dieses Rezept auch tiefgefrorenen Spinat verwenden. Tauen Sie diesen vollständig auf und pressen Sie vor dem Gebrauch überschüssiges Wasser so gut wie möglich heraus.

Kartoffel-Curry

10 Min. 25 Min.

4 PERSONEN

3 Kartoffeln, geschält
150 ml Öl
1 TL Schwarzkümmelsamen
½ TL Fenchelsamen
4 Curryblätter
1 TL gemahlener Kreuzkümmel
1 TL gemahlener Koriander
1 TL Chilipulver
1 Prise Kurkuma
1 TL Salz
1½ TL Amchoor (Mangopulver)

1 Die Kartoffeln unter kaltem Wasser waschen und mit einem scharfen Messer in je 6 Scheiben schneiden.

2 Die Kartoffelscheiben 12–15 Minuten in kochendem Wasser garen, bis sie gerade weich sind, aber nicht zerfallen. Dann abgießen.

3 Das Öl in einem zweiten Topf erhitzen. Die Hitze reduzieren und unter ständigem Rühren Schwarzkümmel, Fenchelsamen sowie Curryblätter zugeben.

4 Den Topf vom Herd nehmen. Kreuzkümmel, Koriander, Chilipulver, Kurkuma, Salz und Amchoor einrühren.

5 Den Topf auf den Herd zurückstellen und bei geringer Hitze etwa 1 Minute behutsam pfannenrühren.

6 Die Würzmischung vorsichtig mit den Kartoffeln vermengen, ohne dabei die Kartoffeln zu sehr zu beschädigen. Anschließend die Kartoffeln weitere 5 Minuten bei geringer Hitze pfannenrühren.

7 Das fertige Kartoffel-Curry auf vorgewärmte Teller verteilen und sofort servieren.

TIPP
In Indien wird nach dem Kartoffel-Curry traditionell ein Grießdessert (siehe Seite 462) gereicht.

Chinesische Kartoffelpfanne

10 Min. 20 Min.

4 PERSONEN

4 festkochende Kartoffeln, geschält und gewürfelt
2 EL Öl
1 gelbe Paprika, entkernt und gewürfelt
1 rote Paprika, entkernt und gewürfelt
1 Karotte, in Stiften
1 Zucchini, in Stiften
2 Knoblauchzehen, zerdrückt
1 rote Chili, entkernt und gehackt
1 Bund Frühlingszwiebeln, der Länge nach halbiert
8 EL Kokosmilch
1 TL frisch gehackter Zitronengrasstängel
2 TL Limettensaft
abgeriebene Schale von 1 Limette
1 EL frisch gehackter Koriander

1 Einen großen Topf mit Wasser füllen, das Wasser aufkochen und die Kartoffeln darin 5 Minuten vorgaren. Anschließend abgießen und gründlich abtropfen lassen.

2 Das Öl in einem Wok oder einer großen Pfanne unter vorsichtigem Schwenken sehr stark erhitzen. Kartoffeln, Paprika, Karotten, Zucchini, Knoblauch und Chili in den Wok geben und 2–3 Minuten pfannenrühren.

3 Frühlingszwiebeln, Kokosmilch, Zitronengras und Limettensaft zugeben und alles erneut 5 Minuten pfannenrühren.

4 Die Limettenschale und den Koriander zugeben und 1 Minute pfannenrühren. Die fertige Kartoffelpfanne auf vorgewärmte Teller verteilen und sofort servieren.

Gemüse süß-sauer

10 Min. 15 Min.

4 PERSONEN

1 EL Erdnussöl
2 Knoblauchzehen, zerdrückt
1 TL frisch geriebene Ingwerwurzel
50 g Babymaiskolben
50 g Zuckererbsen
1 Karotte, in Stiften
1 grüne Paprika, entkernt und in Streifen
8 Frühlingszwiebeln, der Länge nach halbiert
50 g Bambussprossen aus der Dose, abgetopft
225 g fester, marinierter Tofu, gewürfelt
2 EL trockener Sherry oder chinesischer Reiswein
2 EL Reisessig
2 EL klarer Honig
1 EL helle Sojasauce
150 ml Gemüsebrühe
1 EL Speisestärke
Nudeln oder gekochter Reis, zum Servieren

1 Das Öl in einem heißen Wok erhitzen, bis es zu rauchen beginnt. Knoblauch und Ingwer zugeben und bei mittlerer Hitze 30 Sekunden pfannenrühren.

2 Babymais, Zuckererbsen, Karotten und Paprika zugeben und etwa 5 Minuten mitbraten, bis sie gar, aber noch bissfest sind.

3 Frühlingszwiebeln, Bambussprossen und Tofu zugeben und alles weitere 2 Minuten braten.

4 Sherry oder Reiswein, Reisessig, Honig, Sojasauce, Gemüsebrühe und Stärke einrühren und aufkochen. Dann die Hitze reduzieren und alles 2 Minuten köcheln lassen, bis alle Zutaten gut erhitzt sind.

5 Das fertige Gericht in warme Schalen füllen und sofort servieren.

Blumenkohl süß-sauer

5 Min. 20 Min.

4 PERSONEN

450 g Blumenkohlröschen
2 EL Sonnenblumenöl
1 Zwiebel, in Ringen
225 g Karotten, in Scheiben
100 g Zuckererbsen
1 reife Mango, in Scheiben
100 g Bohnensprossen
3 EL frisch gehackter Koriander
3 EL Limettensaft
1 EL klarer Honig
6 EL Kokosmilch

1 Wasser in einem großen Topf zum Kochen bringen. Den Blumenkohl zugeben und 2 Minuten kochen. Dann abgießen und gut abtropfen lassen.

2 Das Öl in einem großen heißen Wok oder einer Pfanne erhitzen. Zwiebel und Karotten zufügen und etwa 5 Minuten pfannenrühren.

3 Den Blumenkohl und die Zuckererbsen zugeben und 2–3 Minuten pfannenrühren.

4 Die Mango und die Bohnensprossen zufügen und alles weitere 2 Minuten pfannenrühren.

5 Koriander, Limettensaft, Honig und Kokosmilch in einer Schüssel sorgfältig vermengen.

6 Die Mischung in den Wok gießen und etwa 2 Minuten erhitzen, bis die Sauce zu kochen beginnt.

7 Das fertige Gemüse auf vorgewärmte Teller verteilen und sofort servieren.

VARIATION
Anstelle des Blumenkohls können Sie für dieses Gemüserezept auch Brokkoli verwenden.

Pikante Auberginen

5 Min. 25 Min.

4 PERSONEN

3 EL Erdnussöl
2 Zwiebeln, in Ringen
2 Knoblauchzehen, gehackt
2 Auberginen, gewürfelt
2 rote Chillies, entkernt und fein gehackt
2 EL Farin-Zucker
6 Frühlingszwiebeln, in Ringen
3 EL Mango-Chutney
Öl, zum Frittieren
2 Knoblauchzehen, in Scheiben, zum Garnieren

1 Das Öl in einem großen heißen Wok oder einer schweren Pfanne unter leichtem Schwenken sehr stark erhitzen.

2 Zwiebeln und Knoblauch zugeben und gut mit dem Öl verrühren.

3 Auberginen und Chillies in den Wok geben und 5 Minuten pfannenrühren.

4 Farin-Zucker, Frühlingszwiebeln und Mango-Chutney in den Wok geben und gut verrühren.

5 Die Hitze reduzieren, das Gemüse abdecken und 15 Minuten köcheln lassen, bis die Auberginen zart sind.

6 Das fertige Gemüse in vorgewärmte Servierschalen füllen und warm halten.

7 Das Frittieröl im Wok erhitzen und die Knoblauchscheiben darin goldbraun frittieren.

8 Das Gemüse mit den Knoblauchscheiben garnieren und sofort servieren.

TIPP
Chillies können unterschiedlich scharf sein und sollten deshalb mit Vorsicht genossen werden. Allgemein gilt: je kleiner, desto schärfer. Da die Samenkörner bzw. Kerne am schärfsten sind, werden sie normalerweise entfernt.

Kohlpfanne mit Walnüssen

10 Min. 10 Min.

4 PERSONEN

4 EL Erdnussöl
1 EL Walnussöl
350 g Weißkohl, in Streifen
350 g Rotkohl, in Streifen
2 Knoblauchzehen, zerdrückt
8 Frühlingszwiebeln
250 g fester Tofu, gewürfelt
2 EL Zitronensaft
100 g Walnüsse
2 TL Dijon-Senf
Salz und Pfeffer
2 TL Mohnsamen

1 Die beiden Öle in einem vorgeheizten Wok oder einer großen schweren Pfanne erhitzen. Kohl, Knoblauch, Frühlingszwiebeln und Tofu zugeben und unter Rühren 5 Minuten rösten.

2 Zitronensaft, Walnüsse und Senf in den Wok oder die Pfanne geben und gut mit den anderen Zutaten vermengen.

3 Alles mit Salz und Pfeffer würzen und weitere 5 Minuten schmoren, bis der Kohl gar ist.

4 Die fertige Kohl-Walnuss-Pfanne in eine warme Schüssel geben, mit Mohn bestreuen und servieren.

VARIATION
Anstelle von Mohnsamen können Sie das Gericht auch mit Sesamsaat garniert servieren.

Kürbispfanne

5 Min. 25 Min.

4 PERSONEN

3 EL Erdnussöl
1 kg Kürbis, geschält und gewürfelt
1 Zwiebel, in Ringen
2 Knoblauchzehen, zerdrückt
1 TL Kreuzkümmelsamen
1 TL Koriandersamen
2 EL frisch gehackter Koriander
150 ml Kokosmilch
100 ml Wasser
100 g gesalzene Cashewkerne
frisch abgeriebene Limettenschale, zum Garnieren
frischer Koriander, zum Garnieren
Limettenspalten, zum Garnieren

1 Das Öl in einem großen heißen Wok oder einer Pfanne erhitzen.

2 Kürbis, Zwiebel und Knoblauch zugeben und 5 Minuten pfannenrühren.

3 Kreuzkümmel, Koriandersamen und frischen Koriander unterheben und 1 Minute pfannenrühren.

4 Die Kokosmilch und das Wasser zugießen. Zum Kochen bringen, dann abgedeckt 10–15 Minuten köcheln lassen, bis der Kürbis gar ist.

5 Die Cashewkerne zugeben und gut unterrühren. Anschließend das fertige Gemüse sofort auf vorgewärmte Schalen verteilen und mit Limettenschale, frischem Koriander und Limettenspalten garniert servieren.

TIPP
Statt der Kokosmilch können Sie in Schritt 4 auch etwas Kokoscreme ins Wasser geben.

Porree mit Bohnensauce

5 Min. 10 Min.

4 PERSONEN

3 EL Erdnussöl
450 g Porree, in Ringen
225 g Chinakohl, in breiten Streifen
175 g Babymaiskolben, der Länge nach halbiert
6 Frühlingszwiebeln, in breiten Ringen
4 EL gelbe Bohnenpaste

1 Das Erdnussöl in einem heißen Wok oder einer großen schweren Pfanne erhitzen, bis es raucht. Anschließend Porree, Chinakohl und den Babymais zufügen und das Gemüse bei starker Hitze etwa 5–6 Minuten pfannenrühren, bis es an den Rändern leicht braun wird.

2 Dann die Frühlingszwiebeln zugeben und gut unterrühren und 1 Minute pfannenrühren.

3 Die Bohnenpaste zugeben und gut mit dem Gemüse vermengen. Die Gemüsemischung mit der Bohnenpaste weitere 2 Minuten pfannenrühren, bis die Bohnenpaste heiß und das Gemüse rundum von ihr überzogen ist.

4 Das fertige Gemüse auf vorgewärmte Schalen verteilen und servieren, solange es noch heiß ist.

Gebratene Bohnensprossen

5 Min. 5 Min.

4 PERSONEN

250 g frische Bohnensprossen
3 EL Öl
2–3 Frühlingszwiebeln, in Streifen
1 rote Chili, entkernt und in Streifen (nach Belieben)
½ TL Salz
½ TL Zucker
1 EL helle Sojasauce
einige Tropfen Sesamöl (nach Belieben)

1 Die Bohnensprossen unter kaltem Wasser gründlich abspülen und von eventuellen Verunreinigungen befreien. Auf Küchenpapier abtropfen lassen.

2 Das Öl unter Schwenken in einem heißen Wok stark erhitzen. Bohnensprossen, Frühlingszwiebeln und nach Belieben die Chili in den Wok geben und etwa 2 Minuten pfannenrühren.

3 Salz, Zucker, Sojasauce und Sesamöl zufügen und gut unterheben. Die fertigen Bohnensprossen heiß oder kalt servieren.

TIPP

Die Chilischote verleiht dem Gericht Schärfe – und noch schärfer wird es, wenn man auch die Kerne der Chili verwendet. Wenn Sie einen milderen Geschmack bevorzugen, verwenden Sie statt der Chili eine entkernte und in Streifen geschnittene rote Paprika.

Brokkoli mit Ingwer

5 Min. 15 Min.

4 PERSONEN

2 EL Erdnussöl
1 Knoblauchzehe, zerdrückt
5-cm-Stück frische Ingwerwurzel, fein gehackt
675 g Brokkoliröschen
1 Porreestange, in Ringen
75 g Wasserkastanien, halbiert
½ TL feiner Zucker
125 ml Gemüsebrühe
1 TL dunkle Sojasauce
1 TL Speisestärke
2 TL Wasser

1 Das Öl in einem heißen Wok erhitzen. Knoblauch und Ingwer zufügen und 30 Sekunden anbraten.

2 Brokkoli, Porree und Wasserkastanien zugeben und alles weitere 3–4 Minuten braten.

3 Zucker, Brühe und Sojasauce zugeben, die Hitze reduzieren und das Gemüse 4–5 Minuten köcheln lassen, bis der Brokkoli fast gar ist.

4 Speisestärke und Wasser in einer kleinen Schüssel zu einer Paste verquirlen und in den Wok einrühren. Kurz aufkochen und 1 Minute unter ständigem Rühren garen, bis die Sauce leicht angedickt ist.

5 Anschließend das fertige Gemüse auf vorgewärmte Teller verteilen und sofort servieren.

TIPP
Der Ingwer kann auch in breite Streifen geschnitten und vor dem Servieren entfernt werden, wenn er nicht so intensiv schmecken soll.

Geschmorter Chinakohl

5 Min. 5 Min.

4 PERSONEN

3 EL Öl
½ TL Szechuan-Pfefferkörner
5–6 kleine getrocknete rote Chillies, entkernt und gehackt
500 g Chinakohlblätter, in Streifen
½ TL Salz
1 EL Zucker
1 EL helle Sojasauce
1 EL Reisessig
einige Tropfen Sesamöl (nach Belieben)

1 Das Öl in einem Wok oder einer großen schweren Pfanne erhitzen, Pfefferkörner und Chillies zugeben und wenige Sekunden pfannenrühren.

2 Die gehackten Chinakohlblätter zu den Gewürzen geben und 1 Minute unter Rühren dünsten. Salzen und 1 weitere Minute unter Rühren dünsten.

3 Zucker, Sojasauce und Reisessig in den Wok geben, gut unter den Chinakohl heben und 1 weitere Minute pfannenrühren.

4 Das fertige Gericht nach Belieben mit Sesamöl beträufeln und heiß oder kalt servieren.

TIPP
Szechuan-Pfeffer ist kein echter Pfeffer. Die rotbraunen Beeren haben einen stechend-aromatischen Geruch, was sie vom schärferen schwarzen Pfeffer unterscheidet.

Exotischer Blumenkohltopf

5 Min. 5 Min.

4 PERSONEN

175 g Blumenkohl, in Röschen
1 Knoblauchzehe
½ TL Kurkuma
1 EL gehackte Korianderwurzel oder -stängel
1 EL Sonnenblumenöl
2 Frühlingszwiebeln, in 2 cm langen Stücken
125 g asiatisches Blattgemüse, z. B. Pak Choi
1 TL Senfkörner

1 Den Blumenkohl blanchieren, anschließend unter fließend kaltem Wasser abschrecken und abtropfen lassen. Bis zur weiteren Verwendung beiseitestellen.

2 Knoblauch, Kurkuma und Koriander in einem Mörser oder einer Gewürzmühle zu einer Paste verarbeiten.

3 Das Öl in einem Wok oder einer großen schweren Pfanne erhitzen.

4 Die Frühlingszwiebeln im heißen Öl unter ständigem Rühren 2 Minuten scharf anbraten.

5 Das Blattgemüse in den Wok geben und 1 Minute anbraten. Dann beiseitestellen und warm halten.

6 Den Wok wieder auf den Herd stellen und die Senfkörner zugeben. Unter Rühren rösten, bis sie zu platzen beginnen.

7 Gewürzpaste und Blumenkohl hinzufügen und so lange rühren, bis der Blumenkohl rundum von den Gewürzen überzogen ist.

8 Das fertige Gemüse in eine Schüssel geben und sofort servieren.

TIPP
Mörser und Stößel gibt es aus Stein oder Porzellan. Sie können aber auch eine Kaffeemühle zweckentfremden und sie als Gewürzmühle verwenden. Sie sollte allerdings vorher und nachher gründlich gereinigt werden.

Wintergemüse-pfanne

5 Min. 10 Min.

4 PERSONEN

3 EL Sesamöl
25 g Mandeln, blanchiert
1 große Karotte, in dünnen Streifen
1 große weiße Rübe, in dünnen Streifen
1 Zwiebel, in dünnen Ringen
1 Knoblauchzehe, zerdrückt
3 Selleriestangen, in dünnen Scheiben
125 g Rosenkohl, halbiert
125 g Blumenkohlröschen
125 g Weißkohl, fein geschnitten
2 TL Sesamsaat
1 TL frisch geriebene Ingwerwurzel
½ TL Chilipulver
Salz und Pfeffer
1 EL frisch gehackter Koriander
1 EL helle Sojasauce
frische Korianderzweige, zum Garnieren

1 Das Öl in einem großen heißen Wok oder einer Pfanne erhitzen. Die Mandeln darin unter Rühren leicht anbräunen, dann herausnehmen und auf Küchenpapier abtropfen lassen.

2 Alle Gemüsesorten mit Ausnahme des Weißkohls in den Wok geben und 3–4 Minuten pfannenrühren.

3 Weißkohl, Sesamsaat, Ingwer und Chilipulver zufügen und 2 Minuten pfannenrühren. Dann alles mit Salz und Pfeffer würzen.

4 Koriander, Sojasauce sowie Mandeln zugeben und behutsam mit dem Gemüse mischen. Mit Korianderzweigen garniert servieren.

Spinat mit Pilzen

5 Min. 10 Min.

4 PERSONEN

25 g Pinienkerne
500 g frischer Spinat
1 rote Zwiebel, in Ringen
2 Knoblauchzehen, in Scheiben
3 EL Öl
425 g Strohpilze aus der Dose, abgetropft
25 g Rosinen
2 EL Sojasauce
Salz

1 Einen Wok oder eine große schwere Pfanne erhitzen.

2 Die Pinienkerne zugeben und ohne Zugabe von Fett goldbraun rösten. Mit einem Schaumlöffel herausheben und beiseitestellen.

3 Den Spinat gründlich waschen, verlesen und die langen Stiele entfernen. Dann abtropfen lassen und mit Küchenpapier trocken tupfen.

4 Das Öl im Wok oder in der Pfanne erhitzen. Die Zwiebel und den Knoblauch hinzugeben und 1 Minute weich dünsten.

5 Den Spinat und die Pilze zufügen und so lange braten, bis der Spinat zusammenfällt. Eventuell überschüssige Flüssigkeit abgießen.

6 Rosinen, Pinienkerne und Sojasauce einrühren und gut erhitzen.

7 Das fertige Gemüse mit Salz abschmecken, auf vorgewärmte Teller geben und servieren.

TIPP
Sie können die Rosinen vor der Verwendung in 2 EL trockenem Sherry einweichen. Dabei quellen sie etwas auf und geben beim Anbraten eine zusätzliche Geschmacksnote an die Speise ab.

Gemüse-Chop-Suey

10 Min. 6 Min.

4 PERSONEN

2 EL Erdnussöl
1 Zwiebel, gehackt
3 Knoblauchzehen, gehackt
1 grüne Paprika, entkernt und gewürfelt
1 rote Paprika, entkernt und gewürfelt
100 g Brokkoliröschen
1 Zucchini, in Scheiben
25 g Prinzessbohnen
1 Karotte, in kleinen Stiften
100 g Bohnensprossen
2 TL Zucker
2 EL helle Sojasauce
125 ml Gemüsebrühe
Salz und Pfeffer
Nudeln, zum Servieren

1 Das Öl in einem heißen Wok oder einer schweren Pfanne erhitzen, bis es raucht.

2 Zwiebel und Knoblauch zufügen und 30 Sekunden pfannenrühren.

3 Paprika, Brokkoli, Zucchini, Bohnen und Karotten in den Wok oder die Pfanne geben und weitere 2–3 Minuten pfannenrühren.

4 Bohnensprossen, Zucker, Sojasauce und Gemüsebrühe zugeben und unterheben. Anschließend das Gemüse mit Salz und Pfeffer abschmecken und weitere 2 Minuten kochen, bis es gut erhitzt und rundum von der Sauce überzogen ist.

5 Das fertige Chop-Suey auf vorgewärmte Teller verteilen und mit warmen Nudeln servieren.

Geschmortes Gemüse

10 Min. 10 Min.

4 PERSONEN

3 EL Sonnenblumenöl
1 Knoblauchzehe, zerdrückt
1 Chinakohl, grob gezupft
2 Zwiebeln, in Spalten
250 g Brokkoliröschen
2 große Karotten, in feinen Stiften
250 g Babymaiskolben, halbiert
60 g Zuckererbsen, halbiert
90 g chinesische Pilze oder Austernpilze, in Scheiben
1 EL geraspelte Ingwerwurzel
175 ml Gemüsebrühe
2 EL helle Sojasauce
1 EL Speisestärke
Salz und Pfeffer
½ TL Zucker

1 Das Öl in einem großen heißen Wok erhitzen. Knoblauch, Kohl, Zwiebeln, Brokkoli, Karotten, Mais, Zuckererbsen, Pilze und Ingwer zugeben und 2 Minuten pfannenrühren.

2 Die Brühe zugießen, das Gemüse abdecken und 2–3 Minuten schmoren.

3 Sojasauce und Speisestärke in einer kleinen Schale glatt rühren und mit Salz und Pfeffer würzen.

4 Das Gemüse mit einem Schaumlöffel aus dem Wok heben und warm halten. Die Stärkemischung zum Kochsud in den Wok geben und gut unterrühren. Aufkochen und unter Rühren leicht andicken lassen. Dann den Zucker einrühren.

5 Das Gemüse in den Wok zurückgeben und in der Sauce schwenken. Bei geringer Hitze leicht erwärmen, dann sofort servieren.

TIPP
Um das Gemüse als Hauptgericht für 4–6 Personen zu servieren, verdoppeln Sie einfach die Zutaten und reichen Sie Nudeln oder Reis mit grünen Kräutern (siehe Seite 306) dazu.

Warmes Gado Gado

10 Min. 15 Min.

4 PERSONEN

2 Eier
2 EL Öl
225 g Karotten, grob geraspelt
350 g Weißkohl, in feinen Streifen
1 rote Paprika, entkernt und in dünnen Streifen
150 g Bohnensprossen
1 EL Tomatenketchup
2 EL Sojasauce
75 g gesalzene Erdnüsse, gehackt

1 Einen kleinen Topf mit Wasser füllen, das Wasser aufkochen und die Eier 8 Minuten darin garen. Dann etwa 1 Minute unter kaltem Wasser abschrecken, schälen, vierteln und beiseitestellen.

2 Das Öl in einem heißen Wok oder einer großen Pfanne erhitzen.

3 Karotten, Weißkohl und Paprika zugeben und 3 Minuten pfannenrühren.

4 Die Bohnensprossen zufügen und weitere 2 Minuten pfannenrühren.

5 Ketchup und Sojasauce in einer kleinen Schüssel mischen und in den Wok oder die Pfanne geben.

6 Die Erdnüsse zufügen und 1 Minute pfannenrühren.

7 Das fertige Gericht auf vorgewärmte Teller verteilen, mit den Eiervierteln garnieren und sofort servieren.

TIPP
Eier sollten unmittelbar nach dem Kochen unter kaltem Wasser abgeschreckt werden, damit sie nicht nachgaren und das Eigelb grün wird.

Gemüse aus dem Wok

5 Min. 5 Min.

4 PERSONEN

60 g Zuckererbsen
1 kleine Karotte
125 g Chinakohl
60 g Champignons
60 g Bambussprossen aus der Dose, gewaschen und abgetropft
3–4 EL Öl
125 g Bohnensprossen
1 TL Salz
1 TL Zucker
1 EL helle Sojasauce
einige Tropfen Sesamöl (nach Belieben)

1 Die beiden Enden der Zuckererbsen abknipsen. Dann Karotte, Chinakohl, Pilze und Bambussprossen in eine zu den Zuckererbsen passenden Größe schneiden.

2 Das Öl in einem heißen Wok oder einer schweren Pfanne erhitzen und die Karotten einige Sekunden darin pfannenrühren.

3 Zuckererbsen und Chinakohl zugeben und 1 Minute pfannenrühren.

4 Bohnensprossen, Pilze und Bambussprossen zu den anderen Gemüsesorten in den Wok geben und 1 weitere Minute pfannenrühren.

5 Salz und Zucker zugeben, das Gemüse 1 weitere Minute pfannenrühren, dann vorsichtig die helle Sojasauce untermischen.

6 Das fertige Gemüse nach Belieben mit Sesamöl beträufeln und heiß oder kalt servieren.

TIPP
Sie können das Gemüse mit einem Dip servieren oder auf einem Bett aus Reis anrichten und mit einigen gerösteten Cashewkernen bestreuen – so erhalten Sie ein schnelles, nahrhaftes und ausgewogenes Essen.

Sesam-Gemüse-Pfanne

5 Min. 10 Min.

4 PERSONEN

2 EL Öl
3 Knoblauchzehen, zerdrückt
1 EL Sesamsaat, plus etwas mehr zum Garnieren
2 Selleriestangen, klein geschnitten
2 Babymaiskolben, halbiert
60 g kleine Champignons
1 Porreestange, in Ringen
1 Zucchini, in Scheiben
1 kleine rote Paprika, entkernt und in Streifen
1 frische grüne Chili, entkernt und in Streifen
60 g Chinakohl, klein geschnitten
gekochter Reis, zum Servieren

SAUCE
½ TL mildes Currypulver
2 EL helle Sojasauce
1 EL Reiswein oder trockener Sherry
1 TL Sesamöl
1 TL Speisestärke
4 EL Wasser

1 Das Öl in einem heißen Wok oder einer Pfanne unter vorsichtigem Schwenken stark erhitzen. Dann die Hitze reduzieren, Knoblauch und Sesamsaat zugeben und 30 Sekunden unter Rühren anbraten.

2 Sellerie, Babymais, Pilze, Porree, Zucchini, Paprika, Chili und Chinakohl zufügen und alles weitere 4–5 Minuten pfannenrühren.

3 Für die Sauce Currypulver, Sojasauce, Reiswein oder Sherry, Sesamöl, Speisestärke und Wasser in eine kleine Schüssel geben und gut vermengen. Die Saucenmischung in den Wok gießen und gründlich mit den anderen Zutaten verrühren.

4 Die Sauce zum Kochen bringen und unter ständigem Rühren so lange weiterkochen, bis sie andickt und klar wird.

5 Das Gemüse 1 weitere Minute in der Sauce erhitzen, dann in eine vorgewärmte Servierschüssel füllen und mit Sesamsaat bestreuen. Die fertige Sesam-Gemüse-Pfanne mit frisch gekochtem Reis servieren.

Kartoffel-Tomaten-Calzone

1 Std. 30 Min. 35 Min.

4 PERSONEN

TEIG

450 g Mehl, plus etwas mehr für die Arbeitsfläche
1 TL Trockenhefe
300 ml Gemüsebrühe
1 EL klarer Honig
1 TL Kümmel
Magermilch, zum Bestreichen

FÜLLUNG

1 EL Öl
225 g festkochende Kartoffeln, gewürfelt
1 Zwiebel, halbiert und in Ringen
2 Knoblauchzehen, zerdrückt
40 g getrocknete Tomaten, gehackt
2 EL frisch gehacktes Basilikum
2 EL Tomatenmark
2 Selleriestangen, in Scheiben
50 g Mozzarella, gerieben

1 Für den Teig das Mehl in eine große Schüssel sieben und die Hefe zugeben. In der Mitte eine Mulde formen. Brühe, Honig und Kümmel hineingeben und alles zu einem festen Teig verarbeiten.

2 Den Teig auf einer bemehlten Arbeitsfläche etwa 8 Minuten glatt kneten. In eine eingefettete Schüssel geben, abdecken und an einem warmen Ort 1 Stunde gehen lassen, bis er auf die doppelte Größe aufgegangen ist.

3 Inzwischen die Füllung zubereiten. Dazu das Öl in einer Pfanne erhitzen, alle Zutaten bis auf den Käse zugeben und 5 Minuten unter Rühren dünsten.

4 Den aufgegangenen Teig in 4 Portionen teilen. Auf einer bemehlten Arbeitsfläche zu 4 Scheiben von je 18 cm Durchmesser ausrollen. Die Füllung gleichmäßig auf je eine Hälfte der Scheiben verteilen und mit dem Käse bestreuen. Die Teigränder mit Milch bestreichen, die unbelegten Hälften über die Füllung klappen und an den Rändern festdrücken.

5 Die Teigtaschen auf ein Backblech setzen, mit Milch bestreichen und in einem auf 220 °C vorgeheizten Backofen etwa 30 Minuten goldbraun backen.

Indische Gemüsepfanne

10 Min. 1 Std.

4 PERSONEN

225 g Chana Dhal (gelbe Spalterbsen), gewaschen
3 EL Öl
1 TL Schwarzkümmelsamen
2 Zwiebeln, in Ringen
125 g Zucchini, in Scheiben
125 g Kartoffeln, in 1 cm großen Würfeln
125 g Karotten, in Scheiben
1 kleine Aubergine, in Scheiben
225 g Tomaten, gehackt
300 ml Wasser
3 Knoblauchzehen, gehackt
1 TL gemahlener Kreuzkümmel
1 TL gemahlener Koriander
1 TL Salz
2 frische grüne Chillies, in Ringen
½ TL Garam Masala
2 EL frisch gehackter Koriander

1 Die Chana Dhal in einen Topf geben und mit leicht gesalzenem Wasser bedecken. Aufkochen und 30 Minuten köcheln lassen. Dann abgießen und warm halten.

2 Das Öl in einem Wok erhitzen. Den Schwarzkümmel zufügen und rösten, bis die Samen beginnen aufzuplatzen.

3 Die Zwiebeln zugeben und bei mittlerer Hitze goldbraun anbraten. Zucchini, Kartoffeln, Karotten sowie Aubergine zugeben und etwa 2 Minuten unter ständigem Rühren dünsten.

4 Tomaten, Wasser, Knoblauch, Kreuzkümmel, Koriander, Salz, Chillies, Garam Masala und Linsen einrühren. Alles aufkochen und 15 Minuten köcheln lassen, bis das Gemüse gar ist.

5 Den Koriander unterrühren, das fertige Gericht in eine warme Servierschüssel umfüllen und sofort servieren.

Grüne Gemüsepfanne

5 Min. 10 Min.

4 PERSONEN

2 EL Pflanzenöl
1 EL Sesamöl
2 Knoblauchzehen, fein gehackt
8 Frühlingszwiebeln, in Ringen
2 Selleriestangen, in Scheiben
125 g Daikon (japanischer Rettich), in Stiften
125 g Zuckererbsen
175 g Chinakohl, in Streifen
175 g Pak Choi oder Blattspinat, in Streifen
3 EL helle Sojasauce
1 TL geriebene frische Ingwerwurzel
Pfeffer

1 Beide Öle in einem Wok oder einer großen Pfanne erhitzen und den Knoblauch darin etwa 1 Minute pfannenrühren.

2 Frühlingszwiebeln, Sellerie, Daikon und Zuckererbsen in den Wok oder die Pfanne geben und etwa 2 Minuten pfannenrühren.

3 Chinakohl und Pak Choi oder Spinat zufügen und erneut etwa 1 Minute pfannenrühren.

4 Die Sojasauce und den Ingwer zugeben, unterrühren und alles 1 weitere Minute garen.

5 Zuletzt das gesamte Gemüse mit Pfeffer abschmecken, in eine vorgewärmte Schüssel umfüllen und sofort servieren.

Gemüsepfanne mit Nudeln

20 Min. 30 Min.

4 PERSONEN

400 g Penne
1 EL Olivenöl
2 Karotten, in dünnen Scheiben
115 g Babymais
3 EL Erdnussöl
2,5-cm-Stück frische Ingwerwurzel, in dünnen Scheiben
1 große Zwiebel, in dünnen Ringen
1 Knoblauchzehe, in dünnen Scheiben
3 Selleriestangen, in dünnen Scheiben
1 kleine rote Paprika, entkernt und in Streifen
1 kleine grüne Paprika, entkernt und in Streifen
Salz
Zuckererbsen, zum Servieren

SAUCE
1 TL Speisestärke
2 EL Wasser
3 EL Sojasauce
3 EL trockener Sherry
1 TL klarer Honig
1 Spritzer Tabasco-Sauce (nach Belieben)

1 Die Nudeln in einem Topf mit kochendem Salzwasser und 1 Esslöffel Olivenöl al dente kochen. Abgießen, in den Topf zurückgeben, abdecken und warm halten.

2 Karotten und Babymais 2 Minuten in leicht gesalzenem Wasser blanchieren. Dann abgießen, zum Abschrecken in kaltes Wasser tauchen und abtropfen lassen.

3 Das Erdnussöl in einer großen Pfanne bei mittlerer Hitze erwärmen. Den Ingwer zugeben und 1 Minute pfannenrühren, um das Öl zu aromatisieren. Dann den Ingwer aus der Pfanne nehmen und wegwerfen.

4 Zwiebel, Knoblauch, Sellerie und Paprika in die Pfanne geben und bei mittlerer Hitze 2 Minuten pfannenrühren. Dann Karotten und Babymais zugeben und weitere 2 Minuten pfannenrühren. Zuletzt die Nudeln zugeben.

5 Speisestärke und Wasser in einer kleinen Schale glatt rühren. Sojasauce, Sherry und Honig untermengen.

6 Die Sauce in die Pfanne geben, gut unterrühren und 2 Minuten kochen; dabei ein- oder zweimal umrühren. Das fertige Gericht nach Belieben mit Tabasco-Sauce abschmecken und mit gedämpftem grünen Gemüse, z. B. Zuckererbsen, servieren.

Fougasse

1 Std. 45 Min. 25 Min.

2 BROTE

750 g Weizenmehl Type 550, plus etwas mehr zum Bestäuben
1 Tütchen Trockenhefe
2 TL Salz
1 TL Zucker
450 ml lauwarmes Wasser
Olivenöl, zum Einfetten

1 Mehl, Hefe, Salz und Zucker in einer Schüssel verrühren und eine Mulde in die Mitte drücken. Langsam einen Großteil des Wassers zugießen und alles zu einem Teig verrühren. Nach und nach das restliche Wasser zugießen. Ist der Teig zu dick, esslöffelweise weiteres Wasser einarbeiten.

2 Den Teig auf einer bemehlten Arbeitsfläche 10 Minuten gründlich durchkneten. Die Schüssel auswaschen und mit Olivenöl einfetten.

3 Den Teig zu einer Kugel formen, in die Schüssel geben und einmal im Öl wenden. Mit einem sauberen Küchentuch abdecken und gehen lassen, bis der Teig sein Volumen verdoppelt hat.

4 Den aufgegangenen Teig flach klopfen, erneut auf einer bemehlten Arbeitsfläche durchkneten, die Schüssel darüberstülpen und weitere 10 Minuten gehen lassen.

5 Den Backofen auf 230 °C vorheizen. Eine Auflaufform mit Wasser füllen und während des Vorheizens auf den Backofenboden stellen. Ein Backblech mit Mehl bestäuben.

6 Den Teig halbieren und jede Hälfte zu einem ovalen, etwa 30 cm langen und 1 cm dicken Stück ausrollen. Die Oberfläche beider Teigstücke grätenförmig leicht einschneiden. Dann die Schnitte mit der Messerspitze vertiefen, damit die Spalten sich öffnen.

7 Die Laibe mit etwas kaltem Wasser besprenkeln. 20 Minuten backen, dann wenden und weitere 5 Minuten backen. Die Laibe sind fertig, wenn sie bei leichtem Gegenklopfen hohl klingen. Auf einem Kuchenrost auskühlen lassen.

Olivenbrötchen

1 Std. 45 Min. 30 Min.

16 STÜCK

750 g Weizenmehl, plus etwas mehr zum Bestäuben
1½ TL Salz
1 Tütchen Trockenhefe
450 ml lauwarmes Wasser
2 EL natives Olivenöl extra, plus etwas mehr zum Einfetten
115 g schwarze oder grüne Oliven, abgetropft, entsteint und gehackt
4 EL frisch gehackte Kräuter, z. B. Oregano, Thymian und Petersilie, oder 1 EL gemischte getrocknete Kräuter

1 Mehl, Salz und Hefe in einer Schüssel verrühren und eine Mulde in die Mitte drücken. Das meiste Wasser und das gesamte Öl zugießen. Alles zu einem Teig verrühren. Dann das restliche Wasser zugießen, und eventuell mehr Mehl zufügen.

2 Oliven und Kräuter unter den Teig kneten. Den Teig auf einer bemehlten Arbeitsfläche 10 Minuten durchkneten. Die Schüssel auswaschen und innen mit etwas Öl einfetten.

3 Den Teig zu einer Kugel formen, in die Schüssel geben und einmal im Öl wenden. Mit einem Küchentuch abdecken und gehen lassen, bis er sein Volumen verdoppelt hat. Unterdessen ein Backblech mit Mehl bestäuben.

4 Den aufgegangenen Teig auf einer bemehlten Arbeitsfläche erneut vorsichtig durchkneten. Dann zu 20 cm dicken Strängen formen.

5 Den Teig in 16 gleich große Stücke schneiden. Jedes Stück zu einem Brötchen formen, auf das vorbereitete Blech legen, abdecken und 15 Minuten gehen lassen.

6 Die Brötchen leicht mit Olivenöl bestreichen und in einem auf 220 °C vorgeheizten Backofen 25–30 Minuten goldbraun backen. Anschließend auf einem Kuchenrost auskühlen lassen.

TIPP
Die Brötchen schmecken umso besser, je hochwertiger das Olivenöl und die Oliven sind. Falls Sie genug Zeit haben, marinieren Sie die Oliven selbst (siehe Seite 234).

Mediterranes Bauernbrot

25 Min. + Ruhezeit | 40 Min.

4 PERSONEN

400 g Mehl, plus etwas mehr zum Bestäuben
1 Tütchen Trockenhefe
1 TL Salz
1 EL Koriandersamen, grob zerstoßen
2 TL getrockneter Oregano
200 ml lauwarmes Wasser
3 EL Olivenöl, plus etwas mehr zum Einfetten
150 g getrocknete, in Öl eingelegte Tomaten, abgetropft, trocken getupft und gehackt
75 g Feta, abgetropft, trocken getupft und gewürfelt
100 g entsteinte schwarze Oliven, abgetropft, trocken getupft und in Scheiben

1 Mehl, Hefe, Salz, Koriandersamen und Oregano in einer Schüssel vermengen. Langsam einen Großteil des Wassers sowie das gesamte Olivenöl zugießen und alles zu einem Teig verrühren. Nach und nach das restliche Wasser zugießen; dabei eventuell etwas Mehl zugeben.

2 Den Teig auf einer bemehlten Arbeitsfläche 10 Minuten durchkneten. Dann Tomaten, Käse und Oliven einarbeiten. Die Schüssel auswaschen und leicht mit Öl einfetten.

3 Den Teig zu einer Kugel formen, in die Schüssel geben und im Öl wenden. Die Schüssel abdecken und den Teig an einem warmen Ort auf sein doppeltes Volumen aufgehen lassen.

4 Den Teig auf einer bemehlten Arbeitsfläche erneut durchkneten und zu einem flachen Laib formen. Auf ein mit Mehl bestäubtes Backblech legen, abdecken und abermals auf sein doppeltes Volumen aufgehen lassen.

5 Die Oberfläche des Laibs mit Mehl bestäuben und mit einem Messer leicht einschneiden. Dann in einem auf 230 °C vorgeheizten Backofen 20 Minuten backen. Die Hitze auf 200 °C reduzieren und das Brot weitere 20 Minuten backen, bis es bei leichtem Gegenklopfen hohl klingt.

Würziges Fladenbrot

1 Std. 30 Min. | 10 Min.

8 PERSONEN

½ TL Trockenhefe
300 ml lauwarmes Wasser
500 g Weizenmehl Type 550, plus etwas mehr zum Bestäuben
1 TL Salz
225 g Butter, zerlassen, plus etwas mehr zum Einfetten
½ TL Garam Masala
½ TL gemahlener Koriander
1 TL gemahlener Kreuzkümmel

1 Die Hefe mit einem Teil des Wassers vermengen, bis sie schäumt und vollständig aufgelöst ist.

2 Mehl und Salz in eine große Schüssel geben, eine Vertiefung in die Mitte drücken und die Hefemischung sowie 125 g der Butter hineingeben. Hefe und Butter mischen. Dann das Mehl unterrühren und leicht verkneten. Nach und nach weiteres Wasser zugeben, bis ein fester Teig entsteht.

3 Den Teig auf einer leicht bemehlten Arbeitsfläche 10 Minuten durchkneten. Dann zu einer Kugel formen, in eine eingeölte Schüssel geben und rundum im Öl wenden. Abdecken und an einem warmen Ort 30 Minuten gehen lassen, bis er sein Volumen verdoppelt hat.

4 Den Teig erneut durchkneten. Dann zu 8 Kugeln formen und diese zu Scheiben von 15 cm Durchmesser ausrollen und auf ein bemehltes Backblech legen. Mit Mehl bestäuben und erneut 20 Minuten gehen lassen.

5 Die Gewürze mit der restlichen Butter vermengen, jedes Brot mit der Gewürz-Butter-Mischung bestreichen und mit Alufolie abdecken. In einem auf 220 °C vorgeheizten Backofen auf mittlerer Schiene 5 Minuten backen. Dann die Folie entfernen, Brote erneut mit Butter bestreichen und weitere 5 Minuten backen.

6 Die fertigen Brote aus dem Backofen nehmen und bis zum Servieren in ein sauberes Küchentuch wickeln.

Käse-Schnittlauch-Brötchen

10 Min. 20 Min.

10 STÜCK

225 g Mehl
2 TL Backpulver
½ TL Cayennepfeffer
1 TL Senfpulver
½ TL Salz
100 g fettarmer Frischkäse mit Kräutern
2 EL frisch gehackter Schnittlauch, plus etwas mehr zum Garnieren
100 ml Magermilch, plus 2 EL mehr zum Einfetten
60 g fettarmer Gouda, gerieben
fettarmer Frischkäse, zum Servieren

1 Mehl, Backpulver, Cayennepfeffer, Senfpulver und Salz in eine Schüssel sieben.

2 Den Frischkäse zugeben und alles zu einem glatten Teig verkneten. Anschließend den Schnittlauch zugeben und unterkneten.

3 In die Mitte des Teigs eine Mulde drücken. Etwas Milch hineingießen und unterrühren. Dann unter ständigem Rühren nach und nach die restliche Milch zugießen, bis ein geschmeidiger Teig entsteht.

4 Den Teig auf einer bemehlten Arbeitsfläche durchkneten und zu einer Platte von 2 cm Dicke ausrollen. Mit einer runden Ausstechform (Ø 5 cm) mehrere Kreise aus dem Teig stechen und diese auf ein Backblech setzen.

5 Die Teigreste verkneten, erneut ausrollen und weitere Brötchen ausstechen. Die angegebene Teigmenge sollte für insgesamt 10 Brötchen ausreichen.

6 Die Brötchen mit der restlichen Milch bestreichen und mit dem geriebenen Käse bestreuen. Dann im auf 200 °C vorgeheizten Backofen 15–20 Minuten backen, bis sie aufgegangen und hellbraun geworden sind. Etwas abkühlen lassen und noch warm mit einem mit Schnittlauch garnierten Frischkäse servieren.

VARIATION
Für eine süße Variante Cayennepfeffer, Senfpulver, Schnittlauch und Gouda weglassen und den Kräuterfrischkäse durch einen neutralen Frischkäse ersetzen. Dafür 75 g Rosinen und 25 g Zucker zufügen und die Brötchen mit Marmelade und Quark servieren.

Olivenkuchen

5 Min. 1 Std.

1 KUCHEN (Ø 20 cm)

Butter, zum Einfetten
250 g schwarze oder grüne Oliven, entsteint
300 g Mehl
3 TL Backpulver
4 große Eier
1 EL Zucker
Salz und Pfeffer
125 ml Milch
125 ml Olivenöl

1 Eine Springform (Ø 20 cm) einfetten und den Boden mit Backpapier auslegen. Die Oliven in eine Schüssel geben. Mehl und Backpulver verrühren und 2 Esslöffel davon über die Oliven streuen.

2 Die Eier in einer Schüssel leicht verquirlen. Den Zucker unterrühren und alles mit Salz und Pfeffer würzen. Dann die Milch und das Olivenöl einrühren.

3 Das restliche Mehl sowie die Oliven in die Schüssel geben und alles zu einem Teig verrühren. Den Teig in die vorbereitete Springform füllen und glatt streichen.

4 Den so vorbereiteten Kuchen in einem auf 200 °C vorgeheizten Backofen etwa 45 Minuten backen. Anschließend die Hitze auf 160 °C reduzieren und den Kuchen weitere 15 Minuten backen, bis er goldbraun und aufgegangen ist und sich an den Rändern leicht von der Form löst.

5 Den fertigen Kuchen aus dem Backofen nehmen und 20 Minuten in der Form abkühlen lassen. Dann aus der Springform nehmen, das Backpapier entfernen und den Kuchen vollständig auskühlen lassen.

Süßkartoffelbrot

1 Std. 30 Min. 1 Std. 15 Min.

8 PERSONEN

225 g Süßkartoffeln, gewürfelt
150 ml lauwarmes Wasser
2 EL klarer Honig
2 EL Öl
3 EL Orangensaft
75 g Grieß
225 g Weizenmehl Type 550
1 Tütchen Trockenhefe
1 TL Zimt
abgeriebene Schale von 1 Orange
60 g Butter, gewürfelt, plus etwas mehr zum Einfetten

1 Eine Kastenform (675 ml) einfetten. Die Süßkartoffeln in einem Topf mit kochendem Wasser etwa 10 Minuten weich garen. Dann abgießen und glatt pürieren.

2 In der Zwischenzeit Wasser, Honig, Öl und Orangensaft in einer großen Schüssel vermengen.

3 Süßkartoffelpüree, Grieß, drei Viertel des Mehls, Hefe, Zimt und die abgeriebene Orangenschale zugeben und alles zu einem Teig verarbeiten. Diesen 10 Minuten ruhen lassen.

4 Die Butterwürfel mit dem restlichen Mehl unter den Teig heben und den Teig etwa 5 Minuten glatt kneten.

5 Den fertigen Teig in die vorbereitete Form geben, abdecken und an einem warmen Ort etwa 1 Stunde gehen lassen.

6 Den aufgegangenen Laib in einem auf 190 °C vorgeheizten Backofen 45–60 Minuten backen, bis sich der Boden bei leichtem Gegenklopfen hohl anhört.

7 Das fertige Brot in Scheiben schneiden und noch warm servieren.

Olivenölbrot mit Käse

1 Std. 30 Min.

4 PERSONEN

14 g Trockenhefe
1 TL Zucker
250 ml lauwarmes Wasser
350 g Weizenmehl Type 550
1 TL Salz
3 EL Olivenöl
etwas Butter, zum Einfetten
200 g Pecorino, gewürfelt
½ TL Fenchelsamen, leicht zerstoßen

1 Hefe und Zucker mit 100 ml Wasser verrühren und etwa 15 Minuten gehen lassen, bis die Mischung schäumt.

2 Mehl und Salz in einer Schüssel vermengen. 1 Esslöffel Öl, die angerührte Hefe und das restliche Wasser zugießen und alles zu einem glatten Teig verrühren. Diesen auf einer bemehlten Arbeitsfläche 4 Minuten durchkneten.

3 Den Teig in 2 gleich große Stücke teilen und jedes Stück zu einem 6 mm dicken Kreis ausrollen.

4 Einen Kreis auf ein eingefettetes Backblech legen. Den Pecorino und die Hälfte des Fenchels darüber verteilen. Den zweiten Teigkreis darüberlegen und die Ränder beider Kreise zusammendrücken.

5 Den oberen Teigkreis mit einem scharfen Messer ein paar Mal einritzen und mit dem verbliebenen Olivenöl bestreichen.

6 Den Teig mit den restlichen Fenchelsamen bestreuen und 20–30 Minuten an einem warmen Ort aufgehen lassen.

7 Den aufgegangenen Teig in einem vorgeheizten Backofen bei 200 °C 30 Minuten goldbraun backen. Dann sofort servieren.

TIPP
Pecorino ist ein relativ salziger Hartkäse, der im Fachhandel oder in gut sortierten Lebensmittelläden erhältlich ist. Er kann durch Parmesan oder alten Gouda ersetzt werden.

Kräuter-Focaccia

2 Std. 15 Min.

1 BROT

400 g Weizenmehl Type 550, plus etwas mehr für die Arbeitsfläche
1 Tütchen Trockenhefe
1½ TL Salz
½ TL Zucker
300 ml lauwarmes Wasser
3 EL natives Olivenöl extra, plus etwas mehr zum Einfetten
4 EL frisch gehackte Kräuter
Polenta- oder Maismehl, zum Bestäuben
grobes Meersalz, zum Bestreuen

1 Mehl, Hefe, Salz und Zucker in einer Schüssel verrühren und eine Vertiefung in die Mitte drücken. Einen Großteil des Wassers und 2 Esslöffel Olivenöl zugießen und alles zu einem festen Teig verrühren. Das restliche Wasser und eventuell etwas Mehl zugeben.

2 Den Teig auf einer bemehlten Arbeitsfläche durchkneten. Dann in eine Schüssel geben, die Kräuter zufügen und erneut 10 Minuten kneten. Aus der Schüssel nehmen, die Schüssel auswaschen und mit Olivenöl einfetten.

3 Den Teig zu einer Kugel formen, in die Schüssel zurückgeben und einmal im Öl wenden. Mit einem Küchentuch abdecken und an einem warmen Ort gehen lassen, bis er sein Volumen verdoppelt hat.

4 Ein Backblech mit etwas Polenta- oder Maismehl bestäuben.

5 Den aufgegangenen Teig erneut durchkneten. Die Schüssel über den Teig stülpen und den Teig weitere 10 Minuten gehen lassen.

6 Den Teig zu einer 1 cm dicken Scheibe von 25 cm Durchmesser ausrollen. Die Teigscheibe auf das vorbereitete Backblech legen, mit einem Küchentuch abdecken und erneut 15 Minuten gehen lassen.

7 Mit einem eingeölten Finger kleine Löcher in die Oberfläche des Teigs drücken. Dann den Teig mit 1 Esslöffel Olivenöl sowie etwas Meersalz besprenkeln und in einem auf 230 °C vorgeheizten Backofen etwa 15 Minuten goldbraun backen. Die fertige Kräuter-Focaccia vor dem Servieren auf einem Rost auskühlen lassen.

Tomatenbrot

1 Std. 45 Min. 35 Min.

4 PERSONEN

7 g Trockenhefe
1 TL Zucker
300 ml lauwarmes Wasser
500 g Weizenmehl Type 550
1 TL Salz
2 TL getrocknetes Basilikum
2 EL Pesto rosso
etwas Butter, zum Einfetten
12 getrocknete Tomaten, in Streifen

1 Hefe und Zucker in einen Messbecher geben, mit 100 ml Wasser auffüllen und etwa 15 Minuten gehen lassen, bis die Mischung schäumt.

2 Das Mehl mit dem Salz in einer Schüssel vermengen. Eine Mulde in die Mitte drücken. Basilikum, angerührte Hefe, Pesto rosso und die Hälfte des restlichen Wassers zugeben und alles verrühren. Nach und nach das restliche Wasser zugießen, bis der Teig fest ist.

3 Den Teig auf einer leicht bemehlten Arbeitsfläche etwa 5 Minuten glatt kneten. Dann zurück in die Schüssel geben, mit eingefetteter Frischhaltefolie abdecken und 30 Minuten gehen lassen, bis er sein Volumen verdoppelt hat.

4 Den aufgegangenen Teig aus der Schüssel nehmen, die getrockneten Tomaten zugeben und erneut 2–3 Minuten durchkneten.

5 Den Teig in eine eingefettete Kastenform (900 ml) geben und darin weitere 30–40 Minuten gehen lassen. Wenn er abermals auf die doppelte Menge angewachsen ist, in einem auf 190 °C vorgeheizten Backofen etwa 30–35 Minuten goldbraun backen.

Paprikabrot

1 Std. 45 Min. 1 Std. 5 Min.

4 PERSONEN

1 rote Paprika, halbiert und entkernt
1 gelbe Paprika, halbiert und entkernt
2 frische Rosmarinzweige
1 EL Olivenöl
7 g Trockenhefe
1 EL Zucker
300 ml lauwarmes Wasser
500 g Weizenmehl
1 TL Salz

1 Eine Springform (Ø 25 cm) leicht einfetten.

2 Die Paprika mit der Schnittseite nach unten zusammen mit dem Rosmarin auf ein Backblech geben, mit Öl beträufeln und in einem auf 200 °C vorgeheizten Backofen etwa 20 Minuten rösten. Dann abkühlen lassen, Paprika enthäuten und in Streifen schneiden.

3 Hefe und Zucker in einen Messbecher geben, mit 100 ml Wasser auffüllen und 15 Minuten gehen lassen, bis die Mischung schäumt.

4 Mehl und Salz in einer Schüssel vermengen. Die angerührte Hefe und das restliche Wasser zugießen und alles zu einem festen Teig verrühren.

5 Den Teig 5 Minuten glatt kneten. Dann mit eingefetteter Frischhaltefolie abdecken und 30 Minuten gehen lassen, bis er sein Volumen verdoppelt hat.

6 Den aufgegangenen Teig dritteln und jede Portion zu einem Kreis ausrollen, der etwa 4 cm breiter ist als die Springform.

7 Einen Teigkreis auf den Boden der Form legen, sodass die Ränder etwas hochragen, und mit der Hälfte der Paprikamischung belegen.

8 Den zweiten Teigkreis darüberlegen und mit der restlichen Mischung bedecken. Den letzten Teigkreis als Deckel verwenden, über die zweite Paprikaschicht legen und an den Rändern nach unten drücken.

9 Den Teig mit einem eingefetteten Stück Frischhaltefolie abdecken und erneut 30–40 Minuten gehen lassen. Dann in einem auf 190 °C vorgeheizten Backofen 45 Minuten goldbraun backen und warm servieren.

Knoblauchbrot

10 Min. 15 Min.

4 PERSONEN

150 g weiche Butter
3 Knoblauchzehen, zerdrückt
2 EL frisch gehackte Petersilie
Salz und Pfeffer
1 großes oder 2 kleine Baguettes

1 Butter, Knoblauch und Petersilie in einer Schüssel sorgfältig verrühren und mit Salz und Pfeffer abschmecken.

2 Das Baguette in fingerdicke Scheiben schneiden. Die Scheiben mit Knoblauchbutter bestreichen und auf einem Stück reißfester Alufolie wieder zu einem Laib zusammenfügen.

3 Das Brot sorgfältig einwickeln und 10–15 Minuten über heißer Holzkohle oder unter einem Backofengrill erwärmen, bis die Butter zerläuft und das Brot vollständig erhitzt ist.

4 Das fertige Knoblauchbrot als Beilage zu Salaten oder Grillgerichten servieren oder pur genießen.

Focaccia alla romana

1 Std. 45 Min.

16 STÜCK

7 g Trockenhefe
1 TL Zucker
300 ml lauwarmes Wasser
500 g Weizenmehl
2 TL Salz
3 EL frisch gehackter Rosmarin
2 EL Olivenöl
500 g gemischte rote und weiße Zwiebeln, in Ringen
4 Knoblauchzehen, in Scheiben
etwas Butter, zum Einfetten

1 Hefe und Zucker in einen Messbecher geben, mit 100 ml Wasser verrühren und etwa 15 Minuten gehen lassen.

2 Mehl und Salz in einer Schüssel vermengen. Die angerührte Hefe, die Hälfte des Rosmarins und das restliche Wasser zugießen und alles zu einem glatten Teig verrühren. Diesen auf einer bemehlten Arbeitsfläche 4 Minuten durchkneten. Den Teig in eine Schüssel geben, abdecken und 30 Minuten an einem warmen Ort gehen lassen, bis er sein Volumen verdoppelt hat.

3 Das Öl in einem Topf erhitzen. Zwiebeln und Knoblauch darin weich dünsten. Den Topf abdecken und den Inhalt 7–8 Minuten dünsten, bis die Zwiebeln goldbraun sind.

4 Den Teig aus der Schüssel nehmen und erneut 1–2 Minuten durchkneten. Dann zu einem Quadrat ausrollen, das nicht dicker als 6 mm sein sollte, da der Teig beim Backen noch aufgeht. Dann den Teig auf ein leicht eingefettetes Backblech legen und die Ränder etwas hochziehen.

5 Die Zwiebelmischung auf dem Teigquadrat verteilen und den restlichen Rosmarin darüberstreuen.

6 Die Focaccia in einem auf 200 °C vorgeheizten Backofen 25–30 Minuten backen, bis sie goldbraun geworden ist. Anschließend in 16 Quadrate schneiden und sofort servieren.

Knoblauch-Salbei-Brot

1 Std. 15 Min. 30 Min.

6 STÜCK

etwas Butter, zum Einfetten
225 g Vollkornmehl
1 Tütchen Trockenhefe
3 EL frisch gehackter Salbei
2 TL Meersalz
3 Knoblauchzehen, fein gehackt
1 TL Honig
150 ml lauwarmes Wasser

1 Ein Backblech einfetten. Das Mehl in eine große Schüssel sieben, dann die im Sieb zurückgebliebene Kleie einrühren.

2 Hefe, Salbei und die Hälfte des Salzes einrühren. 1 Teelöffel Knoblauch zum Bestreuen aufbewahren und den Rest in die Schüssel geben. Dann Honig sowie Wasser zugeben und alles zu einem Teig verarbeiten.

3 Den Teig auf einer leicht bemehlten Arbeitsfläche etwa 5 Minuten durchkneten.

4 Den Teig in eine eingefettete Schüssel geben, abdecken und an einem warmen Ort 90 Minuten gehen lassen, bis er sein Volumen verdoppelt hat.

5 Den Teig erneut einige Minuten durchkneten, dann zu einem langen Strang formen, diesen zu einem Ring biegen und auf ein Backblech legen. Den Ring abdecken und weitere 30 Minuten gehen lassen, bis er bei Berührung nachfedert. Mit dem restlichen Meersalz und dem zurückbehaltenen Knoblauch bestreuen.

6 Das vorbereitete Brot in einem auf 200 °C vorgeheizten Backofen 25–30 Minuten backen und vor dem Servieren auf einem Rost vollständig auskühlen lassen.

TIPP

Das Brot schmeckt auch mit anderen geschmacksintensiven Kräutern sehr gut. Bereiten Sie es beispielsweise einmal mit Rosmarin, Majoran, Oregano oder Thymian zu.

Aprikosen-schnitten

50 Min. 1 Std.

12 STÜCK

TEIG
225 g Vollkornmehl
60 g gemischte Nüsse, fein gemahlen
100 g Margarine, in kleinen Stücken, plus etwas mehr zum Einfetten
4 EL Wasser
Sojamilch, zum Glasieren

FÜLLUNG
225 g getrocknete Aprikosen
abgeriebene Schale von 1 Orange
300 ml Apfelsaft
1 TL Zimt
60 g Rosinen

1 Eine quadratische Kastenform (23 cm) leicht einfetten.

2 Für den Teig Mehl und Nüsse in eine Schüssel geben und die Margarine mit den Fingern einkneten, bis eine feinkrümelige Mischung entsteht. Das Wasser zugießen und alles zu einem Teig verarbeiten. Den Teig in Frischhaltefolie wickeln und 30 Minuten in den Kühlschrank stellen.

3 Für die Füllung Aprikosen, Orangenschale und Apfelsaft in einem Topf zum Kochen bringen. 30 Minuten köcheln lassen, bis die Aprikosen zerfallen sind. Langsam abkühlen lassen und in einem Mixer pürieren oder durch ein feines Sieb streichen. Anschließend Zimt und Rosinen einrühren.

4 Den Teig in 2 Hälften teilen, eine Hälfte ausrollen und den Boden der Form damit auslegen. Das Aprikosenpüree darauf verteilen und die Teigränder mit Wasser bestreichen. Dann den restlichen Teig ausrollen, über die Aprikosen geben und an den Rändern gut verschließen.

5 Den Teigdeckel mit einer Gabel einstechen, mit Sojamilch bestreichen und das so vorbereitete Gebäck in einem auf 200 °C vorgeheizten Backofen 20–25 Minuten goldbraun backen. Abkühlen lassen, in 12 Riegel schneiden und warm oder kalt servieren.

TIPP
Sie können die fertigen Schnitten 3–4 Tage in einem luftdicht verschließbaren Behälter aufbewahren.

Käse-Kartoffel-Zopf

2 Std. 30 Min. 55 Min.

8 PERSONEN

175 g mehligkochende Kartoffeln, gewürfelt
etwas Butter, zum Einfetten
2 Tütchen Trockenhefe
675 g Weizenmehl Type 550, plus etwas mehr zum Bestäuben
450 ml Gemüsebrühe
2 Knoblauchzehen, zerdrückt
2 EL frisch gehackter Rosmarin
125 g Gruyère, gerieben
1 EL Salz
1 EL Öl

1 Die Kartoffeln 10 Minuten in kochendem Wasser garen. Dann abgießen und pürieren.

2 Ein Backblech leicht einfetten und anschließend mit etwas Mehl bestäuben.

3 Die pürierten Kartoffeln in eine große Schüssel geben, Hefe, Mehl und Brühe einrühren und alles zu einem glatten Teig verarbeiten.

4 Knoblauch, Rosmarin, 85 g Käse und Salz zugeben und den Teig erneut 5 Minuten kneten. Dann eine Vertiefung in die Teigmitte drücken, das Öl hineingießen und Teig erneut durchkneten.

5 Den Teig abdecken und an einem warmen Ort etwa 90 Minuten gehen lassen, bis er sein Volumen verdoppelt hat.

6 Den Teig abermals kneten, in 3 gleich große Portionen teilen und jede davon zu einem etwa 35 cm langen Strang formen.

7 Die Enden der Stränge fest zusammendrücken und die Stränge vorsichtig zu einem Zopf flechten, ohne sie dabei zu zerreißen. Die verbleibenden Enden unterfalten und fest zusammendrücken.

8 Den fertigen Zopf auf das vorbereitete Backblech legen, abdecken und 30 Minuten gehen lassen.

9 Den aufgegangenen Zopf mit dem restlichen Käse bestreuen und in einem auf 190 °C vorgeheizten Backofen 40 Minuten backen. Das Gebäckstück ist fertig, wenn es hohl klingt, sobald man von unten leicht dagegenklopft.

Kräuterbrötchen

2 Std. 15 Min.

4 PERSONEN

225 g Weizenmehl
1½ TL Salz
1 TL Senfpulver
1 kräftige Prise Pfeffer
225 g Weizenvollkornmehl
2 EL frisch gehackte Kräuter
1 Frühlingszwiebel, fein gehackt
150 g mittelalter Gouda, gerieben
15 g frische Hefe oder 1½ TL Trockenhefe mit 1 TL Zucker oder 1 Tütchen fertige Hefemischung mit 1 EL Öl
300 ml warmes Wasser

1 Weizenmehl, Salz, Senfpulver und Pfeffer in eine Schüssel sieben. Vollkornmehl, Kräuter, Frühlingszwiebeln und den Großteil des Käses unterrühren.

2 Die frische Hefe mit dem warmen Wasser mischen. Oder bei Trockenhefe den Zucker im Wasser auflösen und die Hefe daraufstreuen. Die Mischung an einem warmen Ort etwa 10 Minuten gehen lassen. Den Hefeansatz zu den trockenen Zutaten geben und alles zu einem festen Teig verarbeiten.

3 Den Teig kneten, bis er weich und elastisch ist. Mit einem Tuch abdecken und an einem warmen Ort etwa 1 Stunde zum doppelten Volumen aufgehen lassen. Dann erneut durchkneten, in 10–12 Stücke teilen und daraus Kugeln, Laibe, Spiralen oder Schleifen formen. Auf eingefettete Backbleche legen und unter einem Tuch wieder zu doppelter Größe aufgehen lassen.

5 Mit dem restlichen Käse bestreuen und die Brötchen in einem auf 200 °C vorgeheizten Backofen 15–20 Minuten backen.

Tipp
Der Teig kann auch zu einem Zopf geflochten werden. Dazu den Teig in 3 gleich große Stücke teilen und zu langen Strängen rollen. Diese an einem Ende zusammendrücken, flechten und am andere Ende ebenfalls zusammendrücken. Die Backzeit verlängert sich auf 30–40 Minuten.

Bruschetta originale

10 Min. 10 Min.

4 PERSONEN

1 Ciabatta oder 1 kleines Baguette
1 dicke Knoblauchzehe
natives Olivenöl extra
frisch geriebener Parmesan (nach Belieben)

1 Das Brot erst der Länge, dann der Breite nach halbieren, um 4 Stücke zu erhalten. Auf einem heißen Grill von jeder Seite 2–3 Minuten goldbraun rösten.

2 Die Knoblauchzehe halbieren, aber nicht schälen. Die gerösteten Hälften der Brote kräftig mit dem Knoblauch einreiben.

3 Die fertige Bruschetta mit etwas Olivenöl beträufeln und warm als Beilage servieren.

4 Falls Sie Parmesan verwenden, die Brote damit bestreuen, erneut auf den Grill legen und 1–2 Minuten erwärmen, bis der Käse schmilzt. Dann sofort servieren.

TIPP
Da fertig geriebener Parmesan rasch sein Aroma verliert, empfiehlt es sich, eine kleine Menge frischen Parmesan am Stück zu kaufen und diesen bei Bedarf zu reiben. In Frischhalte- oder Alufolie eingewickelt, ist er mehrere Monate im Kühlschrank haltbar.

Linsenauflauf

25 Min. + Kühlzeit | 1 Std. 30 Min.

6 PERSONEN

175 g Puy- oder grüne Linsen
2 Lorbeerblätter
6 Schalotten, in Ringen
1,2 l Gemüsebrühe
Salz und Pfeffer
25 g Butter, plus etwas mehr zum Einfetten
225 g Langkornreis
225 g große Champignons, in Scheiben
8 Blätter Filo-Teig, Tiefkühlware aufgetaut
zerlassene Butter, zum Bestreichen
2 EL frisch gehackte Petersilie
2 TL frisch gehacktes Fenchelgrün
1 Ei, verquirlt
3 hart gekochte Eier, in Scheiben

1 Linsen, Lorbeerblätter, die Hälfte der Schalotten und die Hälfte der Brühe in einen großen Topf geben. Alles aufkochen und dann 25 Minuten köcheln lassen, bis die Linsen weich sind. Mit Salz und Pfeffer würzen und abkühlen lassen.

2 Die Butter in einem Topf zerlassen. Die restlichen Schalotten zugeben und 5 Minuten unter gelegentlichem Rühren weich dünsten. Den Reis zugeben und 1 Minute unter Rühren mitdünsten.

3 Die restliche Brühe und die Champignons zugeben. Salzen und pfeffern und alles aufkochen. Anschließend die Hitze reduzieren, abdecken und alles 15 Minuten köcheln lassen. Dann vom Herd nehmen und abkühlen lassen.

4 Eine Auflaufform einfetten und mit sich überlappenden, mit zerlassener Butter bestrichenen Filo-Teigblättern auskleiden.

5 Petersilie, Fenchelgrün und das rohe Ei unter die Reismischung rühren. Lagen aus Reis, Eierscheiben, Linsen und Pilzen in die Form schichten und diese jeweils salzen und pfeffern. Die Teigblätter umklappen und zu Falten gekräuselt über die Pastete legen. Die Teigoberfläche mit Butter bestreichen und den Auflauf 15 Minuten kalt stellen.

6 Dann in einem auf 190 °C vorgeheizten Backofen 45 Minuten backen. Vor dem Servieren 10 Minuten ruhen lassen.

Käse-Tomaten-Auflauf

15 Min. | 40 Min.

4 PERSONEN

2 EL Olivenöl
2 Zwiebeln, in Ringen
1 Knoblauchzehe, fein gehackt
350 g Zucchini, in Scheiben
1 TL frisch gehackter Thymian
1 EL frisch gezupfte Basilikumblätter
Salz und Pfeffer
4 Fleischtomaten, gehäutet und in Scheiben
½ Portion Käsesauce (siehe Seite 5), aus Cheddar oder Gouda
60 g Gouda, gerieben
1 EL Semmelbrösel
Salat, zum Servieren

1 Das Öl in einer Pfanne erhitzen. Die Zwiebeln darin 5 Minuten weich dünsten.

2 Knoblauch, Zucchini, Thymian und Basilikum zugeben. Alles mit Salz und Pfeffer würzen und weitere 5 Minuten dünsten.

3 Die Hälfte der Zwiebel-Zucchini-Mischung in eine große Auflaufform füllen. Die Tomatenscheiben darauf legen und mit dem verbliebenen Zucchinigemüse bedecken. Die Käsesauce darübergießen.

4 Käse und Semmelbrösel in einem Schälchen vermengen und über die Sauce streuen. Den fertigen Auflauf in einem auf 180 °C vorgeheizten Backofen 30 Minuten backen. Dann sofort heiß mit einem knackigen gemischten Salat servieren.

Pilztörtchen

15 Min. 20 Min.

4 PERSONEN

500 g Filo-Teig, Tiefkühlware aufgetaut
120 g Butter, zerlassen
1 EL Haselnussöl
4 EL Pinienkerne
350 g gemischte Pilze, z. B. Champignons, Steinpilze, Austern- oder Shiitake-Pilze, in großen Stücken
2 TL frisch gehackte Petersilie
Salz und Pfeffer
225 g weicher Ziegenkäse
frische Petersilienzweige, zum Garnieren
Salatblätter, Tomaten, Salatgurke und Frühlingszwiebeln, zum Servieren

1 Die Filo-Teigblätter in Quadrate von etwa 10 cm Länge schneiden und 4 Torteletttförmchen damit auslegen. Jede Teiglage mit zerlassener Butter bestreichen. Die Förmchen mit Alufolie ausschlagen, mit getrockneten Bohnen beschweren und die Filo-Teigstapel in einem 200 °C vorgeheizten Backofen 6–8 Minuten hellbraun backen.

2 Die Törtchen aus dem Backofen nehmen und vorsichtig Folien und Bohnen entfernen. Die Backofentemperatur auf 180 °C reduzieren.

3 Die restliche Butter und das Haselnussöl in eine Pfanne geben. Die Pinienkerne darin goldbraun anrösten. Aus der Pfanne nehmen und auf Küchenpapier abtropfen lassen.

4 Die Pilze in die Pfanne geben und bei schwacher Hitze 5 Minuten unter Rühren dünsten. Die Petersilie zugeben und die Pilze mit Salz und Pfeffer würzen.

5 Den Boden der Törtchen mit dem Käse bedecken, dann die Pilzmischung einfüllen und die Pinienkerne darüberstreuen.

6 Die Törtchen zum Aufwärmen erneut für 5 Minuten in den Backofen stellen. Dann mit Petersilienzweigen garnieren und mit grünem Salat, Tomaten, Gurke und Frühlingszwiebeln servieren.

Gemüseauflauf

25 Min. 1 Std.

4 PERSONEN

2 große Kartoffeln, in Scheiben
2 EL Öl
1 rote Zwiebel, in Ringen
1 Porreestange, in Ringen
2 Knoblauchzehen, zerdrückt
1 Karotte, in Stücken
100 g Brokkoliröschen
100 g Blumenkohlröschen
2 kleine weiße Rüben, geviertelt
1 EL Mehl
700 ml Gemüsebrühe
150 ml trockener Cidre
1 Apfel, entkernt und in Spalten
2 EL gehackter Salbei
1 Prise Cayennepfeffer
Salz und Pfeffer
50 g Cheddar oder Gouda, gerieben

1 Die Kartoffelscheiben 10 Minuten in sprudelndem Wasser blanchieren. Gut abtropfen lassen und beiseitestellen.

2 Das Öl in einem Topf erhitzen. Zwiebel, Porree und Knoblauch 2–3 Minuten unter gelegentlichem Rühren dünsten.

3 Das restliche Gemüse zugeben und 3–4 Minuten unter ständigem Rühren mitdünsten.

4 Das Mehl einrühren und 1 Minute anschwitzen. Dann Brühe und Cidre einrühren. Alles aufkochen.

5 Apfel, Salbei und Cayennepfeffer zugeben und alles mit Salz und Pfeffer abschmecken. Den Topf vom Herd nehmen und das Gemüse in eine Auflaufform umfüllen.

6 Die Kartoffelscheiben gleichmäßig auf der Gemüsemischung verteilen.

7 Den so vorbereiteten Auflauf mit Käse bestreuen und in einem auf 190 °C vorgeheizten Backofen 30–35 Minuten backen, bis die Kartoffeln goldbraun und an den Rändern knusprig geworden sind. Danach sofort servieren.

Mexikanischer Mais-Pie

25 Min. 20 Min.

4 PERSONEN

1 EL Maiskeimöl
2 Knoblauchzehen, zerdrückt
1 rote Paprika, entkernt und gewürfelt
1 grüne Paprika, entkernt und gewürfelt
1 Selleriestange, gewürfelt
1 TL Chilipulver
400 g gehackte Tomaten aus der Dose
325 g Mais aus der Dose, abgetropft
215 g Kidney-Bohnen aus der Dose, abgespült und abgetropft
Salz und Pfeffer
2 EL frisch gehackter Koriander
125 g mittelalter Gouda, gerieben
frische Korianderzweige, zum Garnieren
Tomaten-Avocado-Salat, zum Servieren

TEIG
125 g Speisestärke
1 EL Mehl
½ TL Salz
2 TL Backpulver
1 Ei, verquirlt
6 EL Milch
1 EL Maiskeimöl

1 Das Öl in einer großen Pfanne erhitzen. Knoblauch, Paprika und Sellerie zugeben und 5–6 Minuten bei schwacher Hitze dünsten.

2 Chilipulver, Tomaten, Mais und Bohnen unterrühren. Alles mit Salz und Pfeffer abschmecken, kurz aufkochen und 10 Minuten köcheln lassen. Den Koriander untermengen und die Masse in eine Auflaufform füllen.

3 Für den Teig Speisestärke, Mehl, Salz und Backpulver vermengen. Eine Mulde in die Mitte drücken. Ei, Milch und Öl hineingießen und alles zu einem weichen Teig verarbeiten.

4 Den Teig mit einem Löffel über die Maismischung verteilen und mit dem Käse bestreuen. Den Pie in einem auf 220 °C vorgeheizten Backofen 25–30 Minuten goldbraun und knusprig backen.

5 Den fertigen Pie mit Korianderzweigen garnieren und sofort mit Salat servieren.

Nudel-Bohnen-Eintopf

15 Min. + Einweichzeit 3 Std. 15 Min.

4 PERSONEN

250 g getrocknete weiße Bohnen, über Nacht eingeweicht und abgetropft
250 g Penne
6 EL Olivenöl
850 ml Gemüsebrühe
2 große Zwiebeln, in Streifen
2 Knoblauchzehen, zerdrückt
2 Lorbeerblätter
1 TL getrockneter Oregano
1 TL getrockneter Thymian
5 EL Rotwein
2 EL Tomatenmark
2 Selleriestangen, in Scheiben
1 Fenchelknolle, in Streifen
120 g Champignons, in Scheiben
250 g Tomaten, in Scheiben
Salz und Pfeffer
1 TL brauner Zucker
4 EL Semmelbrösel
Salat, zum Servieren
ofenfrisches Brot, zum Servieren

1 Die Bohnen in einem großen Topf mit kaltem Wasser bedecken. Aufkochen und 20 Minuten in sprudelndem Wasser kochen. Dann abgießen und warm stellen.

2 Einen großen Topf mit gesalzenem Wasser füllen, das Wasser zum Kochen bringen und die Penne darin mit 1 Esslöffel Öl etwa 3 Minuten kochen. Dann ebenfalls abgießen und warm stellen.

3 Die Bohnen in eine große Kasserolle geben. Die Brühe zugießen und das restliche Öl, Zwiebeln, Knoblauch, Lorbeerblätter, Oregano, Thymian, Wein und Tomatenmark einrühren. Alles aufkochen, abdecken und in einem auf 180 °C vorgeheizten Backofen 2 Stunden garen.

4 Nudeln, Sellerie, Fenchel, Champignons und Tomaten zugeben und alles mit Salz und Pfeffer abschmecken. Dann den Zucker einrühren, den Topfinhalt mit Semmelbröseln bestreuen, abdecken und alles 1 weitere Stunde im Backofen garen.

5 Den fertigen Nudel-Bohnen-Eintopf heiß mit frischem Salat und knusprigem Brot servieren.

Gemüse-Linsen-Kasserolle

15 Min. 2 Std.

4 PERSONEN

1 Zwiebel
1 TL Gewürznelken
225 g Puy- oder grüne Linsen
1 Lorbeerblatt
1,5 l Gemüsebrühe oder Wasser
2 Porreestangen, in Ringen
2 Kartoffeln, gewürfelt
2 Karotten, klein gewürfelt
3 Zucchini, in Scheiben
1 Selleriestange, klein gewürfelt
1 rote Paprika, entkernt und in kleinen Stücken
Salz und Pfeffer
1 EL Zitronensaft

1 Die Zwiebel mit den Nelken spicken. Die Linsen in einen große feuerfeste Kasserolle füllen, Lorbeerblatt und Zwiebel zugeben, dann Brühe oder Wasser zugießen. Die Kasserolle abdecken und die Linsen und in einem auf 180 °C vorgeheizten Backofen 1 Stunde garen.

2 Die Kasserolle aus dem Backofen nehmen. Die Zwiebel herausheben, die Nelken entfernen und die Zwiebel klein schneiden.

3 Zwiebel mit Porree, Kartoffeln, Karotten, Zucchini, Sellerie und Paprika in die Kasserolle füllen. Alles gut vermengen und mit Salz und Pfeffer würzen. Die Kasserolle abdecken und das Gemüse mit den Linsen 1 weitere Stunde backen.

4 Das Lorbeerblatt entfernen. Den Zitronensaft in die Kasserolle einrühren und sofort servieren.

TIPP
Anders als andere Hülsenfrüchte müssen Linsen vor dem Kochen nicht eingeweicht werden.

Winterliche Kasserolle

20 Min. 1 Std. 15 Min.

6 PERSONEN

60 g Butter
2 Porreestangen, in Ringen
2 Karotten, in Scheiben
2 Kartoffeln, in mundgerechten Stücken
1 Steckrübe, in mundgerechten Stücken
2 Zucchini, in Scheiben
1 Fenchelknolle, halbiert und in Scheiben
2 EL Mehl
425 g Butterbohnen aus der Dose, abgetropft und die Flüssigkeit aufgefangen
600 ml Gemüsebrühe
2 EL Tomatenmark
1 TL getrockneter Thymian
2 Lorbeerblätter
Salz und Pfeffer

PETERSILIENKLÖSSCHEN
120 g Mehl
1 TL Backpulver
Salz
60 g pflanzliches Backfett
2 EL frisch gehackte Petersilie
etwa 4 EL Wasser

1 Die Butter in einem großen Topf zerlassen. Porree, Karotten, Kartoffeln, Steckrübe, Zucchini und Fenchel zugeben und unter gelegentlichem Rühren 10 Minuten dünsten. Das Mehl zufügen und 1 Minute anschwitzen, dabei ständig rühren. Bohnensud, Brühe, Tomatenmark, Thymian und Lorbeerblätter zugeben. Alles mit Salz und Pfeffer würzen. Aufkochen und dann 10 Minuten köcheln lassen; dabei ab und zu umrühren.

2 Inzwischen für die Klößchen Mehl und Backpulver mit 1 Prise Salz in eine Schüssel sieben. Backfett und Petersilie

unterrühren und alles mit dem Wasser zu einem weichen Teig verarbeiten. Diesen anschließend in 8 Portionen aufteilen und zu Klößen formen.

3 Bohnen und Klößchen zu dem Gemüse in den Topf geben und abgedeckt 30 Minuten köcheln lassen. Vor dem Servieren die Lorbeerblätter entfernen.

Indisches Gemüse-Curry

25–30 Min. 55 Min.

4 PERSONEN

1 EL Öl
2 Knoblauchzehen, zerdrückt
1 Zwiebel, gehackt
3 Selleriestangen, in Scheiben
1 Apfel, entkernt und gewürfelt
1 EL mittelscharfes Currypulver
1 TL Ingwerpulver
400 g Kichererbsen aus der Dose, abgetropft
125 g junge grüne Bohnen, in Stücken
225 g Blumenkohlröschen
225 g Kartoffeln, gewürfelt
250 g Pilze, in Scheiben
600 ml Gemüsebrühe
1 EL Tomatenmark
30 g Rosinen
250 g Basmati-Reis
1 TL Garam Masala

MINZ-RAITA
150 g Naturjoghurt
1 EL frisch gehackte Minze, plus einige Blätter zum Garnieren

1 Das Öl in einem großen Topf erhitzen. Knoblauch, Zwiebel, Sellerie und Apfel zugeben und 3–4 Minuten unter gelegentlichem Rühren dünsten. Dann Curry- und Ingwerpulver zufügen und alles 1 weitere Minuten dünsten.

2 Kichererbsen, Bohnen, Blumenkohl, Kartoffeln, Pilze, Brühe, Tomatenmark und Rosinen zu der Zwiebelmischung in den Topf geben.

3 Die Flüssigkeiten im Topf aufkochen, die Hitze reduzieren und das Gemüse 35–40 Minuten köcheln lassen.

4 Unterdessen für das Raita Joghurt und Minze in einer Schale verrühren. Abdecken und bis zur weiteren Verwendung in den Kühlschrank stellen.

5 Den Reis etwa 12 Minuten in leicht gesalzenem Wasser garen. Abgießen, mit kochendem Wasser abspülen und abtropfen lassen.

6 Kurz vor dem Servieren das Garam Masala unter das Gemüse rühren. Das Curry auf vorgewärmte Teller verteilen und sofort mit Reis und Raita sowie mit Minzeblättern garniert servieren.

Tofu-Gemüse aus der Mikrowelle

1 Std. 15 Min. 15 Min.

4 PERSONEN

2 EL Sojasauce
1 EL trockener Sherry
1 TL Sesamöl
250 g geräucherter Tofu, gewürfelt
4 getrocknete Shiitake-Pilze
250 g Instant-Mie-Nudeln
1 Karotte, in feinen Stiften
1 Selleriestange, in feinen Scheiben
125 g Babymaiskolben, der Länge nach halbiert
2 EL Öl
1 Zucchini, in Scheiben
4 Frühlingszwiebeln, in Ringen
125 g Zuckererbsen, halbiert
2 EL schwarze Bohnenpaste
1 EL Speisestärke
Salz und Pfeffer
1 EL Sesamsaat, geröstet, zum Garnieren

1 Sojasauce, Sherry und Sesamöl verrühren. Den Tofu 30 Minuten in dieser Mischung marinieren.

2 Die Pilze in eine kleine Schale füllen, mit kochendem Wasser übergießen und 20 Minuten einweichen.

3 Die Instant-Nudeln in eine große Schüssel geben und vollständig mit kochendem Wasser bedecken. ½ Teelöffel Salz zugeben, abdecken und auf hoher Stufe 4 Minuten in der Mikrowelle garen. Dann abgießen und warm halten.

4 Karotte, Sellerie, Mais und Öl abgedeckt in einer großen Schüssel auf hoher Stufe 1 Minute garen.

5 Die Pilze abgießen. 1 Esslöffel der Einweichflüssigkeit auffangen. Die Pilze ausdrücken, den harten Stielansatz entfernen und die Pilze in feine Streifen schneiden.

6 Pilze, Zucchini, Frühlingszwiebeln und Zuckererbsen mit dem bereits vorgegarten Gemüse vermengen. Abdecken und 4 Minuten auf hoher Stufe garen, dabei jede Minute wenden. Dann die Bohnenpaste unterrühren, bis das gesamte Gemüse gut damit überzogen ist.

7 Die Speisestärke in der aufgefangenen Pilzflüssigkeit auflösen und mit Tofu und Marinade unter das Gemüse mischen.

8 Tofu und Gemüse abgedeckt auf hoher Stufe weitere 2–3 Minuten garen, bis die Sauce eingedickt ist.

9 Das Gericht mit Salz und Pfeffer abschmecken. Das Gemüse mit Sesamsaat bestreuen und mit den Nudeln servieren.

Kenianisches Dengu

15 Min. 1 Std. 40 Min. + Einweichzeit

4 PERSONEN

225 g Mung-Bohnen, über Nacht in Wasser eingeweicht
2 EL Sonnenblumenöl
1 Zwiebel, gehackt
2 Knoblauchzehen, fein gehackt
2 EL Tomatenmark
1 rote Paprika, entkernt und gewürfelt
1 grüne Paprika, entkernt und gewürfelt
1 frische rote Chili, entkernt und fein gehackt
300 ml Gemüsebrühe oder Wasser

1 Die Bohnen abgießen, in einen Topf geben und mit Wasser bedecken. 15 Minuten kochen, dann etwa 1 Stunde köcheln lassen. Abgießen und im Topf zu einer weichen Masse zerdrücken.

2 Das Sonnenblumenöl in einem separaten Topf erhitzen. Die Zwiebel darin 10 Minuten goldbraun andünsten; dabei gelegentlich umrühren. Den Knoblauch zugeben und 2 Minuten mitdünsten, dann das Tomatenmark einrühren und die Mischung unter ständigem Rühren weitere 3 Minuten dünsten. Anschließend die zerdrückten Bohnen unterrühren.

3 Paprika, Chili und Gemüsebrühe oder Wasser zu der Bohnenmischung geben, unterrühren und alles 10 Minuten köcheln lassen. Das fertige Dengu in eine vorgewärmte Schüssel füllen und sofort servieren.

VARIATION
Sie können nach Belieben in Schritt 3, kurz vor Ende der Garzeit, noch 225 g gehackten Spinat untermischen.

Kichererbsen-Hotpot

15 Min. 2 Std. 30 Min. + Einweichzeit

4 PERSONEN

225 g getrocknete Kichererbsen, über Nacht in Wasser eingeweicht
3 EL Olivenöl
1 große Zwiebel, in Ringen
2 Knoblauchzehen, fein gehackt
2 Porreestangen, in Scheiben
175 g Karotten, in Scheiben
4 weiße Rüben, in Scheiben
4 Selleriestangen, in Scheiben
120 g Bulgur
400 g gehackte Tomaten aus der Dose
2 EL frische Schnittlauchröllchen, plus etwas mehr zum Garnieren
Salz und Pfeffer

1 Die Kichererbsen abtropfen lassen und in einen Topf geben, mit Wasser bedecken und aufkochen. 15 Minuten kochen, dann 90 Minuten köcheln lassen.

2 Inzwischen das Öl in einer großen Pfanne erhitzen. Die Zwiebel zugeben und 5 Minuten weich dünsten. Knoblauch, Porree, Karotten, Rüben und Sellerie zugeben und alles weitere 5 Minuten unter gelegentlichem Rühren dünsten.

3 Bulgur, Tomaten und Schnittlauch unterrühren, mit Salz und Pfeffer würzen und aufkochen. Die Mischung in eine kleine runde Auflaufform füllen und mit einem Deckel oder Alufolie abdecken.

4 Wenn die Kichererbsen 90 Minuten geköchelt haben, einen Dämpfeinsatz darübersetzen. Die Auflaufform in den Einsatz stellen, fest zudecken und 40 Minuten über den kochenden Erbsen garen. Die Form herausnehmen, die Kichererbsen abgießen und unter die Bulgur-Gemüse-Mischung rühren. Den Eintopf in eine vorgewärmte Schüssel füllen, mit Schnittlauch garnieren und sofort servieren

TIPP
Achten Sie darauf, die Kichererbsen in reichlich Wasser zu garen. Falls nötig, gießen Sie kochendes Wasser nach.

Chinesischer Gemüsetopf

5 Min. 30 Min.

4 PERSONEN

4 EL Öl
2 Karotten, in Scheiben
1 Zucchini, in Scheiben
4 Babymaiskolben, der Länge nach halbiert
125 g Blumenkohlröschen
1 Porreestange, in Ringen
125 g Wasserkastanien, halbiert
225 g Tofu, gewürfelt
300 ml Gemüsebrühe
1 TL Salz
2 TL brauner Zucker
2 TL dunkle Sojasauce
2 EL Reiswein oder trockener Sherry
1 EL Speisestärke
2 EL Wasser
1 EL frisch gehackter Koriander, zum Garnieren

1 Das Öl in einem heißen Wok sehr stark erhitzen. Die Hitze etwas reduzieren und Karotten, Zucchini, Babymais, Blumenkohl sowie Porree zugeben und alles 2–3 Minuten anbraten.

2 Wasserkastanien, Tofu, Brühe, Salz, Zucker, Sojasauce und Reiswein oder Sherry einrühren. Alles zum Kochen bringen, dann die Hitze reduzieren, den Wok abdecken und das Gemüse 20 Minuten köcheln lassen.

3 Speisestärke und Wasser in einer kleinen Schüssel zu einer glatten Paste verrühren.

4 Die Speisestärkepaste in den Wok geben. Die Sauce zum Kochen bringen und unter ständigem Rühren einkochen.

5 Das fertige Gericht in eine vorgewärmte Servierschüssel füllen, mit Koriander bestreuen und sofort servieren.

TIPP

Falls nach Schritt 2 zu viel Flüssigkeit im Wok übrig ist, kochen Sie sie 1 Minute stark auf, um sie etwas zu reduzieren, bevor Sie das Stärkemehl zufügen.

Orientalischer Kartoffeltopf

15 Min. 35 Min.

4 PERSONEN

100 ml Olivenöl
2 rote Zwiebeln, geachtelt
3 Knoblauchzehen, zerdrückt
2 TL gemahlener Kreuzkümmel
2 TL gemahlener Koriander
1 Prise Cayennepfeffer
1 Karotte, in dicken Scheiben
2 kleine weiße Rüben, geviertelt
1 Zucchini, in Scheiben
500 g Kartoffeln, in dicken Scheiben
Saft und Schale von 2 großen Zitronen
300 ml Gemüsebrühe
Salz und Pfeffer
2 EL frisch gehackter Koriander

1 Das Öl in einem feuerfesten Topf erhitzen und die Zwiebeln darin 3 Minuten bei mittlerer Hitze unter häufigem Rühren glasig dünsten.

2 Den Knoblauch zugeben, 30 Sekunden anbraten, dann die Gewürze zufügen und 1 Minute unter Rühren dünsten.

3 Karotte, Rüben, Zucchini und Kartoffeln zugeben und rundum mit dem gewürzten Öl überziehen.

4 Zitronensaft und Zitronenschale sowie die Brühe zugeben. Alles mit Salz und Pfeffer abschmecken, dann abdecken und bei mittlerer Hitze unter gelegentlichem Rühren etwa 20–30 Minuten gar kochen.

5 Den Koriander einstreuen, gut unterrühren und den fertigen Kartoffeltopf sofort servieren.

TIPP

Achten Sie darauf, dass das Gemüse während des Kochvorgangs nicht anbrennt. Geben Sie nötigenfalls etwas zusätzliches Wasser oder Brühe in den Topf.

Italienischer Gemüseeintopf

30 Min. 35–40 Min.

4 PERSONEN

1 rote Zwiebel, in Ringen
2 Porreestangen, in Scheiben
4 Knoblauchzehen, fein gehackt
1 kleiner Eichelkürbis, gewürfelt
1 Aubergine, in Scheiben
1 Selleriestange, in Scheiben
2 weiße Rüben, in Scheiben
2 Eiertomaten, gehackt
1 Karotte, in Scheiben
1 Zucchini, in Scheiben
2 rote Paprika, entkernt und in Streifen
1 Fenchelknolle, in Scheiben
175 g Mangold oder Spinat, gehackt
2 Lorbeerblätter
½ TL Fenchelsamen
½ TL Chilipulver
1 Prise getrockneter Thymian
1 Prise getrockneter Oregano
1 Prise Zucker
125 ml natives Olivenöl extra
225 ml Gemüsebrühe
25 g frische Basilikumblätter, gezupft
4 EL frisch gehackte glatte Petersilie
Salz und Pfeffer
2 EL frisch geriebener Parmesan, zum Servieren (nach Belieben)

1 Zwiebel, Porree, Knoblauch, Kürbis, Aubergine, Sellerie, Rüben, Tomaten, Karotte, Zucchini, Paprika, Fenchel, Mangold oder Spinat, Lorbeerblätter, Fenchelsamen, Chilipulver, Thymian, Oregano, Zucker, Olivenöl, Gemüsebrühe und die Hälfte der Basilikumblätter in einen großen Topf füllen. Gut mischen und aufkochen.

2 Die Hitze reduzieren, das Gemüse abdecken und etwa 30 Minuten köcheln.

3 Das restliche Basilikum und die Petersilie einstreuen und alles mit Salz und Pfeffer abschmecken. Sofort servieren und nach Belieben mit Parmesan bestreuen.

Tofu-Gemüse-Schmortopf

30 Min. 30 Min.

4 PERSONEN

6 getrocknete chinesische Pilze
275 g Tofu, gewürfelt
3 EL Öl
1 Karotte, in dünnen Streifen
125 g Zuckererbsen
125 g Babymaiskolben, der Länge nach halbiert
225 g Bambussprossen aus der Dose, abgetropft und in Scheiben
1 rote Paprika, entkernt und gewürfelt
125 g Chinakohl, in Streifen
1 EL Sojasauce
1 TL Zucker
1 EL schwarze Bohnenpaste
Salz
1 TL Speisestärke
Öl, zum Frittieren
250 g chinesische Reisnudeln

1 Die Pilze 20–25 Minuten in Wasser einweichen. Dann abtropfen lassen und das überschüssige Wasser auspressen. Die Einweichflüssigkeit beiseitestellen und die Pilze in Scheiben schneiden; dabei die zähen Mittelteile entfernen.

2 Den Tofu 2–3 Minuten in leicht gesalzenem Wasser kochen, dann abgießen.

3 Die Hälfte des Öls in einem Topf erhitzen. Den Tofu darin anbraten, bis er leicht gebräunt ist, dann herausnehmen und auf Küchenpapier abtropfen lassen.

4 Das restliche Öl in den Topf geben und Pilze, Karotte, Zuckererbsen, Mais, Bambussprossen und Paprika 2–3 Minuten darin anbraten. Chinakohl und Tofu zugeben und alles weitere 2 Minuten braten.

5 Sojasauce, Zucker und Bohnenpaste einrühren und salzen. 6 Esslöffel der zurückbehaltenen Einweichflüssigkeit mit der Speisestärke vermengen und ebenfalls in den Topf geben. Alles aufkochen, dann die Hitze reduzieren und das Gemüse 2–3 Minuten schmoren, bis die Sauce andickt.

6 Das Frittieröl in einem großen Topf erhitzen. Die Nudeln darin portionsweise frittieren, bis sie leicht aufgequollen und goldbraun sind. Dann abgießen und mit dem Gemüse servieren.

Tofu-Kasserolle

5 Min. 15 Min.

4 PERSONEN

2 EL Erdnussöl
8 Frühlingszwiebeln, in kurzen Stücken
2 Selleriestangen, in Scheiben
125 g Brokkoliröschen
125 g Zucchini, in Scheiben
2 Knoblauchzehen, fein gehackt
450 g junger Spinat
450 g Tofu, gewürfelt
Reis, zum Servieren

SAUCE
425 ml Gemüsebrühe
2 EL helle Sojasauce
3 EL Hoisin-Sauce
½ TL Chilipulver
1 EL Sesamöl

1 Das Erdnussöl in einem Wok oder in einer Pfanne erhitzen. Frühlingszwiebeln, Stangensellerie, Brokkoli, Zucchini, Knoblauch, Spinat sowie Tofu zugeben und 3–4 Minuten pfannenrühren.

2 Für die Sauce Brühe, Sojasauce, Hoisin-Sauce, Chilipulver und Sesamöl in einem Topf vermengen und aufkochen.

3 Das angebratene Gemüse und den Tofu in den Topf geben, die Hitze reduzieren, das Gemüse abdecken und 10 Minuten köcheln lassen.

4 Das fertige Gericht auf vorgewärmte Teller verteilen und mit Reis servieren.

VARIATION
Grünes Gemüse ist hier zwar tonangebend, Sie können Farbe und Geschmack jedoch Ihren Wünschen entsprechend anpassen.

Currytaschen

20 Min. + Kühlzeit 1 Std.

4 PERSONEN

225 g Vollkornmehl
100 g Margarine, in Flöckchen
4 EL Wasser
2 EL Öl
225 g Wurzelgemüse, z. B. Karotten, Kartoffeln und Pastinaken, gewürfelt
1 Zwiebel, gehackt
2 Knoblauchzehen, fein gehackt
½ TL Currypulver
½ TL Kurkuma
½ TL gemahlener Kreuzkümmel
½ TL grobkörniger Senf
5 EL Gemüsebrühe
Sojamilch, zum Glasieren

1 Das Mehl in eine Schüssel geben. Die Margarine mit den Fingerspitzen einkneten, bis eine feinkrümelige Mischung entsteht. Dann das Wasser einrühren und alles zu einem weichen Teig verarbeiten. Den Teig in Frischhaltefolie einwickeln und 30 Minuten in den Kühlschrank stellen.

2 Für die Füllung das Öl in einem Topf erhitzen. Wurzelgemüse, Zwiebel und Knoblauch zugeben und 2 Minuten anbraten. Dann die Gewürze zugeben, und alles unter ständigem Rühren 1 Minute weiterbraten.

3 Die Brühe zugießen, aufkochen und das Gemüse abgedeckt etwa 20 Minuten unter gelegentlichem Rühren leicht köcheln lassen, bis es weich ist und die Flüssigkeit aufgenommen hat. Dann vom Herd nehmen und abkühlen lassen.

4 Den Teig in 4 Portionen teilen und zu Kreisen von je 15 cm Durchmesser ausrollen. Die Gemüsefüllung in die Mitte der einzelnen Kreise geben.

5 Die Teigränder mit Sojamilch bestreichen, die Teigkreise zusammenfalten, die Ränder fest zusammendrücken und die fertigen Teigtaschen in einem auf 200 °C vorgeheizten Backofen 25–30 Minuten goldbraun backen.

Indische Gemüseschiffchen

25 Min. 1 Std.

6 PERSONEN

225 g grüne Linsen
850 ml Wasser
2 Knoblauchzehen, zerdrückt
3 Auberginen
150 ml Öl, plus etwas mehr zum Einfetten
2 Zwiebeln, gehackt
4 Tomaten, gehackt
2 TL Kreuzkümmelsamen
1 TL Zimt
2 EL milde Currypaste
1 TL zerstoßene Chillies
2 EL frisch gehackte Minze
Salz und Pfeffer
Naturjoghurt und Minzezweige, zum Servieren

1 Die Linsen unter kaltem Wasser abspülen. Abtropfen lassen, mit Wasser und Knoblauch in einen Topf geben. Abdecken, aufkochen und 30 Minuten köcheln lassen.

2 Die Auberginen 5 Minuten in kochendem Wasser blanchieren. Dann abgießen und 5 Minuten in kaltem Wasser abkühlen. Erneut abgießen, dann die Auberginen längs halbieren und das Fruchtfleisch herauslösen; dabei einen 1 cm dicken Rand stehen lassen.

3 Die Auberginen in eine flache, leicht eingefettete Auflaufform geben. Mit etwas Öl bestreichen, salzen, pfeffern und in einem auf 190 °C vorgeheizten Backofen 10 Minuten backen.

4 In der Zwischenzeit die Hälfte des verbliebenen Öls in eine Pfanne geben, Zwiebeln und Tomaten zugeben und 5 Minuten sanft dünsten. Das Auberginenfleisch hacken, mit den Gewürzen zum restlichen Gemüse in die Pfanne geben und alles weitere 5 Minuten dünsten. Dann salzen.

5 Die Linsen, den Großteil des verbliebenen Öls und die Minze einrühren. Die vorgebackenen Auberginen mit dieser Mischung füllen, mit dem restlichen Öl beträufeln und weitere 15 Minuten backen. Die fertigen Gemüseschiffchen heiß oder kalt mit einem Klacks Naturjoghurt und Minzezweigen servieren.

TIPP
Verwenden Sie unbedingt bauchige Auberginen, keine schmalen und länglichen, da erstere leichter gefüllt werden können und beim Backen besser in Form bleiben.

Kichererbsen-pastete

20 Min. + Kühlzeit   30 Min.

4 PERSONEN

500 g Kichererbsen aus der Dose, abgetropft
150 g Walnüsse, gehackt
1 EL Hefeextrakt
150 g Semmelbrösel
1 Zwiebel, klein gehackt
100 g Pilze, in Scheiben
50 g Mais aus der Dose, abgetropft
2 Knoblauchzehen, zerdrückt
2 EL trockener Sherry
2 EL Gemüsebrühe
1 EL gehackter Koriander
Salz und Pfeffer
200 g Blätterteig
1 Ei, verquirlt
2 EL Milch

SAUCE
1 EL Öl
1 Porreestange, in dünnen Ringen

4 EL trockener Sherry
150 ml Gemüsebrühe

1 Kichererbsen, Nüsse, Hefe-Extrakt und Semmelbrösel 30 Sekunden in einem Mixer pürieren. Zwiebel und Pilze 3–4 Minuten ohne Fett in einer Pfanne dünsten. Kichererbsenmischung, Mais und Knoblauch zufügen. Dann Sherry, Brühe und Koriander unterrühren, mit Salz und Pfeffer würzen und die Mischung abkühlen lassen.

2 Den Blätterteig zu einem Rechteck von 30 cm x 35 cm ausrollen. Die Kichererbsenmasse wie einen Brotlaib formen und in den Teig wickeln; diesen an den Rändern fest zusammendrücken. Mit dem Teigsaum nach unten auf ein feuchtes Backblech legen. Auf der Oberfläche ein Rautenmuster einritzen.

3 Ei und Milch mischen, den Teig damit bestreichen und die Pastete in einem auf 200 °C vorgeheizten Backofen 25–30 Minuten backen.

4 Für die Sauce das Öl in einem Topf erhitzen. Den Porree 5 Minuten darin dünsten. Sherry und Brühe zugießen, aufkochen, dann 5 Minuten köcheln lassen und mit der Pastete servieren.

Gemüse-Schicht-Gratin

25 Min.   1 Std. 30 Min.

6 PERSONEN

225 g Karotten, in Streifen
225 g kleine Pastinaken, in Streifen
1 Fenchelknolle, in dünnen Scheiben
Salz und Pfeffer
500 g Kartoffeln
90 g fettarmer Frischkäse
25 g Mehl
300 ml Magermilch
½ TL geriebene Muskatnuss
1 Ei, verquirlt
25 g Parmesan, frisch gerieben
frisches knuspriges Brot, zum Servieren
Tomatensalat, zum Servieren

1 Karotten und Pastinaken 5 Minuten in kochendem Wasser blanchieren, dann abgießen und in eine Auflaufform füllen.

2 Den Fenchel 2–3 Minuten in kochendem Wasser blanchieren. Dann abgießen, ebenfalls in die Form geben und das Gemüse mit Salz und Pfeffer würzen.

3 Die Kartoffeln schälen, in 2 cm große Würfel schneiden, 6 Minuten in kochendem Wasser garen und gut abgießen.

4 Die Hälfte des Frischkäses in einem Topf schmelzen, das Mehl einrühren, vom Herd nehmen und die Milch zufügen. Wieder auf den Herd stellen. Die Sauce unter Rühren aufkochen, bis sie andickt, mit Salz, Pfeffer und Muskat würzen und 10 Minuten abkühlen lassen.

5 Das Ei unter die Sauce ziehen und die Sauce über das Gemüse gießen. Die Kartoffeln darüberschichten und alles mit dem Parmesan bestreuen.

6 Den restlichen Frischkäse über die Kartoffeln löffeln und das Gratin in einem auf 180 °C vorgeheizten Backofen 1 Stunde backen, bis das Gemüse gar ist.

7 Das fertige Gratin als leichte Mahlzeit mit Brot und Tomatensalat oder allein als Vorspeise reichen.

Pilz-Spinat-Taschen

20 Min. 30 Min.

4 PERSONEN

25 g Butter
1 rote Zwiebel, halbiert und in Ringen
2 Knoblauchzehen, zerdrückt
225 g Pilze, in Scheiben
175 g junger Spinat
1 Prise geriebene Muskatnuss
4 EL Sahne
Salz und Pfeffer
225 g Blätterteig
1 Ei, verquirlt
2 TL Mohnsamen

1 Die Butter in einer Pfanne zerlassen. Zwiebel und Knoblauch zugeben und bei geringer Hitze 3–4 Minuten unter Rühren dünsten, bis die Zwiebel weich ist.

2 Pilze, Spinat und Muskat zugeben und alles bei mittlerer Hitze weitere 2–3 Minuten unter gelegentlichem Rühren dünsten.

3 Die Sahne zugießen und gut unterrühren. Das Gemüse mit Salz und Pfeffer würzen und vom Herd nehmen.

4 Den Blätterteig auf einer leicht bemehlten Arbeitsfläche ausrollen und 5 Kreise von je 15 cm Durchmesser daraus ausschneiden.

5 Ein Viertel der Füllung auf je eine Hälfte jeder Teigscheibe geben. Dann den Teig über der Füllung zusammenklappen.

6 Die Teigränder mit Ei bestreichen und fest zusammendrücken. Dann die Taschen mit Mohnsamen bestreuen.

7 Die fertigen Taschen auf ein angefeuchtetes Backblech legen und in einem auf 200 °C vorgeheizten Backofen 20 Minuten goldbraun backen. Auf vorgewärmte Teller geben und servieren.

Kartoffel-Gemüse-Gratin

25 Min. 1 Std. 15 Min.

4 PERSONEN

500 g festkochende Kartoffeln, in Scheiben
1 EL Öl
1 Zwiebel, gehackt
2 große Knoblauchzehen, fein gehackt
500 g Tofu, gewürfelt
2 EL Tomatenmark
2 EL Mehl
300 ml Gemüsebrühe
2 große Tomaten, in Scheiben
1 Aubergine, in Scheiben
2 EL frisch gehackter Thymian
450 g Naturjoghurt
2 Eier, verquirlt
Salz und Pfeffer
Salat, zum Servieren

1 Die Kartoffelscheiben 10 Minuten in kochendem Wasser blanchieren – sie sollten weich sein, aber nicht zerfallen. Dann herausnehmen und beiseitestellen.

2 Das Öl in einer Pfanne erhitzen. Zwiebel und Knoblauch darin unter gelegentlichem Rühren 2–3 Minuten dünsten.

3 Tofu, Tomatenmark und Mehl zugeben und 1 Minute mitdünsten. Nach und nach die Brühe einrühren und aufkochen. Dann die Hitze reduzieren und das Gemüse 10 Minuten köcheln lassen.

4 Den Boden einer tiefen Auflaufform mit einer Lage Kartoffelscheiben auslegen. Die Tofumischung darauf verteilen. Dann nacheinander je eine Lage Tomatenscheiben, Auberginenscheiben und zuletzt die restlichen Kartoffelscheiben darüberschichten; dabei darauf achten, dass alles vollständig bedeckt ist. Abschließend die Kartoffeln mit Thymian bestreuen.

5 Joghurt und Eier in einer Schüssel vermengen, mit Salz und Pfeffer würzen und über die Gemüsemischung löffeln.

6 Das fertige Gratin in einem auf 190 °C vorgeheizten Backofen 35–40 Minuten goldbraun backen und mit einem knackigen Salat servieren.

Gemüsestrudel

25 Min. 45 Min.

4 PERSONEN

500 g Blätterteig
1 Ei, verquirlt

FÜLLUNG
2 EL Butter oder Margarine
1 Porreestange, in Ringen
2 Knoblauchzehen, zerdrückt
1 rote Paprika, entkernt und in Streifen
1 gelbe Paprika, entkernt und in Streifen
50 g Pilze, in Scheiben
75 g grüner Spargel, in kurzen Stücken
2 EL Mehl, plus etwas mehr für die Arbeitsfläche
6 EL Gemüsebrühe
6 EL Milch
4 EL trockener Weißwein
1 EL frisch gehackter Oregano
Salz und Pfeffer

1 Butter oder Margarine in einer Pfanne zerlassen. Porree und Knoblauch zugeben und unter Rühren 2 Minuten dünsten. Dann das restliche Gemüse zufügen und 3–4 Minuten unter Rühren dünsten.

2 Das Mehl einrühren und 1 Minute anschwitzen. Die Pfanne vom Herd nehmen und Brühe, Milch sowie Weißwein zugießen. Die Pfanne auf den Herd zurückstellen und die Flüssigkeiten unter Rühren einkochen. Den Oregano einrühren und alles mit Salz und Pfeffer würzen.

3 Die Hälfte des Blätterteigs auf einer leicht bemehlten Arbeitsfläche zu einem 38 cm x 15 cm großen Rechteck ausrollen.

4 Die zweite Teighälfte etwas größer ausrollen als die erste. Das kleinere Rechteck auf ein mit feuchtem Backpapier ausgelegtes Backblech legen.

5 Die vorbereitete Füllung gleichmäßig auf das kleinere Rechteck verteilen; dabei einen Rand von 1 cm lassen.

6 Das große Rechteck mit einem scharfen Messer einige Male diagonal einschneiden; dabei an den langen Seiten einen Rand von etwa 2,5 cm stehen lassen.

7 Die Ränder des kleineren Rechtecks mit dem Ei bestreichen, das große Rechteck darauflegen und die Ränder fest zusammendrücken.

8 Den so vorbereiteten Strudel mit dem verbliebenen Ei bestreichen und in einem auf 200 °C vorgeheizten Backofen 30–35 Minuten goldbraun backen. Auf eine vorgewärmte Servierplatte geben und sofort servieren.

Gemüse-gratin

15 Min. 1 Std. 15 Min.

6 PERSONEN

2 Pastinaken, in Scheiben
2 EL Olivenöl
1 Aubergine, gewürfelt
1 Knoblauchzehe, fein gehackt
2 TL frisch gehackter Thymian
Salz und Pfeffer
10 g Butter
2 Schalotten, gehackt
4 Artischockenherzen aus der Dose, abgetropft und geachtelt
4 Sellerieherzen aus der Dose, klein geschnitten
60 g Emmentaler, gerieben
60 g Pecorino, gerieben

1 Die Pastinaken im Dämpfeinsatz über kochendem Wasser etwa 4 Minuten garen. Dann abkühlen lassen.

2 Das Öl in einer Pfanne erhitzen. Die Auberginen zugeben und unter Rühren 5 Minuten anbraten. Knoblauch und Thymian zufügen, die Auberginen mit Salz und Pfeffer würzen und weitere 3 Minuten braten. Dann in eine flache Schale füllen.

3 Die Butter in der Pfanne zerlassen. Die Schalotten und 1 Prise Salz zugeben und bei sehr schwacher Hitze 7–10 Minuten dünsten.

4 Die Schalotten zu den Auberginen geben. Die Artischockenherzen mit Pastinaken, Sellerieherzen, Emmentaler und der Hälfte des Pecorinos zur Auberginenmischung geben. Alles gut vermengen und in eine Auflaufform füllen. Mit dem übrigen Pecorino bestreuen und in einem auf 180 °C vorgeheizten Backofen 45 Minuten backen. Dann sofort servieren.

TIPP
Am besten verarbeitet man Knoblauch, indem man die ungeschälte Knoblauchzehe auf ein Brett gibt, die Klinge eines Kochmessers flach auflegt und kräftig daraufschlägt. Dann entfernt man die geplatzte Knoblauchschale, hackt die Zehe, bestreut sie mit Salz und arbeitet dieses mit der flachen Klinge ein, um den Saft freizusetzen.

Schicht-törtchen

40 Min. 1 Std. 20 Min.

4 PERSONEN

3 Kartoffeln, in dünnen Scheiben
1 Aubergine, in dünnen Scheiben
Salz
1 Zucchini, in Scheiben
3 EL Pflanzenöl
1 Zwiebel, gewürfelt
1 grüne Paprika, entkernt und gewürfelt
1 TL Kreuzkümmelsamen
2 EL frisch gehacktes Basilikum
200 g gehackte Tomaten aus der Dose
Pfeffer
175 g Mozzarella, in Scheiben
225 g Tofu, in Scheiben
60 g Semmelbrösel
2 EL geriebener Parmesan
Basilikumblätter, zum Garnieren

1 Die Kartoffelscheiben 5 Minuten in leicht gesalzenem Wasser kochen. Dann abgießen und beiseitestellen.

2 Die Auberginenscheiben salzen und 20 Minuten ziehen lassen.

3 Unterdessen die Zucchinischeiben 2–3 Minuten in kochendem Wasser vorgaren, abgießen und beiseitestellen.

4 2 Esslöffel Öl in einer Pfanne erhitzen. Die Zwiebel zugeben und 2–3 Minuten bei geringer Hitze weich dünsten. Dann Paprika, Kreuzkümmel, Basilikum und Tomaten zugeben. Die Sauce mit Salz und Pfeffer würzen und 30 Minuten köcheln lassen.

5 Die Auberginenscheiben abspülen und trocken tupfen. Das restliche Öl in einer großen Pfanne erhitzen, die Auberginenscheiben zugeben und 3–5 Minuten rundum anbräunen. Dann aus der Pfanne nehmen und beiseitestellen.

6 Die Hälfte der Kartoffelscheiben auf den Böden von 4 beschichteten Tortelettförmchen verteilen. Mit der Hälfte der Zucchini-, Auberginen- und Mozzarellascheiben bedecken. Darüber Tofu und Tomatensauce verteilen. Anschließend die Gemüse- und Käseschichten wiederholen, bis alle Zutaten verbraucht sind.

7 Semmelbrösel und Parmesan vermengen und gleichmäßig über die Törtchen streuen. Diese in einem auf 190 °C vorgeheizten Backofen 25–30 Minuten goldbraun backen. Mit Basilikumblättern garnieren und servieren.

Gemüse-Crumble

15 Min. 40 Min.

4 PERSONEN

1 Blumenkohl, in Röschen
2 EL Sonnenblumenöl
25 g Mehl
350 ml Milch
325 g Mais aus der Dose, abgetropft
2 EL frisch gehackte Petersilie
1 TL frisch gehackter Thymian
70 g Cheddar oder Gouda, gerieben
Salz und Pfeffer

KRUSTE
60 g Vollkornmehl
25 g Butter
25 g Haferflocken
25 g Mandeln, blanchiert und gehackt
70 g Cheddar oder Gouda, gerieben

1 Den Blumenkohl in einem großen Topf mit leicht gesalzenem Wasser 5 Minuten kochen. Gut abtropfen lassen, das Kochwasser aufbewahren.

2 Das Öl in einem Topf erhitzen, das Mehl einrühren und 1 Minute anschwitzen. Den Topf vom Herd nehmen und nach und nach die Milch sowie 150 ml Kochwasser einrühren. Den Topf auf den Herd zurückstellen, den Inhalt aufkochen und etwa 3 Minuten unter Rühren eindicken lassen. Dann vom Herd nehmen.

3 Mais, Petersilie, Thymian und den Käse unter die Sauce rühren. Dann alles mit Salz und Pfeffer abschmecken. Den Blumenkohl unterheben, dann die Mischung in eine Auflaufform füllen.

4 Für die Kruste das Mehl in eine Schüssel geben. Die Butter zufügen und mit den Fingern einkneten, bis eine feinkrümelige Mischung entsteht. Haferflocken, Mandeln und den Käse untermischen, dann die Mischung über das Gemüse streuen. Den Crumble im vorgeheizten Backofen bei 190 °C 30 Minuten backen, dann sofort heiß servieren.

Linsen-Kartoffel-Gratin

10 Min. 1 Std. 30 Min.

4 PERSONEN

KARTOFFELKRUSTE
675 g mehligkochende Kartoffeln, geschält und gewürfelt
25 g Butter
1 EL Milch
50 g Pekannüsse, gehackt
2 EL frisch gehackter Thymian
Thymianzweige, zum Garnieren

FÜLLUNG
225 g rote Linsen
60 g Butter
1 Porreestange, in Ringen
2 Knoblauchzehen, zerdrückt
1 Selleriestange, gehackt
125 g Brokkoliröschen
175 g geräucherter Tofu, gewürfelt
2 TL Tomatenmark
Salz und Pfeffer

1 Für die Kruste die Kartoffeln 15 Minuten in kochendem Wasser garen. Dann abgießen, Butter und Milch zugeben und die Kartoffeln gründlich zerstampfen. Zuletzt die Nüsse und den Thymian einrühren und die Kartoffelmasse beiseitestellen.

2 Die Linsen 20–30 Minuten in kochendem Wasser weich garen. Dann abtropfen lassen und beiseitestellen.

3 Die Butter in einer Pfanne zerlassen. Porree, Knoblauch, Sellerie und Brokkoli zugeben und 5 Minuten bei mittlerer Hitze unter Rühren weich dünsten.

4 Die Tofuwürfel zugeben, anschließend Linsen und Tomatenmark einrühren. Alles mit Salz und Pfeffer abschmecken, dann die Mischung auf dem Boden einer flachen Auflaufform verteilen. Die Kartoffelmasse über die Linsen-Tofu-Mischung löffeln und sie vollständig damit bedecken.

5 Das so vorbereitete Gratin in einem auf 200 °C vorgeheizten Backofen 30–35 Minuten backen, bis die Kruste goldbraun geworden ist. Mit frischen Thymianzweigen garnieren und sofort servieren.

Gebackene Linsen

15 Min. 1 Std. 20 Min.

6 PERSONEN

225 g rote Linsen
450 ml Gemüsebrühe
1 Lorbeerblatt
etwas weiche Butter, zum Einfetten
225 g reifer Cheddar oder Gouda, gerieben
1 Porreestange, fein gehackt
125 g kleine Champignons, fein gehackt
90 g Semmelbrösel, plus etwas mehr für die Form
2 EL frisch gehackte Petersilie
1 EL Zitronensaft
2 Eier, leicht verquirlt
Salz und Pfeffer
glatte Petersilienzweige, zum Garnieren
gemischtes Grillgemüse, zum Servieren

1 Linsen, Brühe und Lorbeerblatt in einen Topf geben. Aufkochen, dann abdecken und 15–20 Minuten köcheln lassen, bis die Flüssigkeit aufgenommen ist und die Linsen weich sind. Das Lorbeerblatt entfernen.

2 Eine Kastenform (1 kg) mit Backpapier ausschlagen. Mit Butter oder Margarine einfetten und mit den Semmelbröseln ausstreuen.

3 Käse, Porree, Champignons, Semmelbrösel und Petersilie mit den Linsen vermengen.

4 Die Linsenmischung mit Zitronensaft und Eiern verrühren und mit Salz und Pfeffer würzen. In die vorbereitete Kastenform füllen und glatt streichen.

5 Den so vorbereiteten Linsenkuchen in einem auf 190 °C vorgeheizten Backofen etwa 1 Stunde goldbraun backen.

6 Den fertigen Linsenkuchen auf einen warmen Servierteller stürzen. In Scheiben schneiden, mit Petersilie garnieren und mit Grillgemüse servieren.

Chili-Tofu-Tortillas

30 Min. 35 Min.

4 PERSONEN

½ TL Chilipulver
1 TL Paprikapulver
2 EL Mehl
Salz und Pfeffer
225 g Tofu, gewürfelt
2 EL Öl
1 Zwiebel, fein gehackt
1 Knoblauchzehe, zerdrückt
1 rote Paprika, entkernt und gehackt
1 große Avocado
1 EL Limettensaft
4 Tomaten, gehäutet, entkernt und gehackt
125 g Gouda, gerieben
8 Weizenmehl-Tortillas
150 g saure Sahne
frische Korianderzweige, zum Garnieren
eingelegte Jalapeño-Chillies, in Ringen, zum Servieren

SAUCE
850 ml Pastasauce
3 EL frisch gehackte Petersilie
3 EL frisch gehackter Koriander

1 Chili- und Paprikapulver, Mehl, Salz und Pfeffer auf einem Teller mischen und die Tofustücke darin wenden.

2 Das Öl in einer Pfanne erhitzen. Den Tofu darin 3–4 Minuten goldbraun anbraten. Dann auf Küchenpapier abtropfen lassen und beiseitestellen.

3 Zwiebel, Knoblauch und Paprika in die Pfanne geben und 2–3 Minuten dünsten. Herausnehmen und beiseitestellen.

4 Die Avocado halbieren, schälen, entsteinen und in Scheiben schneiden. Dann in eine Schüssel geben und mit dem Limettensaft beträufeln.

5 Tofu und Zwiebelmischung zugeben, dann Tomaten und die Hälfte des Käses unterheben. Ein Achtel dieser Füllung in die Mitte jeder Tortilla löffeln, einen Klacks saure Sahne darübergeben. Die Tortillas aufrollen und nebeneinander in eine flache Auflaufform legen.

6 Alle Saucenzutaten mischen. Die Sauce über die Tortillas geben, die Tortillas mit dem restlichen Käse bestreuen und in einem auf 190 °C vorgeheizten Backofen 25 Minuten backen, bis der Käse goldbraun ist und Blasen wirft.

7 Die fertigen Tortillias auf Portionsteller verteilen, mit Koriander garnieren und mit Jalapeño-Chillies servieren.

Spinat-Ricotta-Quiche

30 Min. 30 Min.

6 PERSONEN

250 g Filo-Teig, Tiefkühlware aufgetaut
125 g Butter, zerlassen
350 g tiefgefrorener Spinat, aufgetaut
2 Eier
150 g Schlagsahne
250 g Ricotta
Salz und Pfeffer
1 rote Paprika, entkernt und in Streifen
60 g Pinienkerne

1 Eine Backform (Ø 20 cm) mit dem Teig auslegen. Jede Teiglage mit der Butter bestreichen.

2 Den Spinat in ein Sieb geben und die überschüssige Flüssigkeit mit einem Löffel ausdrücken. Dann den Spinat zu kleinen Kugeln formen und auf den Teig legen.

3 Eier, Sahne und Ricotta verrühren, mit Salz und Pfeffer würzen und über den Spinat geben.

4 In einem Topf die Paprika in der restlichen Butter 4–5 Minuten weich dünsten, dann auf der Ei-Sahne-Masse verteilen.

5 Die so vorbereitete Quiche mit den Pinienkernen bestreuen und in einem auf 190 °C vorgeheizten Backofen 20–25 Minuten backen, bis die Füllung gestockt und die Oberfläche goldbraun ist. Anschließend sofort servieren.

Gemüse-Tofu-Strudel

25 Min. 30 Min.

4 PERSONEN

2 EL Öl
2 EL Butter, plus etwas mehr zum Einfetten
150 g Kartoffeln, fein gewürfelt
1 Porreestange, in dünnen Ringen
2 Knoblauchzehen, zerdrückt
1 TL Garam Masala
½ TL Chilipulver
½ TL Kurkuma
50 g Okras, in Scheiben
100 g Champignons, geviertelt
2 Tomaten, gewürfelt
225 g Tofu, gewürfelt
Salz und Pfeffer

TEIGHÜLLE
12 Scheiben Blätterteig
2 EL Butter, zerlassen

1 Für die Füllung Öl und Butter in einer Pfanne erhitzen. Kartoffeln und Porree zugeben und 2–3 Minuten unter ständigem Rühren dünsten. Knoblauch, Gewürze, Okras, Pilze, Tomaten und Tofu zufügen, mit Salz und Pfeffer würzen und 5–7 Minuten unabgedeckt garen.

2 Die Teigblätter auf einem Schneidbrett auslegen und mit etwas Butter bestreichen. Jeweils 3 Blätter übereinander legen, sodass 4 Teigstapel entstehen.

3 Je ein Viertel der Füllung in die Mitte eines jeden Teigstapels geben. Die Teigränder erneut mit etwas Butter bestreichen. Die kurzen Ränder einschlagen, die Strudel an der langen Seite nach Zigarrenart aufrollen und von außen mit zerlassener Butter bestreichen. Dann auf ein eingefettetes Backblech legen.

4 Die so vorbereiteten Strudel in einem auf 190 °C vorgeheizten Backofen 20 Minuten goldbraun und knusprig backen. Anschließend sofort servieren.

Brotauflauf

30 Min. 45 Min.

4 PERSONEN

60 g Butter oder Margarine
1 Bund Frühlingszwiebeln, in Ringen
6 Scheiben Kastenweißbrot, ohne Rinde
175 g mittelalter Gouda, gerieben
2 Eier
450 ml Milch
Salz und Pfeffer

1 Eine Auflaufform (1,7 l Inhalt) leicht mit einem Teil der Butter oder Margarine einfetten.

2 Die restliche Butter oder Margarine in einem Topf zerlassen. Die Frühlingszwiebeln zugeben und bei mittlerer Hitze goldbraun dünsten; dabei gelegentlich umrühren.

3 Inzwischen das Brot in Dreiecke schneiden. Mit der Hälfte der Brote die vorbereitete Form auslegen. Die Frühlingszwiebeln darüber verteilen und mit der Hälfte des Käses bestreuen.

4 Eier und Milch verquirlen und mit Salz und Pfeffer würzen. Die restlichen Brotscheiben in die Form geben. Die Milchmischung vorsichtig darübergießen und 15–20 Minuten ziehen lassen.

5 Das eingeweichte Brot mit dem restlichen Käse bestreuen und den Auflauf in einem auf 190 °C vorgeheizten Backofen 35–40 Minuten backen, bis er goldbraun und aufgegangen ist. Das fertige Gericht sofort servieren.

Kartoffelauflauf mit Käse

25 Min. 45 Min.

4 PERSONEN

900 g festkochende Kartoffeln, ungeschält und in Spalten
25 g Butter
1 rote Zwiebel, halbiert und in Ringen
2 Knoblauchzehen, zerdrückt
25 g Mehl
600 ml Milch
400 g eingelegte Artischockenherzen aus der Dose, abgetropft und halbiert
150 g tiefgefrorenes Mischgemüse, aufgetaut
125 g Gruyère, gerieben
125 g Emmentaler, gerieben
50 g Gorgonzola, zerbröckelt
25 g Parmesan, frisch gerieben
225 g Tofu, in Scheiben
2 EL frisch gehackter Thymian
Salz und Pfeffer
Thymianzweige, zum Garnieren

1 Die Kartoffeln 10 Minuten in kochendem Wasser garen. Dann abgießen. Unterdessen die Butter in einer Pfanne zerlassen, Zwiebel und Knoblauch zufügen und 2–3 Minuten dünsten.

2 Das Mehl einrühren und 1 Minute anschwitzen. Unter ständigem Rühren die Milch zugießen und kurz aufkochen.

3 Die Hitze reduzieren. Artischockenherzen, Mischgemüse, jeweils die Hälfte der 4 Käsesorten sowie den Tofu zugeben und gut vermischen.

4 Den Thymian einstreuen und alles mit Salz und Pfeffer würzen.

5 Den Boden einer Auflaufform mit einer Schicht Kartoffeln auslegen. Die Gemüsemischung darauf verteilen und diese mit den restlichen Kartoffeln bedecken. Den verbliebenen Käse darüberstreuen.

6 Den Auflauf in einem auf 200 °C vorgeheizten Backofen 30 Minuten backen, bis die Kartoffeln gar sind und der Auflauf goldbraun ist. Mit Thymian garnieren und sofort servieren.

Gougère mit Gemüse

30 Min. 40 Min.

4 PERSONEN

150 g Mehl
125 g Butter, gewürfelt
300 ml Wasser
4 Eier, verquirlt
90 g Gruyère, gerieben
Salz und Pfeffer
1 EL Milch

FÜLLUNG
2 EL Kräuterbutter
2 TL Olivenöl
2 Porreestangen, in Streifen
225 g Kohl, in Streifen
125 g Bohnensprossen
½ TL abgeriebene Limettenschale
1 EL Limettensaft
Selleriesalz und Pfeffer
Limettenscheiben, halbiert, zum Garnieren

1 Das Mehl auf ein Stück Backpapier sieben. Die Butter mit dem Wasser in einen Topf geben und erhitzen, bis sie geschmolzen ist.

2 Die Buttermischung aufkochen, das Mehl zufügen und unterrühren, bis die Mischung dick wird. Anschließend den Topf vom Herd nehmen und die Butter-Mehl-Mischung so lange schlagen, bis sie glänzt und sich vom Schüsselrand löst.

3 Die Butter-Mehl-Mischung in eine Schüssel umfüllen und 10 Minuten abkühlen lassen. Dann nach und nach die Eier gut unterheben. 60 g des Gruyères einrühren, dann alles mit Salz und Pfeffer würzen.

4 Den fertigen Teig in einem Kreis von etwa 23 cm Durchmesser auf ein feuchtes Backblech löffeln, mit Milch bestreichen und mit dem restlichen Käse bestreuen.

5 Den Teigkranz in einem auf 220 °C vorgeheizten Backofen 30–35 Minuten goldbraun und knusprig backen. Dann

auf einen vorgewärmten Servierteller geben.

6 Für die Füllung die Kräuterbutter und das Öl in einer großen Pfanne erhitzen. Porree und Kohl zugeben und 2 Minuten dünsten. Dann Bohnensprossen, Limettenschale und -saft zufügen, alles 1 Minute pfannenrühren und abschmecken.

7 Das Gemüse in die Mitte des Teigrings füllen, garnieren und servieren.

Pilz-Gougère

30 Min. 1 Std.

4 PERSONEN

70 g Mehl
1 Prise Salz
60 g Butter, plus etwas mehr zum Einfetten
150 ml Wasser
2 Eier
60 g Emmentaler, gerieben

FÜLLUNG
2 EL Olivenöl
1 Zwiebel, gehackt
225 g kleine braune Champignons, halbiert
2 Knoblauchzehen, fein gehackt
1 EL Mehl
150 ml Gemüsebrühe
90 g Walnüsse, gehackt
2 EL frisch gehackte Petersilie
Salz und Pfeffer

1 Für den Brandteig das Mehl mit 1 Prise Salz auf ein Blatt Backpapier sieben. Butter und Wasser in einen Topf geben und bei schwacher Hitze erwärmen, aber nicht kochen, bis die Butter schmilzt. Das Mehl in einem Schwung zugeben und mit einem Holzlöffel einrühren, bis sich der Teig vom Boden löst. Den Topf vom Herd nehmen und den Teig 10 Minuten abkühlen lassen. Dann nach und nach die Eier zugeben und alles zu einem glatten Teig verrühren. Den Käse untermischen. Eine runde Auflaufform mit Butter einfetten und den Rand mit Brandteig bestreichen.

2 Für die Füllung das Öl in einer Pfanne erhitzen. Die Zwiebel zugeben und 5 Minuten glasig dünsten; dabei gelegentlich umrühren. Pilze und Knoblauch zugeben und 2 Minuten mitdünsten.

3 Das Mehl einstreuen und unter Rühren 1 Minute anschwitzen, dann nach und nach die Brühe einrühren. Die Mischung unter ständigem Rühren 3 Minuten eindicken. 2 Esslöffel der Walnüsse aufbewahren, den Rest mit der Petersilie unter die Pilze mischen. Alles mit Salz und Pfeffer abschmecken.

4 Die Pilzfüllung in die Mitte der Form füllen und mit den übrigen Walnüssen bestreuen. Die fertige Gougère in einem auf 200 °C vorgeheizten Backofen 40 Minuten backen, bis der Teig aufgegangen und goldbraun ist. Dann servieren.

Bohneneintopf

20 Min. 2 Std. 30 Min.

4 PERSONEN

350 g getrocknete Pinto-Bohnen, über Nacht eingeweicht
2 EL Olivenöl
2 Zwiebeln, in Ringen
2 Knoblauchzehen, fein gehackt
1 rote Paprika, entkernt und in Streifen
1 gelbe Paprika, entkernt und in Streifen
400 g gehackte Tomaten aus der Dose
2 EL Tomatenmark
1 EL frisch gezupfte Basilikumblätter
2 TL frisch gehackter Thymian
2 TL frisch gehackter Rosmarin
1 Lorbeerblatt
Salz und Pfeffer
60 g schwarze Oliven, entsteint und halbiert
2 EL gehackte Petersilie, zum Garnieren

1 Die Bohnen abgießen, mit kaltem Wasser bedecken, aufkochen und 15 Minuten kochen. Dann abdecken und 85 Minuten köcheln lassen, bis sie fast weich sind. Abgießen, 300 ml des Kochsuds aufbewahren.

2 Das Olivenöl in einem separaten Topf erhitzen. Die Zwiebeln darin 5 Minuten glasig dünsten. Knoblauch und Paprika zufügen und weitere 10 Minuten unter Rühren dünsten.

3 Tomaten mit Saft, Tomatenmark, Basilikum, Thymian, Rosmarin, Lorbeerblatt und Bohnen zugeben. Alles mit Salz und Pfeffer würzen, abdecken und 40 Minuten köcheln lassen. Die Oliven zugeben und alles weitere 5 Minuten köcheln lassen.

4 Den fertigen Bohneneintopf in eine vorgewärmte Schüssel füllen, mit gehackter Petersilie bestreuen und sofort servieren.

Gefüllte Nusstaschen

15 Min. 25 Min.

4 PERSONEN

40 g Butter
1 große Zwiebel, fein gehackt
275 g gemischte helle Nüsse, z.B. Pinienkerne, blanchierte Mandeln, ungesalzene Cashewkerne oder Erdnüsse, fein gehackt
90 g Semmelbrösel
½ TL gemahlene Muskatblüte
1 Ei, verquirlt
1 Eigelb
3 EL Pesto
2 EL frisch gehacktes Basilikum
125 g Butter oder Margarine, zerlassen
16 Blätter Filo-Teig
Salz und Pfeffer
Basilikumblätter, zum Garnieren
gedämpftes Gemüse, zum Servieren
Preiselbeeren, zum Servieren

1 Butter in einer Pfanne zerlassen. Die Zwiebel darin 2–3 Minuten dünsten, bis sie weich ist. Dann die Pfanne vom Herd nehmen.

2 Nüsse, zwei Drittel der Semmelbrösel, Muskatblüte und verquirltes Ei zugeben, mit Salz und Pfeffer würzen und beiseite stellen.

3 Die restlichen Semmelbrösel in eine Schüssel geben. Eigelb, Pesto, Basilikum sowie 1 Esslöffel des zerlassenen Fetts zugeben und sorgfältig unterrühren.

4 Ein Teigblatt mit zerlassenem Fett bestreichen. Einmal falten und erneut bestreichen. Den Vorgang mit einem zweiten Blatt wiederholen und dieses so auf das erste legen, dass ein Kreuz entsteht.

5 Je ein Achtel der Nuss- und der Pestomischung in die Mitte des Teigkreuzes geben. Die Teigränder mit zerlassenem Fett bestreichen. Die Kreuze zu kleinen Päckchen formen und fest verschließen. Erneut mit Fett bestreichen und auf ein Backblech legen. Den Vorgang wiederholen, bis 8 Päckchen entstanden sind.

6 Die Päckchen in einem auf 220 °C vorgeheizten Backofen 15–20 Minuten goldbraun backen. Mit Basilikumblättern garnieren und mit gedämpftem Gemüse sowie Preiselbeeren servieren.

Risotto-Auflauf

25 Min. 50 Min.

4 PERSONEN

etwas Butter, zum Einfetten
2 EL Olivenöl
1 Zwiebel, gehackt
2 Knoblauchzehen, zerdrückt
200 g Arborio-Reis
700 ml heiße Gemüsebrühe
125 ml Weißwein
60 g Parmesan, frisch gerieben
100 g tiefgefrorene Erbsen, aufgetaut
80 g Rucola, grob gehackt
2 Tomaten, gewürfelt
4 Eier, verquirlt
3 EL frisch gehackter Majoran
Salz und Pfeffer
3 EL Semmelbrösel

1 Eine runde Backform (Ø 25 cm) einfetten und mit Backpapier auslegen.

2 Das Öl in einer großen Pfanne erhitzen. Die Zwiebel und den Knoblauch darin 4–5 Minuten weich dünsten.

3 Den Reis zugeben und unterrühren. Nach und nach die Brühe zugießen. Zwischendurch immer so lange warten, bis die neu zugefügte Flüssigkeit aabsorbiert ist, bevor weitere zugegeben wird.

4 Wenn die ganze Brühe aufgenommen ist, den Wein zugießen. Den Reis so lange kochen, bis die gesamte Flüssigkeit verbraucht und er gar ist. Dies dauert etwa 15 Minuten.

5 Parmesan, Erbsen, Rucola, Tomaten, Eier und 2 Esslöffel Majoran unter den fertig gegarten Reis rühren und alles mit Salz und Pfeffer abschmecken.

6 Die Reismischung in die vorbereitete Form füllen und mit einem Holzlöffel glatt streichen. Dann mit den Semmelbröseln und dem restlichen Majoran bestreuen.

7 Den so vorbereiteten Auflauf in einem auf 180 °C vorgeheizten Backofen 30 Minuten garen, bis er stockt. In Stücke schneiden und sofort servieren.

Paprikaterrine

30 Min. 30 Min.

8 PERSONEN

500 g dicke Bohnen
6 rote Paprika, halbiert und entkernt
3 kleine Zucchini, der Länge nach in Scheiben
1 Aubergine, der Länge nach in Scheiben
3 Porreestangen, der Länge nach halbiert
6 EL Olivenöl, plus etwas mehr zum Einfetten
Salz und Pfeffer
6 EL Schlagsahne
2 EL frisch gehacktes Basilikum

1 Eine Kastenform (1,5 l Inhalt) mit Öl einpinseln.

2 Die Bohnen in kochendem Wasser 1–2 Minuten blanchieren, dann die Kerne aus der Schote drücken.

3 Die Paprika mit der Schnittfläche nach unten auf ein Backblech legen und 10–12 Minuten unter einem vorgeheizten Grill rösten, bis die Haut stellenweise schwarz ist. Dann in einen Gefrierbeutel geben und abkühlen lassen.

4 Zucchini, Aubergine und Porree mit 5 Esslöffeln Olivenöl bestreichen, mit Salz und Pfeffer würzen und 8–10 Minuten unter dem heißen Grill garen; dabei einmal wenden.

5 Die Bohnen mit 1 Esslöffel Öl, Sahne, Salz und Pfeffer im Mixer pürieren. Die abgekühlten Paprika aus dem Beutel nehmen und häuten.

6 Den Boden und die Seiten der vorbereiteten Form mit einer Schicht Paprika auslegen, einige Paprikahälften für die Abdeckung beiseitelegen.

7 Ein Drittel des Bohnenpürees in die ausgelegte Form schichten. Die Auberginenscheiben darauf verteilen und ein zweites Drittel Püree darüberlöffeln.

8 Das Basilikum über das Püree streuen. Dann die Zucchini, schließlich das restliche Püree in die Form geben. Den Porree obenauf legen und mit den verbliebenen Paprikahälften abdecken. Die Pastete mit vierfach gefalteter Alufolie abdecken und mit Gewichten beschweren. Bis zum Verzehr in den Kühlschrank stellen.

Gemüserösti mit Paprika

30 Min. 1 Std. 15 Min. + Marinierzeit

4 PERSONEN

1 orangefarbene Paprika
1 rote Paprika
1 gelbe Paprika
3 EL Olivenöl
2 EL Rotweinessig
1 TL scharfer Senf
1 TL Honig
Salz und Pfeffer
glatte Petersilie, zum Garnieren
grünes Gemüse, zum Servieren

GEMÜSERÖSTI
225 g Kartoffeln, geraspelt
225 g Karotten, geraspelt
350 g Knollensellerie, geraspelt
1 Knoblauchzehe, zerdrückt
1 EL Zitronensaft
2 EL Butter, zerlassen
1 Ei, verquirlt
Salz und Pfeffer
1 EL Öl

1 Die Paprika in einem auf 190 °C vorgeheizten Backofen 35 Minuten rösten; dabei nach 20 Minuten einmal wenden. Die gerösteten Paprika mit einem sauberen Geschirrtuch abdecken und 10 Minuten abkühlen lassen. Anschließend häuten, halbieren, entkernen, in feine Streifen schneiden und in eine flache Schüssel geben.

2 Öl, Essig, Senf, Honig, Salz und Pfeffer in einem Dressingshaker oder einem Schraubglas durch Schütteln gut vermengen. Die Marinade über die Paprika gießen, gut vermengen und 2 Stunden marinieren.

3 Für die Rösti Kartoffel- und Gemüseraspel in eine Schüssel geben und mit Knoblauch und Zitronensaft vermengen. Butter und Ei unterrühren und die Mischung mit Salz und Pfeffer würzen. Auf 2 mit Backpapier ausgelegten Backblechen je 4 Rösti mit 10 cm Durchmesser formen. Diese mit ein wenig Öl beträufeln.

4 Die Rösti in einem auf 220 °C vorgeheizten Backofen 30–35 Minuten backen, bis sie goldbraun und knusprig sind. Dann auf einen vorgewärmten Teller geben.

5 Die Paprikastreifen 2–3 Minuten in der Marinade erhitzen, dann über die Rösti verteilen. Mit Petersilie garnieren und mit grünem Gemüse servieren.

Kartoffelterrine mit Nüssen

15 Min. 1 Std. 20 Min.

4 PERSONEN

225 g mehligkochende Kartoffeln, gewürfelt
225 g Pekannüsse
225 g ungesalzene Cashewkerne
1 Zwiebel, fein gehackt
2 Knoblauchzehen, zerdrückt
125 g Pilze, gehackt
25 g Butter, plus etwas mehr zum Einfetten
2 EL frisch gehackte gemischte Kräuter
1 TL gemahlener Kreuzkümmel
1 TL gemahlener Koriander
1 TL Paprikapulver
4 Eier, verquirlt
125 g Doppelrahm-Frischkäse
60 g Parmesan, gerieben
Salz und Pfeffer

SAUCE
3 große Tomaten, gehäutet, entkernt und gehackt
2 EL Tomatenmark
75 ml Rotwein
1 EL roter Weinessig
1 Prise Zucker

1 Eine Kastenform (1 l Inhalt) einfetten und mit Backpapier auslegen.

2 Die Kartoffeln 10 Minuten in kochendem Salzwasser garen. Dann abgießen und zerdrücken.

3 Die Nüsse fein hacken oder in der Küchenmaschine zerkleinern. Dann mit Zwiebel, Knoblauch und Pilzen mischen.

4 Die Butter in einer Pfanne zerlassen. Die Nussmischung 5–7 Minuten darin rösten. Dann Gewürze und Kräuter zugeben. Eier, Käse und Kartoffeln einrühren und alles mit Salz und Pfeffer abschmecken.

5 Die Masse fest in die vorbereitete Form füllen und in einem auf 190 °C vorgeheizten Backofen 1 Stunde backen, bis sie gestockt ist.

6 Für die Sauce Tomaten, Tomatenmark, Wein, Weinessig und Zucker in einem Topf mischen. Unter Rühren aufkochen, dann 10 Minuten einkochen, bis die Sauce andickt. Anschließend durch ein Sieb streichen oder 30 Sekunden in einem Mixer pürieren.

7 Die fertig gebackene Terrine auf einen Servierteller stürzen, in Scheiben schneiden und mit der Tomatensauce servieren.

Pilzauflauf mit Nusskruste

20 Min. 55 Min.

4 PERSONEN

700 g Champignons, in Scheiben
400 ml Gemüsebrühe
60 g Butter
1 große Zwiebel, fein gehackt
1 Knoblauchzehe, zerdrückt
60 g Mehl
Salz und Pfeffer
4 EL Crème double
2 EL frisch gehackte Petersilie

NUSSKRUSTE
90 g Haferschrot
90 g Vollkornmehl
25 g gemahlene Mandeln
25 g Walnüsse, fein gehackt
60 g ungesalzene Pistazien, fein gehackt
1 TL getrockneter Thymian
Salz und Pfeffer
90 g weiche Butter

1 Pilze und Brühe in einem großen Topf aufkochen, abdecken und 15 Minuten köcheln lassen, bis die Pilze gar sind. Abgießen und die Brühe auffangen.

2 Butter in einem Topf zerlassen. Zwiebel und Knoblauch darin 2–3 Minuten anbraten, bis die Zwiebel glasig ist. Das Mehl einrühren und 1 Minute anschwitzen.

3 Den Topf vom Herd nehmen. Langsam die aufgefangene Brühe einrühren. Den Topf wieder auf den Herd stellen und die Sauce unter Rühren erhitzen, bis sie eindickt. Pilze, Salz, Pfeffer, Crème double und Petersilie untermischen und alles in eine flache Auflaufform füllen.

4 Für die Kruste Haferschrot, Mehl, Nüsse, Thymian sowie Salz und Pfeffer vermengen. Butter mit einer Gabel einarbeiten, bis eine grobkörnige Mischung entsteht.

5 Die Nussmischung gleichmäßig auf den Pilzen verteilen und in einem auf 190 °C vorgeheizten Backofen 30 Minuten goldbraun backen.

Gemüse im Teigmantel

15 Min. 55 Min.

4 PERSONEN

TEIG
100 g Mehl
1 Prise Salz
2 Eier, verquirlt
200 ml Milch
2 EL grobkörniger Senf
2 EL Öl

FÜLLUNG
75 g junge Karotten, längs halbiert
50 g grüne Bohnen
25 g Butter
2 Knoblauchzehen, zerdrückt
1 Zwiebel, geachtelt
50 g Mais aus der Dose, abgetropft
2 Tomaten, entkernt und in Spalten
1 TL grobkörniger Senf
1 EL frisch gehackte gemischte Kräuter
Salz und Pfeffer

1 Für den Teig Mehl und Salz in eine Schüssel sieben. Eier und Milch zugeben und alles zu einem Teig verrühren. Den Senf unterheben und den Teig ruhen lassen.

2 Das Öl in eine flache Auflaufform gießen und in einem auf 200 °C vorgeheizten Backofen 10 Minuten erhitzen.

3 Karotten und Bohnen etwa 7 Minuten in kochendem Wasser garen. Dann gut abtropfen lassen.

4 Für die Gemüsefüllung die Butter in einer großen Pfanne zerlassen. Knoblauch und Zwiebel zugeben und unter ständigem Rühren etwa 2 Minuten dünsten. Mais, Tomaten, Senf und gemischte Kräuter zu der Zwiebel in die Pfanne geben. Dann Karotten und Bohnen zufügen und alles mit Salz und Pfeffer würzen.

5 Den Teig auf das erhitzte Öl in die Auflaufform gießen. Anschließend das Gemüse in die Mitte geben, die Form in den Backofen zurückstellen und alles 30–35 Minuten backen, bis der Teig aufgegangen und gestockt ist. Dann sofort servieren.

Topinambur-pastete

1 Std. 15 Min. 55 Min.

6 PERSONEN

350 g Topinambur
25 g Butter
1 Zwiebel, gehackt
1–2 Knoblauchzehen, zerdrückt
125 g kernlose helle Trauben, halbiert
60 g Datteln, grob gehackt
2 Eier, hart gekocht und in Scheiben
1 EL frisch gehackte gemischte Kräuter oder 1 TL getrocknete Kräuter
4–6 EL Sahne oder Naturjoghurt

MÜRBETEIG
350 g Mehl
1 kräftige Prise Salz
90 g Butter
90 g weißes Pflanzenfett
4–6 EL kaltes Wasser
1 Ei, verquirlt

1 Für den Teig Mehl und Salz in eine Schüssel sieben, Butter und Pflanzenfett mit den Fingerspitzen einkneten, bis eine feinkrümelige Mischung entsteht. Wasser zugießen und alles zu einem geschmeidigen Teig verarbeiten. In Frischhaltefolie wickeln und 30 Minuten kalt stellen.

2 Den Topinambur schälen und in gesalzenes Wasser legen, damit er nicht braun wird. Abtropfen lassen, mit frischem Wasser bedecken und aufkochen. Dann 10–12 Minuten köcheln lassen und erneut abgießen.

3 Butter in einem Topf zerlassen. Zwiebel und Knoblauch darin glasig dünsten. Den Topf vom Herd nehmen und Trauben sowie Datteln einrühren.

4 Etwa zwei Drittel des Teigs ausrollen und eine Pastetenform (20 cm Länge) damit auslegen.

5 Den Topinambur in Scheiben schneiden und in die Form geben. Eier, Zwiebelmischung und Kräuter darüberschichten.

6 Den restlichen Teig ausrollen, am Rand anfeuchten und die Pastete damit bedecken. Den Teig an den Kanten gut andrücken, abschneiden und leicht kräuseln, damit sich ein schönes Muster ergibt. Die Teigreste ausrollen, in schmale Streifen schneiden, anfeuchten und als Gittermuster auf dem Teigdeckel arrangieren.

7 Den Teigdeckel mit dem verquirlten Ei glasieren. 2–3 Löcher in den Deckel stechen und die Pastete in einem auf 200 °C vorgeheizten Backofen etwa 45 Minuten goldbraun backen.

8 Joghurt oder Sahne bei schwacher Hitze erwärmen, durch die Löcher im Deckel der fertigen Pastete gießen und diese sofort servieren, solange sie noch heiß ist.

Spinatroulade

15 Min. 25 Min.

4 PERSONEN

500 g frische junge Spinatblätter
2 EL Wasser
4 Eier, getrennt
½ TL geriebene Muskatnuss
Salz und Pfeffer
300 ml Pastasauce

FÜLLUNG
175 g kleine Brokkoliröschen
25 g Parmesan, gerieben
175 g Mozzarella, gerieben

1 Den Spinat waschen und in einen Topf geben. Das Wasser zufügen, Topf abdecken und den Spinat bei starker Hitze 4–5 Minuten einkochen. Dann abgießen, überschüssiges Wasser auspressen, den Spinat fein hacken und trocken tupfen.

2 Spinat und Eigelb mischen, mit Salz, Pfeffer und Muskatnuss würzen. Das Eiweiß leicht schaumig schlagen und unter die Mischung ziehen.

3 Eine Biskuitrollenform (32 cm x 23 cm) einfetten und mit Backpapier auslegen. Die Spinatmischung hineingeben, glatt streichen und in einem auf 220°C vorgeheizten Backofen 12–15 Minuten backen, bis die Eimasse gestockt ist.

4 Unterdessen den Brokkoli 4–5 Minuten in leicht gesalzenem Wasser blanchieren. Anschließend abgießen und warm halten.

5 Den Parmesan auf ein Stück Backpapier streuen. Die gebackene Spinatplatte daraufstürzen und das Backpapier, auf dem sie gebacken wurde, abziehen. Den Mozzarella auf die Spinatplatte streuen und den Brokkoli darüber verteilen. Ein Ende des unten liegenden Backpapiers festhalten und die Spinatplatte wie eine Biskuitrolle aufrollen.

6 Die Pastasauce erhitzen, die Roulade in Scheiben schneiden und mit der Sauce servieren.

Paprika tarte

25 Min. 40 Min.

8 PERSONEN

TEIG
175 g Mehl, plus etwas mehr zum Bestäuben
1 Prise Salz
75 g Butter
2 EL grüne Oliven, entsteint und fein gehackt
3 EL kaltes Wasser

FÜLLUNG
1 rote Paprika, halbiert und entkernt
1 grüne Paprika, halbiert und entkernt
1 gelbe Paprika, halbiert und entkernt
2 Knoblauchzehen, zerdrückt
2 EL Olivenöl
100 g Mozzarella, gerieben
2 Eier
150 ml Milch
1 EL frisch gehacktes Basilikum
Salz und Pfeffer

1 Für den Teig Mehl und Salz in eine Schüssel sieben. Butter einkneten, bis eine feinkrümelige Mischung entsteht. Dann Oliven und Wasser zugeben und alles zu einem Teig verkneten.

2 Den Teig auf einer leicht bemehlten Arbeitsfläche ausrollen und in eine Quicheform (Ø 20 cm) einpassen. Den Boden mit einer Gabel einstechen und kalt stellen.

3 Die Paprika mit der Schnittfläche nach unten auf ein Backblech legen. Knoblauch und Öl vermengen, die Paprikahälften damit bestreichen und in einem auf 200 °C vorgeheizten Backofen 20 Minuten rösten, bis sie stellenweise schwarz werden. Die Paprika abkühlen lassen.

4 Abgekühlte Paprika in feine Streifen schneiden, auf dem Teigboden verteilen und mit Mozzarella bestreuen.

5 Ei und Milch verquirlen. Basilikum zugeben, die Masse mit Salz und Pfeffer würzen und über die Tartefüllung gießen. Die Tarte 20 Minuten im noch heißen Backofen backen, bis sie gestockt ist, dann heiß oder kalt servieren.

Nussiger Kartoffellaib

20 Min. 1 Std. 30 Min.

4 PERSONEN

450 g mehligkochende Kartoffeln, gewürfelt
Salz
25 g Butter, plus etwas mehr zum Einfetten
1 Zwiebel, gehackt
2 Knoblauchzehen, zerdrückt
125 g ungesalzene Erdnüsse, gehackt
75 g Semmelbrösel
1 Ei, verquirlt
2 EL frisch gehackter Koriander
150 ml Gemüsebrühe
85 g Pilze, in Scheiben
55 g getrocknete Tomaten in Öl, abgetropft und in Streifen

SAUCE
150 g Crème fraîche
2 TL Tomatenmark
2 TL klarer Honig
2 EL frisch gehackter Koriander

1 Eine Kastenform (450 g Inhalt) fetten.

2 Die Kartoffeln 10 Minuten in kochendem Salzwasser garen. Gut abgießen, pürieren und beiseitestellen.

3 Die Hälfte der Butter in einer Pfanne zerlassen. Zwiebel und Knoblauch darin 2–3 Minuten weich dünsten.

4 Nüsse, Semmelbrösel, Ei, Koriander und Brühe mit den pürierten Kartoffeln verrühren. Dann Zwiebel und Knoblauch einrühren und alles gut vermengen.

5 Die restliche Butter in der Pfanne zerlassen und die Pilze 2–3 Minuten darin dünsten.

6 Die Hälfte der Kartoffelmischung in die vorbereitete Form füllen. Die Pilze und die Tomatenstreifen darauf verteilen, die restliche Kartoffelmischung obenauf geben und glatt streichen. Die Form mit Alufolie abdecken und 1 Stunde in einen auf 190 °C vorgeheizten Backofen geben, bis die Kartoffelmasse fest ist.

7 Inzwischen alle Saucenzutaten vermischen.

8 Den fertigen Kartoffellaib in Scheiben schneiden und mit der Sauce servieren.

Blumenkohl-Brokkoli-Tarte

15 Min. 50 Min.

4 PERSONEN

TEIG
175 g Mehl, plus etwas mehr zum Bestäuben
1 Prise Salz
½ TL Paprikapulver
1 TL getrockneter Thymian
75 g Margarine
3 EL Wasser

FÜLLUNG
100 g Blumenkohlröschen
100 g Brokkoliröschen
1 Zwiebel, geachtelt
25 g Butter oder Margarine
1 EL Mehl
6 EL Gemüsebrühe
125 ml Milch
85 g Cheddar oder Gouda, gerieben
Salz und Pfeffer
Paprikapulver, zum Garnieren

1 Mehl und Salz in eine Schüssel sieben. Paprikapulver und Thymian einstreuen, die Margarine einkneten, das Wasser zugießen und alles zu einem Teig verkneten.

2 Den Teig auf einer leicht bemehlten Arbeitsfläche ausrollen und in eine Obstkuchenform (Ø 28 cm) einpassen. Mit einer Gabel einstechen, mit Backpapier abdecken, mit getrockneten Bohnen beschweren und in einem auf 190 °C vorgeheizten Backofen 15 Minuten backen. Backpapier und Bohnen entfernen und den Teig weitere 5 Minuten backen.

3 Für die Füllung das Gemüse 10–12 Minuten in leicht gesalzenem Wasser weich garen. Abgießen und beiseitestellen.

4 Butter oder Margarine in einem Topf zerlassen. Das Mehl zugeben und 1 Minute anschwitzen. Den Topf vom Herd nehmen, Brühe und Milch einrühren und die Sauce wieder auf den Herd stellen. Aufkochen, umrühren, 50 g Käse einstreuen und mit Salz und Pfeffer würzen.

5 Blumenkohl, Brokkoli und Zwiebel auf dem vorgebackenen Boden verteilen. Mit der Sauce übergießen und mit dem restlichen Käse bestreuen. Die Tarte weitere 10 Minuten backen, bis der Käse Blasen wirft. Mit Paprikapulver bestreuen und servieren.

Spinat-Risotto-Tarte

15 Min. + Kühlzeit 35 Min.

6–8 PERSONEN

TEIG
190 g Mehl
½ TL Salz
1 TL Zucker
120 g Butter, gewürfelt, plus etwas mehr zum Einfetten
1 Eigelb, mit 2 EL Eiswasser verquirlt

FÜLLUNG
1 Portion Risotto (siehe Seite 6), warm
250 g frischer Spinat, blanchiert, abgetropft und gehackt
2 EL Crème double
225 g Mozzarella, möglichst aus Büffelmilch
85 g Parmesan, gerieben

1 Für den Teig Mehl, Salz und Zucker in eine große Schüssel sieben. Die Butterwürfel mit den Fingerspitzen einkneten, bis eine feinkrümelige Mischung entsteht. Dann das Eigelb zufügen und alles zu einem glatten Teig verarbeiten.

2 Den Teig zu einer Kugel formen, in Frischhaltefolie wickeln und mindestens 1 Stunde in den Kühlschrank stellen.

3 Den Teig 3 mm dick ausrollen und in eine eingefettete Obstkuchenform (Ø 26 cm) einpassen. Mehrmals mit einer Gabel einstechen und erneut 1 Stunde in den Kühlschrank stellen.

4 Den vorbereiteten Teig mit Backpapier abdecken, mit Backbohnen beschweren und in einem auf 200 °C vorgeheizten Backofen 20 Minuten blindbacken. Dann Bohnen und Papier entfernen und den Boden beiseitestellen. Die Backofentemperatur auf 180 °C reduzieren.

5 Risotto, Spinat, Crème double sowie je die Hälfte von Mozzarella und Parmesan verrühren. Auf dem Tortenboden verteilen und glatt streichen. Die Oberfläche mit dem restlichen Käse bestreuen.

6 Die fertige Tarte 12–15 Minuten goldbraun backen. Aus dem Backofen nehmen, auf einem Kuchengitter leicht abkühlen lassen und warm servieren.

TIPP
Spinat ist sehr nahrhaft: Er ist reich an Folsäure, Vitamin A, Kalium und Magnesium.

Kartoffeln mit Ziegenkäse

2 Min. 35 Min.

4 PERSONEN

1,25 kg mehligkochende Kartoffeln, geschält und grob gewürfelt
1 Prise Salz
1 Prise Zucker
200 g Crème fraîche
125 ml Gemüsebrühe
3 Knoblauchzehen, zerdrückt
einige Spritzer küchenfertige Chipotle-Salsa (siehe Seite 243) oder ½ getrocknete Chipotle-Chili, eingeweicht, entkernt und in dünnen Streifen
225 g Ziegenkäse, zerbröckelt
175 g Gouda, gerieben
50 g Parmesan oder Pecorino, gerieben

1 Kartoffeln mit Salz und Zucker in einem Topf mit Wasser aufkochen und 10 Minuten blanchieren.

2 Crème fraîche, Brühe, Knoblauch und Chipotle-Salsa vermengen.

3 Die Hälfte der Kartoffeln in eine Auflaufform schichten, die Hälfte der Crème-fraîche-Mischung darübergeben und die Kartoffeln mit dem Ziegenkäse bedecken. Dann die restlichen Kartoffelstücke in die Form geben und die übrige Crème-fraîche-Mischung zugießen.

4 Gouda und Parmesan bzw. Pecorino über die Kartoffeln streuen.

5 Die Kartoffeln in einem auf 180 °C vorgeheizten Backofen etwa 25 Minuten backen, bis sie gar sind und die obere Käseschicht leicht goldbraun und knusprig geworden ist. Aus dem Backofen nehmen und sofort servieren.

Pikanter Bohnentopf

15 Min. 2 Std.

4 PERSONEN

350 g Augenbohnen, über Nacht in kaltem Wasser eingeweicht
1 EL Öl
2 Zwiebeln, gehackt
1 EL klarer Honig
2 EL Sirup
4 EL dunkle Sojasauce
1 TL Senfpulver
4 EL Tomatenmark
450 ml Gemüsebrühe
1 Lorbeerblatt
je 1 Rosmarin-, Thymian- und Salbeizweig
1 kleine Orange
Pfeffer
1 EL Speisestärke
2 rote Paprika, entkernt und gewürfelt
2 EL frisch gehackte glatte Petersilie, zum Garnieren
knuspriges Brot, zum Servieren

1 Die Bohnen abspülen und in einem Topf mit Wasser aufkochen. 10 Minuten kräftig kochen, dann abgießen und in einen Schmortopf füllen.

2 Inzwischen das Fett in einer Pfanne erhitzen. Die Zwiebeln darin 5 Minuten weich dünsten. Honig, Sirup, Sojasauce, Senfpulver und Tomatenmark zufügen. Die Brühe zugießen, aufkochen und alles über die Bohnen geben.

3 Lorbeerblatt, Rosmarin, Thymian und Salbei mit Küchengarn zusammenbinden und zu den Bohnen geben. Mit einem Sparschäler von der Orange 3 Streifen Schale abschneiden und mit reichlich Pfeffer zu den Bohnen geben. Abdecken und in einem auf 150 °C vorgeheizten Backofen etwa 1 Stunde backen.

4 Die Orange auspressen und den Saft mit der Stärke verrühren. Die angerührte Stärke zu den Bohnen geben und die Paprika zufügen.

5 Den Topf erneut abdecken und das Gemüse 1 weitere Stunde backen, bis die Sauce cremig ist und die Bohnen weich sind. Dann Kräutersträußchen und Orangenschale entfernen.

6 Den fertigen Bohnentopf mit Petersilie garnieren und mit Brot servieren.

Linsen-Paprika-Kuchen

15–20 Min. 50 Min.

6 PERSONEN

TEIG
225 g Weizenvollkornmehl, plus etwas mehr für die Arbeitsfläche
100 g Margarine, in kleinen Stücken, plus etwas mehr zum Einfetten
4 EL Wasser

FÜLLUNG
175 g rote Linsen, gewaschen
300 ml Gemüsebrühe
15 g Margarine
1 Zwiebel, gehackt
2 rote Paprika, entkernt und gewürfelt
1 TL Hefe-Extrakt
1 EL Tomatenmark
3 EL frisch gehackte Petersilie
Pfeffer

1 Für den Teig das Mehl in eine Schüssel geben. Die Margarine mit den Fingern darin verreiben, bis ein feinkrümeliger Teig entsteht. Das Wasser zufügen und alles zu einem glatten Teig verarbeiten. Diesen 30 Minuten kalt stellen.

2 Für die Füllung Linsen und Brühe in einem Topf zum Kochen bringen. Die Hitze reduzieren und alles 10 Minuten köcheln lassen, bis die Linsen so weich sind, dass sie zu Püree verarbeitet werden können.

3 Die Margarine in einem kleinen Topf zerlassen. Zwiebel und Paprika darin weich dünsten.

4 Linsenpüree, Hefe-Extrakt, Tomatenmark und Petersilie zugeben. Alles mit Pfeffer würzen und gut vermengen.

5 Den Teig auf einer bemehlten Arbeitsfläche ausrollen und in eine gefettete Springform (Ø 24 cm) einpassen. Den Teigboden mehrmals mit einer Gabel einstechen und die Linsenmischung darauf verteilen. In einem auf 200 °C vorgeheizten Backofen 30 Minuten backen.

VARIATION
Für eine geschmackliche Variante können Sie in Schritt 4 Maiskörner unter die Füllung mengen.

Pilzpastete

25 Min. 50 Min.

4 PERSONEN

500 g Blätterteig, Tiefkühlware aufgetaut
Mehl, zum Bestäuben
1 Ei, verquirlt, zum Glasieren

FÜLLUNG
2 EL Butter oder Margarine
750 g gemischte Pilze, z.B. Champignons, Steinpilze oder Austernpilze
6 EL trockener Weißwein
4 EL Crème double
2 EL frisch gehackter Kerbel
Salz und Pfeffer
Kerbelblätter, zum Garnieren

1 Den Teig auf einer bemehlten Fläche zu einem 20 cm großen Quadrat ausrollen.

2 Ein etwa 2,5 cm kleineres Quadrat mit der Spitze eines scharfen Messers mittig auf dem großen Quadrat markieren und halbtief einritzen.

3 Die Fläche des kleineren Quadrats diagonal einritzen. Die Ränder der gesamten Teigplatte vorsichtig anheben. Die Platte auf ein Backblech geben, mit dem Ei bestreichen (es sollte dabei möglichst wenig in die Ritzen laufen) und in einem auf 210 °C im vorgeheizten Backofen 35 Minuten backen.

4 Das innere Quadrat als Deckel herauslösen, den Boden dabei unversehrt lassen. Den Teigwürfel innen aushöhlen und samt Deckel erneut 10 Minuten backen.

5 In der Zwischenzeit für die Füllung Butter oder Margarine in einer Pfanne zerlassen und die Pilze darin 3 Minuten scharf anbraten.

6 Den Wein zugießen und die Pilze unter gelegentlichem Wenden 10 Minuten weich dünsten. Dann Crème double und Kerbel zufügen und alles mit Salz und Pfeffer abschmecken.

7 Die Pastete mit dem Pilzragout füllen. Den Blätterteigdeckel wieder aufsetzen und mit Kerbelblättern garnieren.

Artischocken-Käse-Kuchen

15 Min. 30 Min.

8 PERSONEN

175 g Vollkornmehl, plus etwas mehr zum Bestäuben
1 Prise Salz
2 Knoblauchzehen, zerdrückt
75 g Butter oder Margarine
3 EL Wasser

FÜLLUNG
2 EL Olivenöl
1 rote Zwiebel, halbiert und in Scheiben
10 Artischockenherzen aus der Dose, abgetropft
100 g Cheddar oder Gouda, gerieben
60 g Gorgonzola, zerbröckelt
2 Eier, verquirlt
1 EL frisch gehackter Rosmarin
150 ml Milch
Salz und Pfeffer

1 Für den Teig das Mehl in eine Schüssel sieben. Salz und Knoblauch zugeben. Die Butter oder Margarine einkneten, bis eine feinkrümelige Mischung entsteht. Das Wasser zugießen und alles zu einem glatten Teig verarbeiten.

2 Den Teig auf einer leicht bemehlten Arbeitsfläche ausrollen, in eine beschichtete Obstkuchenform (Ø 20 cm) einpassen und mehrmals mit einer Gabel einstechen.

3 Für die Füllung das Öl in einer Pfanne erhitzen. Die Zwiebel zugeben und bei mittlerer Hitze 3 Minuten dünsten. Die Artischockenherzen zufügen und alles weitere 2 Minuten unter Rühren braten, dann mit einem Schaumlöffel aus der Pfanne nehmen und abtropfen lassen.

4 Käse, Eier, Rosmarin und Milch vermengen. Die Artischockenmischung einrühren und alles mit Salz und Pfeffer würzen.

5 Die fertige Füllung auf dem vorbereiteten Teigboden verteilen und den Kuchen in einem auf 200 °C vorgeheizten Backofen 25 Minuten backen, bis die Füllung gestockt ist. Dann aus dem Ofen nehmen und heiß servieren oder abkühlen lassen und kalt genießen.

Spinat-Ricotta-Pastete

25 Min. 50 Min.

4 PERSONEN

250 g frischer Spinat
2 EL Pinienkerne
100 g Ricotta
2 große Eier, verquirlt
50 g gemahlene Mandeln
40 g Parmesan, frisch gerieben
250 g Blätterteig, Tiefkühlware aufgetaut
1 Ei, verquirlt, zum Glasieren

1 Spinat waschen und die noch nassen Blätter in einen großen Topf geben. Einkochen, bis die Blätter zusammenfallen. Dann abtropfen, etwas abkühlen lassen und die überschüssige Flüssigkeit ausdrücken.

2 Die Pinienkerne 2–3 Minuten unter einem vorgeheizten Grill goldbraun rösten.

3 Ricotta, Spinat und Eier in einer Schüssel mischen. Pinienkerne, Mandeln und Parmesan zugeben und unterrühren.

4 Den Blätterteig zu 2 Quadraten mit einer Seitenlänge von je 20 cm ausrollen. Die Ränder glatt abschneiden. Die Teigreste aufbewahren.

5 Ein Teigquadrat auf ein Backblech legen und die Spinatmischung darauf verteilen. Außen einen Rand von 1 cm lassen und diesen mit dem verquirlten Ei bestreichen.

6 Das zweite Teigquadrat über das erste legen. Die Ränder der beiden Teigquadrate zusammendrücken.

7 Aus den Teigresten kleine Blätter formen und die Pastete damit dekorieren. Dann die Pastete mit dem Rest des verquirlten Eis bestreichen und in einem auf 220 °C vorgeheizten Backofen 10 Minuten backen. Anschließend die Temperatur auf 190 °C reduzieren und die Pastete 25–30 Minuten weiterbacken.

Käse-Enchiladas

15 Min. 30 Min.

4 PERSONEN

8 Maismehl-Tortillas
Öl, zum Einfetten
450 ml Mole poblano (siehe Seite 239)
225 g Käse, z. B. Cheddar, Gouda oder mexikanischer Queso de Oaxaca, gerieben
225 ml Gemüsebrühe
5 Frühlingszwiebeln, in feinen Ringen
2–3 EL frisch gehackte Korianderblätter
1 Handvoll Salatblätter, in dünnen Streifen
1 Avocado, entkernt, gewürfelt und mit Limettensaft beträufelt
4 EL saure Sahne
Salsa (nach Belieben)

1 Die Tortillas nacheinander in einer leicht eingefetteten beschichteten Pfanne erwärmen und zum Warmhalten in ein sauberes Geschirrtuch wickeln.

2 Die Tortillas in die Mole-Sauce dippen und auf einem Teller stapeln. Die obere Tortilla mit etwas Käse bestreuen, aufrollen und in eine Auflaufform legen. Den Vorgang mit den anderen Tortillas wiederholen. Eine Handvoll Käse zurückbehalten.

3 Die restliche Mole-Sauce und die Brühe über die Tortilla-Rollen gießen. Den zurückbehaltenen Käse darüberstreuen und die Form mit Alufolie abdecken.

4 Die Tortillas in einem auf 190 °C vorgeheizten Backofen etwa 30 Minuten backen, bis sie heiß sind und die Käsefüllung geschmolzen ist.

5 Die fertigen Tortillas auf Portionsteller verteilen, mit Frühlingszwiebeln, Koriander, Salatstreifen, Avocadowürfeln und saurer Sahne anrichten. Nach Belieben mit Salsa garnieren und sofort servieren.

Brokkoli-Enchiladas

20 Min. 30 Min.

4 PERSONEN

450 g Brokkoliröschen
225 g Ricotta
1 Knoblauchzehe, zerdrückt
½ TL gemahlener Kreuzkümmel
175–200 g Cheddar oder Gouda, gerieben
6–8 EL geriebener Parmesan
1 Ei, leicht verquirlt
Salz und Pfeffer
4–6 Weizenmehl-Tortillas
Öl, zum Einfetten
1 Portion milde rote Chilisauce (siehe Seite 238)
225 ml Gemüsebrühe
½ Zwiebel, fein gehackt
3–4 EL frisch gehackter Koriander
3 reife Tomaten, gewürfelt
scharfe Salsa, zum Servieren

1 Die Brokkoliröschen 1 Minute in einem Topf mit leicht gesalzenem Wasser blanchieren. Abgießen, mit kaltem Wasser abschrecken und abtropfen lassen. Die Stiele der Brokkoliröschen entfernen, eventuell schälen und hacken. Die Köpfe ebenfalls hacken.

2 Brokkoli, Ricotta, Knoblauch, Kreuzkümmel sowie die Hälfte von Cheddar oder Gouda und Parmesan vermengen. Das Ei unterrühren und alles mit Salz und Pfeffer abschmecken.

3 Die Tortillas nacheinander in einer leicht eingefetteten beschichteten Pfanne erwärmen. Dann mit der Brokkolimischung belegen und fest zusammenrollen.

4 Die Rollen in eine Auflaufform geben und mit Chilisauce sowie Brühe übergießen. Den restlichen Käse über die Tortillas streuen, und diese in einem auf 190 °C vorgeheizten Backofen etwa 30 Minuten backen. Mit Zwiebel, Koriander und Tomatenwürfel garnieren und mit scharfer Salsa servieren.

Pizzateig

1 Std. 30 Min. 0 Min.

4 PERSONEN

15 g frische Hefe oder 1 TL Trockenhefe
100 ml lauwarmes Wasser
½ TL Zucker
1 EL Olivenöl
175 g Mehl, plus etwas mehr für die Arbeitsfläche
1 TL Salz

1 Die frische Hefe mit Wasser und Zucker in einer Schüssel verrühren. Oder: Die Trockenhefe ins gezuckerte Wasser streuen und mit einem Schneebesen sorgfältig verrühren, bis sie sich auflöst.

2 Die Hefemischung 10–15 Minuten an einem warmen Ort gehen lassen, bis sie schäumt. Dann das Olivenöl unterrühren.

3 Mehl und Salz in eine Schüssel sieben, eine Vertiefung in die Mitte drücken und die Hefemischung hineingeben. Alle Zutaten zu einem geschmeidigen Teig verarbeiten, dann auf eine bemehlte Arbeitsfläche geben und 5 Minuten glatt kneten.

4 Den Teig in einen gefetteten Gefrierbeutel geben und an einem warmen Ort etwa 1 Stunde gehen lassen, bis er sein Volumen verdoppelt hat.

5 Den aufgegangenen Teig auf einer leicht bemehlten Arbeitsfläche abschlagen (leicht flach klopfen). Dadurch können Luftblasen entweichen, sodass der Teig beim Backen gleichmäßig aufgeht. Den Teig wenden und erneut abschlagen. Den Vorgang viermal wiederholen.

6 Anschließend ist der Teig für die weitere Verwendung bereit und kann ausgerollt werden. Die Ränder leicht hochziehen und nach Wunsch belegen.

Schneller Pizzateig

20 Min. 0 Min.

4 PERSONEN

175 g Mehl, plus etwas mehr für die Arbeitsfläche
1½–2 TL Backpulver
½ TL Salz
1 EL Butter, plus etwas mehr zum Einfetten
150 ml Milch

1 Mehl, Backpulver und Salz in eine große Schüssel sieben. Die Butter zugeben und mit den Fingerspitzen einkneten, bis eine feinkrümelige Mischung entsteht.

2 Eine Vertiefung in die Mitte drücken, fast die gesamte Milch hineingeben und alles rasch zu einem glatten Teig verarbeiten. Die restliche Milch nur zufügen, wenn der Teig zu fest ist.

3 Den Teig auf einer bemehlten Arbeitsfläche kräftig durchkneten, dann wenden und erneut durchkneten. Den Vorgang drei- bis viermal wiederholen.

4 Dann den Teig auf einem leicht eingefetteten Backblech zu einem Kreis von 25 cm Durchmesser ausrollen, am Rand leicht hochziehen und mit Zutaten nach Wahl belegen.

Kartoffelteig

15 Min. 0 Min.

4 PERSONEN

125 g Mehl
1–1½ TL Backpulver
½ TL Salz
2–3 EL Butter oder Margarine, plus etwas mehr zum Einfetten
250 g Kartoffeln, am Vortag gekocht

1 Mehl, Backpulver und Salz in eine Schüssel sieben. Die Butter zugeben und mit den Fingerspitzen einkneten, bis eine feinkrümelige Mischung entsteht.

2 Kartoffeln zerdrücken, zugeben und alles zu einem weichen Teig verarbeiten.

3 Den Teig auf einem eingefetteten Backblech zu einem Kreis von 25 cm Durchmesser ausrollen. Am Rand etwas höherziehen und nach Wunsch belegen.

TIPP
Man kann auch frisch gekochte Kartoffeln heiß mit Butter zerdrücken, abkühlen lassen und dann dem Teig zugeben.

Tomatensauce für Pizza

5 Min. 25 Min.

4 PERSONEN

1 EL Olivenöl
1 kleine Zwiebel, gehackt
1 Knoblauchzehe, zerdrückt
200 g gehackte Tomaten aus der Dose
2 TL Tomatenmark
½ TL Zucker
½ TL getrockneter Oregano
1 Lorbeerblatt
Salz und Pfeffer

1 Das Öl erhitzen. Zwiebel und Knoblauch darin 5 Minuten unter Rühren glasig dünsten.

2 Tomaten, Tomatenmark, Zucker, Oregano und Lorbeerblatt zufügen, unterrühren und mit Salz und Pfeffer würzen.

3 Die Sauce aufkochen, abdecken und bei schwacher Hitze 20 Minuten unter gelegentlichem Rühren einkochen.

4 Das Lorbeerblatt entfernen, die Sauce erneut abschmecken und vor der Verwendung vollständig abkühlen lassen.

TIPP
In einem luftdicht verschließbaren Gefäß im Kühlschrank gelagert ist die Sauce bis zu 1 Woche haltbar.

Tomatensauce de Luxe

10 Min. 35 Min.

4 PERSONEN

2 EL Olivenöl
1 kleine Zwiebel, gehackt
1 kleine rote Paprika, entkernt und fein gewürfelt
1 Knoblauchzehe, zerdrückt
250 g Tomaten
1 EL Tomatenmark
1 TL brauner Zucker
2 TL frisch gehackte Basilikumblätter
½ TL getrockneter Oregano
1 Lorbeerblatt
Salz und Pfeffer

1 Das Öl in einem Topf erhitzen. Zwiebel, Paprika und Knoblauch zufügen und 5 Minuten weich dünsten.

2 Die Tomaten von unten kreuzförmig einritzen, in eine Schüssel geben, mit kochendem Wasser übergießen und 1 Minute ruhen lassen. Dann abtropfen lassen, in kaltes Wasser tauchen und häuten. Dann die Tomaten hacken und eventuelle harte Kerne entfernen.

3 Tomaten, Tomatenmark, Zucker, Kräuter, Salz und Pfeffer zur Zwiebelmischung geben. Alles sorgfältig verrühren, aufkochen, abdecken und 30 Minuten bei schwacher Hitze köcheln lassen, bis die Sauce leicht andickt; dabei gelegentlich umrühren.

4 Das Lorbeerblatt entfernen und die Sauce mit kräftig mit Salz und Pfeffer abschmecken. Beiseitestellen und vor der Verwendung vollständig abkühlen lassen.

TIPP
Die Tomatensauce kann auch unabhängig von der Pizza zubereitet werden. Sie hält sich in einem luftdicht verschließbaren Gefäß im Kühlschrank bis zu 1 Woche.

Pizza funghi

1 Std. 15 Min. 45 Min.

4 PERSONEN

1 Portion Pizzateig (siehe Seite 389)
etwas Butter, zum Einfetten

BELAG
400 g gehackte Tomaten aus der Dose
2 Knoblauchzehen, zerdrückt
1 TL getrocknetes Basilikum
1 EL Olivenöl
Salz und Pfeffer
2 EL Tomatenmark
200 g Pilze, in sehr dünnen Scheiben
150 g Mozzarella, gerieben
frisches Basilikum, zum Garnieren

1 Den Teig mit einem Nudelholz zu einem ebenmäßigen Kreis oder einem Oval ausrollen und auf ein eingefettetes Backblech legen. Der Teig sollte nicht dicker als 6 mm sein, da er beim Backen noch aufgeht.

2 Tomaten, Knoblauch, Basilikum und Öl in eine große Pfanne geben und mit Salz und Pfeffer würzen. 20 Minuten einkochen, dann das Tomatenmark einrühren und die Sauce ein wenig abkühlen lassen.

3 Die Sauce gleichmäßig auf dem Pizzateig verteilen. Anschließend den Boden mit den vorbereiteten Pilzen und dem Mozzarella belegen und die Pizza in einem auf 200 °C vorgeheizten Backofen 20–25 Minuten backen. Vor dem Servieren mit Basilikum garnieren.

Pizza gorgonzola

1 Std. 15 Min. 35 Min.

4 PERSONEN

TEIG
7 g Trockenhefe
1 TL Zucker
250 ml lauwarmes Wasser
175 g Vollkornmehl
175 g Weizenmehl Type 550, plus etwas mehr zum Bestäuben
1 TL Salz
1 EL Olivenöl
etwas Butter, zum Einfetten

BELAG
400 g Kürbis, geschält und gewürfelt
1 EL Olivenöl
1 Birne, geschält und in dünnen Scheiben
100 g Gorgonzola, zerbröckelt
1 frischer Rosmarinzweig, zum Garnieren

1 Hefe und Zucker in einen Messbecher geben, mit 50 ml Wasser auffüllen und etwa 15 Minuten gehen lassen, bis die Mischung schäumt.

2 Die beiden Mehlsorten und das Salz in einer Schüssel mischen. Eine Vertiefung in die Mitte drücken. Das Öl, die angerührte Hefe und das restliche Wasser zugießen. Alles zu einem festen Teig verrühren und auf einer bemehlten Arbeitsfläche 4–5 Minuten glatt kneten.

3 Den Teig zurück in die Schüssel geben, mit eingefetteter Frischhaltefolie abdecken und 30 Minuten gehen lassen, bis er sein Volumen verdoppelt hat. Den aufgegangenen Teig aus der Schüssel nehmen und erneut 2 Minuten durchkneten. Dann mit einem Nudelholz in die gewünschte Form bringen und auf ein eingefettetes Backblech legen.

4 Für den Belag die Kürbiswürfel in einen flachen Bräter geben, mit Olivenöl beträufeln und unter einem vorgeheizten Grill 20 Minuten garen, bis sie weich sind.

5 Birnenscheiben und Kürbiswürfel gleichmäßig auf dem Pizzateig verteilen. Die Ölreste aus dem Bräter über das Gemüse träufeln. Dann den Gorgonzola über die Pizza streuen und diese in einem auf 200 °C vorgeheizten Backofen etwa 15 Minuten backen, bis der Teig goldbraun und knusprig ist. Vor dem Servieren mit einem Rosmarinzweig garnieren.

Paprika-Zwiebel-Pizza

25 Min. 25 Min.

8 PERSONEN

1 Portion Pizzateig (siehe Seite 389)
etwas Mehl, zum Bestäuben
Butter, zum Einfetten

BELAG
2 EL Olivenöl, plus etwas mehr zum Beträufeln
½ rote Paprika, entkernt und in dünnen Streifen
½ grüne Paprika, entkernt und in dünnen Streifen
½ gelbe Paprika, entkernt und in dünnen Streifen
1 kleine rote Zwiebel, in dünnen Ringen
1 Knoblauchzehe, zerdrückt
Tomatensauce für Pizza (siehe Seite 390)
3 EL Rosinen
4 EL Pinienkerne
1 EL frisch gehackter Thymian
Salz und Pfeffer

1 Den Teig auf einer leicht bemehlten Arbeitsfläche zu einem 30 cm x 18 cm großen Rechteck ausrollen. Dann in eine gefettete Back- oder Auflaufform geben und an den Rändern leicht hochziehen.

2 Den Teig abdecken und an einem warmen Ort etwa 10 Minuten leicht aufgehen lassen.

3 Das Öl in einer Pfanne erhitzen. Paprika, Zwiebel und Knoblauch zugeben und alles 5 Minuten dünsten, bis das Gemüse weich, aber noch nicht gebräunt ist. Dann abkühlen lassen.

4 Den Pizzaboden fast bis zum Rand mit der Tomatensauce bestreichen.

5 Den Boden mit den Rosinen, der abgekühlte Paprikamischung, Pinienkernen und Thymian belegen. Mit etwas Olivenöl beträufeln und mit Salz und Pfeffer würzen.

6 Die Pizza in einem auf 200 °C vorgeheizten Backofen 18–20 Minuten backen und in Streifen geschnitten servieren.

Pizza Margherita

1 Std. 45 Min.

4 PERSONEN

1 Portion Pizzateig (siehe Seite 389)
etwas Butter, zum Einfetten

BELAG
400 g gehackte Tomaten aus der Dose
2 Knoblauchzehen, zerdrückt
2 TL getrocknetes Basilikum
1 EL Olivenöl
Salz und Pfeffer
2 EL Tomatenmark
100 g Mozzarella, klein gewürfelt
2 EL frisch geriebener Parmesan

1 Den Teig auf ein eingefettetes Backblech legen und zu einem ebenmäßigen Kreis ausrollen. Er sollte nicht dicker als 6 mm sein, da er beim Backen noch aufgeht.

2 Für den Belag gehackte Tomaten, Knoblauch, Basilikum und Öl in eine große Pfanne geben. Alles mit Salz und Pfeffer abschmecken und 20 Minuten einkochen. Dann das Tomatenmark einrühren, beiseitestellen und die Sauce vor der Verwendung leicht abkühlen lassen.

3 Die abgekühlte Sauce gleichmäßig auf dem Pizzateig verteilen. Mit Mozzarella und Parmesan bestreuen, in einem auf 200 °C vorgeheizten Backofen 20–25 Minuten backen und heiß servieren.

Pilz-Nuss-Pizza

10 Min. 25 Min.

4 PERSONEN

1 Portion Pizzateig (siehe Seite 389)
etwas Mehl, für die Arbeitsfläche
etwas Butter, zum Einfetten

BELAG
Tomatensauce für Pizza (siehe Seite 390)
120 g Frischkäse
1 EL frisch gehackte gemischte Kräuter, z. B. Petersilie, Oregano und Basilikum
250 g Pilze, z. B. Austern-, Shiitake- oder Steinpilze oder je zur Hälfte Wiesen- und Zuchtchampignons, in Scheiben
2 EL Olivenöl, plus etwas mehr zum Beträufeln
¼ TL Fenchelsamen
1–2 EL Walnüsse, grob gehackt
50 g Blauschimmelkäse, z. B. Roquefort oder Gorgonzola
Salz und Pfeffer
glatte Petersilie, zum Garnieren

1 Den Teig auf einer leicht bemehlten Arbeitsfläche zu einem Kreis von etwa 25 cm Durchmesser ausrollen.

2 Den Pizzaboden auf ein eingefettetes Backblech legen und am Rand etwas höherziehen.

3 Den Boden mit der Tomatensauce bestreichen; dabei einen schmalen Rand lassen. Dann den Frischkäse und die frisch gehackten Kräuter darüberstreuen.

4 Das Öl in einer Pfanne oder einem Wok erhitzen und Pilze sowie Fenchelsamen darin 2–3 Minuten pfannenrühren. Dann zusammen mit den Walnüssen über die Pizza geben.

5 Den Blauschimmelkäse zerbröckeln und über die Pizza streuen, etwas Olivenöl darüberträufeln und mit Salz und Pfeffer würzen.

6 Die Pizza in einem auf 200 °C vorgeheizten Backofen 18–20 Minuten goldbraun und knusprig backen. Die fertige Pizza mit glatter Petersilie garnieren und sofort servieren.

Pizza fiorentina

20 Min. 20 Min.

4 PERSONEN

1 Portion Pizzateig (siehe Seite 389)
etwas Mehl, für die Arbeitsfläche
etwas Butter, zum Einfetten

BELAG
3 EL Olivenöl, plus etwas mehr zum Beträufeln
2 EL frisch geriebener Parmesan
Tomatensauce für Pizza (siehe Seite 390)
175 g frischer Spinat
1 rote Zwiebel, in dünnen Ringen
¼ TL frisch geriebene Muskatnuss
2 Eier, hart gekocht, in Scheiben
1 EL Semmelbrösel
2–3 EL frisch geriebener Gruyère
2 EL Mandelblättchen
Salz und Pfeffer

1 Den Teig auf einer leicht bemehlten Arbeitsfläche zu einem Kreis von etwa 25 cm Durchmesser ausrollen. Mit Olivenöl bestreichen und mit Parmesan bestreuen. Auf ein eingefettetes Backblech legen, den Rand etwas höherziehen und den Teig mit der Tomatensauce bestreichen; dabei einen schmalen Rand lassen.

2 Den Spinat waschen und putzen, dabei von eventuellen harten Stielen befreien. Mit Küchenpapier trocken tupfen.

3 Das Öl erhitzen. Die Zwiebel darin weich garen. Den Spinat zufügen und dünsten, bis er zusammenfällt. Dann herausnehmen, auf dem Pizzaboden verteilen und mit dem Muskat bestreuen.

4 Die Eier auf den Spinat legen, Semmelbrösel, Käse und Mandeln mischen und darüber streuen. Anschließend mit einigen Tropfen Öl beträufeln und mit Salz und Pfeffer würzen.

5 Die fertige Pizza in einem auf 200 °C vorgeheizten Backofen 18–20 Minuten goldbraun und knusprig backen.

Tomaten-Ricotta-Pizza

1 Std. 15 Min. 30 Min.

4 PERSONEN

1 Portion Pizzateig (siehe Seite 389)
etwas Mehl, für die Arbeitsfläche
etwas Butter, zum Einfetten

BELAG
4 EL Pesto rosso
10 getrocknete Tomaten in Öl, abgetropft und in Streifen
150 g Ricotta
1 EL frischer Thymian
Salz und Pfeffer

1 Den Teig auf einer leicht bemehlten Arbeitsfläche mit einem Nudelholz zu einem Kreis ausrollen, auf ein gefettetes Backblech legen und an den Rändern etwas hochziehen. Der Teig sollte nicht dicker als 6 mm sein, da er beim Backen noch aufgeht.

2 Den Pesto rosso gleichmäßig auf dem Pizzateig verteilen. Die getrockneten Tomaten und den Ricotta in kleinen Portionen darauf anrichten.

3 Den Thymian über den Belag streuen. Die fertig belegte Pizza mit Salz und Pfeffer würzen und in einem auf 200 °C vorgeheizten Backofen 30 Minuten backen, bis der Teig goldbraun und knusprig geworden ist. Noch heiß sofort servieren.

Pizza giardiniera

15 Min. 20 Min.

4 PERSONEN

1 Portion Pizzateig (siehe Seite 389)
etwas Mehl, für die Arbeitsfläche
etwas Butter, zum Einfetten

BELAG
Tomatensauce de Luxe (siehe Seite 390)
6 Spinatblätter
1 Tomate, in Scheiben
1 Selleriestange, in dünnen Scheiben
½ grüne Paprika, entkernt und in Streifen
1 kleine Zucchini, in Scheiben
1–2 EL grüne Spargelspitzen
1–2 EL Mais, Tiefkühlware aufgetaut
1–2 EL Erbsen, Tiefkühlware aufgetaut
4 Frühlingszwiebeln, geputzt und gehackt
1 EL frisch gehackte Kräuter
60 g Mozzarella, gerieben
2 EL frisch geriebener Parmesan
1 Artischockenherz
Olivenöl, zum Beträufeln
Salz und Pfeffer

1 Den Spinat unter fließend kaltem Wasser abspülen, eventuelle harte Stiele entfernen. Dann mit Küchenpapier trocken tupfen.

2 Den Teig mit einem Nudelholz auf einer bemehlten Arbeitsfläche zu einem Kreis von etwa 25 cm Durchmesser ausrollen, auf ein gefettetes Backblech legen und den Rand etwas höherziehen. Dann den Boden mit der Tomatensauce bestreichen.

3 Spinat, Tomatenscheiben, das restliche Gemüse und die Kräuter auf dem Boden verteilen. Die beiden Käsesorten mischen und über den Belag streuen. Zuletzt das Artischockenherz in der Mitte platzieren, die Pizza mit etwas Olivenöl beträufeln und mit Salz und Pfeffer würzen.

4 Die fertig belegte Pizza 18–20 Minuten in einem auf 200 °C vorgeheizten Backofen goldbraun und knusprig backen.

Pizza bianca

1 Std. 30 Min. 15 Min.

2 PIZZEN (Ø 23 CM)

TEIG
225 ml Wasser
400 g Mehl, plus etwas mehr zum Bestäuben
1 Tütchen Trockenhefe
1 TL Salz
1 EL natives Olivenöl extra, plus etwas mehr zum Einfetten

BELAG
2 Zucchini
300 g Mozzarella
1½–2 EL frisch gehackter oder ½ EL getrockneter Rosmarin

1 Für den Teig das Wasser auf etwa 50 °C erwärmen.

2 Mehl, Hefe und Salz vermengen und in die Mitte eine Vertiefung drücken. Einen Großteil des Wassers und das gesamte Olivenöl in hineingießen und alles zu einem glatten Teig verarbeiten. Falls dieser etwas zu trocken sein sollte, das restliche Wasser zugießen.

3 Den Teig 10 Minuten auf einer leicht bemehlten Arbeitsfläche durchkneten. Die Schüssel auswaschen und leicht mit Öl einpinseln. Den Teig zu einer Kugel formen, in die Schüssel legen, im Öl wenden, abdecken, beiseitestellen und gehen lassen, bis er sein Volumen verdoppelt hat.

4 Den aufgegangenen Teig erneut einige Minuten auf einer leicht bemehlten Arbeitsfläche durchkneten, dann die Schüssel darüberstülpen und den Teig weitere 10 Minuten gehen lassen.

5 In der Zwischenzeit die Zucchini mit einem scharfen Messer oder einem Sparschäler in dünne Längsstreifen schneiden. Den Mozzarella abtropfen lassen und in kleine Würfel schneiden.

6 Den Teig halbieren und jede Hälfte zu einer Kugel formen. Eine der beiden Kugeln abdecken, die andere zu einem ebenmäßigen Kreis von etwa 23 cm Durchmesser ausrollen und auf ein bemehltes Backblech geben.

7 Zunächst die Hälfte des Mozzarellas, dann die Hälfte der Zucchinistreifen auf dem ausgerollten Teigkreis verteilen. Anschließend den Belag mit der Hälfte des Rosmarins bestreuen. Schritte 6 und 7 mit der zweiten Teigkugel wiederholen.

8 Die fertig belegten Pizzen in einem auf 220 °C vorgeheizten Backofen etwa 15 Minuten backen, bis sie knusprig sind. Dann sofort servieren.

Pizza funghi mit Knoblauch

45 Min. 30 Min.

4 PERSONEN

TEIG

450 g Mehl, plus etwas mehr für die Arbeitsfläche
2 TL Trockenhefe
2 Knoblauchzehen, zerdrückt
2 EL frisch gehackter Thymian
2 EL Olivenöl, plus etwas mehr zum Einfetten
300 ml lauwarmes Wasser

BELAG

2 EL Butter
350 g gemischte Pilze, in Scheiben
2 Knoblauchzehen, zerdrückt
2 EL frisch gehackte Petersilie, plus etwas mehr zum Garnieren
2 EL Tomatenmark
6 EL passierte Tomaten
Salz und Pfeffer
90 g Mozzarella, gerieben

1 Mehl, Hefe, Knoblauch und Thymian in eine Schüssel füllen. In die Mitte eine Vertiefung drücken. Nach und nach Öl und Wasser in die Mulde gießen und mit der Mehlmischung zu einem weichen Teig verarbeiten.

2 Den Teig auf einer bemehlten Arbeitsfläche 5 Minuten durchkneten, dann zu einem Kreis von 35 cm Durchmesser ausrollen. Ein Backblech mit etwas Öl einstreichen und den Teig darauf legen. Den Teig an einem warmen Ort 20 Minuten aufgehen lassen.

3 Für den Belag Butter in einer Pfanne zerlassen und Pilze, Knoblauch und Petersilie bei schwacher Hitze 5 Minuten dünsten.

4 Tomatenmark und passierte Tomaten vermischen und auf dem Pizzaboden verstreichen; dabei einen Rand von 1 cm stehen lassen.

5 Die Pilzmischung über der Tomatenmischung verteilen, mit Salz und Pfeffer würzen und mit dem Käse bestreuen.

6 Die Pizza in einem auf 190 °C vorgeheizten Backofen 20–25 Minuten backen, bis der Teig an den Rändern goldbraun und knusprig und der Käse geschmolzen ist. Die fertige Pizza mit gehackter Petersilie bestreuen und sofort servieren.

Exotische Tofu-Mais-Pizza

1 Std. 35 Min.

4 PERSONEN

1 l Milch
1 TL Salz
225 g Grieß
1 EL Sojasauce
1 EL trockener Sherry
½ TL frisch geriebene Ingwerwurzel
250 g Tofu, gewürfelt
2 Eier
Pfeffer
2–3 EL frisch geriebener Parmesan
etwas Butter, zum Einfetten
Tomatensauce für Pizza (siehe Seite 390)
3 Babymaiskolben, geviertelt
2 EL Zuckererbsen, geviertelt
4 Frühlingszwiebeln, in 2 cm langen Streifen
60 g Mozzarella, in Scheiben
2 TL Sesamöl
Salz und Pfeffer

1 Milch und Salz aufkochen, den Grieß unter ständigem Rühren zufügen und 10 Minuten bei schwacher Hitze köcheln lassen; dabei regelmäßig rühren. Dann auf Zimmertemperatur abkühlen lassen.

2 Sojasauce, Sherry und Ingwer mischen und den Tofu gut in der Mischung wenden, sodass er rundum überzogen ist. 20 Minuten an einem kühlen Ort marinieren, dann abtropfen lassen.

3 Die Eier mit etwas Pfeffer verquirlen, mit dem Parmesan zum abgekühlten Grieß geben und verrühren. Die Teigmischung auf ein eingefettetes Backblech geben und zu einem Kreis von etwa 25 cm Durchmesser ausrollen. Mit der Tomatensauce bestreichen.

4 Mais und Zuckererbsen 1 Minute in kochendem Wasser blanchieren, abtropfen lassen und mit den Tofuwürfeln auf die Pizza geben. Mit Frühlingszwiebeln und Mozzarella belegen, etwas Sesamöl darüberträufeln und mit Salz und Pfeffer würzen.

5 Die belegte Pizza in einem auf 200 °C vorgeheizten Backofen 18–20 Minuten goldbraun backen. Dann sofort servieren.

Linsen-Ratatouille-Pizza

2 Std. 30 Min. 55 Min.

4 PERSONEN

1 Portion Pizzateig (siehe Seite 389), aus Vollkornmehl bereitet
etwas Mehl, für die Arbeitsfläche

BELAG
60 g grüne Linsen
½ kleine Aubergine, gewürfelt
3 EL Olivenöl, plus etwas mehr zum Beträufeln
1 kleine Zwiebel, in Ringen
1 Knoblauchzehe, zerdrückt
½ Zucchini, in Scheiben
½ rote Paprika, entkernt und in Streifen
½ grüne Paprika, entkernt und in Streifen
200 g gehackte Tomaten aus der Dose
1 EL frisch gehackter Oregano
2 EL Wasser
Salz und Pfeffer
60 g Emmentaler, in dünnen Scheiben
1 EL Sonnenblumenkerne

1 Die Linsen 30 Minuten in heißem Wasser quellen lassen. Abgießen und abspülen. Mit frischem Wasser bedecken und bei niedriger Hitze 10 Minuten kochen. Dann abtropfen lassen.

2 Die Auberginenwürfel in ein Sieb legen, mit etwas Salz bestreuen und 20 Minuten ziehen lassen. Gut abspülen und mit Küchenpapier trocken tupfen.

3 Das Öl in einem Topf erhitzen. Zwiebel und Knoblauch darin 3 Minuten anbraten. Zucchini, Paprika und Aubergine zugeben, abdecken und bei niedriger Hitze 5 Minuten garen.

4 Tomaten, Linsen, Oregano und Wasser unterrühren, mit Salz und Pfeffer würzen. Abdecken und 15 Minuten köcheln lassen, dabei gelegentlich umrühren.

5 Teig teilen und auf einer bemehlten Arbeitsfläche 2 Pizzaböden ausrollen. Auf 2 mit Backpapier ausgelegte Backbleche legen, abdecken und etwa 10 Minuten leicht aufgehen lassen.

6 Das Linsen-Ratatouille auf den Pizzaböden verteilen. Den Käse darauf legen, die Sonnenblumenkerne darüberstreuen. Mit etwas Olivenöl beträufeln und mit Salz und Pfeffer würzen.

7 Die fertigen Pizzen in einem auf 200 °C vorgeheizten Backofen 18–20 Minuten goldbraun und knusprig backen. Dann sofort servieren.

Gemüse-Pizza

2 Std. 30 Min. 40 Min.

4 PERSONEN

1 Portion Pizzateig (siehe Seite 389)
etwas Mehl, für die Arbeitsfläche

BELAG
2 kleine Zucchini, längs halbiert
2 kleine Auberginen, längs geviertelt
½ rote Paprika, entkernt und in 4 Streifen
½ gelbe Paprika, entkernt und in 4 Streifen
1 kleine rote Zwiebel, in Spalten
2 Knoblauchzehen, ungeschält
4 EL Olivenöl, plus etwas mehr zum Einfetten
1 EL Rotweinessig
1 EL frisch gehackter Thymian
Salz und Pfeffer
Tomatensauce für Pizza (siehe Seite 390)
90 g Ziegenkäse
frische Basilikumblätter, zum Garnieren

1 Das vorbereitete Gemüse auf ein Backblech legen. Olivenöl, Essig, Thymian, Salz und Pfeffer mischen. Darüber gießen und gut vermischen.

2 Das Gemüse in einem auf 200 °C vorgeheizten Backofen 15–20 Minuten rösten, bis die Haut beginnt, stellenweise schwarz zu werden; dabei zur Hälfte der Röstzeit einmal wenden und nach dem Rösten 5 Minuten ruhen lassen.

3 Paprika und Knoblauch schälen. Die geschälten Knoblauchzehen hacken.

4 Den Teig auf einer bemehlten Arbeitsfläche zu einem Kreis von 25 cm Durchmesser ausrollen. Auf ein großes gefettetes Backblech oder in eine Pizzaform legen und an den Rändern leicht hochziehen. Abdecken und 10 Minuten an einem warmen Ort leicht aufgehen lassen. Dann bis fast zum Rand hin mit der Tomatensauce bestreichen.

5 Das geröstete Gemüse gleichmäßig auf dem Pizzaboden verteilen, dann mit dem Käse bestreuen. Den auf dem Backblech verbliebenen Saft über die Pizza träufeln und das Gemüse eventuell nachwürzen.

6 Die Pizza in einem auf 200 °C vorgeheizten Backofen 18–20 Minuten backen, bis die Ränder goldbraun und knusprig sind. Die fertige Pizza mit Basilikumblättern garnieren und sofort servieren.

Tomaten-Oliven-Brote

45 Min. 25 Min.

4 PERSONEN

2 frische Ciabatta-Brote oder Baguettes
Tomatensauce für Pizza (siehe Seite 390)
4 Eiertomaten, der Länge nach in dünnen Scheiben
150 g Mozzarella, in dünnen Scheiben
10 schwarze entsteinte Oliven, in Ringen
8 frische Basilikumblätter, in Streifen
Olivenöl, zum Beträufeln
Salz und Pfeffer

1 Die Brote der Länge nach halbieren, die Schnittflächen leicht rösten und mit Tomatensauce bestreichen.

2 Tomaten und Mozzarella fächerförmig auf den Brothälften anrichten. Oliven und die Hälfte des Basilikums über den Belag streuen, die Brote mit Olivenöl beträufeln und mit Salz und Pfeffer würzen.

3 Die Brote in einem auf 200 °C vorgeheizten Backofen 15–20 Minuten backen oder unter einem vorgeheizten Grill erwärmen, bis der Käse geschmolzen ist und Blasen wirft.

4 Die Brote mit dem restlichen Basilikum bestreuen, leicht abkühlen lassen und warm servieren.

Italienische Quiche

1 Std. 30 Min. 55 Min.

4 PERSONEN

250 g Mehl, plus etwas mehr für die Arbeitsfläche
125 g kalte Butter, gewürfelt
½ TL Salz
4 EL geriebener Parmesan
1 Ei, verquirlt
2 EL kaltes Wasser
2 EL Olivenöl, plus etwas mehr zum Einfetten
1 große Zwiebel, fein gehackt
1 Knoblauchzehe, zerdrückt
400 g gehackte Tomaten aus der Dose
4 EL Tomatenmark
1 rote Paprika, entkernt und halbiert
2 EL frischer Thymian
6 schwarze Oliven, entsteint und halbiert

1 Das Mehl in eine Schüssel sieben. Die Butter mit den Fingern einkneten, bis eine feinkrümelige Mischung entsteht. Dann Salz und 2 Esslöffel Parmesan einstreuen. Das Ei und 1 Esslöffel Wasser zugeben und unterrühren. Weiterrühren und mehr Wasser zugeben, bis ein glatter Teig entsteht. Diesen in Frischhaltefolie gewickelt 30 Minuten in den Kühlschrank stellen.

2 Das Öl in einer Pfanne erhitzen. Zwiebel und Knoblauch zugeben und 5 Minuten dünsten. Die Tomaten zugeben und 10 Minuten kochen. Dann das Tomatenmark unterrühren.

3 Die Paprika mit der Schnittseite nach unten auf ein Backblech legen und unter einem vorgeheizten Grill etwa 15 Minuten rösten, bis sie stellenweise schwarz wird. Dann abkühlen lassen, häuten und das Fruchtfleisch in Streifen schneiden.

4 Den Teig auf einer leicht bemehlten Arbeitsfläche ausrollen und in eine eingefettete runde Backform (Ø 25 cm) einpassen. Dann mit Alufolie bedecken und in einem auf 200 °C vorgeheizten Backofen 10 Minuten blindbacken. Anschließend die Folie entfernen und den Teig weitere 5 Minuten backen, bis er leicht gebräunt ist. Auskühlen lassen.

5 Die Tomatensauce auf dem ausgekühlten Teig verteilen. Paprika, Thymian, Oliven und den restlichen Parmesan darübergeben und die Quiche erneut 15 Minuten backen, bis der Teig knusprig ist. Etwas auskühlen lassen und warm oder kalt servieren.

Grillgerichte

Zitrus-Kräuter-Marinaden

20 Min. 0 Min.

4 PERSONEN

ORANGE-MAJORAN-MARINADE
1 Orange
125 ml Olivenöl
4 EL trockener Weißwein
4 EL Weißweinessig
1 EL frisch gehackter Schnittlauch
1 EL frisch gehackter Majoran
Salz und Pfeffer

LIMETTENMARINADE
1 Zitronengrasstängel
abgeriebene Schale und Saft von 1 Limette
4 EL Sesamöl
2 EL helle Sojasauce
1 Prise Ingwerpulver
1 EL frisch gehackter Koriander
Salz und Pfeffer

BASILIKUM-ZITRONEN-MARINADE
fein abgeriebene Schale von 1 Zitrone
4 EL Zitronensaft
1 EL Balsamico-Essig
2 EL Rotweinessig
2 EL natives Olivenöl extra
1 EL frisch gehackter Oregano
1 EL frisch gehacktes Basilikum
Salz und Pfeffer

1 Für die Orangen-Majoran-Marinade mit einem Zestenschneider feine Streifen Schale von der Orange abschälen oder die Schale mit einer Reibe abreiben. Dann die Orange auspressen. Orangenschale und -saft mit den restlichen Zutaten in einer kleinen Schale gründlich vermengen und mit Salz und Pfeffer abschmecken.

2 Für die thailändische Limettenmarinade das Zitronengras mit einem Nudelholz zerdrücken und mit den restlichen Zutaten in einer Schale vermischen. Mit Salz und Pfeffer abschmecken.

3 Für die Basilikum-Zitronen-Marinade alle Zutaten in einer kleinen Schale gründlich mischen und mit Salz und Pfeffer abschmecken.

4 Die fertigen Marinaden mit Frischhaltefolie abdecken oder in verschraubbare Gefäße füllen und zum Marinieren von Gemüse oder als leichte Dips verwenden.

Pikante Grillsauce

5 Min. 40 Min.

4 PERSONEN

25 g Butter oder Margarine
1 Knoblauchzehe, zerdrückt
1 Zwiebel, fein gehackt
400 g gehackte Tomaten aus der Dose
1 EL brauner Zucker
1 TL scharfe Chilisauce
1–2 Gewürzgurken
1 EL Kapern, abgetropft
Salz und Pfeffer

1 Butter oder Margarine in einem Topf zerlassen. Knoblauch und Zwiebel zufügen und 8–10 Minuten gut anbräunen.

2 Tomaten, Zucker und Chilisauce zugeben, alles aufkochen, dann die Hitze reduzieren und die Sauce 20–25 Minuten köcheln lassen, bis sie zu einer dickflüssigen Masse eingekocht ist.

3 Gurken und Kapern fein hacken, unter die Sauce rühren und alles bei geringer Hitze weitere 2 Minuten kochen. Dann mit Salz und Pfeffer abschmecken.

4 Die Sauce als Würze für vegetarische Puffer und Burger verwenden oder als Dip zu anderen Grillgerichten, etwa Gemüsespießen, reichen.

TIPP
Mit den Dosentomaten lässt sich dieses Rezept sehr schnell zubereiten. Wenn Sie genügend Zeit haben, sind frische Tomaten aber vorzuziehen. Einfach 500 g frische Tomaten häuten, entkernen, klein hacken und in Schritt 2 zufügen.

Dressing-Variationen

45 Min. 0 Min.

4 PERSONEN

APFEL-SENF-DRESSING
125 ml Olivenöl
4 EL Apfelessig
2 TL grobkörniger Senf
½ TL Zucker
Salz und Pfeffer

KNOBLAUCH-PETERSILIEN-DRESSING
1 kleine Knoblauchzehe, zerdrückt
1 EL fein gehackte Petersilie
150 g Schlagsahne
4 EL Naturjoghurt
1 TL Zitronensaft
1 Prise Zucker
Salz und Pfeffer

HIMBEER-HASELNUSS-DRESSING
4 EL Himbeeressig
4 EL Olivenöl
4 EL Haselnussöl
½ TL Zucker
2 TL frisch gehackter Schnittlauch
Salz und Pfeffer

1 Für das Apfel-Senf-Dressing alle Zutaten in einer kleinen Schale verquirlen. Mit Salz und Pfeffer abschmecken.

2 Für das Knoblauch-Petersilien-Dressing zuerst Knoblauch und Petersilie in einer kleinen Schale vermischen, dann die restlichen Zutaten zugeben und unterrühren. Mit Salz und Pfeffer würzen, abdecken und mindestens 30 Minuten im Kühlschrank ziehen lassen.

3 Für das Himbeer-Haselnuss-Dressing alle Zutaten in einer Schüssel sorgfältig vermengen und mit Salz und Pfeffer abschmecken.

4 Die fertigen Dressing-Variationen mit Frischhaltefolie abdecken oder in Schraubgefäße füllen und bis zum Gebrauch im Kühlschrank aufbewahren.

Gemüse mit Pesto-Sauce

30 Min. 8 Min.

4 PERSONEN

1 rote Zwiebel, in Spalten
1 Fenchelknolle, in Spalten
1 orangefarbene Paprika, halbiert und entkernt
1 rote Paprika, halbiert und entkernt
4 Babyauberginen
4 Babyzucchini
2 Fleischtomaten, halbiert
2 EL Olivenöl
Salz und Pfeffer

PESTO-SAUCE
60 g frische Basilikumblätter
15 g Pinienkerne
1 Knoblauchzehe
grobes Meersalz
25 g Parmesan, frisch gerieben
50 ml natives Olivenöl extra
150 g Naturjoghurt

1 Für die Pesto-Sauce Basilikum, Pinienkerne und Knoblauch mit 1 Prise Salz in einen Mörser geben und zu einer Paste verarbeiten. Dann nach und nach den Parmesan zugeben, zuletzt das Öl unterrühren. Den Joghurt in eine kleine Servierschale füllen und 3–4 Esslöffel Pesto unterrühren. Mit Frischhaltefolie abdecken und bis zum Verzehr kalt stellen.

2 Alle Gemüse mit Olivenöl bestreichen und mit Salz und Pfeffer würzen.

3 Auberginen und Paprika 3 Minuten über heißen Kohlen grillen. Dann Zucchini, Zwiebel und Tomaten dazulegen und alles weitere 5 Minuten rösten; dabei gelegentlich wenden und, falls nötig, mit Öl bestreichen. Das fertige Gemüse sofort mit der vorbereiteten Pesto-Sauce servieren.

VARIATION
Sollte kein Babygemüse verfügbar sein, verwenden Sie stattdessen 2 in Scheiben geschnittene Auberginen und 2 der Länge nach halbierte Zucchini.

Gemischtes Grillgemüse

10 Min. 25 Min.

6 PERSONEN

8 Babyauberginen, längs halbiert
4 Zucchini, längs halbiert
4 Tomaten, halbiert
2 große rote Zwiebeln, in dicken Scheiben
Salz und Pfeffer
1 TL Balsamico-Essig, zum Servieren

MARINADE
75 g Butter
2 TL Walnussöl
2 Knoblauchzehen, gehackt
4 EL trockener Weißwein oder Cidre

1 Das Gemüse mit Salz und Pfeffer würzen.

2 Für die Marinade Butter und Öl in einen hohen Topf geben und erhitzen, bis die Butter schmilzt. Den Knoblauch zugeben und 1–2 Minuten dünsten. Den Topf vom Herd nehmen und Wein oder Cidre einrühren.

3 Das Gemüse – gegebenenfalls portionsweise – in den Topf geben und sorgfältig in der Mischung wenden, bis es rundum davon überzogen ist.

4 Das Gemüse mit einem Schaumlöffel aus dem Topf heben, auf einen eingefetteten Grillrost legen und 15–20 Minuten über mäßig heißen Kohlen grillen. Dabei immer wieder mit der restlichen Marinade bestreichen und ein- oder zweimal wenden.

5 Das fertige Grillgemüse mit etwas Balsamico-Essig beträufeln und sofort servieren.

Vegetarische Cheeseburger

1 Std. 15 Min. 10 Min.

4 PERSONEN

150 g Sojahack (aus dem Reformhaus)
300 ml Gemüsebrühe
1 kleine Zwiebel, fein gehackt
125 g Mehl
1 Ei, verquirlt
1 EL frisch gehackte Kräuter
1 EL Sojasauce
Salz und Pfeffer
2 EL Öl
4 Burger-Brötchen
4 Scheiben Käse
Gewürzgurken, zum Garnieren
Tomatenscheiben, zum Garnieren
gemischter Salat, zum Servieren

GRILLSAUCE
2 EL Tomatenketchup
3 EL süßes Chutney
1 EL Worcestersauce
2 TL Dijon-Senf
1 EL Weißweinessig
2 EL dunkle herzhaft-süße Grillsauce

1 Das Sojahack in eine große Schüssel geben. Die Brühe zugießen und das Sojahack 15 Minuten quellen lassen, bis die Flüssigkeit aufgesogen ist.

2 In der Zwischenzeit für die Grillsauce Ketchup, Chutney, Worcestersauce und Senf vermengen. Weißweinessig und die herzhaft-süße Grillsauce unterrühren, die Mischung abdecken und bis zur Verwendung kalt stellen.

3 Zwiebel, Mehl, Ei, Kräuter und Sojasauce mit dem Sojahack vermengen. Alles mit Salz und Pfeffer würzen und erneut verrühren. Aus der Mischung 8 flache Bratlinge formen. Abdecken und bis zum Grillen kalt stellen.

4 Die Bratlinge mit dem Öl bestreichen und etwa 5 Minuten von jeder Seite über heißen Kohlen oder unter einem vorgeheizten Backofengrill garen.

5 Die Brötchen halbieren. Die untere Hälfte mit je einem Bratling und einer Käsescheibe belegen. Einen Klacks Grillsauce darübergeben, die Burger mit Gewürzgurken und Tomatenscheiben garnieren und mit Salat servieren.

Gefüllte Grilltomaten

10 Min. 10 Min.

4 PERSONEN

4 Fleischtomaten, halbiert und entkernt
Salz und Pfeffer
300 g gekochter Reis
8 Frühlingszwiebeln, in Ringen
3 EL frisch gehackte Minze
2 EL frisch gehackte Petersilie
3 EL Pinienkerne
3 EL Rosinen
2 TL Olivenöl

1 Die Tomatenhälften mit der Schnittseite nach unten kurz auf Küchenpapier abtropfen lassen. Dann umdrehen und von innen mit Salz und Pfeffer würzen.

2 Reis, Frühlingszwiebeln, Minze, Petersilie, Pinienkerne und Rosinen mischen und in die Tomatenhälften füllen.

3 Die Tomaten mit etwas Olivenöl beträufeln und 10 Minuten über mäßig heißen Kohlen grillen, bis sie weich und gut erwärmt sind.

4 Die fertigen Tomaten auf einem Servierteller anrichten und sofort servieren.

TIPP
Tomaten eignen sich hervorragend zum Grillen über Holzkohle. Stecken Sie nach Belieben auch einmal Kirschtomaten auf Holzspieße und geben Sie sie 5–10 Minuten auf den Grill.

Maiskolben mit Kräuterbutter

10 Min. 20–30 Min.

4 PERSONEN

4 Maiskolben mit Hüllblatt
100 g weiche Butter
1 EL frisch gehackte Petersilie
1 TL frisch geschnittener Schnittlauch
1 TL frisch gehackter Thymian
abgeriebene Schale von 1 Zitrone
Salz und Pfeffer

1 Zur Vorbereitung des Maiskolbens das Hüllblatt zurückschieben und die feinen Härchen vom Kolben entfernen. Dann das Hüllblatt zurückfalten und eventuell mit Küchengarn festbinden.

2 Die Kolben etwa 5 Minuten in leicht gesalzenem Wasser blanchieren. Dann mit einem Schaumlöffel aus dem Topf heben und gut abtropfen lassen.

3 Die Maiskolben auf den Grill legen und etwa 20–30 Minuten unter häufigem Wenden über mäßig heißen Kohlen grillen.

4 Inzwischen Butter, Kräuter und Zitronenschale verrühren und alles mit Salz und Pfeffer würzen.

5 Die fertigen Maiskolben auf eine Platte geben und mit Kräuterbutter servieren.

TIPP
Falls Sie keine frischen Maiskolben bekommen, grillen Sie gefrorene. Bestreichen Sie dazu doppelt gefaltete Alufolie mit etwas Kräuterbutter, wickeln Sie die Kolben darin ein und grillen Sie sie etwa 20–30 Minuten direkt in den Kohlen.

Pilz-Burger

1 Std. 20 Min. 20 Min.

4 PERSONEN

2 TL Sonnenblumenöl, plus etwas mehr zum Einfetten
120 g Pilze, klein geschnitten
25 g Erdnüsse
1 Zwiebel, gehackt
1 Zucchini, gewürfelt
1 Karotte, in Scheiben
120 g Semmelbrösel
1 EL frisch gehackte Petersilie
1 TL Hefe-Extrakt
1 EL Mehl, zum Bestäuben

1 Das Öl in einer Pfanne erhitzen. Die Pilze darin 8 Minuten unter ständigem Rühren dünsten, bis die Flüssigkeit verdampft ist. Dann in eine Schüssel füllen.

2 Erdnüsse, Zwiebel, Zucchini und Karotte in einem Mixer zerkleinern. Dann zu den Pilzen geben und Semmelbrösel, Petersilie und Hefe-Extrakt untermischen.

3 Mit leicht bemehlten Händen 4 Bratlinge aus der Masse formen. Diese auf eine Platte legen, abdecken und für mindestens 1 Stunde in den Kühlschrank stellen.

4 Die Burger mit dem etwas Sonnenblumenöl bestreichen und auf einem heißen Grill 8–10 Minuten braten. Dann sofort servieren.

Türkische Kebabs

15 Min. 15 Min.

4 PERSONEN

SAUCE
4 EL Olivenöl
3 Knoblauchzehen, zerdrückt
1 kleine Zwiebel, fein gehackt
425 g Kichererbsen aus der Dose, abgespült und abgetropft
300 g Naturjoghurt
1 TL gemahlener Kreuzkümmel
½ TL Chilipulver
Zitronensaft
Salz und Pfeffer

KEBABS
1 Aubergine
1 rote Paprika, entkernt
1 grüne Paprika, entkernt
4 Eiertomaten
1 Zitrone, geachtelt
8 kleine Lorbeerblätter
Olivenöl, zum Einfetten

1 Für die Sauce das Öl in einer kleinen Pfanne erhitzen. Dann Knoblauch und Zwiebel zugeben und bei mittlerer Hitze unter gelegentlichem Rühren etwa 5 Minuten goldbraun andünsten.

2 Kichererbsen, Joghurt, Kreuzkümmel, Chilipulver und die Zwiebel-Knoblauch-Mischung in einem Mixer oder mit einem Kartoffelstampfer zu einer sämigen Masse verarbeiten.

3 Die Masse in eine Schüssel geben und mit Zitronensaft sowie Salz und Pfeffer abschmecken. Abdecken und bis zum Servieren kalt stellen.

4 Für die Kebabs das Gemüse in mundgerechte Stücke schneiden und auf 4 Grillspieße verteilen. Die Spießenden jeweils mit 1 Lorbeerblatt und 1 Zitronenachtel krönen.

5 Die Spieße mit Olivenöl bestreichen und unter häufigem Wenden 5–8 Minuten über einem heißen Holzkohlegrill oder unter einem vorgewärmten Backofengrill garen.

6 Inzwischen die vorbereitete Sauce langsam erwärmen und mit den fertigen Spießen servieren.

Bohnen-Grilltopf

10 Min. 1 Std.

4 PERSONEN

60 g Butter
1 große Zwiebel, gehackt
2 Knoblauchzehen, zerdrückt
2 Karotten, in dünnen Scheiben
2 Selleriestangen, in dünnen Scheiben
1 EL Paprikapulver
2 TL gemahlener Kreuzkümmel
400 g gehackte Tomaten aus der Dose
425 g gemischte Bohnen aus der Dose, abgespült und abgetropft
150 ml Gemüsebrühe
1 EL brauner Zucker oder Sirup
350 g Quorn oder Tofu, gewürfelt
Salz und Pfeffer
ofenfrisches Baguette, zum Servieren

1 Die Butter in einem großen feuerfesten Topf zerlassen. Zwiebel und Knoblauch zugeben und 5 Minuten bei mittlerer Hitze unter gelegentlichem Rühren dünsten, bis sie leicht gebräunt sind.

2 Karotten und Sellerie zufügen und alles weitere 2 Minuten unter gelegentlichem Rühren dünsten, dann Paprikapulver und Kreuzkümmel einrühren.

3 Tomaten und Bohnen zufügen. Das Gemüse mit der Brühe ablöschen und Zucker oder Sirup zugeben. Alles aufkochen, dann die Hitze reduzieren und das Gemüse unter gelegentlichem Rühren 30 Minuten unabgedeckt köcheln lassen.

4 Quorn oder Tofu zugeben und den Eintopf abgedeckt weitere 20 Minuten unter gelegentlichem Rühren kochen. Das Gericht mit Salz und Pfeffer abschmecken und am Rand eines Holzkohlegrills heiß halten.

5 Den fertigen Eintopf auf Portionsteller verteilen und mit ofenfrischem Baguette servieren.

VARIATION
Statt der gemischten Bohnen eignet sich auch jede andere einzelne Bohnensorte aus der Dose. Der Eintopf kann ab Schritt 3 auch in einem auf 190 °C vorgeheizten Backofen gegart werden, dann aber abgedeckt.

Griechische Gemüsespieße

45 Min. 35 Min.

4 PERSONEN

8 neue Kartoffeln, gewaschen
2 Zwiebeln, in Spalten
1 Aubergine, geachtelt
8 dicke Salatgurkenscheiben
1 rote Paprika, entkernt und geachtelt
1 gelbe Paprika, entkernt und geachtelt
225 g Halloumi (siehe Tipp), geachtelt
8 kleine Champignons
2 Nektarinen, geviertelt
2 EL Olivenöl
2 TL frisch gehackter Thymian
2 TL frisch gehackter Rosmarin
Salz
1 Portion Zaziki (siehe Seite 75), zum Servieren

1 Kartoffeln und Zwiebeln 20 Minuten in leicht gesalzenem Wasser garen. Dann abtropfen lassen und zum Abkühlen beiseitestellen.

2 Inzwischen die Aubergine 2 Minuten in kochendem Wasser blanchieren, dann die Gurke zugeben und alles 1 weitere Minute köcheln lassen. Schließlich die Paprikastücke zufügen und 2 Minuten köcheln lassen. Alles abgießen und abkühlen lassen.

3 Das abgekühlte Gemüse, Käse, Pilze und Nektarinen in eine große Schüssel füllen. Olivenöl und Kräuter zugeben und gut untermischen. Mit etwas Salz abschmecken, dann Gemüse, Käse, Nektarinen und Pilze bunt verteilt auf Spieße stecken.

4 Die Spieße 15 Minuten über heißen Kohlen grillen; dabei häufig wenden. Sobald die Spieße fertig sind, sofort mit Zaziki servieren.

TIPP
Halloumi ist ein Käse aus Schafsmilch, der sich bestens zum Grillen eignet, denn er wird weich und bräunt, ohne zu zerlaufen.

Nussige Reis-Burger

1 Std. 15 Min. | 30 Min.

4 PERSONEN

1 EL Sonnenblumenöl
1 kleine Zwiebel, fein gehackt
100 g Pilze, fein gehackt
350 g gekochter Naturreis
100 g Semmelbrösel
75 g Walnüsse, fein gehackt
1 Ei
2 EL dunkle herzhaft-süße Grillsauce
1 Spritzer Tabasco-Sauce
Salz und Pfeffer
Öl, zum Bestreichen
4 Käsescheiben (nach Belieben)
4 Burger-Brötchen mit Sesam, zum Servieren
Zwiebelscheiben, zum Servieren
Tomatenscheiben, zum Servieren

1 Das Öl in einem großen Topf erhitzen. Die Zwiebel zugeben und 3–4 Minuten weich dünsten. Dann die Pilze zufügen und weitere 2 Minuten dünsten.

2 Den Topf vom Herd nehmen, den Inhalt in eine große Schüssel umfüllen und Reis, Semmelbrösel, Walnüsse, Ei sowie die beiden Saucen unter das Gemüse mischen. Anschließend alles mit Salz und Pfeffer abschmecken.

3 Die Reismischung mit den Händen zu 4 Burgern formen und fest zusammendrücken. Anschließend die Burger mindestens 30 Minuten in den Kühlschrank stellen.

4 Die Burger auf einem eingeölten Rost über mäßig heißen Kohlen von jeder Seite 5–6 Minuten grillen; dabei einmal wenden und häufig mit Öl bestreichen.

5 Inzwischen die Zwiebel- und Tomatenscheiben 3–4 Minuten grillen, bis sie leicht gebräunt sind. Nach Belieben 2 Minuten vor Ende der Grillzeit eine Scheibe Käse auf die Burger geben.

6 Die Burgerbrötchen am Rand des Grills kurz anrösten. Die Burger in die Brötchen geben und mit den gegrillten Zwiebeln und Tomaten servieren.

Gemüse nach Cajun-Art

10 Min. | 12–15 Min.

4 PERSONEN

4 Maiskolben
2 Süßkartoffeln, gewaschen
25 g Butter, zerlassen

CAJUN-GEWÜRZ
2 TL Paprika
1 TL gemahlener Kreuzkümmel
1 TL gemahlener Koriander
1 TL Pfeffer
½–1 TL Chilipulver

1 Die Maiskolben mit einem großen Messer in 4 Teile und die Süßkartoffeln in dicke Scheiben schneiden.

2 Für die Cajun-Gewürzmischung alle Gewürze in einer kleinen Schale vermengen. Dann die Maiskolbenstücke und die Süßkartoffelscheiben mit der vorbereiteten Gewürzmischung bestreuen.

3 Das gewürzte Gemüse 12–15 Minuten über mäßig heißen Kohlen grillen. Dabei häufig wenden und immer wieder mit zerlassener Butter bestreichen und der Gewürzmischung bestreuen.

TIPP
Das Fleisch von Süßkartoffeln variiert in der Farbe von Weiß bis Orange. Die orangefarbenen Arten sehen attraktiver aus und enthalten mehr Nährstoffe.

Gegrillte Aubergine

15 Min. 10 Min.

4 PERSONEN

1 große Aubergine
3 EL Olivenöl
1 TL Sesamöl
Salz und Pfeffer

PESTO
1 Knoblauchzehe
25 g Pinienkerne
15 g frische Basilikumblätter
2 EL geriebener Parmesan
6 EL Olivenöl
Salz und Pfeffer

GURKENSAUCE
150 g Naturjoghurt
5-cm-Stück Salatgurke, entkernt und gewürfelt
½ TL Minzsauce

1 Die Aubergine längs in 8 dünne Scheiben schneiden. Die Scheiben großzügig mit Salz bestreuen und einige Minuten ziehen lassen, um ihnen die Bitterstoffe zu entziehen.

2 Inzwischen für die Marinade Oliven- und Sesamöl mischen, kräftig mit Pfeffer würzen und beiseitestellen.

3 Für den Pesto Knoblauch, Pinienkerne, Basilikum und Käse in einem Mixer sehr fein hacken. Dann nach und nach bei laufendem Motor das Olivenöl in einem dünnen Strahl zugießen. Abschmecken und eventuell mit Salz und Pfeffer nachwürzen.

4 Für die Gurkensauce den Joghurt in eine Schüssel geben und glatt rühren. Dann die Gurkenwürfel zugeben und mit der Minzsauce unter den Joghurt rühren.

5 Die Auberginenscheiben abwaschen und mit Küchenpapier sorgfältig trocken tupfen. Dann mit der Marinade bestreichen und etwa 10 Minuten über heißen Kohlen grillen, bis die Auberginen goldbraun und weich geworden sind; dabei einmal wenden.

6 Die fertigen Auberginenscheiben auf einen Servierteller geben und mit Pesto und Gurkensauce servieren.

Aprikosen-Pflaumen-Spieße

15 Min. 25 Min.

4 PERSONEN

175 g Backpflaumen
225 g getrocknete Aprikosen
5-cm-Stück Zimtstange
225 ml Weißwein
2 EL Chilisauce
2 EL Sonnenblumenöl
500 g kleine Zwiebeln

1 Pflaumen, Aprikosen, Zimtstange und Wein in einen Topf geben und aufkochen. Die Hitze reduzieren und alles 5 Minuten köcheln lassen. Dann abgießen, den Kochsud auffangen und die Früchte zum Abkühlen beiseitestellen.

2 Den Kochsud in den Topf zurückgießen. Erneut aufkochen und anschließend auf die Hälfte eindicken. Den Topf vom Herd nehmen und die Zimtstange entfernen. Dann Chilisauce und Öl einrühren.

3 Pflaumen, Aprikosen und Zwiebeln auf Spieße stecken und 10 Minuten über mäßig heißen Kohlen grillen, dabei häufig wenden und immer wieder mit der restlichen Weinmischung bestreichen. Die fertigen Spieße sofort heiß servieren.

Indische Spießchen

15 Min. 10–12 Min.

4 PERSONEN

8 Kirschtomaten
1 orangefarbene Paprika, entkernt und in Stücken
8 Blumenkohlröschen
3 Ananasscheiben, geviertelt
1 Mango, gewürfelt
175 g Panir (siehe Tipp), gewürfelt
Salat, zum Servieren
Brot oder gekochter Reis, zum Servieren

GLASUR
2 EL Limettensaft
2 EL Chilisauce
1 EL Öl
1 EL klarer Honig
1 EL Wasser
1 Prise gemahlener Kreuzkümmel
Salz und Pfeffer

1 Alle Zutaten für die Glasur in einer kleinen Schale miteinander verrühren.

2 Tomaten, Paprikastücke, Blumenkohlröschen, Ananasstücke, Mango- und Käsewürfel auf 4 Spieße stecken.

3 Die Spieße mit Glasur bestreichen und 10–12 Minuten über mäßig heißen Kohlen grillen; dabei häufig wenden und mit Glasur bestreichen.

4 Die Spießchen mit Salat und frischem Brot oder gekochtem Reis servieren.

TIPP
Panir ist ein indischer Weichkäse. Die meisten indischen Köche bereiten ihn selbst zu (Rezept siehe Seite 334), er ist aber auch in Spezialitätengeschäften erhältlich. Alternativ können Sie Tofu verwenden.

Kleine Gemüse-Kebabs

25 Min. 15–20 Min.

6 PERSONEN

300 g geräucherter Tofu, gewürfelt
1 große rote Paprika, entkernt und grob gewürfelt
1 große gelbe Paprika, entkernt und grob gewürfelt
175 g kleine Champignons
1 kleine Zucchini, in Scheiben
fein abgeriebene Schale und Saft von 1 Zitrone
3 EL Olivenöl
1 EL frisch gehackte Petersilie
1 TL Zucker
Salz und Pfeffer
Petersilienzweige, zum Garnieren

SAUCE
125 g Cashewkerne
15 g Butter
1 Knoblauchzehe, zerdrückt
1 Schalotte, fein gehackt
1 TL gemahlener Koriander
1 TL gemahlener Kreuzkümmel
1 EL Zucker
1 EL Kokosflocken
150 g Naturjoghurt

1 Tofuwüfel, Paprikawürfel, Pilze und Zucchinischeiben abwechselnd auf Bambus-Satay-Spieße stecken und in eine flache Schale legen.

2 Zitronenschale und -saft, Olivenöl, Petersilie und Zucker mischen, mit Salz und Pfeffer würzen und über die Kebabs gießen. Diese gut in der Marinade wenden und 10 Minuten ziehen lassen.

3 Für die Sauce die Cashewkerne auf einem Backblech verteilen und unter einem vorgeheizten Backofengrill rösten, bis sie leicht angebräunt sind.

4 Die Butter in einem Topf zerlassen. Knoblauch und Schalotte darin weich dünsten. Dann mit Nüssen, Koriander, Kreuzkümmel, Zucker, Kokosflocken und Joghurt in einen Mixer geben und ungefähr 15 Sekunden pürieren. Alternativ die Nüsse sehr fein hacken und mit den restlichen Zutaten vermengen.

5 Die Kebabs unter häufigem Wenden 5–8 Minuten über einem heißen Holzkohlegrill oder unter dem vorgewärmten Backofengrill garen, bis sie leicht gebräunt sind; dabei mehrmals mit der Zitronensaftmischung beträufeln. Mit Petersilienzweigen garnieren und mit der Cashewkernsauce servieren.

Tropenfrüchte mit Schokodip

45 Min. 5 Min.

4 PERSONEN

SPIESSE
1 Mango, gewürfelt
1 Papaya, gewürfelt
2 Kiwis, gewürfelt
½ kleine Ananas, gewürfelt
1 große Banane
2 EL Zitronensaft
150 ml weißer Rum

SCHOKOLADENDIP
125 g dunkle Schokolade, in kleine Stücke gebrochen
2 EL heller Sirup
1 EL Kakaopulver
1 EL Speisestärke
200 ml Milch

1 Alle Zutaten für den Schokoladendip in einen schweren Topf geben. Auf dem Holzkohlegrill oder Herd bei schwacher Hitze unter ständigem Rühren erhitzen, bis die Sauce eindickt und glatt ist. Dann am Rand des Grills warm halten.

2 Die Banane in dicke Scheiben schneiden und die Stücke sofort in den Zitronensaft tauchen, damit sie sich nicht verfärben.

3 Alle vorbereiteten Fruchtstücke abwechselnd auf 4 Holzspieße stecken und in eine flache Schale legen. Mit dem Rum übergießen und mindestens 30 Minuten ziehen lassen.

4 Die marinierten Fruchtspieße etwa 2 Minuten unter häufigem Wenden über heißen Kohlen grillen, bis sie leicht angeröstet sind. Dann sofort mit dem vorbereiteten Schokodip servieren.

Bunte Obstspießchen

1 Std. 20 Min. 5–7 Min.

4 PERSONEN

2 Nektarinen, geviertelt
1 Mango, in mundgerechten Stücken
2 Kiwis, geviertelt
4 rote Pflaumen, halbiert
2 Bananen, in dicken Scheiben
8 Erdbeeren
1 EL Honig
3 EL Cointreau

1 Das vorbereitete Obst in eine große flache Schüssel legen.

2 Honig und Cointreau in einer Schale sorgfältig verrühren. Die Mischung über die Früchte gießen und vorsichtig unterheben. Mit Frischhaltefolie abdecken und 1 Stunde marinieren.

3 Die Früchte abtropfen lassen; die Marinade dabei auffangen. Dann die Früchte auf vorher in Wasser eingeweichte Holzspieße stecken und etwa 5–7 Minuten über mäßig heißen Kohlen rösten; dabei mehrmals wenden und regelmäßig mit der Marinade bestreichen. Die fertigen Obstspießchen sofort servieren.

TIPP
Sie können bezüglich der Früchte natürlich variieren. Probieren Sie beispielsweise einmal die süß-aromatischen Pluots, eine Kreuzung zwischen Pflaume und Aprikose aus den USA. Sie sind inzwischen auch hierzulande in den meisten Supermärkten erhältlich.

Bunte Gemüse-Kebabs

15 Min. 15 Min.

4 PERSONEN

1 rote Paprika, entkernt
1 gelbe Paprika, entkernt
1 grüne Paprika, entkernt
1 kleine Zwiebel
8 Kirschtomaten
100 g gemischte Wildpilze

KRÄUTERÖL
6 EL Olivenöl
1 Knoblauchzehe, zerdrückt
½ TL Kräuter der Provence

1 Die Paprika in etwa 2,5 cm große Stücke schneiden.

2 Die Zwiebel in Spalten schneiden, dabei die Wurzelenden intakt lassen, um die Spalten zusammenzuhalten.

3 Paprikastücke, Zwiebelspalten, Tomaten und Pilze abwechselnd auf Spieße stecken.

4 Für das Kräuteröl alle Zutaten in einer kleinen Schüssel vermengen und die Spieße großzügig damit bestreichen.

5 Die Spieße 10–15 Minuten über mäßig heißen Kohlen grillen; dabei immer wieder mit dem Kräuteröl bestreichen und mehrmals wenden.

6 Die fertigen Gemüse-Kebabs auf vorgewärmte Teller geben und noch heiß sofort servieren.

TIPP
Zu den Gemüse-Kebabs passt hervorragend eine cremige Walnuss-Sauce. Dazu 125 g Walnusskerne in einem Mixer oder Mörser zu einer glatten Paste verarbeiten, 150 g Crème double und 1 Esslöffel Olivenöl zugießen, unterrühren und mit Salz und Pfeffer abschmecken.

Tomatenpäckchen vom Grill

15 Min. + Kühlzeit 20 Min.

4 PERSONEN

1 EL Olivenöl
2 EL Sonnenblumenkerne
1 Zwiebel, fein gehackt
1 große Knoblauchzehe, fein gehackt
500 g Spinat, dicke Stiele entfernt und Blätter gehackt
4 Fleischtomaten
140 g Mozzarella, gewürfelt
1 Prise frisch geriebene Muskatnuss
Salz und Pfeffer

1 Das Öl in einer schweren Pfanne erhitzen. Die Sonnenblumenkerne zugeben und unter Rühren 2 Minuten goldbraun rösten.

2 Die Zwiebel zugeben und bei schwacher Hitze 5 Minuten glasig dünsten, dabei gelegentlich umrühren. Knoblauch und Spinat zugeben und alles weitere 2–3 Minuten dünsten, bis der Spinat zusammengefallen ist. Dann vom Herd nehmen und mit Muskat, Salz und Pfeffer abschmecken. Zum Abkühlen beiseitestellen.

3 Von jeder Tomate einen dünnen Deckel abschneiden und beiseitelegen. Mit einem Teelöffel vorsichtig das Kerngehäuse herauskratzen. Das Fruchtfleisch hacken und mit dem Käse unter die Spinatmischung heben.

4 Die ausgehöhlten Tomaten mit der Spinat-Käse-Mischung füllen und die Deckel wieder aufsetzen. 4 passende Stücke Alufolie zum Einwickeln der Tomaten zuschneiden. Jeweils eine Tomate in die Mitte setzen, die Folie hochklappen und fest verschließen.

5 Die gefüllten Tomaten 10 Minuten über heißen Kohlen grillen; dabei gelegentlich wenden. Sofort servieren.

Pikante Karibikspießchen

3 Std. 20 Min. 15 Min.

4 PERSONEN

120 g Chayote (Stachelgurke), geschält, entkernt und in 2,5 cm großen Würfeln
1 Kochbanane, geschält und in dicken Scheiben
1 Maiskolben, in 2,5 cm dicken Scheiben
1 Aubergine, in großen Stücken
1 rote Paprika, entkernt und in mundgerechten Stücken
1 grüne Paprika, entkernt und in mundgerechten Stücken
1 Zwiebel, in Spalten
8 Champignons
4 Kirschtomaten

MARINADE
150 ml Tomatensaft
4 EL Sonnenblumenöl
4 EL Limettensaft
3 EL dunkle Sojasauce
1 frische grüne Chili, entkernt und fein gehackt
1 Schalotte, fein gehackt
2 Knoblauchzehen, fein gehackt
½ TL Zimt
Pfeffer

1 Die Chayote 2 Minuten in kochendem Wasser blanchieren. Abgießen, abspülen und abtropfen lassen. Dann mit Banane, Mais, Aubergine, Paprika, Zwiebel, Pilzen und Tomaten in eine Schüssel geben.

2 Tomatensaft, Sonnenblumenöl, Limettensaft, Sojasauce, Chili, Schalotte, Knoblauch und Zimt in einer Schüssel mischen und mit Pfeffer würzen. Das Gemüse damit übergießen und gut darin wenden, bis es rundum von der Marinade überzogen ist. Dann mit Frischhaltefolie abdecken und 3 Stunden marinieren.

3 Das Gemüse mit einem Schaumlöffel aus der Marinade nehmen und auf Spieße stecken. 10–15 Minuten über heißen Kohlen grillen; dabei häufig wenden und mit der restlichen Marinade bestreichen. Heiß servieren.

Gegrillte Maiskolben

15 Min. 15–20 Min.

6 PERSONEN

140 g Blauschimmelkäse
140 g Quark
125 g Naturjoghurt
Salz und Pfeffer
6 Maiskolben mit Hüllblättern

1 Den Käse mit den Fingern zerbröckeln, in eine Schüssel geben und mit einem Holzlöffel cremig rühren. Den Quark gut untermischen, dann nach und nach den Joghurt unterrühren. Alles mit Salz und Pfeffer abschmecken, mit Frischhaltefolie abdecken und bis zum Servieren in den Kühlschrank stellen.

2 Die Hüllblätter der Maiskolben zurückschlagen und die feinen Härchen entfernen. Die Blätter wieder gerade streichen. 6 ausreichend große Stücke Alufolie zum Einwickeln der Kolben zuschneiden und den Mais darin verpacken.

3 Die Maiskolben 15–20 Minuten über heißen Kohlen garen; dabei regelmäßig wenden.

4 Die fertigen Kolben vom Grill nehmen und die Folie entfernen. Die Blätter jedes Kolbens an einer Seite zurückschlagen und abschneiden, dann sofort mit der vorbereiteten Käsecreme servieren.

Gegrillte Porreestangen

5 Min. 7 Min.

6 PERSONEN

4 Porreestangen
3 EL Olivenöl
2 TL Balsamico-Essig
Meersalz und Pfeffer

1 Die Porreestangen der Länge nach bis knapp über das Schaftende einschneiden, aber nicht ganz durchschneiden, dann mit reichlich Öl bestreichen.

2 Die Stangen 6–7 Minuten über heißen Kohlen grillen; dabei einmal wenden.

3 Die Porreestangen vom Grill nehmen, mit Balsamico-Essig bestreichen und mit Salz und Pfeffer würzen. Heiß oder etwas abgekühlt servieren.

TIPP
Diese Gemüsebeilage ist so einfach wie schmackhaft. Ihr Aroma ist allerdings abhängig von der Qualität des Olivenöls – verwenden Sie eine erstklassige Sorte.

Käse-Zwiebel-Spießchen

2 Std. 10 Min. — 10–15 Min.

4 PERSONEN

3 rote Zwiebeln, in Spalten
450 g Halloumi, in 2,5 cm großen Würfeln
2 Tafeläpfel, entkernt und in breiten Spalten

MARINADE
4 EL Olivenöl
1 EL Cidre-Essig
1 EL Dijon-Senf
1 Knoblauchzehe, fein gehackt
1 TL fein gehackter Salbei
Salz und Pfeffer

1 Für die Marinade Olivenöl, Essig, Senf, Knoblauch und Salbei mischen und alles mit Salz und Pfeffer abschmecken.

2 Zwiebeln, Käse und Äpfel in eine große, flache, metallfreie Schüssel legen und die Marinade darübergießen. Alles gut vermischen, sodass Zwiebeln, Käse und Äpfel rundum mit der Marinade überzogen sind. Dann mit Frischhaltefolie abdecken und 2 Stunden marinieren.

3 Zwiebeln, Käse und Äpfel mit einem Schaumlöffel aus der Marinade heben und abtropfen lassen; die Marinade zum Bestreichen der Spieße aufbewahren. Zwiebeln, Käse und Äpfel abwechselnd auf Spießchen stecken.

4 Die Spieße etwa 10–15 Minuten über heißen Kohlen grillen; dabei häufig wenden und immer wieder mit der restlichen Marinade bestreichen. Dann sofort heiß servieren.

TIPP
Servieren Sie eine milde Senfsauce (siehe Seite 5) zu den Spießen – sie passt hervorragend dazu.

Toffee-Frucht-spieße

10 Min. 5 Min.

4 PERSONEN

2 Tafeläpfel, entkernt und in Spalten
2 feste Birnen, entkernt und in Spalten
Saft von ½ Zitrone
25 g brauner Zucker
¼ TL gemahlener Piment
25 g Butter, zerlassen

KARAMELLGLASUR
150 g Butter
100 g brauner Zucker
6 EL Crème double

1 Die vorbereiteten Früchte mit Zitronensaft beträufeln, damit sie sich nicht verfärben. Dann Zucker und Piment mischen, über die Früchte streuen und die Fruchtstücke auf Spieße stecken.

2 Für die Toffee-Sauce Butter und Zucker in einem Topf unter Rühren erhitzen, bis die Butter geschmolzen und der Zucker gelöst ist. Dann Crème double zugeben und die Mischung aufkochen. Alles etwa 1–2 Minuten köcheln lassen, dann beiseitestellen.

3 Unterdessen die Fruchtspieße 5 Minuten über heißen Kohlen grillen, bis die Früchte gerade weich werden; dabei häufig mit der zerlassenen Butter bestreichen.

4 Die fertigen Fruchtspieße auf vorgewärmten Serviertellern anrichten und mit der inzwischen leicht abgekühlten Toffee-Sauce beträufeln. Anschließend sofort servieren.

TIPP
Für dieses Rezept benötigen Sie feste Äpfel, die nicht zerfallen, beispielsweise Golden oder Red Delicious, Cripps Pink, Granny Smith oder Braeburn. Weiche Äpfel und Birnen werden beim Grillen matschig.

Gegrillte Bananen

30 Min. 10 Min.

4 PERSONEN

4 Bananen
2 Passionsfrüchte
4 EL Orangensaft
4 EL Orangenlikör

ORANGENSAHNE
150 g Schlagsahne
3 EL Puderzucker
2 EL Orangenlikör

1 Für die Orangensahne die Sahne in eine Schüssel geben, mit Zucker bestreuen und steif schlagen. Den Orangenlikör vorsichtig unterziehen und die fertige Sahne bis zum Servieren in den Kühlschrank stellen.

2 Die Bananen schälen und auf je ein Stück Alufolie legen.

3 Die Passionsfrüchte halbieren und den Saft einer jeden Hälfte über je einer Banane ausdrücken. Dann Orangensaft und -likör über die Bananen träufeln.

4 Die Folie vorsichtig über den Bananen zusammenfalten, sodass die Früchte rundum verpackt sind.

5 Die Päckchen 10–15 Minuten über heißen Kohlen grillen, bis die Bananen weich, aber noch bissfest sind. Die Bananen eventuell mit einem Zahnstocher einstechen, um zu prüfen, ob sie schon durchgegart sind.

6 Die fertig gegrillten Päckchen auf vorgewärmte Teller legen, öffnen und sofort mit der gekühlten Orangensahne servieren.

VARIATION
Für ein schnelles Dessert die Bananen ungeschält lassen, die Schalen einschneiden und 1–2 Schokoladenstückchen hineinschieben. Die Bananen fest in Alufolie wickeln und 10–15 Minuten grillen, bis die Schokolade gerade geschmolzen ist.

Exotische Obsttaschen

10 Min. 15–20 Min.
+ Marinierzeit

4 PERSONEN

1 Papaya
1 Mango
1 Sternfrucht, in Scheiben
1 EL Grenadine
3 EL Orangensaft
fettarmer Naturjoghurt, zum Servieren

1 Die Papaya halbieren, die Kerne entfernen und wegwerfen. Dann das Fruchtfleisch schälen und in dicke Scheiben schneiden.

2 Die Mango rings um den flachen Stein in der Mitte einschneiden, halbieren und den Stein entfernen. Das Mango-Fruchtfleisch kreuzförmig einschneiden und die Würfel etwas herausdrücken, dann behutsam mit einem Messer auslösen.

3 Papaya, Mango und Sternfrucht in einer Schüssel vermengen. Grenadine und Orangensaft mischen, darübergießen und mindestens 30 Minuten ziehen lassen.

4 Das Obst auf 4 Lagen doppelt gefalteter Alufolie verteilen und die Folie zu Paketen verschließen. Die Pakete auf einen Grillrost legen und 15–20 Minuten über mäßig heißen Kohlen garen.

5 Die fertigen Obsttaschen auf Tellern anrichten, öffnen und mit fettarmem Joghurt servieren.

TIPP
Grenadine ist ein süßer Sirup aus Granatäpfeln. Sie können stattdessen auch Granatapfelsaft verwenden. Dazu die Granatäpfel halbieren und mit einer Zitruspresse entsaften. Dabei nicht zu fest drücken, da der Saft sonst bitter wird.

Obst mit Ahornsirup

20 Min. 10 Min.

4 PERSONEN

1 Papaya, in dicken Streifen
2 Bananen, längs halbiert
2 Pfirsiche, geschält und halbiert
1 Ogen-Melone, halbiert und in dünnen Spalten
1 Mango, in mundgerechten Stücken
120 g Butter
4 EL Ahornsirup
1 Prise gemahlener Piment

1 Aus Alufolie 4 gleich große Quadrate ausschneiden und die vorbereiteten Früchte darauf verteilen.

2 Die Butter würfeln, mit dem Ahornsirup in einen Mixer geben und zu einer glatten Paste verarbeiten. Diese auf die vorbereiteten Fruchtpäckchen verteilen und mit etwas Piment bestreuen. Dann die fertigen Fruchtpäckchen gut verschließen.

3 Die Fruchtpäckchen 10 Minuten über mäßig heißen Kohlen grillen; dabei gelegentlich wenden. Die fertigen Päckchen in der Folie servieren und erst am Tisch öffnen.

TIPP
Ahornsirup ist ein natürliches, dickflüssiges Süßungsmittel, das aus dem eingedickten Saft des nordamerikanischen Zucker-Ahornbaums gewonnen wird. Grundsätzlich gilt: Je heller der Sirup, desto milder sein Geschmack und desto höher die Qualität.

Gegrillte Ananas

10 Min. 10 Min.

4 PERSONEN

1 Ananas

INGWERBUTTER
125 g Butter
90 g brauner Zucker
1-cm-Stück frische Ingwerwurzel, geraspelt

BELAG
225 g Frischkäse
½ TL Zimt
1 EL brauner Zucker

1 Den Blattansatz der Ananas abschneiden. Dann mit einem scharfen Messer die Schale und den Strunk entfernen. Anschließend das Fleisch in dicke Scheiben schneiden.

2 Für die Ingwerbutter Butter, Zucker und Ingwer bei geringer Hitze in einem kleinen Topf erhitzen, bis die Butter geschmolzen ist und der Zucker sich gelöst hat. Dann in eine feuerfeste Schale füllen und am Rand des Grills warm halten.

3 Für den Belag Frischkäse, Zimt und Zucker verrühren. Abdecken und bis zum Servieren kalt stellen.

4 Die Ananasscheiben von jeder Seite etwa 2 Minuten grillen, dabei regelmäßig mit der Ingwerbutter bestreichen.

5 Die fertigen Ananasscheiben mit einem Klacks Frischkäse bedecken und mit der restlichen Ingwerbutter als Beilage servieren.

VARIATION
Man kann die geraspelte Ingwerwurzel auch durch ½ Teelöffel Ingwerpulver ersetzen.

Gefüllte Birnen

20 Min. 20 Min.

4 PERSONEN

2 TL Butter
4 feste Birnen
2 EL Zitronensaft
4 EL Hagebuttensirup
1 TL grüne Pfefferkörner, grob gemahlen
140 g rote Johannisbeeren
4 EL Zucker
Vanilleeis, zum Servieren

1 Die Birnen halbieren und entkernen, aber nicht schälen. Die Schnittflächen mit Zitronensaft bestreichen.

2 Um die Birnen einzuwickeln, 4 passend große Stücke Alufolie zuschneiden und mit der Butter einfetten. Auf jedes Folienstück 2 Birnenhälften legen, diese mit Hagebuttensirup bestreichen und mit Pfeffer bestreuen.

3 Die Johannisbeeren in eine Schüssel geben und mit dem Zucker bestreuen. Alles vermischen und kurz durchziehen lassen.

4 Die Johannisbeeren in die Höhlung der Birnen füllen, die Folie zusammenklappen und die Birnen fest verpacken.

5 Die Birnen 20 Minuten über heißen Kohlen garen und mit dem Eis servieren.

VARIATION
Die roten Johannisbeeren können durch andere weiche Früchte wie schwarze Johannisbeeren oder Heidelbeeren ersetzt werden.

Gemüsespieße vom Grill

15 Min. 15 Min.

4 PERSONEN

1 große rote Paprika, halbiert und entkernt
1 große grüne Paprika, halbiert und entkernt
1 große orangefarbene Paprika, halbiert und entkernt
1 große Zucchini
4 kleine Auberginen, geviertelt
2 rote Zwiebeln, geachtelt
gegarter Bulgur, zum Servieren
Tomaten-Oliven-Relish, zum Servieren

MARINADE
2 EL Zitronensaft
1 EL Olivenöl
1 große Knoblauchzehe, fein gehackt
1 EL frisch gehackter Rosmarin oder 1 TL getrockneter Rosmarin
Salz und Pfeffer

1 Paprika und Zucchini in etwa 2,5 cm große Stücke schneiden und mit Auberginen und Zwiebeln in eine große Schüssel geben.

2 Für die Marinade Zitronensaft, Olivenöl, Knoblauch, Rosmarin, Salz und Pfeffer in einer kleinen Schüssel sorgfältig verrühren. Die Mischung über das vorbereitete Gemüse gießen und gründlich unterheben, bis das Gemüse rundum von der Marinade bedeckt ist.

3 Das Gemüse auf 8 zuvor gewässerte Holzspieße oder auf Metallspieße stecken. Die fertigen Spieße 10–12 Minuten über heißen Kohlen oder unter einem vorgeheizten Backofengrill garen, bis das Gemüse weich und leicht gebräunt ist; dabei häufig wenden.

4 Die fertig gegrillten Spieße abtropfen lassen und auf einem Bett aus Bulgur anrichten. Dazu würziges Tomaten-Oliven-Relish reichen.

TIPP
Sie können den Bulgur durch Couscous ersetzen. Dieser wird einfach mit kochendem Wasser übergossen und kann nach kurzem Ziehen serviert werden.

Griechisch gefüllte Zucchini

10 Min. 30 Min.

4 PERSONEN

8 Zucchini
1 EL Olivenöl, plus etwas mehr zum Einfetten
1 EL fein gehackte frische Minze (nach Belieben mehr)
155 g Feta (Abtropfgewicht), in Streifen
Pfeffer

1 Für die Zucchini 8 passend große Stücke Alufolie zuschneiden und leicht einfetten. Die Zucchini längs einschneiden und auf die Folienstücke legen.

2 Den Feta in die aufgeschlitzten Zucchini füllen. Die Zucchini mit Olivenöl beträufeln, mit Minze bestreuen und mit Salz und Pfeffer würzen. Dann gut mit der Folie umwickeln.

3 Die fertigen Päckchen direkt in die glühenden Kohlen legen und 30 Minuten darin backen. Anschließend auswickeln und heiß servieren.

VARIATION
Das Gericht kann auch mit anderen Käsesorten zubereitet werden, beispielsweise mit italienischem Mozzarella oder Fontina.

Grillgemüseplatte

10 Min. 15–20 Min.

4–6 PERSONEN

2 kg gemischtes frisches Gemüse, z. B. Chicorée, Auberginen, Zucchini, Fenchel, Paprika oder Frühlingszwiebeln
mit Knoblauch aromatisiertes Olivenöl (siehe Tipp unten)
Salz und Pfeffer
frische Basilikumblätter, zum Garnieren

1 Gemüse nach Wahl waschen, putzen und in große Stücke schneiden.

2 Das gesamte Gemüse in eine große Schüssel geben, mit Knoblauchöl beträufeln und vorsichtig mit Salz und Pfeffer würzen. Mit den Händen alles gut vermengen, damit das Gemüse rundum mit Öl bedeckt ist – es darf aber nicht im Öl schwimmen.

3 Eine Grillpfanne stark erhitzen, leicht mit Öl bestreichen und so viel Gemüse in die Pfanne geben, wie in einer Schicht hineinpasst. Das Gemüse bei mittlerer Hitze braten, bis es gerade weich wird. Dann das Gemüse mit etwas Öl bestreichen, wenden und weiterbraten, bis es gar ist – die Garzeit hängt von Art und Größe des Gemüses ab.

4 Das fertige Gemüse auf einen großen Teller legen und warm halten, während das restliche Gemüse gebraten wird. Zuletzt mit Salz und Pfeffer abschmecken, mit Basilikum garnieren und heiß servieren.

Kartoffelfächer

5 Min. 1 Std.

6 PERSONEN

6 große Kartoffeln, gewaschen
2 EL mit Knoblauch aromatisiertes Olivenöl (siehe Tipp)

1 Die ungeschälten Kartoffeln in regelmäßigen dichten Abständen tief einschneiden, aber nicht durchschneiden.

2 6 passende Stücke Alufolie zum Einwickeln der einzelnen Kartoffeln zuschneiden. Dann jeweils eine Kartoffel auf ein Folienblatt setzen und großzügig mit dem Knoblauchöl bestreichen. Die Kanten der Folien umschlagen, die Kartoffeln ganz umhüllen und fest einwickeln.

3 Die vorbereiteten Kartoffeln 1 Stunde über heißen Kohlen garen; dabei gelegentlich wenden.

4 Zum Servieren die Pakete öffnen und die Kartoffeln leicht andrücken, damit sie sich fächerartig öffnen.

TIPP

Ist kein fertiges Knoblauchöl zur Hand, geben Sie einfach 2 Esslöffel Olivenöl mit einer leicht zerdrückten Knoblauchzehe in eine Schüssel, decken Sie diese mit Frischhaltefolie ab und lassen Sie das Öl 2 Stunden ziehen, bevor Sie es wie beschrieben verwenden.

Beschwipste Bananen-schiffchen

10 Min. 6–8 Min.

4 PERSONEN

3 EL weiche Butter
2 EL brauner Rum
1 EL Orangensaft
4 EL brauner Zucker
1 Prise Zimt
4 Bananen

1 Butter mit Rum, Orangensaft, Zucker und Zimt in einer kleinen Schüssel zu einer weichen Masse verarbeiten.

2 Die ungeschälten Bananen auf einen heißen Grill legen und unter häufigem Wenden 6–8 Minuten garen, bis die Haut schwarz geworden ist.

3 Die Bananen auf Tellern anrichten und die Haut aufschlitzen; dabei das Fleisch längs einschneiden. Die Würzbutter auf die Bananen verteilen und diese sofort servieren.

VARIATION
Man kann die Bananen auch in Folie eingewickelt garen. Dazu die ungeschälten Bananen längs halbieren. Die Würzbutter auf die Schnittflächen streichen und die Hälften zusammenklappen. Einwickeln und über mäßig heißen Kohlen 5–10 Minuten grillen.

Gegrillte Weinblatt-röllchen

25 Min. 15 Min.

4 PERSONEN

300 g fettarmer Frischkäse
60 g gemahlene Mandeln
25 g Datteln, entkernt und gehackt
25 g Butter
25 g Mandelblätter
12–16 Weinblätter
Salz und Pfeffer
gegrillte Babymaiskolben, zum Servieren
Rosmarinzweige, zum Garnieren
Tomatenviertel, zum Garnieren
frisches Brot, z. B. Fladenbrot oder Ciabatta, zum Servieren

1 Den Frischkäse in einer großen Schüssel glatt rühren. Gemahlene Mandeln und Datteln zugeben, gründlich unterrühren und alles mit Salz und Pfeffer abschmecken.

2 Die Butter in einer kleinen Pfanne zerlassen. Die Mandelblätter zugeben und bei geringer Hitze unter gelegentlichem Rühren 2–3 Minuten goldbraun anrösten. Vom Herd nehmen und einige Minuten abkühlen lassen. Dann zur Käsemischung geben und unterrühren.

3 Die Weinblätter gemäß Packungsanweisung in Wasser einweichen. Abgießen, auf einer Arbeitsfläche auslegen und die Käsemischung mit einem Löffel darauf verteilen. Die Blätter so falten, dass die Füllung vollständig umwickelt ist.

4 Die Weinblattpäckchen in Alufolie einwickeln und 8–10 Minuten über heißen Kohlen erwärmen; dabei einmal wenden.

5 Die fertigen Weinblattröllchen mit gegrilltem Babymais servieren und mit Rosmarinzweigen sowie Tomatenvierteln garnieren. Dazu frisches Brot reichen.

Käse-Zwiebel-Baguettes

15 Min. 20 Min.

4 PERSONEN

4 Baguettes zum Aufbacken
2 EL Tomaten-Relish
60 g Butter
8 Frühlingszwiebeln, fein gehackt
125 g Frischkäse
125 g Cheddar oder Gouda, gerieben
1 TL gehackter Schnittlauch
Pfeffer
gemischte grüne Salatblätter, zum Servieren
Kräuter, zum Servieren

1 Die Baguettes längs aufschneiden, aber nicht ganz durchschneiden und die Schnittflächen mit etwas Tomaten-Relish bestreichen.

2 Die Butter in einer Pfanne zerlassen. Die Frühlingszwiebeln zugeben und bei mittlerer Hitze unter häufigem Rühren 5 Minuten dünsten, bis sie weich sind. Dann vom Herd nehmen und etwas abkühlen lassen.

3 Den Frischkäse in einer Schüssel glatt rühren. Die Frühlingszwiebeln mitsamt dem Bratfett unterrühren, dann den geriebenen Käse und die Schnittlauchröllchen zugeben. Alles gut vermengen und mit Pfeffer würzen.

4 Die Käsemischung in die aufgeschnittenen Baguettes füllen und gut verstreichen. Dann die Baguettes wieder zusammenklappen und einzeln fest in Alufolie einwickeln.

5 Die Baguettes 10–15 Minuten unter gelegentlichem Wenden auf einem Grill erhitzen. Vor dem Servieren bei einem Baguette die Folie auf einer Seite leicht öffnen, um zu prüfen, ob das Brot warm und die Käsemischung geschmolzen ist.

6 Die fertigen Baguettes mit frischen Kräutern und grünen Salatblättern garniert servieren.

TIPP
Falls auf dem Grill nicht ausreichend Platz ist und Sie die Baguettes gleichzeitig mit den sonstigen Speisen essen möchten, backen Sie sie für 15 Minuten in einem auf 200 °C vorgeheizten Backofen.

Auberginen mit Zaziki

15 Min. 10 Min.

4 PERSONEN

2 EL Olivenöl
2 Auberginen, in dünnen Scheiben

ZAZIKI
200 g Naturjoghurt
½ Salatgurke, gewürfelt
4 Frühlingszwiebeln, fein gehackt
1 Knoblauchzehe, fein gehackt
3 EL frisch gehackte Minze
Salz und Pfeffer

1 Für den Zaziki den Joghurt in eine Schüssel geben und glatt rühren. Gurke, Frühlingszwiebeln, Knoblauch und Minze untermischen. Alles mit Salz und Pfeffer abschmecken. In eine Servierschale füllen, mit Frischhaltefolie abdecken und bis zum Servieren in den Kühlschrank stellen.

2 Das Olivenöl mit Salz und Pfeffer würzen, anschließend die Auberginenscheiben mit dem gewürzten Öl bestreichen.

3 Die Auberginen 5 Minuten von jeder Seite über heißen Kohlen grillen; dabei falls nötig erneut mit Öl bestreichen. Dann sofort mit dem Zaziki servieren.

VARIATION
Als Alternative bietet sich ein ganz schnell zubereiteter Dip an, für den einfach 2 sehr fein gehackte Knoblauchzehen mit 300 g saurer Sahne verrührt werden. Mit Salz und Pfeffer abschmecken und vor dem Servieren gut durchkühlen.

Marinierte Tofu-Pilz-Spieße

15 Min. 6 Min.
+ Marinierzeit

4 PERSONEN

1 Zitrone
1 Knoblauchzehe, zerdrückt
4 EL Olivenöl
4 EL Weißweinessig
1 EL frisch gehackte Kräuter, z. B. Rosmarin, Petersilie und Thymian
300 g geräucherter Tofu
350 g Pilze
Salz und Pfeffer
frische Kräuter, zum Garnieren
gemischte Salatblätter, zum Servieren
halbierte Kirschtomaten, zum Servieren

1 Die Schale der Zitrone fein abreiben und den Saft auspressen.

2 Knoblauch, Olivenöl, Essig und die gehackten Kräuter zugeben. Gut unterrühren und die Marinade mit Salz und Pfeffer würzen.

3 Den Tofu mit einem scharfen Messer in große Würfel schneiden. Diese abwechselnd mit den Pilzen auf Metall- oder Holzspieße stecken.

4 Die Spieße in eine flache Schale legen und mit der Marinade übergießen. Abdecken und 1–2 Stunden in den Kühlschrank stellen; dabei gelegentlich in der Marinade wenden.

5 Die Spieße aus der Marinade nehmen und etwa 6 Minuten über mäßig heißen Kohlen oder unter einem vorgeheizten Backofengrill garen, bis sie weich und leicht gebräunt sind. Dabei häufig wenden und regelmäßig mit der Marinade bestreichen.

6 Die fertigen Spieße auf vorgewärmte Servierteller geben und mit frischen Kräutern, gemischten Salatblättern und Kirschtomaten garniert servieren.

Knoblauchkartoffeln

10 Min. 30–35 Min.

4 PERSONEN

3 große festkochende Kartoffeln, gewaschen
4 EL Olivenöl
2 EL Butter
2 Knoblauchzehen, gehackt
1 EL frisch gehackter Rosmarin
1 EL frisch gehackte Petersilie
1 EL frisch gehackter Thymian
Salz und Pfeffer
pikante Grillsauce (siehe Seite 400) oder Mayonnaise (siehe Seite 5), zum Servieren

1 Die ungeschälten Kartoffeln 10 Minuten in kochendem Wasser garen. Dann herausnehmen, unter kaltem Wasser abspülen, abtropfen und abkühlen lassen. Anschließend ungeschält in dicke Spalten schneiden.

2 Öl und Butter in einem kleinen Topf erhitzen und den Knoblauch darin bei geringer Hitze goldbraun dünsten. Dann den Topf vom Herd nehmen, die Kräuter unterrühren und das Fett mit Salz und Pfeffer würzen.

3 Die Kartoffelspalten mit der Knoblauch-Öl-Mischung bestreichen und etwa 10–15 Minuten über heißen Kohlen grillen, bis sie gerade gar sind. Dabei regelmäßig wenden und mit der Knoblauch-Öl-Mischung bestreichen.

4 Die fertigen Kartoffelspalten auf eine vorgewärmte Servierplatte geben und als Vorspeise oder Beilage mit Grillsauce oder Mayonnaise servieren.

Gefüllte Auberginenröllchen

30 Min. 45–50 Min.

4–6 PERSONEN

450 g Süßkartoffeln
4 Frühlingszwiebeln, gehackt
175 g Gruyère, gewürfelt
1 rote Paprika, entkernt und gewürfelt
1 Knoblauchzehe, zerdrückt
1 TL frisch gehackter Thymian
Salz und Pfeffer
25 g Mehl
1½ TL Paprika
1½ TL Currypulver
1½ TL Selleriesalz
1 TL Zucker
1 EL Knoblauchgranulat
4 große Auberginen
3 EL Olivenöl, plus etwas mehr zum Einfetten

1 Die Süßkartoffeln in einem großen Topf mit leicht gesalzenem Wasser 20 Minuten gar kochen. Abgießen und leicht abkühlen lassen, dann schälen und in einer großen Schüssel fein zerstampfen. Frühlingszwiebeln, Käse, Paprika, Knoblauch und Thymian untermischen und alles mit Salz und Pfeffer abschmecken.

2 Das Mehl in eine Schüssel geben und mit Paprika, Curry, Selleriesalz, Zucker und Knoblauchgranulat vermengen. Die Auberginen längs in je 4 Scheiben schneiden und in dem Gewürzmehl wenden.

3 Die Hälfte des Öls in einer Pfanne erhitzen. Die Auberginen nach und nach zugeben und goldbraun braten, eventuell Öl nachgießen. Herausnehmen und abkühlen lassen.

4 Die Auberginenscheiben mit je 1 Löffel Püree füllen und zusammenrollen. 4 Quadrate von 30 cm Seitenlänge aus Alufolie ausschneiden und einfetten. Jeweils 4 Auberginenröllchen auf ein Blatt legen und einwickeln. Die Päckchen etwa 25–30 Minuten über mäßig heißen Kohlen grillen, dabei gelegentlich wenden. Ausgepackt servieren.

TIPP
Gesalzene Auberginen nehmen beim Braten weniger Öl auf. Deshalb die Scheiben vor der Weiterverarbeitung salzen, 30 Minuten ziehen lassen, abwaschen und mit Küchenpapier trocken tupfen.

Fruchtpäckchen

15 Min. 4 Min.

4 PERSONEN

2 Orangen
2 Äpfel
Saft von 1 Zitrone
2 Birnen
4 TL brauner Zucker

1 Die Orangen schälen, dabei die weiße Haut sehr sorgfältig entfernen. Dann das Fruchfleisch mit einem scharfen Messer in je 6 Scheiben schneiden.

2 Die Äpfel entkernen, aber nicht schälen und in je 6 Scheiben schneiden, dann mit Zitronensaft bestreichen.

3 Die Birnen schälen und entkernen, ebenfalls in 6 Scheiben schneiden und mit Zitronensaft bestreichen.

4 Aus Alufolie 4 große Quadrate ausschneiden. Die Fruchtscheiben gleichmäßig darauf verteilen und jeden Stapel mit 1 Teelöffel Zucker bestreuen. Die Folie zusammenklappen, sodass die Früchte vollständig umschlossen sind.

5 Die fertigen Päckchen etwa 4 Minuten über mäßig heißen Kohlen garen. Dann sofort servieren und erst am Tisch auspacken.

Kürbis-päckchen

10 Min. 25–30 Min.

4 PERSONEN

700 g Kürbis
2 EL Sonnenblumenöl
25 g Butter
½ TL Chilisauce
abgeriebene Schale von 1 Limette
2 TL Limettensaft
grüner Salat, zum Servieren

1 Den Kürbis halbieren. Die Kerne auslösen, waschen und aufbewahren. Das Kürbisfleisch in Streifen schneiden und schälen.

2 Öl und Butter unter ständigem Rühren in einem großen Topf erhitzen, bis die Butter schmilzt. Dann Chilisauce, Limettenschale und Limettensaft einrühren.

3 Kürbisfleisch und -kerne zugeben und gründlich in der Mischung wenden. Dann auf 4 doppelte Lagen Alufolie verteilen und gut darin einwickeln.

4 Die Folienpäckchen 15–25 Minuten über heißen Kohlen grillen, bis das Kürbisfleisch zart ist.

5 Die Kürbispäckchen auf vorgewärmten Tellern sofort servieren und erst am Tisch öffnen. Dazu einen knackigen grünen Salat reichen.

TIPP
Geben Sie statt Limette und Chilisauce 2 Teelöffel Currypaste in die Butter. Als Kürbisse eignen sich beispielsweise Hokkaido- oder Eichelkürbisse.

Pikante Süßkartoffel-scheiben

10 Min. 25 Min.

4 PERSONEN

450 g Süßkartoffeln, gewaschen
2 EL Sonnenblumenöl
1 TL Chilisauce
Salz und Pfeffer

1 Die Süßkartoffeln 10 Minuten in einem Topf mit kochendem Wasser vorgaren. Gut abgießen und kurz abkühlen lassen, dann schälen und in dicke Scheiben schneiden.

2 Sonnenblumenöl, Chilisauce, Salz und Pfeffer in einer kleinen Schüssel gut miteinander vermischen.

3 Eine Seite der Kartoffelscheiben großzügig mit der Würzmischung bestreichen. Die Scheiben mit der bestrichenen Seite nach unten 5–6 Minuten über mäßig heißen Kohlen grillen.

4 Die Oberseite der Kartoffeln leicht mit Öl bestreichen, die Scheiben wenden und weitere 5 Minuten grillen, bis sie knusprig und goldbraun geworden sind.

5 Die fertigen Kartoffelscheiben in eine vorgewärmte Servierschale füllen und sofort heiß servieren.

TIPP
Vermengen Sie für einen einfachen Beilagendip 150 g saure Sahne mit ½ Teelöffel Zucker, ½ Teelöffel Dijon-Senf sowie etwas Salz und Pfeffer. Stellen Sie diese Mischung bis zum Servieren kalt.

Gefüllte Champignons

10 Min. 15 Min.

4 PERSONEN

12 große Champignons
4 TL Olivenöl, plus etwas mehr zum Einfetten
4 Frühlingszwiebeln, in feinen Ringen
100 g Semmelbrösel
1 TL frisch gehackter Oregano
100 g mittelalter Gouda, gerieben
Salz und Pfeffer

1 Die Pilze waschen und mit Küchenpapier trocken tupfen. Die Hüte beiseitestellen, die Stiele entfernen und fein hacken.

2 Die Hälfte des Öls in einer Pfanne erhitzen. Pilzstiele und Frühlingszwiebeln unter gelegentlichem Rühren darin etwa 5 Minuten andünsten. Vom Herd nehmen und in eine Schüssel geben.

3 Semmelbrösel und Oregano zu Pilzen und Frühlingszwiebeln geben und alles gut verrühren. Den Käse untermischen und die Masse salzen und pfeffern.

4 Die Mischung mit einem Löffel in die Pilzhüte füllen und das restliche Öl darüberträufeln.

5 Die gefüllten Pilze auf einem geölten Rost etwa 10 Minuten über mäßig heißen Kohlen grillen, bis sie gar sind. Alternativ können die Pilze auch 20 Minuten in einem auf 180 °C vorgeheizten Backofen gegart werden.

6 Die fertigen Pilze auf einem Servierteller anrichten und sofort servieren.

VARIATION
Sie können den Käse durch gehackte hart gekochte Eier oder gehackte Oliven ersetzen. Als Beilage empfiehlt sich knuspriges Brot, um die köstliche Flüssigkeit aufzutunken, die nach dem Garen aus den Pilzen austritt.

Vegetarische Würstchen

50 Min. 25 Min.

8 PERSONEN

1 EL Sonnenblumenöl
1 kleine Zwiebel, fein gehackt
50 g Pilze, fein gehackt
½ rote Paprika, entkernt und fein gehackt
400 g Cannellini-Bohnen aus der Dose, gewaschen und abgetropft
100 g Semmelbrösel
100 g Cheddar oder Gouda, gerieben
1 TL gemischte getrocknete Kräuter
1 Eigelb
Mehl
Salz und Pfeffer
Öl, zum Einfetten
Brötchen, zum Servieren
Röstzwiebeln, zum Servieren

1 Das Sonnenblumenöl in einem Topf erhitzen. Zwiebel, Pilze und Paprika zugeben und bei geringer Hitze unter häufigem Rühren 5 Minuten weich dünsten.

2 Die Bohnen in einer großen Schüssel mit einem Kartoffelstampfer pürieren. Das angedünstete Gemüse, Semmelbrösel, Cheddar oder Gouda, Kräuter und Eigelb zugeben und alles gut vermengen.

3 Die Mischung mit den Fingern zu 8 Würstchen formen. Das Mehl mit Salz und Pfeffer würzen und die Würstchen darin wenden, bis sie rundum davon überzogen sind. Dann die Würstchen mindestens 30 Minuten in den Kühlschrank stellen.

4 Die gekühlten Würstchen auf ein eingeöltes Stück Alufolie legen und 15–20 Minuten über mäßig heißen Kohlen oder unter einem Backofengrill garen; dabei regelmäßig wenden und mit Öl bestreichen.

5 Die Brötchen in der Mitte einschneiden und eine Lage Röstzwiebeln hineingeben. Die Würstchen obenauf legen und sofort servieren.

Tofuspieße

40 Min. 15 Min.

4 PERSONEN

350 g Tofu, gewürfelt
1 rote Paprika, entkernt und in 2,5 cm großen Stücken
1 gelbe Paprika, entkernt und in 2,5 cm großen Stücken
2 Zucchini
8 kleine Champignons
Zitronenscheiben, zum Garnieren

MARINADE
abgeriebene Schale und Saft von ½ Zitrone
1 Knoblauchzehe, zerdrückt
½ TL frisch gehackter Rosmarin
½ TL frisch gehackter Thymian
1 EL Walnussöl

1 Für die Marinade alle Zutaten in einem flachen Gefäß gründlich mischen.

2 Den Tofu in die Marinade geben und gut darin wenden, damit er rundum damit überzogen ist. Dann 20–30 Minuten marinieren.

3 Inzwischen die Paprikastücke 4 Minuten in kochendem Wasser blanchieren. Anschließend in kaltem Wasser abschrecken und abtropfen lassen.

4 Mit einem Sparschäler in regelmäßigen Abständen dünne Streifen von der Zucchinischale abziehen. Dann die Zucchini in 2,5 cm große Stücke schneiden.

5 Den Tofu aus der Marinade nehmen, die Marinade beiseitestellen. Die Tofuwürfel im Wechsel mit Paprika, Zucchini und Champignons auf 8 zuvor in Wasser eingeweichte Grillspieße stecken.

6 Die Spieße etwa 6 Minuten über heißen Kohlen grillen, dabei regelmäßig wenden und immer wieder mit Marinade bestreichen. Die fertigen Spieße auf Teller legen, mit Zitronenscheiben garnieren und servieren.

Bratäpfel vom Grill

15 Min. 25–30 Min.

4 PERSONEN

4 mittelgroße Kochäpfel
2 EL gehackte Walnüsse
2 EL gemahlene Mandeln
2 EL brauner Zucker
2 EL gehackte eingelegte Kirschen
2 EL gehackter kandierter Ingwer
1 EL Mandellikör (nach Belieben)
50 g Butter
Schlagsahne oder Naturjoghurt, zum Servieren

1 Die Äpfel entkernen und mit einem scharfen Messer ringsum leicht einschneiden, damit die Schale beim Grillen nicht aufplatzt.

2 Für die Füllung Walnüsse, Mandeln, Zucker, Kirschen, kandierten Ingwer und nach Belieben Mandellikör in eine kleine Schale geben und sorgfältig miteinander vermengen.

3 Die Füllung mit einem Teelöffel in die Öffnungen der entfernten Kerngehäuse drücken. Einen kleinen Rest oben auf die Äpfel setzen.

4 Jeden Apfel auf ein Stück reißfeste oder doppelt gefaltete Alufolie setzen und mit einem großzügigen Stück Butter belegen. Dann die Folie fest um die Äpfel wickeln.

5 Die Apfelpäckchen etwa 25–30 Minuten über heißen Kohlen grillen, bis die Äpfel weich sind.

6 Die fertigen Bratäpfel auf vorgewärmte Teller verteilen und sofort mit einem Klacks Sahne oder etwas Naturjoghurt servieren.

TIPP
Falls Sie die Bratäpfel zu Ende eines Grillabends zubereiten wollen und die Holzkohlen schon fast erloschen sind, legen Sie die Päckchen direkt darauf und häufen Sie die Kohlen ringsum auf. Die Garzeit in der Glut beträgt ebenfalls etwa 25–30 Minuten.

Kokosäpfel

10 Min. 15–20 Min.

4 PERSONEN

2 TL Butter
4 EL Ingwer-Apfel-Gelee
120 g Kokosflocken
1 Prise Zimt
4 Äpfel (siehe Tipp)
Schlagsahne oder Vanilleeis, zum Servieren (nach Belieben)

1 Zum Einwickeln der Äpfel 4 passend große Quadrate aus Alufolie zuschneiden und leicht mit der Butter einfetten.

2 Ingwer-Apfel-Gelee und Kokosflocken in einer kleinen Schüssel mischen und mit Zimt abschmecken.

3 Die Äpfel entkernen, aber nicht schälen. Jeden Apfel in 3 Scheiben schneiden.

4 Die Kokosmasse zwischen die Apfelscheiben streichen und die Äpfel wieder zusammensetzen. Dann die Früchte fest in die vorbreiteten Folienstücke einwickeln.

5 Die Äpfel 15–20 Minuten über heißen Kohlen grillen. Dann sofort servieren und nach Belieben Schlagsahne oder Vanilleeiscreme dazu reichen.

VARIATION
Für dieses Rezept sind vor allem säuerliche Apfelsorten wie Boskoop oder Gravensteiner geeignet, die einen Kontrast zur süßen Füllung bieten. Statt der Äpfel können Sie auch Birnen mit festem Fruchtfleisch verwenden.

Bohnen-Burger vom Grill

15 Min. 1 Std. 5 Min.

6 PERSONEN

125 g getrocknete Adzuki-Bohnen
125 g getrocknete Augenbohnen
6 EL Öl
1 große Zwiebel, fein gehackt
1 TL Hefe-Extrakt
125 g Karotten, gerieben
90 g Vollkornsemmelbrösel
2 EL Vollkornmehl
Salz und Pfeffer
6 geröstete Burger-Brötchen aus Vollkornmehl, zum Servieren
grüner Salat, zum Servieren
frittierte Pellkartoffelscheiben, zum Servieren

GRILLSAUCE
½ TL Chilipulver
1 TL Selleriesalz
2 EL brauner Zucker
2 EL Rotweinessig
2 EL Worcestersauce
3 EL Tomatenmark
1 Spritzer Tabasco-Sauce

1 Die Bohnen in separate Töpfe geben, mit Wasser bedecken und aufkochen. Dann abdecken und die Adzuki-Bohnen 40 Minuten, die Augenbohnen 50 Minuten köcheln lassen, bis sie weich sind. Abgießen und abspülen, in eine Schüssel geben und mit einem Kartoffelstampfer oder einer Gabel zerdrücken.

2 1 Esslöffel des Öls in einer Pfanne erhitzen. Die Zwiebel darin 3–4 Minuten weich dünsten. Mit Hefe-Extrakt, Karotten und Semmelbröseln zu den Bohnen geben. Alles mit Salz und Pfeffer würzen und gut vermengen.

3 Die Mischung mit feuchten Händen zu 6 Burgern mit einem Durchmesser von etwa 8 cm formen und im Mehl wenden.

4 Für die Sauce alle Zutaten gründlich vermengen.

5 Die Burger von jeder Seite 3–4 Minuten über mäßig heißen Kohlen grillen; dabei von Zeit zu Zeit mit dem restlichen Öl bestreichen.

6 Die fertigen Burger in die vorbereiteten Brötchen geben und mit gemischtem Salat, Kartoffeln und der Grillsauce servieren.

Sommergemüse-Päckchen

15 Min. 25–30 Min.

4 PERSONEN

1 kg Gemüse, z. B. Karotten, Kürbis, Babymaiskolben, Eiertomaten, Porree, Zucchini oder Zwiebeln, in gleich großen Stücken
Saft von 1 Zitrone

WÜRZBUTTER
120 g Butter
3 EL frisch gehackte Kräuter, z. B. Petersilie, Thymian oder Oregano
2 Knoblauchzehen
abgeriebene Schale von 1 Zitrone
Salz und Pfeffer

1 Aus Alufolie 4 Quadrate von 30 cm Seitenlänge ausschneiden und das Gemüse gleichmäßig darauf verteilen.

2 Für die Würzbutter Butter, Kräuter, Knoblauch und Zitronenschale in einem Mixer vermischen, dann mit Salz und Pfeffer würzen. Alternativ alle Zutaten von Hand in einer Schüssel vermengen.

3 Die Butter gleichmäßig auf dem vorbereiteten Gemüse verteilen. Die Folie zusammenklappen und das Gemüse fest darin einwickeln.

4 Die Päckchen 25–30 Minuten über mäßig heißen Kohlen grillen; dabei ab und zu wenden. Die fertigen Päckchen öffnen, mit Zitronensaft beträufeln und servieren.

Gemüse nach Farmerart

15 Min. 30 Min.

4 PERSONEN

1 rote Paprika, entkernt
1 gelbe oder orangefarbene Paprika, entkernt
2 Zucchini
2 Maiskolben
1 Aubergine
Olivenöl, zum Einfetten
Salz und Pfeffer
1 Handvoll Thymian, Rosmarin und Petersilie, frisch gehackt
Limetten- oder Zitronenspalten, zum Servieren

DRESSING
2 EL Olivenöl
1 EL Sesamöl
1 Knoblauchzehe, zerdrückt
1 kleine Zwiebel, fein gehackt
1 Selleriestange, fein gehackt
1 kleine grüne Chili, entkernt und gehackt
4 Tomaten, gehackt
5-cm-Stück Salatgurke, entkernt und klein gewürfelt
1 EL Tomatenmark
1 EL Limetten- oder Zitronensaft
Salz und Pfeffer

1 Für das Dressing Oliven- und Sesamöl in einem kleinen Topf oder einer Pfanne erhitzen. Knoblauch und Zwiebel zugeben und bei schwacher Hitze 3 Minuten andünsten.

2 Sellerie, Chili und Tomaten zufügen und alles unter häufigem Rühren weitere 5 Minuten dünsten.

3 Gurke, Tomatenmark und Limetten- oder Zitronensaft unterrühren und alles bei schwacher Hitze 8–10 Minuten köcheln, bis die Masse eindickt. Dann mit Salz und Pfeffer abschmecken.

4 Das Gemüse in große Stücke schneiden und mit ein wenig Olivenöl bestreichen. Dann 5–8 Minuten über heißen Kohlen grillen; dabei mit Salz und Pfeffer würzen, mit dem Großteil der frisch gehackten Kräuter bestreuen und einmal wenden.

5 Das fertige Gemüse auf 4 Servierteller verteilen und jeweils mit etwas Dressing beträufeln. Mit den restlichen Kräutern bestreuen und sofort mit Limetten- oder Zitronenspalten servieren.

Vegetarische Spießchen

20 Min. 8–10 Min.

4 PERSONEN

2 Zucchini
225 g fester Tofu, in 2,5 cm großen Würfeln
1 gelbe Paprika, entkernt und in mundgerechten Stücken
4 Kirschtomaten
4 kleine Zwiebeln
8 Champignons

SENF-HONIG-GLASUR
2 EL Olivenöl
1 EL Dijon-Senf
1 EL klarer Honig
Salz und Pfeffer

1 Die Schale der Zucchini der Länge nach so schälen, dass sich grüne und helle Streifen abwechseln. Dann jede Zucchini in 8 dicke Scheiben schneiden.

2 Tofuwürfel, Paprikastücke, Zucchinischeiben, Kirschtomaten, Zwiebeln und Champignons auf 4 Metall- oder zuvor in Wasser eingeweichte Holzspieße stecken.

3 Für die Senf-Honig-Glasur Olivenöl, Senf und Honig in eine Schüssel geben, gut verrühren und mit Salz und Pfeffer würzen.

4 Die Spieße gleichmäßig mit der Senf-Honig-Glasur bestreichen und über mäßig heißen Kohlen 8–10 Minuten grillen; dabei häufig wenden und regelmäßig mit der Senf-Honig-Glasur bestreichen.

5 Die fertigen Spieße anschließend auf vorgewärmte Servierteller verteilen und sofort servieren.

Karamellisierte Früchte

1 Std. 15 Min. 5 Min.

4 PERSONEN

4 Pfirsiche
150 ml halbtrockener Sherry
120 g Zucker
1 Honigmelone, halbiert und entkernt
225 g Erdbeeren

1 Zum Schälen der Pfirsiche die Haut an der Unterseite kreuzweise mit einem Messer einritzen. Den Pfirsich in eine Schüssel geben, mit kochendem Wasser übergießen und 15–30 Sekunden ziehen lassen. Anschließend mit einem Schaumlöffel herausnehmen und die Haut abziehen.

2 Sherry und Zucker in eine große Schüssel geben und rühren, bis sich der Zucker vollständig aufgelöst hat.

3 Die Melonenhälften in Spalten schneiden und das Fleisch von der Schale lösen.

4 Melonenspalten, Pfirsichhälften und Erdbeeren in die Schüssel zur Marinade geben und vorsichtig untermischen, bis die Früchte rundum von der Marinade überzogen sind. Anschließend mit Frischhaltefolie abdecken und mindestens 1 Stunde marinieren.

5 Die Früchte abtropfen lassen und die Marinade auffangen. Melonen und Pfirsiche etwa 3 Minuten über heißen Kohlen rösten, dann die Erdbeeren zugeben und weitere 2 Minuten grillen; dabei die Früchte häufig wenden und immer wieder mit Marinade bestreichen. Anschließend sofort heiß servieren.

Tropische Ananas

15 Min. 6–8 Min.

4 PERSONEN

1 Ananas
3 EL brauner Rum
2 EL brauner Zucker
1 TL Ingwerpulver
4 EL zerlassene Butter

1 Den Blattschopf der Ananas mit einem scharfen Messer entfernen. Dann die Frucht in 2 cm dicke Scheiben schneiden. Von jeder Scheibe sorgfältig Schale und Augen entfernen und mit einem Ananas- oder Apfelausstecher den harten Mittelstrunk auslösen.

2 Rum, Zucker, Ingwerpulver und zerlassene Butter so lange in einer Schüssel verrühren, bis sich der Zucker vollständig aufgelöst hat.

3 Die Ananasringe mit der Mischung bestreichen und von jeder Seite etwa 3–4 Minuten über heißen Kohlen grillen, bis sie weich sind.

4 Die fertigen Ananasringe mit der verbliebenen Rummischung beträufeln und sofort servieren.

TIPP
Eine reife Ananas erkennen Sie an ihrem aromatischen Duft und an ihrer gelben Schale; sie sollte sich fest, aber nicht matschig anfühlen. Eine noch nicht ganz reife Ananas können Sie einige Tage zu Hause liegen lassen, damit sie noch etwas nachreifen kann.

Birnen mit Trockenfrüchten

10 Min. 25–30 Min.

4 PERSONEN

4 feste Birnen
1 TL Zitronensaft
2 EL gemischte Trockenfrüchte, fein gehackt
5 EL Kuchenbrösel oder 4 große Amaretti, zerkrümelt
15 g Butter
Vanilleeis, zum Servieren

1 Die Birnen mit einem scharfen Messer halbieren und das Kerngehäuse mit einem Teelöffel herausschaben. Dann die Schnittflächen der Birnen mit Zitronensaft bestreichen, damit sie sich nicht braun verfärben.

2 Die Trockenfrüchte mit den Kuchenbröseln oder den Amarettini mischen. Die Masse in 4 Portionen teilen und in die Vertiefungen der Birnenhälften füllen.

3 Je 2 Birnenhälften auf ein doppelt gefaltetes Stück Alufolie geben und großzügig mit Butterflöckchen belegen. Dann die Alufolie schließen und die Birnen fest darin einwickeln.

4 Die Folienpäckchen auf einen Rost legen und 25–30 Minuten über heißen Kohlen grillen, bis die Birnen heiß und weich sind.

5 Die fertigen Birnen auf 4 Dessertteller verteilen, jede Portion mit je 2 Kugeln Vanilleeis garnieren und sofort servieren.

Panettone mit Erdbeeren

5 Min. + Kühlzeit 2 Min.

4 PERSONEN

2 EL Zucker
6 EL Marsala
½ TL Zimt
250 g Erdbeeren, halbiert
4 Scheiben Panettone
4 EL Mascarpone

1 Zucker, Marsala und Zimt in eine kleinen Schüssel geben und verrühren, bis sich der Zucker aufgelöst hat.

2 Die Erdbeeren in eine große Schüssel geben und die süße Würzmischung darübergeben. Alles vorsichtig vermischen, damit die Früchte nicht zerfallen, und mindestens 30 Minuten in den Kühlschrank stellen.

3 Kurz vor dem Servieren die Panettone-Scheiben über mäßig heißen Kohlen von jeder Seite 1 Minute goldbraun anrösten.

4 Die Scheiben vom Grill nehmen und auf Tellern anrichten. Jeweils mit 1 Esslöffel Mascarpone und einem Teil der gekühlten Erdbeeren garnieren und sofort servieren.

TIPP
Mascarpone ist ein cremiger italienischer Frischkäse, der an dickflüssige, halbfeste Sahne erinnert und wunderbar auf den warmen Panettone-Scheiben schmilzt. Alternativ können Sie Crème double verwenden.

Pfirsich Melba spezial

1 Std. 15 Min. 3–5 Min.

4 PERSONEN

2 große Pfirsiche, geschält und halbiert
1 EL brauner Zucker
1 EL Amaretto
450 g Himbeeren
120 g Puderzucker
600 ml Vanilleeis
Pfirsichspalten, zum Garnieren

1 Die Pfirsichhälften in eine große flache Schüssel legen und mit dem Zucker bestreuen. Dann den Amaretto darübergießen, die Früchte mit Frischhaltefolie abdecken und mindestens 1 Stunde ziehen lassen.

2 Inzwischen die Himbeeren verarbeiten. 4 Früchte für die Garnierung beiseitestellen, den Rest mit einem Löffel durch ein Sieb in eine Schüssel passieren. Dann den Puderzucker in das Himbeerpüree einrühren. Die Schüssel mit Frischhaltefolie abdecken und in den Kühlschrank stellen.

3 Die Pfirsichhälften abtropfen lassen, die Marinade aufbewahren und die Früchte 3–5 Minuten über heißen Kohlen grillen; dabei häufig wenden und mit der Marinade bestreichen.

4 Zum Servieren jeweils zuerst 1 Kugel Vanilleeis in einen Eisbecher geben, dann eine Pfirsichhälfte darauflegen und schließlich eine weitere Eiskugel zufügen. Zuletzt alles mit der Himbeersauce übergießen und mit einer Himbeere und einer Pfirsichspalte garnieren.

Desserts

Schottisches Shortbread

10 Min. 50–60 Min.

16 STÜCK

220 g Mehl, plus etwas mehr für die Arbeitsfläche
60 g Reismehl
¼ TL Salz
180 g weiche Butter, plus etwas mehr zum Einfetten
60 g Zucker
25 g Puderzucker, gesiebt
3 Tropfen Vanillearoma (nach Belieben)
Zucker, zum Bestreuen

1 2 Springformen (Ø 20 cm) leicht einfetten.

2 Mehl, Reismehl und Salz in eine Schüssel sieben und beiseitestellen.

3 Die Butter mit einem Mixer etwa 1 Minute in einer großen Schüssel cremig rühren. Zucker und Puderzucker zufügen und alles 1–2 Minuten locker und schaumig aufschlagen. Dann nach Belieben das Vanillearoma einrühren.

4 Die Mehlmischung mit einem Holzlöffel gründlich unter den Butterschaum rühren. Den Teig auf eine leicht bemehlte Arbeitsfläche geben und kurz durchkneten.

5 Den Teig auf die vorbereiteten Formen verteilen und glatt streichen. Die Oberfläche mit etwas Zucker bestreuen und mit einer Gabel mehrmals einstechen.

6 Mit einem scharfen Messer je 8 Stücke auf den Teigportionen anzeichnen. Die Teige in einem auf 180 °C vorgeheizten Backofen 50–60 Minuten leicht goldbraun und knusprig backen. Dann etwa 5 Minuten in der Form abkühlen lassen.

7 Die Teigränder vorsichtig von den Formen lösen. Die fertigen Shortbreads auf eine hitzebeständige Fläche gleiten lassen und noch warm entlang den angezeichneten Linien in 8 Stücke schneiden. Dann auf einem Kuchengitter ganz abkühlen lassen und in luftdicht verschließbaren Gefäßen aufbewahren.

Doppeldecker

1 Std. 15 Min. 30 Min.

8 PERSONEN

225 g Vollkornmehl
4 TL Backpulver
175 g Zucker
6 EL Sonnenblumenöl, plus etwas mehr zum Einfetten
250 ml Wasser
5 Tropfen Vanillearoma
4 EL Erdbeer- oder Himbeergelee
Zucker, zum Bestreuen

1 2 Kuchenformen (Ø 20 cm) einfetten und mit Backpapier auslegen.

2 Mehl, Backpulver und Zucker in eine große Schüssel sieben. Eventuelle Kleierückstände aus dem Sieb zu der Mischung geben und unterrühren.

3 Öl, Wasser und Vanillearoma zugeben. Alles 1 Minute glatt rühren und auf die Kuchenformen verteilen.

4 Den Teig in einem auf 180 °C vorgeheizten Backofen 25–30 Minuten backen.

5 Die fertigen Böden kurz in den Formen abkühlen lassen, dann auf Kuchengitter geben und vollständig auskühlen lassen.

6 Das Backpapier entfernen. Einen Boden auf einen Servierteller legen und mit dem Gelee bestreichen. Den zweiten Boden darüberlegen und die Doppeldecker mit Zucker bestreut servieren.

VARIATION
Für einen Schokodoppeldecker 15 g Mehl durch ungesüßtes Kakaopulver ersetzen. Für einen Zitrusdoppeldecker in Schritt 2 fein abgeriebene Schale von ½ Zitrone oder Orange zufügen. Für einen Kaffeedoppeldecker 2 Esslöffel Mehl durch die gleiche Menge Instantkaffee ersetzen.

Joghurt-Scones

15 Min. 10 Min.

16 STÜCK

225 g Mehl, plus etwas mehr zum Bestäuben
1 TL Salz
1 EL Backpulver
60 g kalte Butter, in Stücken, plus etwas mehr zum Einfetten
60 g Zucker
1 Ei
6 EL Naturjoghurt

1 Mehl, Salz und Backpulver vermengen. Die Butterstücke mit den Fingerspitzen in die Mehlmischung kneten, bis ein feinkrümeliger Teig entsteht.

2 Den Zucker unterrühren. Ei und Joghurt verquirlen, zum Teig geben und alles zu einer glatten Masse verkneten.

3 Den Teig mit einem bemehlten Nudelholz auf einer leicht bemehlten Arbeitsfläche 1,5 cm dick ausrollen. Mithilfe einer runden Ausstechform (Ø 5 cm) so viele Kreise wie möglich aus dem Teig ausstechen. Eventuelle Teigreste erneut verkneten und ausrollen.

4 Ein Backblech leicht mit Butter einfetten und im Backofen erwärmen. Die Teigkreise darauflegen und leicht mit Mehl bestäuben.

5 Die Teigkreise in einem auf 180 °C vorgeheizten Backofen etwa 10 Minuten backen, bis sie aufgegangen und goldbraun sind.

6 Die fertigen Scones kurz auf ein Kuchengitter geben und abkühlen lassen, aber noch warm servieren.

VARIATION
Für Gewürzbrötchen bis zu 1½ Teelöffel gemahlenen Ingwer oder Zimt zum Mehl geben. Für herzhafte Scones den Zucker weglassen und gegen Ende von Schritt 1 bis zu 45 g Gouda unter den Teig rühren.

Schoko-Ananas-Kuchen

10 Min. 25 Min.

9 PERSONEN

etwas Butter, zum Einfetten
150 g fettarmer Frischkäse
125 g feiner Zucker
100 g Mehl, gesiebt
3 EL Kakaopulver, gesiebt
3 TL Backpulver
2 Eier
225 g Ananasstücke aus der Dose, im eigenen Saft, abgetropft
125 g fettarmer Naturjoghurt
1 EL Puderzucker
Schokoraspel, zum Dekorieren

1 Eine quadratische Backform (20 cm Seitenlänge) mit Backpapier auslegen und leicht einfetten.

2 Frischkäse, Zucker, Mehl, Kakao, Backpulver und Eier in eine große Schüssel geben und mit einem Holzlöffel oder Mixer glatt rühren.

3 Den Teig in die vorbereitete Form geben, glatt streichen und in einem auf 190 °C vorgeheizten Backofen 20–25 Minuten backen, bis er fest ist.

4 Den Kuchen kurz abkühlen lassen, dann aus der Form nehmen und auf einem Kuchengitter vollständig auskühlen lassen.

5 Einige Ananasstücke für die Dekoration beiseitestellen, die restlichen Früchte mit dem Joghurt verrühren und mit Puderzucker süßen.

6 Den Ananasjoghurt über den Kuchen streichen, mit den beiseitegestellten Ananasstücken dekorieren und mit den Schokoraspeln bestreuen.

Fruchtige Muffins

10 Min. 30 Min.

10 MUFFINS

225 g Vollkornmehl
2 TL Backpulver
25 g brauner Zucker
100 g getrocknete Aprikosen, fein gehackt
1 Banane, mit 1 EL Orangensaft zerdrückt
1 TL abgeriebene Orangenschale
300 ml Magermilch
1 Ei, verquirlt
3 EL Maiskeimöl
2 EL Haferflocken
Fruchtaufstrich, Honig oder Ahornsirup, zum Servieren

1 10 Muffin-Papierförmchen in die Vertiefungen eines Muffinblechs setzen.

2 Mehl und Backpulver in eine Schüssel sieben. Die Kleiereste aus dem Sieb zum Mehl geben. Zucker und Aprikosen unterrühren.

3 In die Mitte der Mehlmischung eine Vertiefung drücken. Zerdrückte Banane, Orangenschale, Milch, Ei und Öl hineingeben und alles zu einem cremigen Teig verrühren. Diesen gleichmäßig auf die vorbereiteten Förmchen verteilen.

4 Die Muffins mit den Haferflocken bestreuen und in einem auf 200 °C vorgeheizten Backofen 25–30 Minuten backen, bis sie aufgegangen sind und sich ein in die Mitte gestochenes Holzstäbchen leicht und sauber herausziehen lässt.

5 Die fertigen Muffins auf einem Kuchengitter kurz abkühlen lassen und noch warm mit Fruchtaufstrich, Honig oder Ahornsirup servieren.

VARIATION
Getrocknete Feigen eignen sich als Alternative zu den Aprikosen. Sie harmonieren gut mit dem Orangenaroma. Auch andere saftige Trockenfrüchte können verwendet werden.

Karotten-Ingwer-Kuchen

15 Min. 1 Std. 15 Min.

10 PERSONEN

etwas Butter, zum Einfetten
225 g Mehl
1 TL Backpulver
1 TL Speisenatron
2 TL Ingwerpulver
½ TL Salz
175 g brauner Zucker
225 g Karotten, gerieben
2 Stücke kandierter Ingwer, gehackt
25 g frische Ingwerwurzel, gerieben
60 g Rosinen
2 Eier, verquirlt
3 EL Maiskeimöl
Saft von 1 Orange
geriebene Karotte, zum Dekorieren
Ingwerpulver, zum Dekorieren

GLASUR
225 g fettarmer Frischkäse
4 EL Puderzucker
5 Tropfen Vanillearoma

1 Eine Kuchenform (Ø 20 cm) leicht einfetten und mit Backpapier auslegen.

2 Mehl, Backpulver, Natron, Ingwerpulver und Salz in eine Schüssel sieben. Zucker, Karotten, kandierten und frischen Ingwer und Rosinen unterrühren.

3 Eier, Öl und Orangensaft verschlagen und zur Karottenmischung in die Schüssel geben. Dann alle Zutaten gründlich vermengen.

4 Den Teig in die vorbereitete Form geben und in einem auf 180 °C vorgeheizten Backofen 60–75 Minuten backen.

5 Für die Glasur den Frischkäse glatt rühren, Puderzucker zusieben und Vanillearoma einrühren.

6 Den fertigen Kuchen aus der Form lösen und abkühlen lassen. Dann glasieren, mit Karottenraspeln dekorieren, mit Ingwerpulver bestreuen und servieren.

Kokosnuss-Bananen

10 Min. 10 Min.

4 PERSONEN

3 EL frisch geraspelte Kokosnuss
60 g Butter
1 EL frisch geraspelte Ingwerwurzel
abgeriebene Schale von 1 Orange
60 g feiner Zucker
4 EL frischer Limettensaft
6 Bananen
6 EL Orangenlikör, z. B. Cointreau oder Grand Marnier
3 TL geröstete Sesamsaat
Limettenscheiben, zum Dekorieren
Eiscreme, zum Servieren (nach Belieben)

1 Eine Pfanne erhitzen. Die Kokosraspel zugeben und unter Rühren 1 Minute rösten, bis sie leicht gebräunt sind, dann vom Herd nehmen und abkühlen lassen.

2 Die Butter in einer großen Pfanne zerlassen. Ingwer, Orangenschale, Zucker und Limettensaft zugeben und gut mit der Butter vermengen.

3 Die Bananen längs halbieren; sehr große Früchte noch einmal quer durchschneiden. Mit der Schnittfläche nach unten in die Butter geben und 1–2 Minuten braten, bis die Sauce klebrig wird. Dann die Bananen wenden, damit sie rundum von der Sauce überzogen sind, und aus der Pfanne nehmen. Auf vorgewärmte Teller legen und warm halten.

4 Die Pfanne erneut auf den Herd stellen. Den Orangenlikör zugießen und gut unter den Bratensatz rühren. Dann mit einem Flambieranzünder entfachen. Die Flammen ausgehen lassen und die fertige Sauce über die warmen Bananenstücke gießen.

5 Mit den Kokosraspeln und der Sesamsaat bestreuen und mit Limettenscheiben dekorieren. Nach Belieben mit Eiscreme servieren.

Bananen-Limetten-Kuchen

35 Min. 45 Min.

10 PERSONEN

etwas Butter, zum Einfetten
300 g Mehl
1 TL Salz
1½ TL Backpulver
175 g brauner Zucker
1 TL abgeriebene Limettenschale
1 Ei, verquirlt
1 Banane, mit 1 EL Limettensaft püriert
150 g fettarmer Frischkäse
115 g Sultaninen
getrocknete Bananenchips, zum Dekorieren
fein abgeriebene Limettenschale, zum Dekorieren

GLASUR
115 g Puderzucker
1–2 TL Limettensaft
½ TL fein abgeriebene Limettenschale

1 Eine Springform (Ø 18 cm) einfetten und mit Backpapier auslegen.

2 Mehl, Salz und Backpulver in eine Schüssel sieben, dann Zucker und Limettenschale einrühren. In die Mitte der Mehlmischung eine Vertiefung drücken. Dann Ei, Banane, Frischkäse sowie Sultaninen hineingeben und alles gut vermengen.

3 Den Teig in die vorbereitete Form geben, glatt streichen und in einem auf 180 °C vorgeheizten Backofen 40–45 Minuten backen, bis er fest ist.

4 Den Kuchen 10 Minuten abkühlen lassen und dann auf ein Kuchengitter setzen.

5 Für die Glasur den Puderzucker in eine Schüssel sieben und mit dem Limettensaft zu einer geschmeidigen, nicht zu dünnflüssigen Masse verrühren. Zuletzt die Limettenschale unterrühren. Die Glasur über den Kuchen träufeln und an den Rändern herablaufen lassen.

6 Mit Bananenchips und Limettenschale dekorieren. 15 Minuten ruhen lassen, bis die Glasur fest ist, dann servieren.

Weiße Florentiner

20 Min. 15 Min.

20 STÜCK

200 g Butter
200 g feiner Zucker
125 g Walnüsse, gehackt
125 g Mandeln, gehackt
60 g Sultaninen, gehackt
2 EL Belegkirschen, gehackt
2 EL kandierte Früchte, z. B. Zitronat und Orangeat, fein gehackt
2 EL Schlagsahne
250 g weiße Schokolade, geschmolzen

1 Etwa 3–4 Backbleche mit Backpapier auslegen.

2 Die Butter bei geringer Hitze zerlassen. Den Zucker zufügen und unterrühren, bis er sich aufgelöst hat. Alles 1 Minute aufkochen, dann vom Herd nehmen.

3 Walnüsse, Mandeln, Sultaninen, Kirschen, kandierte Früchte und Sahne in den Topf geben und verrühren.

4 Mehrere gehäufte Teelöffel der Masse auf die Backbleche geben; dabei genügend Abstand zwischen den einzelnen Portionen lassen, da sie sich während des Backens ausdehnen. In einem auf 180 °C vorgeheizten Backofen etwa 10 Minuten goldbraun backen.

5 Die Florentiner aus dem Backofen nehmen. Die Ränder mit einem Messer glätten, solange das Gebäck noch warm ist. Dann auf einem Kuchengitter vollständig auskühlen lassen.

6 Die glatte Seite der Florentiner mit der Schokolade bestreichen und wellenförmige Muster hineinritzen, sobald die Schokolade erstarrt.

7 Die fertigen Florentiner mit der Schokoladenseite nach oben erneut vollständig abkühlen lassen. An einem kühlen Ort in einem luftdicht verschließbaren Behälter aufbewahren.

Florentinerrollen

20 Min. 20 Min.

20 STÜCK

90 g Butter, plus etwas mehr zum Einfetten
125 g feiner Zucker
60 g blanchierte Mandeln, gehackt
25 g Rosinen, gehackt
45 g gemischtes Orangeat und Zitronat, gehackt
45 g Belegkirschen, gehackt
25 g getrocknete Aprikosen, fein gehackt
fein abgeriebene Schale von ½ Zitrone oder ½ kleinen Orange
125 g dunkle oder weiße Schokolade, geschmolzen

1 Etwa 2–3 Backbleche mit Backpapier auslegen und 4–6 dünne Teigrollen oder Holzlöffelstiele einfetten.

2 Butter und Zucker vorsichtig in einem kleinen Topf zerlassen, dann die Mischung 1 Minute aufkochen. Den Topf vom Herd nehmen und alle übrigen Zutaten außer der Schokolade einrühren. Anschließend die Mischung abkühlen lassen.

3 Jeweils 3–4 gehäufte Teelöffel der Mischung mit reichlich Abstand auf die vorbereiteten Backbleche geben und leicht flach streichen.

4 Das Gebäck in einem auf 180 °C vorgeheizten Backofen 10–12 Minuten goldgelb backen. Anschließend etwas abkühlen lassen; derweil die Ränder mit einem Messer glätten. Dann jeden Florentiner mit einem Palettmesser vom Blech heben und schnell um eine Teigrolle oder einen Stiel wickeln. Wenn der Teig zu fest wird, kurz in den noch warmen Backofen geben.

5 Die Florentiner abkühlen lassen, dann vorsichtig von der Rolle oder dem Stiel schieben.

6 Die Florentinerrollen mit den Enden in die geschmolzene Schokolade tauchen oder mit einem Backpinsel bis zur Hälfte mit Schokolade bestreichen. Während die Schokolade abkühlt, mit einer Gabel Wellenlinien hineinzeichnen. Vollständig abkühlen lassen, dann servieren.

Schokoladen-Brownies

1 Std. 15 Min. 35–40 Min.

12 STÜCK

etwas Butter, für die Form
60 g Datteln, entkernt und gehackt
60 g getrocknete Pflaumen, gehackt
6 EL ungesüßter Apfelsaft
4 Eier, verquirlt
300 g brauner Zucker
5 Tropfen Vanillearoma
4 EL fettarmes Schokoladen-Getränkepulver, plus etwas mehr zum Bestäuben
2 EL Kakaopulver
175 g Mehl
60 g dunkle Schokoflocken

GLASUR
125 g Puderzucker
1–2 TL Wasser
5 Tropfen Vanillearoma

1 Eine flache Backform (18 cm x 28 cm) einfetten und mit Backpapier auslegen.

2 Datteln, Pflaumen und Apfelsaft in einem kleinen Topf aufkochen, dann abdecken und 10 Minuten köcheln lassen, bis die Früchte weich sind. Dann alles zu einer glatten Paste verrühren und zum Abkühlen beiseitestellen.

3 Die abgekühlte Fruchtmasse in eine Schüssel geben und mit Eiern, Zucker und Vanillearoma mischen. Schokoladen-Getränkepulver, Kakaopulver und Mehl einsieben, dann die Schokoflocken unterziehen und gründlich verrühren.

4 Den Teig in die vorbereitete Form geben, glatt streichen und in einem auf 180 °C vorgeheizten Backofen 25–30 Minuten backen, bis er fest ist.

5 Den noch heißen Teig in 12 Stücke schneiden und 10 Minuten in der Form abkühlen lassen. Dann herausnehmen und zum vollständigen Auskühlen auf ein Kuchengitter stellen.

6 Für die Glasur den Puderzucker in eine Schüssel sieben und mit dem Wasser und dem Vanillearoma zu einer geschmeidigen, aber nicht zu dünnflüssigen Glasur verrühren. Anschließend die Glasur über die Brownies träufeln und erkalten lassen. Vor dem Servieren mit etwas Schokoladen-Getränkepulver bestreuen.

TIPP
Bereiten Sie die doppelte Menge zu und frieren Sie die Hälfte der Brownies ein. So haben Sie für jede Gelegenheit immer einen kleinen Vorrat zur Hand.

Reis-Muffins

15 Min. 15 Min.

12 STÜCK

140 g Mehl
1 EL Backpulver
½ TL Speisenatron
½ TL Salz
1 Ei
50 ml Honig
125 ml Milch
2 EL Sonnenblumenöl
2–3 Tropfen Bittermandelaroma
60 g gekochter Arborio-Reis
2–3 große Amaretti, grob zerdrückt

AMARETTO-BUTTER
120 g weiche Butter
1 EL Honig
1–2 EL Amaretto
1–2 EL Mascarpone

1 Mehl, Backpulver, Natron und Salz in eine Schüssel sieben und verrühren. Eine Vertiefung in die Mitte drücken.

2 Ei, Honig, Milch, Öl und Mandelaroma in einer separaten Schüssel mit einem Mixer 2 Minuten schaumig schlagen. Dann den Reis einrühren. Die Mischung in die Vertiefung in der Mehlmischung gießen und mit einer Gabel zügig und nicht zu lange unterrühren – der fertige Teig darf ruhig ein wenig klumpig sein.

3 Den Teig auf 1–2 mit Papierförmchen ausgelegte Muffin-Bleche mit insgesamt 12 Vertiefungen verteilen. Mit den Amaretti-Krümeln bestreuen und in einem auf 200 °C vorgeheizten Backofen 15 Minuten goldbraun backen.

4 Die fertigen Muffins 1 Minute in den Blechen ruhen lassen, dann auf ein Kuchengitter stürzen und leicht abkühlen lassen.

5 Für die Amaretto-Butter Butter und Honig cremig schlagen. Amaretto und Mascarpone zugeben und gut unterrühren. In eine Schale füllen und zu den warmen Muffins servieren.

Christmas Shortbread

45 Min. 15 Min.

24 STÜCK

125 g Zucker
225 g Butter, plus etwas mehr zum Einfetten
350 g Mehl, plus etwas mehr für die Arbeitsfläche
1 Prise Salz

DEKORATION
60 g Puderzucker
Silberperlen
gehackte Belegkirschen
gehackte Angelika (Engelwurz)

1 Zucker und Butter in einer großen Schüssel sorgfältig vermengen, aber nicht cremig schlagen.

2 Mehl und Salz in die Mischung sieben und alles zu einem festen Teig verarbeiten. Diesen auf einer leicht bemehlten Arbeitsfläche kurz durchkneten, bis er glatt ist, aber nicht zu stark bearbeiten. Dann 10–15 Minuten in den Kühlschrank stellen.

3 Den Teig auf der leicht bemehlten Arbeitsfläche ausrollen. Weihnachtliche Motive aus dem Teig stechen und auf gefettete Backbleche legen.

4 Die Kekse in einem auf 180 °C vorgeheizten Backofen 10–15 Minuten hellbraun backen.

5 10 Minuten auf dem Backblech, anschließend vollständig auf einem Kuchengitter auskühlen lassen.

6 Den Puderzucker mit etwas Wasser mischen und die Kekse mit der Glasur verzieren. Zusätzlich Silberperlen, kleine Stücke kandierte Kirschen und Angelika auf den Keksen verteilen.

7 Die Kekse in einem luftdichten Behälter lagern oder einzeln in festliche Folie verpacken, mit einem bunten Band verschließen und als essbare Dekoration an den Weihnachtsbaum hängen.

Knusperhäufchen

10 Min. 10 Min.

16 STÜCK

1 EL Öl
25 g Popcornmais
25 g Butter
60 g brauner Zucker
4 EL heller Sirup
25 g Belegkirschen, gehackt
60 g Sultaninen oder Rosinen
25 g gemahlene Mandeln
15 g Mandelstifte
½ TL Lebkuchen-Gewürzmischung

1 Das Öl in einem großen Topf erhitzen. Das Popcorn zugeben, den Topf gut abdecken und den Mais bei mittlerer Hitze platzen lassen; dabei den Topf häufig durchrütteln. Dann den Topf vom Herd nehmen, den Deckel aber erst öffnen, wenn kein Ploppen mehr zu hören ist.

2 Butter, Zucker und Sirup in einen großen Topf geben und unter Rühren erhitzen, damit sich der Zucker auflöst; nicht kochen. Wenn sich der Zucker aufgelöst hat, den Topf vom Herd ziehen.

3 Popcorn, Kirschen, Sultaninen oder Rosinen, gemahlene Mandeln, Mandelstifte und Lebkuchengewürz zum Sirup geben und alle Zutaten gut vermengen. Dann abkühlen lassen.

4 Aus der fertigen Teigmischung kleine Bällchen formen. Die Bällchen vollständig erkalten lassen, dann in Zellophan einwickeln, mit farbigen Bändern verschließen und an den Weihnachtsbaum hängen.

VARIATION
Für Pekannusshäufchen Kirschen, Sultaninen, gemahlene Mandeln und Lebkuchengewürz weglassen und durch 60 g grob gehackte Pekannüsse und ½ Teelöffel Zimt ersetzen.

Weihnachtliche Pfannkuchen

15 Min. + Kühlzeit 45 Min.

24 PFANNKUCHEN

700 ml Milch
Salz
100 g weißer Langkornreis
1 Zimtstange
60 g Zucker
40 g Mehl
1 TL Backpulver
¾ TL Speisenatron
2 Eier, verquirlt
125 g saure Sahne
2 EL brauner Rum
5 Tropfen Vanillearoma
2–3 Tropfen Bittermandelaroma
2 EL Butter, zerlassen
350 g gemischte Trockenfrüchte, fein gewürfelt
Butter, zum Braten
Belegkirschen, zum Dekorieren
Zimt, zum Bestäuben

1 Die Milch aufkochen. 1 Prise Salz zugeben und den Reis einstreuen. Die Zimtstange zufügen und die Mischung etwa 35 Minuten köcheln lassen, bis der Reis gar und die Milch fast vollständig absorbiert ist.

2 Den Reis vom Herd nehmen, den Zucker zugeben und unter Rühren auflösen. Die Zimtstange entfernen, den Reis in eine Schüssel füllen und abkühlen lassen.

3 Mehl, Backpulver, Natron und 1 Prise Salz vermengen und beiseitestellen.

4 Eier, saure Sahne, Rum, Vanille- und Bittermandelaroma mit der Butter in einer separaten Schüssel aufschlagen und dann unter den Reis rühren. Anschließend die Mehlmischung unterheben und zuletzt die Trockenfrüchte zufügen.

5 Eine eingefettete Pfanne erhitzen. 2–3 Esslöffel Teig hineingeben und 2 Minuten braten, bis der Teig von unten braun ist und auf der Oberseite Blasen wirft. Vorsichtig wenden und die andere Seite 1 Minute braten. Die fertigen Pfannkuchen warm halten, während die anderen gebacken werden.

6 Die Pfannkuchen mit Kirschen dekorieren und mit Zimt bestäubt servieren.

Himbeercreme

1 Std. 15 Min. 0 Min.

4 PERSONEN

300 g frische Himbeeren
50 g Puderzucker
300 g Crème fraîche
2–3 Tropfen Vanillearoma
2 Eiweiß
Zitronenmelisseblätter, zum Dekorieren

1 Einige Himbeeren für die Dekoration beiseitestellen, den Rest mit dem Puderzucker in einem Mixer oder mit einem Pürierstab glatt pürieren oder alternativ mit einem Löffel durch ein feines Sieb passieren.

2 1 Esslöffel Crème fraîche pro Portion für die Dekoration beiseitestellen. Die restliche Créme fraîche mit dem Vanillearoma in eine Schüssel geben und mit dem Himbeerpüree vermengen.

3 Das Eiweiß in einer separaten Schüssel steif schlagen und anschließend mit einem Metalllöffel unter die Himbeermischung ziehen.

4 Die fertige Himbeercreme in Schalen füllen und mindestens 1 Stunde kalt stellen – besser länger. Mit einem Klacks Crème fraîche, den Himbeeren und der Zitronenmelisse dekoriert reichen.

TIPP
Das Dessert kann auch mit tiefgefrorenen Früchten bereitet werden; frische Himbeeren sind aber vorzuziehen.

Schoko-Karamell-Kuchen

10 Min. 35–40 Min.

6 PERSONEN

150 g weiche Margarine, plus etwas mehr zum Einfetten
150 g Mehl
1½ TL Backpulver
150 g heller Sirup, z. B. Ahornsirup
3 Eier
25 g Kakaopulver

SCHOKO-KARAMELL-SAUCE
100 g Zartbitterschokolade
125 ml gesüßte Kondensmilch
4 EL Crème double

1 Eine hitzebeständige Glasschüssel (1,2 l Inhalt) leicht einfetten.

2 Alle Kuchenzutaten vermengen und mit einem Mixer zu einem glatten Teig verarbeiten.

3 Den Teig in die vorbereitete Schüssel geben, glatt streichen und ein passend zugeschnittenes Stück Backpapier darüberlegen. Dann ein Stück Alufolie über die Form legen und mit Küchengarn festbinden.

4 Den Kuchen in einem Dampfgarer oder in einem zur Hälfte mit Wasser gefüllten Topf 90–180 Minuten dämpfen, bis er fest, aber noch saftig ist und auf Druck leicht nachgibt.

5 Für die Schoko-Karamell-Sauce die Schokolade in kleine Stücke brechen, anschließend in einen Topf geben und bei schwacher Hitze in der Kondensmilch schmelzen.

6 Den Topf vom Herd nehmen und die Crème double einrühren. Den Kuchen auf einen Servierteller stürzen, mit etwas heißer Sauce übergießen und servieren. Den Rest der Schoko-Karamell-Sauce separat dazu reichen.

Biskuittörtchen aus der Mikrowelle

15 Min. 5 Min.

4 PERSONEN

4 EL heller Sirup, z. B. Ahornsirup
125 g Butter oder Margarine, plus etwas mehr zum Einfetten
90 g Zucker
2 Eier
125 g Mehl
1 TL Backpulver
2 EL warmes Wasser
Vanillesauce, zum Servieren

1 Eine hitzebeständige Glasschüssel (1,5 l Inhalt) mit Butter oder Margarine einfetten. Dann den Sirup hineingießen.

2 Die Butter oder Margarine mit dem Zucker schaumig schlagen. Die Eier nach und nach unterheben, dann Mehl und Backpulver über die Buttermischung sieben und mit einem Metalllöffel unterrühren. Das Wasser zufügen und alles zu einem weichen Teig verarbeiten.

3 Den Teig in die vorbereitete Schüssel geben und die Oberfläche glatt streichen. Mit Mikrowellenfolie abdecken und dabei einen kleinen Spalt lassen, damit Dampf entweichen kann. Anschließend 4 Minuten auf höchster Stufe in der Mikrowelle backen.

4 Das fertige Biskuittörtchen herausnehmen und 5 Minuten ruhen lassen. Dann das Törtchen auf einen Teller stürzen und mit Vanillesauce servieren.

TIPP
Alternativ kann das Törtchen auch mit Backpapier und Alufolie abgedeckt und

in einem Dampfgarer oder einem zur Hälfte mit kochendem Wasser gefüllten Topf 90 Minuten gedämpft werden.

Zimtbirnen

10 Min. 25 Min.

4 PERSONEN

1 Zitrone
4 reife, feste Birnen
300 ml trockener Cidre oder ungesüßter Apfelsaft
1 Zimtstange, halbiert
frische Minzeblätter, zum Dekorieren
Zitronenzesten, zum Dekorieren

RICOTTACREME
125 g Ricotta
125 g Frischkäse
½ TL Zimt
½ TL abgeriebene Zitronenschale
1 EL Ahornsirup

1 Die Zitronenschale mit einem Sparschäler dünn abschälen und in eine Pfanne geben. Die Zitrone auspressen.

2 Die Birnen schälen, halbieren und entkernen. In die Pfanne geben und mit dem Zitronensaft übergießen. Dann Cidre oder Apfelsaft und die Zimtstange zugeben. Die Mischung langsam zum Kochen bringen, dann die Hitze reduzieren und alles 10 Minuten köcheln lassen.

3 Die Birnen mit einem Schaumlöffel aus der Pfanne heben und in eine vorgewärmte Servierschale legen; den Kochsud aufbewahren. Die Birnen mit Alufolie abdecken und warm halten.

4 Den zurückbehaltenen Sud aufkochen und etwa 8–10 Minuten köcheln lassen, bis er zur Hälfte reduziert ist. Dann über die Birnen löffeln.

5 Für die Ricottacreme alle Zutaten mischen.

6 Die Birnen auf Teller geben, mit Minze dekorieren und mit einem Klacks Ricottacreme mit Zitronenzesten servieren.

Baklava

20 Min. 1 Std. 15 Min.

25 STÜCK

300 g Walnusshälften
200 g geschälte Pistazien
100 g blanchierte Mandeln
4 EL Pinienkerne, fein gehackt
abgeriebene Schale von 2 großen Orangen
6 EL Sesamsaat
1 EL Zucker
½ TL Zimt
½ TL Lebkuchen-Gewürzmischung
etwa 300 g Butter, zerlassen, plus etwas mehr zum Einfetten
23 Blätter Filo-Teig, in Quadraten zu 25 cm, Tiefkühlware aufgetaut

SIRUP
600 g feiner Zucker
500 ml Wasser
5 EL Honig
3 Gewürznelken
2 große Streifen Zitronenschale

1 Walnüsse, Pistazien, Mandeln und Pinienkerne in einem Mixer fein hacken, aber nicht mahlen. Alternativ mit einem großen Messer hacken.

2 Die Nüsse in einer Schüssel mit Orangenschale, Sesamsaat, Zucker, Zimt und Lebkuchengewürz verrühren.

3 Eine Auflaufform (25 cm x 25 cm x 5 cm) mit Butter einfetten.

4 Die Teigblätter mit einem Spatel voneinander lösen. Ein Teigblatt auf den Boden der Form geben und mit Butter einpinseln. 7 weitere Teigblätter aufschichten und jedes mit Butter bestreichen.

5 125 g Füllung über die Blätter geben. 3 weitere Teigblätter auflegen und jedes mit Butter bestreichen. Die Schichtung wiederholen, bis Füllung und Teig aufgebraucht sind. Mit 3 Teigblättern abschließen und diese mit Butter bestreichen.

6 Den Teig in 25 gleich große Quadrate schneiden. Diese erneut mit Butter bestreichen und in einem auf 180 °C vorgeheizten Backofen 1 Stunde backen.

7 Inzwischen alle Zutaten für den Sirup in einem Topf unter Rühren erhitzen, bis sich der Zucker gelöst hat. Aufkochen, dann 15 Minuten köcheln lassen, bis ein zäher Sirup entsteht. Abkühlen lassen.

8 Die fertige Baklava aus dem Backofen nehmen und mit Sirup übergießen. In der Form auskühlen lassen, dann servieren.

Pochierte Pimentbirnen

5 Min. 15 Min.

4 PERSONEN

4 große Birnen, geschält und längs halbiert
300 ml Orangensaft
2 TL gemahlener Piment
60 g Rosinen
2 EL brauner Zucker
Orangenzesten, zum Dekorieren

1 Die Birnenhälften mit Orangensaft, Piment, Rosinen und Zucker in einen Topf geben und alles unter vorsichtigem Rühren erwärmen, bis sich der Zucker aufgelöst hat. Dann 1 Minute kochen, die Hitze reduzieren und die Birnen weitere 10 Minuten köcheln lassen, bis sie gar, aber noch fest sind. (Die Konsistenz während des Kochens eventuell durch Einstechen mit der Spitze eines scharfen Messers überprüfen.)

2 Die fertigen Birnen auf Desserttellern anrichten. Mit den Orangenschalen dekorieren, mit dem heißen Sirup übergießen und sofort servieren.

Panforte di Siena

10 Min. 1 Std. 15 Min.

12 PERSONEN

125 g Haselnüsse
125 g blanchierte Mandeln, halbiert und geröstet
100 g kandierte Früchte, grob gehackt
60 g getrocknete Aprikosen, fein gehackt
60 g kandierte Ananas, fein gehackt
abgeriebene Schale von 1 großen Orange
60 g Mehl
2 EL Kakaopulver
2 TL Zimt
125 g feiner Zucker
175 g Honig
Puderzucker, zum Bestäuben

1 Die Haselnüsse rösten, bis ihre Häute einreißen, dann auf ein trockenes Handtuch legen und die Häute abreiben. Die Nüsse grob hacken und in eine Schüssel geben.

2 Mandeln, kandierte Früchte, Aprikosen, Ananas und Orangenschale zu den Haselnüssen geben. Mehl mit Kakao und Zimt in einer Schüssel vermengen und alles vermischen.

3 Eine Springform (Ø 20 cm) mit Backpapier auslegen.

4 Zucker und Honig langsam in einem Topf erhitzen, bis sich der Zucker auflöst. Dann die Mischung leicht köcheln lassen, bis sie andickt und zu bräunen beginnt. Anschließend rasch zum Teig geben und gut unterrühren. Den Teig in die Springform füllen und mit einem feuchten Löffelrücken glatt streichen.

5 Den Panforte in einem auf 150 °C vorgeheizten Backofen etwa 60 Minuten backen. In der Form abkühlen lassen, dann herauslösen und das Backpapier entfernen.

6 Den Kuchen vor dem Servieren großzügig mit Puderzucker bestäuben und in schmale Stücke geschnitten servieren.

Gedämpfter Kaffeebiskuit

10 Min. 1 Std. 15 Min.

4 PERSONEN

25 g Margarine, plus etwas mehr zum Einfetten
2 EL brauner Zucker
2 Eier
50 g Mehl
¾ TL Backpulver
6 EL Milch
5 Tropfen Kaffeearoma

SAUCE
300 ml Milch
1 EL brauner Zucker
1 TL Kakaopulver
2 EL Speisestärke mit 4 EL kaltem Wasser verrührt

1 Eine hitzebeständige Glasschüssel (600 ml Inhalt) einfetten.

2 Margarine und Zucker in einer Schüssel schaumig schlagen, dann die Eier nacheinander unterrühren. Mehl und Backpulver einrühren. Milch und Kaffeearoma zugeben und alles zu einem glatten Teig verarbeiten.

3 Den Teig in die vorbereitete Schüssel geben und erst mit Backpapier, dann mit Alufolie abdecken. Beides mit Küchengarn am Rand der Form befestigen.

4 Die Form in einen Dampfgarer oder einen großen, zur Hälfte mit kochendem Wasser gefüllten Topf geben und den Kuchen abgedeckt 60–75 Minuten dämpfen, bis er fest, aber noch saftig ist.

5 Für die Sauce Milch, Zucker und Kakaopulver unter Rühren in einem Topf erhitzen, bis sich der Zucker auflöst. Die Stärkemischung zugeben und die Sauce unter Rühren aufkochen, bis sie eindickt. Bei geringer Hitze 1 Minute weiterkochen.

6 Den fertigen Kuchen auf einen vorgewärmten Teller stürzen und sofort mit der Sauce servieren.

Reis-Bananen-Brûlée

50 Min. 2–3 Min.

2 PERSONEN

400 g fertiger Milchreis
abgeriebene Schale von ½ Orange
2 Stücke kandierter Ingwer, fein gehackt
2 TL Ingwersirup
40 g Rosinen
1–2 Bananen
1–2 TL Zitronensaft
4–5 EL Farin-Zucker

1 Den Milchreis in eine Schüssel geben. Orangenschale, Ingwer, Ingwersirup und Rosinen zufügen und unterrühren.

2 Die Bananen diagonal in Scheiben schneiden. Die Scheiben im Zitronensaft wenden, damit sie sich nicht verfärben, abtropfen lassen und auf 2 feuerfeste Förmchen verteilen.

3 Die Reismischung über die Bananen geben, dann den Zucker gleichmäßig darüberstreuen.

4 Die Brûlée-Formen auf die mittlere Schiene unter einen vorgeheizten Backofengrill geben und so lange erhitzen, bis der Zucker karamellisiert; dabei darauf achten, dass er nicht verbrennt.

5 Die fertigen Desserts in den Kühlschrank stellen, bis der Karamell fest ist. Vor dem Servieren die Karamellschicht mit einem Löffelrücken aufschlagen, damit das Dessert bei Tisch leichter zu essen ist.

TIPP
Fertiger Milchreis schmeckt köstlich, wenn man ihn zusammen mit Orangenstücken und geriebenem Apfel aufwärmt. Man kann ihn auch kalt mit eingerührten Schokoladenraspeln und gemischten gehackten Nüssen servieren.

Indischer Brotpudding

20 Min. 25 Min.

6 PERSONEN

5 EL Ghee
6 Scheiben Weißbrot, geviertelt
150 g Zucker
300 ml Wasser
Samen von 3 grünen Kardamomkapseln
600 ml Milch
175 ml Khoya (siehe Tipp)
½ TL Safranfäden
Crème double, zum Servieren
gehackte Pistazien, zum Dekorieren
gehackte Mandeln, zum Dekorieren

1 Das Ghee in einer Pfanne erhitzen. Das Brot zugeben und von beiden Seiten goldbraun anbraten; dabei einmal wenden. Dann auf dem Boden einer Auflaufform verteilen und beiseitestellen.

2 Für den Sirup Zucker, das Wasser und Kardamomsamen in einen Topf geben und bei mittlerer Hitze unter Rühren erhitzen, bis sich der Zucker aufgelöst hat. Dann köcheln lassen, bis der Sirup eindickt. Den fertigen Sirup über das Brot gießen.

3 Milch, Khoya und Safran in einen separaten Topf geben und bei geringer Hitze zum Kochen bringen. Anschließend köcheln lassen, bis die Mischung um die Hälfte reduziert ist. Die fertige Sauce ebenfalls über das vorbereitete Brot gießen.

4 Den Brotpudding mit einem Klacks Crème double anrichten und zuletzt mit gehackten Pistazien und Mandeln dekorieren.

TIPP
Für den Khoya 900 ml Milch in einem großen Topf aufkochen. Dann die Hitze reduzieren und die Milch 35–40 Minuten unter gelegentlichem Rühren kochen, bis sie auf ein Viertel ihres ursprünglichen Volumens reduziert ist und einem klebrigen Teig ähnelt. Alternativ können Sie Kondensmilch verwenden.

Apfel-Beignets

15 Min. 15 Min.

4 PERSONEN

100 g Mehl
1 Prise Salz
½ TL Zimt
175 ml warmes Wasser
4 TL Öl
2 Eiweiß
2 Tafeläpfel, geschält und in Stücken
Pflanzen- oder Sonnenblumenöl, zum Frittieren
Zimt und feiner Zucker, zum Dekorieren

SAUCE
150 g Naturjoghurt
2–3 Tropfen Bittermandelaroma
2 TL klarer Honig

1 Mehl und Salz in eine große Schüssel sieben. Den Zimt zufügen und sorgfältig unterrühren. Dann Wasser und Öl zugießen und alles zu einem glatten geschmeidigen Ausbackteig verrühren.

2 Das Eiweiß steif schlagen und behutsam unter den Teig heben. Dann die Apfelstücke mit dem Teig überziehen.

3 Das Frittieröl auf 180 °C erhitzen und die vorbereiteten Apfelstücke – gegebenenfalls portionsweise – zugeben und 3–4 Minuten goldbraun frittieren.

4 Die fertigen Beignets mit einem Schaumlöffel aus dem Öl heben und auf Küchenpapier abtropfen lassen.

5 Zimt und Zucker mischen und über die noch warmen Beignets streuen.

6 Alle Zutaten für die Sauce vermengen, in eine kleine Servierschale füllen und zu den Beignets reichen.

Birnenauflauf mit Mandelstreuseln

10 Min. 30 Min.

6 PERSONEN

etwas Butter, zum Einfetten
6 Birnen, in Scheiben
1 EL gehackter kandierter Ingwer
1 EL brauner Zucker
2 EL Orangensaft
Vanillesauce auf Sojamilchbasis, zum Servieren

STREUSEL
175 g Mehl
75 g Pflanzenmargarine, in kleinen Stücken
25 g Mandelblättchen
25 g Haferflocken
50 g brauner Zucker

1 Eine Auflaufform (1 l Inhalt) leicht einfetten.

2 Die Birnen mit Ingwer, Zucker und Orangensaft in einer Schüssel mischen. Die fertige Mischung in die vorbereitete Form geben.

3 Für die Streusel das Mehl in eine Schüssel sieben. Die Margarine mit den Fingern darin verreiben, bis ein feinkrümeliger Teig entsteht. Dann Mandelblättchen, Haferflocken und Zucker zugeben und gut unterrühren.

4 Die fertigen Streusel gleichmäßig über die Birnenmischung in der Form verteilen.

5 Den Auflauf in einem auf 190 °C vorgeheizten Backofen 30 Minuten goldbraun backen. Mit Vanillesauce servieren.

VARIATION
Für ein etwas anderes Aroma kann in Schritt 3 1 Teelöffel gemahlener Piment zugegeben werden.

Gebackener Kokosreis

5 Min. 2 Std. 30 Min.

4–6 PERSONEN

90 g Rundkornreis (Patna- oder Carolina-Reis)
600 ml Kokosmilch
300 ml Milch
1 breiter Streifen Limettenschale
60 g feiner Zucker
etwas Butter, in Flöckchen, plus etwas mehr zum Einfetten
1 Prise gemahlener Sternanis (nach Belieben)
frische oder gedünstete Früchte, zum Servieren

1 Eine flache Auflaufform (1,4 l Inhalt) leicht einfetten.

2 Reis, Kokosmilch, Milch, Limettenschale und Zucker in einer Schüssel sorgfältig vermengen.

3 Die Reismischung in die vorbereitete Auflaufform geben. Mit einigen Butterflöckchen bedecken und etwa 30 Minuten im Backofen backen.

4 Die Form aus dem Backofen nehmen. Den Limettenstreifen entfernen und wegwerfen. Den Reis gut durchrühren und nach Belieben mit Sternanis würzen.

5 Anschließend den Reis wieder in den Ofen geben und weitere 1–2 Stunden backen, bis er fast die gesamte Milch absorbiert und sich an der Oberfläche eine goldbraune Haut gebildet hat. Falls die Oberfläche gegen Ende der Backzeit zu stark bräunt, den Reis mit Alufolie abdecken.

6 Den fertigen Kokosreis warm oder nach Belieben auch kalt mit frischen oder gedünsteten Früchten servieren.

TIPP
Kalten Reis vor dem Servieren mit 3 Esslöffeln Sahne oder ein wenig zusätzlicher Kokosmilch verrühren, um eine dünnere Konsistenz zu erhalten – der Reis verdickt beim Abkühlen!

Exotische Karamellcreme

10 Min. 45 Min.

8 PERSONEN

KARAMELL
125 g Zucker
150 ml Wasser

CREME
90 g Kokoscreme, klein gehackt und in 300 ml heißem Wasser aufgelöst
2 Eier
2 Eigelb
1½ EL Zucker
300 g Schlagsahne
1–2 EL Kokosraspel, zum Dekorieren
Bananen oder frische Ananas, in dünnen Scheiben, zum Servieren

1 8 kleine Formen (150 ml Inhalt) bereitstellen.

2 Für den Karamell Zucker und Wasser in einem Topf vorsichtig erhitzen und den Zucker auflösen. Ohne Rühren stark aufkochen, bis die Mischung eine goldbraune Farbe annimmt. Dann den Topf sofort vom Herd nehmen und in kaltes Wasser tauchen, um ein Weitergaren zu unterbinden.

3 Den fertigen Karamell schnell, aber vorsichtig in die bereitgestellten Förmchen gießen, bis die Böden bedeckt sind.

4 Für die Creme die Kokoscreme in dem für den Karamell benutzten Topf erhitzen. Eier, Eigelb und Zucker in eine Schüssel geben und mit einer Gabel verschlagen. Die warme Kokosmischung zugießen und gut verrühren, bis sich der Zucker auflöst. Dann die Sahne einrühren und die Masse in eine Kanne abseihen.

5 Die karamellgefüllten Förmchen auf ein hohes Backblech stellen und so viel Wasser zugießen, bis sie zur Hälfte darin stehen. Dann die Creme einfüllen und die Förmchen mit Backpapier oder Alufolie abdecken. In einem auf 150 °C vorgeheizten Backofen etwa 40 Minuten backen, bis sie fest ist.

6 Die Förmchen aus dem Backofen nehmen und zum Auskühlen über Nacht in den Kühlschrank stellen. Die Cremeportionen vor dem Servieren mit einem Messer vorsichtig aus den Förmchen lösen und auf Teller stürzen. Mit Kokosraspeln bestreuen und mit Bananen- oder Ananasscheiben servieren.

Mousse au chocolat

15 Min. + Kühlzeit   5 Min.

8 PERSONEN

100 g dunkle Schokolade
300 g Naturjoghurt
150 g Quark
4 EL Zucker
1 EL Orangensaft
1 EL Weinbrand
1½ TL rein pflanzliche Gelatine
9 EL kaltes Wasser
2 große Eiweiß
dunkle und weiße Schokolade, grob gerieben, zum Dekorieren
Orangenzesten, zum Dekorieren

1 Schokolade über einem heißen Wasserbad oder in der Mikrowelle schmelzen. Dann mit Joghurt, Quark, Zucker, Orangensaft und Weinbrand in einen Mixer geben und 30 Sekunden verrühren. In eine große Schüssel füllen.

2 Gelatine und Wasser vermengen und so lange rühren, bis sich die Gelatine aufgelöst hat. Die Mischung in einen Topf geben und 2 Minuten kochen. Dann langsam abkühlen lassen und unter die Schokoladenmischung rühren.

3 Das Eiweiß steif schlagen und mit einem Metalllöffel ebenfalls unter die Schokoladenmischung ziehen.

4 Eine Kastenform (500 g Inhalt) mit Frischhaltefolie auslegen. Die fertige Mousse-Masse in die Form geben und 2 Stunden in den Kühlschrank stellen, bis sie fest geworden ist.

5 Vor dem Servieren stürzen und in Scheiben schneiden. Auf Dessertteller verteilen und mit Schokoladenraspeln und Orangenzesten dekoriert servieren.

TIPP
Für eine schnelle Fruchtsauce eine Dose Mandarinen im eigenen Saft in der Küchenmaschine pürieren und durch ein Sieb streichen. Dann 1 Esslöffel flüssigen Honig einrühren und mit der Mousse servieren.

Gemischter Obststreusel

10 Min. 50 Min.

4 PERSONEN

2 Mangos, in Scheiben
1 Papaya, in Scheiben
225 g frische Ananas, gewürfelt
1½ TL Ingwerpulver
100 g Margarine
100 g brauner Zucker
175 g Mehl
50 g Kokosraspel, plus etwas mehr zum Dekorieren

1 Die Früchte mit ½ Teelöffel Ingwer, 30 g Margarine und 50 g Zucker in einen Topf geben und bei geringer Hitze 10 Minuten weich kochen. Dann in eine flache Auflaufform geben.

2 Das Mehl mit dem restlichen Ingwer mischen und die verbliebene Margarine mit den Fingern einkneten, bis ein feinkrümeliger Teig entstanden ist. Dann den restlichen Zucker sowie die Kokosraspel einrühren und die Streusel über das Obst in der Form verteilen.

3 Den so vorbereiteten Streuselauflauf in einem auf 180 °C vorgeheizten Backofen etwa 40 Minuten knusprig backen. Dann herausnehmen und mit Kokosraspeln dekoriert servieren.

Reispudding mit Safran

5 Min. 1 Std.

4 PERSONEN

600 ml Milch
einige Safranfäden, zerrieben (siehe Tipp)
60 g Milchreis
1 Zimtstange oder 1 Stück Cassia-Rinde
40 g Zucker
25 g Rosinen oder Sultaninen
25 g getrocknete Aprikosen, klein geschnitten
1 Ei, verquirlt
4 EL Schlagsahne
15 g Butter, gewürfelt
15 g Mandelblättchen
frisch geriebene Muskatnuss
Schlagsahne, zum Servieren (nach Belieben)

1 Milch und Safran in einem Topf zum Kochen bringen. Reis und Zimt oder Cassia-Rinde zugeben und unterrühren. Anschließend die Hitze reduzieren und den Reis unabgedeckt unter häufigem Rühren 25 Minuten köcheln lassen, bis er weich ist.

2 Den Topf vom Herd nehmen und die Zimtstange aus der Reismischung entfernen. Zucker, Rosinen oder Sultaninen sowie Aprikosen einrühren. Anschließend Ei, Sahne und Butter unter die Reismischung mengen.

3 Die Reismischung in eine feuerfeste eingefettete Pie- oder Flanform geben. Dann mit Mandeln und Muskat bestreuen und den Pudding in einem auf 180 °C vorgeheizten Backofen 25–30 Minuten backen, bis er gestockt und leicht goldbraun geworden ist. Noch heiß servieren und nach Belieben Schlagsahne dazu reichen.

TIPP

Einen kräftigeren Geschmack erzielt man, wenn man die Safranfäden auf einem kleinen Stück Alufolie kurz unter dem heißen Grill röstet und dann zwischen den Fingern zerreibt.

Passionstorte

15 Min. 1 Std. 30 Min.

10 PERSONEN

etwas Butter, zum Einfetten
150 ml Maiskeimöl
175 g feiner Zucker
4 EL Naturjoghurt
3 Eier
1 Eigelb
5 Tropfen Vanillearoma
125 g Walnusskerne, gehackt
175 g Karotten, gerieben
1 Banane, püriert
175 g Mehl
90 g feine Haferflocken
1 TL Speisenatron
1 TL Backpulver
1 TL Zimt
½ TL Salz

GLASUR
150 g Frischkäse
4 EL Naturjoghurt
90 g Puderzucker
1 TL abgeriebene Zitronenschale
2 TL Zitronensaft

DEKORATION
Primel- und Veilchenblüten
1 Eiweiß, leicht verquirlt
40 g Zucker

1 Eine Springform (Ø 25 cm) einfetten und mit Backpapier auslegen.

2 Öl, Zucker, Joghurt, Eier, zusätzliches Eigelb und Vanillearoma verrühren. Dann Nüsse, Karotten und Banane einrühren.

3 Mehl, Haferflocken, Natron, Backpulver, Zimt und das Salz gut mischen und nach und nach unter den Teig rühren.

4 Den Teig in die vorbereitete Form geben, glatt streichen und in einem auf 180 °C vorgeheizten Backofen 90 Minuten backen, bis er fest ist. Etwa 15 Minuten in der Form abkühlen lassen, dann auf ein Kuchengitter stürzen.

5 Für die Glasur Frischkäse und Joghurt verschlagen. Den Puderzucker zusieben und Zitronenschale sowie -saft unterrühren. Die Oberseite und die Ränder des Kuchens damit bestreichen.

6 Für die Dekoration die Primel- und Veilchenblüten kurz in das verquirlte Eiweiß tauchen, dann rundum üppig mit Zucker bestreuen und mit ausreichendem Abstand auf ein Stück Backpapier setzen. Die Blüten mehrere Stunden an einen warmen, trockenen Ort stellen, bis sie fest und trocken sind. Vor dem Servieren auf die Torte setzen.

Indische Milchnudeln

5 Min. 20 Min. + Einweichzeit

6 PERSONEN

25 g ungesalzene Pistazien
25 g Mandelblättchen
3 EL Ghee
100 g Seviyan-Nudeln (siehe Tipp)
850 ml Milch
175 g Kondensmilch
8 EL Zucker
6 getrocknete Datteln, entsteint

1 Die Pistazien mindestens 3 Stunden in Wasser einweichen. Dann schälen, fein hacken, mit den Mandeln vermengen und beiseitestellen.

2 Das Ghee in einem Topf erhitzen und die Nudeln darin leicht anbraten. Die Hitze danach sofort reduzieren und den Topf vom Herd nehmen. Falls die Nudeln an einigen Stellen etwas dunkler geworden sind, ist das nicht schlimm.

3 Die Milch über die Nudeln gießen, den Topf auf den Herd zurückstellen und alles bei geringer Hitze aufkochen.

4 Kondensmilch, Zucker und Datteln einrühren und die Mischung unter gelegentlichem Rühren 10 Minuten unabgedeckt köcheln lassen. Sobald die Masse andickt, den Topf vom Herd nehmen und den Inhalt in eine vorgewärmte Servierschüssel umfüllen.

5 Die fertigen Milchnudeln mit der Pistazien-Mandel-Mischung dekorieren und warm oder kalt servieren.

TIPP
Seviyan-Nudeln erhalten Sie in indischen Lebensmittelgeschäften. Alternativ können Sie Vermicelli verwenden.

Bread and Butter Pudding

45 Min. 1 Std.

6 PERSONEN

4–5 Scheiben Weiß- oder Graubrot
60 g Butter, plus etwas mehr zum Einfetten
4 EL Orangenmarmelade
abgeriebene Schale von 1 Zitrone
100 g Rosinen oder Sultaninen
40 g kandierte Früchte, gehackt
1 TL Zimt oder Lebkuchen-Gewürzmischung
1 Kochapfel, geschält und grob gerieben
90 g brauner Zucker
3 Eier
500 ml Milch
2 EL Farin-Zucker

1 Das Brot mit Butter und Marmelade bestreichen.

2 Eine Auflaufform mit Butter einfetten und eine Schicht Brot darauflegen. Die Scheiben dabei gegebenenfalls so zurechtschneiden, dass sie in die Form passen. Dann die Hälfte der Zitronenschale, der Rosinen oder Sultaninen, der kandierten Früchte, des Zimt- oder Lebkuchengewürzes, des Apfels und des braunen Zuckers darüber verteilen.

3 Die Fruchtmischung mit einer weiteren Brotschicht bedecken. Dann den Großteil der Rosinen oder Sultaninen, die restliche Zitronenschale sowie Gewürze, Apfel, kandierte Früchte und braunen Zucker gleichmäßig darauf verteilen.

4 Eier und Milch leicht verquirlen und vorsichtig über das Brot gießen. Die Mischung mit Farin-Zucker bestreuen, mit den restlichen Rosinen oder Sultaninen dekorieren und 50–60 Minuten in einem auf 200 °C vorgeheizten Backofen goldbraun backen.

5 Den fertigen Auflauf entweder heiß servieren oder abkühlen lassen und kalt verzehren.

TIPP
Falls Sie genügend Zeit haben, lassen Sie den Auflauf nach Zugabe der Ei-Milch-Mischung 20–30 Minuten ruhen.

Aprikosen-Brûlée

15 Min. 35 Min.
+ Einweich-/Kühlzeit

6 PERSONEN

125 g ungeschwefelte getrocknete Aprikosen
150 ml Orangensaft
4 Eigelb
2 EL Zucker
150 g Naturjoghurt
150 g Crème double
1 TL Vanillearoma
90 g Farin-Zucker
Baisers, zum Servieren

1 Aprikosen und Orangensaft in eine Schüssel geben und mindestens 1 Stunde einweichen lassen.

2 Aprikosen und Orangensaft in einen kleinen Topf gießen, langsam aufkochen und 20 Minuten köcheln lassen. Dann in einem Mixer pürieren oder sehr fein hacken und anschließend durch ein Sieb streichen.

3 Eigelb und Zucker schaumig schlagen. Den Joghurt in einen kleinen Topf geben, Crème double sowie Vanillearoma zufügen und bei schwacher Hitze zum Kochen bringen.

4 Die Joghurtmischung unter Rühren zur Eimischung gießen. Dann über einem heißen Wasserbad so lange verrühren, bis eine dickflüssige Creme entsteht.

5 Die Aprikosenmischung auf 6 kleine Auflaufförmchen verteilen. Die Vanillecreme vorsichtig darüberlöffeln. Die Mischung abkühlen lassen und mindestens 1 Stunde in den Kühlschrank stellen.

6 Den Zucker über die Creme streuen und die Förmchen unter einen heißen Grill stellen, bis der Zucker karamellisiert. Die Creme erneut abkühlen lassen.

7 Vor dem Servieren den Karamellüberzug mit einem Löffel aufschlagen und die Brûlées mit Baisers servieren.

Winterpudding

15 Min. 1 Std. 30 Min.

6 PERSONEN

2 EL heller Sirup, z. B. Ahornsirup, plus etwas mehr zum Servieren
175 g Mehl
1½ TL Backpulver
125 g Butter, zerlassen, plus etwas mehr zum Einfetten
125 g feiner oder brauner Zucker
2 Eier
¾ TL Zimt oder Lebkuchen-Gewürzmischung
abgeriebene Schale von 1 Orange
1 EL Orangensaft
90 g Sultaninen
40 g kandierter Ingwer, fein gehackt
1 Tafelapfel, geschält und grob gerieben

1 Eine Glasschüssel (850 ml Inhalt) gut einfetten und den Sirup hineingießen.

2 Mehl und Backpulver vermengen.

3 Butter und Zucker schaumig schlagen. Nach und nach die Eier zugeben und nach jedem Ei 1 Esslöffel der Mehlmischung einrühren.

4 Das übrige Mehl mit Zimt oder Lebkuchengewürz über den Teig sieben und unterziehen. Dann Orangenschale und -saft zugeben, die Sultaninen unterheben und zuletzt Ingwer und Apfel einrühren.

5 Den Teig in die vorbereitete Schüssel geben, glatt streichen und mit einem Stück Backpapier abdecken. Das Backpapier noch einmal mit Alufolie abdecken und diese mit einer festen Schnur am Rand der Schüssel befestigen. Einen Teil der Schnur zu einem Griff binden, um das spätere Herausnehmen der Schüssel aus dem Topf etwas zu erleichtern.

6 Die Schüssel in einen zur Hälfte mit kochendem Wasser gefüllten Topf stellen, abdecken und 90 Minuten dämpfen. Bei Bedarf etwas Wasser nachfüllen.

7 Zum Servieren Backpapier und Alufolie entfernen und den fertigen Pudding auf einen vorgewärmten Teller stürzen. In Scheiben schneiden und noch heiß mit etwas Sirup servieren.

Pistazienbällchen

15 Min. 10 Min.

6 PERSONEN

850 ml Wasser
225 g Pistazienkerne
225 g Milchpulver (Vollfettgehalt)
450 g Zucker
Samen von 2 Kardamomkapseln, zerstoßen
2 EL Rosenwasser
1 Msp. Safranfäden
frische Minzezweige, zum Dekorieren

1 Etwa 600 ml des Wassers aufkochen und die Pistazien darin etwa 5 Minuten einweichen. Anschließend gut abtropfen lassen und die dünnen Häute entfernen. Dann in einem Mixer oder Mörser zerkleinern und in eine Schüssel füllen.

2 Das Milchpulver zugeben und gründlich unterrühren.

3 Das restliche Wasser und den Zucker in einem großen Topf erwärmen. Sobald die Mischung sirupartig eindickt, Kardamom, Rosenwasser und Safran zugeben.

4 Den Sirup zu den Pistazien geben und 5 Minuten unter ständigem Rühren kochen, bis eine feste Masse entsteht. Dann langsam abkühlen lassen.

5 Die Masse mit den Händen zu kleinen Bällchen formen und die fertigen Bällchen mit Mandeln und Minzeblättern dekorieren. Vor dem Servieren vollständig auskühlen und fest werden lassen.

TIPP
Sie können auch gehackte Pistazien kaufen, die Zeitersparnis geht aber zulasten des Geschmacks. Frisch gemahlene Pistazien entwickeln ein deutlich intensiveres Aroma, da durch das Mahlen ihre essenziellen Öle freigesetzt werden.

Ananaskuchen

15 Min. 50 Min.

4 PERSONEN

50 g Pflanzenmargarine, in kleinen Stücken, plus etwas mehr zum Einfetten
425 g ungesüßte Ananasstücke aus der Dose, abgetropft und den Saft aufgefangen
4 TL Speisestärke
50 g brauner Zucker
125 ml Wasser
abgeriebene Schale von 1 Zitrone

TEIG
50 ml Sonnenblumenöl
75 g brauner Zucker
150 ml Wasser
150 g Mehl
2 TL Backpulver
1 TL Zimt

1 Eine runde Backform (Ø 18 cm) einfetten.

2 Ananassaft und Stärke zu einer glatten Paste verrühren. Die Paste mit Zucker, Margarine und Wasser in einen Topf geben und unter Rühren erwärmen, bis sich der Zucker aufgelöst hat. Die Mischung kurz aufkochen und 2–3 Minuten bei geringer Hitze köcheln lassen, bis sie eindickt. Dann abkühlen lassen.

3 Für den Teig Öl, Zucker und Wasser in einen Topf geben. Leicht erwärmen, bis sich der Zucker aufgelöst hat, aber nicht aufkochen. Die Mischung vom Herd nehmen und abkühlen lassen.

4 Mehl, Backpulver und Zimt in eine Schüssel sieben, das abgekühlte Zuckerwasser zugießen und alles zu einem glatten Teig verarbeiten.

5 Die Ananasstücke und die Zitronenschale in die vorbereitete Form geben und 4 Esslöffel Ananassirup darübergießen. Den Teig darauf verteilen und den Kuchen in einem auf 180 °C vorgeheizten Backofen 35–40 Minuten backen, bis er fest ist.

6 Anschließend auf einen Teller stürzen und 5 Minuten ruhen lassen, dann die Form entfernen. Den fertigen Kuchen mit dem restlichen Sirup servieren.

Karamellisierte Orangen

15 Min. 20 Min.
+ Einweichzeit

6 PERSONEN

6 große Orangen
225 g Zucker
250 ml Wasser
6 Gewürznelken (nach Belieben)
2–4 EL Orangenlikör

1 Mit einem Zestenschneider die Schale von 2 Orangen dünn abschälen. Dann die Orangenschale in einen Topf geben, knapp mit Wasser bedecken, aufkochen und 5 Minuten köcheln lassen. Mit einem Schaumlöffel herausheben und abtropfen lassen; den Kochsud aufbewahren.

2 Die Orangen sorgfältig schälen und quer in je 4 Scheiben schneiden. Anschließend wieder zusammensetzen, mit Holzzahnstochern fixieren und in eine Auflaufform geben.

3 Zucker, Wasser und nach Belieben Nelken in einen Topf geben. Alles langsam erwärmen, bis sich der Zucker aufgelöst hat. Dann aufkochen, bis der Sirup eindickt und sich verfärbt; dabei nicht rühren. Weiterkochen, bis der Sirup goldbraun ist, anschließend vom Herd nehmen und den Orangensud zugeben.

4 Den Sirup bei schwacher Hitze erneut erhitzen und verflüssigen. Dann endgültig vom Herd nehmen und den Orangenlikör zugießen. Die fertige Mischung über die Orangen verteilen.

5 Die Orangen mit den vorbereiteten Zesten bestreuen, mit Frischhaltefolie abdecken und abkühlen lassen. Das fertige Dessert vor dem Servieren für mindestens 3, besser aber 24–48 Stunden in den Kühlschrank stellen; dabei wenn möglich öfters mit dem Sirup befeuchten. Vor dem Servieren die Holzzahnstocher entfernen.

TIPP
Falls Sie keinen Zestenschneider besitzen, können Sie die Orangenschale auch mit einem normalen Sparschäler abziehen und anschließend in feine Stifte schneiden.

Kirschauflauf

10 Min. 40 Min.

6 PERSONEN

125 g Mehl
4 Eier, leicht verquirlt
2 EL Zucker
1 Prise Salz
600 ml Milch
Butter, zum Einfetten
500 g Schattenmorellen, frisch oder aus dem Glas, entsteint
3 EL Weinbrand
1 EL Zucker, zum Dekorieren

1 Das Mehl in eine große Schüssel sieben. Eine Vertiefung in die Mitte drücken. Eier, Zucker sowie Salz hineingeben und nach und nach mit dem Mehl vermengen.

2 Die Milch langsam zugießen und gut unterrühren, bis ein glatter Teig entsteht.

3 Die Hälfte des Teigs in eine gut gefettete Auflaufform (1,75 l Inhalt) gießen. Den Teig mit den Kirschen belegen, dann den restlichen Teig über den Kirschen verteilen und mit dem Weinbrand beträufeln.

4 Den so vorbereiteten Auflauf in einem auf 180 °C vorgeheizten Backofen etwa 40 Minuten goldbraun backen.

5 Kurz vor dem Servieren den fertigen, noch warmen Auflauf mit Zucker bestreuen und dann sofort reichen.

TIPP
Der Auflauf schmeckt ebenso lecker, wenn Sie ihn statt mit Kirschen mit Aprikosen oder Pflaumen zubereiten.

Süßer Safranreis

5 Min. 35 Min.

4 PERSONEN

200 g Basmati-Reis
200 g Zucker
1 Msp. Safranfäden
300 ml Wasser
2 EL Ghee oder Butter
3 Gewürznelken
3 Kardamomkapseln
25 g Sultaninen
Pistazien, zum Dekorieren (nach Belieben)
Varq (siehe Tipp), zum Dekorieren (nach Belieben)

1 Den Reis zweimal gründlich waschen und dann in einem mit Wasser gefüllten Topf halb gar kochen. Vom Herd nehmen, das Wasser abgießen und den Reis beiseitestellen.

2 Zucker, Safran und Wasser aufkochen. Unter Rühren weiterkochen, bis die Mischung sirupartig eindickt. Dann beiseitestellen.

3 Ghee oder Butter, Nelken und Kardamomkapseln in einem separaten Topf unter gelegentlichem Rühren erhitzen. Dann vom Herd nehmen.

4 Den Reis bei geringer Hitze aufwärmen und die Sultaninen einrühren. Anschließend den Sirup unterrühren.

5 Die Ghee-Gewürz-Mischung einrühren und den Reis bei geringer Hitze etwa 10–15 Minuten fertig garen. Sollte er nach dieser Zeit noch nicht ganz weich sein, etwas Wasser zugeben, den Reis abdecken und weiterköcheln, bis er vollständig gar ist.

6 Den Reis nach Belieben mit Pistazien und Varq dekorieren und servieren.

TIPP
Varq ist essbares Silber, das in Indien zu besonderen Anlässen zum Dekorieren von Speisen verwendet wird. Es besteht aus purem hauchdünn geschlagenem Silber und liegt auf einer Folie, die abgezogen werden muss, wenn das Silber auf das gekochte Gericht gelegt wird.

Traditioneller Apple Pie

55 Min. 50 Min.

6 PERSONEN

1 kg Kochäpfel, geschält und in Scheiben
125 g brauner oder weißer Zucker, plus etwas mehr zum Bestreuen
½–1 TL Zimt, Ingwerpulver oder Lebkuchen-Gewürzmischung

MÜRBETEIG
350 g Mehl, plus etwas mehr für die Arbeitsfläche
1 Prise Salz
90 g Butter oder Margarine, plus etwas mehr zum Einfetten
90 g weißes Pflanzenfett
etwa 6 EL kaltes Wasser
Milch oder 1 Ei, verquirlt, zum Glasieren

1 Für den Teig Mehl und Salz in eine große Schüssel sieben. Butter oder Margarine und Pflanzenfett zugeben und mit den Fingern in die Mehlmischung einkneten, bis eine feinkrümelige Mischung entsteht. Anschließend das Wasser zugießen und alles zu einem elastischen Teig verarbeiten. Den Teig in Frischhaltefolie wickeln und 30 Minuten kalt stellen.

2 Etwa zwei Drittel des Teigs auf einer bemehlten Arbeitsfläche dünn ausrollen und in eine leicht gefettete, tiefe runde Auflaufform (Ø 20–25 cm) einpassen.

3 Äpfel, Zucker und Gewürze gründlich vermengen und gleichmäßig auf dem Teigboden verteilen – die Füllung kann ruhig etwas über die Form hinausragen.

4 Den restlichen Teig als Deckel ausrollen. Die Ränder der Form leicht anfeuchten, dann den Teigdeckel über die Füllung legen und die Ränder fest an die Form drücken; eventuell überstehende Teigstücke abschneiden.

5 Aus den Teigresten Blätter oder andere dekorative Formen ausstechen oder mit einem scharfen Messer ausschneiden. Die Formen anfeuchten und den Pie-Deckel damit dekorieren. Dann den Deckel mit Milch oder Ei bestreichen und in der Mitte zweimal einschneiden.

6 Den Pie in einem auf 220 °C vorgeheizten Backofen etwa 20 Minuten backen. Dann die Temperatur auf 180 °C reduzieren und den Pie etwa 30 Minuten weiterbacken, bis er goldbraun ist. Heiß oder kalt mit Zucker bestreut servieren.

TIPP
Falls Sie eine trockene Apfelsorte verwenden, fügen Sie in Schritt 3 1–2 Esslöffel Wasser zu.

Sahnecreme mit Zitrone

15 Min. + Kühlzeit 0 Min.

4 PERSONEN

50 g feiner Zucker
fein abgeriebene Schale und Saft von 1 kleinen Zitrone
fein abgeriebene Schale und Saft von 1 kleinen Limette
50 ml Marsala
300 g Schlagsahne
Limetten-und Zitronenschale, zum Dekorieren

1 Zucker, Zitronensaft und -schale, Limettensaft und -schale sowie Marsala oder Sherry in eine Schüssel geben. Alles sorgfältig vermengen und 2 Stunden ziehen lassen.

2 Die Sahne zugeben und aufschlagen, bis die Mischung fest und cremig wird.

3 Die Creme in 4 hohe Dessert- oder Cocktailgläser füllen und für 2 Stunden in den Kühlschrank stellen.

4 Das fertige Dessert mit Limetten- und Zitronenschale dekorieren und kalt servieren.

TIPP
Statt Marsala können Sie auch halbtrockenen Sherry oder einen anderen Süßwein verwenden.

Honig-Pistazien-Nester

10 Min. 1 Std.

4 PERSONEN

225 g Engelshaarnudeln
Salz
115 g Butter
175 g geschälte Pistazien, gehackt
115 g Zucker
115 g klarer Honig
150 ml Wasser
2 TL Zitronensaft
Naturjoghurt, zum Servieren

1 Die Nudeln in einem großen Topf mit leicht gesalzenem Wasser al dente kochen. Abgießen, dann in den Topf zurückgeben, mit der Butter vermengen und abkühlen lassen.

2 4 kleine Flan-Ringe auf ein Backblech setzen. Die Nudeln in 8 Portionen aufteilen. 4 davon in die Ringe geben und leicht andrücken. Mit der Hälfte der Pistazien bestreuen, dann mit den restlichen Nudeln bedecken.

3 Die vorbereiteten Nudelnester 45 Minuten in einem auf 180 °C vorgeheizten Backofen goldbraun backen.

4 In der Zwischenzeit Zucker, Honig und Wasser in einem Topf bei geringer Hitze unter Rühren zum Kochen bringen, bis der Zucker vollständig gelöst ist. Dann alles 10 Minuten köcheln lassen. Anschließend den Zitronensaft zugießen und die Mischung weitere 5 Minuten köcheln lassen.

5 Die Nudelnester vorsichtig mit einem Palettmesser auf einen Servierteller setzen. Mit dem Honigsirup übergießen, mit den restlichen Pistazien bestreuen und vollständig abkühlen lassen. Dann mit Joghurt servieren.

TIPP
Engelshaarnudeln sind in Italien als „capelli d'angelo" bekannt. Die langen, dünnen Nudeln werden getrocknet in Form von Nestern verkauft.

Gefüllte Pooris

30 Min. + Ruhezeit — 1 Std.

10 STÜCK

POORIS
200 g Grieß
100 g Mehl, plus etwas mehr für die Arbeitsfläche
½ TL Salz
4½ EL Ghee, plus etwas mehr zum Braten
150 ml Milch

FÜLLUNG
8 EL Chana Dhal (gelbe Spalterbsen), 3 Stunden eingeweicht
850 ml Wasser
60 g Ghee oder Butter
4 Gewürznelken
Samen von 2 grünen Kardamomkapseln
120 g Zucker
2 EL gemahlene Mandeln
½ TL Safranfäden
50 g Sultaninen

1 Für den Teig Grieß, Mehl und Salz vermengen. Das Ghee einarbeiten, die Milch einrühren und alles zu einem glatten Teig verarbeiten. 5 Minuten durchkneten, abgedeckt 3 Stunden ruhen lassen und dann auf einer bemehlten Arbeitsfläche erneut 15 Minuten kneten.

2 Den Teig in 10 Portionen aufteilen und jede davon zu einem dünnen Fladen von etwa 12 cm Durchmesser ausrollen.

3 Für die Füllung die eingeweichten Erbsen mit 750 ml des Wassers in einem Topf weich kochen; das restliche Wasser nur bei Bedarf zugeben. Die weichen Erbsen mit einem Kartoffelstampfer zerdrücken.

4 Das Ghee in einem Topf erhitzen. Nelken und Kardamom zufügen. Die Hitze reduzieren, den Erbsenbrei zugeben und alles 5–7 Minuten unter Rühren kochen.

5 Zucker und Mandeln zufügen und die Mischung weitere 10 Minuten unter Rühren kochen, bis sie eindickt. Dann den Safran und die Sultaninen einrühren.

6 Die Füllung auf je eine Hälfte der vorbereiteten Fladen streichen. Die Ränder befeuchten. Die Fladen zusammenfalten und fest verschließen.

7 Die so vorbereiteten Pooris bei mittlerer Hitze in etwas Ghee goldbraun braten. Dann auf Küchenpapier abtropfen lassen und servieren.

Reispudding

10 Min. — 30 Min.

10 PERSONEN

75 g Basmati-Reis
1,2 l Milch
8 EL Zucker
Varq (siehe Tipp Seite 454) oder gehackte Pistazien, zum Dekorieren

1 Den Reis abspülen und in einen großen Topf geben. 600 ml der Milch zugießen und die Mischung bei sehr schwacher Hitze zum Kochen bringen. Dann unter gelegentlichem Rühren so lange kochen, bis er die Milch vollständig absorbiert hat.

2 Den Topf vom Herd nehmen und den Reis mindestens 5 Minuten mit einem Kartoffelstampfer und schnellen runden Bewegungen zerdrücken, bis sich alle Klumpen aufgelöst haben.

3 Nach und nach die restlichen 600 ml Milch zugießen und den Reis bei geringer Hitze und unter gelegentlichem Rühren erneut aufkochen. Dann den Zucker einstreuen und den Reis unter ständigem Rühren 7–10 Minuten weiterkochen, bis er fest geworden ist.

4 Den fertigen Reispudding in eine Servierschüssel geben. Mit Varq oder den gehackten Pistazien dekorieren und allein oder mit Pooris (siehe Rezept oben) servieren.

Schoko-Tofu-Kuchen

1 Std. 15 Min. — 1 Std. 15 Min.

12 PERSONEN

100 g Mehl
100 g gemahlene Mandeln
200 g brauner Zucker
150 g Margarine, plus etwas mehr zum Einfetten
675 g fester Tofu
175 ml Öl
125 ml Orangensaft
175 ml Weinbrand
50 g Kakaopulver, plus etwas mehr zum Dekorieren
10 Tropfen Bittermandelaroma
Puderzucker, zum Dekorieren
Physalis, zum Dekorieren

1 Mehl, Mandeln und 1 Esslöffel Zucker in einer Schüssel vermengen. Die Margarine mit den Fingern einarbeiten, bis ein feinkrümeliger Teig entsteht.

2 Eine Springform (Ø 25 cm) leicht einfetten und den Boden mit Backpapier auslegen. Den Teig auf dem Boden verteilen und dabei bis zum Rand der Form ziehen.

3 Den Tofu grob zerkleinern und in einem Mixer mit Öl, Orangensaft, Weinbrand, Kakaopulver, Mandelaroma und dem restlichen Zucker zu einer glatten, cremigen Masse verarbeiten. Dann auf den Teigboden geben. Den so vorbereiteten Kuchen in einem auf 160 °C vorgeheizten Backofen 60–75 Minuten backen, bis er fest ist.

4 Den Kuchen 5 Minuten in der Form abkühlen lassen, dann herausnehmen und in den Kühlschrank stellen. Vor dem Servieren mit Puderzucker und Kakaopulver bestäuben und mit den Physalis dekorieren.

Sommerpudding

10 Min. 10 Min.

6 PERSONEN

Butter oder Öl, zum Einfetten
6–8 dicke Scheiben Weißbrot
175 g feiner Zucker
300 ml Wasser
225 g Erdbeeren
175 g schwarze oder rote Johannisbeeren
175 g Brombeeren
500 g Himbeeren
Minzezweige, zum Dekorieren
Schlagsahne, zum Servieren

1 6 kleine tiefe Backförmchen (150 ml Inhalt) mit Butter oder Öl einfetten.

2 Die Brotscheiben entrinden, zurechtschneiden und mit der Hälfte davon die Förmchen auslegen.

3 Zucker und Wasser unter Rühren erhitzen, bis sich der Zucker auflöst. Dann aufkochen und 2 Minuten köcheln lassen.

4 6 große Erdbeeren für die Dekoration aufbewahren, die restlichen längs halbieren und mit den Johannisbeeren, Brombeeren und der Hälfte der Himbeeren in den Zuckersirup geben. Einige Minuten köcheln lassen, bis die Früchte weich werden, aber noch nicht die Form verlieren.

5 Die Früchte und etwas Sirup in die Puddingförmchen füllen und mit den restlichen Brotscheiben abdecken. Etwas Sirup mit einem Löffel über das Brot und die Ränder der Form träufeln, damit das Brot gut durchtränkt wird. Die Förmchen mit einer Untertasse abdecken und mit einem Gewicht beschweren. Abkühlen lassen und am besten über Nacht in den Kühlschrank stellen.

6 Die restlichen Himbeeren pürieren oder durch ein Kunststoffsieb pressen. Mit dem verbliebenen Sirup vermengen, bis eine glasurartige Masse entsteht.

7 Die fertigen Puddings auf Servierteller stürzen und mit der Himbeerglasur begießen. Mit Minzezweigen und den beiseitegestellten Erdbeeren dekorieren und mit etwas flüssiger Sahne servieren.

Reispudding mit Baiserhaube

10 Min. 1 Std. 30 Min.

6–8 PERSONEN

125 ml Wasser
1,2 l Milch
100 g weißer Langkornreis
2–3 Streifen Zitronenschale
1 Zimtstange
1 Vanilleschote, aufgeschlitzt
120 g Zucker
3 EL Speisestärke
4 Eigelb

BAISER
6 Eiweiß
¼ TL Weinsteinsäure
225 g feiner Zucker

1 Das Wasser und 225 ml der Milch in einem großen Topf zum Kochen bringen. Reis, Zitronenschale, Zimtstange und Vanilleschote zugeben. Die Hitze auf niedrigste Stufe reduzieren, den Reis abdecken und etwa 20 Minuten köcheln lassen, bis er gar ist und alle Flüssigkeit aufgenommen hat. Dann Zitronenschale, Zimtstange und Vanilleschote entfernen, die restliche Milch zugießen und den Reis erneut aufkochen.

2 Zucker und Speisestärke vermengen und mit ein wenig heißer Milch anrühren. Die Mischung zum Reis geben und unterrühren. Den Reis unter ständigem Rühren erhitzen, bis er eindickt. Dann 1 Minute kochen, vom Herd nehmen und etwas abkühlen lassen.

3 Das Eigelb cremig schlagen. Einen großen Löffel heißen Reis zugeben und gut unterheben. Die so entstandene Mischung unter den restlichen Reis heben und alles in eine Auflaufform (3 l Inhalt) füllen.

4 Für das Baiser das Eiweiß und die Weinsteinsäure in eine große Schüssel geben. Das Eiweiß steif schlagen, den Zucker esslöffelweise zufügen und sorgfältig unterrühren. Die Baiser-Masse soll zuletzt sehr steif sein und glänzen.

5 Die Baiser-Masse auf dem Reispudding verstreichen, aber nicht glätten, sondern mit der Rückseite eines Löffels dekorative Vertiefungen hineindrücken.

6 Den Reispudding in einem auf 150 °C vorgeheizten Backofen 1 Stunde backen, bis die Baiserhaube goldbraun ist. Dann den Backofen abschalten, die Tür öffnen und den Pudding vor dem Servieren im Backofen abkühlen lassen.

Crêpes mit Apfelfüllung

15 Min. 45 Min.

4 PERSONEN

125 g Mehl
1 Prise Salz
1 TL abgeriebene Zitronenschale
1 Ei
300 ml Milch
1–2 EL Öl, plus etwas mehr zum Einfetten
Zitronenzesten, zum Dekorieren

FÜLLUNG

230 g Kochäpfel, geschält und in Scheiben
2 EL Sultaninen

SAUCE

150 g Butter
3 EL Ahornsirup
90 g brauner Zucker
1 EL Rum oder Weinbrand (nach Belieben)
1 EL Zitronensaft

1 Mehl und Salz in eine Schüssel sieben. Zitronenschale, Ei und Milch zugeben und alles zu einem glatten Teig verarbeiten.

2 Das Öl in einer Pfanne erhitzen und aus dem Teig 8 Crêpes backen. Die fertigen Crêpes mit je einer Lage Backpapier voneiander getrennt auf einem Teller stapeln und warm stellen.

3 Für die Füllung die Äpfel mit den Sultaninen und etwas Wasser bei geringer Hitze weich kochen. Die Äpfel gleichmäßig auf die Crêpes verteilen und diese aufrollen oder zu Dreiecken falten. Dann die gefüllten Crêpes in eine leicht gefettete Auflaufform legen und in einem auf 160 °C vorgeheizten Backofen etwa 15 Minuten backen.

4 Für die Sauce Butter, Sirup und Zucker in einer Pfanne unter Rühren zerlassen. Zitronensaft und nach Belieben Rum oder Weinbrand einrühren. Die Sauce erwärmen, aber nicht aufkochen.

5 Jeweils 2 Crêpes auf einem Teller anrichten, mit der Sauce übergießen und mit Zitronenzesten dekorieren.

Portugiesischer Reispudding

10 Min. 50 Min.

6–8 PERSONEN

200 g spanischer Valencia-, italienischer Arborio- oder Milchreis
Salz
1 Zitrone
450 ml Milch
150 g Schlagsahne
1 Zimtstange
80 g Butter
140 g Zucker (nach Belieben auch mehr)
8 Eigelb
Zimt, zum Bestäuben
Crème double, zum Servieren

1 Den Reis in einem Topf mit leicht gesalzenem Wasser so lange kochen, bis er gerade gar ist. Anschließend abgießen, abspülen und sorgfältig abtropfen lassen.

2 Die Schale einer Zitrone mit einem scharfen Messer oder einem Sparschäler in einer möglichst langen Spirale abschälen, damit sie sich später leichter entfernen lässt. Alternativ die Zitronenschale in mehreren langen Streifen abschälen.

3 Milch und Schlagsahne bei mittlerer Hitze leicht aufkochen. Reis, Zimtstange, Butter und Zitronenschale zugeben. Anschließend die Hitze auf niedrigste Stufe reduzieren und die Mischung 20 Minuten köcheln lassen, bis sie dick und cremig ist. Dann den Topf vom Herd nehmen. Die Zimtstange und Zitronenschale entfernen, nach und nach den Zucker einstreuen und unter Rühren auflösen.

4 Das Eigelb in einer Schüssel aufschlagen und die Reismischung unterheben, bis eine glatte Masse entsteht. Dabei ständig rühren. Die Mischung abkühlen lassen, dann in eine Servierschüssel oder 6–8 Gläser füllen. Mit gemahlenem Zimt bestäuben und zimmerwarm mit der Crème double servieren.

Johannisbeercreme

45 Min. 0 Min.

2 PERSONEN

5 EL Weißwein
2–3 TL Cassis (schwarzer Johannisbeerlikör)
fein abgeriebene Schale von ½ Zitrone oder Orange
1 EL Zucker
200 g Schlagsahne
4 Löffelbiskuits (nach Belieben)
frische Früchte, in mundgerechten Stücken, zum Dekorieren
Pekan- oder Walnusshälften, zum Dekorieren (nach Belieben)
Minzezweige, zum Dekorieren

1 Weißwein, Cassis, Zitronen- oder Orangenschale und Zucker in einer Schüssel vermengen und mindestens 30 Minuten ziehen lassen.

2 Die Schlagsahne zugießen und die Mischung so lange schlagen, bis sie beinahe steif ist.

3 Die Löffelbiskuits, falls verwendet, in grobe Stücke brechen und auf 2 Dessertgläser verteilen.

4 Die Sahnemischung in einen Spritzbeutel mit einer großen sternförmigen oder glatten Tülle geben und über die Löffelbiskuits spritzen. Oder die Sahnecreme einfach über die Löffelbiskuits gießen. Bis zum Servieren kalt stellen.

5 Vor dem Servieren die Sahnecreme mit frischem Obst, eventuell Nüssen sowie Minzezweigen dekorieren.

Rhabarber-Orangen-Streusel

15 Min. 45 Min.

6 PERSONEN

500 g Rhabarber, in 2,5 cm großen Stücken
500 g Kochäpfel, geschält und in Spalten
abgeriebene Schale und Saft von 1 Orange
½–1 TL Zimt
90 g brauner Zucker

STREUSEL
225 g Mehl
125 g Butter oder Margarine
125 g brauner Zucker
50 g Haselnüsse, geröstet und gehackt
2 EL Farin-Zucker (nach Belieben)

1 Rhabarber und Äpfel in einen großen Topf geben. Orangenschale und -saft zufügen und alles aufkochen. Dann die Hitze reduzieren und die Früchte 2–3 Minuten köcheln lassen, bis sie weich werden.

2 Die Früchte mit Zimt und Zucker würzen und in eine große Auflaufform füllen. Diese sollte maximal zu zwei Dritteln gefüllt sein, damit noch ausreichend Platz für die Streusel ist.

3 Für die Streusel das Mehl in eine Schüssel sieben und mit Butter oder Margarine zu einem feinkrümeligen Teig verarbeiten. Dann den Zucker und zuletzt die Nüsse unterrühren.

4 Den Streuselteig auf das Obst geben, die Streusel glatt streichen und nach Belieben mit Farin-Zucker bestreuen.

5 Den Streusel in einem auf 200 °C vorgeheizten Backofen 30–40 Minuten goldbraun backen. Anschließend heiß oder kalt servieren.

VARIATION
Man kann auch andere aromatische Zutaten – z. B. 60 g gehackten kandierten Ingwer – in die Obst- oder in die Streuselmischung geben. Die Streusel können über jegliche Obstsorten oder Obstmischungen gegeben werden.

Traditionelles Tiramisù

15 Min. + Kühlzeit | 5 Min.

6 PERSONEN

20–24 Löffelbiskuits
2 EL kalter schwarzer Kaffee
2 EL Kaffeearoma
2 EL Amaretto
4 Eigelb
90 g Zucker
einige Tropfen Vanillearoma
abgeriebene Schale von ½ Zitrone
350 g Mascarpone
2 TL Zitronensaft
250 g Schlagsahne
1 EL Milch
25 g Mandelblättchen, leicht geröstet
2 EL Kakaopulver
1 EL Puderzucker

1 Die Hälfte der Löffelbiskuits auf dem Boden einer Glasschüssel oder Servierschale auslegen.

2 Kaffee, Kaffeearoma und Amaretto vermengen und die Biskuits mit ein wenig mehr als der Hälfte dieser Mischung beträufeln.

3 Eigelb, Zucker, Vanillearoma und Zitronenschale in eine Schüssel geben. Über einem heißen Wasserbad verschlagen, bis eine dicke Creme entsteht, die reißend vom Löffel fällt.

4 Mascarpone und Zitronensaft in einer Schüssel zu einer glatten Creme verschlagen.

5 Die Eier- und die Mascarponecreme vermengen. Die Hälfte dieser Mischung über die Löffelbiskuits geben und gleichmäßig verstreichen.

6 Eine zweite Lage Löffelbiskuits auf der Creme verteilen, mit der restlichen Kaffeemischung beträufeln, dann mit der verbliebenen Creme bedecken. Das fertige Tiramisù mindestens 2 Stunden, besser über Nacht, in den Kühlschrank stellen.

7 Zum Servieren Sahne und Milch fast steif schlagen und über das Dessert streichen. Die Mandelblättchen darüberstreuen und das Kakaopulver gleichmäßig obenauf sieben, bis das Dessert völlig bedeckt ist. Zum Abschluss den Kakao mit einer dünnen Schicht Puderzucker bestäuben.

Florentiner Reispudding

15 Min. | 1 Std.

6 PERSONEN

150 g weißer Langkornreis oder italienischer Arborio-Reis
1 Prise Salz
1 l Milch
5 Eier
400 g Zucker oder 450 g Honig oder eine Mischung aus beidem
120 g Butter, zerlassen und abgekühlt, plus etwas mehr zum Einfetten
2 EL Orangenblütenwasser oder 4 EL Orangenlikör
220 g Orangeat
220 g Orangenmarmelade
2–3 EL Wasser
Puderzucker, zum Bestäuben

1 Reis und Salz in einen großen Topf geben. Die Milch zugießen und zum Kochen bringen, dabei gelegentlich umrühren. Die Hitze auf die niedrigste Stufe reduzieren und den Reis etwa 25 Minuten köcheln lassen, bis er gar ist. Dann vom Herd nehmen.

2 Den Reis 30 Sekunden in einem Mixer pürieren oder durch ein Sieb passieren. Dann in eine große Schüssel geben, beiseitestellen und ab und zu umrühren, damit sich keine Haut bildet.

3 Eier und Zucker oder Honig mit einem Mixer in einer großen Schüssel etwa 4 Minuten cremig schlagen.

4 Den Reis und die zerlassene Butter vorsichtig unter die Ei-Zucker-Mischung heben. Die Hälfte des Orangenblütenwassers oder Orangenlikörs und das Orangeat einrühren.

5 Die Reismischung in eine eingefettete Soufflé- oder Charlotte-Form (2 l Inhalt) füllen. Die Form in eine große Grillpfanne stellen und diese 4 cm hoch mit kochendem Wasser füllen.

6 Den Pudding in einem auf 180 °C vorgeheizten Backofen etwa 25 Minuten backen, bis er aufgegangen und beinahe fest ist. Dann den fertigen Pudding auf einem Kuchenrost etwas abkühlen lassen.

7 Inzwischen die Orangenmarmelade und das Wasser erhitzen und glatt rühren. Den Rest von Orangenblütenwasser oder Orangenlikör einrühren, dann die Sauce in eine Sauciere füllen. Den Pudding mit etwas Puderzucker bestäuben und noch warm mit der Orangensauce servieren.

Käsekuchen mit Beeren

15 Min. + Kühlzeit | 5 Min.

8 PERSONEN

BODEN
75 g Margarine
175 g Haferkekse
50 g Kokosraspel

BELAG
1½ TL rein pflanzliche Gelatine
9 EL kaltes Wasser
125 ml Kondensmilch
1 Ei
6 EL brauner Zucker
450 g Frischkäse
350 g gemischte Beeren
2 EL klarer Honig

1 Die Margarine in einem Topf zerlassen. Die Kekse in einem Mixer zerkleinern oder mit einem Nudelholz zerdrücken, dann mit den Kokosraspeln unter die Margarine rühren.

2 Die Margarinemischung gleichmäßig auf dem Boden einer Springform (Ø 20 cm) verteilen und während der Zubereitung des Belags in den Kühlschrank stellen.

3 Für den Belag die Gelatine in das Wasser streuen und rühren, bis sie sich aufgelöst hat. 2 Minuten aufkochen, dann leicht abkühlen lassen.

4 Kondensmilch, Ei, Zucker und Frischkäse in einer Schüssel glatt rühren. 50 g der Beeren einrühren und die Gelatine unter ständigem Rühren zugießen. Die Mischung sofort über dem Keksboden verteilen und 2 Stunden in den Kühlschrank stellen, bis die Masse fest ist.

5 Den fertigen Kuchen aus der Form nehmen und auf einen Servierteller geben. Die restlichen Beeren auf dem Käsekuchen anrichten, den Honig vorsichtig darüberträufeln und den Kuchen servieren.

Chinesische Obsttaschen

10 Min. | 15 Min.

4 PERSONEN

12 Wantan-Blätter
2 TL Speisestärke
6 TL kaltes Wasser
Öl, zum Frittieren
2 EL klarer Honig
frisches Obst, z. B. Kiwis, Limetten, Orangen, Mangos und Äpfel, zum Servieren

FÜLLUNG
175 g getrocknete Datteln, entkernt und gehackt
2 TL brauner Zucker
½ TL Zimt

1 Für die Füllung Datteln, Zucker und Zimt in einer Schüssel mischen.

2 Die Wantan-Blätter auf einer Arbeitsfläche ausbreiten und in die Mitte jedes Blatts 1 Esslöffel der Fruchtmischung geben.

3 Die Speisestärke und das Wasser gründlich vermengen. Anschließend die Ränder der Wantan-Blätter damit bestreichen.

4 Die Teigblätter über der Füllung zusammenfassen und an den bestrichenen Rändern zusammendrücken.

5 Das Öl in einem Wok auf 180 °C erhitzen und die Obsttaschen darin portionsweise jeweils 2–3 Minuten goldbraun und knusprig frittieren. Dann mit einem Schaumlöffel aus dem Wok heben und auf Küchenpapier gründlich abtropfen lassen.

6 Den Honig in einer Schale über einem warmen Wasserbad verflüssigen. Die fertigen Obsttaschen damit beträufeln, dann mit frischem Obst servieren.

TIPP
Fertige Wantan-Blätter erhält man in asiatischen Lebensmittelgeschäften. Sie können sie aber auch nach dem Rezept auf Seite 55 selbst herstellen – für die Obsttaschen benötigen Sie die Hälfte der dort bereiteten Portion.

Süße Karotten-Halva

10 Min. 55 Min.

6 PERSONEN

750 g Karotten, gerieben
700 ml Milch
1 Zimtstange
4 EL Ghee oder Öl
60 g Zucker
25 g ungesalzene Pistazien, gehackt
40 g Mandeln, abgezogen und gehackt
60 g Rosinen
8 Kardamomkapseln, Schale entfernt und Samen zerstoßen
Schlagsahne, zum Servieren

1 Karotten, Milch und Zimtstange in einem großen Topf zum Kochen bringen. Die Hitze stark reduzieren und die Mischung unabgedeckt 35–40 Minuten köcheln lassen, bis sie eingedickt ist; dabei regelmäßig rühren, damit sie nicht ansetzt. Anschließend die Zimtstange entfernen.

2 Ghee oder Öl in einer Pfanne erhitzen und die Karottenmischung etwa 5 Minuten pfannenrühren.

3 Zucker, Pistazien, Mandeln, Rosinen und Kardamom zugeben, dann gründlich untermengen und alles weitere 3–4 Minuten pfannenrühren.

4 Das fertige Dessert warm oder kalt mit geschlagener Sahne servieren.

TIPP
Am schnellsten reibt man Karotten in der Küchenmaschine. Man kann das im Voraus erledigen und die Karotten dann bei Bedarf in der Mikrowelle aufwärmen.

Kokos-schnitten

15 Min. 15 Min.

6 PERSONEN

75 g Butter
200 g Kokosraspel
175 ml Kondensmilch
einige Tropfen Lebensmittelfarbe (nach Belieben)

1 Die Butter bei schwacher Hitze in einem kleinen Topf zerlassen. Dabei ständig rühren, damit sie nicht anbrennt. Dann die Kokosraspel zugeben und sorgfältig unter die Butter rühren.

2 Kondensmilch und nach Belieben Lebensmittelfarbe zufügen und die Mischung 7–10 Minuten unter ständigem Rühren erwärmen. Dann vom Herd nehmen und leicht abkühlen lassen.

3 Die etwas abgekühlte Kokosmischung zu Blöcken formen und in gleich große Rechtecke schneiden. Dann mindestens 1 Stunde vollständig auskühlen lassen und servieren.

VARIATION
Sie können in Schritt 2 die Mischung teilen und nur der einen Hälfte eine Lebensmittelfarbe zusetzen. So erhalten Sie eine attraktive Mischung aus gefärbten und weißen Kokosschnitten.

Knuspriges Zitronenbaiser

15 Min. + Kühlzeit 10 Min.

4 PERSONEN

8 Baiserschalen
300 g fettarmer Naturjoghurt
½ TL abgeriebene Orangenschale
½ TL abgeriebene Zitronenschale
½ TL abgeriebene Limettenschale
2 EL Orangenlikör oder ungesüßter Orangensaft
Kumquatscheiben, zum Dekorieren
Limettenzesten, zum Dekorieren

SAUCE
60 g Kumquats, in dünnen Scheiben
8 EL ungesüßter Orangensaft
2 EL Zitronensaft
2 EL Limettensaft
2 EL Wasser
2–3 TL feiner Zucker
1 TL Speisestärke, mit 1 EL Wasser angerührt

1 Die Baisers in einen reißfesten Gefrierbeutel geben, den Beutel verschließen und die Baisers mit einer Teigrolle zerkleinern. Dann in eine Schüssel füllen.

2 Joghurt, Zitrusschalen und Orangenlikör oder -saft mit den Baisers mischen. Die Masse in 4 Souffléförmchen füllen und 90–120 Minuten ins Gefrierfach stellen.

3 Für die Sauce die Kumquats in einem kleinen Topf mit Orangen-, Zitronen-, Limettensaft und dem Wasser aufkochen. 2–3 Minuten kochen, bis die Kumquats weich werden.

4 Die Sauce nach Belieben mit Zucker süßen und die angerührte Stärke zugeben. Alles unter Rühren aufkochen, bis die Sauce eindickt. Die fertige Sauce in eine kleine Schüssel geben, mit Frischhaltefolie abdecken und vollständig abkühlen lassen.

5 Zum Servieren die Förmchen 5 Sekunden in heißes Wasser tauchen, dann das Eis auf Teller stürzen. Mit Kumquatscheiben und Limettenzesten dekorieren und mit der Sauce servieren.

Herbstpudding

10 Min. + Kühlzeit 15 Min.

8 PERSONEN

900 g Brombeeren, klein gehackte Äpfel und Birnen
150 g brauner Zucker
1 TL Zimt
100 ml Wasser
225 g Weißbrot ohne Rinde, in etwa 12 dünnen Scheiben

1 Obst, Zucker, Zimt und Wasser in einen Topf geben und unter Rühren aufkochen. Die Hitze reduzieren und alles 5–10 Minuten köcheln lassen, bis die Früchte weich sind, aber nicht zerfallen.

2 Inzwischen eine Glasschüssel (850 ml Inhalt) mit einem Großteil der Brotscheiben auslegen. Dabei darauf achten, dass keine Lücken entstehen. Dann das Obst in die ausgelegte Schüssel füllen und mit dem restlichen Brot bedecken.

3 Die Schüssel mit einem Teller sowie einem zusätzlichen Gewicht beschweren und über Nacht in den Kühlschrank stellen.

4 Den fertigen Pudding auf eine Platte stürzen und sofort servieren.

TIPP
Stellen Sie den Pudding während des Kühlens auf einen Teller, um eventuell auslaufende Fruchtsäfte aufzufangen. Der Pudding kann sehr gut mit Vanilleeis serviert werden – die Süße der Eiscreme bildet einen perfekten Kontrast zur leichten Säure der Brombeeren.

Grieß-dessert

5 Min. 10 Min.

4 PERSONEN

75 g Ghee oder Butter
3 Gewürznelken
3 Kardamomkapseln
8 EL Grieß
½ TL Safran
50 g Sultaninen
150 g Zucker
300 ml Wasser
300 ml Milch
Schlagsahne, zum Servieren
25 g geröstete Kokosraspel, zum Dekorieren
25 g gehackte Mandeln, zum Dekorieren
25 g gehackte Pistazien, zum Dekorieren

1 Ghee oder Butter in einen Topf geben und bei mittlerer Hitze zerlassen. Nelken und Kardamomkapseln zugeben. Die Hitze reduzieren und die Gewürze unter Rühren sorgfältig mit dem Ghee oder der Butter vermengen.

2 Den Grieß zugeben und unter Rühren kurz anbraten, bis er sich dunkel verfärbt. Dann Safran, Sultaninen und Zucker unter die Grießmischung heben.

3 Wasser und Milch unter Rühren langsam zugießen. Die Mischung köcheln lassen, bis der Grieß gar ist; dabei ständig weiterrühren. Bei Bedarf ein wenig mehr Wasser zugeben.

4 Den Topf vom Herd nehmen und den Grieß in eine vorgewärmte Servierschüssel füllen.

5 Das fertige Dessert mit Kokosraspeln, Mandeln und Pistazien dekorieren, mit ein wenig flüssiger Sahne beträufeln und servieren.

TIPP
Sie können diese Süßspeise auch mit Pooris zum Frühstück servieren, wie das im Ursprungsland Indien üblich ist.

Boston Chocolate Pie

25 Min. 35 Min.

6 PERSONEN

225 g Mürbeteig (siehe Seite 6)
getrocknete Bohnen, zum Blindbacken

BELAG
3 Eier
125 g feiner Zucker
60 g Mehl, plus etwas mehr zum Bestäuben
1 EL Puderzucker
1 Prise Salz
5 Tropfen Vanillearoma
400 ml Milch
150 g Naturjoghurt
150 g Bitterschokolade, in Stücken
2 EL Kirschwasser
150 g Crème fraîche

SCHOKOLADENSPÄNE
225 g Bitterschokolade

1 Den Teig ausrollen, in eine beschichtete Flanform (Ø 23 cm) einpassen und mehrmals mit einer Gabel einstechen. Mit Backpapier sowie getrockneten Bohnen belegen und 20 Minuten blindbacken. Dann Bohnen und Backpapier entfernen und den Boden weitere 5 Minuten backen. Auf einem Kuchengitter abkühlen lassen.

2 Für die Füllung Eier und Zucker schaumig schlagen. Mehl, Puderzucker und Salz zusieben, dann das Vanillearoma einrühren.

3 Milch und Joghurt in einem kleinen Topf aufkochen und durch ein Sieb in die Eimischung streichen. Alles verrühren und über einem heißen Wasserbad so lange schlagen, bis eine cremige, dickflüssige Mischung entsteht.

4 Die Schokolade in einem kleinen Topf mit dem Kirschwasser schmelzen. Dann unter die Vanillecreme rühren und diese über einem kalten Wasserbad abkühlen lassen.

5 Für die Schokoladenspäne die Schokolade über einem heißen Wasserbad schmelzen. Die geschmolzene Schokolade auf einer kühlen Arbeitsfläche verstreichen und abkühlen lassen. Dann mit einem scharfen Messer mehrere Späne abschaben und trocknen lassen.

6 Die abgekühlte Füllung auf dem Tortenboden verteilen. Die Crème fraîche darüberstreichen und die fertige Torte mit den Schokospänen dekorieren.

Frisches Früchtekompott

20 Min. 15 Min.

4 PERSONEN

1 Zitrone
60 g Zucker
4 EL Holunderblütenlikör
300 ml Wasser
4 saftige süße Tafeläpfel, z. B. Gala oder Elstar, in schmalen Spalten
225 g Brombeeren
2 frische Feigen, in Spalten
150 g Naturjoghurt, zum Servieren
2 EL klarer Honig, zum Servieren
Minze oder Zitronenmelisse, zum Dekorieren

1 Die Zitronenschale mit einem Sparschäler abschälen und dann die Frucht auspressen. Zitronensaft und -schale, Zucker, Holunderblütenlikör und das Wasser in einem Topf langsam erhitzen. Unabgedeckt etwa 10–15 Minuten köcheln lassen, bis die Flüssigkeit sirupartig eingedickt ist.

2 Die Äpfel zur Zitrusmischung geben und vorsichtig untermischen. Anschließend etwa 4–5 Minuten köcheln lassen, bis sie gerade weich werden. Dann den Topf vom Herd nehmen und abkühlen lassen.

3 Äpfel mit dem Sirup in eine Servierschüssel geben. Brombeeren und Feigen zufügen. Alles vorsichtig unterheben, abdecken und bis zum Servieren kalt stellen.

4 Den Joghurt in eine kleine Servierschale geben, den Honig darüberträufeln und gekühlt mit dem Früchtekompott servieren.

Tofukuchen

15 Min. 45 Min.

6 PERSONEN

125 g Vollkornkekse, zerkrümelt
50 g Margarine, zerlassen, plus etwas mehr zum Einfetten
3 EL Wasser
50 g Datteln, entsteint und gehackt
4 EL Zitronensaft
abgeriebene Schale von 1 Zitrone
350 g fester Tofu
150 ml Apfelsaft
1 Banane, zerdrückt
5 Tropfen Vanillearoma
1 Mango, grob gewürfelt

1 Vollkornkekse und Margarine in einer Schüssel vermengen. Die fertige Mischung auf dem Boden einer gefetteten Springform (Ø 18 cm) verteilen.

2 Das Wasser, Datteln, Zitronensaft und -schale in einem Topf zum Kochen bringen. Die Mischung 5 Minuten köcheln lassen, bis die Datteln weich sind. Dann mit einer Gabel grob zerdrücken.

3 Die Dattelmischung mit Tofu, Apfelsaft, Banane und Vanillearoma in einem Mixer glatt pürieren.

4 Das Tofupüree über den vorbereiteten Keksbröselboden gießen und vorsichtig glatt streichen. Den Kuchen in einem auf 180 °C vorgeheizten Backofen 30–40 Minuten goldgelb backen. Dann aus dem Ofen nehmen und in der Form abkühlen lassen. Den abgekühlten Kuchen auf eine Platte setzen und vor dem Servieren kalt stellen.

5 Für die Sauce die Mangowürfel in einen Mixer geben und sämig pürieren. Das fertige Mangopüree zum Kuchen servieren.

Satsuma-Pekannuss-Pavlova

30 Min. 3 Std.

8 PERSONEN

4 Eiweiß
225 g brauner Zucker
300 g Schlagsahne
60 g Pekannüsse
4 Satsumas
1 Passionsfrucht oder 1 Granatapfel, zum Dekorieren

1 2 Backbleche mit Backpapier auslegen. Auf eines der Papiere einen Kreis von 23 cm Durchmesser aufzeichnen.

2 Das Eiweiß in einer großen Schüssel steif schlagen. Nach und nach Zucker zugeben und so lange weiterschlagen, bis der Eischnee glänzt.

3 Eine Lage der Baisermischung auf den eingezeichneten Kreis spritzen oder löffeln. Dann große Rosetten auf den äußeren Rand spritzen oder darauflöffeln. Mit der restlichen Baisermischung kleine Rosetten auf das zweite Backblech spritzen.

4 Die Baisers in einem auf 140 °C vorgeheizten Backofen 2–3 Stunden backen. Die fertigen Baisers aus dem Backofen nehmen und vollständig abkühlen lassen. Dann das Backpapier abziehen.

5 Die Sahne in einer großen gekühlten Schüssel steif schlagen. Etwa ein Drittel in einen Spritzbeutel mit einer Sterntülle füllen.

6 Einige Pekannüsse und 1 Satsuma zum Dekorieren aufbewahren. Den Rest fein hacken und unter die restliche Sahne ziehen.

7 Die aromatisierte Sahne auf den Baiserboden löffeln und mit kleinen Baiserrosetten, gespritzter Sahne, Satsumaspalten und Pekannüssen dekorieren. Zuletzt die Samen aus der Passionsfrucht oder dem Granatapfel löffeln und als Dekoration obenauf geben.

TIPP
Achten Sie beim Backen der Baisers darauf, dass der Backofen gut belüftet wird. Dazu eventuell ein gefaltetes Küchentuch in die Backofentür stecken, damit diese etwas aufsteht.

Kirsch-pfannkuchen

10 Min. 15 Min.

4 PERSONEN

FÜLLUNG
400 g entsteinte Kirschen aus dem Glas
2–3 Tropfen Bittermandelaroma
½ TL Lebkuchen-Gewürzmischung
2 EL Speisestärke

PFANNKUCHEN
100 g Mehl
1 Prise Salz
2 EL gehackte Minze
1 Ei
300 ml Milch
Öl, zum Braten
Puderzucker, zum Dekorieren
geröstete Mandelblättchen, zum Dekorieren

1 Die Kirschen mit 300 ml ihres Einlegesafts sowie Mandelaroma, Gewürzmischung und Speisestärke in einen Topf geben. Die Mischung unter Rühren aufkochen, bis sie eingedickt und klar ist. Dann beiseitestellen.

2 Für die Pfannkuchen Mehl und Salz in eine Schüssel sieben. Die Minze einrühren und eine Vertiefung in die Mitte der Masse drücken. Nach und nach Ei und Milch zugießen und alles zu einem glatten Teig verarbeiten.

3 1 Esslöffel Öl in einer Pfanne (Ø 18 cm) erhitzen und abgießen, wenn es heiß ist. Gerade genug Teig zum Bedecken des Bodens in die Pfanne geben und 1–2 Minuten braten, bis die Unterseite leicht gebräunt ist. Dann wenden und etwa 1 Minute von der anderen Seite braten. Herausnehmen und warm stellen, während der restliche Teig gebacken wird.

4 Ein Viertel der Kirschfüllung auf ein Viertel eines jeden Pfannkuchens geben. Die Pfannkuchen zu Tüten falten, mit Puderzucker und Mandelblättchen bestreuen und sofort servieren.

Mandel-schnitten

15 Min. + Kühlzeit 15 Min.

6 PERSONEN

75 g Butter
200 g gemahlene Mandeln
150 g Schlagsahne
200 g Zucker
gehackte Mandeln, zum Dekorieren
ungesalzene gehackte Pistazien, zum Dekorieren

1 Die Butter in einem Topf bei mittlerer Hitze unter Rühren zerlassen. Gemahlene Mandeln, Sahne und Zucker zu der Butter in den Topf geben und alles gut verrühren.

2 Die Hitze reduzieren und die Mandelmasse unter ständigem Rühren etwa 10–12 Minuten köcheln lassen; dabei die Masse, die sich am Topfboden absetzt, vorsichtig aufrühren, damit sie nicht anbrennt. Dann die Hitze wieder erhöhen, bis sich die Mandelmasse dunkel verfärbt. Vom Herd nehmen.

3 Die Mandelmasse auf einem flachen Servierteller verteilen und mit einem Messer glatt streichen. Die Oberfläche mit gehackten Mandeln und Pistazien dekorieren.

4 Die Mandelmasse etwa 1 Stunde erkalten lassen, dann in Rauten- oder einer beliebigen anderen Form aufschneiden und servieren.

TIPP
Die Mandelschnitten können im Voraus zubereitet werden. In einem luftdicht verschlossenen Behälter sind sie einige Tage lang haltbar.

Himbeer-Pavlovas

1 Std. 1 Std.

4 PERSONEN

2 große Eiweiß
1 TL Speisestärke
1 TL Himbeeressig
100 g brauner Zucker
2 EL rotes Johannisbeergelee
2 EL ungesüßter Orangensaft
150 g fettarmer Frischkäse oder Quark
200 g Himbeeren, Tiefkühlware aufgetaut
Duftgeranienblätter, zum Dekorieren (nach Belieben)

1 Das Eiweiß in einer großen sauberen Schüssel steif schlagen. Vorsichtig Speisestärke und Essig unterrühren, dann den Zucker löffelweise zugeben und einrühren, bis eine glänzende feste Baiser-Masse entsteht.

2 Die Baiser-Masse in 4 Portionen aufteilen und diese mit genügend Abstand auf ein mit Backpapier ausgelegtes Backblech setzen. Diese Portionen zu Kreisen von etwa 10 cm Durchmesser verstreichen und 40–45 Minuten in einem auf 150 °C vorgeheizten Backofen backen, bis sie hellbraun und knusprig sind. Dann abkühlen lassen.

3 Johannisbeergelee und Orangensaft in einen kleinen Topf geben. Unter Rühren erwärmen, bis das Gelee schmilzt. Dann 10 Minuten abkühlen lassen.

4 Die abgekühlten Baisers mit einem Palettmesser vom Blech nehmen und auf Teller legen. Mit Frischkäse bestreichen und mit den Himbeeren belegen. Die Geleemischung darübergießen, nach Belieben mit Duftgeranienblättern dekorieren und warm servieren.

TIPP
Für eine große Pavlova streichen Sie den Teig zu einem Kreis von etwa 18 cm Durchmesser aus. Die Backzeit verlängert sich dann auf 1 Stunde.

Mandel-Käse-Törtchen

15 Min. + Kühlzeit   10 Min.

4 PERSONEN

12 Amaretti
1 Eiweiß, leicht aufgeschlagen
225 g Magermilch-Frischkäse
2–3 Tropfen Bittermandelaroma
½ TL abgeriebene Limettenschale
25 g gemahlene Mandeln
25 g Zucker
60 g Sultaninen
2 TL rein pflanzliches Gelatinepulver
2 EL kochendes Wasser
2 EL Limettensaft
25 g geröstete Mandelblättchen, zum Dekorieren
Limettenzesten, zum Dekorieren

1 Die Amaretti in einem verschlossenen Gefrierbeutel mit einer Teigrolle zerkleinern. Dann die Brösel und das Eiweiß in einer Schüssel vermengen.

2 4 beschichtete Kuchenringe (Ø 9 cm) auf ein mit Backpapier ausgelegtes Backblech setzen. Die Amarettimischung in die Ringe füllen, andrücken und in einem auf 180 °C vorgeheizten Backofen 10 Minuten knusprig backen, dann abkühlen lassen.

3 Frischkäse, Mandelaroma, Limettenschale, Mandeln, Zucker und Sultaninen vermengen.

4 Die Gelatine in dem kochenden Wasser auflösen und den Limettensaft einrühren. Unter die Frischkäsemasse ziehen und diese auf die Keksböden verteilen. Glatt streichen und 1 Stunde im Kühlschrank erstarren lassen.

5 Die Törtchen aus den Ringen lösen und auf Teller verteilen. Mit Mandelblättchen und Limettenzesten dekorieren und servieren.

Mokka-Mousse

15 Min. + Kühlzeit   0 Min.

4 PERSONEN

1 EL löslicher Kaffee
1 EL löslicher Getreidekaffee
2 TL Kakaopulver, plus etwas mehr zum Bestäuben
1 TL Schokoladen-Getränkepulver
150 g Sauerrahm, plus 4 TL mehr zum Servieren
2 TL rein pflanzliche Gelatine
2 EL kochendes Wasser
2 große Eiweiß
2 EL Zucker
4 Schokoladen-Kaffeebohnen, zum Dekorieren

1 Kaffee- und Getreidekaffeepulver in eine Schüssel geben, Kakaopulver und Kakao-Getränkepulver in eine zweite. Den Sauerrahm auf die beiden Schüsseln verteilen und sorgfältig unterrühren.

2 Die Gelatine in dem kochenden Wasser auflösen. Zum Abkühlen beiseitestellen.

3 Das Eiweiß in einer sauberen Schüssel steif schlagen, dabei den Zucker einrieseln lassen. Den Eischnee gleichmäßig auf die beiden vorbereiteten Cremes verteilen.

4 Die aufgelöste Gelatine ebenfalls auf die beiden Cremes verteilen und unterheben.

5 Die Cremes abwechselnd in mehreren Schichten auf 4 Portionsgläser verteilen. Mit einem Löffelstiel behutsam ein spiralförmiges Muster durch die Cremes ziehen. Anschließend die Cremes zum Abkühlen für mindestens 1 Stunde in den Kühlschrank stellen.

6 Zum Servieren die fertigen Mousse-Portionen mit 1 Teelöffel Sauerrahm und einer Schoko-Kaffeebohne dekorieren.

TIPP

Sauerrahm hat einen Fettgehalt von 10 Prozent. Falls Sie fettärmer essen wollen, können Sie stattdessen ungesüßten Naturjoghurt oder Magerquark verwenden.

Pavlova

20 Min. 1 Std. 15 Min. + Ruhezeit

6 STÜCK

3 Eiweiß
1 Prise Salz
175 g feiner Zucker
300 g Schlagsahne, leicht geschlagen
frische Früchte nach Wahl, z. B. Himbeeren, Erdbeeren, Pfirsiche, Maracujas und Physalis

1 Das Eiweiß salzen und anschließend steif schlagen. Nach und nach den Zucker unterrühren.

2 Ein Backblech mit einem Stück Backpapier auslegen und drei Viertel des Eischnees in Form eines Kreises von etwa 20 cm Durchmesser auf das Backblech streichen. Dann den restlichen Eischnee auf den Rand des Kreises verteilen, sodass ein Nest entsteht.

3 Den Eischnee in einem auf 140 °C vorgeheizten Backofen 75 Minuten backen. Dann den Backofen abschalten, aber die Pavlova nicht herausnehmen, sondern im Backofen ruhen und vollständig auskühlen lassen.

4 Die Pavlova auf eine Kuchenplatte legen. Mit der Schlagsahne bestreichen und mit der frischen Früchtemischung dekorieren.

TIPP

Die Pavlova kann am Abend gebacken werden und über Nacht im Backofen auskühlen. Um den Eischneeboden wirklich rund zu gestalten, ist es sinnvoll, sich vorher einen entsprechenden Kreis auf das Backpapier zu zeichnen.

Bratäpfel mit Brombeeren

10 Min. 45 Min.

4 PERSONEN

4 Kochäpfel
1 EL Zitronensaft
100 g Brombeeren, Tiefkühlware aufgetaut
15 g Mandelblättchen
½ TL gemahlener Piment
½ TL fein abgeriebene Zitronenschale
2 EL Farin-Zucker
300 ml süßer Portwein
1 Zimtstange, zerbrochen
2 TL Speisestärke, mit 2 EL kaltem Wasser angerührt
warme Vanillesauce, zum Servieren

1 Die Äpfel waschen, abtrocknen und die Schale in der Mitte mit einem Messer rundum leicht einritzen, damit die Äpfel beim Backen nicht aufplatzen. Die Kerngehäuse ausstechen und das Innere der Äpfel mit Zitronensaft bestreichen, um Verfärbungen zu vermeiden. Dann die Äpfel in eine flache Auflaufform stellen.

2 Brombeeren, Mandelblättchen, Piment, Zitronenschale und Zucker vermengen und die Mischung in die ausgehöhlten Äpfel füllen.

3 Den Portwein in die Form gießen, den Zimt zufügen und die Äpfel in einem auf 200 °C vorgeheizten Backofen 35–40 Minuten backen, bis sie weich sind.

4 Die fertigen Äpfel warm stellen und den beim Backen ausgetretenen Fruchtsaft in einen Topf gießen. Die Zimtstücke aus dem Bratsud entfernen und die angerührte Speisestärke zugießen. Die

Mischung unter Rühren aufkochen, bis sie eindickt.

5 Die fertige Portweinsauce über die Bratäpfel gießen und die Äpfel servieren. Die Vanillesauce separat dazu reichen.

Rosinenkuchen de Luxe

25 Min. 1 Std. 15 Min.

6–8 PERSONEN

125 g Rosinen
125 ml Wasser
125 ml Maiskeimöl, plus etwas mehr zum Einfetten
125 g Zucker
25 g gemahlene Mandeln
2 Eier, leicht verquirlt
175 g Mehl
1 ¾ TL Backpulver

SAUCE
60 g Walnusskerne, gehackt
60 g Mandeln, gemahlen
300 ml Milch
4 EL Kristallzucker

1 Rosinen und Wasser in einem Topf zum Kochen bringen. Dann sofort vom Herd nehmen. 10 Minuten ziehen lassen, anschließend das Wasser abgießen.

2 Öl, Zucker und Mandeln etwa 8 Minuten mit einem Mixer verschlagen, bis die Mischung sirupartig eindickt. Dann nach und nach die Eier zugeben und jeweils sorgfältig unterrühren. Anschließend Mehl, Backpulver und Rosinen vermengen und in die Eiermischung rühren.

3 Alle Saucenzutaten in einem Topf aufkochen, verrühren und 10 Minuten köcheln lassen.

4 Eine Pudding- oder Napfkuchenform (1 l Inhalt) mit Öl einfetten. Den Rosinenteig in die Form geben, mit der heißen Sauce begießen und in einem auf 170 °C vorgeheizten Backofen etwa 1 Stunde backen. Wenn er zu schnell bräunt, mit Backpapier abdecken. Den fertigen Kuchen 2–3 Minuten in der Form auskühlen lassen, dann auf einen Teller stürzen und servieren.

TIPP
Weichen Sie Rosinen vor dem Backen ein. So behalten sie ihre Feuchtigkeit und bewahren ihren Geschmack.

Früchte-Brûlée

5 Min. 5 Min.

4 PERSONEN

500 g küchenfertige Sommerfrüchte, z. B. Erdbeeren, Himbeeren, schwarze und rote Johannisbeeren sowie Kirschen, Tiefkühlware aufgetaut
150 g saure Sahne
150 g Frischkäse oder Quark
5 Tropfen Vanillearoma
4 EL Farin-Zucker

1 Die Früchte gleichmäßig auf 4 kleine Auflaufförmchen verteilen.

2 Saure Sahne und Frischkäse oder Quark mit dem Vanillearoma verrühren und die Mischung gleichmäßig auf den Früchten verteilen.

3 Jedes Förmchen mit 1 Esslöffel Zucker bestreuen und die Desserts 2–3 Minuten unter einem vorgeheizten Backofengrill erhitzen, bis sich der Zucker auflöst und zu karamellisieren beginnt. Nach dem Backen die Früchte-Brûlées ganz kurz ruhen lassen, anschließend noch heiß servieren.

Exotischer Fruchtsalat

5 Min. 15 Min.

6 PERSONEN

3 Passionsfrüchte, halbiert
125 g Zucker
150 ml Wasser
1 Mango, in Würfeln oder Rauten
10 Litschis, frisch oder aus der Dose, entkernt
1 Sternfrucht, in Scheiben

1 Die Passionsfrüchte durch ein Sieb in einen Topf passieren. Zucker und Wasser zugeben und die Mischung unter Rühren langsam aufkochen.

2 Mango, Litschis und Sternfrucht zum Passionsfruchtsirup geben und 5 Minuten leicht darin pochieren. Dann mit einem Schaumlöffel herausheben und in Servierschalen füllen

3 Den Sirup aufkochen und 5 Minuten leicht einkochen lassen. Dann die Früchte damit begießen und warm servieren.

Himbeer-Fusilli

5 Min. 20 Min.

4 PERSONEN

175 g Fusilli
Salz
700 g Himbeeren
2 EL feiner Zucker
1 EL Zitronensaft
3 EL Himbeerlikör
4 EL Mandelblättchen, geröstet

1 Die Nudeln in einem großen Topf mit kochendem, leicht gesalzenem Wasser al dente kochen. Abgießen, dann in den Topf zurückgeben und zum Abkühlen beiseitestellen.

2 Ein Drittel der Himbeeren mit einem Löffel durch ein Sieb in eine große Schüssel passieren. Himbeerpüree und Zucker in einen Topf geben und unter gelegentlichem Rühren 5 Minuten köcheln lassen. Dann den Zitronensaft einrühren und die Mischung beiseitestellen.

3 Die restlichen Himbeeren zu den Fusilli in den Topf geben und gut unterheben. Dann die Himbeer-Nudel-Mischung auf einem Servierteller anrichten.

4 Den Himbeerlikör in die Himbeersauce gießen und glatt rühren. Die fertige Sauce über die Fusilli gießen, die Nudeln großzügig mit den gerösteten Mandelblättchen bestreuen und das Dessert sofort servieren.

TIPP
Sie können nahezu alle reifen süßen Beeren mit den entsprechenden Likören für dieses Dessert verwenden. Ganz besonders bieten sich Erd- und Brombeeren an.

Chinesischer Fruchtsalat

15 Min. + Kühlzeit 10 Min.

4 PERSONEN

75 ml chinesischer Reiswein oder trockener Sherry
850 ml Wasser
Schale und Saft von 1 Zitrone
225 g feiner Zucker
2 Gewürznelken
2,5-cm-Stück Zimtstange
1 Vanilleschote
1 Msp. Lebkuchen-Gewürzmischung
1 Sternanis
2,5-cm-Stück Ingwerwurzel, in dünnen Scheiben
50 g ungesalzene Cashewkerne
2 Kiwis, in Scheiben
1 Sternfrucht
115 g Erdbeeren, halbiert
400 g Litschis aus der Dose in Sirup, abgetropft und in Scheiben
1 Stück kandierter Ingwer, in Scheiben
frisch gehackte Minze, zum Dekorieren

1 Reiswein oder Sherry, Wasser, Zitronenschale und Zitronensaft in einem Topf vermengen. Zucker, Gewürznelken, Zimtstange, Vanilleschote, Lebkuchengewürz, Sternanis und Ingwer zugeben.

2 Die Mischung unter Rühren leicht erhitzen, bis sich der Zucker aufgelöst hat. Dann aufkochen, die Hitze reduzieren und alles 5 Minuten köcheln lassen. Zum Abkühlen beiseitestellen.

3 Den Sirup abseihen und die Gewürze entfernen, dann die Cashewkerne einrühren. Mit Frischhaltefolie abdecken und im Kühlschrank vollständig abkühlen lassen.

4 Kiwis, Sternfrucht, Erdbeeren, Litschis und kandierten Ingwer in eine Schüssel geben und behutsam vermengen. Dann mit dem Sirup übergießen, mit gehackter Minze dekorieren und servieren.

Fruchtige Crêpetaschen

15 Min. 35 Min.

2 PERSONEN

TEIG
60 g Mehl
1 Prise Salz
¼ TL Zimt
1 Ei
130 ml Milch
weißes Pflanzenfett, zum Backen

FÜLLUNG
1½ TL Mehl
1½ TL Speisestärke
1 EL feiner Zucker
1 Ei
150 ml Milch
4 EL gehackte Nüsse
1 Stück kandierter Ingwer, fein gehackt
40 g getrocknete Aprikosen, gehackt

SAUCE
3 EL Himbeermarmelade
5 TL Orangensaft
fein abgeriebene Schale von ¼ Orange

1 Für den Teig Mehl, Salz und Zimt in eine Schüssel sieben und eine Vertiefung in die Mitte drücken. Ei und Milch hineingießen und nach und nach mit dem Mehl zu einem glatten Teig verarbeiten.

2 Etwas Fett in einer Pfanne erhitzen und die Hälfte des Teigs darin 2 Minuten backen, bis er von unten leicht gebräunt ist. Wenden und 1 weitere Minute von der zweiten Seite goldbraun backen. Anschließend eine zweite Crêpe bereiten.

3 Für die Füllung Mehl, Speisestärke, Zucker und Ei verschlagen. Die Milch in einem Topf langsam erhitzen und 2 Esslöffel davon mit der Mehlmischung vermengen. Dann die Mehlmischung in die Milch einrühren und unter Rühren eindicken lassen. Vom Herd nehmen, abdecken und abkühlen lassen.

4 Nüsse, Ingwer und Aprikosen unter die abgekühlte Creme mischen und je 1 gehäuften Esslöffel in die Mitte der Crêpes setzen. Die Crêpes zu kleinen Päckchen falten, die Ränder zusammendrücken, in eine Auflaufform geben und in einem auf 180 °C vorgeheizten Backofen 15–20 Minuten goldbraun backen.

5 Für die Sauce die Himbeermarmelade in einem Topf bei mittlerer Hitze im Orangensaft zerlassen. Anschließend die Sauce durch ein Sieb passieren, mit der Orangenschale zurück in den Topf geben und erwärmen. Mit den Crêpetaschen servieren.

Beeren-Clafoutis

45 Min. 50 Min.
+ Marinierzeit

4 PERSONEN

500 g Kirschen oder gemischte Beeren, z. B. rote und schwarze Johannisbeeren, Blaubeeren, Stachelbeeren, Himbeeren, Erdbeeren oder Brombeeren
4 EL Fruchtlikör, z. B. Crème de Cassis, Kirsch- oder Himbeerlikör
4 EL Magermilchpulver
125 g Mehl
1 Prise Salz
60 g feiner Zucker
2 Eier, verquirlt
300 ml Magermilch
1 TL Vanillearoma
2 TL Puderzucker, zum Bestäuben
frische Beeren, zum Servieren
Joghurt, zum Servieren

1 Die Kirschen bzw. Beeren in eine Schüssel geben und mit dem Fruchtlikör beträufeln. Abdecken und 1 Stunde im Kühlschrank marinieren.

2 Milchpulver, Mehl, Salz und Zucker in einer Schüssel mischen. Eine Vertiefung in die Mitte drücken. Eier, Milch und Vanillearoma hineingeben, mit einem Schneebesen nach und nach unter die Mehlmischung schlagen und alles zu einem glatten Teig verarbeiten. Dann in einen Krug umfüllen und 30 Minuten stehen lassen.

3 Den Boden einer runden Auflaufform (Ø 24 cm) mit Backpapier auslegen und die marinierten Beeren darauf verteilen.

4 Den Teig kurz aufschlagen und über die Beeren gießen. Den Clafoutis auf ein Backblech stellen und in einem auf 200 °C vorgeheizten Backofen 50 Minuten goldbraun backen.

5 Den fertigen Clafoutis mit Puderzucker bestäuben und warm oder kalt mit frischen Beeren und Joghurt servieren.

Orangencreme

30 Min. + Kühlzeit   10 Min.

4 PERSONEN

4 Orangen
600 g fettarmer Naturjoghurt
6 EL Magermilchpulver
4 EL Zucker
1 EL abgeriebene Orangenschale
4 EL Orangensaft
2 Eiweiß
frische Orangenzesten, zum Dekorieren

BISKUITHERZEN
2 Eier
90 g Zucker
40 g Weizenmehl
40 g Vollkornmehl
1 EL heißes Wasser
1 TL Puderzucker

1 Die Orangen sorgfältig schälen, dann filieren. Die Fruchtfilets auf 4 Dessertschalen verteilen und kalt stellen.

2 Joghurt, Milchpulver, Zucker, Orangenschale und -saft in einer Schüssel verrühren. Die Mischung abdecken und 1 Stunde kalt stellen.

3 Das Eiweiß steif schlagen und unter die Joghurtmischung ziehen. Die fertige Creme über die vorbereiteten Orangenfilets löffeln und alles 1 weitere Stunde kalt stellen. Dann mit Orangenzesten dekorieren.

4 Für die Biskuits Eier und Zucker cremig schlagen. Beide Mehle durchsieben und mit dem heißen Wasser mit einem großen Metalllöffel unter das Ei ziehen.

5 Den Teig in eine mit Backpapier ausgelegte Backform (15 cm x 20 cm) gießen und in einem auf 220 °C vorgeheizten Backofen 9–10 Minuten goldgelb backen.

6 Den fertigen Biskuitboden auf Backpapier legen und mit einer entsprechenden Form mehrere Herzen daraus ausstechen. Diese auf einem Rost auskühlen lassen, dann mit Puderzucker bestäuben und zu der Orangencreme servieren.

Tropischer Fruchtsalat

10 Min.   0 Min.

8 PERSONEN

1 Papaya
2 EL frischer Orangensaft
3 EL Rum
2 Bananen
2 Guaven
1 kleine Ananas oder 2 Babyananas
2 Passionsfrüchte
Ananasblätter, zum Dekorieren

1 Die Papaya halbieren und die Kerne mit einem Löffel entfernen. Die Frucht schälen, das Fruchtfleisch in eine Schüssel schneiden und mit Orangensaft und Rum übergießen.

2 Bananen und Guaven schälen, in Scheiben schneiden und zur Papaya in die Schüssel geben.

3 Beide Enden der Ananas abschneiden, dann die Schale entfernen. Die Ananas in Stücke schneiden, dabei den Strunk entfernen. In die Schüssel geben.

4 Die Passionsfrüchte halbieren. Mit einem Löffel das Fleisch auslösen und ebenfalls in die Schüssel geben.

5 Alles gut durchmischen, dann den Salat auf Teller verteilen und mit Ananasblättern dekorieren. Gekühlt servieren.

TIPP
Guaven sind reif, wenn sie bei Druck leicht nachgeben und ihre Schale gelb gefärbt ist. Früchte aus der Dose haben leicht rosa getöntes Fleisch.

Passionsfrucht-Mango-Salat

15 Min. + Kühlzeit   0 Min.

4 PERSONEN

4 Passionsfrüchte
1 große Mango
2 Orangen
2 EL Orangenlikör, z.B. Grand Marnier
Minze- oder Geranienblätter, zum Dekorieren

MASCARPONECREME
125 g Mascarpone
1 EL klarer Honig
4 EL Naturjoghurt
einige Tropfen Vanillearoma

1 Die Passionsfrüchte halbieren. Das Fruchtfleisch herausschaben, in mundgerechte Stücke schneiden und in eine Schüssel geben.

2 Die Mango der Länge nach mit einem scharfen Messer halbieren; dabei so nah wie möglich an den Kern heranschneiden. Dann den Kern entfernen, die Mango schälen, das Fruchtfleisch in Scheiben schneiden und zu den Papayas geben.

3 Die Orangen schälen, filieren und ebenfalls in die Schüssel geben.

4 Den Likör zu den Früchten geben und alles gründlich vermengen. Die Schüssel mit Frischhaltefolie abdecken und mindestens 1 Stunde in den Kühlschrank stellen.

5 Für die Mascarponecreme Mascarpone und Honig sorgfältig vermengen, dann Joghurt und Vanillearoma unterrühren.

6 Den abgekühlten Fruchtsalat mit Minze- oder Geranienblättern dekorieren und die Mascarponecreme separat dazu servieren.

TIPP
Passionsfrüchte sind reif, wenn ihre Schale viele kleine Dellen aufweist. Sie sind vor allem im Sommer erhältlich. Man kann sie durch Guave oder Ananas ersetzen.

Tropisches Früchtedessert

35 Min.   0 Min.

4 PERSONEN

1 reife Mango
2 Kiwis
1 Banane
2 EL Limettensaft
½ TL abgeriebene Limettenschale, plus etwas mehr zum Dekorieren
2 Eiweiß
425 g Vanillepudding
2–3 Tropfen Vanillearoma
2 Passionsfrüchte

1 Die Mango schälen, das Fruchtfleisch von dem flachen Stein in der Mitte lösen und grob würfeln. Dann mit einem Pürierstab oder in einem Mixer pürieren oder mit einer Gabel zerdrücken.

2 Die Kiwis schälen, das Fruchtfleisch fein würfeln und in eine Schüssel geben.

3 Die Banane schälen, würfeln und zur Kiwi geben. Beides mit Limettensaft beträufeln, damit sich die Früchte nicht verfärben.

4 Das Eiweiß in einer sauberen Schüssel steif schlagen. Dann vorsichtig den Vanillepudding und das Vanillearoma unterheben.

5 Das Mangopüree, die Fruchtwürfel und die Vanillepudding-Eischnee-Mischung in Portionsgläser schichten. Für 20 Minuten in den Kühlschrank stellen.

6 Die Passionsfrüchte halbieren. Die Kerne mit einem Löffel herausschaben und die Früchte auf die Dessertgläser verteilen. Mit etwas Limettenschale bestreuen und servieren.

VARIATION
Andere mögliche Fruchtkombinationen sind Ananaspüree, dekoriert mit Granatapfelsamen, oder ein Sommerfrüchte-Dessert aus Erdbeerpüree mit Johannisbeeren, Preiselbeeren und Kirschen.

Brombeer-auflauf

15–20 Min. 30 Min.

4 PERSONEN

450 g Brombeeren
75 g feiner Zucker, plus etwas mehr zum Bestreuen
Butter, zum Einfetten
1 Ei
75 g brauner Zucker
75 g Butter, zerlassen
8 EL Milch
125 g Mehl
1¼ TL Backpulver

1 Die Brombeeren und den feinen Zucker in einer großen Schüssel vorsichtig, aber gründlich vermengen. Dann in eine leicht gefettete Auflaufform (850 ml Inhalt) geben.

2 Das Ei und den braunen Zucker verquirlen, dann Butter und Milch einrühren.

3 Mehl und Backpulver vermengen, in die Milchmischung sieben und alles vorsichtig zu einem glatten Teig verarbeiten.

4 Den Teig über die gezuckerten Brombeeren gießen, sodass die Früchte ganz bedeckt sind. Dann den vorbereiteten Auflauf in einem auf 180 °C vorgeheizten Backofen etwa 25–30 Minuten goldbraun backen.

5 Den fertigen Auflauf mit ein wenig feinem Zucker bestreuen und noch heiß servieren.

VARIATION
Für einen leichten Schokogeschmack vermengen Sie den Teig in Schritt 3 mit 2 Esslöffeln Kakaopulver.

Sesam-Bananen

10 Min. 20 Min.

4 PERSONEN

4 reife Bananen
3 TL Zitronensaft
125 g feiner Zucker
4 EL kaltes Wasser
2 EL Sesamsaat
150 g Magerquark oder fettarmer Naturjoghurt
1 EL Puderzucker
5 Tropfen Vanillearoma
abgeriebene Zitronen- und Limettenschale, zum Dekorieren

1 Die Bananen schälen und in 5 cm lange Stücke schneiden. In eine Schüssel geben und mit dem Zitronensaft beträufeln, damit sie sich nicht verfärben.

2 Zucker und Wasser in einem kleinen Topf unter Rühren langsam erwärmen, bis sich der Zucker auflöst. Dann bei starker Hitze 5–6 Minuten kochen, bis der Zucker karamellisiert.

3 Die Bananen abgießen und mit Küchenpapier abtupfen. Ein Brett mit Backpapier auslegen und die Bananenstücke mit großen Abständen darauf verteilen.

4 Den Karamellsirup sofort über die Bananenstücke träufeln; dabei zügig arbeiten, denn der Karamell wird schnell fest. Dann die Bananen mit Sesam bestreuen und 10 Minuten stehen lassen.

5 Quark oder Joghurt mit Puderzucker und Vanillearoma verrühren.

6 Die Bananen auf Desserttellern anrichten und servieren. Die Joghurtcreme mit Zitronen- und Limettenschalen bestreuen und als Dip dazu reichen.

Limetten-Mousse mit Mango

10 Min. 0 Min.

4 PERSONEN

250 g Quark
abgeriebene Schale von 1 Limette
1 EL Zucker
125 g Schlagsahne
4 Physalis, zum Dekorieren
Limettenzesten, zum Dekorieren

MANGOSAUCE
1 Mango
Saft von 1 Limette
4 TL Zucker

1 Quark, Limettenschale und Zucker in einer Schüssel vermengen.

2 Die Sahne in einer separaten Schüssel steif schlagen und dann unter den Quark heben.

3 4 dekorative Förmchen mit Musselin oder Frischhhaltefolie auskleiden und den Sahnequark gleichmäßig darauf verteilen. Musselin oder Frischhaltefolie über der Füllung zusammenfalten und die Füllung damit etwas andrücken.

4 Für die Sauce beiderseits des flachen Kerns der Mango 2 dicke Scheiben abschneiden. Dann das restliche Fleisch vom Kern lösen und die Schale entfernen. Die dicken Mangoscheiben in 12 dünne Scheiben schneiden und zunächst beiseitestellen. Das restliche Fruchtfleisch hacken und mit Limettensaft und Zucker pürieren.

5 Die Sahne-Quark-Portionen auf Servierteller stürzen, mit je 3 Mangoscheiben dekorieren, mit etwas Sauce begießen und mit Physalis und Limettenzesten dekoriert servieren.

TIPP

Physalis schmecken leicht herb und aromatisch und eignen sich ausgezeichnet als Dekoration für viele Desserts. Ziehen Sie vor der Verwendung die papierartigen Blätter etwas zurück, damit die kleine orangefarbene Frucht voll zur Geltung kommt.

Exotischer Frucht-Reis-Kranz

15 Min. + Kühlzeit 25 Min.

8 PERSONEN

225 g Milchreis, gewaschen
850 ml Magermilch
1 EL feiner Zucker
4 EL weißer Rum, mit Kokosmilch gemischt, oder ungesüßter Ananassaft
175 g Naturjoghurt
400 g Ananasstücke aus der Dose, abgetropft
1 TL abgeriebene Limettenschale
1 EL Limettensaft
2 EL rein pflanzliche Gelatine
Limettenspalten, zum Dekorieren
gemischte exotische Früchte, z. B. Passionsfrucht, Ananas, Papaya oder Mango, zum Servieren

1 Reis und Milch in einem Topf aufkochen. Dann unabgedeckt 20 Minuten bei niedriger Hitze unter gelegentlichem Rühren köcheln lassen, bis der Reis gar ist und die Milch aufgesogen hat. Anschließend den Reis in eine Rührschüssel geben und abkühlen lassen.

2 Zucker, Rum, Joghurt, Ananas, Limettenschale und -saft zum abgekühlten Reis geben und vermischen. Dann die Gelatine unterheben.

3 Eine beschichtete Ringform mit Wasser ausspülen und die Reismischung einfüllen. Gut festdrücken und 2 Stunden kühlen, bis die Masse fest geworden ist.

4 Den erstarrten Reis mit einem Messer sehr behutsam aus der Form lösen und anschließend auf eine Servierplatte stürzen. Mit Limettenspalten dekorieren und mit einer Früchtemischung füllen.

TIPP

Servieren Sie dieses Dessert mit einer leichten Sauce aus 300 ml exotischem Fruchtsaft, der mit 2 Teelöffeln Pfeilwurzelmehl eingedickt wird.

Schokoladen-Ramequins mit Früchten

40 Min. 0 Min.

4 PERSONEN

300 g Magerquark
150 g Naturjoghurt
25 g Puderzucker
4 TL Schokoladen-Getränkepulver
4 TL Kakaopulver
5 Tropfen Vanillearoma
2 EL brauner Rum (nach Belieben)
2 Eiweiß
4 Schokoladensterne, zum Dekorieren
Erdbeeren, Himbeeren, Orangen-, Kiwi- und Bananenstücke, zum Servieren

1 Den Quark und den Joghurt in eine Schüssel geben und verrühren. Dann Zucker, Schokoladen-Getränkepulver und Kakaopulver einrühren und schließlich Vanillearoma sowie nach Belieben den Rum zugeben.

2 Das Eiweiß in einer separaten großen Schüssel steif schlagen und dann unter die Quark-Joghurt-Creme heben.

3 Die Creme in 4 kleine Souffléförmchen füllen und für 30 Minuten in den Kühlschrank stellen.

4 Jede Portion der fertigen Dessertcreme mit einem Schokoladenstern dekorieren und mit frischen Früchten servieren.

TIPP
Die Schokoladenmischung eignet sich auch gut für einen leichten Käsekuchen. Den Boden bereiten Sie aus Amaretti und Eiweiß. Zur Füllung geben Sie 2 Teelöffel Gelatinepulver, aufgelöst in 2 Esslöffeln kochendem Wasser.

Melonen-Kiwi-Salat

15 Min. + Kühlzeit — 0 Min.

4 PERSONEN

½ Galia-Melone
1 Papaya
2 Kiwis
125 g kernlose helle Weintrauben
3 EL Orangenlikör, z. B. Cointreau
1 EL frisch gehackte Minze, Verbene oder Zitronenmelisse
Physalis oder Verbene, zum Dekorieren

1 Die Melone vierteln, entkernen und schälen. Das Fruchtfleisch würfeln und in eine Schüssel geben.

2 Die Papaya halbieren, entkernen und schälen, das Fruchtfleisch schräg in Stücke schneiden und zur Melone geben.

3 Die Kiwis schälen, in Scheiben schneiden und mit den Weintrauben zu den anderen Früchten geben.

4 Likör und Minze, Verbene oder Zitronenmelisse mischen. Über die Früchte geben, alles vorsichtig vermengen und den Fruchtsalat 1 Stunde ruhen lassen; dabei ab und zu umrühren. Dann mit Physalis oder Verbene dekoriert auf Serviertellern reichen.

TIPP
Die Zitronenmelisse ist eine Pflanze mit leicht behaarten, gezackten Blättern und einem ausgeprägten Zitronenaroma. Die Verbene hat längliche weiche Blätter und einen noch intensiveren Zitronengeschmack.

Aprikosen-Orangen-Grütze

15 Min. + Kühlzeit — 25 Min.

4 PERSONEN

225 g saftige Trockenaprikosen
300 ml ungesüßter Orangensaft
2 EL Zitronensaft
2–3 TL Honig
1 EL rein pflanzliche Gelatine
4 EL kochendes Wasser
Orangenspalten, zum Dekorieren
Minzeblätter, zum Dekorieren

ZIMTCREME
125 g Ricotta
1 TL Zimt
1 EL klarer Honig
125 g Frischkäse oder Quark

1 Aprikosen und Orangensaft in einen Topf geben. Aufkochen, dann abgedeckt 15–20 Minuten köcheln lassen, bis die Aprikosen gequollen sind. 10 Minuten zum Abkühlen beiseitestellen.

2 Die Aprikosenmischung mit einem Pürierstab oder im Mixer glatt pürieren. Zitronensaft und Honig zugießen und unterrühren, dann in einen Messbecher geben und mit kaltem Wasser auf 600 ml auffüllen.

3 Die Gelatine in dem kochenden Wasser auflösen und unter die Aprikosenmischung rühren.

4 Die noch flüssige Grütze in 4 kleine Förmchen (je 150 ml Inhalt) füllen. Dann in den Kühlschrank stellen.

5 Für die Zimtcreme alle Zutaten in einer kleinen Schüssel gründlich vermengen, dann abdecken und ebenfalls kühlen.

6 Die Förmchen mit der erkalteten Grütze vor dem Servieren für einige Sekunden in heißes Wasser tauchen. Dann die Grütze auf Teller stürzen, mit Orangenspalten und Minzeblättern dekorieren und mit Zimtcreme servieren.

Sommerlicher Fruchtsalat

5 Min. — 10 Min.

6 PERSONEN

85 g Zucker
75 ml Wasser
Saft und abgeriebene Schale von 1 kleinen Orange
250 g Johannisbeeren
2 TL Pfeilwurzelmehl
2 EL Portwein
125 g Brombeeren
125 g Heidelbeeren
125 g Erdbeeren
225 g Himbeeren
Magerquark oder fettarmer Joghurt, zum Servieren

1 Zucker, Wasser und Orangenschale in einem Topf unter Rühren sanft erhitzen, bis sich der Zucker auflöst.

2 Johannisbeeren und Orangensaft zugeben, aufkochen und 2–3 Minuten köcheln lassen. Dann das Obst abseihen und in eine Schüssel geben; den Sirup aufbewahren.

3 Das Pfeilwurzelmehl mit etwas Wasser anrühren und mit dem Johannisbeersirup in einem Topf unter Rühren zum Kochen bringen, bis die Flüssigkeit eindickt.

4 Den Portwein einrühren und die heiße Sauce über die vorbereiteten Johannisbeeren gießen. Dann Brombeeren, Heidelbeeren, Erdbeeren und Himbeeren zufügen. Alles gut vermengen und abkühlen lassen.

5 Den fertigen Fruchtsalat auf Dessertschalen verteilen und mit einem Klacks Quark oder Joghurt servieren.

Evas Apfelauflauf

15 Min. 45 Min.

4 PERSONEN

75 g Butter, plus etwas mehr zum Einfetten
450 g Kochäpfel, geschält und in Scheiben
75 g Kristallzucker
1 EL Zitronensaft
55 g Sultaninen
85 g feiner Zucker
1 Ei, verquirlt
150 g Mehl
1½ TL Backpulver
3 EL Milch
25 g Mandelblättchen
Vanillesauce oder Schlagsahne, zum Servieren

1 Eine Auflaufform (900 ml Inhalt) mit Butter einfetten.

2 Äpfel, Kristallzucker, Zitronensaft und Sultaninen gut mischen und in die vorbereitete Form geben.

3 Butter und Zucker schaumig schlagen. Dann nach und nach das Ei zugeben.

4 Mehl und Backpulver mischen und vorsichtig unter die Buttermischung heben. Dann die Milch einrühren, bis ein weicher, flüssiger Teig entsteht.

5 Den Teig sorgfältig über die Äpfel gießen und mit den Mandelblättchen bestreuen.

6 Den so vorbereiteten Auflauf in einem auf 180 °C vorgeheizten Backofen etwa 40–45 Minuten goldbraun backen.

7 Den fertigen Apfelauflauf noch heiß mit etwas Vanillesauce oder Schlagsahne servieren.

TIPP
Vermengen Sie für einen stärkeren Mandelgeschmack in Schritt 4 25 g gemahlene Mandeln mit dem Mehl.

Erdbeerrolle

30 Min. 10 Min.

8 PERSONEN

3 große Eier
125 g Zucker
125 g Mehl
1 EL heißes Wasser
1 EL geröstete Mandelblättchen, zum Dekorieren
1 TL Puderzucker, zum Dekorieren

FÜLLUNG
200 g fettarmer Frischkäse oder Quark
5 Tropfen Mandelaroma
225 g kleine Erdbeeren

1 Eier und Zucker in eine Schüssel geben, über einen Topf mit heißem Wasser hängen und die Mischung aufschlagen, bis sie cremig ist. Dann die Schüssel vom Topf nehmen, das Mehl einsieben und mit dem heißen Wasser unter die Eier heben.

2 Den Teig auf ein mit Backpapier ausgelegtes Backblech streichen und in einem auf 220 °C vorgeheizten Backofen 8–10 Minuten backen, bis er fest ist.

3 Die Teigplatte auf ein weiteres großes Stück Backpapier stürzen. Das Papier auf der Oberseite abziehen und den Biskuit mit dem unteren Backpapier aufrollen. Die Rolle in ein Geschirrtuch hüllen und abkühlen lassen.

4 Für die Füllung Frischkäse oder Quark und Bittermandelaroma verrühren. Einige Erdbeeren für die Dekoration beiseitelegen, die übrigen waschen und in Scheiben schneiden. Die Creme in den Kühlschrank stellen.

5 Die erkaltete Biskuitrolle entrollen, mit der Käsecreme bestreichen und mit den Erdbeerscheiben belegen. Dann vorsichtig wieder aufrollen.

6 Anschließend die fertige Erdbeerrolle mit den gerösteten Mandelblättchen bestreuen, mit Puderzucker bestäuben und mit den restlichen Erdbeeren dekorieren. Als Rolle oder in Stücke geschnitten servieren.

Italienischer Käsekuchen

15 Min. + Ruhezeit | 30–40 Min.

6–8 PERSONEN

55 g Sultaninen
3 EL Marsala oder Grappa
Butter, zum Einfetten
Grieß, zum Bestäuben
350 g Ricotta
3 große Eigelb, verquirlt
100 g feiner Zucker
2 EL Grieß
3 EL Zitronensaft
25 g Orangeat, fein gehackt
abgeriebene Schale von 2 großen Zitronen
Puderzucker, zum Dekorieren
Minzezweige, zum Dekorieren
frische Johannis- oder andere Beeren, zum Dekorieren (nach Belieben)

1 Die Sultaninen etwa 30 Minuten in Marsala oder Grappa einweichen, bis sie die Flüssigkeit aufgenommen haben.

2 Inzwischen aus Backpapier einen Kreis ausschneiden, der genau in den Boden einer runden Springform (Ø 20 cm) passt. Die Springform einfetten und mit dem Papier auslegen. Mit etwas Grieß bestäuben; überschüssigen Grieß ausschütteln.

3 Den Ricotta mit einem Holzlöffel durch ein Sieb in eine Schüssel passieren. Eigelb, Zucker, Grieß und Zitronensaft zufügen und alles zu einer glatten Masse verrühren.

4 Eingeweichte Sultaninen, Orangeat und Zitronenschale unterrühren. Die Masse in die Springform füllen und glatt streichen.

5 Den Käsekuchen auf der mittleren Schiene eines auf 180 °C vorgeheizten Backofens 30–40 Minuten backen, bis er fest ist und sich etwas von der Form löst. Dann den Backofen ausschalten, die Tür öffnen und den Käsekuchen 2–3 Stunden im Backofen abkühlen lassen.

6 Zum Servieren den Kuchen aus der Form lösen und auf eine Kuchenplatte geben. Mit Puderzucker bestäuben und mit Minze und Beeren dekorieren.

Balsamico-Erdbeeren

10 Min. + Kühlzeit | 0 Min.

4–6 PERSONEN

450 g frische Erdbeeren, halbiert
2–3 EL Balsamico-Essig
Pfeffer
frische Minzeblätter, gezupft, plus etwas mehr zum Dekorieren (nach Belieben)
115–175 g Mascarpone

1 Die Erdbeeren in eine Schüssel geben. ½ Esslöffel Essig pro Person zufügen, ein wenig Pfeffer darübermahlen und alles vorsichtig verrühren. Dann mit Frischhaltefolie abdecken und für mindestens 4 Stunden kalt stellen.

2 Kurz vor dem Servieren die Minze unterrühren. Dann den Mascarpone auf 4–6 Dessertschalen verteilen und die Beeren darübergeben.

3 Das fertige Dessert nach Belieben mit einigen Minzeblättern dekorieren und noch einmal mit Pfeffer bestreuen.

TIPP
Am besten schmeckt dieses Dessert mit einem sehr hochwertigen, langsam gereiften, dunklen Balsamico-Essig mit fast sirupartiger Konsistenz. Dieser ist zwar teuer, der Geschmack lohnt den Preis aber. Billigere Balsamico-Essige sind meist künstlich gesüßt, gefärbt oder karamellisiert und schmecken nach scharfem Essig.

Piña-Colada-Dessert

15 Min. 25 Min.

4 PERSONEN

1 kleine Ananas
50 g Butter
25 g brauner Zucker
55 g frische Kokosnuss, fein geraspelt
2 EL Kokoslikör oder Rum (nach Belieben)

1 Die Ananas mit einem scharfen Messer vierteln, dann den harten Strunk entfernen, die Blätter aber stehen lassen. Anschließend die Schale vom Fruchtfleisch lösen und das Fruchtfleisch senkrecht einschneiden.

2 Die Butter bei schwacher Hitze zerlassen. Die Ananasstücke mit der Butter bestreichen und mit dem Zucker bestreuen.

3 Die Ananasblätter in Alufolie wickeln, damit sie nicht verbrennen, und die Ananasviertel auf einen Grillrost legen. Etwa 10 Minuten über heißen Kohlen grillen.

4 Dann die Ananasviertel mit den Kokosraspeln bestreuen und alles weitere 5–10 Minuten grillen, bis das Obst sehr heiß ist.

5 Die Ananasviertel auf Portionstellern anrichten. Die Folie von den Blättern entfernen, die Früchte nach Belieben mit etwas Kokoslikör oder Rum beträufeln und sofort servieren.

TIPP
Wer keine frische Kokosnuss bekommt oder Zeit sparen will, kann auch getrocknete Kokosraspel verwenden. Frische Kokosnuss hat allerdings das bessere Aroma.

Fruchtsalat mit Ingwersirup

30 Min. + Kühlzeit 5 Min.

4 PERSONEN

2,5-cm-Stück Ingwerwurzel, fein gehackt
60 g feiner Zucker
150 ml Wasser
Saft und abgeriebene Schale von 1 Limette
4 EL Ingwerwein
1 frische Ananas, in mundgerechten Stücken
2 Mangos, gewürfelt
4 Kiwis, in Scheiben
1 Papaya, gewürfelt
2 Passionsfrüchte, halbiert und das Fruchtfleisch ausgelöst
350 g Litschis
¼ frische Kokosnuss, geraspelt
60 g Physalis, zum Dekorieren (nach Belieben)

1 Ingwer, Zucker, Wasser und Limettensaft in einen Topf geben. Unter Rühren erwärmen, bis sich der Zucker aufgelöst hat, dann 1 Minute köcheln lassen. Anschließend vom Herd nehmen und leicht abkühlen lassen.

2 Den Sirup abseihen, den Ingwerwein zugeben und gut unterheben. Den Sirup vollständig abkühlen lassen.

3 Die Früchte in eine Schüssel geben. Den kalten Sirup unterheben und die Früchte abgedeckt 2–4 Stunden im Kühlschrank ziehen lassen.

4 Kurz vor dem Servieren die Hälfte der frischen Kokosraspel untermengen, den Rest über den Fruchtsalat streuen. Nach Belieben mit Physalis dekoriert servieren.

Thailändischer Reispudding

10 Min. 1 Std. 15 Min.

4 PERSONEN

100 g Rundkornreis
2 EL Palmzucker
Samen von 1 Kardamomkapsel
300 ml Kokosmilch
150 ml Wasser
3 Eier
200 ml Kokoscreme
1½ EL feiner Zucker
gezuckerte Kokosflocken, zum Dekorieren
frische Früchte, zum Servieren

1 Reis und Palmzucker in einen Topf geben. Die Kardamomsamen in einem Mörser zerstoßen und hinzufügen. Dann Kokosmilch und Wasser zugießen und sorgfältig unterrühren.

2 Die Mischung aufkochen, dabei den Zucker unter Rühren auflösen. Die Hitze reduzieren und den Reis unabgedeckt unter Rühren 20 Minuten köcheln lassen, bis er weich ist und die Flüssigkeit fast vollständig absorbiert hat.

3 Den Reis in 4 Portionsförmchen füllen und glatt streichen. Die Förmchen in eine Grillpfanne stellen und diese bis zur Hälfte der Förmchenhöhe mit Wasser füllen.

4 Eier, Kokoscreme und Zucker aufschlagen und über den Reis geben. Die Förmchen mit Alufolie abdecken und die Reispuddings in einem auf 180 °C vorgeheizten Backofen 45–50 Minuten backen, bis sie fest sind.

5 Die fertigen Reispudding-Portionen mit Kokosflocken dekoriert warm oder kalt servieren. Frischen Früchte nach Wahl dazu reichen.

TIPP
Kardamom besitzt ein sehr intensives Aroma. Falls Ihnen dieses Aroma zu stark ist, können Sie den Kardamom auch weglassen oder durch etwas gemahlenen Zimt ersetzen.

Kesari Kheer

5 Min. + Kühlzeit 1 Std.

4–6 PERSONEN

2 EL Butter oder Ghee
80 g Basmati-Reis
1,5 l Milch
120 g Zucker
Samen von 10–12 grünen Kardamomkapseln
70 g Sultaninen oder Rosinen
einige Safranfäden, in 2–3 EL Milch eingeweicht
60 g Pistazien, leicht geröstet
150 g Crème double
Zimt, zum Bestäuben
Varq (essbares Silber, siehe Tipp Seite 454), zum Dekorieren (nach Belieben)

1 Butter oder Ghee bei mittlerer Hitze in einem großen Topf zerlassen. Den Reis zugeben und unter ständigem Rühren 6 Minuten glasig dünsten.

2 Die Milch zugießen und bei starker Hitze zum Kochen bringen. Die Hitze auf mittlere Stufe reduzieren und den Reis etwa 30 Minuten unter gelegentlichem Rühren köcheln lassen, bis die Milch zur Hälfte reduziert ist.

3 Zucker, Kardamom und Sultaninen oder Rosinen zugeben und 20 Minuten mitköcheln. Die Safran-Milch-Mischung einrühren und den Reis bei geringer Hitze so dick wie möglich einkochen; dabei ständig rühren. Dann vom Herd nehmen und die Hälfte der Pistazien einrühren.

4 Den Topf mit der Reismasse in Eiswasser stellen und so lange rühren, bis die Masse abgekühlt ist. Anschließend die Crème double unterheben, das Dessert in eine Servierschüssel umfüllen und in den Kühlschrank geben, bis es vollständig durchgekühlt ist.

5 Das fertige Dessert mit etwas Zimt bestäuben, mit den restlichen Pistazien bestreuen und nach Belieben mit Varq dekorieren.

TIPP
Traditionellerweise wird für dieses Dessert keine Crème double benutzt, doch sie macht den Reis wunderbar leicht und sämig und sollte daher nicht weggelassen werden.

Aztekische Orangen

45 Min. 0 Min.

4–6 PERSONEN

6 Orangen
1 Limette
2 EL Tequila
2 EL Orangenlikör
brauner Zucker
feine Limettenzesten, zum Dekorieren

1 Die Orange sehr sorgfältig schälen und die Außenhaut der Fruchtfleischkammern entfernen. Dabei darauf achten, dass die ursprüngliche Form der Orangen so gut wie möglich erhalten bleibt.

2 Die Orangen auf die Seite legen, quer in Scheiben schneiden und in eine Schüssel geben. Dann die Limette halbieren, auspressen und die Orangen mit dem Saft beträufeln.

3 Tequila und Likör zugeben, die Orangen mit etwas Zucker abschmecken und bis zum Verzehr kalt stellen. Dann auf einem Teller anrichten und mit den Limettenzesten dekorieren.

Italienischer Reiskuchen

1 Std. 15 Min. 1 Std. 15 Min.

8–10 PERSONEN

1 l Milch
1 Prise Salz
200 g Arborio- oder Milchreis
1 Vanilleschote, aufgeschlitzt und ausgekratzt, das Mark aufbewahrt
60 g Korinthen
50 ml Rum oder Wasser
Speisestärke oder Grieß, zum Bestäuben
140 g Zucker
abgeriebene Schale von 1 großen Zitrone
4 EL Butter, gewürfelt, plus etwas mehr zum Einfetten
3 Eier
2–3 EL Zitronensaft (nach Belieben)
Puderzucker
180 g Mascarpone, zum Servieren
2 EL Rum, zum Servieren
2 EL Schlagsahne, zum Servieren

1 Die Milch aufkochen. Salz und Reis zugeben und die Milch erneut zum Kochen bringen. Dann Vanilleschote und -mark zufügen. Die Hitze reduzieren und alles mit halb geschlossenem Deckel 30 Minuten köcheln lassen; dabei gelegentlich umrühren.

2 Unterdessen Korinthen und Rum oder Wasser in einem Topf aufkochen. Dann ruhen lassen, bis die Korinthen die Flüssigkeit aufgenommen haben.

3 Eine Springform (Ø 25 cm) einfetten und mit 2–3 Esslöffeln Speisestärke bestäuben; überschüssige Speisestärke ausschütteln.

4 Den Reis vom Herd nehmen, die Vanilleschote entfernen. 1 Esslöffel Zucker beiseitestellen, den restlichen Zucker mit Zitronenschale und Butter unter den Reis rühren, bis sich der Zucker aufgelöst hat. Über einem kalten Wasserbad abkühlen lassen. Dann die Rosinen einrühren.

5 Die Eier etwa 2 Minuten schaumig schlagen. Die Hälfte der Reismischung unterrühren, dann den restlichen Reis und nach Belieben Zitronensaft zufügen und alles vermengen.

6 Die Reismischung in die Form gießen, glatt streichen, mit dem restlichen Zucker bestreuen und in einem auf 160 °C vorgeheizten Backofen 40 Minuten goldbraun backen. Auskühlen lassen.

7 Den Kuchen mit Puderzucker bestäuben. Mascarpone, Rum und Sahne verrühren und als Beilage servieren.

Ingwer-Aprikosen-Alaska

15 Min. 10 Min.

2 PERSONEN

2 Scheiben dunkler Ingwerkuchen, etwa 2 cm dick
1–2 EL Ingwerwein oder Rum
1 Kochapfel, geschält und gewürfelt
6 getrocknete Aprikosen, gehackt
4 EL Orangensaft oder Wasser
15 g Mandelblättchen
2 kleine Eiweiß
100 g feiner Zucker

1 Die Ingwerkuchenscheiben auf einen Teller legen und mit Ingwerwein oder Rum beträufeln.

2 Apfel, Aprikosen und Orangensaft oder Wasser in einen kleinen Topf geben, aufkochen und bei schwacher Hitze etwa 5 Minuten köcheln lassen, bis die Früchte weich sind.

3 Die Mandelblättchen einrühren und die fertige Mischung auf dem beträufelten Kuchen verteilen; dabei in der Mitte anhäufen.

4 Das Eiweiß steif schlagen. Nach und nach den Zucker einrühren; dabei darauf achten, dass der Eischnee immer wieder steif geworden ist, bevor mehr Zucker zugegeben wird.

5 Die Baiser-Masse über das Obst und den Kuchen geben, sodass Obst und Kuchen vollständig bedeckt sind. Dann den Alaska in einem auf 220 °C vorgeheizten Backofen 4–5 Minuten backen, bis er goldbraun geworden ist. Kurz ruhen lassen, dann heiß servieren.

VARIATION
Legen Sie eine Scheibe Vanille-, Kaffee- oder Schokoladeneis unter das Obst, bevor Sie den Baiser darübergeben – allerdings erst ganz zum Schluss. Das Dessert muss dann sofort gegessen werden, wenn es aus dem Backofen kommt.

Himbeer-Risotto

15 Min. 30 Min.

4–6 PERSONEN

450 ml Milch
450 ml ungesüßte Kokosmilch
1 Prise Salz
1 Vanilleschote, aufgeschlitzt
2–3 Streifen Zitronenschale
2 EL Butter
125 g Arborio-Reis
50 ml trockener weißer Wermut
100 g Zucker
2–3 EL Himbeerlikör
125 g Crème double
350 g frische Himbeeren
2 EL Himbeermarmelade
1 Spritzer Zitronensaft
geröstete Mandelblättchen, zum Dekorieren

1 Die Milch in einem Topf mit Kokosmilch, Salz, Vanilleschote und Zitronenschale erhitzen, bis sich am Topfrand Blasen bilden. Dann die Hitze reduzieren und die Milchmischung unter gelegentlichem Rühren heiß halten.

2 Die Butter in einem separaten Topf bei mittlerer Hitze zerlassen. Den Reis zugeben und 2 Minuten unter häufigem Rühren glasig dünsten. Dann den Wermut zugießen und so lange unter Rühren kochen, bis er vollständig verdampft ist.

3 Anschließend nach und nach die heiße Milch in Portionen von jeweils 125 ml zugeben und vom Reis absorbieren lassen, bevor die nächste folgt. Wenn die Hälfte der Milch verbraucht ist, den Zucker einrühren. Weiterhin portionsweise Milch zugeben und vom Reis aufnehmen lassen. Nach 20–25 Minuten ist der Risotto gar, dann vom Herd nehmen.

4 Vanilleschote und Zitronenschale entfernen und den Likör sowie die Hälfte der Crème double und der Himbeeren einrühren.

5 Die Marmelade mit dem Zitronensaft und 1–2 Esslöffeln Wasser in einem Topf erhitzen und glatt rühren. Vom Herd nehmen und die restlichen Himbeeren sowie die verbliebene Crème double einrühren.

6 Den fertigen Risotto mit Mandelplättchen dekorieren und sofort servieren.

Bunter Reispudding

15 Min. 35 Min.
+ Einweichzeit

4 PERSONEN

300 g Klebreis
500 g Kristallzucker
300 ml Wasser
rosa und grüne Lebensmittelfarbe
Rosen- und Jasminblüten, zum Dekorieren

1 Den Reis in eine Schüssel geben, mit kaltem Wasser bedecken und für 3 Stunden oder besser über Nacht einweichen lassen.

2 Den eingeweichten Reis abgießen und sorgfältig abspülen. Dann den Gareinsatz eines Dämpfers mit Musselin auslegen und den Reis einfüllen. Den Einsatz über kochendes Wasser stellen und den Reis 30 Minuten dämpfen.

3 Zucker und Wasser langsam erhitzen, bis sich der Zucker auflöst. Die Mischung aufkochen und 4–5 Minuten zu einem dünnen Sirup einkochen. Dann vom Herd nehmen und abkühlen lassen.

4 Den Reis in 2 Portionen teilen. Eine Portion rosa und die andere grün einfärben, dann aus beiden kleine Bällchen formen.

5 Die Bällchen in den Sirup tauchen, abtropfen lassen und auf einer Platte anrichten. Mit Rosenblütenblättern und Jasminblüten bestreuen und servieren.

TIPP
Sie können den Reis auch in Timbale-Förmchen pressen und zu dekorativen kleinen Türmchen formen (siehe Bild).

Grüner Fruchtsalat

20 Min. 15 Min.

4 PERSONEN

1 kleine Charentais- oder Honigmelone
2 grüne Tafeläpfel, in kleinen Stücken
2 Kiwis, geviertelt und in Scheiben
125 g kernlose helle Weintrauben
frische Minzezweige, zum Dekorieren

SIRUP
angeriebene Schale von 1 Orange
150 ml Weißwein
150 ml Wasser
4 EL Akazienhonig
frische Minzezweige

1 Orangenschale, Weißwein, Wasser und Honig in einen Topf geben und aufkochen. Dann 10 Minuten bei geringer Hitze köcheln lassen. Die Minze zufügen, den Sirup vom Herd nehmen und abkühlen lassen.

2 Für den Salat die Melone halbieren und entkernen. Dann kleine Kugeln aus dem Fruchtfleisch ausstechen und mit den Äpfeln, Weintrauben und Kiwis in eine große Schüssel geben.

3 Den abgekühlten Sirup abseihen; die Orangenschale aufbewahren, die Minzezweige wegwerfen. Dann über die Früchte gießen und alles behutsam vermengen. Dabei aufpassen, dass die Früchte nicht zerfallen.

4 Den fertigen Fruchtsalat mit Minzezweigen und ein paar der zurückbehaltenen Orangenschalen dekoriert servieren.

Mexikanische Schokobaisers

1 Std. 15 Min. 2 Std.

4 PERSONEN

4–5 Eiweiß, auf Zimmertemperatur erwärmt
1 Prise Salz
1 Msp. Weinstein
2–3 Tropfen Vanillearoma
175–200 g Zucker
1–2 Msp. Zimt
115 g Bitterschokolade, gerieben
Zimt, zum Servieren
115 g Erdbeeren, zum Servieren
Sahne mit Schokoladenaroma (siehe Tipp), zum Servieren

1 Das Eiweiß schaumig schlagen. Salz und Weinstein zugeben und so lange weiterschlagen, bis fester Eischnee entsteht. Nach und nach das Vanillearoma und den Zucker zugeben, bis eine steife glänzende Masse entsteht.

2 Zimt und Schokoladenraspel unter die Baisermasse rühren. Dann mehrere Eischneehäufchen in großzügigem Abstand auf ein mit Backpapier ausgelegtes Backblech setzen.

3 Das Blech in einen auf 150 °C vorgeheizten Backofen schieben und die Eischneehäufchen etwa 2 Stunden backen, bis sie fest sind.

4 Die fertigen Baisers vorsichtig vom Backpapier lösen. Sollten sie noch etwas feucht oder weich sein, erneut in den Backofen schieben und so lange weiterbacken, bis sie vollkommen trocken sind. Danach vollständig auskühlen lassen.

5 Das fertige Gebäck mit Zimt bestreuen und mit Erdbeeren und der Schokoladensahne servieren.

TIPP
Für die aromatisierte Sahne halbgeschmolzene Schokoladenstücke unter eine Portion geschlagene Sahne heben. Kalt stellen, bis die Schokolade fest ist.

Gefüllte Pfirsiche

10 Min. 10 Min.

4 PERSONEN

4 Pfirsiche
175 g Mascarpone
40 g Pekan- oder Walnüsse, fein gehackt
1 TL Sonnenblumenöl
4 EL Ahornsirup

1 Die Pfirsiche halbieren und entsteinen. Falls das Rezept im Voraus zubereitet wird, sollten die Hälften wieder zusammengesetzt und in Frischhaltefolie eingeschlagen werden, damit sie nicht austrocknen.

2 Den Mascarpone und die Pekan- oder Walnüsse in einer kleinen Schüssel gründlich verrühren. Anschließend bis zur weiteren Verwendung im Kühlschrank aufbewahren.

3 Zum Servieren die Pfirsiche mit dem Sonnenblumenöl bestreichen und auf einen Grillrost setzen. Dann unter einmaligem Wenden 5–10 Minuten grillen, bis sie heiß sind.

4 Die Pfirsichhälften auf einen Teller setzen und mit der Mascarpone-Nuss-Mischung füllen. Zuletzt den Ahornsirup über die Pfirsiche träufeln und diese sofort servieren.

VARIATION
Sie können die Pfirsiche auch durch Nektarinen ersetzen. Nehmen Sie nur reife, aber noch feste Früchte, die beim Grillen nicht zerfallen. Bereiten Sie die Nektarinen ebenso zu wie die Pfirsiche und grillen Sie sie 5–10 Minuten.

Gegrillte Tropenfrüchte

15 Min. + Ruhezeit   5 Min.

4 PERSONEN

1 Babyananas
1 reife Papaya, in dicken Spalten
1 reife Mango, in dicken Spalten
2 Kiwis, halbiert
4 Babybananen, längs halbiert
4 EL brauner Rum
1 TL gemahlener Piment
2 EL Limettensaft
4 EL brauner Zucker

LIMETTENCREME
60 g Butter oder Margarine
½ TL abgeriebene Limettenschale
1 EL Puderzucker

1 Die Ananas vierteln und die Blätter weitgehend entfernen; einige zu Dekorationszwecken belassen. Die Viertel in eine große flache Schale legen und die anderen Früchte dazu geben.

2 Die Fruchtstücke mit Rum, Piment und Limettensaft beträufeln und bei Zimmertemperatur 30 Minuten ziehen lassen; dabei gelegentlich wenden.

3 Für die Creme die Butter oder Margarine in eine Schüssel geben. Limettenschale und Puderzucker unterschlagen und die Creme bis zum Servieren in den Kühlschrank stellen.

4 Die Früchte abgießen, den Saft auffangen. Die Früchte in eine Grillpfanne legen, mit dem Zucker bestreuen und 3–4 Minuten unter einem vorgeheizten Backofengrill garen, bis der Zucker Blasen wirft und zu bräunen beginnt.

5 Die fertigen Früchte mit dem aufgefangenen Saft beträufeln und mit Limettencreme servieren.

VARIATION
Zu diesen Früchten passt auch eine leichte Sauce aus 300 ml Tropenfruchtsaft, mit etwas Speisestärke eingedickt.

Churros

15 Min.   15 Min.

4 PERSONEN

225 ml Wasser
abgeriebene Schale von 1 Zitrone
6 EL Butter
1 Msp. Salz
125 g Mehl
1 Msp. Zimt
3–5 Tropfen Vanillearoma
3 Eier
Öl, zum Frittieren
feiner Zucker, zum Bestäuben
Zimt, zum Bestäuben

1 Wasser und Zitronenschale in einem Topf zum Kochen bringen. Butter und Salz zugeben und alles so lange erhitzen, bis die Butter geschmolzen ist.

2 Mehl, Zimt und Vanillearoma zugeben, den Topf vom Herd nehmen und alles verrühren, bis ein festes Püree entsteht. Dann nach und nach die Eier zugeben und mit einem Holzlöffel unterrühren.

3 Eine Pfanne etwa 2,5 cm hoch mit Öl befüllen. Das Öl auf 180 °C erhitzen (ein Brotwürfel sollte darin in 30 Sekunden braun werden).

4 Den Teig in einen Spritzbeutel mit breiter Tülle füllen und daraus etwa 12 cm lange Teigstreifen direkt in das heiße Fett spritzen. Dabei darauf achten, dass die Streifen nicht zu dicht beieinander liegen, da sie beim Frittieren noch aufgehen.

5 Die Churros von jeder Seite 2 Minuten goldbraun frittieren. Anschließend mit einer Schaumkelle aus der Pfanne heben und auf Küchenpapier gut abtropfen lassen. Den Vorgang so lange wiederholen, bis der gesamte Teig verarbeitet ist.

6 Die fertigen Churros großzügig mit Zucker und ein wenig Zimt bestäuben und entweder heiß oder auf Zimmertemperatur abgekühlt servieren.

Frittierte Sirupbällchen

20 Min. 20 Min.

6–8 PERSONEN

1½ EL Mehl
5 EL Milchpulver
1 TL Backpulver
20 g Butter
1 Ei, verquirlt
1 TL Milch
125 g Ghee oder Butter

SAFRANSIRUP
750 ml Wasser
120 g Zucker
Kardamomsamen von 2 grünen Kapseln, zerstoßen
einige Safranfäden
2 EL Rosenwasser

1 Mehl, Milchpulver und Backpulver in eine Schüssel geben und alles sorgfältig vermengen.

2 Die Butter in einem kleinen Topf bei geringer Hitze unter Rühren zerlassen. Dann mit dem Ei und der Milch zu der Mehlmischung in die Schüssel geben und alle Zutaten mit einem Holzlöffel zu einem weichen glatten Teig verrühren.

3 Den Teig in etwa 12 kleine Portionen teilen und diese von Hand zu kleinen Bällchen formen.

4 Das Ghee in einer hohen Pfanne erhitzen und die Teigbällchen darin portionsweise goldbraun frittieren; dabei mehrmals wenden. Die fertigen Bällchen aus der Pfanne nehmen und in einer Servierschüssel beiseitestellen.

5 Für den Safransirup Wasser und Zucker in einem Topf aufkochen und 7–10 Minuten köcheln lassen. Kardamomsamen und Safran zugeben. Dann den Sirup über die Bällchen gießen.

6 Die fertigen Bällchen mit etwas Rosenwasser beträufeln und 10 Minuten ziehen lassen. Warm oder kalt servieren.

Gefüllte Kipferl

1 Std. 30 Min. 20 Min.

4 PERSONEN

TEIG
500 g Mehl
150 g Butter, plus etwas mehr zum Einfetten
150 g feiner Zucker
4 Eier
25 g frische Hefe
125 ml warme Milch

FÜLLUNG
200 g Kastanienpüree
60 g Kakaopulver
60 g feiner Zucker
60 g gehackte Mandeln
60 g Amaretti, zerkrümelt
150 g Orangenmarmelade

1 Für den Teig das Mehl in eine große Schüssel sieben, dann mit Butter, Zucker und 3 Eiern vermischen.

2 Hefe und Milch in einer anderen Schüssel vermengen, dann unter den Teig rühren.

3 Den Teig 20 Minuten kneten, anschließend mit einem sauberen Tuch abdecken und 1 Stunde an einem warmen Ort gehen lassen.

4 Kastanienpüree, Kakaopulver, Zucker, Mandeln, Amaretti und Orangenmarmelade in einer Schüssel mischen.

5 Den aufgegangenen Teig auf einer leicht bemehlten Arbeitsfläche dünn ausrollen und mit einem glatten runden Plätzchenausstecher (Ø 5 cm) so viele Kreise wie möglich daraus ausstechen.

6 Je 1 Löffel Füllung auf jeden Kreis geben. Dann den Teig in der Mitte überschlagen und die Ränder fest drücken. Die fertigen Kipferl mit genügend Abstand zueinander auf ein gefettetes Backblech legen.

7 Das letzte Ei verquirlen. Die Kipferl rundum mit dem Ei bestreichen und in einem auf 180 °C vorgeheizten Backofen, falls nötig portionsweise, 20 Minuten goldgelb backen. Anschließend noch heiß servieren.

Himbeertürmchen

40 Min. 15 Min.

8 PERSONEN

175 g Mehl
2 TL Backpulver
100 g Butter, in kleinen Stücken
85 g feiner Zucker
1 Eigelb
1 EL Rosenwasser
600 g Schlagsahne
225 g Himbeeren
Puderzucker, zum Dekorieren
Himbeeren, zum Dekorieren

1 2 Backbleche mit etwas Butter leicht einfetten.

2 Für den Mürbeteig Mehl und Backpulver in eine große Schüssel sieben. Die Butter mit den Fingerspitzen in der Mehlmischung verreiben, bis ein feinkrümeliger Teig entsteht.

3 Zucker, Eigelb und Rosenwasser einrühren und alles zu einem weichen Teig verarbeiten. Anschließend den Teig halbieren.

4 Beide Teighälften zu Kreisen von etwa 20 cm Durchmesser ausrollen, auf die vorbereiteten Backbleche legen und an den Rändern leicht einkräuseln.

5 Die fertigen Teigkreise in einem auf 190 °C vorgeheizten Backofen 15 Minuten backen, bis sie leicht gebräunt sind. Dann auf ein Kuchengitter legen und auskühlen lassen.

6 Die Sahne in einer großen Schüssel leicht schlagen und die Himbeeren vorsichtig unterheben. Die fertige Mischung auf einen der beiden Kuchenböden streichen. Den anderen Boden darüberlegen und mit etwas Puderzucker bestreuen. Zuletzt das fertige Himbeertürmchen mit einigen Himbeeren dekorieren.

TIPP
Die Böden können einige Tage zuvor gebacken und bis zur Verwendung in einem luftdichten Behälter gelagert werden.

Orangen in Karamell

15 Min. 10 Min.

4 PERSONEN

4 große Orangen
4–6 Esslöffel Pistazien, geschält und gehackt

KARAMELL
250 g feiner Zucker
5 schwarze Pfefferkörner, grob zerstoßen
4 Gewürznelken
Samen von 1 grüne Kardamomkapsel, grob zerstoßen
300 ml Wasser

1 Für den Karamell Zucker, Pfefferkörner, Gewürznelken, Kardamomkapsel und 150 ml Wasser in einen Topf geben und bei mittlerer Hitze so lange unter Rühren erwärmen, bis der Zucker gelöst ist. Dann die Hitze erhöhen und die Mischung aufkochen, bis der Sirup eingedickt und hellbraun geworden ist. Eventuell mit einem nassen Pinsel den Sirup von der Topfwandung schaben.

2 Sehr vorsichtig die restlichen 150 ml Wasser zugießen; dabei Abstand halten, da es spritzen kann. Den Sirup vom Herd nehmen und mit einem langstieligen Holzlöffel so lange rühren, bis der gesamte Karamell gelöst ist.

3 Die Orangen schälen und die weiße Haut entfernen; darauf achten, dass die Orangen ihre Form behalten. Dann die Orangen filieren; dabei über einer Schüssel arbeiten, um den austretenden Saft aufzufangen. Alle Filets in die Schüssel zum Saft geben.

4 Die fertigen Orangen mit dem Karamellsirup übergießen und verrühren. Anschließend abdecken und bis zum Verzehr kalt stellen. In Portionsschalen anrichten und kurz vor dem Servieren mit den Pistazien dekorieren.

Karamellisierte Sesamäpfel

15 Min. 15 Min.

4 PERSONEN

120 g Mehl
1 Ei
125 ml Wasser
4 feste Tafeläpfel, in je 8 Spalten
2½ EL Sesamsaat
2 EL Öl, plus etwas mehr zum Frittieren
250 g feiner Zucker

1 Mehl, Ei und Wasser in einer Schüssel zu einem glatten Teig verrühren. Äpfel und Sesam zufügen und einrühren.

2 Öl und Zucker in eine schwere Pfanne geben und unter Rühren erhitzen, bis sich der Zucker auflöst. Weiterrühren, bis ein goldbrauner Sirup entsteht. Diesen vom Herd nehmen, aber warm halten.

3 Das Frittieröl in einem Wok oder Topf auf 180 °C erhitzen (ein Brotwürfel sollte darin in 30 Sekunden braun werden). Die Apfelstücke nach und nach mit einer Zange aus dem Teig heben, dann in das heiße Öl geben und 2–3 Minuten goldbraun und knusprig ausbacken.

4 Die Apfelstücke mit einem Schaumlöffel aus dem Fett nehmen und rasch im Zuckersirup wälzen. Dann kurz in Eiswasser tauchen, auf Backpapier abtropfen lassen und sofort servieren.

TIPP
Den Zucker nicht überhitzen, sonst wird der Karamell zu dunkel und bitter. Falls er erstarrt, bevor alle Äpfel frittiert sind, kurz erwärmen, um ihn wieder zu verflüssigen.

Bunuelo-Sterne

5 Min. 5 Min.

4 PERSONEN

4 Weizenmehl-Tortillas
3 EL Zimt
6–8 EL feiner Zucker
Öl, zum Frittieren
Orangenzesten, zum Dekorieren
Schokoladeneis, zum Servieren

1 Die Tortillas mit einem scharfen Messer oder einer Schere zu Sternen schneiden.

2 Zimt und Zucker mischen und beiseitestellen.

3 Das Öl in einer großen flachen Pfanne auf etwa 180 °C erhitzen (ein Brotwürfel sollte darin in 30 Sekunden braun werden).

4 Die Tortillasterne nacheinander in das heiße Fett geben und unter einmaligem Wenden frittieren, bis sie von beiden Seiten goldbraun geworden sind. Dann auf Küchenpapier abtropfen lassen.

5 Die fertig frittierten Tortilla-Sterne großzügig mit der vorbereiteten Zimt-Zucker-Mischung bestreuen. Anschließend auf Portionsteller verteilen, mit Orangenzesten dekorieren und mit einigen Kugeln Schokoladeneis servieren.

TIPP
Die Sterne können gut als Dekoration für einen traditionellen mexikanischen Eisbecher mit Sorten wie Karamell, Zimt, Kaffee und Schokolade verwendet werden.

Bananen im Kokosmantel

10 Min. 10 Min.

4 PERSONEN

70 g Mehl
2 EL Reismehl
1 EL feiner Zucker
1 Ei, getrennt
150 ml Kokosmilch
4 große Bananen, quer halbiert
Sonnenblumenöl, zum Frittieren
1 TL Puderzucker, zum Dekorieren
1 TL Zimt, zum Dekorieren
Limettenspalten, zum Dekorieren

1 Mehl, Reismehl und Zucker in eine Schüssel sieben. In die Mitte eine Vertiefung drücken und Eigelb sowie Kokosmilch hineingeben. Alle Zutaten zu einem glatten Teig verrühren.

2 Das Eiweiß in einer separaten Schüssel steif schlagen und unter den Teig heben.

3 Einen großen Topf 6 cm hoch mit Öl füllen. Das Öl auf 180 °C erhitzen (ein Brotwürfel sollte darin in 30 Sekunden braun werden).

4 Die Bananen in den Ausbackteig tauchen und im heißen Öl portionsweise 2–3 Minuten goldbraun frittieren; dabei einmal wenden.

5 Die fertig ausgebackenen Bananen mit dem Schaumlöffel herausheben und auf Küchenpapier abtropfen lassen. Warm halten, bis alle Bananen gebacken sind.

6 Die fertigen Bananen mit Puderzucker und Zimt bestreuen und sofort servieren. Limettenspalten zum Beträufeln separat dazu reichen.

TIPP
In Asien sind die fingerlangen aromatischen Babybananen beliebt. Diese werden für dieses Rezept nicht zerteilt, sondern im Ganzen frittiert.

Pfirsiche in Weißwein

10 Min. + Kühlzeit 0 Min.

4 PERSONEN

4 große reife Pfirsiche, in Spalten
2 EL Puderzucker
1 Orange
200 ml halbtrockener oder lieblicher Weißwein, gekühlt

1 Die Pfirsiche in eine Schale geben und den Puderzucker darübersieben.

2 Die Orangenschale dünn abschälen und in feine Streifen schneiden oder die Schale mit einem Zestenschneider ablösen. Die Schale in eine Schüssel mit kaltem Wasser geben und beiseitestellen.

3 Die Orange auspressen und den Saft zusammen mit dem Weißwein über die Pfirsiche gießen. Alles gut vermischen und für mindestens 1 Stunde in den Kühlschrank stellen.

4 Vor dem Servieren die Orangenzesten aus dem Wasser nehmen und mit Küchenpapier sorgfältig trocken tupfen. Dann die gekühlten Pfirsiche mit der Orangenschale bestreuen und das fertige Dessert sofort servieren.

TIPP
Für dieses Dessert genügt ein preiswerter Wein, da sich die Aromen von Wein und Früchten verbinden. Dabei gehen die differenzierten Geschmacksnoten teurer Weine ohnehin verloren.

Pinienkern-törtchen

40 Min. + Kühlzeit
45 Min.

4 PERSONEN

getrocknete Bohnen, zum Blindbacken
60 g Kuvertüre mit mindestens 70 % Kakaogehalt
60 g Butter
175 g feiner Zucker
75 g brauner Zucker
6 EL Milch
3½ EL heller Sirup
abgeriebene Schale von 2 großen Orangen
2 EL frisch gepresster Orangensaft
5 Tropfen Vanillearoma
3 große Eier, leicht verquirlt
100 g Pinienkerne

TEIG
250 g Mehl
1 Prise Salz
100 g Butter
115 g Puderzucker
1 großes Ei
2 große Eigelb

1 Für den Boden Mehl und Salz in eine Schüssel sieben. In die Mitte eine Vertiefung drücken, Butter, Puderzucker, Ei und Eigelb hineingeben und alles mit den Fingern zu einem weichen Teig verarbeiten. Diesen rasch durchkneten. Zu einer Kugel formen, in Frischhaltefolie wickeln und für 1 Stunde kalt stellen.

2 Den Teig zu 8 Kreisen von 15 cm Durchmesser ausrollen und in 8 Tortelett-Formen (Ø 10 cm) einpassen. Mit Backpapier bedecken, mit getrockneten Bohnen beschweren und 10 Minuten kalt stellen.

3 Die Torteletts in einem auf 200 °C vorgeheizten Backofen 5 Minuten blindbacken. Papier und Bohnen entfernen und die Torteletts weitere 8 Minuten backen. Dann abkühlen lassen und den Backofen auf 180 °C herunterschalten.

4 Inzwischen die Kuvertüre hacken und bei mittlerer Hitze in einem Topf schmelzen. Butter zufügen und verrühren.

5 Die restlichen Zutaten einrühren. Die Törtchen auf ein Backblech setzen und mit der Schokoladenmasse füllen. Etwa 25–30 Minuten backen, bis die Füllung fest ist.

6 Die Törtchen mindestens 15 Minuten auf einem Kuchenrost abkühlen lassen, dann aus der Form lösen. Warm oder bei Zimmertemperatur, aber nicht gekühlt servieren.

Cannoli

45 Min. + Kühlzeit
15–20 Min.

20 STÜCK

3 EL Zitronensaft
3 EL Wasser
1 großes Ei
250 g Mehl, plus etwas mehr für die Arbeitsfläche
1 EL Zucker
1 TL Lebkuchen-Gewürzmischung
1 Prise Salz
25 g weiche Butter
Sonnenblumenöl, zum Frittieren
1 kleines Eiweiß, leicht verquirlt
Puderzucker

FÜLLUNG
750 g Ricotta
4 EL Puderzucker
5 Tropfen Vanillearoma
abgeriebene Schale von 1 Orange
4 EL fein gehackte kandierte Früchte
50 g Schokolade, gerieben
1 Prise Zimt
2 EL Marsala oder Orangensaft

1 Zitronensaft, Wasser und Ei verrühren.

2 Mehl, Zucker, Lebkuchengewürz und Salz in einem Mixer vermengen. Die Butter zufügen, dann bei laufendem Motor die Eiermischung zugießen, bis ein glatter Teig entsteht.

3 Den Teig auf eine leicht bemehlte Arbeitsfläche geben und durchkneten. Dann in Frischhaltefolie einwickeln und 1 Stunde kalt stellen.

4 Inzwischen für die Füllung den Ricotta in einer Schüssel glatt rühren. Den Puderzucker zusieben, dann die restlichen Zutaten untermengen. Abdecken und kalt stellen.

5 Den Teig auf einer bemehlten Arbeitsfläche 2 mm dick ausrollen. Rechtecke von 9 cm x 7,5 cm daraus ausschneiden. Die Teigreste erneut ausrollen und weitere Rechtecke ausschneiden.

6 Eine Pfanne 5 cm hoch mit Öl füllen und auf 190 °C erhitzen. Die Teigstücke auf eingefettete Cannoli-Formen rollen, sodass sich die Enden überlappen. Mit Eiweiß bestreichen und festdrücken. Je 2 oder 3 Cannoli goldbraun ausbacken.

7 Die Cannoli aus dem Öl heben und auf Küchenpapier abtropfen lassen. Abkühlen lassen und von den Formen lösen.

8 Die Füllung frühestens 30 Minuten vor dem Servieren einspritzen, da der Teig sonst weich wird. Zuletzt mit Puderzucker bestäuben und servieren.

Kokoskuchen

15 Min. 30 Min.

8 PERSONEN

2 große Eier, getrennt
1 Prise Salz
100 g Zucker
5 EL Butter, zerlassen und abgekühlt
5 EL Kokosmilch
150 g Mehl
2 TL Backpulver
3 EL Kokosraspel
4 EL Ingwersirup
3 EL Limettensaft
3 Stücke kandierter Ingwer, gewürfelt, zum Dekorieren
frische Kokosspäne, zum Dekorieren
Limettenzesten, zum Dekorieren

1 Einen Kreis von 28 cm Durchmesser aus Backpapier zurechtschneiden und einen Dämpfer (Ø 18 cm) damit auslegen.

2 Das Eiweiß mit dem Salz steif schlagen. Den Zucker esslöffelweise zugeben und unterrühren bis eine steife, glänzende Masse entsteht. Dann das Eigelb unterschlagen und Butter sowie Kokosmilch einrühren. Mehl und Backpulver darübersieben und unterheben. Zuletzt die Kokosraspel einrühren.

3 Den Teig in den Dämpfer geben. Die überstehenden Ränder des Backpapiers darüberschlagen und den Teig 30 Minuten über kochendem Wasser dämpfen.

4 Den fertigen Kuchen auf eine Servierplatte stürzen, das Backpapier entfernen und dann den Kuchen etwas abkühlen lassen.

5 Ingwersirup und Limettensaft gründlich verrühren und über den fertigen Kuchen träufeln. Den Kuchen in Stücke schneiden und mit kandiertem Ingwer, frischen Kokosspänen und Limettenzesten dekorieren.

Kokoswürfel

10 Min. 40 Min.

4 PERSONEN

etwas Butter, zum Einfetten
6 Eier
400 ml Kokosmilch
175 g brauner Zucker
Salz
Kokosspäne, zum Dekorieren
Limettenzesten, zum Dekorieren
Obst nach Wahl, in Spalten, zum Servieren

1 Eine Auflaufform (19 cm x 19 cm, 4 cm tief) mit der Butter einfetten.

2 Die Eier in eine große hitzebeständige Schüssel schlagen. Kokosmilch, Zucker und 1 Prise Salz zufügen und unterrühren.

3 Die Schüssel über einen Topf mit leicht kochendem Wasser stellen, wobei der Boden das Wasser nicht berühren darf. Die Eimischung mit einem Holzlöffel etwa 15 Minuten verrühren, bis sie eindickt. Dann die Mischung in die vorbereitete Form gießen.

4 Die Eimischung in einem auf 180 °C vorgeheizten Backofen 20–25 Minuten backen, bis sie fest ist. Anschließend vollständig abkühlen lassen.

5 Die erstarrte Mischung auf ein Brett stürzen und in Würfel schneiden. Die fertigen Kokoswürfel mit Kokosspänen und Limettenzesten dekorieren und mit frischem Obst servieren.

TIPP

Backen Sie die Eimischung nicht zu lange, sonst wird sie zäh. Sie sollte aus dem Backofen genommen werden, solange sie in der Mitte noch etwas weich ist – sie wird beim Auskühlen fest.

Süße Mascarpone-Mousse

5 Min. + Kühlzeit | 0 Min.

4 PERSONEN

500 g Mascarpone
4 Eigelb
100 g Zucker
400 g Sommerfrüchte, z. B. Erdbeeren oder Johannisbeeren, leicht gefroren
Johannisbeeren, zum Dekorieren
Amaretti, zum Servieren

1 Den Mascarpone in eine große Schüssel geben und mit einem Holzlöffel cremig schlagen. Dann Eigelb und Zucker zufügen und gut unterrühren. Die fertige Mischung für etwa 1 Stunde in den Kühlschrank stellen.

2 Anschließend 4 tiefe Gläser oder Dessertschalen mit je einer Lage der gekühlten Mascarpone-Creme füllen. Darüber eine Lage Sommerfrüchte geben. Diese Schichtung so lange wiederholen, bis die Gläser voll sind. Die letzte Schicht sollte aus Mascarpone-Creme bestehen.

3 Die gefüllten Schalen 20 Minuten in den Kühlschrank stellen, damit die Früchte noch einmal gut gekühlt werden.

4 Das Dessert mit Johannisbeeren dekorieren und mit Amaretti servieren.

VARIATION
Mengen Sie nach Belieben 3 Esslöffel ihres Lieblingslikörs bei Schritt 1 unter die Mascarpone-Creme.

Zitronen-Mascarpone-Kuchen

15 Min. | 50 Min.

4 PERSONEN

50 g Butter, plus etwas mehr zum Einfetten
150 g Ingwerkekse, ersatzweise einfache Butterkekse, zerstoßen
25 g kandierter Ingwer, gehackt
500 g Mascarpone
abgeriebene Schale und Saft von 2 Zitronen
100 g feiner Zucker
2 große Eier, getrennt
Fruchtcoulis (siehe Tipp), zum Servieren

1 Eine Springform (Ø 26 cm) leicht einfetten und den Boden mit Backpapier auslegen.

2 Die Butter in einer Pfanne zerlassen und die zerkrümelten Kekse sowie Ingwer unterrühren. Die so entstandene Mischung auf dem Boden der vorbereiteten Form verteilen und am Rand 1 cm hoch ziehen.

3 Mascarpone, Zitronenschale und -saft sowie Zucker und Eigelb zu einer cremigen Masse verrühren.

4 Das Eiweiß steif schlagen und unter die Mascarpone-Creme ziehen.

5 Die Creme auf dem Keksboden verteilen und alles in einem auf 180 °C vorgeheizten Backofen 35–45 Minuten backen, bis die Käsecreme fest geworden ist. (Wahrscheinlich wird die Creme beim Backen Risse bekommen und ein wenig zusammenfallen, das ist ganz normal.)

6 Den fertigen Kuchen in der Form vollständig auskühlen lassen. Dann in Stücke schneiden und mit Fruchtcoulis servieren.

TIPP
Für den Fruchtcoulis 400 g frische Früchte mit 2 Esslöffeln Wasser 5 Minuten kochen. Dann durch ein Sieb streichen und mit 1 Esslöffel gesiebtem Puderzucker verrühren.

Orangen-Bananen-Brot

45 Min. 1 Std.

8 PERSONEN

etwas Butter, zum Einfetten
175 g Mehl
2 gehäufte TL Backpulver
150 g brauner Zucker
2 Bananen, zerdrückt
55 g Zitronat und Orangeat
25 g gemischte Nüsse, grob gehackt
50 g getrocknete Preiselbeeren
5–6 EL Orangensaft
2 Eier, verquirlt
150 ml Sonnenblumenöl
85 g Puderzucker, gesiebt
abgeriebene Schale von 1 Orange

1 Eine Kastenform (900 ml Inhalt) einfetten und mit Backpapier auslegen.

2 Mehl und Backpulver in eine Schüssel sieben. Dann Zucker, Bananen, Zitronat, Orangeat, Nüsse und Preiselbeeren einrühren.

3 Orangensaft, Eier und Öl gründlich verschlagen. Anschließend zu den trockenen Zutaten gießen und alles gut mischen, bis ein glatter Teig entsteht.

4 Den Teig in die vorbereitete Form geben. In einem auf 180 °C vorgeheizten Backofen 1 Stunde backen, bis er fest geworden ist und ein in die Mitte gestochener Metallspieß sauber bleibt.

5 Dann das fertige Brot aus dem Backofen nehmen und auf einem Rost auskühlen lassen.

6 Den Puderzucker mit etwas Wasser mischen und das Brot damit bestreichen. Die Orangenschale über den Guss streuen und den Guss vor dem Servieren trocknen lassen.

TIPP
Dieses Brot ist einige Tage haltbar, wenn es eingewickelt, kühl und trocken gelagert wird.

Toskanischer Pudding

20 Min. 15 Min.

4 PERSONEN

80 g gemischte Trockenfrüchte, klein gehackt
250 g Ricotta
3 Eigelb
50 g Zucker
1 TL Zimt
abgeriebene Schale von 1 Orange
etwas Butter, zum Einfetten
Orangenzesten, zum Dekorieren
Crème fraîche, zum Servieren

1 Die Trockenfrüchte in eine Schüssel geben, mit warmem Wasser bedecken und 10 Minuten einweichen.

2 Ricotta und Eigelb in einer Schüssel vermengen. Zucker, Zimt und Orangenschale einstreuen und gut unterrühren.

3 Die Trockenfrüchte in einem über eine Schüssel gehaltenen Sieb abtropfen lassen, zu der Ricotta-Mischung geben und unterrühren.

4 Die Ricotta-Mischung auf 4 gefettete kleine Back- oder Auflaufformen verteilen und in einem auf 180 °C vorgeheizten Backofen 15 Minuten backen. Gegen Ende der Backzeit sollte der Pudding oben fest, aber noch nicht gebräunt sein.

5 Die fertigen Puddings mit Orangenzesten dekorieren und warm oder gut gekühlt mit etwas Crème fraîche servieren.

TIPP
Crème fraîche hat einen säuerlichen, nussigen Geschmack und ist dickflüssig, besitzt aber den gleichen Fettgehalt wie Schlagsahne (mindestens 30 %). Da Crème fraîche beim Erhitzen nicht ausflockt, eignet sie sich sehr gut zum Kochen.

Katalanische Orangencreme

25 Min. + Kühlzeit | 30 Min.

8 PERSONEN

1 l Milch
abgeriebene Schale von 6 großen Orangen
9 große Eigelb
200 g Zucker, plus etwas mehr für den Belag
3 EL Speisestärke

1 Milch und Orangenschale in einem Topf bei mittlerer Hitze erwärmen. Aufkochen, vom Herd nehmen, abdecken und 2 Stunden kalt stellen.

2 Die Milch wieder auf den Herd stellen und 10 Minuten köcheln lassen.

3 Inzwischen Eigelb und Zucker in eine hitzebeständige Schüssel geben und über einem heißen Wasserbad so lange verschlagen, bis sich der Zucker aufgelöst hat und eine cremige Masse entstanden ist.

4 Die Stärke mit 5 Esslöffeln der aromatisierten Milch glatt rühren und zur restlichen Milch geben. Die Milch durch ein Sieb zur Eiercreme gießen und alles zu einer glatten Masse verschlagen.

5 Den Boden eines Topfs mit Wasser bedecken. Die Schüssel so daraufstellen, dass der Schüsselboden nicht im Wasser steht. Die Creme bei mittlerer Hitze so lange unter Rühren erhitzen, aber nicht kochen, bis sie am Löffelrücken haften bleibt. Dies wird etwa 20–25 Minuten dauern.

6 Die Creme in 8 Ramequin-Förmchen (150 ml Inhalt) gießen und abkühlen lassen. Dann jedes Förmchen mit Frischhaltefolie abdecken und mindestens 6 Stunden in den Kühlschrank stellen.

7 Vor dem Servieren auf jedes Förmchen eine Schicht Zucker geben. Den Zucker mit einem Flambierer erhitzen und karamellisieren. Den Karamell bei Zimmertemperatur aushärten lassen, dann mit einem Löffelrücken aufschlagen und das Dessert sofort servieren.

TIPP
Mit einem Flambierer kann man den Zucker am besten karamellisieren. Er ist in gut sortierten Haushaltswarengeschäften erhältlich. Alternativ kann der Zucker unter dem vorgeheizten Grill überbräunt werden.

Vanillekuchen

15 Min. | 1 Std. 30 Min.

12–14 KUCHENSTÜCKE

225 g Belegfrüchte oder kandierte Früchte, z. B. Kirschen und Orangen, Zitronen- und Limettenschalen
85 g gemahlene Mandeln
abgeriebene Schale von ½ Zitrone
170 g Mehl
175 g weiche Butter, plus etwas mehr zum Einfetten
175 g Zucker
1 Tütchen Vanillezucker (siehe Tipp)
3 Tropfen Vanillearoma
3 große Eier, leicht verquirlt
1 TL Backpulver
1 Prise Salz
kandierte Früchte, zum Dekorieren

1 Eine Kastenform (22 cm x 12 cm) einfetten und mit Backpapier auslegen.

2 Die Früchte in kleine Stücke hacken, größere Stücke für den Belag zurücklegen. Den Rest mit Mandeln, Zitronenschale und 2 Esslöffeln des Mehls vermengen und beiseitestellen.

3 Butter, Zucker und Vanillezucker cremig schlagen, anschließend Vanillearoma und Eier unterrühren.

4 Restliches Mehl, Backpulver und Salz in die cremige Masse sieben und gründlich einarbeiten. Anschießend die Fruchtmischung unterrühren.

5 Den Teig in die vorbereitete Kastenform geben und die Oberfläche glatt streichen, dann die größeren Fruchtstücke darüberlegen. Die Form locker mit Alufolie abdecken – sie darf den Kuchen nicht berühren.

6 Den Kuchen in einem auf 180 °C vorgeheizten Backofen etwa 90 Minuten backen, bis er aufgegangen ist.

7 Den Kuchen 5 Minuten in der Form ruhen lassen. Dann herauslösen, das Backpapier abziehen und ganz auskühlen lassen. Mit kandierten Früchten dekoriert sofort servieren oder in Folie einwickeln und in einen luftdicht verschließbaren Behälter geben. So eingepackt ist der Kuchen bis zu 4 Tage lang haltbar.

TIPP
Stellen Sie Ihren eigenen Vanillezucker her: 1 Vanilleschote in ein Schraubgefäß geben, mit Zucker auffüllen, gut verschließen und ziehen lassen.

Mandelplätzchen

15 Min. 25 Min.

32 PLÄTZCHEN

225 g weiche Butter
6 EL Puderzucker, plus etwas mehr zum Bestäuben
275 g Mehl
10 Tropfen Vanillearoma
3 Tropfen Bittermandelaroma
150 g geschälte Mandeln, grob gehackt

1 Die Butter in einer Schüssel cremig schlagen. Den Puderzucker zusieben und weiterschlagen, bis eine glatte cremige Mischung entsteht.

2 Das Mehl zur Butter-Zucker-Mischung sieben und alles zu einem glatten Teig verrühren. Dann Vanille- und Mandelaroma sowie die Mandeln einrühren.

3 Mit einem Teelöffel 32 walnussgroße Kugeln aus dem Teig formen.

4 2 Backbleche mit Backpapier auslegen, die Kugeln mit reichlich Abstand daraufsetzen und etwas flach drücken. Dann in einem auf 180 °C vorgeheizten Backofen 20–25 Minuten backen, bis sie leicht gebräunt sind.

5 Die Plätzchen 2 Minuten auf dem Backblech fest werden lassen. Anschließend mit einer dicken Schicht Puderzucker bestäuben, auf einen Grillrost setzen und vollständig auskühlen lassen.

6 Kurz vor dem Servieren die Plätzchen mit etwas mehr Puderzucker bestäuben. Reste in einem luftdicht verschließbaren Behälter aufbewahren.

VARIATION
Geben Sie 2 Teelöffel fein abgeriebene Orangenschale zum Teig oder verwenden Sie Pekannüsse statt Mandeln.

Birnenkuchen

1 Std. 1 Std. 30 Min.

12 PERSONEN

Margarine, zum Einfetten
4 Birnen, geschält
2 EL Wasser
200 g Mehl
2 TL Backpulver
100 g brauner Zucker
4 EL Milch
2 EL klarer Honig, plus etwas mehr zum Beträufeln
2 TL Zimt
2 Eiweiß

1 Den Boden einer Springform (Ø 20 cm) einfetten und mit Backpapier auslegen.

2 1 Birne mit dem Wasser in einem Mixer fast glatt pürieren und dann in eine große Schüssel geben.

3 Mehl und Backpulver zur Birne sieben. Zucker, Milch, Honig und Zimt zufügen und alles verrühren.

4 2 Birnen sehr fein hacken und ebenfalls in die Schüssel geben. Die letzte Birne beiseitelegen.

5 Das Eiweiß steif schlagen und unter die Birnenmischung heben.

6 Die letzte Birne in Scheiben schneiden und auf dem Boden der Form zu einem Fächermuster arrangieren.

7 Die Birnenmischung in die Form geben und den Kuchen in einem auf 150 °C vorgeheizten Backofen 75–90 Minuten backen.

8 Den Birnenkuchen aus dem Backofen nehmen und 10 Minuten in der Form auskühlen lassen. Dann auf einen Kuchenrost stürzen und mit Honig beträufeln.

9 Den fertigen Kuchen vor dem Servieren vollständig abkühlen lassen. Dann auf eine Kuchenplatte geben und in 12 Stücke schneiden.

TIPP
Um zu testen, ob ein Kuchen durchgebacken ist, ein Metall- oder Holzstäbchen in die Mitte stechen – beim Herausziehen dürfen keine Teigreste daran haften. Ansonsten den Kuchen kurz weiterbacken und die Garprobe wiederholen.

Spanischer Flan

10 Min. + Kühlzeit · 1 Std. 30 Min.

4–6 PERSONEN

175 g Zucker
4 EL Wasser
Saft von ½ Zitrone
Butter, zum Einfetten
500 ml Milch
1 Vanilleschote, längs aufgeschlitzt
2 große Eier
2 große Eigelb
gezuckerte Johannisbeeren, zum Dekorieren
Zitronenmelisse, zum Dekorieren

1 Für den Karamell 75 g Zucker mit dem Wasser in einem Topf unter Rühren erhitzen, bis sich der Zucker aufgelöst hat. Dann aufkochen und köcheln lassen, bis ein goldbrauner Sirup entsteht.

2 Den Sirup vom Herd nehmen und einige Tropfen Zitronensaft einrühren. Dann den Sirup in eine gefettete Souffléform (1,2 l Inhalt) gießen, gut verteilen und die Form beiseitestellen.

3 Milch und Vanilleschote in einen Topf geben. Aufkochen, vom Herd nehmen und den restlichen Zucker einrühren, bis er gelöst ist. Dann beiseitestellen.

4 Eier und Eigelb in einer Schüssel verquirlen. Die Vanillemilch unter Rühren zugießen. Die Vanilleschote entfernen und die Eier-Milch-Mischung durch ein Sieb in eine Schüssel seihen.

5 Die Eier-Milch-Mischung in die Souffléform gießen und diese in eine Grillpfanne stellen, die mit so viel Wasser gefüllt ist, dass die Souffléform zu zwei Dritteln im Wasser steht.

6 Die Creme in einem auf 160 °C vorgeheizten Backofen 75–90 Minuten backen, bis an einem hineingestochenen Messer nichts haften bleibt. Den fertigen Flan vollständig auskühlen lassen, dann mit Frischhaltefolie abdecken und mindestens 24 Stunden in den Kühlschrank stellen.

7 Vor dem Servieren den abgekühlten Flan auf einen Teller stürzen und mit Johannisbeeren und Melisse dekorieren.

TIPP
Der Zitronensaft in Schritt 2 wird zugegeben, damit der Karamell nicht anbrennt.

Müslikekse

50 Min. · 15 Min.

4 PERSONEN

50 g Butter, plus etwas mehr zum Einfetten
125 g feiner Zucker
1 Ei, verquirlt
50 g Mehl
½ TL Salz
½ TL Backpulver
175 g Haferflocken
125 g Rosinen
2 EL Sesamsaat

1 Butter und Zucker in einer großen Schüssel schaumig schlagen. Nach und nach das Ei zugeben und sorgfältig mit der Buttermischung verquirlen.

2 Mehl, Salz und Backpulver in die Mischung sieben und unterrühren. Haferflocken, Rosinen und Sesam untermischen.

3 Mit einem Löffel einzelne Häufchen aus dem fertigen Teig stechen. Die Häufchen mit reichlich Abstand auf zwei leicht gefettete Backbleche geben und mit dem Löffel etwas flach drücken.

4 Die Kekse in einem auf 180 °C vorgeheizten Backofen 15 Minuten backen. Auf den Blechen etwas abkühlen lassen, dann auf einen Rost legen und vor dem Servieren vollständig auskühlen lassen.

TIPP
Diese Kekse bleiben in einem luftdicht verschließbaren Behälter gelagert besonders lange frisch.

Schoko-Mandel-Schnitten

20 Min. + Kühlzeit   5 Min.

16 SCHNITTEN

150 g Zartbitterschokolade
75 g Butter
200 g Kondensmilch
2 TL Zimt
75 g Mandeln, grob gehackt
75 g Amaretti, zerkrümelt
50 g getrocknete Aprikosen, grob gehackt

1 Eine Kastenform (675 g Inhalt) mit Alufolie auskleiden.

2 Schokolade, Butter, Milch und Zimt in einen Topf geben. Alles 3–4 Minuten bei schwacher Hitze mit einem Holzlöffel vermengen, bis die Schokolade geschmolzen ist.

3 Anschließend Mandeln, Amaretti und Aprikosen zugeben und gründlich unterrühren.

4 Die Mischung in die vorbereitete Form füllen und etwa 1 Stunde im Kühlschrank fest werden lassen. Anschließend den fertigen Kuchen in Scheiben schneiden und servieren.

TIPP
Brechen Sie die Schokolade vor dem Schmelzen in kleine Stücke. Je kleiner die Stücke sind, desto schneller schmelzen sie.

Risotto-Kuchen mit Beeren

20 Min.   45 Min.

6–8 PERSONEN

90 g Arborio-Reis
350 ml Milch
3–4 EL Zucker
½ TL frisch geriebene Muskatnuss
Salz
190 g Mehl
1½ TL Backpulver
1 TL Speisenatron
1–2 EL feiner Zucker
1 Ei
175 ml Milch
125 g saure Sahne oder Joghurt
1 EL Butter, zerlassen, plus etwas mehr zum Einfetten
2 EL Honig
3 Tropfen Bittermandelaroma
2 EL gehobelte Mandeln, geröstet
Puderzucker, zum Bestäuben
geschlagene Sahne, zum Dekorieren (nach Belieben)

BESCHWIPSTE BEEREN
450 g gemischte Beeren, z. B. Blaubeeren, Erdbeeren und Himbeeren
50 ml Muskateller oder anderer Süßwein
1–2 EL Zucker

MASCARPONECREME
2 EL Muskateller oder anderer Süßwein
1 EL Honig
3 Tropfen Bittermandelaroma
225 g Mascarpone

1 Reis, Milch, Zucker, Muskat und ½ Teelöffel Salz in einem Topf zum Kochen bringen. Anschließend die Hitze etwas reduzieren und den Reis unter gelegentlichem Rühren köcheln lassen, bis er gar ist und die Milch fast vollständig aufgenommen hat. Danach beiseitestellen und abkühlen lassen.

2 Mehl, Backpulver, Natron, 1 Prise Salz und Zucker in einer Schüssel gründlich vermengen.

3 Ei, Milch, saure Sahne oder Joghurt, Butter, Honig und Mandelaroma glatt rühren. Dann zuerst den Reis, anschließend die Mehlmischung und zuletzt die Mandeln sorgfältig einrühren.

4 Den Teig in eine gefettete Springform (Ø 20–26 cm) füllen, glatt streichen und in einem auf 160 °C vorgeheizten Backofen 20 Minuten goldbraun backen.

Herausnehmen und in der Form etwas abkühlen lassen.

5 Inzwischen die Beeren mit Wein und Zucker in einer Schüssel mischen und alle Zutaten für die Mascarponecreme verrühren.

6 Den Kuchen aus der Form lösen und auf eine Platte geben. Mit Puderzucker bestäuben und warm mit den Früchten und der Mascarponecreme servieren. Nach Belieben mit Sahnehäubchen dekorieren.

Torta de cielo

10 Min. 40–50 Min.

4–6 PERSONEN

175 g Mandeln, ungeschält
225 g weiche Butter
225 g Zucker
3 Eier, leicht verquirlt
5 Tropfen Bittermandelaroma
5 Tropfen Vanillearoma
9 EL Mehl
1 Prise Salz
Puderzucker, zum Dekorieren
geröstete Mandelblättchen, zum Dekorieren

1 Die Mandeln in einen Mixer geben, fein zermahlen und beiseitestellen.

2 Butter und Zucker in einer Schüssel zu einer glatten, schaumigen Creme verschlagen. Dann Eier, Mandeln und Aromen zugeben und alles gut vermengen.

3 Mehl und Salz zufügen und kurz unterrühren, bis sich das Mehl mit der Masse verbunden hat.

4 Den Teig in eine leicht gefettete runde Backform (Ø 20 cm) geben und die Oberfläche glatt streichen. In einem auf 180 °C vorgeheizten Backofen 40–50 Minuten backen. Der fertige Kuchen sollte wie ein Schwamm leicht nachgeben, wenn er mit einem Finger oder Löffel vorsichtig angedrückt wird.

5 Den Kuchen aus dem Ofen nehmen, kurz ruhen lassen, dann auf ein Kuchengitter stürzen und auskühlen lassen.

6 Die fertige Torta vor dem Servieren mit Puderzucker bestäuben und mit den Mandelblättchen dekorieren.

Lavendelherzen

20 Min. 10 Min.

48 STÜCK

225 g Mehl, plus etwas mehr zum Bestäuben
75 g gekühlte Butter, in dünnen Scheiben
75 g Lavendelzucker (siehe Seite 507) oder normaler feiner Zucker
1 großes Ei, leicht verquirlt
1 EL getrocknete Lavendelblüten, sehr fein gehackt
4 EL Puderzucker, zum Dekorieren
1 TL Wasser, zum Dekorieren
2 EL frische Lavendelblüten, zum Dekorieren

1 Das Mehl in eine Schüssel sieben. Die Butter zufügen und mit den Fingerspitzen einarbeiten, bis ein feinkrümeliger Teig entsteht. Dann Lavendelzucker oder feinen Zucker einrühren.

2 Das Ei mit den Lavendelblüten unter die Mehl-Butter-Mischung rühren. Alles zu einem festen Teig verarbeiten.

3 Den Teig auf einer bemehlten Arbeitsfläche 5 mm dick ausrollen. Etwa 5 cm große Herzen daraus ausstechen; dabei die Ausstechform gelegentlich mit Mehl bestäuben. Die Teigreste erneut ausrollen und weitere Herzen ausstechen.

4 Die Herzen auf mit Backpapier ausgelegte Backbleche legen und mit einer Gabel einstechen. In einem auf 180 °C vorgeheizten Backofen 10 Minuten backen, bis sie leicht gebräunt sind. Dann auf einem mit Backpapier ausgelegten Kuchengitter mit abkühlen lassen.

5 Für die Dekoration den Puderzucker in eine Schüssel sieben und das Wasser zufügen. Beides zu einer glatten Paste verrühren; bei Bedarf etwas mehr Wasser zugeben.

6 Die abgekühlten Herzen mit dem Guss besprenkeln und die Lavendelblüten sofort darüberstreuen. Den Guss mindestens 15 Minuten trocknen lassen.

TIPP
In einem luftdichten Behälter sind die Plätzchen bis zu 4 Tage lang haltbar.

Tarte au citron

15 Min.
+ Kühlzeit

35 Min.

6–8 PERSONEN

getrocknete Bohnen, zum Blindbacken
abgeriebene Schale von 2–3 großen Zitronen
150 ml Zitronensaft
100 g feiner Zucker
125 g Crème double
3 große Eier
3 große Eigelb
Puderzucker, zum Bestäuben

TEIG
175 g Mehl, plus etwas mehr für die Arbeitsfläche
½ TL Salz
115 g Butter, gewürfelt
1 Eigelb, mit 2 EL eiskaltem Wasser verquirlt

1 Für den Teig Mehl und Salz in eine Schüssel sieben. Die Butter mit den Fingerspitzen einarbeiten, bis eine feinkrümelige Mischung entsteht. Dann das Eigelb zugeben und alles verkneten. Den Teig zu einer Kugel formen, in Frischhaltefolie wickeln und 1 Stunde kühlen.

2 Den gekühlten Teig auf einer leicht bemehlten Arbeitsfläche ausrollen. In eine Obstkuchenform (Ø 25 cm) füllen und mehrmals mit einer Gabel einstechen. Dann mit Backpapier abdecken und mit getrockneten Bohnen belegen. In einem auf 200 °C vorgeheizten Backofen so lange blindbacken, bis er fest ist. Aus dem Backofen nehmen, Papier und Bohnen entfernen und die Backofentemperatur auf 190 °C reduzieren.

3 Zitronenschale, -saft und Zucker verrühren. Die Crème double und dann nacheinander Eier und Eigelb zugeben.

4 Die Füllung auf den vorgebackenen Tarteboden geben und die Tarte 20 Minuten backen, bis die Füllung fest ist.

5 Den fertigen Kuchen in der Form etwas abkühlen, dann auf einem Kuchenrost vollständig auskühlen lassen. Vor dem Servieren mit Puderzucker bestäuben.

TIPP
Statt Crème double können Sie auch Crème fraîche verwenden.

Sahniges Fruchtparfait

15 Min.
+ Kühlzeit

0 Min.

4–6 PERSONEN

225 g frische Kirschen, halbiert
2 große Pfirsiche, gehackt
2 große Aprikosen, gehackt
700 g griechischer Joghurt (siehe Seite 236) oder stichfester Naturjoghurt
60 g Walnusshälften
2 EL Blütenhonig
frische Beeren, zum Dekorieren

1 Kirschen, Pfirsiche und Aprikosen in einer großen Schüssel vorsichtig vermischen.

2 Ein Drittel des Joghurts in eine Servierschüssel geben und die Hälfte der Obstmischung darüberlöffeln.

3 Mit je einer Schicht Joghurt und Früchten wiederholen und mit Joghurt abschließen.

4 Die Nüsse in einem Mixer oder mit einem großen Messer grob zerkleinern und über den Joghurt streuen. Dann den Honig über dem Dessert verteilen.

5 Das fertige Fruchtparfait mit Frischhaltefolie abdecken und mindestens 1 Stunde kalt stellen. Vor dem Servieren mit den Beeren dekorieren.

Obstteller mit Kardamomcreme

25 Min. 5 Min.

6 PERSONEN

60 g Zucker
150 ml Wasser
1 Zimtstange
4 Kardamomkapseln, zerdrückt
1 Gewürznelke
Saft von 1 Orange
Saft von 1 Limette
½ Honigmelone, in Scheiben
1 großes Stück Wassermelone, in Scheiben
2 Guaven, in Scheiben
3 Nektarinen, in Scheiben
18 Erdbeeren, halbiert
geröstete Kokosraspel, zum Bestreuen
Minzezweige oder Rosenblütenblätter, zum Dekorieren

KARDAMOMCREME
8 Kardamomkapseln
300 ml Schlagsahne

1 Für den Sirup Zucker, Wasser, Zimt, Kardamomkapseln und Gewürznelke in einen Topf geben und unter Rühren aufkochen, bis sich der Zucker auflöst. 2 Minuten köcheln lassen, dann vom Herd nehmen. Orangen- und Limettensaft zufügen. Abkühlen und ziehen lassen.

2 Die vorbereiteten Obstscheiben dekorativ auf 6 Tellern anrichten, den Sirup abseihen und über das Obst löffeln.

3 Für die Kardmamomcreme die Samenkerne der Kardamomkapseln zerdrücken und in eine Schüssel geben. Die Sahne zufügen und steif schlagen.

4 Den fertigen Salat mit gerösteten Kokosraspeln bestreuen, mit Minzezweigen oder Rosenblütenblättern dekorieren und mit der Kardamomcreme servieren.

Kartoffel-Scones

5 Min. 25 Min.

8 PERSONEN

etwas Butter, zum Einfetten
Salz
250 g mehligkochende Kartoffeln, gewürfelt
125 g Mehl
1½ TL Backpulver
½ TL frisch geriebene Muskatnuss
50 g Sultaninen
1 Ei, verquirlt
3 EL Schlagsahne
2 TL brauner Zucker

1 Ein Backblech mit Backpapier auslegen und leicht einfetten.

2 Die Kartoffeln 10 Minuten in kochendem Salzwasser garen. Anschließend abgießen, gut abtropfen lassen und mit einem Kartoffelstampfer zerdrücken.

3 Den Kartoffelbrei in eine große Schüssel geben. Mehl, Backpulver und Muskat zufügen und sorgfältig unterrühren.

4 Sultaninen, Ei und Sahne zur Kartoffelmischung in die Schüssel geben und zu einem weichen Teig verrühren.

5 Den Teig zu 8 runden 2 cm dicken Brötchen formen. Diese auf das vorbereitete Backblech legen.

6 Die Scones in einem auf 200 °C vorgeheizten Backofen etwa 15 Minuten backen, bis sie aufgegangen und goldbraun sind. Mit dem Zucker bestreuen und warm mit etwas Butter servieren.

Zabaglione

15 Min. 0 Min.

4 PERSONEN

5 Eigelb
100 g feiner Zucker
150 ml Marsala oder süßer Sherry
frische Früchte oder Amaretti, zum Servieren (nach Belieben)

1 Das Eigelb in eine große Schüssel geben. Den Zucker zufügen und mit dem Eigelb verschlagen, bis eine helle, dicke, cremige Masse vom doppelten Volumen der anfänglichen Eigelb-Zucker-Mischung entstanden ist.

2 Die Schüssel mit der Masse über einen Topf mit leicht köchelndem Wasser stellen. Marsala oder Sherry zugießen und die Mischung etwa 10 Minuten unter ständigem Rühren erwärmen, bis sie leicht schäumt.

3 Den Zablaglione-Schaum auf 4 Dessertgläser verteilen und die fertige Zabaglione noch warm servieren. Nach Belieben frische Früchte oder Amaretti dazu reichen.

TIPP
Anstelle von Marsala oder süßem Sherry können Sie jeden anderen Likör Ihrer Wahl verwenden.

Tiramisù-Stapel

25 Min.
+ Kühlzeit

5 Min.

4 PERSONEN

300 g Zartbitterschokolade
400 g Mascarpone
150 g Schlagsahne, geschlagen
50 g Zucker
400 ml kalter Kaffee
6 EL brauner Rum oder Weinbrand
54 Löffelbiskuits
Kakaopulver, zum Dekorieren

1 Die Schokolade unter gelegentlichem Rühren im heißen Wasserbad schmelzen. Dann leicht abkühlen lassen und mit dem Mascarpone und der geschlagenen Sahne mischen.

2 Zucker im Kaffee auflösen und mit dem Rum in einer Glasschüssel sorgfältig vermengen. Anschließend die Löffelbiskuits kurz in die so entstandene Mischung tauchen; sie sollen etwas Flüssigkeit aufsaugen, aber nicht aufweichen.

3 Je 3 Löffelbiskuits nebeneinander auf 4 Dessertteller legen. Je eine Lage Mascarponecreme über den Löffelbiskuits verstreichen, dann erneut je 3 Löffelbiskuits auf die Mascarponeschicht legen. Diese abermals mit Mascarponecreme bedecken und mit einer letzten Lage Löffelbiskuits abschließen.

4 Das fertige Schicht-Tiramisù für mindestens 1 Stunde in den Kühlschrank stellen und vor dem Servieren mit Kakaopulver bestäuben.

VARIATION
Das Tiramisù kann auch halbgefroren serviert werden. Frieren Sie dazu das Tiramisu vor dem Servieren etwa 2 Stunden ein.

Birnentarte

1 Std. 30 Min. 50 Min.

6 PERSONEN

300 g Mehl
1 Prise Salz
150 g feiner Zucker
150 g Butter, gewürfelt
1 Ei
1 Eigelb
ein paar Tropfen Vanillearoma
3–4 TL Wasser
Puderzucker, zum Bestäuben

FÜLLUNG
4 EL Aprikosenkonfitüre
60 g Amaretti oder anderes kleines Mandelgebäck, zerkrümelt
1 kg reife Birnen, geschält
1 TL Zimt
100 g Rosinen
60 g brauner Zucker

1 Das Mehl und das Salz auf eine Arbeitsfläche sieben. Dann eine Vertiefung in die Mitte drücken und Zucker, gewürfelte Butter, Ei, zusätzliches Eigelb, Vanillearoma und einen Großteil des Wassers hineingeben.

2 Das Mehl nach und nach unter die anderen Zutaten kneten, bis ein glatter Teig entsteht; gegebenenfalls noch etwas Wasser zufügen. Den fertigen Teig in Frischhaltefolie wickeln und 1 Stunde in den Kühlschrank stellen, bis er fest wird.

3 Drei Viertel des Teigs ausrollen und in eine mit Backpapier ausgelegte flache Obstkuchenform (Ø 25 cm) einpassen. Dann den Boden mit Konfitüre bestreichen und die Amarettibrösel darüberstreuen.

4 Die Birnen in hauchdünne Scheiben schneiden, über den Mandelkeksen verteilen und mit Zimt, Rosinen und braunem Zucker bestreuen.

5 Ein Drittel der restlichen Teigmenge zu einem dünnen Strang rollen und um den Rand des Kuchens legen. Den restlichen Teig zu mehreren dünnen Strängen rollen, diese wie ein Gitter über der Kuchenfüllung anrichten und am Teigrand festdrücken.

6 Den Kuchen in einem auf 200 °C vorgeheizten Backofen etwa 50 Minuten goldbraun backen. Dann abkühlen lassen, mit Puderzucker bestreuen und noch warm oder gekühlt servieren.

Granita-Duo

10 Min. 6 Min.
\+ Gefrierzeit

4 PERSONEN

ZITRONENGRANITA
abgerieben Schale von 3 Zitronen
200 ml Zitronensaft
100 g feiner Zucker
500 ml kaltes Wasser

KAFFEEGRANITA
2 EL Instantkaffee
2 EL Zucker
2 EL heißes Wasser
600 ml kaltes Wasser
2 EL Rum
Schlagsahne, zum Servieren

1 Für die Zitronengranita (Foto) die Zitronenschale mit Zitronensaft und Zucker in einen Topf geben. Aufkochen und etwa 5–6 Minuten köcheln lassen, bis die Mischung sirupartig eindickt. Dann abkühlen lassen.

2 Die abgekühlte Masse mit dem kalten Wasser verrühren. In ein Gefriergefäß gießen und 4–5 Stunden ins Tiefkühlfach stellen. Dabei gelegentlich umrühren, um sich bildende Eiskristalle gleichmäßig zu zerstoßen. Zwischen zwei Gängen als Geschmacksneutralisierer reichen.

3 Für die Kaffeegranita Kaffee und Zucker in eine Schüssel geben und das heiße Wasser darübergießen. Dann das kalte Wasser und Rum einrühren.

4 Die Mischung in ein Gefriergefäß geben und mindestens 6 Stunden einfrieren. Alle 1–2 Stunden umrühren, um sich bildende Eiskristalle gleichmäßig zu zerstoßen. Die fertige Granita mit geschlagener Sahne als Dessert reichen.

Espresso-Granita

4 Std. 5 Min.

4–6 PERSONEN

200 g feiner Zucker
600 ml Wasser
3 Tropfen Vanillearoma
600 ml starker Espresso, abgekühlt
frische Minze, zum Dekorieren (nach Belieben)

1 Zucker und Wasser in einem Topf unter Rühren erwärmen, bis der Zucker gelöst ist. Dann die Hitze erhöhen und die Mischung 4 Minuten kochen, ohne zu rühren. Eventuell mit einem nassen Pinsel den Sirup von der Topfwandung lösen.

2 Den Topf vom Herd nehmen und den Sirup in eine hitzebeständige, metallfreie Schüssel gießen. Die Spüle mit etwas Eiswasser füllen und die Schüssel hineingeben, um das Abkühlen zu beschleunigen. Vanillearoma und Espresso einrühren und vollständig auskühlen lassen.

3 Die Masse in einen flachen Metallbehälter gießen, abdecken und einfrieren.

4 Vor dem Servieren den Behälter mit der Granita auf ein Küchenbrett stürzen. Ein mit heißem Wasser getränktes Küchentuch15 Sekunden über den Boden des Behälters reiben. Den Behälter kurz schütteln – die Mischung sollte nun herausfallen. Eventuell wiederholen.

5 Die Granita in Stücke schneiden und in einen Mixer geben. Auf höchster Stufe mixen, bis sie körnig wird. Dann sofort in gut gekühlte Schalen geben, nach Belieben mit Minze dekorieren und servieren.

TIPP
Für diese italienische Spezialität eignet sich nur dunkler, vollaromatischer Espresso. Jeder andere Kaffee verliert beim Gefrieren sein Aroma. Die Granita ist tiefgekühlt bis zu 3 Monate lang haltbar.

Ricotta-Eis

20 Min. + Kühlzeit 0 Min.

6 PERSONEN

25 g Pistazien, grob gehackt
25 g Wal- oder Pekannüsse, grob gehackt
25 g Haselnüsse, gehackt und geröstet
fein abgeriebene Schale von 1 Orange und 1 Zitrone
25 g kandierter Ingwer, fein gehackt
25 g Belegkirschen, fein gehackt
25 g getrocknete Aprikosen, fein gehackt
25 g Rosinen, fein gehackt
500 g Ricotta
2 EL Maraschino, Amaretto oder Weinbrand
5 Tropfen Vanillearoma
4 Eigelb
100 g feiner Zucker
Schlagsahne, zum Dekorieren
ein paar Belegkirschen, Pistazien oder Minzeblätter, zum Dekorieren

1 Alle Nüsse in einer Schüssel vermengen. Dann Orangen- und Zitronenschale, Ingwer, Kirschen, Aprikosen und Rosinen hinzugeben und untermischen.

2 Den Ricotta sorgfältig mit der Nuss-Früchte-Masse vermengen, anschließend den Likör und das Vanillearoma gut unterrühren.

3 Die Eigelb und den Zucker mit einem Mixer cremig schlagen oder die Mischung im Wasserbad von Hand verrühren und danach gründlich abkühlen lassen. Dann die Ricottamischung mit einem Holzlöffel vorsichtig unterheben.

4 Eine Kastenform (18 cm x 12 cm) mit zwei Lagen Frischhaltefolie oder Backpapier auslegen, die Ricottamasse hineingeben, glatt streichen, mit weiterer

Folie oder Papier abdecken und über Nacht ins Gefrierfach stellen.

5 Vor dem Servieren die Eiscreme aus der Form nehmen, Folie oder Papier entfernen. Das Eis auf eine Servierplatte stürzen und mit Schlagsahne, Kirschen, Pistazien oder Minzeblättern dekorieren und in Scheiben geschnitten servieren.

Mangoeis

15 Min. + Kühlzeit 5 Min.

6 PERSONEN

150 g Schlagsahne
2 Eigelb
½ TL Speisestärke
1 TL Wasser
800 g in Sirup eingelegte Mangoscheiben aus der Dose, abgetropft
1 EL Limetten
150 g Crème Double
Minzezweige, zum Dekorieren

1 Die Sahne in einem Topf erhitzen, aber nicht kochen.

2 Eigelb, Speisestärke und Wasser in einer Schüssel glatt rühren. Die heiße Sahne unter Rühren zugießen und untermengen.

3 Die Mischung in den Topf zurückgeben und unter Rühren bei sehr geringer Hitze erwärmen, bis sie dick genug ist, um den Rücken eines Holzlöffels zu überziehen. (Den Prozess nicht beschleunigen, da die Mischung sonst überkocht und verdirbt.) Dann in eine Schüssel gießen.

4 Die Mangoscheiben in einer Küchenmaschine oder einem Mixer pürieren. Mit der Sahnesauce vermengen und den Limettensaft einrühren.

5 Die Crème double aufschlagen und unter die Mangomischung ziehen.

6 Die fertige Eismischung in eine Kastenform oder einen flachen Gefrierbehälter geben. Abdecken und 2–3 Stunden einfrieren, bis sie angefroren, aber in der Mitte noch weich ist. Dann in eine Schüssel geben und die gefrorene mit der weichen Masse verrühren. Wieder in den Behälter geben, abdecken und einfrieren.

7 Das Eis ca. 30 Minuten vor dem Servieren in den Kühlschrank stellen, damit es etwas weich wird. Mit einem Eisportionierer oder Löffel in Schalen füllen und mit Minzezweigen dekoriert servieren.

TIPP
Den abgetropften Mangosirup kann man für Fruchtsalate oder Cocktails nutzen.

Vanilleeis

5 Min. + Kühlzeit 10 Min.

4–6 PERSONEN

600 g Crème double
1 Vanilleschote
abgeriebene Schale von 1 Zitrone
4 Eier, verquirlt
2 Eigelb
150 g feiner Zucker

1 Die Crème double in einem schweren Topf unter Rühren leicht erhitzen. Vanilleschote, Zitronenschale, Eier und Eigelb zugeben und bis kurz vor dem Siedepunkt erhitzen. Die Hitze reduzieren und die Masse 8–10 Minuten unter stetigem Rühren köcheln, bis sie eindickt. Dann den Zucker unter die Creme rühren, beiseitestellen und abkühlen lassen.

2 Die abgekühlte Masse durch ein Sieb in eine Schüssel seihen.

3 Die Vanilleschote aufschlitzen, die kleinen schwarzen Samen herauskratzen und unter die Sahnecreme rühren.

4 Anschließend die fertige Eismischung in ein tiefes verschließbares Gefriergefäß geben und über Nacht tiefkühlen. Kurz vor dem Servieren in den Kühlschrank stellen, damit das Eis beim Servieren nicht zu hart ist.

TIPP
Für Tuttifrutti-Eis 100 g gemischte Trockenfrüchte (Sultaninen, Aprikosen, Zitronat, Orangeat und Ananas) 20 Minuten in 2 Esslöffeln Marsala oder Sherry einweichen. Die Grundcreme ohne die Vanilleschote zubereiten und vor dem Einfrieren die Früchte unterrühren.

Knuspereis

15 Min. + Kühlzeit 5 Min.

4 PERSONEN

175 g Vollkornsemmelbrösel
25 g Walnüsse, fein gehackt
60 g Zucker
½ TL geriebene Muskatnuss
1 TL abgeriebene Orangenschale
450 g fettarmer Naturjoghurt
2 große Eiweiß
Walnusshälften, zum Dekorieren
Orangenscheiben, zum Dekorieren

1 Semmelbrösel, Walnüsse und Zucker vermengen und auf ein mit Alufolie ausgelegtes Blech geben. Im vorgeheizten Backofengrill unter häufigem Rühren etwa 5 Minuten grillen, bis die Mischung gleichmäßig gebräunt ist. Zum Abkühlen beiseitestellen.

2 Die abgekühlte Bröselmischung in einer kleinen Schüssel mit Muskat, Orangenschale und Joghurt sorgfältig vermengen.

3 Das Eiweiß in einer separaten Schüssel steif schlagen und anschließend mit einem Metalllöffel unter die Bröselmischung ziehen.

4 Die Mischung in 4 Souffléförmchen füllen, glatt streichen und 90–120 Minuten ins Tiefkühlfach stellen.

5 Zum Servieren die Böden der Förmchen für einige Sekunden in heißes Wasser tauchen, dann stürzen.

6 Das fertige Eis mit Walnusshälften, Orangenscheiben und Minzeblättern dekorieren.

TIPP
Statt Souffléförmchen können Sie auch Tassen verwenden oder die Eiscreme in ein Gefriergefäß füllen und vor dem Servieren zu Kugeln portionieren.

Minze-Schokoladen-Eis

20 Min. + Gefrierzeit | 20 Min.

4 PERSONEN

6 große Eier
150 g feiner Zucker
300 ml Milch
150 g Crème double
1 Handvoll frische Minzeblätter
2 Tropfen grüne Lebensmittelfarbe (nach Belieben)
60 g Bitterschokolade, fein gehackt
Minzeblätter, zum Dekorieren

1 Die Eier und den Zucker in einer großen Schüssel mit einem Mixer cremig schlagen.

2 Milch und Crème double unter Rühren erhitzen, bis die Flüssigkeit an den Topfrändern Blasen wirft. Die Ei-Zucker-Mischung unter ständigem Rühren zugießen. Die Mischung in eine Schüssel umfüllen, den Topf auswaschen und die Hitze reduzieren.

3 Die Mischung wieder in den Topf geben und unter ständigem Rühren köcheln lassen, bis sie so dick ist, dass sie an einem Löffelrücken haften bleibt und sich mit dem Finger teilen lässt.

4 Die Minzeblätter unter die Creme rühren. Anschließend die Creme vom Herd nehmen, abkühlen und mindestens 2 Stunden ruhen lassen. Für die letzten 30 Minuten in den Kühlschrank stellen.

5 Die Mischung durch ein feines Sieb gießen, um die Minze zu entfernen. Eventuell die Lebensmittelfarbe einrühren. Dann die Masse für 20 Minuten in eine Eismaschine geben oder wie in Schritt 5 beim Rezept unten beschrieben verfahren. Die Schokolade erst zufügen, wenn die Mischung fast gefroren ist.

6 Das Eis in eine Tiefkühldose füllen, die Oberfläche glätten und mit Frischhalte- oder Alufolie abdecken. Tiefgefroren ist das Eis bis zu 3 Monate lang haltbar.

7 Das Eis 20 Minuten vor dem Servieren im Kühlschrank weich werden lassen und dann mit Minzeblättern dekoriert reichen.

Schokoladenkeks-Eis

20 Min. + Gefrierzeit | 5 Min.

6 PERSONEN

300 ml Milch
1 Vanilleschote
2 Eier
2 Eigelb
60 g feiner Zucker
300 g Naturjoghurt
125 g Schokoladenkekse mit Schokostückchen, in kleine Stücke gebrochen

1 Milch und Vanilleschote bei geringer Hitze zum Kochen bringen. Vom Herd nehmen, abdecken und abkühlen lassen.

2 Eier und Eigelb über einem heißen Wasserbad kräftig verschlagen, den Zucker zufügen und weiterrühren, bis die Mischung hellgelb und schaumig ist.

3 Die Milch erneut erhitzen, bis sie köchelt, dann durch ein Haarsieb zur Eimischung geben; dabei ständig rühren, bis die Vanillemischung so angedickt ist, dass sie zähflüssig von der Rückseite eines Löffels tropft. Den Topf vom Herd nehmen und in kaltes Wasser stellen, damit die Mischung nicht weitergart.

4 Den Joghurt zur abgekühlten Vanillemischung geben und sorgfältig verrühren. Wenn die Mischung gänzlich abgekühlt ist, die Schokoladenkekse unterrühren.

5 Die Masse in eine gut gekühlte Metallschüssel geben, abdecken und für 4 Stunden ins Gefrierfach stellen. Dabei einmal pro Stunde herausnehmen und kräftig durchrühren, damit sich keine Eiskristalle bilden; dann wieder ins Gefrierfach stellen. Oder: Die Masse in einer Eismaschine entsprechend der Bedienungsanleitung zu Eis verarbeiten.

6 Die Eiscreme 1 Stunde vor dem Servieren in den Kühlschrank stellen, damit sie etwas weich wird. Dann in Schalen füllen und servieren.

Lavendeleis

35 Min. 0 Min.
+ Gefrierzeit

6–8 PERSONEN

Blüten von 10–12 großen Lavendelzweigen, plus etwas mehr zum Dekorieren
6 große Eigelb
150 g feiner Zucker oder Lavendelzucker (siehe Tipp)
500 ml Milch
250 g Crème double
5 Tropfen Vanillearoma

1 Die Lavendelblüten von den Stielen streifen; dabei solche mit grünen oder braunen Stellen aussortieren. Die Blüten in ein Sieb geben, abspülen, trocken tupfen und beiseitestellen.

2 Eigelb und Zucker in eine hitzebeständige Schüssel geben und mit einem Mixer cremig schlagen.

3 Milch, Crème double und Vanillearoma in einem Topf bei mittlerer Hitze unter Rühren zum Kochen bringen. Die heiße Milch unter ständigem Rühren zu den Eiern gießen.

4 Den Topf ausspülen und den Boden 2,5 cm hoch mit Wasser bedecken. Die Schüssel so daraufstellen, dass der Schüsselboden nicht im Wasser steht. Dann den Herd auf mittlere Hitze schalten und die Mischung so lange rühren, bis sie an einem Löffelrücken haften bleibt. Dann vom Herd nehmen und die Blüten einrühren. Abkühlen lassen, abdecken und mindestens 2 Stunden ruhen lassen; die letzten 30 Minuten kühl stellen.

5 Die Mischung durch ein feines Sieb gießen, um alle Blüten zu entfernen. Dann die Creme in eine Eismaschine geben und nach den Anweisungen des Herstellers gefrieren oder alternativ den Anweisungen in Schritt 5 auf Seite 506 (unten) folgen.

6 Das Eis in eine Tiefkühldose füllen, die Oberfläche glätten und mit Alufolie abdecken. Tiefgefroren ist das Eis bis zu 3 Monate lang haltbar.

7 20 Minuten vor dem Servieren im Kühlschrank etwas weich werden lassen und dann mit Blüten dekoriert reichen.

TIPP
Für den Lavendelzucker 500 g Zucker und 125 g Lavendelblüten in einer Küchenmaschine mixen und in einem verschlossenen Behälter 10 Tage ziehen lassen. Dann die Blüten aussieben und den Zucker in einem verschraubbaren Glas aufbewahren.

Gefrorenes Zitrussoufflé

35 Min. 0 Min.

4 PERSONEN

1 EL rein pflanzliche Gelatine
6 EL heißes Wasser
3 Eier, getrennt
90 g feiner Zucker
abgeriebene Schale und Saft von 1 Zitrone, ½ Limette und ½ Orange
150 g Schlagsahne
125 g Quark
dünne Zitronen-, Limetten- und Orangenscheiben, zum Dekorieren

1 4 kleine Soufflé- oder Ramequin-Formen oder 1 große Souffléform (Ø 15 cm) mit Kragen aus Backpapier versehen.

2 Die Gelatine in das heiße, aber nicht kochende Wasser streuen und unter Rühren vollständig auflösen. 2–3 Minuten unter gelegentlichem Rühren ziehen lassen, bis die Flüssigkeit völlig klar ist. Dann 10–15 Minuten abkühlen lassen.

3 Unterdessen Eigelb und Zucker schaumig schlagen. Schale und Saft der Zitrusfrüchte zugeben und gut verrühren. Die abgekühlte Gelatinemischung gründlich einarbeiten.

4 Die Sahne in einer großen gekühlten Schüssel steif schlagen. Den Quark glatt rühren und darunterziehen, dann die Mischung mit einem großen Metalllöffel vorsichtig unter die Zitrus-Ei-Mischung heben.

5 Das Eiweiß steif schlagen und ebenfalls mit einem Metalllöffel unter die Zitrus-Ei-Mischung ziehen.

6 Die Creme fast bis zum Rand in die vorbereiteten Formen füllen; dabei etwas Platz zum Ausdehnen lassen. Anschließend die Creme 2 Stunden unabgedeckt im Gefrierfach gefrieren lassen.

7 Die gefrorenen Zitrussoufflés 10 Minuten vor dem Servieren aus dem Gefrierfach holen. Die Backpapierkragen vorsichtig abziehen, die Soufflés mit Zitronen-, Limetten- und Orangenscheiben dekorieren und servieren.

Ertrunkenes Eis

30 Min. 10 Min.
+ Gefrierzeit

4 PERSONEN

1 Vanilleschote
6 große Eigelb
150 g feiner Zucker oder Vanillezucker
500 ml Milch
250 g Crème double
etwa 475 ml frisch gekochter Espresso, zum Servieren
Kaffeebohnen mit Schokoladenüberzug, zum Dekorieren

1 Für das Vanilleeis die Vanilleschote längs aufschlitzen, die Samen auskratzen und die Schote beiseitelegen.

2 Das Eigelb und den feinen Zucker oder Vanillezucker in einer hitzebeständigen Schüssel cremig schlagen.

3 Milch, Crème double und Vanilleschote in einen Topf geben und bei mittlerer Hitze aufkochen. Dann die Milch über die Eiercreme gießen und unterrühren.

4 Den Boden eines großen Topfs 2,5 cm hoch mit Wasser bedecken und die Schüssel so daraufstellen, dass der Schüsselboden nicht im Wasser steht. Den Herd auf mittlere Hitze stellen und die Milchmischung über dem Wasser so lange rühren, bis sie am Löffelrücken haften bleibt. Vom Herd nehmen und abkühlen lassen.

5 Die Mischung in eine Eismaschine geben und den Anweisungen des Herstellers folgen. Alternativ die Creme in einen Gefrierbehälter füllen und 1 Stunde ins Gefrierfach stellen. Dann rühren, um die Eiskristalle zu lösen und die Creme wieder ins Gefrierfach geben. Viermal in 30-Minuten-Intervallen wiederholen.

6 Die fertige Eiscreme in einen Gefrierbehälter füllen, die Oberfläche glätten und mit Alufolie abdecken. Tiefgefroren ist sie bis zu 3 Monate lang haltbar.

7 Das Eis vor dem Servieren 20 Minuten im Kühlschrank weich werden lassen. Dann auf Schälchen verteilen, mit Espresso übergießen und mit den Schokoladen-Kaffeebohnen dekorieren.

Mango-Limetten-Sorbet

20 Min. 4 Min.
+ Gefrierzeit

4 PERSONEN

80 g feiner Zucker
100 ml Wasser
abgeriebene Schale von 3 Limetten
2 EL Kokoscreme
2 sehr reife Mangos, in großen Stücken
9 EL Limettensaft
geröstete Kokosspäne, zum Dekorieren

1 Zucker, Wasser und Limettenschale unter Rühren erhitzen, bis sich der Zucker gelöst hat. Dann 2 Minuten kräftig kochen, um den Sirup etwas zu reduzieren. Vom Herd nehmen und durch ein Sieb in eine Schüssel seihen. Die Kokoscreme einrühren und abkühlen lassen.

2 Die Mangos mit dem Limettensaft in einen Mixer geben. Glatt pürieren und in eine kleine Schüssel füllen.

3 Den abgekühlten Sirup gründlich mit dem Mangopüree verrühren. In ein Gefriergefäß geben und 1 Stunde einfrieren, bis das Sorbet fest wird. Alternativ eine Eismaschine verwenden und nach Anweisung des Herstellers vorgehen.

4 Die Dose aus dem Tiefkühlfach nehmen und die Masse mit einem Mixer aufschlagen, um die entstandenen Eiskristalle aufzubrechen. Anschließend 1 weitere Stunde einfrieren, dann aus dem Gefrierfach nehmen und glatt rühren. Das Gefäß wieder abdecken und das Sorbet einfrieren, bis die Masse fest ist.

5 15 Minuten vor dem Servieren bei Zimmertemperatur antauen lassen. Dann zu Kugeln portionieren, mit gerösteten Kokosspänen bestreuen und servieren.

Orangen-Bitter-Sorbet

15 Min. + Gefrierzeit 3–5 Min.

4–6 PERSONEN

3–4 große Orangen
225 g feiner Zucker
600 ml Wasser
3 EL roter italienischer Bitterlikör, z. B. Campari
2 große Eiweiß
frische Minzeblätter, zum Dekorieren
kandierte Zitrusschalen, zum Dekorieren

1 Von 3 Orangen die Schale abreiben, dann die verbliebene weiße Haut auf der Schale mit einem Messer entfernen. Dabei über einer Schüssel arbeiten, um eventuell austretenden Fruchtsaft aufzufangen.

2 Zucker und Wasser bei mittlerer Hitze unter Rühren erwärmen, bis sich der Zucker gelöst hat. Dann die Hitze erhöhen und die Mischung 2 Minuten kochen, ohne zu rühren. Eventuell mit einem nassen Pinsel den Sirup von der Topfwandung lösen.

3 Den Topf vom Herd nehmen und den Sirup in eine hitzebeständige Schüssel gießen. Die Orangenschale zufügen und ruhen lassen, bis der Sirup abgekühlt ist.

4 Die geschälten Orangen mit festem Druck auf der Arbeitsplatte hin- und herrollen. Halbieren und 125 ml Saft auspressen. Eventuell 1 weitere Orange auspressen.

5 Orangensaft und Campari unter den kalten Sirup rühren. Durch ein Sieb in einen Behälter seihen und mindestens 30 Minuten kalt stellen.

6 Dann die Mischung in eine Eismaschine geben und 15 Minuten gefrieren lassen. Alternativ wie in Schritt 5 auf Seite 506 beschrieben verfahren.

7 Das Eiweiß in einer sauberen Schüssel steif schlagen und unter das Eis heben. Weitere 5 Minuten oder nach Anweisung des Herstellers gefrieren. In einen Gefrierbehälter geben und abdecken. Das Eis ist tiefgefroren bis zu 2 Monate lang haltbar.

8 Das fertige Eis 15 Minuten vor dem Servieren im Kühlschrank weich werden lassen. Dann in Schälchen füllen und mit Minzeblättern oder kandierten Zitrusschalen dekorieren.

Italienisches Reis-Eis

15 Min. + Gefrierzeit 25 Min.

Ergibt etwa 1,2 l

100 g Rundkornreis (Milchreis)
500 ml Milch
85 g Zucker
85 g Honig
3 Tropfen Zitronenaroma
5 Tropfen Vanillearoma
180 g Lemon Curd (englische Zitronencreme)
500 g Schlagsahne
abgeriebene Schale und Saft von 1 großen Zitrone

1 Reis und Milch in einem Topf unter Rühren erhitzen, aber nicht aufkochen. Die Hitze reduzieren, den Reis abdecken und 25 Minuten unter gelegentlichem Rühren köcheln lassen, bis er gerade gar ist und die Flüssigkeit aufgenommen hat. Dann den Reis vom Herd nehmen.

2 Zucker, Honig und Zitronen- und Vanillearoma zum Reis geben und rühren, bis der Zucker gelöst ist. Anschließend die Mischung in einen Mixer geben und drei- bis viermal mit der Intervallstufe zerkleinern. Die Mischung soll dick und cremig, aber nicht ganz glatt sein.

3 Den Lemon Curd in eine Schüssel geben und allmählich 250 ml flüssige Sahne zugießen. Alles gut verrühren, dann Zitronenschale und -saft ebenfalls untermischen.

4 Die restliche Sahne halb steif schlagen und unter den Zitronenreis heben. Die fertige Mischung kalt stellen und in eine Eismaschine geben, wenn sie abgekühlt ist. Nach Herstelleranweisung 15–20 Minuten kühlen und rühren. Dann in ein Gefriergefäß geben und 6–8 Stunden oder über Nacht einfrieren.

5 1 Stunde vor dem Servieren in den Kühlschrank stellen und antauen lassen. Dann auf Servierschalen verteilt reichen.

REGISTER